**30일 완성,
3단계 학습 프로젝트**

漢字 암기
마스터

30일 완성,
3단계 학습 프로젝트

漢字 암기 마스터

지은이 김미화
펴낸이 정규도
펴낸곳 (주)다락원

초판 1쇄 발행 2014년 12월 19일
　5쇄 발행 2024년 1월 5일

편집총괄 최운선
책임편집 김유진
디자인 장미연, 정규옥
일러스트 윤혜영

다락원 경기도 파주시 문발로 211
내용문의 (02) 736-2031 내선 272
구입문의 (02) 736-2031 내선 250~252 / Fax (02) 732-2037
출판등록 1977년 9월 16일 제406-2008-000007호

Copyright ⓒ 2014, 김미화

저자 및 출판사의 허락 없이 이 책의 일부 또는 전부를 무단 복제·전재·발췌할 수 없습니다. 구입 후 철회는 회사 내규에 부합하는 경우에 가능하므로 구입문의처에 문의하시기 바랍니다. 분실·파손 등에 따른 소비자 피해에 대해서는 공정거래위원회에서 고시한 소비자 분쟁 해결 기준에 따라 보상 가능합니다. 잘못된 책은 바꿔 드립니다.

ISBN 978-89-277-4623-2 18710

http://www.darakwon.co.kr

다락원 홈페이지를 통해 인터넷 주문을 하시면 사세한 정보와 함께 다양한 혜택을 받으실 수 있습니다.

30일 완성,
3단계 학습 프로젝트

漢字 암기
마스터

김미화 지음

다락원

머리말

한자 공부는 마라톤과도 같다. 기억해야 할 한자는 끝이 보이지 않을 정도로 많고, 출발선에 선 선수는 어떻게 페이스를 유지할 것인지 고민한다. 이 책은 한자 공부의 마라톤에 뛰어든 선수들에게 페이스메이커가 되어 주려는 목적에서 출발하였다.

페이스메이커는 선수의 옆에서 같이 뛰며 기준이 되는 속도를 만드는 선수이다. 이 책을 잘 따라오면 1,817자의 한자 암기를 30일 만에 완주할 수 있다.

이 책에서 우리가 기억해야 할 한자는 한국어문회 기준 3급에 해당하는 1,817자이다. 중·고등학교 기초 한자 1,800자에 17자를 더한 분량인데, 이 많은 한자가 어떻게 구성되어 있는지 어떻게 페이스를 유지해야 하는지 다음과 같이 소개한다.

1단계, 30가지 주제별 한자를 하루에 한 구간씩 스토리로 마스터하자.

〈자연〉, 〈인간〉, 〈생활〉이라는 세 가지 분류 안에 30가지 주제로 이루어진 한자가 포함되어 있다. 주제당 한자의 개수는 약 60개이다.

　〈자연〉 – 땅, 식물, 동물, 환경 등과 관련 있는 상형 문자를 기준으로 구성
　〈인간〉 – 사람의 신체와 관련 있는 한자를 기준으로 구성
　〈생활〉 – 인간 생활에 필요한 도구나, 의식주, 전쟁 등과 관련 있는 한자를 기준으로 구성

주제와 관련하여 기준이 되는 한자를 시작으로 비슷한 모양이나 비슷한 뜻을 가진 새로운 한자가 꼬리를 물며 제시된다. 각 한자의 스토리에는 그 한자가 만들어진 원리와 품고 있는 뜻이 간단하고도 명료하게 정리되어 있다. 이 스토리는 한자 공부에 가속을 붙여줄 것이다.

2단계, 〈핵심 스토리북〉을 가지고 다니며 암기한 한자를 체크하고 복습하자.

부록으로 제공되는 〈핵심 스토리북〉에는 한자 암기에 필요한 한 줄짜리 핵심 스토리가 수록되어 있다. 평상시 가지고 다니며 암기한 한자를 체크하거나 복습하는 데 활용할 수 있다. 책갈피로 뜻음을 가리면 암기한 한자를 확인하는 데 효과적이다.

3단계, 〈스마트 한자 암기 프로그램〉을 활용하여 스마트하게 확인하자.

암기가 끝나면 〈스마트 한자 암기 프로그램〉을 이용하여 눈으로 빠르게 한자를 복습할 수 있다. 시차를 두고 제시되는 한자와 뜻음, 단어의 독음을 보면서 머리로 학습 내용을 최종 마스터하는 단계이다. 암기 프로그램은 컴퓨터와 스마트폰에서 모두 이용할 수 있다.

한자는 분량이 많고 모양이 비슷한 것이 많아서 스토리로 연상하여 이해하고, 반복하여 학습하는 것이 중요하다. 3단계로 이루어진 이 한자 암기 프로젝트가 여러분의 페이스메이커가 되어 항상 곁에서 친구 같은 등불이 되어 줄 것이다.

한자 공부를 처음 시작하는 선수, 의기양양하게 한자 공부를 시작했다가 페이스 조절에 실패한 선수, 졸업이나 취업을 위해 단기간에 자격증을 따고 싶은 선수, 모두 30일만 이 한자 공부 마라톤에 뛰어들어 주기를 기대한다.

벚꽃이 만발하던 4월부터 본격적으로 집필을 시작하였는데, 지금 겨울을 앞두고 마무리 작업 중이다. 독자들이 조금이라도 더 쉽게 이해할 수 있도록 눈높이를 맞추는 과정에 온 열성을 보여 준 출판사 관계자님께 진심으로 존경과 감사의 말씀을 드린다.

끝으로, 한자 공부를 통해 바른 언어를 구사하고 자신감을 갖고 싶어하는 독자들에게 이 책이 작은 씨앗이 되기를 기원한다.

김미화

이 책의 구성

본책 구성

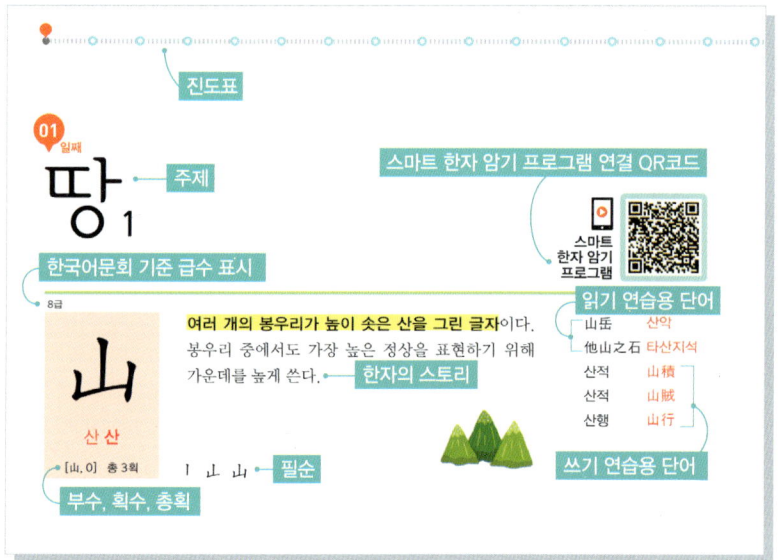

*연두색 바(bar)와 주황색 박스는 다음에 나열되는 한자들의 기준이 되는 한자를 표시한 것이다. 한자의 스토리 중 한자 암기에 필요한 핵심 스토리에는 형광펜을 표시하였다.

부록 이용 방법

❶ 암기용 책갈피

책날개에 제공된 책갈피를 잘라 본책의 오른쪽에 제시된 단어 또는 〈핵심 스토리북〉의 뜻음을 가릴 수 있다. 페이지 위쪽에 꽂아 암기에 활용하면 편리하다.

❷ **핵심 스토리북**

본책에 정리된 한자의 스토리 중 암기에 필요한 핵심 내용만 한 줄로 정리한 별책이다. 가볍게 가지고 다니면서 암기 체크와 복습을 할 수 있다.

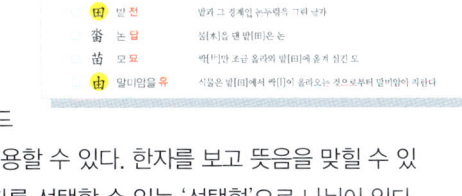

❸ **스마트 한자 암기 프로그램**

주제별 시작 페이지에 제공된 QR코드를 스캔하여 한자 암기 프로그램을 이용할 수 있다. 한자를 보고 뜻음을 맞힐 수 있는 '확인형'과 뜻음을 보고 알맞은 한자를 선택할 수 있는 '선택형'으로 나뉘어 있다. PC와 스마트폰에서 모두 이용할 수 있다.

한자 스토리 집필 기준

한자의 본래 어원을 충실히 따르려고 노력하였다. 대부분 한자의 스토리에 실제 어원을 반영하였으며, 어원이 정확하지 않거나 어려운 경우에는 이해하기 쉬운 설명으로 대체하였다. 또, 한자의 뜻음을 이해하는 데 도움이 되는 단어가 있으면 함께 제시하였다.

차례

머리말	4
이 책의 구성	6
꼭 알아야 할 부수 50	10
한자능력검정시험이란?	12

1부 자연

❶ 일째	땅1		16
❷ 일째	땅2		30
❸ 일째	식물		44
❹ 일째	동물1		58
❺ 일째	동물2		70
❻ 일째	동물3		82
❼ 일째	동물4		94
❽ 일째	환경1		108
❾ 일째	환경2		120
❿ 일째	신		136

2부 인간

⑪ 일째	몸	152
⑫ 일째	가족	166
⑬ 일째	손1	178
⑭ 일째	손2	192
⑮ 일째	손3	204
⑯ 일째	발	218
⑰ 일째	마음	234
⑱ 일째	눈	246
⑲ 일째	입	258
⑳ 일째	코	270

3부 생활

㉑ 일째	행동	286
㉒ 일째	사람	300
㉓ 일째	전쟁1	312
㉔ 일째	전쟁2	324
㉕ 일째	도구	338
㉖ 일째	식사	352
㉗ 일째	의복	366
㉘ 일째	주거1	380
㉙ 일째	주거2	392
㉚ 일째	기타	406

찾아보기 — 420

꼭 알아야 할 부수 50

번호	한자	뜻음	풀이	변형(부수 이름)
1	水	물 수	물줄기가 아래로 흐르는 모습 _ 물과 관련	氵(삼수변)
2	人	사람 인	사람이 서 있는 옆모습 _ 사람의 모습이나 행위와 관련	亻(사람인변)
3	心	마음 심	생각의 원천인 심장의 모습 _ 생각, 감정, 마음과 관련	忄(심방변), ⺗(마음심발)
4	手	손 수	다섯 손가락의 모습 _ 손, 솜씨가 뛰어난 사람과 관련	扌(재방변)
5	木	나무 목	나무의 모습 _ 나무의 종류, 나무로 만든 물건과 관련	
6	言	말씀 언	혀를 내밀고 입으로 말하는 모습 _ 말과 관련	
7	口	입 구	입을 벌린 모습 _ 입, 출입구, 물건, 사람의 수와 관련	
8	糸	실 사	실타래를 감은 모습 _ 실의 종류, 직물과 관련	
9	辵	쉬엄쉬엄 갈 착	머리카락을 날리며 천천히 걷는 모습 _ 걷는 행동과 관련	辶(책받침)
10	艸	풀 초	풀이 무성하게 돋은 모습 _ 풀의 종류, 풀로 만든 물건과 관련	艹(초두머리)
11	日	날 일	둥근 해와 그 가운데 흑점의 모습 _ 태양, 시간, 날씨와 관련	
12	宀	집 면	지붕의 모습 _ 주거, 건축물과 관련	宀(갓머리)
13	土	흙 토	두둑하게 올라온 흙덩이의 모습 _ 흙, 땅과 관련	
14	貝	조개 패	조갯살이 삐죽 나온 조개의 모습 _ 돈, 재산과 관련	
15	女	여자 녀	다소곳이 앉은 여자의 모습 _ 여자의 행동이나 성질과 관련	
16	刀	칼 도	한쪽에만 날이 있는 칼의 모습 _ 칼, 절단, 무기와 관련	刂(선칼도방)
17	肉	고기 육	고기를 썬 조각의 모습 _ 고기, 신체 부위와 관련	月(육달월변)
18	阜	언덕 부	층진 언덕의 모습 _ 언덕, 산과 관련	阝(좌부변)
19	火	불 화	활활 타는 불의 모습 _ 불과 관련	灬(불화발)
20	金	쇠 금	흙 속에서 황금이 반짝거리는 모습 _ 쇠, 황금, 돈과 관련	
21	广	집 엄	산기슭에 자리 잡은 집의 지붕 모습 _ 집, 건축물과 관련	

22	彳	조금 걸을 척	사거리를 그린 行(다닐 행)의 일부분 _ 거리, 걷는 행위와 관련	
23	攴	칠 복	막대기를 손에 든 모습 _ 때리고 치는 동작과 관련	攵(등글월문)
24	禾	벼 화	고개를 숙인 벼의 모습 _ 곡물의 종류, 수확, 세금과 관련	
25	竹	대 죽	대나무 줄기와 잎의 모습 _ 대나무 도구나 문서와 관련	⺮ (대죽머리)
26	力	힘 력	사람이 팔뚝에 힘을 준 모습 _ 힘과 관련	
27	田	밭 전	밭과 그 경계인 논두렁의 모습 _ 농경지와 관련	
28	示	보일 시	제사 지내는 단의 모습 _ 제사, 신, 길흉화복과 관련	
29	頁	머리 혈	머리를 강조하여 발까지 그린 모습 _ 머리, 얼굴과 관련	
30	大	큰 대	사람이 팔다리를 크게 벌린 모습 _ 사람, 큰 것과 관련	
31	目	눈 목	눈의 흰자위와 눈동자의 모습 _ 눈, 보는 행위와 관련	
32	衣	옷 의	저고리의 모습 _ 옷과 관련	衤(옷의변)
33	車	수레 거/차	바퀴가 네 개 달린 수레의 모습 _ 수레, 교통과 관련	
34	一	한 일	선 하나를 그은 모습 _ 하나, 처음, 모두와 관련	
35	巾	수건 건	줄에 수건을 걸어 놓은 모습 _ 직물, 화폐와 관련	
36	犬	개 견	개의 옆모습 _ 개, 짐승, 동물, 수렵과 관련	犭(개사슴록변)
37	囗	에울 위	사방이 울타리처럼 둘러싸인 모습 _ 성벽, 감싸는 행위와 관련	
38	尸	주검 시	죽은 사람의 구부린 몸의 모습 _ 사람, 시체, 집과 관련	
39	邑	고을 읍	고을에 사람들이 모여 사는 모습 _ 고을, 지역과 관련	阝(우부방)
40	雨	비 우	구름 아래로 빗방울이 떨어지는 모습 _ 기후, 날씨와 관련	
41	子	아들 자	아기가 포대기에 싸여 양팔을 벌린 모습 _ 자식, 아들과 관련	
42	八	여덟 팔	사물이 둘로 나뉜 모습 _ 숫자8, 나누는 것과 관련	
43	十	열 십	양손을 엇갈려서 합친 모습 _ 숫자10, 많은 것과 관련	
44	寸	마디 촌	손목에서 맥박이 뛰는 위치를 표시한 모습 _ 손, 마디와 관련	
45	玉	구슬 옥	세 개의 구슬이 꿰어져 빛나는 모습 _ 구슬, 아름다움과 관련	玊(구슬옥변)
46	耳	귀 이	귀의 모습 _ 듣는 행위, 총명함과 관련	
47	食	먹을 식	뚜껑이 덮인 그릇의 모습 _ 음식물, 먹는 행위와 관련	飠(먹을식변)
48	儿	어진 사람 인	건강한 다리의 모습 _ 겸손하고 어진 사람, 다리와 관련	儿(사람인발)
49	山	산 산	여러 개의 봉우리가 높이 솟은 산의 모습 _ 산과 관련	
50	弓	활 궁	가운데가 불룩하게 굽은 활의 모습 _ 활, 무기와 관련	

한자능력검정시험이란?

한자능력검정시험은 사단법인 한국어문회가 주관하고 한국한자능력검정회가 시행하는 종합적인 한자 능력 측정 시험이다. 1992년 12월 9일 제1회 시험이 시행된 이래로 지금까지 꾸준히 이어져 오고 있다.
한자능력검정시험은 공인 급수와 교육 급수로 구분되어 있으며, 특급~3급Ⅱ가 공인 급수, 4급~8급이 교육 급수이다.

응시 자격
학력, 재학 여부, 소속, 성별, 나이, 국적 등에 상관없이 누구나 원하는 급수에 응시할 수 있다.

급수 배정

구분	공인 급수					
	특급	특급Ⅱ	1급	2급	3급	3급Ⅱ
읽기 배정 한자	5,978	4,918	3,500	2,355	1,817	1,500
쓰기 배정 한자	3,500	2,355	2,005	1,817	1,000	750

구분	교육 급수								
	4급	4급Ⅱ	5급	5급Ⅱ	6급	6급Ⅱ	7급	7급Ⅱ	8급
읽기 배정 한자	1,000	750	500	400	300	225	150	100	50
쓰기 배정 한자	500	400	300	225	150	50	–	–	–

- 7급, 7급Ⅱ, 8급에는 쓰기 배정 한자가 없다.
- 상위 급수 한자는 하위 급수 한자를 모두 포함하고 있다.
- 쓰기 배정 한자는 한두 급수 아래의 읽기 배정 한자이거나 그 범위 내에 있다.

급수별 출제 기준

구분	특급	특급II	1급	2급	3급	3급II	4급	4급II	5급	5급II	6급	6급II	7급	7급II	8급
독음	45	45	50	45	45	45	32	35	35	35	33	32	32	22	24
뜻음	27	27	32	27	27	27	22	22	23	23	22	29	30	30	24
장단음	10	10	10	5	5	5	3	0	0	0	0	0	0	0	0
반의어 (상대어)	10	10	10	10	10	10	3	3	3	3	3	2	2	2	0
완성형 (성어)	10	10	15	10	10	10	5	5	4	4	3	2	2	2	0
부수	10	10	10	5	5	5	3	3	0	0	0	0	0	0	0
동의어 (유의어)	10	10	10	5	5	5	3	3	3	3	2	0	0	0	0
동음이의어	10	10	10	5	5	5	3	3	3	3	2	0	0	0	0
뜻풀이	5	5	10	5	5	5	3	3	3	3	2	2	2	2	0
약자	3	3	3	3	3	3	3	3	3	3	0	0	0	0	0
한자 쓰기	40	40	40	30	30	30	20	20	20	20	20	10	0	0	0
필순	0	0	0	0	0	0	0	0	3	3	3	3	2	2	2
한문	20	20	0	0	0	0	0	0	0	0	0	0	0	0	0

– 출제 기준표는 기본 지침 자료로서, 출제자의 의도에 따라 차이가 있을 수 있다.

급수별 합격 기준

구분	특급	특급II	1급	2급	3급	3급II	4급	4급II	5급	5급II	6급	6급II	7급	7급II	8급
출제 문항	200	200	200	150	150	150	100	100	100	100	90	80	70	60	50
합격 문항	160	160	160	105	105	105	70	70	70	70	63	56	49	42	35
시험 시간 (분)	100	100	90	60	60	60	50	50	50	50	50	50	50	50	50

– 특급·특급II·1급은 출제 문항의 80% 이상, 2급~8급은 70% 이상 득점하면 합격이다.
– 1문항당 1점으로 급수별 만점은 출제 문항 수이다.

** 자세한 시험 안내는 한국어문회 홈페이지(www.hanja.re.kr) '한자 검정' 참조

1부
자연

日 山 貝 示

땅 식물 동물 환경 신

木 🌙 🏛 生 鳥 🐢 月

01 첫째
땅 1

스마트 한자 암기 프로그램

8급
山 산 산
[山, 0] 총 3획

여러 개의 봉우리가 높이 솟은 산을 그린 글자이다. 봉우리 중에서도 가장 높은 정상을 표현하기 위해 가운데를 높게 쓴다.

산악	山岳
타산지석	他山之石
산적	山積
산적	山賊
산행	山行

ㅣ 山 山

5급 II
仙 신선 선
[人, 3] 총 5획

신선은 인간 세계를 떠나 자연과 벗하며 산다는 상상 속의 사람이다. 사람[亻] 중에 산[山]속에 들어가 자연과 더불어 사는 신선을 뜻한다.

• 亻(사람인변)은 사람의 옆모습을 그린 人(사람 인)의 변형 부수이다.

봉선화	鳳仙花
선인장	仙人掌
선경	仙境
선녀	仙女
신선	神仙

ノ 亻 亻 仙 仙

3급 II
幽 그윽할 유
[幺, 6] 총 9획

희미하고 어두운 것을 그윽하다고 한다. 깊은 산[山] 속은 어두워서 작은[幺幺] 것들이 안 보일 정도로 그윽하다는 뜻이다. 나중에 '저승'이라는 뜻도 나왔다.

• 幺(작을 요)는 가늘게 꼬인 실의 모양을 그린 글자로, '작다'는 뜻이다.

유령	幽靈
유명	幽冥
유명	幽明

ㅣ 亻 纟 幺 ⺌ ⺌ 幽 幽

4급 II
田 밭 전
[田, 0] 총 5획

밭은 물을 대지 않고 곡식이나 채소를 가꾸는 땅이다. 밭과 그 경계인 논두렁을 그린 글자이다.

염전	鹽田
이전투구	泥田鬪狗
전원	田園
화전민	火田民

ㅣ 冂 日 田 田

3급

논 답

[田, 4] 총 9획

논은 물을 대고 벼농사를 짓는 땅이다. 그래서 물[水]을 댄 밭[田]은 논이라는 뜻이다. 신라 시대에 우리나라에서 만든 한자이다.

• 水(물 수)는 물줄기가 흘러가는 모양을 그린 한자이다.

丶 亅 氵 水 水 氺 沓 沓 畓

田畓　　전답
天水畓　천수답

3급

모 묘

[艸, 5] 총 9획

옮겨 심으려고 가꾸는 어린 식물을 '모'라고 한다. 싹[艹]만 조금 올라와 밭[田]에 옮겨 심긴 모를 뜻한다.

• 艹(초두머리)는 풀이 자라는 모양을 그린 艸(풀 초)의 변형 부수이다.

丨 艹 艹 艹 艹 苗 苗 苗

苗木　묘목
苗板　묘판
種苗　종묘

6급

말미암을 유

[田, 0] 총 5획

'말미암다'는 어떤 일의 근거가 되는 것을 말한다. 식물은 밭[田]에서 싹[丨]이 올라오는 것으로부터 말미암아 자란다는 뜻이다. 自由(자유)는 자기 마음에서 말미암아 행동하는 일이다.

丨 冂 曰 由 由

由緒　　유서
경유지　經由地
이유　　理由
자유　　自由

3급

뽑을 추

[手, 5] 총 8획

손[扌]으로 밭[田]에 난 잡초나 싹[丨]을 뽑는다는 뜻이다. 전체 속에서 어떤 물건이나 요소를 뽑아내는 것을 抽出(추출)이라고 한다.

• 扌(재방변)은 手(손 수)의 변형 부수이다.

一 十 扌 扌 扌 扣 抽 抽

抽象化　추상화
抽出　　추출

6급

기름 유

[水, 5] 총 8획

올리브유(油), 식용유(油)처럼 밭[田]에서 난[丨] 식물을 짜서 얻은 끈적한 물[氵]이 기름이다. 현대인의 생활에 없어서는 안 되는 것이 물과 기름이다.

• 氵(삼수변)은 水(물 수)의 변형 부수이다.

丶 丶 氵 氵 汀 汩 油 油

석유　　石油
식용유　食用油
유가　　油價
유전　　油田
유화　　油畫
주유　　注油

5급

굽을 곡

[日, 2] 총 6획

밭[田→日]에 난 싹들[ㅣㅣ]이 자라서 무성해 지면 서로 엉켜 **구불구불하다**는 뜻이다. '굽었다'는 의미에서 '바르지 않다, 정직하지 않다'라는 부정적인 뜻으로도 쓰인다. 直(곧을 직)의 반대자이다.

雙曲線	쌍곡선
編曲	편곡
곡직	曲直
곡해	曲解
명곡	名曲
별곡	別曲

丨 冂 曰 冉 曲 曲

7급

마을 리

[里, 0] 총 7획

농사지을 밭[田]과 집 지을 땅[土]이 있는 마을을 뜻한다. 十里(십리), 百里(백리) 등의 단어에서는 거리의 단위로 쓰인다.

• 土(흙 토)는 흙덩이가 땅 위에 두둑이 쌓인 모양이다.

五里霧中	오리무중
이장	里長
이정표	里程標
천리안	千里眼

丨 冂 曰 旦 甲 里 里

6급 II

다스릴 리

[玉, 7] 총 11획

임금이 귀한 옥[玉→王]을 갈고 닦듯 정성스레 백성의 마을[里]을 다스린다는 뜻이다.

• 王(구슬옥변)은 玉(구슬 옥)의 변형 부수로, 王(임금 왕)과 모양이 같다.

辨理士	변리사
審理	심리
倫理	윤리
대리	代理
이상	理想
이해	理解

二 T F 王 刊 扫 玾 玾 理 理

3급

묻을 매

[土, 7] 총 10획

농경 시대에는 마을 근처에 무덤을 두고 조상과 함께 생활하였다. 이처럼 **사람이 죽으면 마을[里] 근처의 흙[土]에 묻는다**는 뜻이다.

埋沒	매몰
埋伏	매복
埋葬	매장

一 十 土 圵 圳 坦 坦 坥 埋 埋

6급

들 야

[里, 4] 총 11획

들은 논이나 밭이 넓게 펼쳐진 땅이다. **마을[里] 사람들이 농사짓고 살 수 있게 해 주는[予] 넓은 들**을 뜻한다. 요즘도 野外(야외)로 나가면 넓게 트인 들을 볼 수 있다.

• 予(줄 여)는 손으로 물건을 주고받는 모습이다.

野薄	야박
野獸	야수
여야	與野
야생	野生
광야	廣野
야당	野黨

丨 冂 曰 旦 甲 里 里 野 野 野

6급

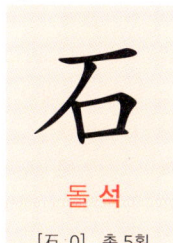

돌 석

[石, 0] 총 5획

언덕[厂] 아래에 굴러다니는 돌덩이[口]를 그린 글자이다. 右(오른쪽 우)와 모양이 비슷하다.

• 厂은 언덕의 모양을 그린 厂(언덕 엄)의 변형이다.

一 ナ 丆 石 石

石像	석상
巖石	암석
他山之石	타산지석
광석	鑛石
망부석	望夫石
시금석	試金石

3급II

넓힐 척, 박을 탁

[手, 5] 총 8획

정돈되지 않은 밭이나 땅에는 돌이 많이 섞여 있다. 그래서 손[扌]으로 돌[石]을 골라내어 터를 넓힌다는 뜻이다.

一 十 扌 扌 扩 拓 拓 拓

干拓	간척
開拓	개척
拓本	탁본

4급II

갈 연

[石, 6] 총 11획

울퉁불퉁한 돌[石]의 표면을 평평하게[开] 만들기 위해 간다는 뜻이다. 지금은 주로 깊이 연구하고 조사한다는 의미로 쓰인다.

• 开(평평할 견)은 바닥이 고르고 판판한 모양을 그린 글자이다.

一 ア 不 石 石 石 研 研 研

研磨	연마
연구	研究
연수	研修

3급II

푸를 벽

[石, 9] 총 14획

옥은 주로 푸른빛을 띠는 보석이다. 그래서 흰[白] 돌[石]처럼 깨끗한 옥[玉→王]에 담긴 푸른빛을 뜻한다. 옥색은 백인의 푸른 눈동자와 같은 색이다.

• 白(흰 백)은 해[日]가 위[']에서 비치니 햇살이 희다는 뜻이다.

二 T 王 王' 珇 珀 珀 碧 碧

碧空	벽공
碧眼	벽안
桑田碧海	상전벽해

3급II

주춧돌 초

[石, 13] 총 18획

주춧돌은 건물의 기초를 튼튼히 하기 위해 기둥 밑에 받쳐 놓은 돌이다. 이처럼 돌[石] 중에 건물의 무게에 괴로워하는[楚] 주춧돌을 뜻한다. 基礎(기초)가 튼튼하지 않으면 나중에 괴롭다.

• 楚(괴로울 초)는 나무[木木] 여러 개로 발[疋]을 때리니 괴롭다는 뜻이다.

石 石 矿 砈 础 础 礎 礎 礎

基礎	기초
定礎	정초
礎石	초석

8급

작을 소

[小, 0] 총 3획

작은 모래나 돌조각을 그려 작다는 의미를 표현했다. 문자의 형태를 갖추고 균형을 맞추기 위해 가운데 부분이 길게 변형되었다.

亅 亅 小

小麥	소맥
小暑	소서
小貪大失	소탐대실
소변	小便
소아	小兒
소총	小銃

3급

뾰족할 첨

[小, 3] 총 6획

물체의 아랫부분은 크고[大] 위로 올라갈수록 작아져[小] 뾰족한 모양을 나타낸다. '꼭대기, 끝'이라는 뜻으로도 쓰인다.

• 大(큰 대)는 사람이 팔다리를 크게 벌린 모습이다.

亅 亅 小 少 尖 尖

尖端	첨단
尖銳	첨예
尖塔	첨탑

7급

적을 소

[小, 1] 총 4획

크기가 작다는 뜻의 小(작을 소)에 한 획[丿]을 더하여 양이 적음을 표현했다. 나이가 적다는 의미에서 '어리다'의 뜻으로도 쓰인다.

亅 亅 小 少

稀少性	희소성
감소	減少
소년	少年
소량	少量

6급II

살필 성, 덜 생

[目, 4] 총 9획

작거나 적은[少] 것을 눈[目]으로 보기 위해 자세히 살핀다는 뜻이다. 양이 줄어든[少] 것이 눈[目]에 보이니 덜어냈음을 의미하기도 한다.

• 目(눈 목)은 사람 눈의 흰자위와 눈동자를 그린 글자이다.

亅 亅 小 少 少 省 省 省 省

昏定晨省	혼정신성
귀성	歸省
반성	反省
생략	省略
성묘	省墓

3급II

모래 사

[水, 4] 총 7획

바닷가에는 모래사장이 펼쳐진 곳이 많다. 파도가 들이쳤다가 나가면서 바닷가 물[氵]이 줄어들면[少] 점점 드러나는 모래를 뜻한다.

丶 丶 氵 氵 氵 沙 沙

白沙場	백사장
沙漠	사막
黃沙	황사

4급

묘할 묘

[女. 4] 총 7획

여자 나이 스무 살 전후는 꽃다운 나이라고 할 만큼 어여쁜 시기이다. 이처럼 **나이 어린[少] 여자[女]가 가진 아름다움이 묘하다**는 뜻이다.

• 女(여자 녀)는 여자가 다소곳하게 앉은 모습이다.

巧妙	교묘
妙策	묘책
微妙	미묘
묘기	妙技
묘미	妙味
묘안	妙案

ㄑ ㄚ 女 妙 妙 妙 妙

3급

분초 초

[禾. 4] 총 9획

벼[禾]의 껍질에 붙은 가늘고[少] 짧은 수염을 작은 시간 단위에 비유하여 '분초'의 의미로 쓰게 되었다. 1秒(초)는 1分(분)의 1/60이다.

• 禾(벼 화)는 쌀알이 익으면서 고개를 숙인 벼의 모습이다.

分秒	분초
秒速	초속
秒時計	초시계

一 二 千 禾 禾 禾 秒 秒 秒

3급

뽑을 초

[扌. 4] 총 7획

글이나 문장에서 필요한 부분을 손[扌]으로 조금씩 [少] 뽑는다는 뜻이다.

| 抄錄 | 초록 |
| 抄本 | 초본 |

一 ㅜ 扌 扌 扌 抄 抄

7급 II

위 상

[一. 2] 총 3획

위치는 구체적으로 눈에 보이지 않기 때문에 **기준선[一] 위에 점[·]을 찍어 '위'라고 표현**했다. 문자의 형태를 이루기 위해 지금의 모양으로 변했다.

錦上添花	금상첨화
浮上	부상
上昇	상승
상급	上級
상륙	上陸
상영	上映

丨 ㅏ 上

7급 II

아래 하

[一. 2] 총 3획

기준선[一] 아래에 점[·]을 찍어 '아래'를 표현했다. 上(위 상)과 마찬가지로 문자의 형태를 이루기 위해 지금의 모양으로 변했다.

莫上莫下	막상막하
不恥下問	불치하문
천하통일	天下統一
하강	下降
하락	下落

一 丁 下

8급

가운데 중

[l , 3] 총 4획

옛날에 땅을 나누고서 그 주인을 표시하기 위해 **땅의 가운데에 깃발을 세운 모습**이다. 가운데나 안쪽을 의미한다.

ㅣ ㅁ ㅁ 中

喪中	상중
腦卒中	뇌졸중
忙中閑	망중한
중간	中間
중국	中國
중급	中級

3급 II

버금 중

[人, 4] 총 6획

버금은 으뜸의 바로 아래를 뜻한다. 그래서 **사람[亻] 중에 첫째와 막내의 가운데[中]에 태어난 둘째는 으뜸의 다음인 버금**이라는 뜻이다. 사람 사이에 끼어 일을 '중개한다'는 의미로도 쓰인다.

ノ イ 亻 仃 仲 仲

仲介人	중개인
仲媒	중매
仲裁	중재

4급 II

충성 충

[心, 7] 총 8획

충성은 진심에서 우러나와 오래도록 흔들리지 않는 마음이다. 이처럼 **흔들리지 않고 중심[中]을 지키는 충성스런 마음[心]**을 뜻하는 글자이다.

• 心(마음 심)은 사람의 심장을 그린 글자로, 주로 마음을 뜻한다.

ㅣ ㅁ ㅁ 中 忠 忠 忠 忠

忠魂	충혼
충성	忠誠
충신	忠臣
충효	忠孝

5급

근심 환

[心, 7] 총 11획

마음에 중심이 흔들리면 근심이 생겨 병이 나기 쉽다. 이렇게 **중심이 흔들리는[串] 마음[心]에서 생겨나는 것이 근심**이라는 뜻이다.

• 串(관)은 중심이 흔들리는 모양을 나타낸다.

ㅣ ㅁ ㅁ 吕 吕 串 串 患 患 患

識字憂患	식자우환
疾患	질환
노환	老患
병환	病患
숙환	宿患

8급

흙 토

[土, 0] 총 3획

흙덩이가 땅 위에 두둑하게 올라와 있는 모습을 그린 글자이다. '토양, 땅, 지방' 등의 뜻으로 쓰인다.

一 十 土

土臺	토대
土沙	토사
土壤	토양
국토	國土
토질	土質
황토	黃土

3급II

吐

토할 **토**

[口, 3] 총 6획

입[口]안에 있는 음식을 땅[土]에 토한다는 뜻이다.

• 口(입 구)는 사람의 입 모양을 그린 글자이다.

ㅣ 口 口 口- 叶 吐

實吐	실토
吐露	토로
吐血	토혈

5급II

凶

흉할 **흉**

[凵, 2] 총 4획

운이 사나운 것을 凶(흉)하다고 한다. 구덩이[凵]에 사람[ㄨ]이 빠졌으니 불길하고 흉하다는 뜻이다.

• 凵은 위가 뚫린 구덩이의 모양이고, ㄨ는 사람이 팔다리를 허우적대는 모습이다.

ノ ㄨ 凶 凶

吉凶禍福	길흉화복
凶夢	흉몽
凶兆	흉조
길흉	吉凶
흉년	凶年
흉악	凶惡

3급II

陷

빠질 **함**

[阝, 8] 총 11획

언덕[阝] 위에 있던 사람[⺈]이 구덩이[臼]로 빠진다는 뜻이다. 남을 모함에 빠뜨린다는 뜻이 강하다.

• 阝(좌부변)은 층진 언덕을 그린 후(언덕 부)의 변형 부수이다. ⺈은 人(사람 인)의 변형이고, 臼(절구 구)는 함정의 모양을 나타낸다.

ㄱ 阝 阝 阝 阝ㄱ 阝ㄱ 阝ㅜ 陷 陷 陷

缺陷	결함
謀陷	모함
陷落	함락
陷沒	함몰

4급

危

위태할 **위**

[卩, 4] 총 6획

언덕[厂] 위에 있는 사람[⺈]을 보고 웅크린 사람[卩]을 그려 위태하다는 뜻을 표현했다.

• 厂(언덕 엄)은 언덕의 모양을, 卩(병부 절)은 몸을 구부린 사람의 모습을 나타낸다.

ノ ㄊ ㄊ ㄕ ㄕ 危

危篤	위독
危殆	위태
위급	危急
위기	危機
위험	危險

6급II

急

급할 **급**

[心, 5] 총 9획

위태로운 사람[⺈]에게 손[ヨ]을 뻗어 잡으려는 마음[心]이 급하다는 뜻이다.

• ヨ는 사람의 손과 손목을 그린 모양이다.

ノ ㄊ ㄊ 今 今 急 急 急 急

急迫	급박
急增	급증
緩急	완급
급보	急報
시급	時急
특급	特急

3급

厄(위태할 위)에서 언덕 위의 사람이 사라졌으니 액(사나운 운수)이 닥쳤다는 뜻이다. 가벼운 사고를 겪어 큰 불행을 막았을 때 '厄(액)땜했다'는 말을 쓴다.

厄運	액운
災厄	재액
橫厄	횡액

액 **액**
[厂, 2] 총 4획 ー 厂 厄 厄

3급 II

언덕 위에 있던 사람은 어디로 갔을까? 언덕 아래 물[氵]에 사람[⺈]이 손[又]을 허우적거리며 빠져 있다는 뜻이다. 자취가 사라지고 '없다'는 뜻도 있다.

- 又(또 우)는 오른손을 그린 글자로, 주로 손을 의미한다.

沒落	몰락
沒常識	몰상식
沈沒	침몰

빠질 **몰**
[水, 4] 총 7획 丶 丶 氵 氵 氵 汐 沒

3급 II

일정한 거리나 선에 닿는 것을 '미치다'라고 한다. 낭떠러지에 걸린 사람[⺈→丆]을 구하려고 뻗은 손[又]이 그에게 미친다는 뜻이다.

- 丆은 사람[⺈]이 낭떠러지에 걸린 모습이다.

過猶不及	과유불급
莫及	막급
言及	언급

미칠 **급**
[又, 2] 총 4획 ノ 丆 乃 及

6급

실은 옷감이 되기까지 여러 단계를 거친다. 이렇게 실[糸]이 옷감에 미치려면[及] 거쳐야 하는 단계나 등급을 뜻한다.

- 糸(실 사)는 긴 실을 쓰기 편하도록 뭉쳐서 꼬아 놓은 모습이다.

昇級	승급
급우	級友
급훈	級訓
학급	學級

등급 **급**
[糸, 4] 총 10획 ㄥ ㄠ ㄠ 幺 糸 糸 紀 紉 級 級

4급 II

공기나 물이 입[口]속에 미치도록[及] 들이마신다는 뜻이다. 물을 들이마시는 것을 吸水(흡수)라고 한다.

吸血鬼	흡혈귀
호흡	呼吸
흡연	吸煙
흡인력	吸引力

마실 **흡**
[口, 4] 총 7획 丨 口 口 叩 叩 吸 吸

3급II

언덕 **구**

[一, 4] 총 5획

땅이 비탈지고 조금 높은 언덕을 그린 글자이다. 비탈진 언덕을 표현하기 위해 첫 획은 위에서부터 비탈지게 내려쓴다.

| 丘陵 | 구릉 |
| 首丘初心 | 수구초심 |

丿 ⺁ ⺀ 斤 丘

3급

큰 산 **악**

[山, 5] 총 8획

산[山] 위에 큰 언덕들[丘]이 자리 잡아 이루어진 높고 큰 산을 뜻한다. 관악산(冠岳山), 북악산(北岳山), 월악산(月岳山) 등 크고 험한 산의 이름에 주로 쓰이다

| 北岳 | 북악 |
| 山岳 | 산악 |

丿 ⺁ ⺀ 斤 丘 乒 岳 岳

3급II

언덕 **안**

[山, 5] 총 8획

산[山] 아래 언덕[厂]이 방패[干]처럼 막힌 형태의 낭떠러지 언덕을 뜻한다. 주로 바다와 육지가 맞닿은 海岸(해안)을 가리킨다.

沿岸	연안
彼岸	피안
海岸	해안

● 干(방패 간)은 손잡이가 달린 방패를 그린 글자이다.

丨 凵 屮 屮 岸 岸 岸 岸

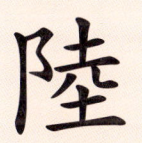

5급II

뭍 **륙**

[阜, 8] 총 11획

바다가 아닌 나머지 땅을 '뭍'이라고 한다. 바다보다 높이 올라온 언덕[阝]과 언덕[坴]이 합쳐져 이루어진 평평한 땅(뭍)을 뜻한다.

육군	陸軍
육로	陸路
육상	陸上
육지	陸地
이륙	離陸

● 坴(언덕 륙)은 나무가 심어진 언덕을 나타낸다.

⺂ ⻖ 阝 阝⁻ 阝+ 陸 陸 陸 陸

3급II

화목할 **목**

[目, 8] 총 13획

눈[目]앞의 언덕[坴]에 터를 이루고 살아가는 가족의 화목함을 뜻한다.

上和下睦	상화하목
親睦	친목
和睦	화목

丨 冂 冃 目 目⁻ 目+ 睦 睦 睦

3급II

언덕 릉

[阜, 8] 총 11획

언덕[阝]의 흙[土]이 높아서 숨을 나누어[八] 쉬며 천천히 걸어[夂] 올라야 하는 큰 언덕을 뜻한다. 王陵(왕릉)과 같은 단어에서 그 규모를 짐작할 수 있다.

• 八(여덟 팔)은 여기서 사물이 둘로 나뉜 모양이다. 夂(천천히 걸을 쇠)는 발을 거꾸로 놓고 질질 끌며 천천히 걷는 모습이다.

丘陵	구릉
武陵桃源	무릉도원
王陵	왕릉

4급II

재주 예

[艸, 15] 총 19획

농경 사회에서는 초목을 심는 능력이 중요했다. 그래서 몸을 구부리고 앉아 풀[艹]을 잘 심고[埶] 또 잘 피어오르게[云] 하는 재주를 뜻한다.

• 埶(심을 예)는 사람이 구부리고 앉아 언덕에 나무를 심는 모습이고, 云(이를 운)은 어떤 기운이 뭉게뭉게 피어오르는 모습이다.

陶藝	도예
서예	書藝
예능	藝能
예술	藝術

4급II

형세 세

[力, 11] 총 13획

형세는 어떤 일이 되어가는 상태를 말한다. 심은[埶] 나무가 힘[力]차게 자라나는 형세를 뜻한다. 氣勢(기세)가 등등한 모습이 그려진다.

• 力(힘 력)은 사람이 팔뚝에 힘을 준 모습이다.

累卵之勢	누란지세
劣勢	열세
情勢	정세
강세	強勢
기세	氣勢
대세	大勢

5급

더울 열

[火, 11] 총 15획

화학 연료가 없던 시절에는 나무를 땔감으로 써서 熱(열)을 냈다. 이처럼 심었던[埶] 나무를 베어 불[火→灬]을 붙이면 열이 나서 덥다는 뜻이다.

• 灬(불화발)은 火(불 화)의 변형 부수이다.

微熱	미열
熱病	열병
熱湯	열탕
열심	熱心
열전	熱戰
열정	熱情

3급

둥글 환

[丶, 2] 총 3획

사람이 몸을 구부려 둥글게 말고 있는 모습이다. 九(아홉 구)와 다른 한자이므로 주의해야 한다. 한약방에서 빚는 丸藥(환약)도 둥글다.

淸心丸	청심환
投砲丸	투포환
丸藥	환약

3급II

골 곡

[谷, 0] 총 7획

양쪽 산 사이로 샘물[氵]이 흐르는 골짜기의 입구[口]를 나타냈다.

• 口(입 구)는 사람의 입, 출입하는 입구, 구멍, 물건 등 다양한 뜻이 있다.

| 溪谷 | 계곡 |
| 深山幽谷 | 심산유곡 |

丶 八 ケ グ グ 谷 谷

4급II

俗

풍속 속

[人, 7] 총 9획

사람들[亻]이 모여 사는 골짜기[谷]마다 자연스럽게 만들어진 풍속을 뜻한다. 일반 사람들의 풍속이라고 하여 '평범한, 저급한, 대중적인'이라는 뜻도 있다.

卑俗	비속
還俗	환속
세속	世俗
탈속	脫俗
풍속	風俗

丿 亻 亻 亻 伀 伀 俗 俗 俗

5급

浴

목욕할 욕

[水, 7] 총 10획

사람들이 물[氵] 많은 골짜기[谷]에서 목욕한다는 뜻이다. 역사극에 가끔 이런 장면이 나오기도 한다.

森林浴	삼림욕
욕실	浴室
일광욕	日光浴
해수욕	海水浴

丶 丶 氵 氵 氵 沙 浴 浴 浴 浴

4급II

容

얼굴 용

[宀, 7] 총 10획

집[宀]이나 골짜기[谷]처럼 넓어서 많은 표정을 담을 수 있는 얼굴을 뜻한다. 넓은 얼굴처럼 너그럽게 '받아들이다'라는 뜻도 있다.

• 宀(집 면)은 지붕이 씌워진 집을 뜻하는 부수이다.

寬容	관용
容貌	용모
容恕	용서
미용	美容
포용	包容
허용	許容

丶 宀 宀 宀 宀 宀 容 容 容 容

3급II

裕

넉넉할 유

[衣, 7] 총 12획

옷[衣→衤]의 품이 골짜기[谷]처럼 깊어서 크기가 넉넉하다는 뜻이다.

• 衤(옷의변)은 저고리 모양을 그린 衣(옷 의)의 변형 부수이다.

富裕	부유
餘裕	여유
裕福	유복

丶 宀 宀 衤 衤 衤 衤 衤 裕 裕

3급II

하고자 할 **욕**

[欠, 7] 총 11획

입을 골짜기[谷]처럼 하품[欠]하듯 벌려 말하며 끊임없이 무엇을 하고자 한다는 뜻이다. 마음속의 생각을 밖으로 드러낸다는 의미가 있다.

• 欠(하품 흠)은 입을 크게 벌리고[⌒] 하품하는 사람[人]의 모습이다.

´ ´ 冫 欠 ⺈ 谷 谷 谷 欲 欲 欲

| 欲求 | 욕구 |
| 欲速不達 | 욕속부달 |

3급II

욕심 **욕**

[心, 11] 총 15획

무엇을 하고자 하는[欲] 마음[心]이 지나치게 크면 분수에 넘치는 욕심이라는 뜻이다.

• 心(마음 심)은 사람의 심장을 그린 글자로, 주로 마음을 뜻한다.

´ 冫 ⺈ 谷 谷 欲 欲 欲 慾 慾 慾

食慾	식욕
意慾	의욕
貪慾	탐욕

7급

한가지 **동**

[口, 3] 총 6획

서로 같은 것을 '한가지'라고 한다. 동굴[冂] 속 한[一] 구멍[口]에 모여 사는 식구는 핏줄이 한가지(같다)라는 뜻이다. 同苦同樂(동고동락)은 함께 살며 괴로움과 즐거움을 같이한다는 말이다.

• 冂은 동굴의 모습을 나타낸다.

丨 冂 冂 冋 同 同

同年輩	동년배
同盟	동맹
同封	동봉
동감	同感
동고동락	同苦同樂
동일인	同一人

7급

골 **동**, 밝을 **통**

[水, 6] 총 9획

옛날에는 한마을의 사람들이 우물을 같이 썼다. 그래서 물[氵]을 같이[同] 쓰는 골(고을)을 의미한다. 지금은 행정구역상의 洞(동)을 가리킨다. 물[氵]이 같은[同] 방향으로 흘러 '통한다, 밝다'는 뜻도 있다.

` ` 冫 氵 汀 汩 泂 洞 洞

| 동사무소 | 洞事務所 |
| 통찰 | 洞察 |

4급II

구리 **동**

[金, 6] 총 14획

구리는 붉은색의 광물로 금과 색이 비슷하다. 그래서 금[金]과 같은[同] 색처럼 보이는 구리를 뜻한다.

• 金(쇠 금)은 흙 속에서 황금이 반짝거리는 모습으로, 금속의 총칭이다.

丿 𠂉 𠂈 𠂉 全 金 金 釗 鈤 銅 銅

銅像	동상
銅版	동판
동경	銅鏡
동전	銅錢
청동기	靑銅器

잠깐! 성어 공략

*붉은색 글자는 한자능력검정시험 3급에 빈칸 채우기 문제로 출제되었던 한자임.

街談巷說	가담항설	길거리에 떠도는 소문.
佳人薄命	가인박명	아름다운 여자는 수명이 짧음.
刻骨難忘	각골난망	남에게 입은 은혜가 뼈에 새길 만큼 커서 잊히지 않음.
干城之材	간성지재	나라를 지키는 믿음직한 인재.
甘言利說	감언이설	남의 비위를 맞추거나 이로운 조건을 내세워 꾀는 말.
感慨無量	감개무량	마음속에서 느끼는 감동이나 느낌이 끝이 없음.
甲午更張	갑오경장	조선 고종 31년부터 33년 사이에 추진되었던 개혁 운동.
擧案齊眉	거안제미	밥상을 눈썹과 가지런하도록 공손히 들어 남편 앞에 가지고 감. 아내가 남편을 깍듯이 공경함.
格物致知	격물치지	실제 사물의 이치를 연구하여 지식을 완전하게 함.
牽強附會	견강부회	이치에 맞지 않는 말을 억지로 끌어 붙여 자기에게 유리하게 함.
見利思義	견리사의	눈앞의 이익을 보면 의리를 먼저 생각함
犬馬之勞	견마지로	개나 말 정도의 하찮은 힘. 윗사람에게 충성을 다하는 자신의 노력을 낮추어 이르는 말.
見聞一致	견문일치	보고 들은 바가 꼭 같음.
見物生心	견물생심	어떠한 실물을 보게 되면 그것을 가지고 싶은 욕심이 생김.

刻舟求劍 각주구검

칼을 떨어뜨린 위치를 뱃전에 표시하였다가 배가 움직인 것을 생각하지 않고 나중에 그 자리에서 칼을 찾음. 어리석고 미련하여 융통성이 없음.

02 일째 땅 2

스마트 한자 암기 프로그램

8급

木 나무 **목**
[木, 0] 총 4획

나뭇가지와[一] 기둥[l], 뿌리[八]를 그려 나무를 표현한 글자이다. 木(나무 목)이 들어간 한자는 주로 나무 이름이나 나무로 만든 물건을 뜻한다.

一 十 才 木

枯木	고목
苗木	묘목
草根木皮	초근목피
목기	木器
목수	木手
벌목	伐木

7급

休 쉴 **휴**
[人, 4] 총 6획

나무 그늘은 사람이 쉬기에 좋은 장소이다. 그래서 **사람[亻]이 나무[木]에 기대어 쉰다**는 뜻이다. 쉬는 날을 休日(휴일)이라고 한다.

丿 亻 仁 什 什 休

休刊	휴간
休眠	휴면
休廷	휴정
휴강	休講
휴식	休息
휴일	休日

7급

植 심을 **식**
[木, 8] 총 12획

나무[木]를 곧게[直] 세워 심는다는 뜻이다. 植木日(식목일)은 나무를 심는 날이다.

• 直(곧을 직)은 눈[目]에서 십자[十] 광선을 쏘며 턱을 직각으로[ㄴ] 세우고 곧게 본다는 뜻이다.

一 十 才 木 木 朴 枯 椬 植 植

식목	植木
식수	植樹
이식	移植

6급

樹 나무 **수**
[木, 12] 총 16획

나무[木] 중에서도 땅에 세워진[尌] 살아있는 상태의 나무를 뜻한다. 木(나무 목)은 산 나무와 죽은 나무를 모두 포함한다.

• 尌(세울 주)는 제사 의식 전에 북[효]을 손[寸]으로 세우는 모습이다.

木 木 朴 桔 桔 桔 桔 樹 樹

과수원	果樹園
상록수	常綠樹

3급II

탈 승

[丿, 9] 총 10획

열매를 따기 위해 손을 뻗고[丆] 두 발[北]로 나무[木]를 탄다는 뜻이다. 요즘에는 주로 탈것에 오른다는 뜻으로 쓰인다.

• 北(북)은 여기서 두 발로 나무를 타고 올라가는 모습이다.

一 二 千 千 千 乒 乖 乖 乘 乘

乘客	승객
乘馬	승마
乘船	승선

6급

李

오얏/성 리

[木, 3] 총 7획

오얏은 자두의 옛말이다. 나무[木]에 열린 자두 열매[子]를 뜻하다가 나중에 성씨 중에 '이씨'를 의미하게 되었다. 季(계절 계)와 모양이 비슷하다.

• 子(아들 자)는 이불에 싸인 어린 자식을 그린 글자로, '아들, 열매, 스승' 등을 뜻한다.

一 十 才 木 本 李 李

桃李	도리
이씨	李氏
장삼이사	張三李四

6급

朴

성 박

[木, 2] 총 6획

나무[木]껍질의 갈라진[卜] 모양이 소박하다는 뜻이었다가 나중에 성씨 중에 '박씨'를 의미하게 되었다.

• 卜(점 복)은 옛날에 거북이 배딱지를 구워 점칠 때 갈라지던 모양이다.

一 十 才 木 朴 朴

박씨	朴氏
소박	素朴
질박	質朴

3급II

밤 률

[木, 6] 총 10획

벌어진 밤송이[覀]가 나무[木] 위에 열린 모습이다. 따가운 밤송이에 찔릴까 두려운 마음에서 '두렵다, 벌벌 떨다'의 뜻도 나왔다. 粟(조 속)과 모양이 비슷하다.

一 冂 冃 襾 覀 覀 栗 栗 栗 栗

| 生栗 | 생률 |

3급II

옻 칠

[水, 11] 총 14획

옻은 옻나무에서 나오는 끈끈한 물질이다. 진액[氵]을 얻으려고 나무[木]에 상처[人]를 내면 나오는 물[氺]이 옻이라는 뜻이다.

• 氺(물수발)은 물줄기가 흐르는 모양을 그린 水(물 수)의 변형 부수이다.

丶 丶 氵 汁 洴 洣 漆 漆 漆 漆

漆器	칠기
漆板	칠판
漆黑	칠흑

3급II

물들 염

[木, 5] 총 9획

옛날에는 천을 물들일 때 자연에서 얻은 재료를 이용했다. 그래서 물[氵]에 나무[木]의 즙을 타서 천을 여러[九] 번 담그면 물든다는 의미이다.

- 九(아홉 구)는 숫자 9를 뜻하는 한자로, 많은 수를 나타낼 때 쓰인다.

感染	감염
染色	염색
汚染	오염

丶 丶 氵 氿 氿 氿 染 染

3급II

부드러울 유

[木, 5] 총 9획

창[矛]의 자루를 만드는 나무[木]는 열을 가하면 잘 구부러지니 부드럽다는 뜻이다. 딱딱한 나무도 柔軟(유연)하게 만들 수 있다.

- 矛(창 모)는 끝이 뾰족하고 장식이 달린 창을 그린 글자이다.

柔道	유도
柔順	유순
柔軟	유연

フ マ 孑 予 矛 矛 柔 柔 柔

4급

곤할 곤

[囗, 4] 총 7획

사방이 둘러싸인[囗] 곳에 갇혀서 제대로 자라지 못하는 나무[木]의 곤란함을 뜻한다. 상황이 몹시 난처하거나 지친 상태를 의미한다.

- 囗(에울 위)는 사방이 울타리처럼 둘러싸인 모양이다.

困惑	곤혹
春困症	춘곤증
곤란	困難
빈곤	貧困
피곤	疲困

丨 冂 冂 用 用 困 困

4급II

평상 상

[广, 4] 총 7획

가구는 주로 나무를 이용해서 만든다. 집[广] 안에서 쓰기 위해 나무[木]로 만든 침상이나 평상을 뜻한다.

- 广(집 엄)은 집의 지붕을 그린 부수이다.

同床異夢	동상이몽
기상	起床
병상	病床
온상	溫床

丶 亠 广 广 庁 床 床

4급II

다할/극진할 극

[木, 8] 총 13획

나무[木]로 앞이 막힌 동굴[二]에서 사람[ノ→丁]이 입[口]으로 소리치고 손[又]으로 긁으며 살려달라고 온 힘을 다한다는 뜻이다.

- 又(또 우)는 오른손을 그린 글자로, 주로 손을 의미한다.

極甚	극심
극비	極祕
극언	極言
극찬	極讚
태극기	太極旗

一 十 木 木 朽 朽 柯 極 極 極

| 6급  근본 **본** [木, 1] 총 5획 | 사물의 본래 성질을 '근본'이라고 한다. 나무[木] 아래에 뿌리를 나타내는 선[一]을 그어 사물의 근본을 표현했다. '근원, 본성, 조상, 조국' 등의 뜻도 있다.

一 十 オ 木 本 | 脚本 각본
本館 본관
本署 본서
본명 本名
본색 本色
본심 本心 |

| 5급  끝 **말** [木, 1] 총 5획 | 사물의 근본을 나무의 뿌리로 비유했다면, 나무[木]의 맨 꼭대기에 선[一]을 그어 사물의 끝을 표현했다. '꼭대기, 마지막' 등의 뜻으로 쓰인다.

一 二 キ 才 末 | 末尾 말미
결말 結末
말단 末端
분말 粉末 |

| 4급 II  아닐 **미** [木, 1] 총 5획 | 나무[木]의 가지에 난 아직 덜 자란 싹[一]을 짧게 그려 '아직 아니다'라는 뜻을 표현했다. '아니다, 못하다'라는 뜻의 不(아닐 불)과 구별하여 써야 한다.

一 二 キ 才 未 | 未詳 미상
未遂 미수
未熟兒 미숙아
미납 未納
미래 未來
미비 未備 |

| 4급 II  맛 **미** [口, 5] 총 8획 | 음식을 입[口]에 넣고 간이 맞는지 아닌지[未] 맛본다는 뜻이다.

丶 口 口 口 미 咔 味 味 | 無味乾燥 무미건조
吟味 음미
기미 氣味
별미 別味
성미 性味 |

| 6급 II  실과 **과** [木, 4] 총 8획 | 실과는 열매를 말한다. 열매[田]가 나무[木] 위에 주렁주렁 열린 모습을 나타냈다. 열매는 나무가 맺은 결과라는 의미에서 일의 '결과'를 뜻하기도 한다.

丶 口 口 曰 므 甲 果 果 | 果糖 과당
결과 結果
성과 成果
실과 實果 |

5급 II

공부할/과정 과
[言, 8] 총 15획

==말[言]로 어떤 일의 결과[果]를 조사하며 공부한다==는 뜻이다. 공부할 분량이나 그 과정을 의미하기도 한다.

• 言(말씀 언)은 입에서 말소리가 퍼져 나가는 모습을 나타낸 글자이다.

`一 亠 亖 言 言 訂 評 評 評 課`

賦課	부과
공과금	公課金
과정	課程
과제	課題
일과	日課

7급

수풀 림
[木, 4] 총 8획

==나무 두 그루를 그려 나무가 우거진 수풀을 표현==했다. 미래의 자원인 森林(삼림)을 잘 보호해야 한다.

`一 十 才 木 木 朴 材 林`

森林	삼림
酒池肉林	주지육림
농림	農林
밀림	密林
방풍림	防風林

4급 II

금할 금
[示, 8] 총 13획

제사가 행해지는 제단은 신성하니 ==숲[林] 안에 제단[示]을 두어 아무나 드나드는 것을 금한다==는 뜻이다.

• 示(보일 시)는 제사 지내는 단을 그린 글자이다.

`一 十 才 木 林 林 埜 禁 禁 禁`

拘禁	구금
禁忌	금기
禁慾	금욕
금식	禁食
금연	禁煙
금지	禁止

3급 II

수풀 삼
[木, 8] 총 12획

==나무 세 그루를 그려 수풀 중에서도 빽빽하고 엄숙한 수풀을 표현==했다. 무서우리만큼 높고 빽빽한 모습에서 '삼엄하다'라는 뜻으로도 쓰인다.

• 같은 모양이 세 개 반복된 한자에는 주로 양이 많다는 의미가 담겨 있다.

`一 十 才 木 村 林 杰 枩 森 森`

森羅萬象	삼라만상
森嚴	삼엄

4급

붉을 주
[木, 2] 총 6획

==나무[木]의 가지[一] 끝에 붉은 열매[']가 달린 모습==이다. 붉은색을 뜻하는 글자로는 赤(붉을 적), 紅(붉을 홍), 丹(붉을 단) 등이 있다.

`丿 一 二 牛 牛 朱`

인주	印朱
주목	朱木
주홍	朱紅

3급II

그루 주

[木, 6] 총 10획

나무[木]를 베어내고 남은 붉은[朱] 뿌리 쪽 그루(터기)를 뜻한다. 그루는 나무의 밑바탕이기 때문에 기초가 되는 사물을 비유하는 단어에 주로 쓰인다.

一 十 ㅓ ㅓ ㅓ 朾 㭅 㭜 㭟 株

守株待兔	수주대토
有望株	유망주
株式	주식

3급II

구슬 주

[玉, 6] 총 10획

구슬[玉→王] 중에 옅은 붉은기[朱]가 도는 진주를 뜻한다. 진주는 빛깔이 아름다워서 장신구로 쓰인다.

• 王(구슬옥변)은 玉(구슬 옥)의 변형 부수로, 王(임금 왕)과 모양이 같다.

一 丁 T 王 王 玝 珒 珠 珠 珠

如意珠	여의주
珍珠	진주
眞珠	진주

3급II

다를 수

[歹, 6] 총 10획

전쟁터에서 뼈[歹]가 부서지고 붉은[朱] 피가 흐르도록 싸우는 남다름을 뜻한다. 남과 다르니 '특별하다', 많이 다쳤으니 '죽다'라는 의미로도 통한다.

• 歹(죽을사변)은 뼈가 부서지거나 앙상하게 드러난 모양이다.

一 ㄱ ㄕ 歹 歹 矴 殊 殊 殊 殊

| 特殊 | 특수 |

5급II

묶을 속

[木, 3] 총 7획

산에서 땔감으로 모아 놓은 나무[木]를 끈으로 감아 묶은[口] 모양이다. 묶어두고 '단속하다', 새끼손가락을 묶어 '약속하다' 등의 뜻으로도 쓰인다.

一 ㄒ ㄒ 冂 車 束 束

拘束	구속
束手無策	속수무책
결속	結束
단속	團束
약속	約束

6급

빠를 속

[辶, 7] 총 11획

산에서 묶은[束] 나무를 지고 해가 지기 전에 집으로 걸어가는[辶] 발걸음이 빠르다는 뜻이다. 그래도 過速(과속)은 위험하니 너무 서두르면 안 된다.

• 辶(책받침)은 머리카락을 날리며 걷는 모습을 그린 辵(쉬엄쉬엄 갈 착)의 변형 부수이다.

一 ㄒ ㄒ 冂 車 束 束 涑 涑 速 速

拙速	졸속
秒速	초속
가속	加速
과속	過速
속보	速報

5급II

익힐 련

[糸, 9] 총 15획

옷감 짜기를 주로 하던 옛 여인들이 **좋은 실[糸]을 손으로 고를[柬] 수 있는 기술을 익힌다**는 뜻이다.

• 柬(고를 간)은 묶은[束] 나무를 나누어[八→ˊ] 늘어놓고 쓸 만한 것을 고른다는 뜻이다.

熟練	숙련
未練	미련
洗練	세련
修練	수련
練習	연습

丿 𠂉 纟 幺 糸 糹 紗 紳 紳 練

3급II

쇠 불릴 / 단련할 련

[金, 9] 총 17획

무기나 돈을 만들기 위해 쇠를 녹이는 것을 쇠 불린다고 한다. 그래서 **물건이 될 만한 쇠붙이[金]를 골라내어[柬] 불린다**는 뜻이다. 몸과 정신을 단단하게 '단련한다'는 뜻으로도 쓰인다.

洗鍊	세련
修鍊	수련
鍊磨	연마

丿 𠂉 𠂉 𠂉 𠂉 金 金 鉤 鉤 鍊

3급II

난초 란

[艹, 17] 총 21획

난초는 고결함을 상징하는 식물이다. **풀[艹] 중에 사람의 발길이 막힌[闌] 깨끗한 곳에서 자라는 난초**를 뜻한다.

• 闌(막을 란)은 들일 사람을 고르기[柬] 위해 문[門]을 막는다는 뜻이다.

金蘭之交	금란지교
蘭草	난초
春蘭	춘란
風蘭	풍란

丶 丶 丶 艹 广 芦 芦 門 閂 蘭

3급II

난간 란

[木, 17] 총 21획

다리나 마루의 가장자리에 **사람이 떨어지지 않도록 나무[木]로 막은[闌] 난간**을 뜻한다. 문서의 빈칸이 사방을 막은 난간 같다고 하여 '칸'을 뜻하기도 한다.

| 空欄 | 공란 |
| 欄干 | 난간 |

木 杧 杧 柙 柙 柙 欄 欄 欄 欄

4급II

대 죽

[竹, 0] 총 6획

길쭉한 대나무 줄기와 잎을 그린 글자이다. 대나무는 종이나 악기, 농기구 등에 다양하게 활용된다.

竹刀	죽도
죽림칠현	竹林七賢
죽부인	竹夫人

丿 𠂉 𠂉 𠂉 竹 竹

4급II  웃음 소 [竹, 4] 총 10획	대나무[⺮]가 바람에 흔들리는 소리가 마치 고개를 젖히고 웃는 사람[夭]의 웃음 같다는 뜻이다. • ⺮(대죽머리)는 竹(대 죽)의 변형 부수이고, 夭(요)는 사람이 머리를 젖힌 모습이다. 丿 ⺊ ⺊ ⺊ ⺮ 竺 竺 竺 笑 笑	微笑 미소 拍掌大笑 박장대소 고소 苦笑 냉소 冷笑 실소 失笑 폭소 爆笑
4급  모범 범 [竹, 9] 총 15획	먼 길을 떠나기 전에 대나무[⺮] 수레[車] 앞에 엎드려[㔾] 제물을 바치는 액막이 의식은 다른 사람들에게 본보기나 모범이 된다는 뜻이다. • 車(수레 거)는 바퀴가 네 개 달린 수레의 모습이고, 㔾(병부 철)은 몸을 구부린 사람의 모습이다. 액막이 의식은 사나운 일을 막기 위한 의식이다. ⺮ ⺮ 竺 竺 笃 笛 笛 筲 範 範	규범 規範 모범 模範 사범 師範 시범 示範
3급  도타울 독 [竹, 10] 총 16획	竹馬故友(죽마고우)라는 말처럼, 대나무[⺮] 말[馬]을 타고 놀던 어릴 적 벗과의 오랜 우정이 도탑다는 뜻이다. ⺮ ⺮ 竺 筥 筥 筥 篤 篤 篤 篤	篤實 독실 篤志家 독지가 敦篤 돈독 危篤 위독
7급  셈 산 [竹, 8] 총 14획	대나무[⺮]를 깎아 만든 주판[目]을 양손[廾]에 올려놓고 셈한다는 뜻이다. • 目(목)은 여기서 주판의 모양을 나타낸다. 廾(받들 공)은 양손으로 물건을 들어 올리는 모양이다. ⺊ ⺮ ⺮ ⺮ 竺 竺 管 算 算 算	珠算 주산 換算 환산 가산 加算 결산 決算 계산 計算 산출 算出
3급II  꾀 책 [竹, 6] 총 12획	대나무[⺮]로 가시[朿]처럼 따갑게 만든 채찍을 들고서 말을 길들이기 위해 내는 꾀를 뜻한다. 어떤 일을 이루기 위해 생각한 꾀를 計策(계책)이라고 한다. • 朿(가시 자)는 나무[木]줄기에 가시가 덮인[冖] 모양이다. 丿 ⺊ ⺮ ⺮ 竺 竺 笃 箐 策 策	祕策 비책 上策 상책 失策 실책 政策 정책

3급II

찌를 자

[刀, 6] 총 8획

따가운 가시[朿]나 칼[刂]로 찌른다는 뜻이다. 찔려서 입은 상처를 刺傷(자상)이라고 한다.

- 刂(선칼도방)은 刀(칼 도)의 변형 부수이다.

| 刺客 | 자객 |
| 刺傷 | 자상 |

3급

벼 화

[禾, 0] 총 5획

벼는 익을수록 고개를 숙인다. **쌀알이 익으면서 고개를 숙인 벼의 모양을 그린 글자**이다. 주로 곡물이나 수확, 세금과 관련된 글자에 부수로 쓰인다.

| 禾穀 | 화곡 |
| 禾苗 | 화묘 |

4급

계절 계

[子, 5] 총 8획

벼[禾]를 수확하기 위해 어린 자식[子]까지 나와 일하던 계절을 뜻한다. 추수는 농사일의 끝이므로 '끝'이라는 뜻도 있다. 李(오얏 리)와 모양이 비슷하다.

季刊	계간
伯仲叔季	백중숙계
계절	季節
동계	冬季
사계	四季

4급II

향기 향

[香, 0] 총 9획

수확한 벼[禾]를 밥솥[日]에 넣고 밥을 지을 때 나는 향기를 뜻한다.

- 日은 밥솥의 모양을 나타낸다.

墨香	묵향
香爐	향로
향기	香氣
향료	香料
향수	香水

4급

맡길 위

[女, 5] 총 8획

예로부터 곡식을 보관하던 곳간 열쇠는 집안의 여자가 관리했다. 이렇듯 **수확한 벼[禾]의 보관을 그 집안의 여자[女]에게 맡긴다**는 뜻이다.

- 女(여자 녀)는 여자가 다소곳하게 앉은 모습이다.

| 위원회 | 委員會 |
| 위임 | 委任 |

4급

곡식 **곡**

[禾, 10] 총 15획

대부분 곡식은 껍질 안에 알맹이를 품고 있다. 이처럼 껍질[殼→殼]로 둘러싸인 벼[禾]와 같은 종류의 곡식을 모두 일컫는 글자이다.

• 殼은 단단한 껍질을 뜻하는 殼(껍질 각)이 축소된 모양이다.

곡창	穀倉
곡류	穀類
곡물	穀物
곡식	穀食
양곡	糧穀
잡곡	雜穀

一 十 士 吉 耉 耉 耉 穀 穀 穀

3급

벼 **도**

[禾, 10] 총 15획

벼[禾]를 절구[臼]에 넣고 손[爫]으로 찧어야만 껍질이 벗겨져 먹을 수 있는 벼가 된다는 뜻이다.

• 爫(손톱 조)는 사람의 손톱을 그린 것으로, 주로 손의 의미로 쓰인다. 臼(절구 구)는 곡식을 빻는 절구의 모양을 그린 글자이다.

稻熱病	도열병
稻作	도작
立稻先賣	입도선매

禾 禾 禾 禾 禾 秆 稻 稻 稻

4급

빼어날 **수**

[禾, 2] 총 7획

벼[禾]에 쌀알이 잘 여물어 고개를 길게[乃] 늘어뜨리고 있으니 그 모습이 빼어나다는 뜻이다. 재주가 뛰어나고 빼어난 사람을 俊秀(준수)하다고 한다.

• 乃는 고개 숙인 벼가 길게 늘어진 모양이다.

俊秀	준수
수려	秀麗
수재	秀才

一 二 千 干 禾 秀 秀

3급Ⅱ

꿰뚫을 **투**

[辶, 7] 총 11획

벼가 빼어나게[秀] 자라 나가는[辶] 모습이 마치 하늘을 꿰뚫는 듯하다는 뜻이다. 투명한 하늘로 통하여 자라는 모습이니 '투명하다, 통하다'의 뜻으로도 쓰인다.

浸透	침투
透明	투명
透視	투시
透徹	투철

一 二 千 干 禾 秀 秀 诱 诱 透

3급Ⅱ

꾈 **유**

[言, 7] 총 14획

말[言]을 빼어나게[秀] 잘하여 자기가 원하는 대로 상대를 꾄다는 뜻이다. 상대를 꾀어서 좋지 않은 길로 이끄는 것을 誘惑(유혹)이라고 한다.

誘導	유도
誘發	유발
誘引	유인
誘致	유치
誘惑	유혹

丶 二 言 言 言 訐 誘 誘 誘

6급II

利
이로울 리
[刀, 5] 총 7획

농부가 벼[禾]를 낫[刂]으로 베어 곡식을 얻으니 이롭다는 뜻이다. 벼를 베는 낫은 날이 잘 서야 하니 '날카롭다'는 뜻도 있다.

• 刂(선칼도방)은 刀(칼 도)의 변형 부수이다.

丿 二 千 禾 禾 利 利

私利私慾	사리사욕
銳利	예리
利律	이율
이권	利權
이용	利用
이익	利益

3급

梨
배 리
[木, 7] 총 11획

배는 소화를 돕거나 갈증을 해소하는 등 우리 몸에 좋은 과일이다. 이처럼 몸에 이로운[利] 과일이 나무[木]에서 열리니 배라는 뜻이다.

丿 二 千 禾 禾 利 利 利 梨 梨 梨

烏飛梨落	오비이락
梨花	이화

6급

米
쌀 미
[米, 0] 총 6획

벼 줄기 끝에 알알이 영글어 있는 쌀을 그린 글자이다. 주로 껍질을 벗긴 쌀이나 곡물과 관련된 글자에 부수로 쓰인다.

丶 ᄼ 二 半 米 米

米壽	미수
玄米	현미
군량미	軍糧米
미음	米飲
백미	白米
정미소	精米所

3급

迷
미혹할 미
[辶, 6] 총 10획

미혹하다는 것은 정신이 헷갈려 갈팡질팡 헤매는 것이다. 쌀알[米]처럼 여러 갈래로 퍼진 길에서 어디로 갈지[辶] 헤매니 정신이 미혹하다는 뜻이다.

• 辶(책받침)은 머리카락을 날리며 걷는 모습을 그린 辵(쉬엄쉬엄 갈 착)의 변형 부수이다.

丶 ᄼ 二 半 米 米 迷 迷 迷

迷路	미로
迷信	미신
迷兒	미아
昏迷	혼미

3급II

菊
국화 국
[艸, 8] 총 12획

국화는 길쭉하고 얇은 꽃잎이 겹쳐진 꽃이다. 식물[艹] 중에 쌀알[米] 같은 꽃잎으로 둘러 싸인[勹] 모양의 국화를 나타낸다.

• 勹(쌀 포)는 사람이 몸을 굽혀 무언가를 감싸는 모양이다.

丨 卝 卝 艹 艹 艻 芍 茢 菊 菊

菊花	국화
梅蘭菊竹	매란국죽
黃菊	황국

3급II

단장할 장

[米, 6] 총 12획

옛날 여인들은 천연 재료를 이용하여 몸을 단장했다. 그중 하나로 **하얀 쌀[米]을 빻아 얼굴에 바르며[庄] 뽀얗게 단장한다**는 뜻이다.

• 庄(바를 장)은 집[广]의 벽을 흙[土]으로 바른다는 뜻이다.

丹粧	단장
治粧	치장
化粧	화장
化粧紙	화장지

3급

조 속

[米, 6] 총 12획

조는 쌀과 비슷한 모양으로 자라는 곡식이다. 그래서 **곡식의 열매[覀]가 쌀[米]처럼 한 줄기에 여러 개 열리는 조**를 뜻한다. 栗(밤 률)과 모양이 비슷하다.

• 覀는 곡식의 열매가 여러 알 열린 모양이다.

| 滄海一粟 | 창해일속 |

7급

올 래

[人, 6] 총 8획

원래 줄기[木]에 보리[ㅆ]가 열린 모습인데, 보리가 중앙아시아에서 넘어온 곡식이라고 해서 '오다'의 뜻으로 쓰게 되었다.

來賓	내빈
渡來	도래
도래	到來
미래	未來
왕래	往來

3급II

보리 맥

[麥, 0] 총 11획

보리를 그린 글자의 뜻이 '오다'로 변하자, **보리[來]를 그린 글자 아래에 뿌리[夊]를 그려 곡식 보리의 뜻을 확실히 드러낸 글자**이다.

• 夊는 뿌리가 땅으로 퍼지는 모양이다.

麥秀之歎	맥수지탄
麥酒	맥주
小麥	소맥

3급II

가지런할 제

[齊, 0] 총 14획

곡식의 줄기 위로 이삭이 가지런히 자란 모습을 그린 글자이다. 이처럼 가지런하게 집안을 다스리는 것을 齊家(제가)라고 한다.

| 修身齊家 | 수신제가 |
| 整齊 | 정제 |

4급 II

건널 **제**

[水, 14] 총 17획

물결[氵]이 세차지 않고 가지런할[齊] 때 사람들이 강을 건넌다는 뜻이다. 강을 건너다가 사람들이 물에 빠지면 가지런히 질서 있게 '구제한다'는 뜻으로도 쓰인다.

경세제민	經世濟民
구제	救濟

氵 氵 汀 沪 浐 浐 浐 浐 濟 濟

6급 II

재주 **술**

[行, 5] 총 11획

길을 다닐[行] 때 차조[朮]처럼 여러 갈래로 뻗은 길도 잘 찾는 재주라는 뜻이다. '재주'와 의미가 통하는 '꾀, 방법, 기술' 등의 뜻도 있다.

• 朮(차조 출)은 찰기 있는 조의 열매가 사방으로 열리는 모습이다.

劍術	검술
鍊金術	연금술
기술	技術
인술	仁術
호신술	護身術

彳 彳 千 什 什 休 休 術 術 術

3급 II

펼 **술**

[辶, 5] 총 9획

차조[朮] 열매가 뻗어 나가듯[辶] 여러 갈래로 이야기를 펼친다는 뜻이다.

論述	논술
敍述	서술
著述	저술
陳述	진술

一 十 才 木 朮 朮 沭 沭 述

잠깐! 성어 공략

*붉은색 글자는 한자능력검정시험 3급에 빈칸 채우기 문제로 출제되었던 한자임.

見危致命	견위치명	나라가 위태로울 때 자기의 몸을 나라에 바침.
結者解之	결자해지	맺은 사람이 풀어야 함. 자기가 저지른 일은 자기가 해결해야 함.
傾國之色	경국지색	임금이 혹하여 나라가 기울어져도 모를 정도의 미인. 뛰어나게 아름다운 미인.
敬天愛人	경천애인	하늘을 공경하고 사람을 사랑함.
驚天動地	경천동지	하늘을 놀라게 하고 땅을 뒤흔듦. 세상을 몹시 놀라게 함을 비유.
鷄鳴狗盜	계명구도	닭의 울음소리를 흉내 내거나 물건을 잘 훔치는 재주. 비굴하게 남을 속이는 하찮은 재주.
苦盡甘來	고진감래	쓴 것이 다하면 단 것이 옴. 고생 끝에 즐거움이 옴.
孤軍奮鬪	고군분투	따로 떨어진 군사가 많은 수의 적군과 용감하게 잘 싸움. 남의 도움을 받지 않고 힘에 벅찬 일을 잘해 나가는 것을 비유.
公私多忙	공사다망	공적이거나 사적인 모든 일로 겨를이 없을 만큼 바쁨.
苦肉之計	고육지계	자기 몸을 상해 가면서까지 꾸며 내는 계책. 어려운 상태를 벗어나기 위해 어쩔 수 없이 꾸며 내는 계책.
孤立無援	고립무원	고립되어 도움을 받을 데가 없음.
孤掌難鳴	고장난명	한쪽 손뼉만으로는 소리가 울리지 않음. 맞서는 사람이 없으면 싸움이 일어나지 않음.
骨肉相爭	골육상쟁	가까운 혈족끼리 서로 싸움.
過恭非禮	과공비례	지나친 공손(恭遜)은 오히려 예의(禮儀)에 벗어남.

姑息之計 고식지계

당장 편한 것만을 택하는 꾀나 방법.
한때의 안정을 얻기 위해 임시로 둘러맞추어 처리하거나 꾸며 내는 계책.

03 일째
식물

스마트 한자 암기 프로그램

8급		
 **날 생** [生, 0] 총 5획	땅속에서 작은 싹이 고개를 내밀고 나오는 모습을 그린 글자이다. 싹이 나면서부터 자라나는 과정에서 겪는 '태어나다, 싱싱하다, 살다' 등의 뜻이 있다. 丿 ㄏ ㅗ 牛 生	生辰 생신 蘇生 소생 還生 환생 발생 發生 생육 生育 생전 生前

7급II		
 **성씨 성** [女, 5] 총 8획	모계 사회였던 옛날의 풍습에 따라 **여자[女]가 자식을 낳으면[生] 붙여 주던 성씨**를 뜻한다. 나중에 아버지를 따라 붙인 성은 氏(성씨 씨)라고 하다가 지금은 姓(성)으로 통일되었다. ㄥ ㄥ 女 女 女 ㄝ 姓 姓	백성 百姓 성명 姓名 성씨 姓氏

5급II		
 **성품 성** [心, 5] 총 8획	**사람의 마음[忄]속에 날[生] 때부터 자리 잡은 성품**을 뜻한다. 性善說(성선설)은 사람의 성품이 태어날 때부터 착하다는 맹자의 학설이다. 丶 丶 忄 忄 忄 忄 性 性	慣性 관성 耐性 내성 劣性 열성 성질 性質 성품 性品 이성 理性

4급II		
 **별 성** [日, 5] 총 9획	**해가 지면 하늘에 생겨나는[生] 반짝이는 별[日]**을 뜻한다. 옛날에는 해와 별을 구분하지 않고 모두 日(일)로 그렸다. 丿 冂 冂 日 旦 早 星 星	日月星辰 일월성신 惑星 혹성 위성 衛星 유성 流星 점성술 占星術

5급 II

낯을 산

[生, 6] 총 11획

원시생활을 하던 **옛날에는 산 아래 굴 바위에 산실을[产] 만들어 아이를 낳았다[生]**는 뜻이다. 여기에서 '생산하다, 생업, 재산' 등의 뜻으로 발전하였다.

• 产은 높이 선 산 아래에 있는 굴을 뜻한다. 산실은 아이를 낳는 방이다.

丶 亠 产 产 产 产 产 産 産

倒産	도산
畜産業	축산업
공산품	工産品
산업	産業
산지	産地

8급

푸를 청

[靑, 0] 총 8획

우물가[丹]에서 물기를 머금고 피어나는 새싹[主]의 푸름을 뜻한다. 인생에서 새싹처럼 푸른 시절을 靑春(청춘)이라고 한다.

• 丹은 우물의 모양이고, 主은 새싹이 돋아난 모양이다.

一 = 三 主 青 青 青 青

丹靑	단청
청색	靑色
청송	靑松
청춘	靑春

6급 II

맑을 청

[水, 8] 총 11획

물[氵]이 투명하여 하늘의 푸른[靑]빛이 비칠 정도로 맑다는 뜻이다.

丶 氵 氵 氵 浐 洋 淸 淸 淸

淸廉潔白	청렴결백
淸淨	청정
청빈	淸貧
청소	淸掃
청순	淸純

3급

갤 청

[日, 8] 총 12획

비가 그치고 해[日]가 나오니 하늘이 푸르게[靑] 갠다는 뜻이다. 날이 개면 快晴(쾌청)한 날씨가 된다.

刂 丨 日 日 日ㅗ 旪 晴 晴 晴

| 晴天 | 청천 |
| 快晴 | 쾌청 |

4급 II

청할 청

[言, 8] 총 15획

파릇한[靑] 젊은이들이 어른의 가르침을 받기 위해 말씀[言]을 청한다는 뜻이다. 어떤 일을 부탁하거나 물건을 要請(요청)하는 것도 포함된다.

• 言(말씀 언)은 입에서 말소리가 퍼져 나가는 모습을 나타낸 글자이다.

一 言 言 言 言 請 請 請 請

懇請	간청
訴請	소청
신청	申請
요청	要請
청구	請求
청원	請願

5급II

뜻 정

[心, 8] 총 11획

우리 민족은 예로부터 人情(인정)이 많았다. 이처럼 마음[忄]을 푸르게[靑] 가지고 사람을 대하는 따뜻한 정이나 마음의 뜻을 나타낸다.

- 忄(심방변)은 心(마음 심)의 변형 부수이다.

、、忄忄忄忄忄情情情

薄情	박정
戀情	연정
情緖	정서
감정	感情
모정	母情
정보	情報

4급II

정할 정

[米, 8] 총 14획

거칠지 않고 고운 것을 '정(精)하다'고 한다. 쌀[米]에서 푸른[靑] 쌀눈이 보이도록 벗기니 거칠지 않고 정(精)하다는 뜻이다. '精神(정신), 순수, 정밀'의 뜻도 있다.

、、丷丷半米米 粒 粕 粕 精 精

少數精銳	소수정예
精巧	정교
精靈	정령
정독	精讀
정밀	精密
정신	精神

4급II

독 독

[毋, 4] 총 8획

풀[屮] 중에 먹지 말아야[毋] 할 풀이 지닌 독을 뜻한다. 毒性(독성)이 있는 풀을 먹어서는 안 된다.

- 毋(말 무)는 금지를 뜻하는 한자로, 母(어미 모)로 써서는 안 된다.

一 二 土 主 声 声 毒 毒

毒蛇	독사
猛毒	맹독
독기	毒氣
독성	毒性
독약	毒藥

7급

풀 초

[艸, 6] 총 10획

봄에 일찍[早] 돋아나는 풀[艹]을 뜻한다.

- 艹(초두머리)는 艸(풀 초)의 변형 부수이다. 早(이를 조)는 해[日]가 풀[十] 위로 돋는 아침 일찍을 뜻한다.

、、艹艹艹苎苎草草草

乾草	건초
蘭草	난초
勿忘草	물망초
초식	草食
초야	草野
초원	草原

3급II

茶

차 다/차

[艸, 6] 총 10획

풀잎[艹]이나 나무[木] 열매를 따서 사람[人]들이 달여 마시는 차를 뜻한다. 중국에서는 풀잎[艹]을 달여 차로 마시면 88[八十八]세까지 산다는 말로 茶(차)를 광고하기도 한다.

、、艹艹艹艾荟荟茶茶

茶器	다기
茶道	다도
茶飯事	다반사
茶禮	차례

5급

葉

잎 엽

[艹, 9] 총 13획

나무[木] 위에 무성하게[十十十→世] 달린 풀[艹]은 잎이라는 뜻이다.

艹 芷 芷 芷 芷 芷 芷 莖 華 葉 葉

枯葉	고엽
金枝玉葉	금지옥엽
엽서	葉書
침엽수	針葉樹

3급

蝶

나비 접

[虫, 9] 총 15획

벌레[虫] 중에 나뭇잎[枼] 사이로 날아다니는 나비를 뜻한다.

• 虫(벌레 충)은 세모꼴 머리에 몸이 긴 뱀을 그린 글자인데, 나중에 모든 벌레를 가리키게 되었다.

口 口 虫 虫 虻 蛛 蛛 蝶 蝶

| 蝶泳 | 접영 |
| 胡蝶夢 | 호접몽 |

3급II

荒

거칠 황

[艹, 6] 총 10획

흐르던 물[川→巛]이 없으니[亡] 풀[艹]도 말라서 땅이 거칠다는 뜻이다.

• 亡(망할 망)은 사람이 몸을 숨겨 없앤 모습이다. 巛은 냇물이 흐르는 모습을 그린 川(내 천)의 변형이다.

丶 亠 亡 艹 艹 芒 苎 荒 荒 荒

虛荒	허황
荒凉	황량
荒野	황야
荒廢	황폐

5급

落

떨어질 락

[艹, 9] 총 13획

마른 풀[艹]이 물방울[氵]처럼 각각[各] 사방으로 떨어진다는 뜻이다. 떨어진 잎을 落葉(낙엽)이라 한다.

• 各(각각 각)은 발자국[夂]이 입구[口]에 각각 흩어져 있는 모습이다.

艹 艹 艹 艹 汓 汐 茨 茨 落 落

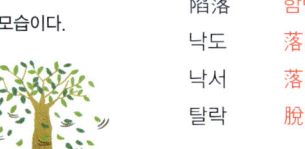

沒落	몰락
墮落	타락
陷落	함락
낙도	落島
낙서	落書
탈락	脫落

3급II

菌

버섯 균

[艹, 8] 총 12획

버섯은 그늘지고 습한 곳에서 핀다. 벼[禾]를 곳간[囗]에 두면 그 위로 돋아나는 식물[艹]이 버섯이라는 뜻이다. 버섯은 균류에 속하기 때문에 '세균'이라는 뜻으로도 쓰인다.

• 囗는 여기서 넓은 곳간의 모양을 나타낸다.

丷 艹 艹 艹 艹 苁 芮 菌 菌 菌

滅菌	멸균
病菌	병균
殺菌	살균
細菌	세균

7급

꽃 화

[艸, 4] 총 8획

풀[艹]이 자라면서 변하여[化] 피운 꽃을 뜻한다. 원래 華(빛날 화)가 꽃을 뜻하다가, 시간이 지나면서 더 쉬운 글자인 花(꽃 화)로 대신하였다.

- 化(될 화)는 바로 섰던 사람[亻]이 몸을 거꾸로[匕] 세우면 모습이 변화된다는 뜻이다.

丶 一 艹 艹 艹 花 花 花

錦上添花	금상첨화
獻花	헌화
해어화	解語花

4급

빛날 화

[艸, 8] 총 12획

꽃이나 풀[艹]이 활짝[華] 피어 아름답게 빛난다는 뜻이다. 같은 의미에서 '꽃, 화려하다, 호화롭다' 등의 뜻으로도 쓰인다.

- 華는 꽃이 활짝 핀 모습이다.

豪華	호화
華麗	화려
華燭	화촉
華婚	화혼
부귀영화	富貴榮華
중화사상	中華思想

3급 II

드리울 수

[土, 5] 총 8획

그림자가 들도록 내밀거나 덮는 것을 드리운다고 한다. 꽃이나 잎이 활짝[垂] 피면서 축 늘어져[一] 땅에 드리운다는 뜻이다. 내밀어 '전하다'는 뜻도 있다.

- 垂는 꽃이 활짝 핀 모습이다.

一 二 三 千 壬 舌 垂 垂

率先垂範	솔선수범
垂直	수직
懸垂幕	현수막

3급

졸음 수

[目, 8] 총 13획

눈[目]에 눈꺼풀이 드리워져[垂] 졸음이 오는 상태를 뜻한다. '잠을 자다'라는 뜻으로도 쓰인다.

- 目(눈 목)은 사람 눈의 흰자위와 눈동자를 그린 글자이다.

丨 冂 月 目 目' 目 睡 睡 睡 睡

睡眠	수면
午睡	오수
昏睡狀態	혼수상태

4급

우편 우

[邑, 8] 총 11획

집집이 온 편지를 전하며[垂] 마을[阝]을 돌아다니는 우편을 의미한다.

- 阝(우부방)은 邑(고을 읍)의 변형 부수로, 글자의 오른쪽에 위치한다.

一 二 三 千 壬 垂 垂 垂' 郵 郵

郵送	우송
郵便	우편
郵票	우표

3급

갈마들 **체**

[辶, 10] 총 14획

서로 번갈아드는 것을 갈마든다고 한다. 전설 속의 뿔[厂] 달린 범[虎]은 땅과 물속을 자유자재로 갈마든다[辶]는 뜻이다. 나중에 '가르다, 교대하다, 전하여 보내다' 등의 뜻으로 발전하였다.

• 虎(범 호)는 호랑이의 모습을 그린 글자이다.

一 厂 厂 广 庐 庐 庐 虎 遞

郵遞局	우체국
郵遞夫	우체부
遞信部	체신부

4급

성씨 **씨**

[氏, 0] 총 4획

나무의 뿌리를 그려 자신의 뿌리인 성씨를 표현하였다. 모계 사회에서 어머니의 성을 따른 것이 姓(성 성), 부계 사회에서 아버지의 성을 따른 것이 氏(성 씨 씨)이다.

一 厂 F 氏

무명씨	無名氏
성씨	姓氏
씨족	氏族

7급

종이 **지**

[糹, 4] 총 10획

종이는 나무를 삶아 가늘게 풀고 얇게 떠서 말려 만든다. 이렇게 나무를 실[糸]처럼 풀어 얇게 떠내면 섬유질이 나무뿌리[氏]처럼 얽힌 종이가 된다는 뜻이다.

幺 幺 幺 糸 糸 紅 紙 紙

封紙	봉지
紙幣	지폐
化粧紙	화장지
답안지	答案紙
표지	表紙
한지	韓紙

3급

어두울 **혼**

[日, 4] 총 8획

나무뿌리[氏] 밑으로 해[日]가 떨어지니 어둡다는 뜻이다. 어두우면 사물을 분간하기 힘드니 '정신이 혼미하다, 눈이 흐리다'는 뜻으로도 쓰인다.

一 厂 F 氏 氏 昏 昏 昏

昏迷	혼미
昏絕	혼절
黃昏	황혼

4급

혼인할 **혼**

[女, 8] 총 11획

옛날의 결혼식은 해가 질 무렵에 남자가 여자의 집으로 가서 신부를 맞이하는 방식이었다. 그래서 여자[女]를 어두울[昏] 때 맞이하여 혼인한다는 뜻이다.

乚 乚 女 女 妒 妒 娇 娇 婚 婚

旣婚	기혼
婚需	혼수
婚姻	혼인
약혼	約婚
청혼	請婚
혼사	婚事

4급II

低 낮을 저
[人, 5] 총 7획

사람[亻]이 나무뿌리[氏] 아래[―]까지 고개를 숙이고 굽실대니 신분이 낮다는 뜻이다. 지금은 주로 '천하다, 가격이 低廉(저렴)하다' 등의 뜻으로 쓰인다.

丿 亻 亻 仁 仾 低 低

低廉	저렴
低賃金	저임금
저가	低價
저급	低級
저조	低調

4급

底 밑 저
[广, 5] 총 8획

집[广] 아래에 있는 나무뿌리[氏]보다 더 아래[―]에 있는 아주 맨 밑을 뜻한다. 바다 밑 깊은 곳을 海底(해저)라고 한다.

• 低(낮을 저)는 형용사 '낮다, 싸다'로, 底(밑 저)는 명사 '밑, 속, 바닥'으로 풀이한다.

丶 亠 广 广 庄 底 底 底

徹底	철저
저력	底力
저의	底意
해저	海底

3급II

抵 막을 저
[手, 5] 총 8획

손[扌]으로 밑바닥[氏]까지 밀쳐 막는다는 뜻이다.

一 十 扌 扩 扩 抂 抵 抵

抵當	저당
抵觸	저촉
抵抗	저항

7급II

不 아닐 불
[―, 3] 총 4획

나무의 뿌리가 제대로 뻗지 못하는 모습을 그려 '아니다'라는 뜻을 표현했다. '아니다, 못하다' 등의 부정적인 뜻으로 쓰인다.

• 不은 'ㄷ, ㅈ'으로 시작되는 한자 앞에서 '부'로 읽는다.

一 ア 不 不

不眠症	불면증
不惑	불혹
表裏不同	표리부동
부당	不當
부조리	不條理
불가침	不可侵

4급

否 아닐 부
[口, 4] 총 7획

어떤 일에 대해 아니라고[不] 말하며[口] 말로 부정한다는 뜻이다. 사리에 맞지 않는 것을 그렇지 않다고 말하거나 반대하는 것을 의미한다.

一 ア 不 不 否 否 否

曰可曰否	왈가왈부
適否審査	적부심사
가부	可否
부인	否認
여부	與否

3급

잔 배

[木, 7] 총 8획

옛날에는 그릇이나 술잔을 대부분 나무로 만들었다. 그래서 **나무[木]로 만든 그릇 중에 술이 넘치지 않게 [不] 따라야 하는 잔**을 뜻하는 글자이다.

一 十 才 木 木 朳 杯 杯

乾杯	건배
苦杯	고배
毒杯	독배
聖杯	성배
祝杯	축배

4급

갑옷 갑

[田, 0] 총 5획

땅을 뚫고[丨] 나온 새싹이 씨앗 껍질[田]을 쓰고 있는 모습이 마치 갑옷과 같다는 뜻이다. 나중에 천간(天干) 중에 첫째를 의미하게 되었다. 由(말미암을 유), 申(펼 신)과 모양이 비슷하다.

丨 冂 曰 日 甲

還甲	환갑
甲富	갑부
進甲	진갑
鐵甲	철갑

3급

누를 압

[扌, 5] 총 8획

손[扌]으로 갑옷[甲]처럼 무겁게 누른다는 뜻이다. 억지로 누른다는 의미로 통해서 '잡아 가둔다'는 뜻으로도 쓰인다.

一 十 才 扌 扣 扣 押 押

押留	압류
押送	압송
押收	압수

3급II

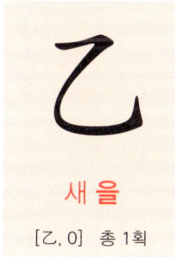

새 을

[乙, 0] 총 1획

새싹이 구부러져 올라오는 모양을 그렸는데, 그 모습이 새와 닮아서 '새'라는 뜻을 갖게 되었다.

乙

| 甲男乙女 | 갑남을녀 |
| 乙科 | 을과 |

3급

빌 걸

[乙, 2] 총 3획

남의 물건을 공짜로 달라고 부탁하는 것을 '빌다'라고 한다. 그래서 **다른 사람[ㅅ] 앞에서 몸을 새[乙]처럼 구부리고 음식이나 물건을 빈다**는 뜻이다.

• ㅅ은 人(사람 인)의 변형이다.

丿 ㄣ 乞

乞食	걸식
乞人	걸인
求乞	구걸
哀乞伏乞	애걸복걸

6급II

才

재주 재

[手, 0] 총 3획

새싹이 땅을 뚫고 올라온 모양으로, 이처럼 기특한 **재주**를 뜻한다. 뿌리를 겨우 뻗어 몸을 지탱하고 새싹을 틔웠으니 그 재주가 뛰어나다는 것이다.

一 十 才

鬼才	귀재
鈍才	둔재
才弄	재롱
수재	秀才
재능	才能
천재	天才

5급II

材

재목 재

[木, 3] 총 7획

건물이나 기구를 만드는 데 쓸만한 나무를 재목이라고 한다. 그래서 **나무[木] 중에 깨끗하고 온전하여 쓸만한 재주[才]가 있는 재목**을 뜻한다.

一 十 才 オ 木 村 材

골재	骨材
소재	素材
약재	藥材
재료	材料
취재	取材

5급II

財

재물 재

[貝, 3] 총 10획

옛날에는 조개껍데기를 돈으로 사용했다. 그래서 **조개[貝]로 된 돈을 재주[才] 있게 굴리면 얻을 수 있는 재물**을 뜻한다.

• 貝(조개 패)는 조갯살이 삐죽 나온 조개를 그린 글자이다.

丨 冂 冂 月 目 貝 貝 貝一 財 財

橫財	횡재
사재	私財
재물	財物
재산	財産
재원	財源

4급

存

있을 존

[子, 3] 총 6획

땅에서 올라온 새싹[才→ナ] 아래에는 그 식물의 씨앗[子]이 있다는 뜻이다.

• ナ는 才(재주 재)의 변형이다. 씨앗은 식물에 달려 있던 자식이기 때문에 子(아들 자)로 표현했다.

一 ナ 才 才 存 存

存廢	존폐
상존	常存
생존	生存
존재	存在

6급

在

있을 재

[土, 3] 총 6획

새싹[才→ナ]이 흙[土] 안에 있다는 뜻이다. 식물은 주로 흙 안에 存在(존재)하며 싹을 틔운다.

一 ナ 才 左 存 在

潛在力	잠재력
偏在	편재
부재자	不在者
소재지	所在地

3급

맡길 **탁**

[手, 3] 총 6획

손[扌]에 든 것을 남에게 부탁하며[乇] 맡긴다는 의미이다.

• 乇(부탁할 탁)은 땅을 뚫고 풀잎을 피운 식물의 모습으로, 땅에 몸을 부탁하고 있다는 뜻이다.

依托　의탁

一 亅 扌 扌 扞 托

5급 II

집 **택**

[宀, 3] 총 6획

지붕[宀] 아래에 내가 몸을 맡기고[乇] 의지하는 집을 뜻한다. '댁'으로 읽기도 한다.

宅內　댁내
自宅　자택
住宅　주택

丶 宀 宀 宁 宅

3급

진칠 **둔**

[屮, 1] 총 4획

한 곳에 자리를 잡고 머물러 있는 것을 진을 친다고 한다. 땅 위로 올라오던 **풀[屮]이 더 자라지 못하고 한계선[一]에 머물러 진을 친다**는 뜻이다.

• 屮는 땅 위로 풀이 나오는 모습이다.

屯田　둔전

一 𠃌 屮 屯

3급

둔할 **둔**

[金, 4] 총 12획

쇠[金]로 만든 칼이 앞으로 잘 나가지 않고 머물러[屯] 있으니 날이 둔하다는 뜻이다. 鈍(둔)한 칼도 잘 갈면 예리해진다.

• 金(쇠 금)은 흙 속에서 황금이 반짝거리는 모습으로, 금속의 총칭이다.

鈍感　둔감
鈍器　둔기
鈍才　둔재
鈍濁　둔탁
愚鈍　우둔

丿 𠂉 𠂊 全 全 全 金 金 釒 鈍 鈍

4급 II

순수할 **순**

[糸, 4] 총 10획

누에고치에서 뽑은 실은 여러 가지 색으로 염색하여 쓰는데, **실[糸] 중에 뽑은 상태로 머물러[屯] 있는 것은 아직 색을 입지 않은 순수한 것**이라는 뜻이다.

純綿　순면
순모　純毛
순백　純白
순정　純情

𠃋 𠃊 幺 幺 糸 糸 紅 紅 純

3급

얽힐 규
[糸, 2] 총 8획

실[糸]이 넝쿨처럼 얽혀[丩] 있다는 뜻이다.

• 丩(얽힐 구)는 넝쿨이 얽힌 모습이다.

ㄥ ㄠ ㄠ 幺 糸 糸 糾 糾

糾明	규명
糾彈大會	규탄대회
糾合	규합
紛糾	분규

3급

부르짖을 규
[口, 2] 총 5획

입[口]을 벌리고 마음속에 얽힌[丩] 일을 크게 부르짖는다는 뜻이다.

丨 冂 口 叫 叫

| 絶叫 | 절규 |

4급 II

거둘 수
[攵, 2] 총 6획

얽힌[丩] 넝쿨을 막대기로 쳐서[攵] 정리하여 거둔다는 뜻이다.

• 攵(등글월문)은 손에 회초리를 들고 때리는 모습인 攴(칠 복)의 변형 부수이다.

ㄥ ㄐ ㄐ丨 ㄐ丿 收 收

沒收	몰수
收拾	수습
徵收	징수
수거	收去
수납	收納
수입	收入

6급 II

쓸 용
[用, 0] 총 5획

울타리 모양을 그려 집에 외부의 침입을 막기 위해 울타리를 쓴다는 뜻을 표현했다. 그러나 울타리를 어설프게 지으면 無用之物(무용지물)이 될 수 있다.

丿 𠃌 月 月 用

濫用	남용
御用	어용
徵用	징용
사용	使用
용무	用務
용법	用法

6급

통할 통
[辶, 7] 총 11획

앞으로 막힘없이 솟아[甬] 나갈[辶] 수 있도록 길이 통한다는 뜻이다. 길 외에도 말이나 철도, 전화가 通(통)한다는 뜻으로 쓰인다.

• 甬(솟을 용)은 울타리[用] 위로 꽃봉오리[▽]가 솟은 모습이다.

⺄ ⺈ 𠃍 乃 甬 甬 甬 涌 涌 通

貫通	관통
萬事亨通	만사형통
疏通	소통
공통	共通
통달	通達
통보	通報

6급 II

勇

날랠 용

[力, 7] 총 9획

솟아나는[甬→㔾] 힘[力]이 있으니 몸이 날래다는 뜻이다. 몸이 날래고 용기 있는 사람을 勇敢(용감)하다고 한다.

• 㔾은 甬(솟을 용)의 변형이다.

勇敢無雙	용감무쌍
勇猛	용맹
용감	勇敢
용기	勇氣
용사	勇士

フマア丙丙甬甬勇勇

3급

誦

욀 송

[言, 7] 총 14획

입에서 말[言]이 막힘없이 솟아나도록[甬] 왼다는 뜻이다. 글을 보지 않고 입으로만 외는 것을 暗誦(암송)이라고 한다.

誦讀	송독
暗誦	암송
愛誦	애송

丶亠宀言言言訂詞詞誦

4급 II

갖출 비

[人, 10] 총 12획

전쟁이 잦았던 옛날에는 무기를 항상 곁에 準備(준비)해 두었다. 그래서 사람[亻]이 바로 뽑아 쓸 수 있도록 화살통[䈎]을 갖춘다는 뜻이다.

• 䈎는 나무를 엮은 통에 화살이 가득 꽂힌 모습이다.

兼備	겸비
備忘錄	비망록
비품	備品
유비무환	有備無患
준비	準備

ノ亻亻伊伊伊伊傋備備

4급

두루 주

[口, 5] 총 8획

입[口]을 잘 써서[用→用] 말을 잘하니 주위에 사람들이 두루 모인다는 뜻이다.

• 用은 用(쓸 용)의 변형이다.

周到綿密	주도면밀
周旋	주선
주변	周邊
주역	周易
주위	周圍

丿几凡月用用周周

5급 II

週

주일 주

[辶, 8] 총 12획

한 바퀴를 두루[周] 돌아서[辶] 제자리가 되는 한 주일(월요일~일요일)을 뜻한다. 한 주일의 끝을 週末(주말)이라고 한다.

週刊	주간
주간	週間
주년	週年
주보	週報

丿几凡月用周周调调週

5급 II

고를 **조**

[言, 8] 총 15획

말[言]을 두루두루[周] 전하니 전달이 고르다는 뜻이다. 서로 고르게 잘 어울리는 것을 調和(조화)라고 한다.

丶 亠 言 訂 訂 訵 調 調 調 調

哀調	애조
格調	격조
基調	기조
調査	조사
調整	조정
調和	조화

잠깐! 성어 공략

*붉은색 글자는 한자능력검정시험 3급에 빈칸 채우기 문제로 출제되었던 한자임.

성어	독음	뜻
過猶不及	과유불급	정도가 지나치면 미치지 못한 것과 같음.
誇大妄想	과대망상	사실보다 과장하여 터무니없이 헛된 생각을 함.
冠婚喪祭	관혼상제	관례·혼례·상례·제례의 네 가지 예.
矯角殺牛	교각살우	소의 뿔을 바로잡으려다가 소를 죽임. 잘못된 점을 고치려다가 그 방법이나 정도가 지나쳐 오히려 일을 그르침.
巧言令色	교언영색	남의 환심(歡心)을 사기 위해 아첨하는 말과 알랑거리는 태도.
交友以信	교우이신	벗을 사귐에 믿음으로써 함.
敎學相長	교학상장	가르치고 배우면서 서로 성장함.
口蜜腹劍	구밀복검	입에는 꿀이 있고 배 속에는 칼이 있음. 말로는 친한 듯하나 속으로는 해칠 생각이 있음.
九曲肝腸	구곡간장	아홉 번 구부러진 간과 창자. 깊은 마음속 또는 시름이 쌓인 마음속을 비유.
口尙乳臭	구상유취	입에서 아직 젖내가 남. 말이나 행동이 유치함.
九牛一毛	구우일모	아홉 마리의 소 가운데 박힌 하나의 털. 매우 많은 것 가운데 극히 적은 수.
舊態依然	구태의연	조금도 변하거나 발전한 데 없이 예전 모습 그대로임.
國威宣揚	국위선양	나라의 위세를 널리 드러냄.
群雄割據	군웅할거	여러 영웅이 각자 한 자리씩 잡고 서로 세력을 다툼.

群鷄一鶴 군계일학
닭의 무리 가운데에 있는 한 마리의 학. 많은 사람 가운데서 뛰어난 인물.

04 일째

동물 1

스마트 한자 암기 프로그램

4급II

고기 육

[肉, 0] 총 6획

고기를 썬 조각을 그린 글자로, 살코기와 지방의 분포를 무늬로 나타냈다. '고기, 살, 몸' 등과 관계있다.

• 肉(고기 육)의 변형 부수는 '달 월'과 모양이 같아서 '육달월변[月]'이라고 한다.

羊頭狗肉	양두구육
魚頭肉尾	어두육미
육성	肉聲
육안	肉眼
육체	肉體

丨 冂 冂 内 肉 肉

7급

있을 유

[月, 2] 총 6획

손[ナ→ナ]에 고기[月]를 가지고 있다는 뜻이다. 무엇을 所有(소유)하거나 소지하는 것을 의미한다.

有償	유상
含有	함유
享有	향유
유식	有識
유익	有益
유죄	有罪

丿 ナ オ 冇 有 有

3급II

가슴 흉

[肉, 6] 총 10획

몸[月] 중에 흉한[凶] 일에 대비하여 심장을 감싸고 [勹] 있는 부위인 가슴을 뜻한다.

• 勹(쌀 포)는 사람이 몸을 굽혀 무엇인가 감싸는 모습이다. 凶(흉할 흉)은 구덩이[凵]에 사람[X]이 빠졌으니 불길하고 흉하다는 뜻이다.

胸部	흉부
胸像	흉상

丿 丨 刀 月 月 圽 朐 朐 胸 胸

4급

힘줄 근

[竹, 6] 총 12획

대나무[竹]처럼 질긴 모양새로 우리 몸[月]에 힘[力]이 나게 하는 힘줄을 뜻한다. 힘줄과 살을 잘 발달시켜야 筋肉(근육)이 생긴다.

筋力	근력
筋肉質	근육질
鐵筋	철근

丿 ト ゲ 竹 竹 ゲ ゲ ゲ 筋 筋

3급		
	문짝[戶]처럼 넓게 벌어져서 우리 몸[月] 위를 덮고 있는 어깨를 뜻한다. • 戶(집 호)는 한쪽 문짝을 그린 글자로, 집이나 문을 뜻한다.	肩骨 견골 肩章 견장 比肩 비견
어깨 견 [肉, 4] 총 8획	′ ⺁ ⼾ 户 户 肩 肩 肩	

3급II		
	우리 몸[月]에서 살이 많이 겹쳐[复] 있는 배를 뜻한다. 배가 아픈 것을 腹痛(복통)이라고 한다. • 复(겹칠 복)은 앞뒤가 통하는 움막[畐]을 발로[夂] 여러 번 드나드는 모습으로, 반복하거나 겹친다는 뜻이 있다.	腹部 복부 腹案 복안 心腹 심복 割腹 할복
배 복 [肉, 9] 총 13획	) 丿 月 ⺼ 肞 肞 胪 胪 胪 腹	

3급II		
	간은 우리 몸에서 해독이나 살균 작용을 하는 기관이다. 이처럼 몸[月]에 안 좋은 물질이 들어오면 방패[干]가 되어 몸을 지키는 간을 뜻한다. • 干(방패 간)은 손잡이가 달린 방패를 그린 글자이다.	肝臟 간장 九曲肝腸 구곡간장
간 간 [肉, 3] 총 7획	) 丿 月 月 ⺼ 肝 肝	

3급II		
	허파는 호흡을 하는 기관이다. 몸[月]에서 시장[市]처럼 바쁘게 호흡하는 허파를 뜻한다. 걷는 운동을 많이 하면 肺活量(폐활량)이 늘어나서 건강해진다. • 市(시장 시)를 여기서는 4획으로 쓴다.	肺氣量 폐기량 肺病 폐병 肺炎 폐렴 肺活量 폐활량
허파 폐 [肉, 4] 총 8획	) 丿 月 ⺼ 肐 肺 肺 肺	

4급		
	창자는 소화 기관으로 우리 몸에 길게 퍼져 있다. 이렇게 몸[月]에 햇살[昜]처럼 퍼진 창자를 뜻한다. 창자가 끊어지는 듯한 슬픔을 斷腸(단장)이라고 한다. • 昜(햇살 양)은 해[日]가 땅[一] 위로 떠서 퍼지는 햇살[勿]을 뜻한다.	肝腸 간장 盲腸 맹장 胃腸 위장 단장 斷腸 대장 大腸 소장 小腸
창자 장 [肉, 9] 총 13획	) 丿 月 ⺼ 肥 肥 腭 腸 腸	

3급II

밥통 위

[肉, 5] 총 9획

우리 몸의 위를 속되게 밥통이라고 한다. 음식물[田]로 꽉 찬 몸[月]의 기관은 밥통이라는 뜻이다.

• 田은 위에 음식물이 가득 찬 모습이다.

胃壁	위벽
胃炎	위염
胃痛	위통

一 口 口 田 田 甲 胃 胃 胃

3급II

肖

닮을/같을 초

[肉, 3] 총 7획

부모에게 물려받은 작은[小] 신체[月]는 부모의 모습을 닮는다는 뜻이다. '같다'라는 뜻으로도 쓰인다. 우리 얼굴과 닮게 그린 그림을 肖像畫(초상화)라고 한다.

不肖	불초
不肖子	불초자
肖像畫	초상화

丨 丶 丷 丬 肖 肖 肖

6급II

사라질 소

[水, 7] 총 10획

물[氵]을 뿌려 불의 몸집[月]을 작게[小] 만드니 불이 사라진다는 뜻이다.

消却	소각
소등	消燈
소멸	消滅
소진	消盡

丶 丶 氵 氵 氵 氵 汁 消 消 消

3급II

깎을 삭

[刀, 7] 총 9획

물건의 몸집[月]을 작게[小] 만들기 위해 칼[刂]로 깎는다는 뜻이다. 임금이나 지출을 깎아서 줄이는 것을 削減(삭감)이라고 한다.

• 刂(선칼도방)은 刀(칼 도)의 변형 부수이다.

削減	삭감
削髮	삭발
添削	첨삭

丨 丶 丷 丬 肖 肖 肖 削 削

4급II

피 혈

[血, 0] 총 6획

옛날에는 제사상에 동물의 피를 올렸다고 한다. 그때 동물의 피[丿]를 그릇[皿]에 받고 있는 모습을 그린 글자이다.

• 皿(그릇 명)은 제사 지낼 때 쓰는 그릇을 그린 글자이다.

輸血	수혈
獻血	헌혈
血淚	혈루
조족지혈	鳥足之血
혈전	血戰
혈통	血統

丿 亠 宀 血 血 血

4급II

무리 **중**

[血, 6] 총 12획

태양 아래에서 피땀[血] 흘리며 일하는 사람들[人人人→乑]의 무리를 뜻한다. 모여 있는 세 사람은 大衆(대중), 일반, 백성 등을 뜻한다.

衆寡不敵 중과부적
군중 群衆
대중 大衆
청중 聽衆

丶 亠 宀 血 血 血 乑 衆 衆 衆

4급II

더할 **익**

[皿, 5] 총 10획

물[水→氺]을 그릇[皿]에 더한다는 뜻이다. 옛날에는 물이 귀해서 더욱 많을수록 이로웠기 때문에 '더욱, 이롭다'의 뜻도 나왔다.

• 氺는 水(물 수)의 변형이다.

弘益人間 홍익인간
공익 公益
부익부 富益富
손익 損益

丶 ⼃ 丷 宀 䒑 仌 疜 氼 益 益

3급II

덮을 **개**

[艹, 10] 총 14획

그릇에 뚜껑을 덮고[盍] 그 위에 풀[艹]을 또 덮는다는 뜻이다. 이렇게 덮어 숨기면 아마도 못 찾을 것이라는 의미에서 '아마도'라는 뜻으로도 쓰인다.

• 盍(덮을 합)은 그릇 위에 뚜껑을 덮은 모습이다.

蓋然性 개연성
無蓋車 무개차
覆蓋 복개

丶 十 艹 艹 艹 芏 荖 荖 蓋

4급II

터럭 **모**

[毛, 0] 총 4획

동물의 털이 길게 늘어진 모습을 그린 글자이다. 옛사람들은 동물의 毛皮(모피)로 옷을 만들어 입었다.

毛髮 모발
毛皮 모피
純毛 순모
구우일모 九牛一毛
모근 毛根

丿 一 三 毛

3급II

꼬리 **미**

[尸, 4] 총 7획

동물의 몸[尸]에서 털[毛]이 길게 늘어진 꼬리를 뜻한다. 다른 사람의 행동을 감시하기 위해 그 사람 몰래 꼬리를 밟는 것을 尾行(미행)이라고 한다.

• 尸(주검 시)는 죽은 사람의 굽은 몸을 그린 글자로, 몸이나 시체를 뜻한다.

龍頭蛇尾 용두사미
魚頭肉尾 어두육미

フ ⼹ 尸 尸 尼 屋 尾

6급II

뿔 각

[角, 0] 총 7획

동물의 날카로운 뿔을 그린 글자이다. 옛날에는 짐승의 뿔로 술잔이나 물건을 만들어 썼다.

丶 ⺈ ⺈ ⺈ 角 角 角

角逐戰	각축전
鹿角	녹각
觸角	촉각
각도	角度
각자무치	角者無齒
직각	直角

4급II

풀 해

[角, 6] 총 13획

소를 잡아 해체하는 모습에서 나온 글자이다. 뿔[角] 사이에 칼[刀]을 넣고 소[牛]를 부위별로 해체하여 풀어낸다는 뜻이다. '문제를 풀다, 깨닫다, 분해하다' 등의 뜻으로도 쓰인다.

• 牛(소 우)는 뿔이 달린 소의 머리를 그린 글자이다.

⺈ ⺈ 角 角 角 解 解 解 解

解渴	해갈
解夢	해몽
解釋	해석
분해	分解
해독	解讀
해명	解明
해약	解約

3급II

가죽 피

[皮, 0] 총 5획

손[又]에 칼[丨]을 들고 죽은 동물의 가죽[⺁]을 벗기는 모습이다. 가공하기 전의 가죽을 의미하는데, 지금은 동식물의 겉 부분인 '거죽, 표면, 얇은 것' 등을 뜻한다.

丿 ⺁ 广 皮 皮

羊皮	양피
鐵面皮	철면피
皮革	피혁
虎死留皮	호사유피

3급II

저 피

[彳, 5] 총 8획

가죽[皮]을 덮어 몸을 보호하며 걸어야[彳] 하는 먼 곳, 저쪽을 뜻한다. '저것, 저쪽, 저 사람' 등으로 풀이한다.

• 彳(조금 걸을 척)은 사거리를 그린 行(다닐 행)의 일부분으로, 길을 걷는 것과 관계있다.

丿 ⺁ 彳 彳 彳 彳 彼 彼

| 知彼知己 | 지피지기 |
| 彼我 | 피아 |

3급II

입을 피

[衣, 5] 총 10획

가죽[皮]으로 된 옷[衣→衤]을 입는다는 뜻이다. 무엇을 뒤집어쓴다는 의미에서 '(피해를) 입다, 당하다'는 뜻의 피동으로도 쓰인다.

• 衤(옷의변)은 저고리 모양을 그린 衣(옷 의)의 변형 부수이다.

丶 亠 ⺄ 衤 衤 衤 衤 衤 被 被

被擊	피격
被告	피고
被殺	피살
被疑者	피의자
被害	피해

4급II

깨뜨릴 파

[石, 5] 총 10획

돌[石]로 가죽[皮]을 두드려 찢으며 모양을 깨뜨린다는 뜻이다. 찢어져서 조각나는 모양이 깨지는 것과 비슷하기 때문이다.

凍破	동파
破壞	파괴
破裂	파열
破竹之勢	파죽지세
파격	破格
파국	破局
파산	破産

一 ㄱ ㄒ ㄑ 石 石 矿 砂 砂 破

4급II

물결 파

[水, 5] 총 8획

물[氵]의 표면에 가죽[皮]의 겉면처럼 나타나는 구불거리는 물결을 뜻한다.

• 氵(삼수변)은 水(물 수)의 변형 부수이다.

腦波	뇌파
波及	파급
波浪	파랑
전파	電波
풍파	風波
한파	寒波

丶 丶 氵 氵 汋 泸 波 波

3급

자못 파

[頁, 5] 총 14획

가죽[皮]을 벗길 때 힘이 들어서 머리[頁]가 한쪽으로 자못(생각보다 매우) 치우친다는 뜻이다. 그래서 '편파적, 불공평'의 의미로도 쓰인다.

• 頁(머리 혈)은 머리끝부터 발까지 중에 머리와 얼굴을 강조한 모양이다.

| 頗多 | 파다 |
| 偏頗 | 편파 |

皮 皮 皮 皮 頗 頗 頗 頗 頗

4급

가죽 혁

[革, 0] 총 9획

동물의 가죽을 벗겨서 넓게 펴 말리는 모습이다. 가죽을 말려서 가공하면 새로운 물건으로 바뀐다는 의미에서 '고치다'의 뜻도 있다.

沿革	연혁
皮革	피혁
개혁	改革
변혁	變革
혁명	革命

一 ㄗ ㅂ 甘 甘 芇 苩 革 革

5급

소 우

[牛, 0] 총 4획

뿔 달린 소의 머리를 그린 글자이다. 소는 인간 생활에 도움을 주는 동물이기 때문에 한자에서 주로 좋은 뜻으로 쓰인다. 午(낮 오)와 모양이 비슷하다.

矯角殺牛	교각살우
碧昌牛	벽창우
우이독경	牛耳讀經
황우	黃牛

丿 ㅏ ㅑ 牛

5급

물건 건

[人, 4] 총 6획

농경 시대에 소는 매우 귀중한 재산이었다. 그래서 사람[亻]에게 소[牛]는 지켜야 할 소중한 물건이라는 뜻이다.

건수	件數
사건	事件
안건	案件

丿 亻 亻 仁 仵 件

4급Ⅱ

칠 목

[牛, 4] 총 8획

'가축을 치다(기르다)'라는 의미의 글자이다. 소[牛→牜]를 막대기로 툭툭 쳐서[攵] 몰고 다니며 소를 친다(기른다)는 뜻이다.

• 牜(소우변)은 牛(소 우)의 변형 부수이다. 攵(등글월문)은 손에 회초리를 들고 때리는 모습인 攴(칠 복)의 변형이다.

牧畜業	목축업
牧民官	목민관
牧師	목사
牧場	목장
放牧	방목

丿 𠂉 牛 牜 牝 牧 牧

3급

더딜 지

[辵, 12] 총 16획

코뿔소[犀]처럼 천천히 걸으니[辶] 움직임이 더디다는 뜻이다. 이렇게 코뿔소처럼 더디게 가면 遲刻(지각)하기 마련이다.

• 犀(코뿔소 서)는 꼬리[尾→𡰣]를 흔들며 천천히 걷는 코뿔소[牛]를 뜻한다.

遲刻	지각
遲延	지연
遲滯	지체

⺁ 尸 尸 尸 屁 犀 犀 渥 渥 遲

3급

끌 견

[牛, 7] 총 11획

소[牛]의 코에 걸린 코뚜레[冖]에 줄[玄]을 매어 끈다는 뜻이다.

• 玄(검을 현)은 검은 실이나 줄을 뜻한다.

牽牛	견우
牽引	견인
牽制	견제

丶 亠 玄 玄 玄 牵 牵 牽 牽 牽

3급Ⅱ

짐승 축

[田, 5] 총 10획

예로부터 밭을 갈 때에는 소의 몸에 농기구를 묶어 일을 시켰다. 그래서 줄[玄]을 묶어 끌며 밭[田]을 갈도록 길들인 가축이나 짐승을 뜻한다.

家畜	가축
畜舍	축사
畜産業	축산업

丶 亠 亠 玄 玄 㐰 㐰 畜 畜 畜

4급 II

蓄

모을 축

[艹, 10] 총 14획

농사일에 도움을 주는 짐승[畜]을 먹이기 위해 풀[艹]을 쌓아 모은다는 뜻이다. 아껴서 모아두는 것을 貯蓄(저축)이라고 한다.

蓄妾	축첩
含蓄	함축
비축	備蓄
저축	貯蓄
축재	蓄財

`一 艹 艾 荠 荠 荠 蓄 蓄`

6급 II

半

반 반

[十, 3] 총 5획

소[牛→⺍]를 둘로 나누니[八] 각각 크기가 반이라는 뜻이다. 좌우가 대칭인 글자이다.

- 八(여덟 팔)은 여기서 사물이 둘로 나뉜 모양이다.

半身不隨	반신불수
半透明	반투명
半偏	반편
반도국	半島國
야반도주	夜半逃走

`' ' 二 三 半`

3급

伴

짝 반

[人, 5] 총 7획

사람[亻]이 자신의 반쪽[半]을 찾아서 이룬 짝을 뜻한다. 짝이 되어 함께 하는 사람을 同伴者(동반자)라고 한다.

- 亻(사람인변)은 人(사람 인)의 변형 부수이다.

同伴者	동반자
伴奏	반주

`' 亻 亻 伫 伴 伴 伴`

3급

叛

배반할 반

[又, 7] 총 9획

마음의 반[半]이 이미 반대로[反] 돌아갔으니 등을 돌리고 상대를 배반한다는 뜻이다.

- 反(돌이킬 반)은 언덕[厂]을 손[又]으로 기어오르며 중력의 반대쪽으로 돌이킨다는 뜻이다.

叛軍	반군
叛逆	반역
背叛	배반

`' ' 二 三 半 半 扌 扚 叛 叛`

4급

判

판단할 판

[刀, 5] 총 7획

물건의 반[半]을 칼[刂]로 정확하게 나누고 공평한지 판단한다는 뜻이다. 정확한 判斷(판단)을 내리는 일은 쉽지 않다.

審判	심판
裁判	재판
비판	批判
판단	判斷
판정	判定

`' ' 二 三 半 判 判`

5급II

고할 고

[口, 4] 총 7획

제사 때 신에게 소[牛→告]를 바치고 사정이나 소원을 입으로[口] 고한다는 뜻이다. 고한다는 것은 알린다는 의미이다.

告祀	고사
被告人	피고인
경고	警告
광고	廣告
보고	報告

丿 ⺊ 屮 生 牛 告 告

4급II

지을 조

[辶, 7] 총 11획

나라의 중요한 건물을 지을 때에는 신에게 가서[辶] 알리고[告] 짓는다는 뜻이다.

僞造	위조
造幣	조폐
被造物	피조물
개조	改造
조경	造景
조성	造成

丿 ⺊ 屮 生 告 告 浩 浩 造 造

3급II

넓을 호

[水, 7] 총 10획

농경 사회에서는 비의 역할이 매우 중요했다. 그래서 신에게 비를 기원하며 고하니[告] 사방에 빗물[氵]이 넓게 내린다는 뜻이다.

| 浩然之氣 | 호연지기 |

丶 丶 氵 氵 氵 汁 汢 浩 浩 浩

4급

개 견

[犬, 0] 총 4획

개의 옆모습을 그린 글자이다.

• 犬(개 견)의 변형 부수인 犭(개사슴록변)은 개와 같은 짐승이나 개의 성질을 나타내는 글자에 주로 쓰인다.

犬馬之勞	견마지로
狂犬病	광견병
猛犬	맹견
애견	愛犬
충견	忠犬
투견	鬪犬

一 ナ 大 犬

3급

개 구

[犬, 5] 총 8획

개[犭] 중에 몸을 구부리고[勹] 입[口]으로 울고 있는 작은 개나 강아지를 뜻한다. 犬(개 견)은 모든 개를 포함하고, 狗(개 구)는 그중에서 작은 개를 가리킨다.

| 羊頭狗肉 | 양두구육 |
| 黃狗 | 황구 |

丿 犭 犭 犭 犳 狗 狗 狗

4급

伏 엎드릴 복
[人, 4] 총 6획

사람[亻] 옆에 개[犬]가 엎드린 모습이다. 엎드려서 몸을 숙이고 있다는 의미에서 '항복, 굴복, 숨다'의 의미도 나왔다.

ノ 亻 仁 仕 伏 伏

埋伏	매복
潛伏期	잠복기
屈伏	굴복
起伏	기복
伏地不動	복지부동

3급Ⅱ

突 갑자기 돌
[穴, 4] 총 9획

개집의 구멍[穴]에서 개[犬]가 갑자기 튀어나온다는 뜻이다. '갑자기, 부딪치다' 등의 뜻으로 쓰인다.

• 穴(굴 혈)은 원시 시대의 집인 동굴에 구멍이 깊이 뚫린 모습이다.

丶 丶 宀 宀 宂 宂 突 突 突

突發	돌발
突然	돌연
突風	돌풍
追突	추돌
衝突	충돌

3급

淚 눈물 루
[水, 8] 총 11획

개집[戶]에 갇혀 사는 개[犬]가 사람 곁에 오고 싶어서 흘리는 눈물[氵]을 뜻한다.

• 戶(집 호)는 한쪽 문짝을 그린 글자로, 집이나 문을 뜻한다.

丶 氵 氵 氵 氵 氵 沪 沪 渲 渲 淚

催淚彈	최루탄
血淚	혈루

4급

犯 범할 범
[犬, 2] 총 5획

개[犭]가 사람을[㔾] 물려고 덤비며 잘못을 범한다는 뜻이다. '침범, 범죄' 등을 의미한다.

• 㔾(병부 절)은 몸을 구부린 사람의 모습이다.

ノ 犭 犭 犴 犯

범법	犯法
범죄	犯罪
진범	眞犯

3급Ⅱ

獄 옥 옥
[犬, 11] 총 14획

개[犭]와 개[犬]가 짖듯이 말[言]로 싸우는 사람을 벌주기 위해 가두는 감옥을 뜻한다. 옛날에는 시끄럽게 싸우는 것을 개와 같은 행동이라고 보았다.

犭 犭 犭 犭 犭 犵 狺 獄 獄 獄

監獄	감옥
獄死	옥사
獄中	옥중
地獄	지옥
投獄	투옥

3급II

獸
짐승 수
[犬, 15] 총 19획

큰 눈[口口]과 벌름대는 코[田], 수염[一], 입[口]을 가지고 개[犬]처럼 행동하는 짐승을 뜻한다. 가축이라는 뜻으로도 쓰이고, 짐승의 야만스러운 행동을 의미할 때에도 쓰인다.

` ´ ´´ 罒 吅 罒 閆 嚚 獸 獸

怪獸	괴수
禽獸	금수
猛獸	맹수
獸醫師	수의사
野獸	야수
人面獸心	인면수심

3급

獵
사냥 렵
[犬, 15] 총 18획

사냥개[犭]에 놀라 머리털이 바싹 선 쥐[巤]의 모습을 그려 사냥이라는 뜻을 표현했다.

• 巤(쥐털 렵)은 쥐의 튀어나온 이빨과 날카로운 발톱을 그린 鼠(쥐 서)에 머리털이 삐죽 선 채 혼비백산한 모습을 더한 글자이다.

犭 犭 犭巛 犭巛 犭巛 犭巛 犭巤 犭巤 獵

密獵	밀렵
涉獵	섭렵
獵奇	엽기
獵銃	엽총

7급

然
그럴 연
[火, 8] 총 12획

아시아에서는 옛날부터 개[犬]고기[月]를 불[火→灬]에 태워 먹는 것이 당연한 일이었다는 뜻이다. '당연하다, 그러하다' 등의 의미로 쓰인다.

• 灬(불화발)은 火(불 화)의 변형 부수이다. 月(육달월변)은 肉(고기 육)의 변형이다.

丿 ク タ 夕 夕 妖 妖 狱 然 然

突然	돌연
偶然	우연
忽然	홀연
본연	本然
자연	自然
천연	天然

4급

燃
탈 연
[火, 12] 총 16획

불[火]을 피우면 당연히[然] 탄다는 뜻이다.

` ´ 丬 丬 炒 炒 炒 㷉 燃 燃

燃燒	연소
가연성	可燃性
불연	不燃
연료	燃料

4급II

壓
누를 압
[土, 14] 총 17획

오래 먹어 물린[厭] 음식을 흙[土]에 묻고 위에서 힘주어 누른다는 뜻이다.

• 厭(물릴 염)은 언덕[厂] 아래에서 해[日]가 뜰 때마다 개[犬]고기[月]만 먹으니 싫증 나고 물린다는 뜻이다.

一 厂 尸 肙 肙 厭 厭 壓 壓 壓

壓迫	압박
抑壓	억압
鎭壓	진압
강압적	強壓的
압사	壓死
압축	壓縮

3급 II

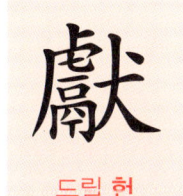

드릴 헌

[犬, 16] 총 20획

옛날에는 제사 때 소나 개를 신에게 바쳤는데, 솥[鬳]에 개[犬]를 삶아 신에게 드린다는 뜻이다. 피를 뽑아서 환자에게 주는 일을 獻血(헌혈)이라고 한다.

• 鬳(솥 권)은 호랑이[虍] 무늬가 새겨진 매우 큰 솥[鬲]을 의미한다.

｀ ｀ ｀ 广 庐 唐 虏 虏 虏 獻

獻納	헌납
獻血	헌혈
獻花	헌화

3급 II

사이 뜰 격

[阜, 10] 총 13획

언덕[阝] 위에서 제사용 고기를 삶을 때 쓰는 솥[鬲]은 가운데에 불을 땔 수 있도록 다리 사이가 떠 있다는 뜻이다. 사이가 떠서 벌어진 틈을 間隔(간격)이라고 한다.

• 鬲(솥 력)은 다리가 세 개 달린 솥의 모양이다.

｀ ｀ 阝 阝 阝 阿 阿 隔 隔 隔 隔

間隔	간격
隔日	격일
隔差	격차

05 일째

동물 2

스마트 한자 암기 프로그램

3급

돼지 돈

[豕, 4] 총 11획

제사 때 쓰는 돼지[豕]고기[月]인 새끼 돼지를 뜻한다. 돼지고기를 튀긴 요리를 豚(돈)가스라고 한다.

• 豕(돼지 시)는 돼지의 튀어나온 주둥이, 뚱뚱한 몸, 네 발, 처진 꼬리를 그린 글자이다. 月(육달월변)은 肉(고기 육)의 변형이다.

| 豚肉 | 돈육 |
| 養豚 | 양돈 |

丿 刀 月 刖 刖 肝 肟 肟 豚 豚

7급 II

집 가

[宀, 7] 총 10획

예로부터 돼지는 집에서 기르는 짐승이었다. 그래서 **한 지붕[宀] 아래에 돼지[豕]와 함께 살아가는 집**을 뜻한다.

• 宀(집 면)은 지붕의 모양을 그린 글자로, 주로 집을 뜻한다.

家豚	가돈
家畜	가축
가보	家寶
국가	國家
화가	畫家

丶 丷 宀 宀 宂 字 宊 家 家 家

3급 II

어두울 몽

[艹, 10] 총 14획

돼지가 도망가지 못하도록 덮어[冡] 둔 우리에 풀[艹]까지 덮으니 매우 어둡다는 뜻이다. 빠져나가지 못하는 돼지가 '어리석다'는 뜻도 있다. 어리석은 사람을 가르쳐 깨우치는 일을 啓蒙(계몽)이라고 한다.

• 冡(덮어쓸 몽)은 돼지우리를 덮어 둔 모양이다.

| 啓蒙 | 계몽 |

丶 丷 艹 芍 芦 쁄 夢 夢 蒙

3급

쫓을 축

[辶, 7] 총 11획

집에서 기르던 돼지[豕]가 도망가면 따라가서[辶] 쫓는다는 뜻이다. '뒤따라가다, 쫓아내다, 다투다'의 뜻으로 쓰인다.

| 角逐 | 각축 |
| 逐出 | 축출 |

一 丆 ぢ 豸 豕 豕 逐 逐 逐

3급

遂 드디어 수

[辵, 9] 총 13획

사람들이 사방으로 나뉘어[八] 돼지를 쫓아가서[逐] 드디어 잡은 것을 의미한다. '드디어, (일을) 수행하다' 등의 뜻으로 쓰인다.

未遂	미수
遂行	수행
完遂	완수

필순: 丷 亠 亇 亇 豸 豙 豙 豙 遂 遂

4급Ⅱ

隊 무리 대

[阜, 9] 총 12획

언덕[阝] 위에 여기저기 나뉘어서[八] 돌아다니는 돼지[豕] 무리를 뜻한다. 떼 지어 다니는 무리라는 의미에서 '군대, 대열'의 뜻도 나왔다.

縱隊	종대
編隊	편대
橫隊	횡대
군대	軍隊
대장	隊長
입대	入隊

필순: ㆍ 阝 阝 阝 阝 阝 阝 阝 阝 阝 阝 隊

3급

亥 돼지 해

[亠, 4] 총 6획

돼지의 튀어나온 코, 긴 주둥이, 볼록한 배, 짧은 네 다리, 꼬리를 그린 글자이다. 豕(돼지 시)와 모양이 비슷하며, 십이지(十二支)에서 맨 마지막 동물인 돼지를 가리키는 한자로 쓰인다.

| 癸亥年 | 계해년 |
| 亥時 | 해시 |

필순: 丶 亠 亠 亥 亥 亥

3급

該 갖출 해

[言, 6] 총 13획

신에게 고사를 지낼 때 돼지[亥]머리까지 올리고 나서 다 갖추었다고 말한다[言]는 뜻이다.

| 該當 | 해당 |
| 該博 | 해박 |

필순: 丶 亠 亠 言 言 言 言 該 該 該 該

4급

核 씨 핵

[木, 6] 총 10획

나무[木]에서 열린 열매의 가운데에 돼지[亥]처럼 통통하게 들어있는 씨를 뜻한다. 나중에 씨처럼 사물의 중심에 들어있는 것을 가리키게 되었다.

核分裂	핵분열
결핵	結核
핵무기	核武器
핵심	核心

필순: 一 十 十 木 木 杧 杧 核 核 核

4급

새길 각

[刀, 6] 총 8획

시간을 나타내기 위해서 쥐부터 돼지[亥]까지 12간지를 칼[刂]로 나무에 새긴다는 뜻이다. 그래서 시간의 단위로 쓰이며, 1刻(각)은 15분을 가리킨다.

丶 亠 宀 亥 亥 亥 刻 刻

刻骨難忘	각골난망
刻薄	각박
頃刻	경각
각고	刻苦
각인	刻印
시각	時刻
판각	板刻

4급

코끼리 상

[豕, 5] 총 12획

코끼리의 코와 귀, 네 발과 꼬리를 그린 글자이다. 모습을 구체적으로 그렸다는 점에서 나중에 '사물의 형상, 징후, 상징' 등의 뜻으로 두루 쓰였다.

丶 ⺈ 宀 宀 甪 甪 甪 兔 鬼 象 象

氣象臺	기상대
象牙塔	상아탑
기상	氣象
현상	現象
형상	形象

3급 II

모양 상

[人, 12] 총 14획

사람[亻]이 코끼리[象]를 그리기 위해 자세히 살핀 모양을 뜻한다. 象(코끼리 상)이 추상적인 형상을 뜻하는 단어에 쓰인다면, 像(모양 상)은 구체적인 모양을 뜻하는 단어에 주로 쓰인다.

丿 亻 亻 伊 伊 伊 像 像 像

佛像	불상
石像	석상
偶像	우상

4급 II

양 양

[羊, 0] 총 6획

뿔 달린 양의 머리를 그린 글자이다. 양은 성질이 온순하고, 제사에 제물로 쓰이는 동물이었기에 한자에서 주로 좋은 뜻으로 쓰인다.

丶 丷 丷 亠 半 羊

羊頭狗肉	양두구육
羊皮	양피
구절양장	九折羊腸
산양	山羊
양모	羊毛

6급

아름다울 미

[羊, 3] 총 9획

신에게 제물로 바칠 양[羊]은 크고[大] 살찐 것이 아름답다는 뜻이다. 아름다운 사람을 가리킬 때 美人(미인)이라고 한다.

• 大(큰 대)는 사람이 팔다리를 크게 벌린 모습이다.

丶 丷 丷 亠 半 差 差 美 美

美貌	미모
美粧院	미장원
審美眼	심미안
미관	美觀
미식가	美食家
미용	美容

5급

착할 선

[口. 9] 총 12획

양[羊]처럼 온순하게 말[言 言]하니 성품이 착하다는 뜻이다. 원래 譱으로 쓰다가 나중에 모양이 축소되었다.

僞善者	위선자
慈善	자선
다다익선	多多益善
선행	善行

`丶 丷 业 亠 羊 羊 羊 羔 善 善 善`

6급

큰 바다 양

[水. 6] 총 9획

물결[氵]이 마치 양[羊]떼처럼 넘실대는 큰 바다를 뜻한다. 나중에 서쪽 바다 건너 먼 외국을 의미하면서 '西洋(서양)'이라는 뜻으로도 쓰였다.

洋弓	양궁
동양	東洋
양복	洋服
양주	洋酒

`丶 丶 氵 氵 氵 洋 洋 洋 洋`

5급 II

기를 양

[食. 6] 총 15획

양[羊]처럼 살찌도록 먹여[食] 기른다는 뜻이다. 부모가 자식을 기르는 것을 養育(양육)이라 하고, 자식이 부모를 모시는 것을 奉養(봉양)이라 한다.

• 食(밥/먹을 식)은 그릇에 밥이 담겨 뚜껑이 덮인 모습이다.

培養	배양
扶養	부양
養豚	양돈
봉양	奉養
수양	修養
양육	養育

`丷 羊 羊 羊 羔 养 养 養 養 養`

4급

모양 양

[木. 11] 총 15획

나무[木]를 양[羊]털처럼 길게[永] 베어서 깎아 만들 수 있는 여러 가지 모양을 뜻한다.

• 永(길 영)은 작은 시작점[丶]에서부터 물[水]이 길게 흐르는 모습이다.

다양	多樣
모양	模樣
양식	樣式

`木 札 栏 栏 样 样 样 楼 様 様`

3급

상서로울 상

[示. 6] 총 11획

좋은 일이 생길 조짐이 있는 것을 '상서롭다'고 한다. 제단[示]에 양[羊]을 제물로 바치고 신에게 빌면 좋은 일이 생기므로 상서롭다는 뜻이다.

• 示(보일 시)는 제사 지내는 단을 그린 글자이다.

| 發祥地 | 발상지 |
| 不祥事 | 불상사 |

`二 亍 示 示 示 祁 祥 祥 祥 祥`

3급 II

자세할 상

[言, 6] 총 13획

신에게 양[羊]을 바치며 소원을 말할[言] 때에는 자세하게 한다는 뜻이다.

未詳	미상
詳細	상세
昭詳	소상

`丶 亠 言 言 言 訁 訲 詳 詳`

4급 II

통달할 달

[辵, 9] 총 13획

어린양[𦍌→幸]이 어미 양에게 가는[辶] 방법에 통달하다라는 뜻이다. 목적에 이른다는 의미에서 어떤 일에 '능숙하다, 도달하다'의 뜻으로도 쓰인다.

● 幸은 큰 양에 붙어 다니는 어린양을 그린 𦍌(어린양 달)의 변형이다.

乾達	건달
通達	통달
달관	達觀
달성	達成
미달	未達

`一 十 土 幺 幸 幸 幸 達 達 達`

3급 II

너그러울 관

[宀, 12] 총 15획

집[宀] 안에 산양[莧]이 들어와 뛰어놀아도 받아들일 수 있는 너그러움을 뜻한다.

● 莧(산양 환)은 뿔이 가는 산양을 그린 글자이다.

寬大	관대
寬容	관용

`丶 宀 宀 宀 宀 宀 宀 寬 寬 寬`

4급 II

옳을 의

[羊, 7] 총 13획

양[羊]처럼 착하게 나[我]의 마음을 쓰니 옳다는 뜻이다. 사람 사이에 지켜야 하는 옳은 도리를 義理(의리)라고 한다.

● 我(나 아)는 톱날 모양의 창을 그린 글자로, 전쟁에서 나를 보호해 준다는 의미에서 '나, 자신'을 뜻한다.

도의	道義
의리	義理
의무	義務
의병	義兵
의형제	義兄弟
주의	主義

`丷 丷 半 羊 羊 羊 義 義 義`

4급

거동 의

[人, 13] 총 15획

몸의 움직임을 거동이라고 한다. 사람[亻]이 옳은[義] 태도로 움직여야 하는 거동을 뜻한다.

葬儀社	장의사
예의	禮儀
의례	儀禮
제천의식	祭天儀式

`亻 伊 伊 伊 伊 伊 儀 儀 儀`

4급 II

議 의논할 의
[言, 13] 총 20획

사람들이 모여 말하며[言] 옳은[義] 결정을 내리기 위해 의논한다는 뜻이다.

謀議	모의
審議	심의
건의	建議
의원	議員
의장	議長
항의	抗議

言 言' 訁 詳 詳 詳 議 議 議

3급 II

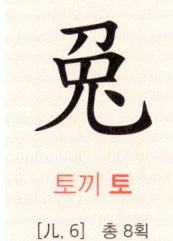

兎 토끼 토
[儿, 6] 총 8획

긴 귀와 이빨, 긴 다리와 꼬리를 가진 토끼를 그린 글자이다.

龜毛兎角	귀모토각
龜兎之說	귀토지설

ᄀ ᄀ' 丆 乕 冎 兔 兎 兎

3급 II

逸 편안할 일
[辶, 8] 총 12획

토끼[兎→免]는 재빠르게 달려가서[辶] 잘 숨으니 잡히지 않아 몸이 편안하다는 뜻이다. '숨다, 편안하다, 뛰어나다'의 뜻으로 쓰인다.

• 兎(토끼 토)의 윗부분 刀는 ⺈로 변형되었다.

安逸	안일
逸品	일품
逸話	일화

⺈ 今 乌 乌 免 免 浼 浼 逸

3급

龜 거북 귀, 땅 이름 구, 터질 균
[龜, 0] 총 16획

거북이의 얼굴, 등, 무늬, 발, 꼬리를 그린 글자이다. 땅 이름으로 쓰일 때에는 '구'로 읽는다. 거북의 등이 갈라져 있는 모습에서 '터지다'라는 뜻도 나왔다.

龜鑑	귀감
龜船	귀선
龜兎之說	귀토지설
龜裂	균열

乌 乌 兪 甪 龟 龜 龜 龜

3급 II

免 면할 면
[儿, 5] 총 7획

토끼[兎→免]는 꼬리[ヽ]가 안 보일 정도로 재빠르게 도망가서 죽음을 면한다는 뜻이다.

• 兎(토끼 토)의 윗부분 刀는 ⺈로 변형되었다.

免稅	면세
免疫	면역
免除	면제
免罪符	면죄부
罷免	파면

丿 ⺈ 勹 免 免 免 免

4급  힘쓸 **면** [力, 7] 총 9획	실패를 면하기[免] 위해 부지런히 힘[力]쓴다는 뜻이다. • 力(힘 력)은 사람이 팔뚝에 힘을 준 모습이다. 丿 宀 宀 冖 冊 冊 免 免 勉	勤勉 勉學	근면 면학
3급Ⅱ  늦을 **만** [日, 7] 총 11획	해[日]가 저물어서 따가운 빛을 면할[免] 수 있는 늦은 때를 뜻한다. '저물다, 저녁, 노년' 등의 뜻으로도 쓰인다. 丨 冂 日 日' 旷 旷 昣 昣 晦 晩	晩年 晩秋 晩學	만년 만추 만학
3급  토끼 **묘** [卩, 3] 총 5획	양쪽 문을 활짝 연 모습인데, 그 모습이 토끼의 귀와 닮았다고 하여 12간지 중 토끼를 상징하게 되었다. 丿 匚 乍 卯 卯	己卯士禍 卯時	기묘사화 묘시
4급  버들 **류** [木, 5] 총 9획	버들(버드나무)은 작고 얇은 잎이 축 늘어진 모양의 나무이다. 그래서 나무[木] 중에 잎이 토끼[卯] 귀처럼 부드럽게 늘어진 버들을 뜻하는 글자이다. 나중에 성씨를 뜻하는 글자로도 쓰였다. 一 十 才 木 木' 杧 枊 桺 柳	유기 화류계	柳器 花柳界
4급Ⅱ  머무를 **류** [田, 5] 총 10획	토끼[卯→⺤]가 풀을 뜯기 위해 밭[田]에 머무른다는 뜻이다. 버스나 택시가 잠시 머무르는 장소를 停留場(정류장)이라고 한다. • ⺤는 卯(토끼 묘)의 변형이다. 丿 ⺤ ⺤ 卯 卯 卯 留 留 留 留	押留 抑留 留意事項 留念 留學 停留場	압류 억류 유의사항 유념 유학 정류장

3급II

무역할 무

[貝, 5] 총 12획

무역은 나라 간에 서로 물건을 사고파는 일이다. 토끼[卯→罒]처럼 사방을 뛰어다니며 물건을 사고팔아 돈[貝]을 얻는 무역을 뜻한다.

• 貝(조개 패)는 조개를 그린 글자로, 옛날에 조개껍데기를 돈으로 사용했기 때문에 돈이나 재물을 뜻하기도 한다.

貿易	무역
貿易風	무역풍
密貿易	밀무역

丶 广 产 户 卯 卯 卵 卯 貿 貿 貿

5급

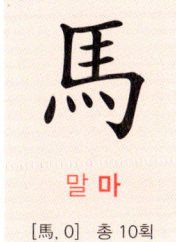

말 마

[馬, 0] 총 10획

말의 등에 난 갈기와 네 발, 꼬리를 그린 글자이다. 말을 타는 것을 乘馬(승마)라고 한다.

騎馬戰	기마전
乘馬	승마
天高馬肥	천고마비
경마	競馬
주마간산	走馬看山

丨 厂 厂 F 丐 馬 馬 馬 馬

3급

떠들 소

[馬, 10] 총 20획

말[馬]이 벼룩[蚤]에 물려 가려워서 시끄럽게 날뛰며 떠든다는 뜻이다.

• 蚤(벼룩 조)는 손톱[叉]으로 피부를 날카롭게 움켜잡고 기생하는 벌레[虫]인 벼룩을 뜻한다.

騷動	소동
騷亂	소란
騷音	소음

馬 馬 馯 馯 馯 騒 騒 騷 騷

3급

사슴 록

[鹿, 0] 총 11획

사슴의 뿔과 초롱초롱한 눈망울이 있는 얼굴, 네 발을 그린 글자이다. 사슴을 제왕의 자리에 비유하기도 하는데, 사슴을 쫓는다는 뜻의 逐鹿(축록)은 제왕의 자리를 다툰다는 뜻이다.

鹿角	녹각
鹿血	녹혈
指鹿爲馬	지록위마
逐鹿	축록

丶 一 广 户 庐 庐 庐 庐 鹿 鹿

4급II

고울 려

[鹿, 8] 총 19획

사슴 중에서도 화려한 뿔[丽]을 가진 사슴[鹿]이 곱다는 뜻이다.

• 丽는 화려한 한 쌍의 뿔을 나타낸다.

高麗葬	고려장
미사여구	美辭麗句
수려	秀麗
화려	華麗

一 一 一 丽 严 严 严 麗 麗 麗

5급II

能 능할 능
[肉, 6] 총 10획

곰의 머리[厶]와 몸[月], 네 발[ヒヒ]을 그린 글자로, 곰처럼 여러 재주에 능하다는 뜻이다. 나중에 날카로운 발톱을 추가한 熊(곰 웅)이 다시 만들어졌다.

厶 ㄥ 孓 夕 夕 刍 刍 铯 能 能

能力	능력
能率	능률
能熟	능숙
가능	可能
전지전능	全知全能
효능	效能

3급

罷 마칠 파
[网, 10] 총 15획

능한[能] 재주가 있는 사람도 법의 그물[网→罒]에 걸리는 일은 그만두고 끝마쳐야 한다는 뜻이다.

• 罒은 그물이 쳐진 모양을 그린 网(그물 망)의 변형 부수이다.

罒 罒 罒 罓 罕 罢 罷 罷 罷

罷免	파면
罷業	파업
罷場	파장
罷職	파직

4급II

態 모습 태
[心, 10] 총 14획

어떤 일을 능하게[能] 할 수 있는 마음[心]이 밖으로 드러난 모습을 뜻한다. 자신감 있는 態度(태도)를 엿볼 수 있다.

厶 亻 育 能 能 能 能 態 態

醜態	추태
세태	世態
태도	態度
행태	行態

3급II

虎 범 호
[虍, 2] 총 8획

사납게 입을 벌리고 튼튼한 다리로 걷는 호랑이를 그린 글자이다. 다른 글자와 결합할 때에는 다리가 생략된 형태인 虍로 쓰인다.

丨 𠂉 卜 卢 虍 虎 虎

猛虎	맹호
三人成虎	삼인성호
虎死留皮	호사유피
虎皮	호피

6급

號 이름 호
[虍, 7] 총 13획

호랑이[虎]처럼 입을 크게 벌리고 부르짖는[号] 이름을 뜻한다.

• 号(부르짖을 호)는 입을 크게 벌리고 부르짖는 모양이다.

口 므 뭉 号 号 號 號 號 號

符號	부호
雅號	아호
創刊號	창간호
국호	國號
상호	商號
적신호	赤信號

4급

생각할 려

[心, 11] 총 15획

호랑이[虍]가 나타나면 사람들이 걱정하며 어떻게 잡을지 생각한다[思]는 뜻이다. 그래서 '생각하다, 걱정하다'의 뜻으로 쓰인다.

• 思(생각 사)는 뇌[囟→田]와 마음[心]으로 생각한다는 뜻이다.

憂慮	우려
배려	配慮
사려	思慮
심려	心慮

' ⺅ ⺈ 广 广 虍 虍 虍 虑 慮

4급Ⅱ

곳 처

[虍, 5] 총 11획

호랑이[虍]가 천천히 걷다가[夂] 잠시 쉬기 위해 기댄[几] 곳을 뜻한다.

• 夂(뒤져올 치)는 천천히 걷는 발을 그린 글자이다. 几(안석 궤)는 몸을 기대는 방석을 그린 글자이다.

某處	모처
處暑	처서
선처	善處
처방	處方
처분	處分

' ⺅ ⺈ 广 广 虍 虍 虍 處 處 處

4급Ⅱ

빌 허

[虍, 6] 총 12획

숲에 호랑이[虍]가 나타나면 동물이 모두 도망가서 풀[㘽]만 남고 주위가 텅 빈다는 뜻이다.

• 㘽는 땅에 풀이 올라온 모습이다.

虛妄	허망
虛像	허상
虛僞	허위
허사	虛事
허점	虛點

' 广 广 广 虍 虍 虍 虚 虚 虛 虛

3급Ⅱ

놀이 희

[戈, 13] 총 17획

전쟁의 시대에는 신에게 제사를 올리며 승리를 기원하였다. 이때 용맹한 호랑이[虍]가 새겨진 그릇[豆]을 제사에 올리고 창[戈]을 들어 춤추는 놀이를 하는 것을 뜻한다.

• 豆(콩 두)는 제사 지내는 그릇을, 戈(창 과)는 창을 그린 글자이다.

遊戲	유희
戲曲	희곡
戲弄	희롱

虍 虍 虖 虖 虜 虛 虛 戲 戲 戲

4급

의지할 거

[手, 13] 총 16획

호랑이[虍]와 멧돼지[豖]가 영역 다툼을 하며 서로 손[扌]으로 막고서 그 자리에 의지한다는 뜻이다.

群雄割據	군웅할거
근거	根據
점거	占據
증거	證據

一 十 扌 扩 护 护 据 捩 據 據

4급

심할 **극**

[刂, 13] 총 15획

호랑이[虍]와 돼지[豕]가 싸우다가 칼[刂]을 뽑아 들었으니 상황이 심하다는 뜻이다. 이처럼 심하고 격렬한 움직임으로 상황을 표현하는 예술인 '연극'을 뜻하기도 한다.

戲劇	희극
극본	劇本
극장	劇場
연극	演劇

虍 虍 虍 虐 虐 虐 虜 豦 豦 劇

3급II

어리석을 **우**

[心, 9] 총 13획

원숭이[禺]처럼 둔하게 마음[心]을 쓰니 어리석다는 뜻이다. 어리석은 원숭이를 속여 희롱했다는 내용의 고사성어 조삼모사(朝三暮四)를 떠올려 보자.

• 禺(긴꼬리원숭이 우)는 원숭이의 얼굴과 꼬리를 그린 글자이다.

愚公移山	우공이산
愚弄	우롱
愚問賢答	우문현답
愚民	우민
愚直	우직

日 曰 吕 禺 禺 禺 禺 愚 愚 愚

4급

만날 **우**

[辵, 9] 총 13획

원숭이[禺]는 활동량이 많아 여기저기 다니면서[辶] 서로 만난다는 뜻이다. '우연히, 만나다'의 뜻으로 주로 쓰이며, 만나면 정중하게 대해야 한다는 뜻에서 '예우하다'의 뜻으로도 쓰인다.

千載一遇	천재일우
불우	不遇
예우	禮遇
처우	處遇

日 曰 吕 禺 禺 禺 禺 遇 遇 遇

3급II

짝 **우**

[人, 9] 총 11획

사람[亻]과 원숭이[禺]처럼 비슷하게 생긴 것들끼리 이룬 짝을 뜻한다. 부부로 짝을 맺은 '배필' 또는 우연히 짝을 만난다는 의미에서 '우연히'라는 뜻도 있다.

偶發的	우발적
偶像	우상
偶然	우연

丿 亻 亻 亻 但 但 侣 偶 偶 偶

3급II

오히려 **유**

[犬, 9] 총 12획

전설 속 원숭이를 나타내는 글자로, 겁이 많아 망설이는 특징에서 '오히려'라는 뜻이 나왔다. '원숭이, 같다'라는 뜻으로도 쓰인다.

| 過猶不及 | 과유불급 |
| 猶豫 | 유예 |

丿 亅 犭 犭 犭 犺 狝 猶 猶

4급

미리 예

[豕, 9] 총 16획

코끼리[象]는 죽을 때를 미리[予] 알고 죽을 곳을 찾아간다는 뜻이다. 코끼리가 겁이 많아 주저하는 모습에서 '머뭇거리다'라는 뜻도 나왔다. 머뭇거리며 결정을 미루는 것을 猶豫(유예)라고 한다.

• 予(미리 예)는 물건을 주고받기 위해 미리 내민 손의 모습이다.

フ マ ヌ 予 予 予 豫 豫 豫

豫審	예심
猶豫	유예
예견	豫見
예매	豫買
예방	豫防
예보	豫報

6급

차례 번

[田, 7] 총 12획

짐승의 발자국[釆]이 밭[田]에 찍힌 모양이 차례차례라는 뜻이다.

• 釆(분별할 변)은 짐승의 발자국을 그린 글자로, 그 모양을 보고 어떤 동물인지 분별했다는 뜻이다.

ノ ハ 厂 爫 釆 釆 乑 番 番 番

결번	缺番
당번	當番
순번	順番

3급

뿌릴 파

[手, 12] 총 15획

농부가 손[扌]으로 씨앗을 차례차례[番] 뿌린다는 뜻이다.

• 扌(재방변)은 手(손 수)의 변형 부수이다.

扌 扌 扩 护 押 採 播 播 播

傳播	전파
播種	파종
播遷	파천

3급 II

살필 심

[宀, 12] 총 15획

집안[宀]의 일을 차례차례[番] 꼼꼼히 살핀다는 뜻이다.

宀 宀 宀 宀 宊 宷 宷 審 審 審

審査	심사
審判	심판
豫審	예심

06일째 동물 3

스마트 한자 암기 프로그램

4급 II

鳥
새 조
[鳥, 0] 총 11획

새의 얼굴과 눈, 몸통, 다리, 꼬리를 자세히 그린 글자이다.

鳥獸	조수
吉鳥	길조
白鳥	백조
不死鳥	불사조
一石二鳥	일석이조

`丶 丿 𠂉 𠂊 𠂋 鸟 鳥 鳥 鳥 鳥`

5급

島
섬 도
[山, 7] 총 10획

새[鳥→鸟]가 쉬어갈 수 있도록 바다 위에 산[山]처럼 솟은 섬을 뜻한다.

• 鳥(새 조)의 아랫부분에 있던 灬(발)은 생략되었다.

汝矣島	여의도
落島	낙도
三多島	삼다도
列島	열도

`丶 丿 𠂉 𠂊 𠂋 鸟 鳥 島 島`

4급

鳴
울 명
[鳥, 3] 총 14획

입[口]을 벌리고 새[鳥]가 운다는 뜻이다.

共鳴	공명
悲鳴	비명
自鳴鐘	자명종

`口 口′ 口丶 叩 叩 鳴 鳴 鳴`

3급

鴻
기러기 홍
[鳥, 6] 총 17획

기러기는 주로 강 근처에 산다. 그래서 강[江] 옆에 사는 새[鳥]는 기러기라는 뜻이다.

• 江(강 강)은 물[氵]이 '공, 공[工]' 소리를 내며 바다로 흘러들어 가는 강을 뜻한다.

鴻雁	홍안

`氵 氵 汀 汀 江 江 鴻 鴻 鴻`

3급 II

까마귀 오

[火, 6] 총 10획

온몸이 까만색인 까마귀는 눈이 어디인지 잘 보이지 않는다. 그래서 새[鳥]를 그린 글자에서 눈 부분을 지워[烏] 까마귀를 표현했다.

烏骨鷄　오골계
烏飛梨落　오비이락
烏合之卒　오합지졸

3급

슬플 오

[口, 10] 총 13획

입[口]을 벌리고 '까악까악' 우는 까마귀[烏]의 울음소리가 슬프다는 뜻이다. 슬픈 감정을 표현하는 감탄사로도 쓰인다.

嗚呼痛哉　오호통재

3급 II

제비 연

[火, 12] 총 16획

입을 벌리고 양 날개를 활짝 편 채 날아오르는 제비를 그린 글자이다. 남자가 결혼할 때 입는 옷으로, 뒤가 제비 꼬리처럼 양 갈래로 늘어진 옷을 燕尾服(연미복)이라고 한다.

燕京　　연경
燕尾服　연미복

5급

베낄 사

[宀, 12] 총 15획

지붕[宀] 아래에 까치[舄]가 집을 지을 때에는 어디든 같은 모양으로 베낀다는 뜻이다. 물체의 진짜 모습을 그대로 베껴 낸 것을 寫眞(사진)이라고 한다.

● 舄(까치 작)은 절구처럼 움푹 팬 모양의 집을 짓고 사는 까치를 뜻한다.

被寫體　피사체
복사　　複寫
사본　　寫本
사진　　寫眞

4급

알 란

[卩, 5] 총 7획

투명한 막 속에 점처럼 들어 있는 개구리 알을 그린 글자이다. 나중에 닭이나 새의 알도 뜻하게 되었다.

累卵之勢　누란지세
계란유골　鷄卵有骨
산란　　　産卵

6급II

集

모을 **집**

[隹, 4] 총 12획

새[隹]가 나무[木] 위에 옹기종기 모인다는 뜻이다. '모으다, 모이다' 등의 형태로 쓰인다. 사람들을 한곳으로 모으는 것을 集合(집합)이라고 한다.

• 隹(새 추)는 鳥(새 조)보다 몸집이 작은 새를 나타낸다.

募集 　모집
召集 　소집
徵集 　징집

亻 亻 亻 亻 亻 佳 隹 隼 集

4급

雜

섞일 **잡**

[隹, 10] 총 18획

여러 가지 색의 옷[衣→㐄]을 입은 새[隹]가 나무[木] 위에 섞여 있다는 뜻이다. 여러 가지 색의 채소를 섞어 놓은 요리를 雜菜(잡채)라고 한다.

• 㐄는 저고리의 모양을 그린 衣(옷 의)의 변형이다.

亂雜 　난잡
煩雜 　번잡
雜貨 　잡화

亠 亢 䒑 㐄 亲 𣎳 䒑 雜 雜

3급II

雙

쌍 **쌍**

[隹, 10] 총 18획

두 마리의 새[隹隹]를 손[又] 위에 올려놓은 모습을 그려 '한 쌍'이라는 뜻을 표현했다.

• 又(또 우)는 오른손을 그린 글자로, 주로 손을 의미한다.

雙曲線 　쌍곡선
雙方 　쌍방
勇敢無雙 　용감무쌍

亻 亻 亻 亻 亻 佳 雔 雙 雙

3급

唯

오직 **유**

[口, 8] 총 11획

새[隹]가 입[口]으로 낼 수 있는 소리는 오직 하나라는 뜻이다.

唯我獨尊 　유아독존
唯一 　유일

丶 口 口 口 口' 叭 唯 唯 唯

3급

惟

생각할 **유**

[心, 8] 총 11획

마음[忄]속으로 새[隹]처럼 자유롭게 생각한다는 뜻이다. 唯(오직 유)와 모양이 비슷하여 '오직'이라는 뜻으로 쓰이기도 한다.

思惟 　사유
惟獨 　유독

丶 丶 忄 忄 忄' 忄' 忄' 惟 惟

3급Ⅱ

벼리 유

[糸, 8] 총 14획

그물을 오므리거나 펼 수 있도록 꿰놓은 줄을 벼리라고 한다. 그래서 **줄[糸]을 엮어 만든 그물로 새[隹]를 잡을 때 잡아당기는 벼리**를 뜻한다. '버티다, 생각하다'라는 뜻도 있다.

維歲次	유세차
維新	유신
維持	유지

4급Ⅱ

벌릴 라

[网, 14] 총 19획

새나 물고기를 잡기 위해 그물[网→罒]의 벼리[維]를 풀어 벌려 놓는다는 뜻이다.

• 罒(그물망머리)는 그물의 형태를 그린 网(그물 망)의 변형 부수이다.

羅針盤	나침반
阿修羅場	아수라장
나열	羅列
신라	新羅

4급Ⅱ

나아갈 진

[辵, 8] 총 12획

새[隹]가 날갯짓을 하여 앞으로 나아간다[辶]는 뜻이다. 새는 뒤로 날지 못하니 앞으로 나아간다는 뜻임이 분명하다.

累進	누진
突進	돌진
躍進	약진
진급	進級
진도	進度
진보	進步

3급

기러기 안

[隹, 4] 총 12획

기러기는 가을에 우리나라로 와서 봄에 시베리아로 가는 철새이다. 철새는 떼를 지어 이동하는데, **언덕[厂] 위로 높이 날아 '사람 인[人→亻]' 자로 줄을 맞춰서 가는 새[隹]는 기러기**라는 뜻이다.

• 厂(언덕 엄)은 언덕의 모양을 그린 것이다.

雁書	안서
雁行	안항

3급Ⅱ

어릴 치

[禾, 8] 총 13획

벼[禾] 이삭 중에 작은 새[隹]가 먹기 좋아하는 어린 것을 뜻한다. 어린이를 가르치는 교육 시설은 幼稚園(유치원)이다.

幼稚園	유치원
稚氣	치기
稚魚	치어
稚拙	치졸

推 밀 추
4급 [手, 8] 총 11획

새[隹]는 싸울 때 날개를 손[扌]처럼 뻗어 서로 민다는 뜻이다. 사물을 밀어서 위치를 '옮긴다'는 뜻도 있고, 사람을 밀어서 앞으로 '추천한다'는 뜻도 있다. 중국이나 일본에서는 문을 밀라는 표시로 推(추)를 써서 붙여 놓는다.

一 十 扌 扌 扩 扩 扩 拚 推 推

推仰	추앙
推薦	추천
추리	推理
추정	推定
추진	推進

準 법 준
4급II [水, 10] 총 13획

물[氵] 위를 수평으로 나는 송골매[隼]처럼 수평과 중심을 유지해야 하는 법을 뜻한다. 법은 사람들의 행동에 기준이 되므로 '표준, 모범'을 뜻하기도 한다.

• 隼(송골매 준)은 새 중에 힘이 좋고 사나운 매를 가리킨다.

氵 氵 氵 汁 汁 汁 洴 淮 淮 準

기준	基準
평준화	平準化
표준	標準

雄 수컷 웅
5급 [隹, 4] 총 12획

튼튼한 팔뚝[厷]을 가져 힘이 센 새[隹]는 수컷이라는 뜻이다. 수컷처럼 '뛰어나다, 웅장하다'는 뜻도 있다.

• 厷(팔뚝 굉)은 손[ナ]을 내[厶] 쪽으로 당기면 힘이 들어가는 팔뚝을 뜻한다.

一 ナ 左 左 左 枒 枒 雄 雄 雄

群雄割據	군웅할거
영웅	英雄
웅변	雄辯
웅비	雄飛
웅장	雄壯

催 재촉할 최
3급II [人, 11] 총 13획

사람[亻]이 높은[崔] 산을 끝까지 오르기 위해 발걸음을 재촉한다는 뜻이다.

• 崔(높을 최)는 산[山] 높이 새[隹]가 나는 모습이다. 성씨로도 쓰인다.

亻 亻' 亻" 俨 俨 俨 俨 催 催

開催	개최
主催	주최
催眠	최면

携 이끌 휴
3급 [手, 10] 총 13획

새[隹] 중에 살찐[乃] 것을 사냥하여 손[扌]에 이끌고 온다는 뜻이다. 잡은 새는 자기가 갖는 것이니 '가지다, 들다'의 뜻으로도 쓰인다. 손에 들거나 몸에 가지고 다니는 것을 携帶(휴대)라고 한다.

• 乃는 살이 쪄서 배가 불룩한 새의 모습이다.

一 十 扌 扌 扩 拌 挫 推 携 携

| 提携 | 제휴 |
| 携帶 | 휴대 |

3급

누구 수

[言, 8] 총 15획

까치가 울면 반가운 손님이 온다는 말이 있다. 이처럼 **까치 같은 새[隹]가 지저귀니[言] 찾아올 반가운 손님은 '누구'**라는 뜻이다. 주로 문장에 쓰인다.

• 言(말씀 언)은 여기서 새가 지저귄다는 의미로 쓰였다.

誰怨孰尤　수원숙우

一 ㄧ 言 言 訁 訁 訃 誰 誰 誰

3급

비록 수

[隹, 9] 총 17획

도마뱀[虽]과 참새[隹]는 비록 몸이 작지만 무시하면 안 된다는 뜻에서 '비록'을 의미한다. 주로 문장에서 '비록 ~지만'이라는 뜻으로 쓰인다.

• 虽(도마뱀 수)는 뱀보다 작은 도마뱀을 뜻한다. 隹(새 추)는 새 중에서도 작은 새를 가리킨다.

雖然　수연

口 吕 吊 虽 虽 虽 雖 雖 雖 雖

5급

잡을 조

[手, 13] 총 16획

나무 위에서 입을 모아 우는[喿] 새를 손[扌]으로 달래서 조용한 분위기를 잡는다는 뜻이다. 손으로 조종해서 안정시킨다는 뜻이 강하다.

• 喿(울 조)는 나무[木] 위에 모여 앉은 새들이 입[口口口→品]을 벌리고 시끄럽게 운다는 뜻이다.

貞操　정조
操縱　조종
조신　操身
조심　操心
조업　操業

一 十 扌 扌 扜 扜 搨 撘 撮 操 操

3급

마를 조

[火, 13] 총 17획

불[火]이 새 울음[喿]처럼 시끄럽고 크게 타오르니 모두 타서 물기가 마른다는 뜻이다.

乾燥　건조
燥渴　조갈

丶 丷 ナ 火 火 炉 炉 炉 焊 焊 燥

3급

뛸 약

[足, 14] 총 21획

새[隹]가 날개[羽]를 펼치고 날기 위해 발[足→⻊]로 뛰어오른다는 뜻이다.

• ⻊(발족변)은 무릎부터 발까지의 모양을 그린 足(발 족)의 변형 부수이다. 羽(깃 우)는 새의 날개를 그린 글자이다.

飛躍　비약
躍動　약동
躍進　약진
活躍　활약

口 ㅁ 吊 吊 足 足 趵 趵 躍 躍 躍

3급

濯
씻을 탁
[水, 14] 총 17획

날개[羽]를 펴고 날던 새[隹]가 물[氵]을 만나면 잠시 내려와 씻는다는 뜻이다. 옷에 더러운 것을 씻어내고 빠는 것을 洗濯(세탁)이라고 한다.

洗濯	세탁
濯足	탁족

氵 氵 氵 氵 氵 氵 濯 濯 濯 濯

5급

曜
빛날 요
[日, 14] 총 18획

씻고 난 새[隹]의 날개[羽]에 해[日]가 비치니 빛난다는 뜻이다. 해가 떠올라 빛나면 매일 맞이하는 각각의 날을 曜日(요일)이라고 한다.

요일	曜日

日 日丿 日丿 日丿 日丿丿 曜 曜 曜 曜

5급 II

觀
볼 관
[見, 18] 총 25획

부리부리한 눈을 가진 황새[藿]가 두 눈을 크게 뜨고 살펴본다[見]는 뜻이다. 다른 지방이나 나라의 풍경을 보는 일을 觀光(관광)이라고 한다.

● 藿(황새 관)은 눈이 큰 새인 황새의 모습이다.

槪觀	개관
明若觀火	명약관화
관광	觀光
미관	美觀
주관	主觀

丶 丶 丅 廿 艹 藿 藿 觀 觀 觀

4급

歡
기쁠 환
[欠, 18] 총 22획

황새[藿]처럼 눈을 크게 뜨고 입도 크게 벌리고[欠] 웃으니 기쁘다는 뜻이다.

● 欠(하품 흠)은 사람이 입을 크게 벌린 모습을 그린 부수이다. 攵(등글월문)으로 쓰지 않도록 주의해야 한다.

哀歡	애환
환송	歡送
환심	歡心
환영	歡迎
환호	歡呼

艹 艹 艹 藿 藿 藿 藿 歡 歡 歡

4급

勸
권할 권
[力, 18] 총 20획

황새[藿]처럼 눈을 크게 뜨고 잘 살펴서 얻은 좋은 것을 힘써[力] 권한다는 뜻이다.

勸善懲惡	권선징악
권고	勸告
권주가	勸酒歌
권학	勸學

艹 艹 艹 艹 藿 藿 藿 勸 勸

4급II

권세 권

[木, 18] 총 22획

이 글자에서 木(나무 목)은 저울추를 만드는 황화목(黃華木)을 뜻한다. 나무 저울추[木]로 저울의 평형을 맞추듯 황새[藿] 같은 눈으로 상황을 파악하여 평형을 맞춰야 하는 지도자의 권세를 뜻한다.

越權	월권
著作權	저작권
공권력	公權力
권력	權力
권리	權利

3급II

얻을 획

[犬, 14] 총 17획

사냥개[犬→犭]가 잡아 온 황새[藿→雈]를 주인이 손[又]으로 잡아서 얻는다는 뜻이다.

• 犭(개사슴록변)은 개의 옆모습을 그린 犬(개 견)의 변형 부수이다. 사냥개에 잡힌 황새[雈]는 눈을 감고[隹] 있으니 눈동자가 보이지 않는다.

濫獲	남획
漁獲	어획
獲得	획득

4급II

도울 호

[言, 14] 총 21획

사냥에도 살생유택(殺生有擇)의 질서가 있다. 산 것을 죽이는 일은 함부로 하지 말고 가려서 해야 한다는 말이다. 그래서 황새[藿→雈]를 손[又]에 든 사냥꾼에게 동물을 보호하자고 말하며[言] 동물을 돕는다는 뜻이다.

구호	救護
보호	保護
수호	守護
애호	愛護

3급

거둘 확

[禾, 14] 총 19획

사냥개가 잡은 황새[藿→雈]를 손[又]에 거두듯 가을에 벼[禾]를 거두어들인다는 뜻이다. 收穫(수확)은 많으면 많을수록 좋다.

| 收穫 | 수확 |

5급II

예 구

[臼, 12] 총 18획

황새[藿→雈]가 오래된 둥지[臼]를 헐어버리는 모습에서 '옛날, 오래되다' 등을 의미하게 되었다. 새것과 옛것을 아울러 新舊(신구)라고 한다.

• 臼(절구 구)는 움푹 팬 절구의 모양인데, 여기서는 새의 둥지를 나타낸다.

신구	新舊
구면	舊面
복구	復舊
구식	舊式

3급 II

奮 떨칠 분
[大, 13] 총 16획

밭[田]에 있던 새[隹]가 날개를 크게[大] 펼치고 날아가기 위해 땅을 떨친다는 뜻이다.

激奮 격분
奮發 분발
興奮 흥분

六 木 本 本 奉 奞 奞 奮 奮 奮

3급 II

奪 빼앗을 탈
[大, 11] 총 14획

날개를 크게[大] 펴고 날려는 새[隹]를 사람이 손[寸]으로 잡아 자유를 빼앗는다는 뜻이다.

- 寸(마디 촌)은 손목에서 맥박이 뛰는 위치를 표시한 글자로, 주로 손을 뜻한다.

強奪 강탈
爭奪戰 쟁탈전
奪取 탈취

六 木 本 本 本 奉 奞 奪 奪 奪

3급 II

鶴 학 학
[鳥, 10] 총 21획

학은 고상한 품격과 지조를 상징한다. 이처럼 고상하게 높이 나는[隹] 새[鳥]는 학이라는 뜻이다.

- 寉(높이 날 확)은 날개를 넓게[冖] 펴고 하늘 높이 나는 학[隹]의 모습이다.

群鷄一鶴 군계일학
鶴首苦待 학수고대

一 宀 宀 宀 隹 隹 隺 鹤 鹤 鶴 鶴

4급 II

確 굳을 확
[石, 10] 총 15획

단단한 돌[石]이나 지조 있는 학[寉]처럼 심지가 굳다는 뜻이다. 굳은 믿음을 確信(확신)이라고 한다.

確率 확률
명확 明確
확보 確保
확신 確信
확실 確實
확인 確認

一 丆 丆 石 石 矿 矿 碎 碎 確

3급 II

禽 새 금
[内, 8] 총 13획

사람들이 짐승을 잡으려고 놓은 그물[离] 위로 날개[人]를 펴고 날아가는 날짐승(새)을 뜻한다. 들짐승을 가리키는 獸(짐승 수)와 합치면 모든 짐승을 뜻하는 禽獸(금수)가 된다.

- 离(떠날 리)는 짐승을 잡으려고 놓은 그물의 모양을 나타낸다.

家禽類 가금류
禽獸 금수
猛禽 맹금

人 人 今 今 会 禽 禽 禽 禽 禽

4급

떠날 리

[隹, 11] 총 19획

새[隹]가 그물[离]에 잡히지 않으려고 빨리 자리를 **떠난다**는 뜻이다. 사람이 서로에게서 떠나는 일을 離別(이별)이라고 한다.

亠 亣 产 卤 卤 离 离 离 剞 離

距離	거리
隔離	격리
이륙	離陸
이별	離別
이적	離籍
이탈	離脫

3급

두려워할 구

[心, 18] 총 21획

두 눈[目目]을 크게 뜨고 위험한 상황을 살피는 새[隹]의 마음[忄]은 겁나고 두렵다는 뜻이다.

丶 丶 忄 忄 忄 忄 忄 懼 懼 懼

疑懼心	의구심

4급II

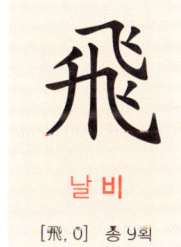

날 비

[飛, 0] 총 9획

새가 양 날개를 펴고 하늘을 가르면서 힘차게 날갯짓하는 모습이다.

乀 乀 飞 飞 飞 飞 飛 飛 飛

飛躍的	비약적
烏飛梨落	오비이락
비상	飛上
비행기	飛行機
웅비	雄飛

3급

번역할 번

[飛, 12] 총 21획

날개를 차례로[番] 움직여 **날던**[飛] 새가 뒤집어진다는 뜻인데, 지금은 언어를 뒤집어 번역한다는 뜻으로 쓰게 되었다.

• 番(차례 번)은 짐승의 발자국[采]이 밭[田]에 찍힌 모양이 차례차례라는 뜻이다.

亠 平 釆 番 番 番 番 翻 翻 翻

飜覆	번복
飜案	번안
飜譯	번역

3급II

깃 우

[羽, 0] 총 6획

새의 날개에 있는 깃털을 그린 글자이다.

丨 丨 ヲ 羽 羽 羽

羽毛	우모
羽翼	우익

6급 習

익힐 습

[羽, 5] 총 11획

어린 새가 날개[羽]를 퍼덕이며 밝은[白] 아침마다 나는 법을 익힌다는 뜻이다. 앞으로 배울 것을 미리 익히는 것을 豫習(예습)이라고 한다.

｜ ｜ ｜ ｜ ｜ ｜ ｜ 習 習 習

慣習	관습
習慣	습관
弊習	폐습
습득	習得
습성	習性
예습	豫習

4급 II 非

아닐 비

[非, 0] 총 8획

새의 양쪽 날개가 반대 방향으로 펼쳐진 모양을 그려 '아니다, 나쁘다, 비방하다' 등의 부정적인 뜻을 표현했다.

｜ ｜ ｜ ｜ 非 非 非 非

非夢似夢	비몽사몽
似而非	사이비
비범	非凡
비정	非情
비행	非行

4급 II 悲

슬플 비

[心, 8] 총 12획

좋지 않은[非] 일을 겪으면 마음[心]이 슬프다는 뜻이다. 몹시 슬퍼서 마음이 아픈 것을 悲痛(비통)하다고 한다.

• 心(마음 심)은 사람의 심장을 그린 글자로, 주로 마음을 뜻한다.

｜ ｜ ｜ ｜ 非 非 非 悲 悲 悲

悲戀	비련
悲哀	비애
慈悲	자비
비관	悲觀
비보	悲報
비통	悲痛

3급 II 排

밀칠 배

[手, 8] 총 11획

옳지 않은[非] 것을 손[扌]으로 밀친다는 뜻이다. 따돌리거나 밀어내는 것을 排斥(배척)이라고 한다.

• 扌(재방변)은 다섯 손가락을 그린 手(손 수)의 변형 부수이다.

一 ｜ 扌 扌 扌 扌 排 排 排 排

排擊	배격
排球	배구
排斥	배척

3급 II 輩

무리 배

[車, 8] 총 15획

새의 날개[非]처럼 줄지어 서 있는 수레[車]의 무리를 뜻한다. 같은 분야에서 자기보다 앞서 일한 사람을 先輩(선배), 나중에 일한 사람을 後輩(후배)라고 한다.

• 車(수레 거)는 바퀴가 네 개 달린 수레의 모습이다.

｜ ｜ ｜ 非 非 非 輩 輩 輩 輩

同年輩	동년배
不良輩	불량배
後輩	후배

5급

魚

물고기 어

[魚, 0] 총 11획

물고기의 머리, 몸통, 꼬리지느러미를 그린 글자이다. 주로 물고기의 이름이나 물고기와 관계있는 글자에 부수로 쓰인다.

ク ク 冇 冄 冎 甪 角 魚 魚 魚

乾魚物	건어물
水魚之交	수어지교
어류	魚類
어물	魚物
인어	人魚
활어	活魚

5급

漁

고기 잡을 어

[水, 11] 총 14획

바다나 강[氵]에서 물고기[魚]를 잡는다는 뜻으로, 명사인 魚(물고기 어)와 구분해야 한다. 고기 잡는 일을 업으로 삼는 사람을 漁夫(어부)라고 한다.

丶 丶 氵 氵 氿 泊 泊 淹 淹 漁

漁獲	어획
농어민	農漁民
어선	漁船
어장	漁場

5급 II

鮮

고울 선

[魚, 6] 총 17획

중국에서는 예로부터 부드러운 양고기를 고급으로 여겼다. 그래서 막 잡은 물고기[魚]는 부드러운 양고기[羊]처럼 신선하고 색이 곱다는 뜻이다.

• 羊(양 양)은 뿔 달린 양의 머리를 그린 글자이다.

ク ク 冇 冄 冎 甪 魚 鮮 鮮 鮮

生鮮	생선
鮮明	선명
鮮血	선혈
朝鮮	조선

3급 II

蘇

되살아날 소

[艸, 16] 총 20획

목숨이 위태로운 사람에게 약초[艹]를 먹여 위기를 넘기고, 고기[魚]와 쌀밥[禾]으로 기운을 차리게 하면 되살아난다는 뜻이다.

• 禾(벼 화)는 쌀알이 익으면서 고개를 숙인 벼의 모습이다.

艹 艹 苗 蔌 蘇 蘇 蘇 蘇 蘇

| 蘇生 | 소생 |

07 일째 동물 4

스마트 한자 암기 프로그램

3급

貝 조개 패
[貝, 0] 총 7획

조갯살이 삐죽 나온 조개를 그린 글자이다. 옛날에는 조개껍데기를 돈으로 사용했기 때문에 돈이나 재물을 뜻하기도 한다. 目(눈 목), 見(볼 견), 頁(머리 혈), 首(머리 수)와 모양이 비슷하다.

丨 冂 冃 月 目 貝 貝

| 貝物 | 패물 |

5급

敗 패할 패
[攵, 7] 총 11획

조개[貝]를 막대기로 치면[攵] 부서지는 모습처럼 승부에서 패한 것을 뜻한다. 이기고 지는 것을 勝敗(승패)라고 한다.

• 攵(등글월문)은 손에 회초리를 들고 때리는 모습인 攴(칠 복)의 변형 부수이다. 文(글월 문), 欠(하품 흠)과 모양이 비슷하므로 주의해야 한다.

丨 冂 冃 月 目 貝 貝 貝 貝 敗 敗

腐敗	부패
惜敗	석패
慘敗	참패
대패	大敗
실패	失敗
연패	連敗

4급

負 질 부
[貝, 2] 총 9획

승부에서 진 사람[⺈]이 이긴 사람에게 줄 돈[貝]을 짊어진 모습이다. '패하다, 빚지다, 떠맡다' 등의 뜻으로 쓰인다.

• ⺈은 人(사람 인)의 변형이다.

⺈ ⺈ ⺈ 𠂊 𠂊 角 負 負 負

負債	부채
抱負	포부
부담	負擔
승부	勝負
자부심	自負心

3급II

貞 곧을 정
[貝, 2] 총 9획

옛날에는 중요한 일을 대부분 점괘에 의지했다. 이때 **점[卜]을 친 결과에 대해 조개[貝]처럼 입을 꽉 다물고 따르는 곧은 마음**을 뜻한다. 행실이 곧고 마음씨가 맑은 여성을 貞淑(정숙)하다고 한다.

• 卜(점 복)은 옛날에 거북이 배딱지를 구워 점칠 때 갈라지던 모양이다.

丨 ⺊ ⺊ 卢 卢 卣 卣 貞 貞

不貞	부정
貞淑	정숙
貞節	정절
貞操	정조

3급

손 빈

[貝, 7] 총 14획

다른 곳에서 찾아오는 사람을 손(손님)이라고 한다. 남의 집[宀]에 찾아와 발[止→丿]을 들이며 손에 선물(재물)[貝]을 든 손(손님)을 뜻한다.

• 丿는 사람의 발을 그린 止(그칠 지)의 변형이다.

國賓	국빈
貴賓	귀빈
來賓	내빈

宀 宁 宂 宇 穴 宵 宵 賓 賓

5급

쌓을 저

[貝, 5] 총 12획

재물[貝]을 집안의 궤짝[宁] 같은 곳에 쌓는다는 뜻이다.

• 宁는 덮개가 덮인 공간에 물건이 들어있는 모습이다.

貯藏	저장
저금	貯金
저수지	貯水池
저축	貯蓄

丨 冂 月 日 貝 貝` 貝` 貯 貯

3급II

의뢰할 뢰

[貝, 9] 총 16획

의뢰는 어떤 일을 남에게 부탁하는 것이다. 묶어서[束] 보관해 두었던 재물[貝]을 칼[刀]로 나누어 주며 일을 의뢰한다는 뜻이다.

• 束(묶을 속)은 나무[木]를 끈으로 감아 묶은[口] 모양이다.

無賴漢	무뢰한
信賴	신뢰
依賴	의뢰

一 口 中 束 束 束` 束` 賴 賴 賴

5급II

값 가

[人, 13] 총 15획

사람[亻]이 장사[賈]하기 위해 물건에 매기는 값을 뜻한다.

• 賈(장사 고)는 덮어[襾] 두었던 물건을 돈[貝] 받고 파는 장사라는 뜻이다. 襾(덮을 아)는 병이나 그릇에 덮개를 덮은 모양이다.

價值	가치
同價紅裳	동가홍상
株價	주가
고가	高價
정가	定價
호가	呼價

亻 仁 仃 価 価 価 僐 價 價

5급

살 매

[貝, 5] 총 12획

물건을 사고파는 데는 돈이 필요하다. 조개껍데기를 돈으로 사용하던 옛날 사람들은 그물[网→罒]로 잡은 조개[貝]를 주고 물건을 샀다는 뜻이다.

• 罒(그물망머리)는 그물의 형태를 그린 网(그물 망)의 변형이다.

경매	競買
매매	賣買
매입	買入
불매	不買

丶 口 四 四 罒 罒 胃 冒 買 買

5급

賣 팔 매
[貝, 8] 총 15획

사들인[買] 물건을 다시 내다[出→士] 판다는 뜻이다. 물건을 팔고 사는 일을 賣買(매매)라고 한다.

• 士(선비 사)는 出(날 출)이 변형된 모양이다.

一 十 士 吉 吉 吉 吉 賣 賣 賣

賣國奴	매국노
賣渡	매도
販賣	판매
강매	強賣
급매	急賣
매매	賣買
예매	豫賣

6급 II

讀 읽을 독, 구절 두
[言, 15] 총 22획

말[言]을 물건 파는[賣] 사람처럼 크게 소리 내어 읽는다는 뜻이다. 책을 읽는 일을 讀書(독서)라고 한다.

言 計 誹 誹 誹 誹 誹 讀 讀 讀

熟讀	숙독
吏讀	이두
晝耕夜讀	주경야독
대독	代讀
독파	讀破
우이독경	牛耳讀經

4급 II

續 이을 속
[糸, 15] 총 21획

실[糸]을 내다 팔기[賣] 위해서 상품성이 있도록 길게 잇는다는 뜻이다. 끊이지 않고 이어나가는 것을 繼續(계속)이라고 한다.

幺 幺 幺 糸 糸 紵 紵 続 繪 續

근속	勤續
속편	續編
존속	存續
지속	持續

5급

貴 귀할 귀
[貝, 5] 총 12획

양손으로 받쳐 든 바구니[虫]에 담긴 재물[貝]이 귀하다는 뜻이다.

• 虫는 양손을 모아 물건을 받쳐 들고 있는 모양이다. 虫(벌레 충)으로 쓰지 않도록 주의해야 한다.

丶 口 口 虫 虫 冉 冉 冉 貴 貴

貴賓	귀빈
貴賤	귀천
稀貴	희귀
고귀	高貴
귀중품	貴重品
품귀	品貴

4급

遺 남길 유
[辶, 12] 총 16획

귀한[貴] 물건을 들고 가다가[辶] 길에 떨어뜨리면 물건이 그곳에 남겨진다는 뜻이다. '버리다'의 뜻으로도 쓰여 내다 버리는 일을 遺棄(유기)라고 한다.

口 中 虫 冉 冉 貴 貴 遺 遺 遺

養虎遺患	양호유환
後遺症	후유증
유기	遺棄
유물	遺物
유작	遺作

3급

보낼 견

[辶, 10] 총 14획

옛날에는 귀한 물건이나 지역의 특산물을 왕에게 바치곤 했다. 그래서 **양손으로 받쳐 든 바구니[虫]에 물건[口]을 담아 가서[辶] 왕에게 보낸다**는 뜻이다.

• 㠯는 물건이 상자에 담긴 모양이다.

口 中 虫 虫 串 串 昌 昌 遣 遣 遣

| 派遣 | 파견 |

4급II

인원 원

[口, 7] 총 10획

돈[貝]을 벌기 위해 둥그렇게[口] 모여 있는 사람들(인원)을 뜻한다. 직장에서 일하기 위해 모여 있는 사람들을 職員(직원)이라고 한다.

丨 口 口 曰 囙 員 員 員 員 員

乘務員	승무원
外販員	외판원
滿員	만원
職員	직원
會員	회원

4급II

둥글 원

[口, 10] 총 13획

사람들[員]이 넓게 둘러[口] 앉아 있는 모양새가 둥글다는 뜻이다. 성격이 모난 데가 없이 둥글둥글하고 너그러운 것을 圓滿(원만)하다고 한다.

• 口(에울 위)는 사방이 울타리처럼 둘러싸인 모양이다.

丨 冂 冂 同 同 円 円 圓 圓

圓熟	원숙
投圓盤	투원반
원만	圓滿
원탁	圓卓
원형	圓形

4급

덜 손

[手, 10] 총 13획

사람들[員]이 서로 손[扌]을 합쳐 일하여 일의 양을 던다는 뜻이다. 양을 줄이거나 적게 만든다는 의미이다. 가지고 있던 물건을 잃어버리거나 그 양이 줄었을 때 損失(손실)을 입었다고 한다.

一 十 扌 扌 押 捐 捐 捐 捐 損 損

名譽毀損	명예훼손
결손	缺損
손실	損失
파손	破損

3급II

운 운

[音, 10] 총 19획

사람들[員]의 입에서 나는 소리[音]를 어울리는 소리끼리 나누어 놓은 것이 운이다. 한시에서 정해진 위치에 어울리는 소리로 배치한 글자를 韻字(운자)라고 한다. 소리와 분위기가 어우러지는 '운치'를 뜻하기도 한다.

丶 亠 ㄣ 立 音 音 音 韻 韻 韻

餘韻	여운
韻律	운율
韻致	운치

3급II

貫
꿸 관
[貝, 4] 총 11획

돈[貝]에 구멍을 뚫어서[毌] 가지고 다니기 편하도록 줄을 꿴다는 뜻이다. 엽전 가운데에 줄을 貫通(관통)하게 하여 꾸러미로 만든 모습을 떠올리면 된다.

• 毌(꿰뚫을 관)은 물건의 가운데를 꿰어서 뚫은 모양이다.

ㄴ ㅁ ㅫ 毌 骨 骨 骨 貫 貫 貫

貫徹	관철
始終一貫	시종일관
初志一貫	초지일관

3급II

慣
익숙할 관
[心, 11] 총 14획

마음[忄]속에 이미 꿰어져[貫] 있는 일이니 낯설지 않고 익숙하다는 뜻이다. 오랫동안 익혀 익숙해진 행동 방식을 習慣(습관)이라고 한다.

慣性	관성
慣行	관행
習慣	습관

5급II

實
열매 실
[宀, 11] 총 14획

집[宀]안에 꿰어[貫] 놓은 돈 꾸러미가 가득 찬 모습인데, 나중에 꽉 찬 열매를 의미하게 되었다.

梅實	매실
實踐	실천
實吐	실토
실록	實錄
실무	實務
실상	實狀

5급

則
법칙 칙
[刀, 7] 총 9획

예나 지금이나 재물의 분배는 민감한 사항이다. 그러므로 재물[貝]을 칼[刂]로 나누듯 정확히 분배하기 위해 반드시 필요한 법칙을 뜻한다. 原則(원칙)을 따르면 불평을 줄일 수 있다.

附則	부칙
규칙	規則
반칙	反則
법칙	法則
원칙	原則

4급II

測
헤아릴 측
[水, 9] 총 12획

수로나 다리를 만들기 전에 물[氵]의 깊이를 일정한 법칙[則]에 따라 헤아린다는 뜻이다. 높이나 깊이, 넓이 등을 '測量(측량)하다'라는 뜻으로도 쓰이고, 무엇을 '미루어 생각하다'라는 뜻으로도 쓰인다.

예측	豫測
추측	推測
측량	測量

3급II

겉 측

[人, 9] 총 11획

사람[亻]이 법칙[則]을 지키지 못하고 한쪽 곁으로 **치우친다**는 뜻이다. '곁, 치우치다, 기울다'의 뜻으로 쓰인다. 가까운 곁에 있는 사람을 側近(측근)이라고 한다.

兩側	양측
側近	측근
側面	측면

丿 亻 亻 们 侣 侣 侣 侣 側 側

5급II

꾸짖을 책

[貝, 4] 총 11획

돈[貝]을 빌려 쓰고 갚지 않는 사람에게 가시[朿]나무 회초리를 들고 꾸짖는다는 뜻이다. 또 그 사람이 갚아야 할 '책임'을 뜻하기도 한다.

● 朿은 여기서 가시가 있는 나무의 모양을 나타낸다.

免責	면책
문책	問責
자책	自責
지책	罪責
책임	責任

一 二 キ 主 主 青 青 责 責 責

3급II

빚 채

[人, 11] 총 13획

돈을 못 갚아 꾸지람을 당하는 사람[亻]이 책임[責]지고 갚아야 하는 빚을 뜻한다. 남에게 진 빚을 가리켜 負債(부채)라고 한다.

國債	국채
負債	부채
私債	사채
債權者	채권자
債務	채무

丿 亻 亻 亻 倩 倩 倩 倩 債 債

4급

쌓을 적

[禾, 11] 총 16획

내 논의 벼[禾]는 내가 책임[責]지고 추수하여 볏단을 **쌓는다**는 뜻이다. 차곡차곡 쌓아 둔 볏단은 집 안의 창고로 옮겨 蓄積(축적)한다.

累積	누적
容積率	용적률
積債	적채
선적	船積
적금	積金
적립	積立
석선	積善

丿 二 千 禾 禾 秆 秸 積 積 積

4급

길쌈 적

[糸, 11] 총 17획

길쌈이란 씨실(가로로 놓인 줄)과 날실(세로로 놓인 줄)을 잘 놓아 옷감으로 짜는 일이다. 그래서 **실[糸]을 각 책임[責]에 맞게 짜서 완성하는 일이 길쌈**이라는 뜻이다. 주로 노력과 수고를 들여 이룬 '공적, 성과' 등을 뜻한다.

공적	功績
성적	成績
실적	實績
업적	業績

丿 纟 纟 纟 糸 糸 紝 綪 績 績

3급II

자취 적

[足, 11] 총 18획

과거를 책임[責]지던 선인들이 발[足→⻊]로 밟으며 살아온 자취를 뜻한다.

• ⻊(발족변)은 무릎부터 발까지의 모양을 그린 足(발 족)의 변형 부수이다.

古蹟	고적
奇蹟	기적
史蹟	사적
遺蹟	유적

3급

무덤 분

[土, 12] 총 15획

흙[土]이 조개[貝]처럼 봉긋하게 쌓인 모양 위로 풀[卉]이 돋은 무덤을 뜻한다. 墓(무덤 묘)가 일반인의 무덤이라면, 墳(무덤 분)은 귀족의 무덤이다.

• 卉(풀 훼)는 풀이 많이 돋아난 모습이다.

古墳	고분
封墳	봉분
墳墓	분묘

4급

분할 분

[心, 12] 총 15획

마음[忄]속에 억울함이 크게[賁] 솟아올라서 진정이 되지 않으니 분하다는 뜻이다.

• 賁(클 분)은 풀[卉]과 재물[貝]을 많이 들여 크게 장식한 모양을 나타낸다.

憤慨	분개
격분	激憤
분노	憤怒
분패	憤敗

3급II

별 진, 때 신

[辰, 0] 총 7획

농사 도구로 쓰던 큰 조개를 그린 글자로, 농사일의 때를 가늠케 하는 별을 의미하게 되었다. 조개껍데기와 긴 혀를 특징적으로 그렸으며, 이 조개 도구는 칼처럼 쓰였다고 한다.

生辰	생신
日月星辰	일월성신

7급II

농사 농

[辰, 6] 총 13획

논밭에 싹이 구불구불[曲] 올라오면 조개[辰] 도구로 잡초를 베어 가며 짓는 농사를 뜻한다.

• 曲(굽을 곡)은 밭[田→曰]에 난 싹 [丨]이 무성해 지면 서로 엉켜 구불구불 하다는 뜻이다.

農耕地	농경지
農繁期	농번기
귀농	歸農
농업	農業
농작물	農作物
영농	營農

3급

새벽 신

[日, 7] 총 11획

별[辰]은 지고 해[日]가 뜨려 하는 무렵인 새벽을 뜻한다. 새벽하늘에는 해와 별이 함께 떠 있다.

昏定晨省 혼정신성

丶 冂 曰 旦 尸 尸 辰 晨 晨

3급II

떨칠 진

[手, 7] 총 10획

세게 흔들어 기운을 일으키는 것을 떨친다고 한다. 농부가 손[扌]에 조개[辰] 도구를 들고 곡식을 베며 노동요를 불러 흥을 떨친다는 뜻이다.

不振 부진
振動 진동
振興 진흥

一 十 扌 扩 扩 扩 护 振 振 振

3급II

욕될 욕

[辰, 3] 총 10획

조개[辰] 도구를 손[寸]에 들어야 할 때를 놓치면 농사를 망쳐 벌을 받으니 욕된다는 뜻이다. '부끄럽다, 수치스럽다'는 의미로 쓰인다. 남을 수치스럽게 만드는 辱(욕)은 뇌노복 삼가야 한다.

屈辱 굴욕
雪辱 설욕
榮辱 영욕
恥辱 치욕

丶 厂 尸 厄 辰 辰 辰 辱 辱

3급

입술 순

[肉, 7] 총 11획

조개[辰]가 혀를 내밀 듯 우리 몸[月]에서 비죽 내민 입술을 뜻한다. 입술이 없으면 이가 시리다는 뜻의 脣亡齒寒(순망치한) 등에 활용된다.

脣亡齒寒 순망치한
脣齒音 순치음

• 月(육달월변)은 肉(고기 육)의 변형 부수이다.

一 厂 尸 厄 辰 辰 辰 辰 脣 脣

4급II

벌레 충

[虫, 12] 총 18획

뱀들[虫虫虫→蟲]이 우글거리는 모양으로, 나중에 꿈틀대는 모든 벌레를 의미하게 되었다.

• 虫(벌레 충)은 세모꼴 머리에 몸이 긴 뱀을 그린 것으로, 다른 글자에 쓰일 때에는 주로 곤충이나 작은 벌레를 뜻한다.

병충해 病蟲害
충치 蟲齒
해충 害蟲

冂 口 中 虫 虫 虫 蚩 蚩 蟲 蟲

3급 II

뱀 사

[虫, 5] 총 11획

뱀[虫] 중에서도 혀를 길게 내민 모습[它]의 긴 뱀을 뜻한다. 지금은 주로 뱀의 이름을 나타내는 데 쓰여 毒蛇(독사), 殺母蛇(살모사) 등에 활용된다.

- 它(뱀 타)는 혀를 내민 뱀의 얼굴과 꼬리를 그린 글자이다.

一 口 中 虫 虫 虫 虫 蚨 蛇 蛇 蛇

毒蛇	독사
龍頭蛇尾	용두사미
長蛇陣	장사진

3급

뱀 사

[己, 0] 총 3획

뱀이 똬리를 틀고 있는 모습을 그린 글자이다. 십이지(十二支)에서 여섯째 동물인 뱀을 가리키는 한자로 쓰인다.

フ コ 巳

| 乙巳士禍 | 을사사화 |

3급 II

이미 이

[己, 0] 총 3획

뱀이 입을 벌려 상대에게 이빨을 드러낸 모양으로, 이미 상대의 목숨은 끝났다는 뜻이다. '이미, 끝나다'의 뜻으로 쓰인다.

フ コ 已

| 不得已 | 부득이 |
| 已往之事 | 이왕지사 |

3급 II

살찔 비

[肉, 4] 총 8획

동화 '어린 왕자'에서 보아뱀이 코끼리를 먹어 몸이 불룩한 모습을 상상해 보자. 코끼리를 잡아먹은 뱀[巴]은 몸[月]에 피둥피둥 살이 찐다는 뜻이다.

- 巴(큰 뱀 파)는 뱀[巳] 중에 코끼리[丨]를 잡아먹을 만큼 큰 뱀을 뜻한다.

丿 月 月 月 肝 肥 肥 肥

肥料	비료
肥滿	비만
天高馬肥	천고마비

3급

잡을 파

[手, 4] 총 7획

코끼리를 잡아먹을 만큼 큰 뱀은 매우 위험하기에 잡아 없애야 한다. 그래서 손[扌]으로 큰 뱀[巴]을 놓치지 않게 움켜잡는다는 뜻이다.

一 十 扌 扌 把 把 把

| 把持 | 파지 |

5급

가릴 **선**

[辵, 12] 총 16획

옛날에는 제사에 사람도 제물로 바치곤 했다. 그때 탁자[共] 위에 뱀처럼 몸을 구부린 두 사람[巳巳] 중 제물로 갈[辶] 사람을 가린다는 뜻이다. 많은 가운데서 가려 뽑는 것을 選拔(선발)이라고 한다.

• 共(공)은 여기서 제물을 바치기 위해 만든 탁자를 나타낸다.

補選	보선
選拔	선발
取捨選擇	취사선택
선거	選擧
선곡	選曲
예선	豫選

3급

어조사 **야**

[乙, 2] 총 3획

몸을 구불구불 꼰 뱀 또는 여자의 자궁을 그린 글자로, 주로 문장 끝에 쓰이는 종결사이다. '~이다'로 풀이된다.

| 及其也 | 급기야 |

7급

땅 **지**

[土, 3] 총 6획

흙[土]으로 만물을 품어서 어머니의 자궁[也]처럼 잘 자라게 하는 땅을 뜻한다. 어머니의 따뜻한 품이 연상되는 글자이다.

葬地	장지
地獄	지옥
避暑地	피서지
사유지	私有地
역지사지	易地思之

3급Ⅱ

못 **지**

[水, 3] 총 6획

물[氵]이 어머니의 자궁[也]처럼 고여 있는 못(연못)을 뜻한다. 백두산 꼭대기에 있는 못의 이름은 天池(천지)이다.

| 貯水池 | 저수지 |
| 天池 | 천지 |

5급

다를 **타**

[人, 3] 총 5획

사람[亻]과 뱀[也]은 그 모습부터 성품까지 다르다는 뜻이다. 주로 '다른 사람, 다른 물건, 다른 장소' 등을 가리킬 때 쓰인다.

其他	기타
排他的	배타적
타산지석	他山之石
타지	他地
타향	他鄕

| 6급II |  風
바람 **풍**
[風, 0] 총 9획 | 배 위에 달아 놓은 돛은 바람을 받아 배를 가게 한다. 이러한 **돛[凡]에 붙은 벌레[虫]가 흔들릴 정도로 세게 불어오는 바람**을 뜻한다.
• 凡(무릇 범)은 배의 돛을 그린 글자이다.
ノ 几 凡 凡 凤 凮 凨 風 風  | 風浪   풍랑
風貌   풍모
풍속   風速
풍속   風俗
풍경   風景 |

| 3급II | 楓
단풍 **풍**
[木, 9] 총 13획 | 가을이 되면 나뭇잎에 울긋불긋 丹楓(단풍)이 든다. 이처럼 **나무[木]에 가을바람[風]이 불면 잎이 점점 붉게 물드는 단풍**을 뜻한다.

木 朩 机 杁 枫 枫 枫 楓 楓 楓 | 丹楓   단풍 |

| 3급II |  鳳
봉황새 **봉**
[鳥, 3] 총 14획 | 봉황새는 중국 전설상의 새로, 매우 크고 화려해서 새 중에 으뜸이라 여겨진다. 이렇게 **배의 돛[凡]처럼 큰 날개로 바람을 일으키는 큰 새[鳥]인 봉황새**를 뜻하는 글자이다. 세상에 성인(聖人)이 나타나면 이에 응하여 봉황새가 나온다고 한다.
几 几 凡 凨 凨 凨 鳳 鳳 鳳 鳳 | |

| 5급II |  獨
홀로 **독**
[犬, 13] 총 16획 | 예로부터 개는 모이면 싸우기를 좋아해서 한 마리씩 따로 키웠다. 이렇게 **개[犭]는 고치 안에 홀로 든 애벌레[蜀]처럼 집 안에 홀로 지낸다**는 뜻이다.
• 犭(개사슴록변)은 犬(개 견)의 변형 부수이다. 蜀(애벌레 촉)은 큰 눈[罒]을 가진 벌레로, 고치로 제 몸을 감싸고[勹] 있는 나비 애벌레[虫]를 뜻한다.
ノ 丿 犭 犭 犳 狆 狆 獨 獨 | 惟獨   유독
唯我獨尊   유아독존
독립   獨立
독백   獨白
독신   獨身 |

| 3급 |  濁
흐릴 **탁**
[水, 13] 총 16획 | **강물[氵] 중에 중국의 촉[蜀]나라에 있는 탁수(濁水)는 흐리다**는 뜻이다. 淸(맑을 청)과 뜻이 반대이다.
• 蜀(애벌레 촉)은 옛날 중국의 촉(蜀)나라를 뜻하기도 한다.
丶 丶 氵 汀 汩 泗 浊 濁 濁 濁 | 一魚濁水   일어탁수
濁流   탁류 |

3급Ⅱ

닿을 **촉**

[角, 13] 총 20획

애벌레[蜀]는 뿔[角]처럼 달린 촉수를 써서 사물에 **닿는다**는 뜻이다. 주위의 변화를 감지하기 위해 신경 쓰는 것을 觸角(촉각)을 곤두세운다고 한다.

接觸	접촉
觸感	촉감
觸發	촉발
觸手	촉수

⺈ 刀 乃 乃 角 角 角 觫 觸 觸 觸

3급

촛불 **촉**

[火, 13] 총 17획

불[火]을 피우면 벌레[蜀]가 꼬이는 **촛불**을 뜻한다. 혼례 의식에 쓰이는 빛깔을 들인 초를 華燭(화촉)이라고 한다.

| 華燭 | 화촉 |

丶 丶 ナ 火 炉 炉 炉 炉 燭 燭 燭

4급

붙일 **속**

[尸, 18] 총 21획

짐승의 꼬리[尾→尸]에 벌레[蜀]들이 기생하기 위해 **몸을 붙인다**는 뜻이다. 달라붙은 벌레들이 한 동아리로 뭉쳐 있는 모습에서 '무리'라는 뜻도 나왔다.

• 尸는 尾(꼬리 미)의 변형이다.

貴金屬	귀금속
속국	屬國
속인주의	屬人主義
족속	族屬

丶 ㄱ 尸 尸 尸 屈 屬 屬 屬

4급

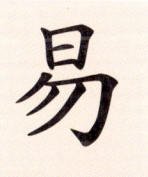

바꿀 **역**, 쉬울 **이**

[日, 4] 총 8획

파충류인 도마뱀을 그린 글자로, 상황에 따라 몸의 색을 쉽게 바꾸는 모습에서 '**쉽다, 바꾸다**'의 뜻으로 쓰인다.

貿易	무역
易地思之	역지사지
교역	交易
안이	安易
용이	容易

丨 冂 日 日 月 号 易 易

3급

줄 **사**

[貝, 8] 총 15획

임금이 신하에게 고마움을 표할 때 재물[貝]로 바꾸기[易] **쉬운 물건을 내려 준다**는 뜻이다. 주로 옥이나 비단을 주었는데, 내다 팔아서 생활에 도움이 되도록 한 것이다. 임금이 신하에게 물건을 주는 일을 下賜(하사)라고 한다.

賜藥	사약
下賜	하사
厚賜	후사

目 貝 貝 貯 貯 貯 賜 賜 賜

4급

龍
용 룡
[龍, 0] 총 16획

용은 상상의 동물로 뱀을 닮은 몸과 비늘, 네 개의 발, 사슴뿔, 소의 귀를 가졌다고 한다. **용의 머리와 몸통, 비늘과 발 등을 자세히 그린 글자**이다.

ㅎ 育 育 育 背 背 龍 龍 龍 龍

恐龍	공룡
臥龍	와룡
龍頭蛇尾	용두사미
등용문	登龍門
용궁	龍宮
용왕	龍王

3급II

襲
엄습할 습
[衣, 16] 총 22획

갑작스럽게 덮치는 것을 엄습한다고 한다. **죽은 사람의 몸에 용[龍]의 비늘처럼 겹겹의 옷[衣]이 덮이 듯 몸에 무언가 덮쳐 엄습한다**는 뜻이다.

• 衣(옷 의)는 저고리 모양을 그린 글자이다.

育 育 背 龍 龍 龍 龍 龒 襲 襲

攻襲	공습
急襲	급습
襲擊	습격
被襲	피습

3급II

貌
모양 모
[豸, 7] 총 14획

입을 벌려 이빨을 드러낸 해치[豸]처럼 뚜렷한 얼굴[皃] 모양을 나타낸다. 해치는 옳고 그름을 판단한다고 알려진 상상의 동물로, 현재 서울의 상징물이다.

• 豸(해치 치)는 이빨을 드러낸 해치의 모습이다. 皃(모양 모)는 상투를 튼 사람의 얼굴 모양이다.

´ ´ ´ ʹ 豸 豸 豸 豸´ 貌 貌

面貌	면모
美貌	미모
變貌	변모
外貌	외모
全貌	전모

3급

薦
천거할 천
[艹, 13] 총 17획

해치(해태)를 나타내는 또 다른 글자로 廌(해태 치)가 있는데, **신령스런 동물인 해치[廌]에게 신성한 풀[艹]을 바치듯 윗사람에게 사람을 소개하고 천거한다**는 뜻이다.

• 廌(해태 치)는 눈도 크고 입도 큰 해치를 그린 글자이다.

艹 艹 艹 芦 芦 芦 芦 薦 薦 薦

公薦	공천
薦擧	천거
推薦	추천

잠깐! 성어 공략

*붉은색 글자는 한자능력검정시험 3급에 빈칸 채우기 문제로 출제되었던 한자임.

窮餘之策	궁여지책	궁한 끝에 짜낸 꾀.
勸善懲惡	권선징악	착한 일을 권장하고 악한 일을 징계함.
克己復禮	극기복례	자기의 욕심을 누르고 예의범절을 따름.
近墨者黑	근묵자흑	먹을 가까이하는 사람은 검어짐. 나쁜 사람과 가까이 지내면 나쁜 버릇에 물들기 쉬움을 비유.
金枝玉葉	금지옥엽	금으로 된 가지와 옥으로 된 잎. 귀한 자손을 비유.
錦上添花	금상첨화	비단 위에 꽃을 더함. 좋은 일 위에 또 좋은 일이 더하여짐.
今時初聞	금시초문	바로 지금 처음으로 들음.
錦衣還鄕	금의환향	비단옷을 입고 고향에 돌아옴. 출세하여 고향에 돌아옴.
起死回生	기사회생	거의 죽을 뻔하다가 도로 살아남.
奇想天外	기상천외	생각이 기발하고 엉뚱함.
亂臣賊子	난신적자	나라를 어지럽게 하는 신하와 어버이를 해치는 자식.
內憂外患	내우외환	내부에서 일어나는 근심과 외부로부터 받는 근심.
內柔外剛	내유외강	속은 부드럽고, 겉으로는 굳셈.
弄瓦之慶	농와지경	흙으로 만든 장난감을 가지고 노는 경사. 딸을 낳은 즐거움.

錦衣夜行 금의야행

비단옷을 입고 밤길을 다님. 아무 보람이 없는 일을 함.

08일째
환경₁

 스마트 한자 암기 프로그램

8급

날 일

[日, 0] 총 4획

둥근 해와 그 가운데 흑점을 그린 글자이다. '해' 또는 해가 뜨면 생기는 '날, 매일, 낮' 등을 뜻한다.
• 글자의 형태를 갖추기 위해 둥근 모양은 각지게, 흑점은 선으로 변했다.

日刊紙	일간지
日沒	일몰
일기	日氣
일기	日記
일상	日常

丨 冂 日 日

3급 II

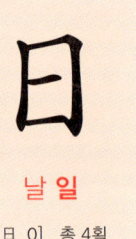

아침 단

[日, 1] 총 5획

해[日]가 지평선[一] 위로 떠오르는 아침을 뜻한다. 설날 아침을 元旦(원단)이라고 한다.

| 元旦 | 원단 |

丨 冂 日 日 旦

3급 II

다만 단

[人, 5] 총 7획

사람[亻]이 윗옷을 벗어 상체를 드러낸[旦] 모습인데, 다만 상체를 드러냈다고 하여 '다만(오직)'의 뜻으로 쓰게 되었다.
• 旦은 여기서 바지 위로 상체가 드러난 모습을 나타낸다.

但書	단서
但只	단지
非但	비단

丿 亻 亻 伯 但 但 但

3급 II

창성할 창

[日, 4] 총 8획

기세가 잘 뻗어 나가는 것을 창성하다고 한다. **햇빛[日]이 수면에 해[日]의 그림자를 비칠 정도로 창성하다**는 뜻이다. '번성하다, 아름답다'의 뜻으로도 쓰인다.

繁昌	번창
碧昌牛	벽창우
昌盛	창성

丨 冂 日 日 昌 昌 昌

5급

부를 창

[口, 8] 총 11획

입[口]안 가득 창성한[昌] 기운을 담아 노래를 부른다는 뜻이다. 혼자서 노래 부르는 것을 獨唱(독창)이라 하고, 여러 사람이 함께 노래 부르는 것을 合唱(합창)이라 한다.

애창곡	愛唱曲
창법	唱法
합창	合唱

ㅣ ㅁ ㅁ 미 미 미 미 미 미 唱 唱

4급 II

이를 조

[日, 2] 총 6획

해[日]가 풀숲[十] 위로 얼굴을 빼꼼 내민 이른 시간을 뜻한다. '일찍, 서두르다'의 의미가 강하나. 일찍 시작하는 교육을 早期(조기) 교육이라고 한다.

• 十은 풀이 돋아닌 모양이다.

早熟	조숙
早朝割引	조조할인
조기	早期
조산	早産
조조	早朝

ㅣ ㅁ ㅁ 日 旦 早

5급

높을 탁

[十, 6] 총 8획

일찍[早] 일어난 사람[人→卜]이 가장 먼저 높은 곳에 올라서 있는 모습이다. '높다, 뛰어나다'의 뜻으로 쓰인다. 나중에 '탁자'라는 뜻도 나왔다.

• 卜은 人(사람 인)의 변형이다.

卓越	탁월
식탁	食卓
탁구	卓球
탁상공론	卓上空論

ㅣ ㅏ ㅑ 占 占 占 卓 卓

3급 II

오를 승

[日, 4] 총 8획

해[日]가 높은 곳으로 떠오른다[升]는 뜻이다. 벼슬이나 지위가 오른다는 뜻으로도 쓰인다.

• 升(오를 승)은 기구로 물건을 들어 올리는 모습이다.

昇降機	승강기
昇進	승진
昇天	승천

ㅣ ㅁ ㅁ 日 旦 早 昇 昇

4급

베풀 선

[宀, 6] 총 9획

대궐[宀] 안 임금의 덕을 사방으로 뻗쳐서[亘] 은혜를 베푼다는 뜻이다. 어떤 내용을 널리 베풀어 전하는 것을 宣傳(선전)이라고 한다.

• 亘(뻗칠 긍)은 해가 사방으로 빛을 뻗친다는 뜻이다. 旦(아침 단)과 모양이 비슷하므로 주의해야 한다.

國威宣揚	국위선양
宣誓	선서
선교	宣教
선언	宣言
선전	宣傳
선포	宣布

丶 丶 宀 宀 宁 宁 宣 宣 宣

3급 II

恒

항상 **항**

[心, 6] 총 9획

매일 변함없이 빛을 뻗치는[亘] 해처럼 마음[忄]이 항상 변함없다는 뜻이다.

恒産	항산
恒常	항상
恒時	항시

丶 丶 忄 忄 忄 忹 怛 恒 恒

7급

春

봄 **춘**

[日, 5] 총 9획

풀과 싹[夲]이 해[日]의 따스함을 받고 돋아나는 봄을 뜻한다.

• 夲은 풀이 돋아나는 모양인 艸(풀 초)와 싹이 돋아나는 모양인 屯(진 칠 둔)이 합쳐져 생략된 모양이다.

一場春夢	일장춘몽
春困症	춘곤증
청춘	靑春
춘풍	春風
회춘	回春

一 二 三 声 夫 表 春 春 春

7급

夏

여름 **하**

[夂, 7] 총 10획

머리[頁→百] 위의 태양이 너무 뜨거워서 천천히 걸어야[夂] 하는 여름을 뜻한다.

• 百은 頁(머리 혈)에서 다리가 생략된 모양이다. 夂(천천히 걸을 쇠)는 발을 끌며 천천히 걷는다는 뜻이다.

춘하추동	春夏秋冬
하계	夏季

一 丆 丆 万 百 百 百 頁 夏 夏

7급

秋

가을 **추**

[禾, 4] 총 9획

예로부터 추수 시기가 되면 메뚜기 떼가 농작물을 먹어치워 피해가 컸다. 그래서 **한창 벼[禾]를 거두어들이며 메뚜기를 잡아 불[火]에 태워야 하는 시기인 가을**을 뜻하는 글자이다.

晚秋	만추
秋霜	추상
秋毫	추호
仲秋	중추
千秋	천추
秋夕	추석
秋收	추수

丿 二 千 千 禾 禾 秋 秋

3급 II

愁

근심 **수**

[心, 9] 총 13획

가을[秋]이 되면 메뚜기 떼가 농작물을 해칠까 두려워서 마음[心]속에 쌓이는 근심을 뜻한다.

愁心	수심
哀愁	애수
鄕愁	향수

丿 二 千 禾 禾 秋 秋 愁 愁

7급

겨울 동

[冫, 3] 총 5획

바닥에 얼음[冫]이 얼어서 천천히 뒤처져[夊] 걷게 되는 겨울을 뜻한다.

• 夊(뒤져올 치)는 발꿈치를 앞으로 하여 걸으니 걸음이 뒤처진다는 뜻이다.
冫(이수변)은 얼음이 언 모양을 나타내는 부수이다.

丶 勹 夂 冬 冬

冬眠	동면
越冬	월동
동계	冬季
동장군	冬將軍
동지	冬至

5급

마칠 종

[糸, 5] 총 11획

실[糸]을 매듭짓듯 겨울[冬]을 매듭짓고 한 해를 마친다는 뜻이다. '끝, 마치다' 등의 뜻으로 쓰인다. 학교에서 일과를 마치고 스승과 제자가 모여 예를 갖추어 인사하는 일을 終禮(종례)라고 한다.

〈 〵 ㄠ 幺 糸 糸 糽 紁 紁 終 終

臨終	임종
終了	종료
終着驛	종착역
자초지종	自初至終
종강	終講
종결	終結

8급

동녘 동

[木, 4] 총 8획

나무[木] 사이로 아침 해[日]가 떠오르는 곳은 동쪽이라는 뜻이다. 원래는 자루의 위아래를 묶어 놓은 물건을 뜻하던 글자인데, 나중에 방위를 나타내게 되었기에 알기 쉽게 풀이하였다.

一 「 丆 百 百 東 東 東

東南亞	동남아
東奔西走	동분서주
동해	東海
마이동풍	馬耳東風

3급II

얼 동

[冫, 8] 총 10획

동쪽[東]에서 따스한 해가 비치는 봄 전까지는 세상이 얼음[冫]으로 얼어 있다는 뜻이다. '입춘(2월)에 장독이 깨진다'는 속담처럼 봄이 오기 직전이 가장 춥다고 한다.

丶 冫 冫 汀 洍 渖 凍 凍 凍

凍結	동결
凍傷	동상
解凍	해동

3급II

베풀/묵을 진

[阜, 8] 총 11획

언덕[阝] 위에 자루[東]를 늘어놓고 물건을 베푼다는 뜻이다. 늘어놓은 지 오래되어 '묵다'의 뜻으로도 쓰인다. 陣(진 칠 진)과 모양이 비슷하다.

𠃌 𠃍 㠯 阝 阠 阞 阞 陌 陣 陳 陳

新陳代謝	신진대사
陳列	진열
陳腐	진부
陳述	진술

8급

서녘 서
[西, 0] 총 6획

새가 둥지[西]로 돌아오는 저녁이 되면 해가 지는 서쪽을 뜻한다. 酉(닭 유), 四(넉 사)로 쓰지 않도록 주의해야 한다.

• 西(서녘 서)는 새가 둥지 안에 발을 디딘 모습이다.

一 丆 币 两 两 西

東奔西走	동분서주
西方淨土	서방정토
동문서답	東問西答
서해	西海

8급

남녘 남
[十, 7] 총 9획

풀[十]이 많아 울타리[冂]를 치고 양[羊→羊]을 기를 수 있는 따뜻한 남쪽을 뜻한다.

• 十은 풀이 돋아난 모양이고, 冂은 울타리를 나타낸다. 羊은 羊(양 양)의 변형이다.

一 十 広 内 内 両 両 南 南

越南	월남
남극	南極
남남북녀	南男北女

8급

북녘 북, 달아날 배
[匕, 3] 총 5획

두 사람이 등지고 달아나는 모습인데, 따뜻한 남쪽을 등진 북쪽을 의미한다. '달아나다'의 뜻으로 쓰일 때에는 '배'로 읽어야 한다. 比(견줄 비)와 모양이 비슷하다.

丨 ㅓ ㅓ 北 北

北緯	북위
越北	월북
북한	北韓
이북	以北
패배	敗北

4급 II

등 배
[肉, 5] 총 9획

서로 등지고 달아날[北] 때 보이는 몸[月]의 등 부분을 뜻한다. '등지다, 배반하다'의 뜻으로도 쓰인다. 믿음을 등지는 것을 背信(배신)이라고 한다.

• 月(육달월변)은 肉(고기 육)의 변형 부수이다.

丨 ㅓ ㅓ 굳 北 背 背 背 背

面從腹背	면종복배
背信	배신
違背	위배
배반	背反
배수진	背水陣
배후	背後

8급

흰 백
[白, 0] 총 5획

해[日]가 떠서 햇살[丿]이 비치면 세상이 희다는 뜻이다. 엄지손가락을 그려서 '첫째, 으뜸'을 의미한다는 설도 있다.

丿 亻 白 白 白

白露	백로
白眉	백미
白飯	백반
백기	白旗
백의민족	白衣民族

3급II

맏 **백**

[人, 5] 총 7획

형제를 이룬 사람들[亻] 중 첫째[白]인 맏이를 뜻한다. 큰아버지를 伯父(백부)라고 한다.

伯父　백부
伯仲之勢　백중지세
畫伯　화백

ノ　亻　亻'　亻'　伯　伯　伯

3급

머무를/배 댈 **박**

[水, 5] 총 8획

강물[氵]에서 배를 타고 가다가 경치가 으뜸[白]인 곳에 배를 대고 머무른다는 뜻이다. 하룻밤을 자고 이틀간 머무르는 여행 일정을 一泊二日(일박이일)이라고 한다.

民泊　민박
宿泊　숙박
外泊　외박

丶　丶　氵　氵'　氵'　泊　泊　泊

3급II

핍박할 **박**

[辵, 5] 총 9획

사람을 억누르고 괴롭히는 것을 핍박이라고 한다. 악한 무리의 우두머리[白]가 가까이 다가와서[辶] 위협을 가하며 핍박한다는 뜻이다.

迫害　박해
臨迫　임박
切迫　절박
促迫　촉박

ノ　亻　白　白　白　白'　迫　迫　迫

4급

칠 **박**

[手, 5] 총 0획

양손[扌]의 엄지손가락[白]을 맞대며 손뼉을 친다는 뜻이다.

拍掌大笑　박장대소
박수　拍手
박자　拍子
박차　拍車

ノ　亠　扌　扌'　扌'　拍　拍　拍

7급

일백 **백**

[白, 1] 총 6획

오늘날보다 숫자 개념이 크지 않았던 옛날에는 '100'을 매우 큰 수로 여겼다. 그래서 일[一]부터 시작되는 숫자 중에 으뜸[白]인 숫자가 일백이라는 뜻이다. '여러, 모두, 다'라는 뜻으로도 쓰인다.

百年佳約　백년가약
百八煩惱　백팔번뇌
백발백중　百發百中
백성　百姓

一　丆　丆　百　百　百

5급 II

宿
잘 숙, 별자리 수
[宀, 8] 총 11획

지붕[宀] 아래에 사람[亻]이 여러[百] 명 모여 잠을 잔다는 뜻이다. 잠자기 전에 보이는 하늘의 무수한 '별자리'를 뜻하기도 한다. 어떤 시설에서 잠을 자고 머무르는 것을 宿泊(숙박)이라고 한다.

丶 丷 宀 宀 宀 宀 宿 宿 宿

露宿	노숙
宿泊	숙박
투숙	投宿
하숙	下宿
합숙	合宿

4급

縮
줄일 축
[糸, 11] 총 17획

실[糸]로 짠 직물을 뜨거운 물에 오래 재워[宿] 두면 오그라들어 크기가 줄어든다는 뜻이다.

幺 幺 幺 糸 糸 縮 縮 縮 縮 縮

緊縮	긴축
伸縮性	신축성
縮尺	축척
감축	減縮
단축	短縮
축소	縮小

6급

朝
아침 조
[月, 8] 총 12획

풀잎 사이로 해가 떠오르고[車] 달[月]은 막 지려고 하는 아침을 뜻한다. 나중에는 신하들이 아침마다 찾아가야 하는 '조정, 왕조'도 의미하게 되었다.

• 車는 풀[十]과 풀[十] 사이로 해[日]가 떠오르는 모양이다.

一 十 十 古 占 古 卓 朝 朝 朝

朝飯	조반
朝廷	조정
조례	朝禮
조조	早朝
조회	朝會

4급

밀물 조
[水, 12] 총 15획

바닷물이 육지로 밀려와 물의 표면이 높아지는 것을 밀물, 그 반대를 썰물이라고 한다. 아침[朝]이 되면 바닷물[氵]이 밀려 들어와 밀물이 된다는 뜻이다.

丶 丶 氵 氵 氵 沪 淖 潮 潮 潮

防潮堤	방조제
낙조	落潮
만조	滿潮
조류	潮流

3급

사당 묘
[广, 12] 총 15획

조상의 신주(神主: 죽은 사람의 이름을 적은 나무 패)를 모시는 곳을 사당이라고 한다. 집[广]을 지어 신주를 모시고 아침[朝]마다 제사 지내는 사당을 뜻한다.

• 广(집 엄)은 집의 지붕을 그린 부수로, 주로 집과 관계있다.

丶 一 广 广 广 庐 庙 廟 廟 廟

廟堂	묘당
文廟	문묘
宗廟	종묘

8급		
 **韓** 나라 이름 **한** [韋, 8] 총 17획	중국의 관점에서 볼 때 **해가 뜨는[倝] 동쪽에 위치하여 한 공간을 에워싼[韋] 한국**을 뜻한다. • 韋(에워쌀 위)는 병사들이 반대[⏣] 방향으로 걸으며 지켜야 할 지역[口]을 에워싼 모습이다.  十 古 古 古 古ʹ 古ʺ 韩 韩 韓 韓	대한민국 大韓民國 한복 韓服 한화 韓貨
3급Ⅱ		
乾 하늘/마를 **건** [乙, 10] 총 11획	**해가 하늘에서 뻗는 햇살[倝→乾]을 받아 새싹[乙]이 마른다**는 뜻이다. 이런 날은 빨래를 乾燥(건조)하기 좋은 날이다. • 倝(햇살 간)은 해가 떠오를 때 사방으로 뻗는 햇살을 뜻한다. 乙(새 을)은 새싹이 구부러져 올라오는 모양이다. 一 十 古 古 古 古ʹ 古ʺ 卓ʺ 乾 乾	乾坤 건곤 乾杯 건배 乾燥 건조
3급Ⅱ		
 **幹** 줄기 **간** [干, 10] 총 13획	**햇살[倝]을 받고 방패[干]처럼 단단하게 자란 굵은 줄기**를 뜻한다. 나무의 단단한 줄기처럼 조직의 중심에서 중요한 책임을 지는 사람을 幹部(간부)라고 한다. • 干(방패 간)은 손잡이가 달린 방패를 그린 글자이다. ⎯ 十 古 古 古 古ʹ 卓 幹 幹 幹	幹部 간부 幹線道路 간선도로 根幹 근간
3급Ⅱ		
 **莫** 없을 **막** [艹, 7] 총 11획	**빽빽한 풀숲[茻→艹] 사이로 해[日]가 떨어져 없어진다**는 뜻이다. • 艹은 풀이 우거진 모양인 茻(우거질 망)의 변형으로, 여기서는 아랫부분이 大로 변했다.  一 十 艹 ‡ 艿 芦 苩 苩 草 莫	莫強 막강 莫甚 막심 莫逆 막역 莫重 막중
3급Ⅱ		
 **漠** 넓을 **막** [水, 11] 총 14획	**물[氵]이 없는[莫] 넓은 사막**을 뜻하는 글자이다. 沙漠(사막)에는 물도 식물도 없이 모래만 보이니 앞길이 漠漠(막막)하다. 丶 氵 氵 氵 汁 沽 湆 淎 漠 漠	漠漠 막막 沙漠 사막 索漠 삭막

3급II

幕

장막 **막**

[巾, 11] 총 14획

연극에서 무대와 객석 사이를 가리기 위해 둘러친 것을 幕(막)이라고 한다. 그래서 **무대 앞을 가려 없어지도록[莫] 하는 천[巾]인 장막**을 뜻한다.

• 巾(수건 건)은 줄에 천이 걸린 모습이다.

｀ ｀´ ｀´´ 艹 芇 苩 莫 莫 幕 幕

開幕式	개막식
幕間	막간
天幕	천막

3급

暮

저물 **모**

[日, 11] 총 15획

해[日]가 풀숲 사이로 떨어져 없어지니[莫] 날이 저문다는 뜻이다.

｀ ｀´ ｀´´ 艹 芇 苩 莫 莫 幕 暮

| 歲暮 | 세모 |
| 朝三暮四 | 조삼모사 |

4급

墓

무덤 **묘**

[土, 11] 총 14획

죽은 사람의 몸이 썩어 없어지도록[莫] 흙[土]에 묻어 놓는 무덤을 뜻한다.

｀ ｀´ ｀´´ 艹 芇 苩 莫 莫 墓 墓

墳墓	분묘
묘비	墓碑
묘지	墓地
성묘	省墓

3급

募

모을 **모**

[力, 11] 총 13획

나라나 집단에서 없는[莫] 힘[力]을 보충하기 위해 사람들을 뽑아 모은다는 뜻이다.

｀ ｀´ ｀´´ 艹 芇 苩 莫 募 募

公募	공모
募集	모집
應募	응모

3급II

慕

그리워할 **모**

[心, 11] 총 15획

좋아하는 사람이 옆에 없으면[莫] 마음[心→忄]으로 그리워한다는 뜻이다.

• 忄(마음심발)은 사람의 심장을 그린 心(마음 심)의 변형 부수이다. 小(작을 소)로 쓰지 않도록 주의해야 한다.

｀ ｀´ ｀´´ 艹 芇 苩 莫 莫 慕 慕

思慕	사모
戀慕	연모
追慕	추모

4급

본뜰 모

[木, 11] 총 15획

옛날에 거푸집을 이용하여 물건을 만들 때 **거푸집이 될 나무[木]의 속을 깎아 없애서[莫] 원하는 물건의 모양을 본뜬다**는 뜻이다. 이렇게 만든 거푸집 안에 쇳붙이를 녹여 붓고 굳히면 물건이 만들어진다.

一 十 才 木 术 栌 桔 棋 模 模

模倣	모방
모범	模範
모조품	模造品
모창	模唱

6급

볕 양

[阜, 9] 총 12획

언덕[阝] 위에 햇살[昜]이 내리쬐면 느껴지는 따스한 볕을 뜻한다. 陰(그늘 음)과 뜻이 반대이다.

• 昜(햇살 양)은 해[日]가 지평선[一] 위로 떠오르자 햇살[勿]이 퍼지는 모습이다. 易(바꿀 역)과 모양이 비슷하다.

ˊ ㄱ 阝 阝ㄱ 阝ㄇ 阝ㅁ 阝日 阝ㅁ 陽 陽

斜陽	사양
석양	夕陽
양지	陽地
태양	太陽

3급

버들 양

[木, 9] 총 13획

나무[木]의 잎들이 마치 햇살[昜]처럼 퍼져 흔들리는 버들(버드나무)을 뜻한다. 조선 풍속화에 자주 등장하는 나무이다.

一 十 才 木 机 杆 桿 楊 楊

| 垂楊 | 수양 |
| 楊柳 | 양류 |

3급 II

날릴 양

[手, 9] 총 12획

손[扌]에 든 깃발을 햇살[昜] 비치는 하늘까지 높이 올려 날린다는 뜻이다. 나중에 '(이름을) 드날리다'라는 의미로도 쓰였다. 출세하여 세상에 이름을 드날리는 것을 立身揚名(입신양명)이라고 한다.

一 十 扌 扌 扌 扌 扬 揚 揚

抑揚	억양
立身揚名	입신양명
止揚	지양

7급 II

마당 장

[土, 9] 총 12획

땅[土] 위로 햇살[昜]이 비치는 넓은 마당을 뜻한다. 옛날에 마당의 의미는 넓은 무대이자 시장, 신을 모시는 장소로 통했다.

一 十 土 圩 圩 圬 場 場 場

白沙場	백사장
一場春夢	일장춘몽
농장	農場
장면	場面
형장	刑場

3급II

끓을 **탕**

[水, 9] 총 12획

물[氵]을 햇살[昜]처럼 뜨겁게 끓인다는 뜻이다. 목욕탕(湯), 설렁탕(湯), 삼계탕(湯) 등 물을 오래 끓이는 것과 관계있는 단어에 접미사로 쓰인다.

熱湯 열탕
雜湯 잡탕
再湯 재탕

` ` ` 氵 氵 沪 沪 渇 湯 湯 湯

3급

화창할 **창**

[日, 10] 총 14획

번개[申]처럼 환하게 햇살[昜]이 내리쬐니 날이 화창하다는 뜻이다. 날씨나 바람이 온화하고 맑은 날을 和暢(화창)하다고 한다.

● 申(알릴 신)은 번쩍거리는 번갯불을 그린 한자이다.

流暢 유창
暢達 창달
和暢 화창

` 冂 日 申 申 申 申 申 畅 暢 暢

4급

다칠 **상**

[人, 11] 총 13획

사람[亻]이 화살[⺁]을 맞고 햇살[昜] 아래 쓰러지며 다친다는 뜻이다. 슬픔이나 걱정으로 마음이 다치는 일을 傷心(상심)이라고 한다.

● ⺁는 화살의 모양을 그린 矢(화살 시)의 아랫부분이 생략된 모양이다.

凍傷 동상
裂傷 열상
경상 輕傷
상처 傷處
상해 傷害

丿 亻 亻 亻 仁 伤 伤 傷 傷 傷

3급II

열흘 **순**

[日, 2] 총 6획

옛날 중국 사람들이 한 묶음으로 싸서[勹] 계산하던 날[日]의 단위인 열흘을 나타낸다. 나중에 십 년 단위도 뜻하게 되어 나이를 나타내는 단어에 많이 쓰였다.

三旬九食 삼순구식
七旬 칠순

丿 勹 勹 旬 旬 旬

3급

따라 죽을 **순**

[歹, 6] 총 10획

중국 고대 사회에서는 주인이 죽으면 그 노예도 따라 죽게 했다고 한다. 이처럼 주인이 죽으면[歹] 노예도 일정 시간[旬] 안에 따라 죽는다는 뜻이다. '(목숨을) 바치다'라는 뜻도 있다.

● 歹(죽을사변)은 죽은 사람의 앙상한 뼈를 그린 부수로, 죽음과 관계있다.

殉國 순국
殉葬 순장
殉職 순직

一 丆 万 歹 歹 歹 殉 殉 殉 殉

3급

昔 예 석
[日, 4] 총 8획

날[日]이 계속 쌓이고 쌓여[龷] 오래 묵은 옛날을 뜻한다.

• 龷은 물건이 많이 쌓인 모습을 나타낸다.

一 十 丗 丗 芇 昔 昔 昔

今昔之感　금석지감

3급II

惜 아낄 석
[心, 8] 총 11획

지나간 시간은 소중한 추억이 되므로 마음[忄]에 옛일[昔]을 담아 두고 소중하게 아낀다는 뜻이다.

丶 丶 忄 忄 忄 忄 忄 忄 惜 惜

買占賣惜　매점매석
惜別　석별
惜敗　석패
愛惜　애석

3급II

借 빌릴 차
[人, 8] 총 10획

사람[亻]은 옛날[昔]부터 전해 내려온 자연을 빌려 쓴다는 뜻이다. 이태백이 '인간의 삶이란 천지(天地)와 시간(時間)을 빌려 쓰는 것이다'라고 말한 것처럼 사람은 자연을 빌려 쓰고 또 돌려주기를 반복한다.

丿 亻 亻 仁 什 供 借 借 借 借

假借　가차
借名　차명
借用　차용

3급II

錯 어긋날 착
[金, 8] 총 16획

쇠는 오래되면 녹슬어 쓰기 어렵게 된다. 이처럼 쇠[金] 중에 옛날[昔]에 만들어져 오래된 것은 모양이 틀어져 어긋난다는 뜻이다.

丿 𠂉 𠂊 𠂊 余 金 金 鈝 鋯 錯

錯覺　착각
錯視　착시
錯誤　착오

4급

籍 문서 적
[竹, 14] 총 20획

종이가 없던 옛날에는 대나무 조각을 엮은 죽간(竹簡)에 글을 기록했다. 이 대나무[竹] 조각에 농사짓는[耤] 사람의 명단을 적은 문서를 뜻한다.

• 耤(몸소 농사지을 적)은 쟁기[耒]를 들고서 옛날[昔]부터 내려온 땅에 농사짓는다는 뜻이다.

丿 𠂉 𠂊 竹 竹 笋 笋 笋 籍 籍

學籍簿　학적부
국적　國籍
무적자　無籍者
서적　書籍
재적　在籍
제적　除籍

09 일째
환경₂

스마트 한자 암기 프로그램

8급

月 달 월
[月, 0] 총 4획

해는 항상 둥근 모양이지만, 달은 차고 이지러지면서 모양이 변한다. 이러한 **달의 여러 가지 모습 중 초승달을 그린 글자**이다. 나중에 '세월, 한 달' 등의 뜻으로 발전하였다.

丿 刀 月 月

月刊	월간
月桂冠	월계관
閏月	윤월
월급	月給
월말	月末
월보	月報

6급 II

明 밝을 명
[日, 4] 총 8획

해와 달은 많은 빛을 뿜어 세상을 밝힌다. 이처럼 **낮에는 해[日]가 밤에는 달[月]이 빛을 비춰 세상이 밝다**는 뜻이다. 나중에 '밝히다, 깨끗하다, 결백하다, 이승' 등의 뜻으로 발전하였다.

丨 冂 月 日 日 明 明 明

辨明	변명
聰明	총명
透明	투명
공명정대	公明正大
명백	明白

3급 II

盟 맹세 맹
[皿, 8] 총 13획

옛사람들은 약속이나 동맹을 맺을 때 동물의 피를 나눠 마시곤 했다. 이처럼 **그릇[皿]에 짐승의 피를 담아 마시며 다짐을 밝히는[明] 맹세**를 뜻한다.

• 皿(그릇 명)은 음식을 담는 그릇이나 접시를 그린 글자이다.

日 日 明 明 明 明 明 盟 盟 盟

加盟店	가맹점
同盟	동맹
聯盟	연맹
血盟	혈맹

7급

夕 저녁 석
[夕, 0] 총 3획

달이 떠오르면서 구름에 살짝 가려진 저녁을 뜻한다. 月(달 월)에서 구름에 가려진 부분을 한 획 지워서 표현하였다.

丿 ク 夕

夕刊	석간
석양	夕陽
조변석개	朝變夕改

8급

바깥 외
[夕, 2] 총 5획

옛날에는 나라에 중요한 일이 있으면 점을 쳐서 결과를 예측하였다. 이때 **아침에 치는 점은 잘 맞지만 저녁[夕]에 치는 점[卜]은 예측의 바깥이라는 뜻**이다.

• 卜(점 복)은 옛날에 거북이 배딱지를 구워 점칠 때 갈라지던 모양이다.

丿 ク タ 夘 外

外債	외채
外販員	외판원
외계인	外界人
외면	外面
외신	外信

4급

원망할 원
[心, 5] 총 9획

억울한 일을 당하여 저녁[夕]까지 몸을[㔾] 이리저리 뒹굴며 마음[心]속으로 원망한다는 뜻이다.

• 㔾(병부 절)은 몸을 구부린 사람의 모습이다.

丿 ク タ 夘 夗 夗 怨 怨 怨

원망	怨望
원한	怨恨

6급

많을 다
[夕, 3] 총 6획

고기[月→夕]가 켜켜이 쌓여 양이 많다는 뜻이다.

• 肉(고기 육)의 변형 부수인 月(육달월변)이 여기서는 夕으로 간략하게 쓰였다.

丿 ク タ 夕 多 多

高溫多濕	고온다습
一夫多妻	일부다처
다독	多讀
다방면	多方面
다행	多幸

4급 II

옮길 이
[禾, 6] 총 11획

추수한 많은[多] 볏단[禾]을 집의 창고로 옮긴다는 뜻이다.

愚公移山	우공이산
移越	이월
移替	이체
이민	移民
이송	移送
전이	轉移

一 二 千 禾 禾 移 移 移 移

6급
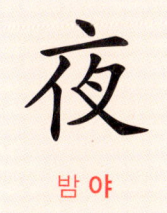
밤 야
[夕, 5] 총 8획

저녁[夕]에 뜬 달이 사람 곁[亦→衣]에 머물러 있는 밤을 뜻한다. 晝(낮 주)와 뜻이 반대이다.

• 亦(또한 역)은 사람의 겨드랑이를 표현한 글자이다.

丶 亠 广 庁 疒 夜 夜 夜

錦衣夜行	금의야행
晝耕夜讀	주경야독
야경	夜景
야광	夜光
야식	夜食

4급 II

진 액

[水, 8] 총 11획

풀이나 나무의 껍질에서 분비되는 끈끈한 물질을 '진'이라고 한다. 나무껍질에 상처를 내어 밤[夜]까지 오래 받으면 얻을 수 있는 끈끈한 물[氵]이 진이다.

丶 氵 氵 汁 沪 沪 沪 涔 液 液

不凍液	부동액
湯液	탕액
수액	樹液
액체	液體
혈액	血液

7급 II

이름 명

[口, 3] 총 6획

저녁[夕]에는 앞이 보이지 않으므로 상대를 확인하기 위해 입[口]으로 부르는 이름을 뜻한다.

丿 ク 夕 夕 名 名

芳名錄	방명록
汚名	오명
著名	저명
명가	名家
명사	名士
명승지	名勝地

3급 II

새길 명

[金, 6] 총 14획

쇳덩이[金]에 좋은 문구나 이름[名]을 새긴다는 뜻이다. 잊지 않도록 마음에 깊이 새기는 것을 銘心(명심)이라고 한다.

丿 ᄼ ᄂ 午 车 金 金' 針 鈩 銘

感銘	감명
銘心	명심
墓碑銘	묘비명
座右銘	좌우명

5급

물 끓는 김 기

[水, 4] 총 7획

물[氵]을 끓일 때 뭉게뭉게 피어오르는[气] 김을 뜻한다. 汽車(기차)는 김을 뿜으며 움직이는 교통수단을 가리키는 말이다.

• 气는 아지랑이처럼 피어오르는 연기의 모양이다.

丶 氵 氵 氵 氵 汽

汽笛	기적
기선	汽船
기차	汽車

7급 II

기운 기

[气, 6] 총 10획

사람은 음식을 먹어야 기운(힘)이 생긴다. 쌀[米]로 밥을 지어 먹으면 솟아오르는[气] 기운을 뜻한다.

• 米(쌀 미)는 벼 줄기 끝에 알알이 영글어 있는 쌀을 그린 글자이다.

丿 ᄼ ᄂ 气 气 气 氙 氝 氣 氣

氣像	기상
水蒸氣	수증기
濕氣	습기
기분	氣分
기압	氣壓
기운	氣運

5급II

雨
비 우
[雨, 0] 총 8획

구름 아래로 빗방울이 떨어지는 모습을 그린 글자이다. 주로 비와 관계있는 한자에 부수로 쓰인다.

一 厂 冂 币 币 雨 雨 雨

祈雨祭	기우제
豪雨	호우
우기	雨期
우천	雨天
폭우	暴雨

3급II

露
이슬 로
[雨, 13] 총 20획

아침에 길가[路]의 풀숲에 빗방울[雨]처럼 맺혀 있는 이슬을 뜻한다. 이슬은 풀잎 위에 드러나 있으므로 '드러나다'의 뜻으로도 쓰인다.

• 路(길 로)는 사람들이 발[足→⻊]로 각각[各] 다니는 길을 뜻한다.

雨 雨 雨 雨 雩 霏 霏 霞 露 露

露宿	노숙
露店商	노점상
露天	노천
露出	노출
人生朝露	인생조로
暴露	폭로

3급

霧
안개 무
[雨, 11] 총 19획

공기 중의 물방울[雨]이 힘껏[務] 피어나면 생기는 안개를 뜻한다. 안개가 흩어지듯 없어지거나 흐지부지되는 것을 霧散(무산)이라고 한다.

• 務(힘쓸 무)는 창[矛]을 들고 상대를 치기[攵] 위해 힘[力]쓴다는 뜻이다.

雨 雩 雩 雫 雫 霁 霁 霧 霧

霧散	무산
五里霧中	오리무중
雲霧	운무

3급II

霜
서리 상
[雨, 9] 총 17획

공기 중의 물방울[雨]이 서로[相] 엉켜 땅 위에 얼어붙은 서리를 뜻한다.

• 相(서로 상)은 사람이 나무[木]에 눈[目]을 맞추고 서로 마주 보는 모습이다.

雨 雫 雫 霄 霜 霜 霜 霜 霜

霜葉	상엽
雪上加霜	설상가상
秋霜	추상
風霜	풍상

3급

零
떨어질/영 령
[雨, 5] 총 13획

빗방울[雨]이 하늘로 하여금[令] 떨어진다는 뜻이다. 모두 떨어지면 남지 않는다는 의미에서 숫자 '0'을 뜻하기도 한다.

• 令(하여금 령)은 집[亼]에 무릎 꿇고[卩→㔾] 있는 하인으로 하여금 일하라고 명령한다는 뜻이다.

一 厂 币 币 雨 雩 雯 雯 零 零

零上	영상
零點	영점
零下	영하

6급 II

눈 설

[雨, 3] 총 11획

빗방울[雨]이 얼어서 내리면 손[彐]에 빗자루를 들고 쓸어야 하는 눈이 된다는 뜻이다. 눈은 세상을 깨끗하게 씻어주니 '씻다'라는 뜻으로도 쓰인다.

• 彐는 사람의 손과 손목을 그린 모양이다.

一 丆 厂 币 币 乕 雨 雪 雪 雪 雪

雪辱	설욕
雪中梅	설중매
螢雪之功	형설지공
설경	雪景
잔설	殘雪
폭설	暴雪

3급 II

우레 진

[雨, 7] 총 15획

우레는 천둥의 다른 말이다. 조개[辰]가 모래를 흔들어 먹이를 채듯 비[雨]가 올 때 갑자기 하늘을 흔드는 우레(천둥)를 뜻한다.

• 辰(별 진)은 큰 조개의 껍데기와 긴 혀를 그린 글자이다.

一 丆 币 币 雨 雨 严 霅 霅 震 震

耐震	내진
餘震	여진
地震	지진
震動	진동

3급 II

우레 뢰

[雨, 5] 총 13획

비[雨]가 내릴 때 사방을 흔들며 울리는[田] 우레(천둥)를 뜻한다. 원래 靁로 쓰다가 나중에 모양이 축소되었다.

• 田은 천둥소리가 사방을 울리는 모습을 표현한 것이다.

一 丆 币 币 雨 雨 雨 雫 雫 雷 雷

落雷	낙뢰
雷管	뇌관
魚雷	어뢰
地雷	지뢰

7급 II

번개 전

[雨, 5] 총 13획

비[雨]가 내릴 때 해처럼 밝은 빛으로 하늘을 가르는 번갯불[申→电]을 뜻한다. 나중에 번개처럼 지지직거리며 흐르는 '전기, 전류' 등을 뜻하게 되었다.

• 电은 번갯불을 그린 申(신)의 변형이다.

一 丆 币 币 雨 雨 雨 雫 雫 雷 電

乾電池	건전지
漏電	누전
電柱	전주
단전	斷電
전원	電源
전자	電子

3급 II

샐 루

[水, 11] 총 14획

물[氵]이 집[尸→尸]의 지붕 아래로 빗물[雨]처럼 뚝뚝 떨어지며 샌다는 뜻이다.

• 尸(주검 시)는 여기서 집의 문짝을 그린 尸(집 호)의 변형으로 쓰였다.

氵 氵 沪 沪 沪 涓 涓 漏 漏 漏

漏電	누전
漏出	누출
漏水	누수
脫漏	탈루

3급

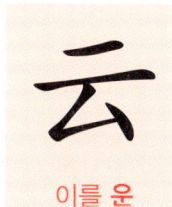

云
이를 운
[二, 2] 총 4획

말소리가 구름처럼 뭉게뭉게 피어오르도록[云] 말한다(이르다)는 뜻이다.

• 云은 구름이 뭉게뭉게 피어오르는 모습이다.

一 二 テ 云

| 云云 | 운운 |

5급II

雲
구름 운
[雨, 4] 총 12획

비[雨]가 내리는 하늘에 뭉게뭉게 피어[云] 있는 구름을 뜻한다. 비가 오기 전에는 습기를 잔뜩 머금은 먹구름이 몰려 온다.

一 二 戸 币 乕 雨 雨 雩 雲 雲

祥雲	상운
백운	白雲
운집	雲集
청운	靑雲

4급II

陰
그늘 음
[阜, 8] 총 11획

언덕[阝] 위에 지금[今] 막 몰려온 구름[云]이 만들어낸 어두운 그늘을 뜻한다. 陽(볕 양)과 뜻이 반대되는 글자이다.

' 了 阝 阝 阝 阣 阣 陰 陰 陰

陰謀	음모
陰濕	음습
陰沈	음침
음덕	陰德
음양	陰陽
음지	陰地

8급

水
물 수
[水, 0] 총 4획

시냇가에 물줄기가 흘러가는 모양을 그린 글자이다.

• 水(물 수)의 변형 부수로는 氵(삼수변)과 氺(물수발)이 있다.

亅 亅 水 水

漏水	누수
汚水	오수
潛水	잠수
수어지교	水魚之交
향수	香水

5급

氷
얼음 빙
[水, 1] 총 5획

물[水]의 온도가 떨어지면서 하나의 덩어리[丶]가 되는 얼음을 뜻한다. 얼음을 갈아 팥이나 과일을 섞어 만드는 음식을 氷水(빙수)라고 한다.

亅 亅 亻 水 氷

凍氷寒雪	동빙한설
결빙	結氷
빙벽	氷壁
제빙	製氷

7급II

강 강

[水, 3] 총 6획

중국에서 제일 큰 강인 장강(長江)을 가리키던 글자로, 지금은 모든 강을 지칭한다. <mark>물[氵]이 '공, 공[工]' 소리를 내며 바다로 흘러들어 가는 강</mark>이라는 뜻이다.

• 工(장인 공)이 여기서는 강물 소리를 표현한 글자로 쓰였다.

` ` 氵 汀 江 江

江幅	강폭
渡江	도강
강변	江邊
강산	江山
강하	江河

5급

물 하

[水, 5] 총 8획

중국에서 두 번째로 큰 강인 황허[黃河] 강(江)을 가리키던 글자로, 지금은 강이나 물을 뜻한다. <mark>물줄기[氵]가 옳은[可] 방향으로 시원하게 흐르는 강이나 물</mark>을 의미한다.

• 可(옳을 가)는 입[口]을 시원스레 벌리며[丁] 옳다고 말하는 모습이다.

` ` 氵 氵 汀 汀 汀 河

빙하	氷河
산하	山河
운하	運河
하천	河川

7급II

바다 해

[水, 7] 총 10획

바다는 지구 표면의 약 70%를 차지하고 있는 부분으로, 물이 항상 고여 있는 곳이다. 이처럼 <mark>물[氵]이 항상[每] 넘실대며 가득 차 있는 바다</mark>를 뜻한다.

• 每(매양 매)는 어머니[母]의 머리에 비녀[亠]가 항상 꽂힌 모습이다.

` ` 氵 氵 汃 浐 海 海 海 海

桑田碧海	상전벽해
海岸	해안
심해	深海
해군	海軍
해류	海流
해초	海草

3급

더할 첨

[水, 8] 총 11획

드라마에서 상대를 욕보이기 위해 얼굴에 물을 뿌리는 장면이 나오곤 한다. 이처럼 <mark>물[氵]을 뿌려서 상대에게 치욕스런[忝] 마음을 더한다</mark>는 뜻이다. 더하고 보태는 것을 添加(첨가)라고 한다.

• 忝(욕보일 첨)은 일찍 죽은 사람[夭]의 치욕스런 마음[㣺]을 의미한다.

` 氵 氵 汙 汚 沃 添 添 添 添

錦上添花	금상첨화
添加	첨가
添削	첨삭

3급II

진흙 니

[水, 5] 총 8획

<mark>물[氵]이 흙과 가까이[尼] 섞여서 끈적해진 진흙</mark>을 뜻한다.

• 尼(니)는 사람[尸]과 사람[匕]이 가까이 얽혀 있는 모습을 나타낸다.

` ` 氵 氵 汀 沪 泥 泥

泥田鬪狗	이전투구

4급

섞을 혼

[水, 8] 총 11획

물[氵]에 여러 가지 뒤섞인[昆] 재료를 넣고 섞는다는 뜻이다.

• 昆(뒤섞일 혼)은 해[日] 아래에 사람들[比] 여럿이 뒤섞인 모습이다.

丶 丶 氵 氵 汀 涃 涃 泥 混 混 混

混泳	혼영
混濁	혼탁
混湯	혼탕
혼란	混亂
혼식	混食
혼잡	混雜

3급

물가 애

[水, 8] 총 11획

물의 가장자리를 물가라고 한다. **바다나 강의 물[氵]이 언덕[厓]과 맞닿아 있는 물가**를 뜻한다.

• 厓(언덕 애)는 흙이 높이 쌓여[圭] 이루어진 언덕[厂]을 나타낸다.

丶 丶 氵 氵 汀 沪 沪 涯 涯 涯 涯

| 生涯 | 생애 |
| 天涯 | 천애 |

3급 II

잠길 잠

[水, 12] 총 15획

물[氵]속에 일찍[朁]부터 들어가 있으면 팔다리가 잠긴다는 뜻이다.

• 朁(일찍이 참)은 사람들[兓]이 말[日]을 하기 위해 일찍 모인 모습이다.

丶 丶 氵 氵 沪 沪 洪 渋 浩 潛 潛

潛伏	잠복
潛水	잠수
潛在	잠재

4급

격할 격

[水, 13] 총 16획

물[氵]이 하얀[白] 거품을 내며 사방[方]을 치고[攵] 내려오는 모습이 격하다는 뜻이다.

• 方(모 방)은 쟁기[方]로 반듯하게 갈아 놓은 각진 사방을 뜻한다. 攵(등글월문)은 손에 회초리를 들고 때리는 모습인 攴(칠 복)의 변형이다.

丶 氵 氵 沪 泊 泊 湯 湯 激 激 激

激突	격돌
激憤	격분
自激之心	자격지심
격무	激務
과격	過激
급격	急激

4급 II

돌아올 회

[口, 3] 총 6획

물이 소용돌이치며 제자리를 도는 모습을 그린 글자이다. 한 바퀴를 돌아온다는 의미에서 '횟수'를 뜻하기도 한다.

• 글자의 형태를 갖추기 위해 둥근 모양이 각지게 변했다.

丨 冂 冂 囙 回 回

旋回	선회
回顧錄	회고록
回廊	회랑
회갑	回甲
회전	回轉
회춘	回春

6급

길 영

[水, 1] 총 5획

작은 시작점[丶]에서부터 물[水]이 여러 갈래로 길게 흐르는 모습이다. '영원히, 오래도록' 등의 뜻으로 쓰인다. 氷(얼음 빙)과 모양이 비슷하다.

永訣式　영결식
永久　　영구
永眠　　영면
영생　　永生
영원　　永遠
영주권　永住權

丶　氵　氺　永　永

3급

헤엄칠 영

[水, 5] 총 8획

물[氵]에서 오랫동안[永] 헤엄친다는 뜻이다. 물속을 헤엄치는 일을 水泳(수영)이라고 한다.

背泳　배영
水泳　수영
蝶泳　접영

丶　丶　氵　氵　汀　泂　泳　泳

3급

읊을 영

[言, 5] 총 12획

시나 노래처럼 말[言]을 길게[永] 뽑아 읊는다는 뜻이다.

詠歌　영가
詠歎　영탄

丶　亠　亠　言　言　言　訂　訂　訃　詠　詠

4급

갈래 파

[水, 6] 총 9획

물[氵]이 갈라져[𠂢] 흐르면서 만들어지는 갈래를 뜻한다. 어떤 주장이나 사상에 따라 갈라진 사람의 집단을 뜻하기도 한다.

• 𠂢는 물줄기가 사방으로 갈라져 흐르는 모양이다.

派遣　파견
급파　急派
당파　黨派
파생　派生

丶　丶　氵　氵　汇　沠　派　派　派

4급 II

줄기 맥

[肉, 6] 총 10획

몸[月] 전체에 피가 통하도록 갈라진[𠂢] 혈관 줄기를 뜻한다. 한의원에 가면 脈(맥)을 짚어 환자의 상태를 살핀다.

• 月(육달월변)은 肉(고기 육)의 변형 부수이다.

脈絡　맥락
명맥　命脈
산맥　山脈
수맥　水脈
인맥　人脈

丿　月　月　月　肝　肵　脈　脈　脈

7급

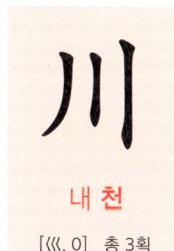

내 천

[巛, 0] 총 3획

위에서 아래로 졸졸 흐르는 냇물[川]의 모습이다. 냇가를 중심으로 형성된 '고을, 마을'을 뜻하기도 한다.

• 川(내 천)이 부수로 쓰일 때에는 巛으로 변하기도 한다.

丿 丿丨 川

乾川	건천
名山大川	명산대천
山川草木	산천초목

5급 II

순할 순

[頁, 3] 총 12획

윗물을 따라 흐르는 냇물[川]처럼 윗사람의 말을 머리[頁] 숙여 따르니 순하다는 뜻이다.

• 頁(머리 혈)은 머리끝부터 발까지 중에 머리와 얼굴을 강조한 모양이다.

川 川 川 川 順 順 順 順

順從	순종
順風	순풍
耳順	이순

6급

가르칠 훈

[言, 3] 총 10획

윗사람의 말[言]이 냇물[川]처럼 잘 통하도록 아랫사람을 가르친다는 뜻이다. 가르쳐서 좋게 되도록 이끄는 것을 訓化(훈화)라고 한다.

丶 亠 冫 言 言 言 訓 訓 訓

敎訓	교훈
訓戒	훈계
訓民正音	훈민정음

3급 II

돌아다닐 순

[巛, 4] 총 7획

여러 지역을 물[巛] 흐르듯 차례로 가서[辶] 돌아다닌다는 뜻이다. 뉴스에서 대통령이 여러 나라를 차례로 방문한다고 할 때 巡訪(순방)이라는 말을 쓴다.

〈 巜 巛 巛丶 巡 巡 巡

巡訪	순방
巡視	순시
巡察	순찰

5급

재앙 재

[火, 3] 총 7획

예로부터 인간은 自然災害(자연재해)에 속수무책으로 당해 왔다. 그 대표적인 것으로 물이 크게 불어나는 홍수[巛]나 불이 크게 나는 화재[火]는 인간이 막기 힘든 재앙이라는 뜻이다.

丶 巜 巛 巛 災 災 災

災殃	재앙
災禍	재화
人災	인재
災難	재난
災害	재해

3급II

滅

없어질 멸

[水, 10] 총 13획

홍수[氵]에 화재[火]에 전쟁[戌]까지 터지면 나라가 망하여 삶의 터전이 없어진다는 뜻이다. 특히 전쟁은 滅亡(멸망)의 지름길이다.

• 戌(개 술)은 도끼처럼 생긴 전쟁 무기를 그린 글자이다.

滅亡	멸망
滅族	멸족
滅種	멸종
消滅	소멸
自滅	자멸

氵 氵 氵 氵 氵 氵 沪 沪 減 減 滅

5급II

州

고을 주

[巛, 3] 총 6획

냇물[川]이 뻗어 나간 사이마다 모래가 쌓여 만들어진 삼각주[丶丶]에 형성된 고을을 뜻한다.

전주	全州
제주도	濟州道
주군	州郡

丶 丿 丿 丿 州 州

3급II

洲

물가 주

[水, 6] 총 9획

물[氵]이 감싸고 있는 고을[州]의 주변은 물가라는 뜻이다. 나중에 '모래사장, 섬, 대륙'의 뜻으로도 쓰게 되었다.

| 美洲 | 미주 |
| 三角洲 | 삼각주 |

丶 丶 氵 氵 氵 汈 沙 沙 洲

4급

泉

샘 천

[水, 5] 총 9획

맑고 하얀[白] 물[水]이 처음 솟아나오는 샘을 뜻한다. 사람이 죽으면 넋이 가서 산다고 하는 '黃泉(황천)'을 뜻하기도 한다.

구천	九泉
온천	溫泉
원천	源泉

丶 丨 白 白 白 泉 泉 泉

6급II

線

줄 선

[糸, 9] 총 15획

실[糸]을 샘물[泉]처럼 끊임없이 이어 만든 줄을 뜻한다. 줄의 종류에는 直線(직선), 曲線(곡선), 斜線(사선) 등이 있다.

紫外線	자외선
海岸線	해안선
노선	路線
무선	無線
탈선	脫線

丶 幺 幺 糸 糸 紀 約 線 線 線

5급

언덕 원

[厂, 8] 총 10획

언덕[厂] 아래에 있는 샘물[泉→泉]의 근원 또는 드넓은 언덕을 뜻한다. '근원, 원래' 등의 뜻으로도 쓰인다.

• 泉은 泉(샘 천)의 변형이다.

一 厂 厂 厂 厂 原 原 原 原 原

病原菌	병원균
原稿紙	원고지
原版	원판
고원	高原
원가	原價
원시림	原始林

4급

근원 원

[水, 10] 총 13획

물줄기[氵]가 처음 시작된 언덕[原] 아래의 근원을 뜻한다. 그래서 시작이나 출발을 의미하는 '발원지, 기원, 출처' 등의 뜻으로도 쓰인다.

丶 丶 氵 氵 氵 沅 沅 源 源 源

供給源	공급원
拔本塞源	발본색원
발원지	發源地
재원	財源
전원	電源

5급

원할 원

[頁, 10] 총 19획

언덕[原] 아래에서 무릎을 꿇고 머리[頁] 속으로 소원을 빌며 바라고 원한다는 뜻이다. 원하는 일이 이루어지기를 비는 것을 祈願(기원)이라고 한다.

• 頁(머리 혈)은 머리끝부터 발까지 중에 머리와 얼굴을 강조한 모양이다.

一 厂 厂 厂 原 原 原 原 願 願 願

祈願	기원
哀願	애원
민원	民願
소원	所願
원서	願書

4급

두터울 후

[厂, 7] 총 9획

정이 넉넉하고 깊은 것을 두텁다고 한다. 언덕[厂] 아래에서 불룩한 토기[旱]에 음식을 가득 담아 신에게 올리니 정성이 두텁다는 뜻이다. 厚(후)한 인심이 느껴진다.

• 旱(두터울 후)는 주둥이와 배가 불룩하고 바닥이 뾰족한 토기의 모양이다.

一 厂 厂 厂 厂 厚 厚 厚 厚

厚賜	후사
厚顔無恥	후안무치
중후	重厚
후대	厚待
후덕	厚德

8급

불 화

[火, 0] 총 4획

불꽃이 넘실거리며 활활 타는 불의 모양이다.

• 火(불 화)의 변형 부수인 灬(불화발)은 동물의 발을 표현할 때에도 쓰인다.

丶 丷 火 火

點火	점화
鎭火	진화
火葬	화장
발화	發火
화급	火急
휴화산	休火山

6급Ⅱ

光

빛 광

[儿, 4] 총 6획

사람[儿]이 횃불[火→⺌]을 들어 사방을 환하게 비추는 빛을 뜻한다. 나중에 지역이나 나라의 빛깔을 의미하게 되어 '풍경, 문화, 문물'의 뜻으로도 쓰였다.

• 儿(사람인발)은 사람의 두 다리를 그린 모양이다.

丨 ㅣ 丬 业 乴 光

脚光	각광
光澤	광택
螢光燈	형광등
관광	觀光
영광	榮光
풍광	風光

5급

炭

숯 탄

[火, 5] 총 9획

나무를 가마에서 구워서 만드는 연료를 '숯'이라고 한다. 산[山] 아래 언덕[厂]에 숯가마를 만들어 불[火]을 때면 만들어지는 것이 숯이라는 뜻이다.

丨 ㅑ 屮 屶 屵 岸 炭 炭 炭

목탄	木炭
무연탄	無煙炭
석탄	石炭
탄광	炭鑛

4급

灰

재 회

[火, 2] 총 6획

불[火]에 타고 남은 찌꺼기를 손[⺊→⺁]으로 긁어모은 재를 뜻한다. 재의 색깔을 뜻하는 잿빛은 灰色(회색)이다.

• 손의 모양을 그린 ⺁를 厂(언덕 엄)으로 써서는 안 된다.

一 ナ 尢 尣 友 灰

石灰	석회
灰壁	회벽
灰色	회색

4급Ⅱ

煙

연기 연

[火, 9] 총 13획

불[火]을 피우는 아궁이가 막혀서[垔] 피어오르는 연기를 뜻한다. 요즘은 '담배'라는 뜻으로도 많이 쓰여 禁煙(금연)과 같은 단어에 활용된다.

• 垔(막을 인)은 흙[土]으로 덮어[西] 막는다는 뜻이다.

火 炉 炉 炉 炉 烟 烟 烟 煙

煙幕	연막
煙霧	연무
금연	禁煙
연기	煙氣
흡연	吸煙

3급Ⅱ

蒸

찔 증

[艸, 10] 총 14획

풀[艹]을 받들고[丞] 있는 솥에 불[火→灬]을 때서 찐다는 뜻이다.

• 丞(받들 승)은 구덩이에 빠진 사람을 두 손으로 받든 모습이다.

丨 艹 艹 갚 苁 苤 苤 茏 菸 蒸 蒸

水蒸氣	수증기
蒸氣	증기
蒸發	증발

3급 II

불꽃 염
[火, 4] 총 8획

불이 활활 타면서 사방으로 튀기는 불꽃을 나타낸 글자이다.

炎涼世態	염량세태
胃炎	위염
暴炎	폭염

`丶 丷 丶丷 丷丶 丷丷 丷丷丶 丷丷丶丶 炎`

3급 II

맑을 담
[水, 8] 총 11획

물[氵]을 불[炎]에 끓이면 불순물이 날아가서 물이 맑다는 뜻이다.

淡白	담백
淡水魚	담수어
冷淡	냉담

5급

말씀 담
[言, 8] 총 15획

사람들이 불[炎]을 피워 놓고 모여 앉아 도란도란 나누는 말(말씀)[言]을 뜻한다. 여럿이 모여 말하다 보면 가끔은 불꽃 튀는 논쟁이 벌어지기도 한다.

怪談	괴담
座談	좌담
險談	험담
婚談	혼담
담화문	談話文
덕담	德談
면담	面談

4급 II

영화 영
[木, 10] 총 14획

나무[木]가 받쳐[冖] 든 불꽃[炎→炏]같이 화려한 꽃의 모습이 영화롭다는 뜻이다.

繁榮	번영
榮譽	영예
榮辱	영욕
영광	榮光
영전	榮轉
허영	虛榮

4급

경영할 영
[火, 13] 총 17획

등불[炎→炏]을 받쳐[冖] 두고 가게[呂]를 경영한다는 뜻이다. 밤늦게까지 營業(영업)하는 가게의 모습을 연상할 수 있다.

- 呂(등뼈 려)는 여러 집이나 가게가 줄지어 늘어선 모양이다.

국영	國營
영리	營利
영업	營業

3급

반딧불이 형

[虫, 10] 총 16획

등불[炎→⺷]을 받쳐[冖] 든 것처럼 빛을 내며 날아다니는 벌레[虫]는 반딧불이라는 뜻이다. 반딧불이는 배의 뒤쪽에 황색 빛을 내며 날아다니는 벌레이다.

螢光燈 형광등
螢雪之功 형설지공

⺷ ⺷ ⺷ ⺷ ⺷ 螢 螢 螢 螢

5급Ⅱ

일할 로

[力, 10] 총 12획

등불[炎→⺷]을 받쳐[冖] 두고 늦게까지 힘들게[力] 일한다는 뜻이다. 부지런히 일하는 것을 勤勞(근로)라고 하고, 몸이 고달플 정도로 지나치게 일하는 것을 過勞(과로)라고 한다.

勞役 노역
과로 過勞
근로 勤勞
노사 勞使

丶 丶 ⺷ ⺷ ⺷ ⺷ ⺷ 勞 勞

잠깐! 성어 공략

*붉은색 글자는 한자능력검정시험 3급에 빈칸 채우기 문제로 출제되었던 한자임.

累卵之危	누란지위	알을 쌓아 놓은 듯한 위태로움. 몹시 아슬아슬한 위기.
能小能大	능소능대	모든 일에 두루 능함.
多多益善	다다익선	많으면 많을수록 더욱 좋음.
多才多能	다재다능	재주와 능력이 여러 가지로 많음.
斷機之敎	단기지교	맹자가 학업을 중단하고 돌아왔을 때 맹자의 어머니가 짜던 베를 끊으며 맹자의 잘못을 타이른 가르침.
單刀直入	단도직입	혼자서 칼 한 자루를 들고 적진으로 곧장 쳐들어감. 여러 말을 늘어놓지 않고 바로 요점을 말함.
大驚失色	대경실색	몹시 놀라 얼굴빛이 하얗게 질림.
大聲痛哭	대성통곡	큰 소리로 몹시 슬프게 욺.
大慈大悲	대자대비	넓고 커서 끝이 없는 부처와 보살의 자비.
同病相憐	동병상련	같은 병을 앓는 사람끼리 서로 가엾게 여김. 어려운 처지에 있는 사람끼리 서로 가엾게 여김.
同床異夢	동상이몽	같은 자리에 자면서 다른 꿈을 꿈. 겉으로는 같이 행동하면서도 속으로는 각각 딴생각을 함.
同門修學	동문수학	한 스승 밑에서 함께 학문을 닦음.
同價紅裳	동가홍상	같은 값이면 다홍치마. 같은 값이면 좋은 물건을 가짐.
東奔西走	동분서주	동쪽으로 뛰고 서쪽으로 뜀. 사방으로 이리저리 몹시 바쁘게 돌아다님.

堂狗風月 당구풍월

서당에서 기르는 개가 풍월을 읊음. 그 분야에 대하여 경험과 지식이 전혀 없는 사람이라도 오래 있으면 얼마간의 경험과 지식을 가짐.

신

스마트 한자 암기 프로그램

5급

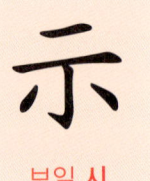

보일 시

[示, 0] 총 5획

제사 지내는 단을 그린 글자로, 조상이나 신에게 제사를 차려 보인다는 뜻이다. 주로 '조상, 제사, 신'과 관계있는 글자에 쓰인다.

一 二 亍 示 示

啓示	계시
誇示	과시
默示	묵시
공시	公示
암시	暗示
지시	指示

4급 II

볼 시

[見, 5] 총 12획

조상이나 신에게 올릴 음식이 제단[示]에 잘 차려졌는지 본다[見]는 뜻이다. 見(볼 견)은 맨눈으로 보는 것이고, 視(보일 시)는 자세히 살펴보는 것이다.

一 二 亍 示 示 初 和 和 視 視

巡視	순시
錯視	착시
透視	투시
감시	監視
시각	視覺
시찰	視察

6급 II

모일 사

[示, 3] 총 8획

농경 사회에서는 토지의 신을 매우 소중히 여겼다. 그래서 토지[土]의 신에게 제사 지내는 날에는 사람들이 모두 제단[示]으로 모인다는 뜻이다. 사람들이 이익을 만들어 내기 위해 모여 일하는 장소를 會社(회사)라고 한다.

一 二 亍 示 示 示 社 社

株式會社	주식회사
본사	本社
사장	社長
사회	社會

6급 II

귀신 신

[示, 5] 총 10획

옛사람들은 하늘의 움직임이나 날씨를 신이 맡아 관리한다고 여겼다. 그래서 제단[示]에서 제사를 받는 존재이자 번개[申]를 일으킬 수 있는 존재는 귀신이라는 뜻이다.

• 申(알릴 신)은 번쩍거리는 번갯불을 그린 글자이다.

一 二 亍 示 示 示 和 和 和 神

鬼神	귀신
神出鬼沒	신출귀몰
신동	神童
신화	神話
실신	失神

3급II

귀신 귀

[鬼, 0] 총 10획

죽어서 무서운 모습을 한 귀신의 얼굴과 다리를 그린 글자이다. 한편, 옛사람들은 鬼神(귀신)을 인간에게 복이나 재앙을 주는 신령스런 존재로도 여겼다.

´ ´ ┌ 白 白 甶 甶 鬼 鬼 鬼

鬼神	귀신
鬼才	귀재
惡鬼	악귀
雜鬼	잡귀

3급

부끄러울 괴

[心, 10] 총 13획

떳떳하지 못한 마음[忄]을 신령스런 귀신[鬼]에게 들키니 부끄럽다는 뜻이다. 스스로 부끄럽게 여기는 마음을 自愧心(자괴심)이라고 한다.

´ 忄 忄 忄 忄 忄 忄 愧 愧 愧

| 自愧心 | 자괴심 |
| 慙愧 | 참괴 |

3급

흙덩이 괴

[土, 10] 총 13획

흙[土]이 마치 귀신[鬼] 묻힌 무덤처럼 덩어리져 있는 흙덩이를 뜻한다.

土 土 圹 圹 坰 坰 坰 塊 塊 塊

| 塊石 | 괴석 |
| 金塊 | 금괴 |

3급II

넋 혼

[鬼, 4] 총 14획

넋이란, 사람의 몸 안에서 몸과 정신을 다스리다가 사람이 죽으면 빠져나가는 혼을 의미한다. 이렇게 죽은 사람의 몸에서 구름[云]처럼 빠져나온 귀신[鬼]의 넋을 뜻하는 글자이다. 정신이 빠지도록 꾸지람을 듣는 것을 魂(혼)난다고 한다.

´ 二 于 云 云 䰟 䰟 魂 魂 魂

商魂	상혼
招魂	초혼
鬪魂	투혼

3급II

신령 령

[雨, 16] 총 24획

가뭄이 들었을 때 비를 내려[霝] 달라고 무당[巫]을 통해 기원하면 들어주는 신령을 뜻한다. '귀신, 혼령, 정신' 등의 뜻으로 쓰인다.

• 霝(비올 령)은 비가 우박같이 내린다는 뜻이다. 巫(무당 무)는 무당이 신을 부르기 위해 손에 들고 흔드는 도구를 그린 한자이다.

一 宀 千 乖 霝 霝 霏 霊 靈 靈

神靈	신령
靈前	영전
靈魂	영혼
魂靈	혼령

4급II		
 祭 제사 **제** [示, 6] 총 11획	고기[肉→月]를 손[又]에 들어 제단[示]에 바치며 신에게 올리는 **제사**를 뜻한다. 예나 지금이나 祭祀(제사) 지내는 모습은 비슷하다. • 又(또 우)는 오른손을 그린 글자로, 주로 손을 의미한다.  丶 ク タ タ ダ ㄆ ㄡ ㄡ 欠 祭 祭	冠婚喪祭 관혼상제 祭祀 제사 제기 祭器 제물 祭物 제주 祭酒

3급II		
 祀 제사 **사** [示, 3] 총 8획	제단[示] 앞에서 몸을 뱀[巳]처럼 구부리고 절하는 **제사**를 뜻한다. • 巳(뱀 사)는 뱀이 똬리를 튼 모습을 그린 글자로, 뱀처럼 몸을 구부린 사람을 뜻하기도 한다. 一 亍 亓 币 禾 禾 祀 祀	告祀 고사 祭祀 제사 合祀 합사

4급II		
 察 살필 **찰** [宀, 11] 총 14획	집[宀]에 차려 놓은 제사[祭] 음식이 제대로 갖춰졌는지 꼼꼼하게 **살핀다**는 뜻이다. 宀 宀 宀 グ グ グ 灾 灾 宗 察	警察署 경찰서 巡察 순찰 洞察 통찰 경찰 警察 관찰 觀察 시찰 視察

4급II		
 際 사이 **제** [阜, 11] 총 14획	사람들이 언덕[阝]에 모여 제사[祭] 지내며 친근하게 다져 놓은 신과의 **사이**를 뜻한다. '사이, 사귀다, 끝' 등의 뜻으로 쓰인다. 丶 阝 阝 阝 阝' 阝″ 阝″ 阫 際 際	此際 차제 교제 交際 국제 國際 실제 實際

5급		
 壇 제단 **단** [土, 13] 총 16획	흙[土]을 단단하게 쌓아 올려서 튼튼하고 믿음직한 [亶] **제단**을 뜻한다. 제단은 신성하고 중요한 곳이었기 때문에 흙을 단단하게 신경 써서 쌓았다. • 亶(믿음 단)은 궤짝에 곡식이 가득 찬 모습을 그린 글자로, 믿음직스럽고 마음이 놓인다는 뜻이다. 土 圹 圹 圹 壇 壇 壇 壇 壇	강단 講壇 단상 壇上 연단 演壇 제단 祭壇

4급II		
 **박달나무 단** [木, 13] 총 17획	박달나무는 나무의 질이 단단하여 주로 건축이나 가구에 쓰인다. 이처럼 나무[木] 중에 단단하여 믿음직하게[亶] 쓸 수 있는 박달나무를 뜻한다. 우리 민족의 시조로 여기는 檀君(단군)의 이름에도 이 글자가 들어간다. 一 十 木 木 朾 朾 桁 檀 檀 檀	단군신화 檀君神話 단기 檀紀

4급II		
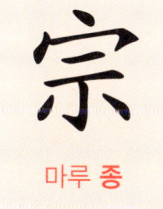 **마루 종** [宀, 5] 총 8획	'마루'는 어떤 사물의 첫째나 으뜸, 최고를 뜻하는 순우리말이다. 그래서 집[宀] 안에 제단[示]을 차리고 조상을 모시는 첫째(마루)를 뜻한다. 이런 맏이로 이어 온 큰집을 宗家(종가)라고 한다. ˋ ˊ 宀 宁 宇 宗 宗	宗敎 종교 宗廟 종묘 宗孫 종손 개종 改宗 종족 宗族 종친 宗親

4급		
 **높을 숭** [山, 8] 총 11획	조상을 모시는 종가[宗]의 역할이 산[山]처럼 높다는 뜻이다. 맏이를 우러러보고 존중한다는 의미가 담겨 있다. ˊ 山 屵 屵 岇 岇 崇 崇 崇 崇	崇慕 숭모 崇尙 숭상 숭고 崇高 숭배 崇拜 조상숭배 祖上崇拜

4급II		
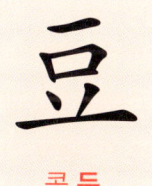 **콩 두** [豆, 0] 총 7획	원래 제사 음식을 담는 제기의 모양을 그렸는데, 나중에 콩을 의미하게 되었다. 그래서 대부분의 한자에 쓰인 豆(콩 두)는 제사나 제기와 관계있다. 一 ㄱ 戸 戸 豆 豆 豆	豆腐 두부 녹두 綠豆 대두 大豆 두유 豆乳

4급II		
 **풍년 풍** [豆, 11] 총 18획	제기[豆]에 제사 음식을 가득 담아 올릴[豐] 수 있게 된 풍년을 의미한다. '넉넉하다, 풍성하다'의 뜻으로도 쓰인다. 지금은 이 글자의 속자(俗字)인 豊으로 더 많이 쓰인다. • 豐은 그릇에 음식을 높이 쌓아 풍성하게 담은 모양이다. l ㄴ 丰 丰 丰 丰 丰 豊 豊 豊	풍년 豐年 풍만 豐滿 풍성 豐盛 풍작 豐作

禮

예도 례 (6급)

[示, 13] 총 18획

제사 지낼 때 제단[示]에 음식을 풍성하게[豊] 올리는 것이 예의이고 법도라는 뜻이다.

千 禾 利 利 神 神 禮 禮 禮

冠禮	관례
巡禮	순례
茶禮	차례
답례	答禮
예배	禮拜
예법	禮法
예절	禮節

體

몸 체 (6급II)

[骨, 13] 총 23획

뼈[骨]에 풍만한[豊] 살이 붙어서 이루어진 몸을 뜻한다.

• 骨(뼈 골)은 살[月]과 붙어 있는 뼈[咼]를 그린 글자이다.

冂 冖 冃 咼 骨 體 體 體 體

物我一體	물아일체
染色體	염색체
신체	身體
체감	體感
체육	體育

頭

머리 두 (6급)

[頁, 7] 총 16획

제기[豆]를 머리[頁]까지 높이 올려 들고 가는 모습에서 '머리'를 의미하게 되었다. 머리뼈 속에 있는 생각과 감정의 중추를 頭腦(두뇌)라고 한다.

• 頁(머리 혈)은 머리끝부터 발까지 중에 머리와 얼굴을 강조한 모양이다.

一 口 曰 豆 豆 豆 頭 頭 頭 頭

頭腦	두뇌
沒頭	몰두
龍頭蛇尾	용두사미
가두	街頭
두각	頭角
두령	頭領

오를 등 (7급)

[癶, 7] 총 12획

제기[豆]에 제사 음식을 담아 제단 위로 걸어[癶] 오른다는 뜻이다. 산을 오르는 일을 登山(등산)이라고 한다.

• 癶(필발머리)는 왼발과 오른발이 나란히 걷는 모습이다.

フ ス ブ ブ 癶 癶 癶 咎 登 登

登高自卑	등고자비
登頂	등정
등용	登用
등용문	登龍門
등장	登場

燈

등불 등 (4급II)

[火, 12] 총 16획

제단에 오를[登] 때 불[火]을 밝히기 위해 들고 가는 등불을 뜻한다. 螢光燈(형광등)이 발명되기 전에 우리는 주로 촛불과 등잔불로 어둠을 밝혔다.

丶 火 火 火 炒 炒 烂 燈 燈

燈臺	등대
螢光燈	형광등
전등	電燈
풍전등화	風前燈火

4급

증서 증

[言, 12] 총 19획

높은 곳에 올라서[癶] 진실의 말[言]을 알리기 위해 갖춰야 하는 증거를 뜻한다. 양심적으로 진실을 밝혀 사실을 증명하는 사람을 證人(증인)이라고 한다.

言 言 言 言 言 訡 訡 誇 證 證 證

傍證	방증
僞證	위증
물증	物證
증명	證明
증언	證言
증인	證人

6급 II

필 발

[癶, 7] 총 12획

양발[癶]을 딛고 활[弓]을 쏘거나 몽둥이[殳]를 던지는 것처럼 어떤 일이 일어나거나 피어난다는 뜻이다. '(꽃이) 피다, 쏘다' 등의 뜻으로도 쓰인다.

• 弓(활 궁)은 가운데가 불룩하게 굽은 활을, 殳(몽둥이 수)는 손[又]에 는 나무[几] 몽둥이를 나타낸다.

ノ 기 癶 癶 癶 癶 發 發 發 發

啓發	계발
突發	돌발
妄發	망발
발달	發達
발령	發令
발송	發送

3급 II

폐할/버릴 폐

[广, 12] 총 15획

물건 등을 쓰지 않고 버려두거나 없애는 것을 폐한다고 한다. 집[广]에 활을 쏘고[發] 몽둥이를 던져서 폐하여 버린다는 뜻이다. 이렇게 망가지고 버려진 집을 廢家(폐가)라고 한다.

亠 广 庐 庐 庐 廃 廃 廃 廢 廢

存廢	존폐
廢刊	폐간
廢棄	폐기

3급

닭 유

[酉, 0] 총 7획

술이 담긴 병에 뚜껑이 덮인 모습인데, 나중에 십이지(十二支) 중 닭을 의미하게 되었다. 다른 한자에 쓰일 때에는 대부분 술을 의미한다. 西(서녘 서), 四(넉 사)와 모양이 비슷하다.

一 厂 冂 丙 丙 酉 酉

癸酉	계유
酉時	유시

4급

술 주

[酉, 3] 총 10획

술병[酉] 안에 들어 있는 물[氵]은 술이라는 뜻이다. 보리로 만든 술을 麥酒(맥주)라고 한다.

丶 丶 氵 氵 汀 沥 沥 酒 酒 酒

麥酒	맥주
酒幕	주막
濁酒	탁주
권주	勸酒
금주	禁酒
주도	酒道

3급II

취할 취

[酉, 8] 총 15획

술병[酉]의 술이 끝날[卒] 때까지 마시면 취한다는 뜻이다.

• 卒(마칠 졸)은 가죽 조각을 이어 붙인 옷을 입는 병졸의 모습으로, 전쟁터에서 생을 마친다 하여 '병사, 죽다, 끝나다'의 뜻을 가진다.

一 厂 丙 丙 酉 酉 酉 酢 酢 醉 醉

滿醉	만취
心醉	심취
醉客	취객
醉中	취중

3급

추할 추

[酉, 10] 총 17획

술[酉]에 취해서 귀신[鬼]처럼 날뛰는 모습이 추하다는 뜻이다. 술에 잔뜩 취하면 醜態(추태)를 보이기 마련이다.

酉 酉' 酌 酌 酌 酌 醜 醜 醜

醜女	추녀
醜惡	추악
醜雜	추잡
醜態	추태
醜行	추행

6급

의원 의

[酉, 11] 총 18획

화살같이 뾰족한 침이 든 상자[医]와 나무[殳] 도구와 약술[酉]을 들고 다니는 의원을 뜻하는 글자이다.

• 殳(몽둥이 수)는 여기서 뼈를 맞추는 나무 도구를 손에 든 모습을 나타낸다.

一 匚 匸 医 医 医 殹 殹 醫

獸醫師	수의사
의사	醫師
의술	醫術
의원	醫院

3급II

병 질

[疒, 5] 총 10획

화살[矢]을 맞아 병상[疒]에 누운 사람이 겪게 되는 병을 뜻한다. 박힌 화살을 뽑으면 병이 온몸으로 빠르게 퍼진다는 의미에서 '빠르다'의 뜻으로도 쓰인다.

• 疒(병들 녁)은 병들어 침상에 누워 있는 사람을 나타낸다.

丶 亠 广 疒 疒 疒 疒 疾 疾 疾

眼疾	안질
疾走	질주
疾風	질풍
疾患	질환

6급

병 병

[疒, 5] 총 10획

병상[疒]에 누운 환자의 몸에서 남쪽[丙]의 별처럼 열이 펄펄 나는 병을 뜻한다.

• 丙(남녘 병)은 제사상에 제물을 올리고 불을 밝힌 모양으로, 따뜻한 남쪽을 의미한다.

丶 亠 广 疒 疒 疒 病 病 病

病菌	병균
臥病	와병
疾病	질병
간병	看病
병결	病缺
병명	病名

4급

아플 통

[疒, 7] 총 12획

병든[疒] 사람의 몸에서 솟아나는[甬] 아픔을 뜻한다. 아픈 증세를 痛症(통증)이라고 한다.

• 甬(솟을 용)은 울타리[用] 위로 꽃봉오리[マ]가 솟은 모습이다.

` 亠 疒 疒 疒 疒 疒 病 痛 痛

哀痛	애통
沈痛	침통
痛症	통증
고통	苦痛
비통	悲痛
통쾌	痛快

3급 II

증세 증

[疒, 5] 총 10획

병든[疒] 사람을 바르게[正] 고치기 위해서 잘 살펴야 하는 증세를 뜻한다. 병을 앓을 때 나타나는 여러 가지 상태를 증세 또는 症狀(증상)이라고 한다.

• 正(바를 정)은 땅의 경계선[一]을 넘지 않고 올려놓은 발[止]의 모습이 바르다는 뜻이다.

` 亠 疒 疒 疒 疒 疒 疒 症

不感症	불감증
不眠症	불면증
食困症	식곤증
症狀	증상
症勢	증세
後遺症	후유증

4급

피곤할 피

[疒, 5] 총 10획

병상[疒]에 몸의 가죽[皮]이 늘어질 정도로 피곤하다는 뜻이다. 다치거나 병든 것이 아니라 몸의 가죽만 늘어진 것이므로 피곤하다는 의미이다.

• 皮(가죽 피)는 손에 칼을 들고 죽은 동물의 가죽을 벗기는 모습이다.

` 亠 疒 疒 疒 疒 疒 疒 疲 疲

疲弊	피폐
피곤	疲困
피로	疲勞

3급 II

전염병 역

[疒, 4] 총 9획

여러 사람을 몽둥이[殳]로 때려눕히듯 집단으로 병들게[疒] 하는 전염병을 뜻한다. 이렇게 집단으로 사람들을 병들게 하는 병을 疫病(역병)이라고 한다.

• 殳(몽둥이 수)는 손[又]에 든 나무[几] 몽둥이를 나타낸다.

` 亠 疒 疒 疒 疒 疒 疫 疫

檢疫	검역
免疫	면역
防疫	방역
疫學	역학
紅疫	홍역

3급

술 따를 작

[酉, 3] 총 10획

술통[酉] 안의 술을 국자[勺]로 떠서 잔에 따른다는 뜻이다. 술이 넘치지 않게 양을 조절해야 한다는 의미에서 '헤아리다'는 뜻으로도 쓰인다.

• 勺(구기 작)은 국자에 술이 담긴 모습이다. 句(글귀 구), 匀(고를 균)과 모양이 비슷하므로 주의해야 한다.

` 亠 厂 厂 丙 丙 西 酉 酌 酌

無酌定	무작정
酌婦	작부
酌定	작정
參酌	참작

5급 II

과녁 적

[白, 3] 총 8획

흰[白] 판에 점[丶]을 찍고 그 둘레를 싼[勹] 모양의 원을 그려 만든 과녁을 뜻한다. '목표'라는 뜻으로도 쓰이고, 중국어에서는 '~의'라는 조사로도 쓰인다.

• 勹(쌀 포)는 사람이 몸을 굽혀 무엇인가 감싸는 모습이다.

丿 亻 亻 白 白 的 的 的

縱的	종적
超人的	초인적
橫的	횡적
극적	劇的
적중	的中
표적	標的

5급 II

맺을 약

[糸, 3] 총 9획

실[糸]을 둥글게 돌려 싸면서[勹] 점[丶]처럼 매듭을 맺는다는 뜻이다. 다른 사람과 무엇을 하기로 미리 정하여 맺는 것을 約束(약속)이라고 한다.

丶 幺 幺 糸 糸 糸 約 約 約

契約	계약
盟約	맹약
百年佳約	백년가약
공약	公約
공약	空約
기약	期約

4급

고를 균

[土, 4] 총 7획

울퉁불퉁한 흙[土]을 보고 몸을 굽혀[勹] 평평하게 [二] 고른다는 뜻이다. 물건의 상태에 상관없이 하나로 고르게 매긴 가격을 均一價(균일가)라고 한다.

• 勻(고를 균)을 勺(구기 작)으로 쓰지 않도록 주의해야 한다.

一 十 土 圠 均 均 均

均衡	균형
成均館	성균관
균등	均等
균배	均配
평균	平均

4급 II

높을 존

[寸, 9] 총 12획

마을의 우두머리[酋]가 손[寸]에 술을 들고 신에게 올리며 신을 높인다는 뜻이다. 자신을 스스로 높이 여기는 마음을 自尊心(자존심)이라고 한다.

• 酋(우두머리 추)는 향이 올라오는[八] 술병[酉]을 관리하는 우두머리를 뜻한다.

八 今 今 酋 酋 酋 酋 尊 尊

唯我獨尊	유아독존
자존심	自尊心
존경	尊敬
존귀	尊貴

3급

좇을 준

[辶, 12] 총 16획

남의 말이나 뜻, 규칙이나 관습 등을 따르는 것을 좇는다고 한다. 명성이 높은[尊] 인물에게는 사람들이 가서[辶] 따르고 그 뜻을 좇는다는 뜻이다.

八 今 酋 酋 尊 尊 尊 遵 遵

| 遵法 | 준법 |
| 遵守 | 준수 |

5급II

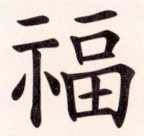

복 복

[示, 9] 총 14획

제단[示] 앞에 술이 가득한[畐] 술병을 바치며 신에게 비는 복을 나타낸다.

• 畐(가득할 복)은 술병에 술이 가득 찬 모습이다.

冥福	명복
薄福	박복
禍福	화복
다복	多福
만복	萬福
식복	食福
축복	祝福

一 丁 于 示 示 礻 祀 袔 福 福 福

4급II

부자 부

[宀, 9] 총 12획

집[宀] 안 창고에 곡식과 술병을 가득[畐] 쌓아 놓은 부자를 뜻한다.

富裕	부유
부귀	富貴
부익부	富益富
빈부	貧富

丶 丶 宀 宀 宀 户 宮 宮 富 富

4급II

버금 부

[刀, 9] 총 11획

버금이란 으뜸의 '다음, 둘째'를 의미한다. 가득한[畐] 술을 나누어[刂] 두었다가 다음에 마신다는 뜻에서 '다음, 둘째'를 의미하게 되었다. 本業(본업) 외에 두 번째로 갖는 직업을 副業(부업)이라고 한다.

• 刂(선칼도방)은 刀(칼 도)의 변형 부수로, '칼, 나누다'의 뜻으로 쓰인다.

副詞	부사
副葬品	부장품
부업	副業
부작용	副作用
부제	副題

一 丅 亇 戸 戸 亯 畐 畐 副 副

3급

폭 폭

[巾, 9] 총 12획

옷감[巾]의 면을 끝에서 끝까지 가득[畐] 잰 길이는 폭(너비)이라는 뜻이다.

• 巾(수건 건)은 줄에 천이 걸린 모습이다.

小幅	소폭
增幅	증폭
畫幅	화폭

丨 冂 巾 巾 帄 帄 幅 幅 幅 幅

3급

어두울 명

[冖, 8] 총 10획

자궁 속에 덮여[冖] 있던 아기[日]를 양손[𠬛→六]으로 꺼내 주면 아기가 벗어날 수 있는 어둠을 뜻한다. 어두운 '저승'을 뜻하기도 한다. 그래서 죽은 뒤 저승에서 받는 복을 冥福(명복)이라고 한다.

• 日은 여기서 아기를 나타내고, 六은 사람의 양손을 나타낸다.

冥福	명복
冥府	명부
冥想	명상

丶 冖 冖 冃 曰 冥 冥 冥 冥 冥

3급

卜

점 복

[卜, 0] 총 2획

옛날 중국에서는 중요한 일이 있을 때 거북의 배딱지를 구워 갈라진 금을 보고 길흉(吉凶)을 예측했다고 한다. **거북이 배딱지를 구워 갈라지는[卜] 모양을 보고 길흉을 예측하던 점**을 뜻한다.

| 卜債 | 복채 |
| 占卜 | 점복 |

丨 卜

3급

掛

걸 괘

[手, 8] 총 11획

점을 쳐서 나온 점괘[卦]를 여러 사람이 볼 수 있게 손[扌]으로 걸어 둔다는 뜻이다. 어떤 생각을 마음에 걸어 두고 걱정하는 것을 掛念(괘념)이라고 한다.

- 卦(점괘 괘)는 여러 개의 나무패[圭]로 점[卜]을 쳐서 나온 점괘를 뜻한다.

掛念	괘념
掛圖	괘도
掛鐘	괘종

一 十 扌 扌 扌 扗 挂 挂 掛 掛

3급

다다를 부

[走, 2] 총 9획

나랏일에 대해 점친[卜] 결과를 얼른 알리기 위해 달려가서[走] 왕에게 다다른다는 뜻이다. 임명이나 발령을 받아 근무할 곳에 다다르는 것을 赴任(부임)이라고 한다.

- 走(달릴 주)는 사람이 발을 앞뒤로 움직이며 빠르게 달리는 모습이다.

| 赴役 | 부역 |
| 赴任 | 부임 |

一 十 土 卡 走 走 赴 赴

4급

占

점칠 점

[卜, 3] 총 5획

거북이 배딱지를 구워서 나온 점[卜]의 결과를 입[口]으로 해석하며 점친다는 뜻이다. 거북의 배딱지가 기세 좋게 갈라지는 모습이 땅을 점령하는 모습과 비슷하다고 하여 '점령하다, 차지하다'의 뜻으로도 쓰인다.

獨寡占	독과점
점거	占居
점성술	占星術
점술	占術
점유	占有

丨 卜 占 占 占

5급Ⅱ

가게 점

[广, 5] 총 8획

집[广] 안을 물건이 차지하고[占] 있는 가게를 뜻한다. 그래서 중국 음식을 파는 가게 이름에는 飯店(반점)이라는 단어가 많이 쓰인다.

露店	노점
飯店	반점
상점	商店
서점	書店
주점	酒店

丶 一 广 广 广 庐 店 店

4급

점 **點**

[黑, 5] 총 17획

얼굴에서 검게[黑] 차지하고[占] 있는 점을 뜻한다.

• 黑(검을 흑)은 옛날에 죄인의 얼굴에 죄명을 문신으로 검게 새긴 모습을 나타낸다.

半點	반점
汚點	오점
강점	強點
약점	弱點
점심	點心

丨 冂 日 囗 甲 里 黑 黑 點 點

3급Ⅱ

억조 **조**

[儿, 4] 총 6획

수의 단위에서 억의 만 배를 兆(조)라고 한다. 점칠 때 거북이 배딱지가 심하게 갈라진 모양을 그려 많은 수의 단위인 '조'를 표현했다. 또한, 점을 친 결과는 일이 그렇게 될 기미라는 점에서 '조짐'이라는 뜻으로도 쓰인다.

吉兆	길조
前兆	전조
凶兆	흉조

丿 丿 丬 扎 兆 兆

4급

도망할 **도**

[辵, 6] 총 10획

죄를 지은 사람이 들킬 조짐[兆]을 느끼고 도망간다[辶]는 뜻이다.

도망	逃亡
도주	逃走
도피	逃避

丿 丿 丬 扎 兆 兆 逃 逃 逃

3급

뛸 **도**

[足, 6] 총 13획

발[足→⻊]을 억조[兆] 만큼 많이 구르며 뛴다는 의미이다.

• ⻊(발족변)은 무릎부터 발까지의 모양을 그린 足(발 족)의 변형 부수이다.

| 跳躍 | 도약 |

口 口 早 早 足 趴 跔 跳 跳 跳

3급

돋울 **도**

[手, 6] 총 9획

손[扌]으로 억조[兆] 만큼 많이 집적거리며 상대의 화를 돋운다는 뜻이다. 주로 상대에게 싸움을 건다는 의미로 쓰인다.

| 挑發 | 도발 |
| 挑戰 | 도전 |

一 十 扌 扎 扒 扒 挑 挑 挑

3급 II

복숭아 도

[木, 6] 총 10획

예로부터 복숭아나무는 귀신을 쫓는 나무라 하여 그 가지를 꺾어 집안에 두곤 했다. 이처럼 나무[木] 중에 귀신의 조짐[兆]을 쫓는 복숭아나무를 뜻한다.

桃園結義 도원결의
武陵桃源 무릉도원
黃桃 황도

一 十 才 木 札 杁 杁 机 桃 桃

3급

또 차

[一, 4] 총 5획

조상이나 신에게 바칠 고기가 그릇 위에 겹겹이 쌓였다는 의미에서 '또'라는 뜻이다. 중요하고 또 큰 것을 重且大(중차대)하다고 한다.

苟且 구차
重且大 중차대

丨 冂 月 目 且

4급 II

도울 조

[力, 5] 총 7획

고기가 겹겹이 쌓인 그릇[且]을 힘껏[力] 들어 옮기며 제사 준비를 돕는다는 뜻이다. 잔칫집이나 상갓집에 돈이나 물건을 보내어 도와주는 것을 扶助(부조)라고 하고, 서로서로 돕는 것을 相扶相助(상부상조)라고 한다.

補助 보조
扶助 부조
贊助金 찬조금
구조 救助
내조 內助
협조 協助

丨 冂 月 目 且 助 助

7급

祖

할아버지 조

[示, 5] 총 10획

제단[示] 위에 고기가 겹겹이 쌓인 그릇[且]을 올려서 모시는 조상이나 할아버지를 뜻한다. 조상은 집안의 근본이므로 '시초, 근본'이라는 뜻도 있다.

• 示(보일 시)는 제사 지내는 단을 그린 글자이다.

선조 先祖
원조 元祖
조국 祖國
조부 祖父
조상 祖上

一 二 亍 示 示 衤 衤 衤 初 祖 祖

4급

짤 조

[糸, 5] 총 11획

실[糸]을 엮고 또[且] 엮어서 짠다는 뜻이다. 실처럼 엮어 이룬 '집단'을 의미하기도 한다. 실이 짜인 짜임새를 組織(조직)이라고 한다.

組閣 조각
組版 조판
조립 組立
조장 組長
조직 組織

𠄌 𠄌 幺 幺 糸 糸 紅 紅 組 組

3급

마땅 의

[宀, 5] 총 8획

제사 지내는 집[宀]에서는 고기 쌓인 그릇[且]을 마련하는 일이 마땅하다는 뜻이다. 신이나 조상을 대접할 때에는 宜當(의당) 좋은 음식을 바쳐야 한다는 의미이다.

丶 丷 宀 宀 宀 宜 宜 宜

| 宜當 | 의당 |
| 便宜 | 편의 |

5급

조사할 사

[木, 5] 총 9획

종이가 없던 시절에는 기록할 내용을 주로 나무 조각에 새기거나 썼다. 그래서 어떤 일에 대해 나무[木]에 적고 또[且] 적으며 조사한다는 뜻이다.

一 十 才 木 木 杏 杳 查 查

踏査	답사
審査	심사
검사	檢査
내사	內査
조사	調査

3급II

세금 조

[禾, 5] 총 10획

옛날에는 지금보다 훨씬 가혹하게 세금을 걷었다. 백성은 농사지은 곡식 대부분을 세금으로 내고 적은 양만 먹을 수 있었는데, 이처럼 농사지은 벼[禾]를 가져가고 또[且] 가져가는 가혹한 세금을 뜻한다.

• 禾(벼 화)는 쌀알이 익으면서 고개를 숙인 벼의 모습이다.

丿 二 千 千 禾 利 和 和 租 租

| 十日租 | 십일조 |
| 租稅 | 조세 |

4급II

세금 세

[禾, 7] 총 12획

백성이 농사지은 벼[禾]는 통치자들을 기쁘게[兌] 하는 세금이라는 뜻이다. 백성에게는 가혹했던 稅金(세금)이 한편으로 통치자들에게는 기쁨이었음을 알 수 있다.

• 兌(기쁠 태)는 사람이 입을 벌리고 숨을 내쉬며 웃는 모습을 나타낸다.

丿 二 千 千 禾 利 秒 秒 秒 稅

免稅店	면세점
稅率	세율
租稅	조세
감세	減稅
세금	稅金
세제	稅制

2부 인간

 人 手 心   自

몸 가족 손 발 마음 눈 입 코

足 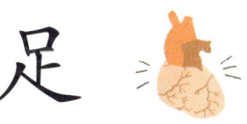  父 目

11일째 몸

 스마트 한자 암기 프로그램

8급

人
사람 인
[人, 0] 총 2획

허리를 굽히고 서 있는 사람의 옆모습을 그린 글자이다. 八(여덟 팔), 入(들 입)과 모양이 비슷하다.

• 人(사람 인)의 변형 부수로는 亻(사람인변)이 있다.

ノ 人

哲人	철인
超人	초인
弘益人間	홍익인간
인격	人格
인권	人權
인기	人氣

4급

仁
어질 인
[人, 2] 총 4획

마음이 너그럽고 덕행이 높은 것을 어질다고 한다. 사람[亻]이 둘[二] 이상 모이면 서로에게 베풀어야 하는 어진 정신을 뜻한다. 공자가 유교의 도덕적 이념으로 삼았던 정신이기도 하다.

ノ 亻 仁 仁

仁慈	인자
인자무적	仁者無敵
인자요산	仁者樂山

3급 II

久
오랠 구
[丿, 2] 총 3획

등이 굽은 노인이 발을 끌며 걷는 모습[久]으로, 시간이 오래 걸림을 의미한다. 아득하게 오래된 것을 悠久(유구)하다고 한다.

ノ 夂 久

耐久性	내구성
永久	영구
持久力	지구력

4급 II

保
지킬 보
[人, 7] 총 9획

사람[亻]이 아기[呆]를 포대기로 업어 키우며 보호한다(지킨다)는 뜻이다.

• 呆는 포대기에 싸여 얼굴만 내민 아기의 모습을 나타낸 것이다.

ノ 亻 亻 伇 伇 伄 伄 促 保

明哲保身	명철보신
保菌者	보균자
보건	保健
보수	保守
보온	保溫

3급

뛰어날 준

[人, 7] 총 9획

사람[亻] 중에 진실한[允] 외모와 천천히 걷는[夊] 자태를 지닌 뛰어난 인물을 뜻한다. 외모와 자태가 수려하고 슬기로운 인물을 뜻하는 글자로, 주로 남자아이의 이름에 많이 쓰인다.

• 夊(천천히 걸을 쇠)은 진실한 모습으로 천천히 걷는 사람의 모습이다.

丿 亻 亻 亻 伫 伫 俊 俊 俊

| 俊傑 | 준걸 |
| 俊秀 | 준수 |

3급

동료 료

[人, 12] 총 14획

함께 일하며 같은 생각을 하는 사람을 同僚(동료)라고 한다. 제사 준비를 위해 늦게까지 횃불[尞]을 밝혀 놓고 함께 일하는 사람들[亻]은 동료라는 뜻이다.

• 尞(횃불 료)는 제단 옆의 징작에 불이 활활 타는 모습을 그린 한자이다.

丿 亻 亻 伫 伫 伫 佟 僚 僚

官僚	관료
同僚	동료
幕僚	막료

4급

뛰어날 걸

[人, 10] 총 12획

사람[亻]이 양발[舛]을 나무[木] 위에 높이 올리고 있으니 재주가 뛰어나다는 뜻이다. 매우 훌륭하고 뛰어난 작품을 傑作(걸작)이라고 한다.

• 舛(어그러질 천)은 사람이 양발의 방향을 어긋나게 한 모습이다.

丿 亻 亻 亻 伊 伊 伊 傑 傑 傑

英雄豪傑	영웅호걸
俊傑	준걸
걸작	傑作
걸출	傑出
여걸	女傑

4급II

부처 불

[人, 5] 총 7획

불교의 가르침을 깨달은 성인을 부처라고 한다. 이처럼 깨달음을 얻어서 사람[亻]이 아닌[弗] 신의 경지에 오른 부처를 뜻한다.

• 弗(아닐 불)은 굽은 나무를 끈으로 감아 바로잡는 모습인데, 나무가 곧지 않다고 하여 '아니다'의 뜻으로 쓰인다.

丿 亻 亻 亻 佁 佛 佛

佛供	불공
佛像	불상
斥佛論	척불론
불교	佛敎
불당	佛堂
불심	佛心

3급II

떨칠 불

[手, 5] 총 8획

아니[弗]라고 생각되는 것은 손[扌]으로 털어서 떨친다는 뜻이다. 弗(아닐 불)이 달러 기호($)와 닮아 '돈'의 뜻으로도 쓰이면서 '손[扌]으로 돈[弗]을 건넨다'는 뜻도 나왔다.

一 十 扌 扌 扌 拂 拂 拂

先拂	선불
一時拂	일시불
支拂	지불
還拂	환불

5급

費
쓸 비

[貝, 5] 총 12획

돈[貝]을 남기지 않고[弗] 쓴다는 뜻이다. 돈을 지나치게 써서 없애는 것을 過消費(과소비)라고 한다.

浪費	낭비
維持費	유지비
경비	經費
비용	費用
소비	消費

`一 口 弓 弓 弗 弗 弗 带 费 費`

3급

囚
가둘 수

[口, 2] 총 5획

사방이 막힌 울타리[口]에 사람[人]을 가둔다는 뜻이다. 죄를 지어 감옥에 가두어 놓은 사람을 罪囚(죄수)라고 한다. 困(곤할 곤), 四(넉 사), 因(인할 인)으로 쓰지 않도록 주의해야 한다.

良心囚	양심수
罪囚	죄수
脫獄囚	탈옥수

`丨 冂 冈 囚 囚`

5급

罪
허물 죄

[网, 8] 총 13획

법의 그물[网→罒]에 걸리는 옳지 않은[非] 행동은 허물(죄)이라는 뜻이다. 죄를 지은 사람을 罪人(죄인)이라고 한다.

• 罒(그물망머리)는 그물의 형태를 그린 网(그물 망)의 변형 부수이다.

免罪符	면죄부
罪囚	죄수
범죄	犯罪
죄목	罪目
죄악	罪惡

`丨 冂 冂 四 罒 尸 尹 尹 罪 罪`

4급 II

罰
벌할 벌

[网, 9] 총 14획

법의 그물[网→罒]에 걸린 사람에게 말[言]로 꾸짖고 칼[刂]로 고통을 주며 벌한다는 뜻이다. 예로부터 罪(죄)를 지은 사람에게는 그에 마땅한 罰(벌)을 주었음을 알 수 있다.

懲罰	징벌
신상필벌	信賞必罰
엄벌	嚴罰
형벌	刑罰

`丶 冂 冂 四 罒 罒 罒 罚 罰 罰`

4급

刑
형벌 형

[刀, 4] 총 6획

사극을 보면 죄인의 목에 넓고 긴 나무 형틀(칼)이 씌워진 모습이 나오곤 한다. 이처럼 목에 형틀[开]을 채우거나 칼[刂]로 죽이는 형벌을 뜻한다. 주로 중죄인에게 행해졌던 刑罰(형벌)이다.

• 开는 여기서 형틀의 모양을 나타낸다.

刑事訴訟	형사소송
감형	減刑
사형	死刑
형벌	刑罰

`一 二 于 开 邢 刑`

6급 II

모양 형

[彡, 4] 총 7획

요즘 원목의 나뭇결을 살린 제품이나 가구가 많이 나오고 있다. 이런 넓은 나무판[开] 위에 난 무늬[彡]를 그려 '모양'이라는 의미를 나타냈다.

一 二 チ 开 形 形 形

形而上學	형이상학
원형	原形
유형	有形
인형	人形
자형	字形

7급

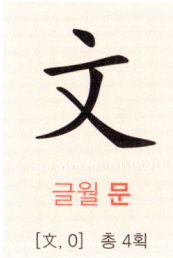

글월 문

[文, 0] 총 4획

죄인의 몸에 형벌로 죄명을 새긴 모습을 그린 것인데, 나중에 글자나 문장을 의미하게 되었다. 글에서 비롯된 '학문, 문화'라는 뜻도 있다.

丶 一 ナ 文

文盲	문맹
文豪	문호
呼訴文	호소문
문명	文明
문물	文物
문자	文字
문화	文化

3급 II

무늬 문

[糸, 4] 총 10획

실[糸]로 짜인 직물에 문신[文]처럼 새겨진 무늬를 뜻한다.

指紋	지문
波紋	파문

乙 幺 幺 幺 糸 糸 紗 紋 紋

5급

검을 흑

[黑, 0] 총 12획

죄인의 얼굴에 죄명을 먹물로 검게 새긴 모습이다. 그래서 黑色(흑색)은 黑色宣傳(흑색선전), 黑心(흑심) 등 주로 부정적인 단어에 많이 쓰인다.

丶 口 口 日 田 甲 里 黑 黑

漆黑	칠흑
黑幕	흑막
암흑	暗黑
흑심	黑心
흑인	黑人
흑자	黑字

3급 II

먹 묵

[土, 12] 총 15획

먹은 글씨를 쓰거나 그림을 그릴 때 벼루에 물을 붓고 갈아서 사용하는 검은 물감이다. 이렇게 흙[土]으로 만든 벼루 위에 검게[黑] 갈아서 쓰는 먹을 뜻한다. 먹의 짙고 엷음을 이용하여 그린 그림을 水墨畫(수묵화)라고 한다.

近墨者黑	근묵자흑
墨香	묵향
水墨畫	수묵화

丶 口 口 日 田 甲 里 黑 墨

3급II

잠잠할 묵

[黑, 4] 총 16획

어둡고 컴컴한[黑] 밤이 되면 개[犬]들도 모두 잠들어 잠잠하다는 뜻이다. 아무런 말도 하지 않고 잠잠하게 지내는 일을 默言(묵언) 수행이라고 한다.

默念	묵념
默想	묵상
默認	묵인
沈默	침묵

丨 冂 冂 日 日 甲 里 黑 黑 默 默

3급

매울 신

[辛, 0] 총 7획

죄인의 이마나 얼굴에 문신을 새기는 뾰족한 형벌 도구를 그린 글자이다. 문신이 새겨지는 고통이나 괴로움과 관련하여 '맵다, 괴롭다, 고생하다, 큰 죄'라는 뜻이 나왔다.

辛勝	신승
千辛萬苦	천신만고
香辛料	향신료

丶 亠 亠 𠂉 立 辛 辛

6급II

새 신

[斤, 9] 총 13획

도끼[斤]에 괴롭게[辛→立] 베인 나무[木]에서 돋아난 새싹의 모습이 새롭다는 뜻이다. 바꿔서 새롭게 하는 것을 革新(혁신)이라고 한다.

• 斤(도끼 근)은 날이 큰 쇠에 나무 자루가 달린 도끼를 그린 글자이다.

刷新	쇄신
新刊	신간
新郎	신랑
신문	新聞
신생	新生
신식	新式

亠 立 立 产 辛 辛' 新 新 新

6급

친할 친

[見, 9] 총 16획

괴롭게[辛→立] 베인 나무[木]가 죽지 않도록 자주 다가가서 살펴보는[見] 사람은 나무와 친하다는 뜻이다. 항상 우리 곁에서 친하게 보살펴 주시는 '어버이'를 뜻하기도 한다. 父子有親(부자유친)이란, 아버지와 자식 간의 도리는 친밀함에 있다는 말이다.

親睦	친목
親戚	친척
친구	親舊
친권	親權
친근	親近

立 立 产 辛 辛 刹 刹 親 親 親

3급

재상 재

[宀, 7] 총 10획

임금을 도와 나라의 정치나 행정을 맡아보던 벼슬아치를 재상이라고 한다. 그래서 관청[宀]에 형벌 도구[辛]를 갖춰 두고 재판이나 행정을 처리하는 재상을 뜻한다.

| 宰相 | 재상 |
| 主宰 | 주재 |

丶 宀 宀 宀 宀 宋 宋 宰 宰 宰

4급

말씀 변

[辛, 14] 총 21획

두 죄인[辛辛]이 서로의 무죄를 밝히기 위해 조리 있게 하는 말(말씀)[言]을 뜻한다. 그래서 법정에서 피고나 원고의 입장을 대신하여 잘 말해주는 사람을 辯護士(변호사)라고 한다.

• 辛(매울 신)은 여기서 형벌을 앞둔 죄인을 나타낸다.

대변인	代辯人
변호사	辯護士
언변	言辯
열변	熱辯
웅변	雄辯

3급

분별할 변

[辛, 9] 총 16획

두 죄인[辛辛]의 말을 듣고 중간에서 옳고 그름을 칼[刂]같이 분별한다는 뜻이다. 잘못된 일에 대해 분명한 분별을 원하여 자신의 행동에 대한 이유나 구실을 늘어놓는 것을 辨明(변명)이라고 한다.

辨明	변명
辨別	변별
辨償	변상
辨濟	변제

4급

피할 피

[辶, 13] 총 17획

임금[辟]이 행차하여 길을 가면[辶] 백성들이 길옆으로 피한다는 뜻이다.

• 辟(임금 벽)은 구부리고 있는 죄인[尸]의 잘못을 말하며[口] 손에 형벌 도구[辛]를 든 절대 권력자인 임금을 뜻한다.

忌避	기피
避雷針	피뢰침
避暑	피서
피난	避難
피신	避身
회피	回避

4급 II

壁

벽 벽

[土, 13] 총 16획

임금[辟]을 보호하기 위해 성 주위에 흙[土]으로 쌓은 벽을 뜻한다. 얼음이나 눈에 덮인 벽을 氷壁(빙벽)이라고 한다.

巖壁	암벽
胃壁	위벽
벽보	壁報
벽화	壁畫
빙벽	氷壁

6급 II

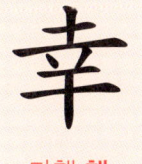

다행 행

[干, 5] 총 8획

죄인의 양손에 쇠고랑이 채워진 모습으로, 범인을 잡았으니 다행이라는 뜻이다.

• 幸(다행 행)은 양쪽 손목에 채울 수 있도록 만들어진 쇠고랑의 모양이다.

불행	不幸
행복	幸福
행운	幸運

3급II

잡을 집

[土, 8] 총 11획

도망치던 죄인에게 쇠고랑[幸]을 채우고 무릎을 굽히게[丸] 하여 잡는다는 뜻이다.

• 丸(둥글 환)은 사람이 몸을 구부려 둥글게 말고 있는 모습이다.

一 十 土 ㄎ ㄎ 幸 幸 幸丶 執 執

我執	아집
執權	집권
執念	집념

4급II

갚을/알릴 보

[土, 9] 총 12획

쇠고랑[幸]을 차고 몸을 구부린[卩] 죄인에게 손가락질[又]하며 죄명을 알린다는 뜻이다. 죄명을 들은 죄인이 벌로써 죄를 '갚다'라는 뜻도 있다.

• 卩(병부 절)은 몸을 구부린 사람의 모습이다.

一 十 土 ㄎ ㄎ 幸 幸 幸丶 郣 報

朗報	낭보
報償	보상
弘報	홍보
급보	急報
벽보	壁報
오보	誤報

6급

옷 복

[月, 4] 총 8획

형벌을 가하기 위해 죄인의 몸[月]을 구부리게[卩] 하여 손[又]으로 벗겨 낸 옷을 뜻한다. 죄인은 옷을 벗겨도 복종해야 하므로 '복종하다'의 뜻도 있다.

丿 冂 月 月 月丶 肝 服 服

喪服	상복
僧服	승복
燕尾服	연미복
감복	感服
교복	校服
복종	服從
의복	衣服

4급

가릴 택

[手, 13] 총 16획

좋은 물건을 잘 엿보았다가[睪] 손[扌]으로 가려낸다는 뜻이다. 여럿 가운데서 필요한 것을 가려 뽑는 것을 選擇(선택)이라고 한다.

• 睪(엿볼 역)은 눈[目→罒]을 크게 뜨고 죄인[幸]의 행동을 엿본다는 뜻이다.

一 十 扌 扌' 扌" 扌" 扌" 擇 擇 擇

取捨選擇	취사선택
선택	選擇
양자택일	兩者擇一
채택	採擇

3급II

풀 석

[釆, 13] 총 20획

죄인의 행동을 잘 보다가[睪] 진심으로 뉘우치는 사람을 분별하여[釆] 풀어준다는 뜻이다. 죄수 중에 수감 태도가 좋은 사람은 假釋放(가석방)되기도 한다.

• 釆(분별할 변)은 짐승의 발자국이 찍힌 모양으로, 그 발자국을 보고 어떤 짐승인지 분별한다는 뜻이다.

一 丷 丶 平 釆 釆丶 釋 釋 釋

假釋放	가석방
釋放	석방
釋然	석연
解釋	해석
稀釋	희석

3급II

못 **택**

[水, 13] 총 16획

물[氵]이 고여 투명하게 잘 보이는[睪] 못(연못)을 의미한다. 풀과 꽃, 물고기 등 생명이 자랄 수 있는 못은 하늘의 은혜이자 윤택한 환경의 상징이므로 '은혜, 덕택, 윤택'이라는 뜻으로도 쓰인다.

光澤	광택
德澤	덕택
惠澤	혜택

氵 氵 氵 氵 澤 澤 澤 澤 澤 澤

3급II

역 **역**

[馬, 13] 총 23획

먼 길을 가는 사람이 중간에 말[馬]의 상태를 볼[睪] 수 있도록 만든 역을 뜻한다. 오늘날에는 기차나 지하철이 잠시 쉬어가는 驛(역)을 의미한다.

簡易驛	간이역
驛長	역장
驛前	역전

丨 丨 丨 馬 馬 馬 驛 驛 驛 驛

3급II

번역할 **역**

[言, 13] 총 20획

어떤 나라의 말[言]을 잘 엿본[睪] 후 다른 나라의 말로 번역한다는 뜻이다. 誤譯(오역)하지 않으려면 그 말뜻을 잘 살펴야 한다.

國譯	국역
飜譯	번역
誤譯	오역
通譯	통역

言 言 言 言 譯 譯 譯 譯 譯 譯

4급II

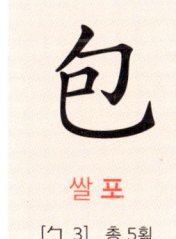

쌀 **포**

[勹, 3] 총 5획

엄마의 배가 배 안의 아이[巳]를 감싸고[勹] 있는 모습이다. 물건을 싸거나 꾸리는 것을 包裝(포장)이라고 한다.

包裝	포장
包含	포함
내포	內包
소포	小包
포용	包容

丿 勹 勹 匀 包

4급

세포 **포**

[肉, 5] 총 9획

인간은 수많은 細胞(세포)로 이루어진 유기체이다. 이처럼 우리 몸[月]을 둘러싸고[包] 있는 물질인 세포를 뜻하는 글자이다.

細胞分裂	세포분열
동포	同胞
세포	細胞

丿 月 月 月 肑 胞 胞 胞

砲
대포 포
[石, 5] 총 10획

돌[石]처럼 단단한 탄알을 싸고[包] 있다가 멀리 쏘는 대포를 뜻한다.

一 厂 丆 石 石 矿 矿 砘 砲 砲

投砲丸	투포환
대포	大砲
발포	發砲
축포	祝砲

抱
안을 포
[手, 5] 총 8획

손[扌]으로 상대방을 감싸서[包] 안는다는 뜻이다.

一 扌 扌 扌 扚 抅 抅 抱

| 抱負 | 포부 |
| 懷抱 | 회포 |

擁
낄 옹
[手, 13] 총 16획

손[扌]을 내밀어 기쁘게[雍] 안으며 깍지를 낀다는 뜻이다. 깍지를 끼우며 안는 것은 抱擁(포옹)한다는 의미이다.

• 雍(기뻐할 옹)은 새가 마을을 한 바퀴 돌며 기쁘게 나는 모습이다.

扌 扩 扩 扩 扩 护 拃 揎 擁 擁

擁立	옹립
擁壁	옹벽
抱擁	포옹

流
흐를 류
[水, 7] 총 10획

엄마의 배에서 양수[氵]와 함께 아이[子→云]가 흘러[川→儿]나오는 모습이다. 아이의 몸이 머리부터 나오기 때문에 子(아들 자)가 뒤집힌 형태로 쓰였다. 나중에 '갈래, 번져 퍼지다' 등의 뜻으로 발전하였다.

• 儿은 냇물처럼 흘러나오는 모습을 나타낸 것이다.

丶 丶 氵 氵 汁 浐 浐 浐 流 流

亞流	아류
濁流	탁류
漂流	표류
유출	流出
유행	流行
유혈	流血

疏
소통할 소
[疋, 7] 총 12획

배에 있던 아이가 발[疋→𤴔]까지 모두 흘러[㐬]나오면 그때부터 세상과 소통한다는 뜻이다. 태어난 후에는 엄마의 뱃속과 멀어진다고 하여 '멀다, 멀어지다'의 뜻으로도 쓰인다.

• 𤴔는 무릎부터 종아리 아래 발까지 그린 疋(발 소)의 변형 부수이다.

一 丆 下 下 正 正 疋 疋 疏 疏

疏外	소외
疏遠	소원
疏脫	소탈
疏忽	소홀

3급

나물 소

[艹, 12] 총 16획

나물은 풀 중에 사람이 먹을 수 있는 것을 말한다. 그래서 **풀[艹] 중에 사람과 자연을 소통하게[疏] 해주는, 먹을 수 있는 나물**을 뜻한다.

蔬飯	소반
蔬菜	소채
菜蔬	채소

3급

버릴 기

[木, 8] 총 12획

옛날 아기들은 면역이 약해서 백일 전에 죽는 일이 많았다. 이렇게 **일찍 죽은 아기[子→ㄊ]를 망태기[卄]에 싸서 양손[𠃍→木]으로 들고 나가 버린다**는 뜻이다. 내다 버리는 것을 遺棄(유기)라고 한다.

棄權	기권
遺棄	유기
廢棄	폐기

7급

기를 육

[肉, 4] 총 8획

태어난 아기[子→ㄊ]의 몸[月]이 건강하게 자라도록 먹여 기른다는 뜻이다. 자식을 올바르게 敎育(교육)하기 위해서는 부모의 관심과 사랑이 필요하다.

• 月(육달월변)은 肉(고기 육)의 변형 부수이다.

교육	敎育
육성	育成
육아	育兒
훈육	訓育

3급II

통할 철

[彳, 12] 총 15획

자식을 기를[育] 때 매를 치며[攵] 행실을 바로잡아야 자식이 바른길[彳]로 통한다는 뜻이다. 부모의 透徹(투철)한 정신이 필요한 일이다.

• 彳(조금 걸을 척)은 사거리를 그린 行(다닐 행)의 일부분으로, 길을 걷는 것과 관계있다. 攵(등글월문)은 攴(칠 복)의 변형이다.

貫徹	관철
徹夜	철야
透徹	투철

5급II

채울 충

[儿, 4] 총 6획

태어난 아기[子→ㄊ]가 두 다리[儿]로 튼튼하게 걸을 수 있도록 영양을 채운다는 뜻이다. 건전지 등에 전기 에너지를 채우는 일을 充電(충전)이라고 한다.

• 儿(사람인발)은 사람의 두 다리를 그린 모양이다.

보충	補充
확충	擴充
충분	充分
충원	充員
충족	充足

銃 총 **총**

쇠[金]로 만든 탄알을 채워[充] 쏘는 총을 뜻한다.
銃(총)은 함부로 다루면 위험한 물건이 될 수 있다.

4급II
[金, 6] 총 14획

ノ ハ ヒ 厶 午 金 釒 釤 釤 銃

拳銃	권총
銃劍	총검
소총	小銃
총기	銃器
총성	銃聲

統 거느릴 **통**

집단을 통솔하여 이끄는 것을 거느린다고 한다. **몇 갈래로 갈라진 실[糸]을 한 통에 채워[充] 관리하듯 집단을 하나로 모아 거느린다**는 뜻이다. 한 나라를 거느리는 大統領(대통령)은 국민을 統制(통제)하고 統合(통합)하여 하나로 이끄는 사람이다.

4급II
[糸, 6] 총 12획

ㄥ ㄠ ㄠ 幺 糸 糸 糽 統 統 統

統率	통솔
統帥權	통수권
통일	統一
통제	統制
통치자	統治者
통합	統合

子 아들 **자**

갓난아기가 포대기에 싸여 양팔을 벌리고 있는 모습이다. 아들과 딸을 모두 포함한 '子息(자식)'을 의미하며, '열매'를 뜻하기도 한다. 중국어에서는 상대에 대한 존칭이나 접미사로도 쓰인다.

7급II
[子, 0] 총 3획

フ 了 子

孟子	맹자
三尺童子	삼척동자
군자	君子
모자	母子
자정	子正

字 글자 **자**

집안[宀]에 자식[子]이 태어나면 가르쳐야 하는 글자를 뜻한다.

7급
[子, 3] 총 6획

丶 丷 宀 宀 字 字

十字架	십자가
字幕	자막
오자	誤字
자전	字典
자형	字形

了 마칠 **료**

양팔을 벌리고 일하다가 차렷 자세로 팔을 내려놓고 일을 마친다는 뜻이다.

3급
[亅, 1] 총 2획

フ 了

滿了	만료
完了	완료
終了	종료

4급II

好

좋을 호

[女, 3] 총 6획

여자[女]인 어머니가 자식[子]을 안고 좋아하는 모습을 나타낸 글자이다.

ㄑ 夕 女 女 奵 好

호상	好喪
호감	好感
호재	好材
호평	好評

4급

孤

외로울 고

[子, 5] 총 8획

어린아이[子]가 마치 넝쿨에 혼자 달린 오이[瓜]처럼 홀로 남겨져 **외롭다**는 뜻이다. 부모 잃은 어린아이를 孤(외로울 고)라고 하고, 자식 없는 늙은이를 獨(홀로 독)이라고 한다.

• 瓜(오이 과)는 넝쿨[厂]에 달린 오이[厶] 하나를 그린 모양이다.

フ 了 孑 孑 孑 孑 孤 孤

孤軍奮鬪	고군분투
孤掌難鳴	고장난명
고독	孤獨
고립	孤立
고아	孤兒

4급

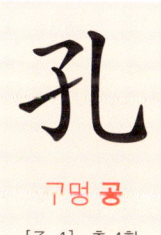

孔

구멍 공

[子, 1] 총 4획

갓 태어난 아기는 엄마의 젖을 먹고 자란다. 이때 **아기[子]가 엄마의 가슴[乚]에서 젖을 먹기 위해 찾아야 하는 구멍**을 뜻한다. 성씨 중에 '공씨'를 의미하는 한자로도 쓰인다.

• 乚(새 을)은 엄마의 가슴을 나타낸다.

フ 了 子 孔

공맹	孔孟
공자	孔子
모공	毛孔

4급

乳

젖 유

[乙, 7] 총 8획

아기[子]가 손[爫]으로 엄마의 가슴[乚]을 잡고 먹는 젖을 뜻한다. 엄마의 젖으로 양이 부족한 아기들은 소의 젖인 牛乳(우유)를 더 먹는다.

• 爫(손톱 조)는 사람의 손톱을 그린 모양으로, 주로 손의 의미로 쓰인다.

ㄣ ㄣ ㄣ 乊 乊 孚 孚 乳

口尙乳臭	구상유취
두유	豆乳
수유	授乳
우유	牛乳

3급II

浮

뜰 부

[水, 7] 총 10획

아기를 씻기기 위해 목욕통에 물[氵]을 붓고 손[爫]으로 아기[子]를 받치면 물에 뜬다는 뜻이다.

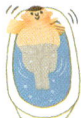

丶 丶 氵 氵 氵 浮 浮 浮 浮 浮

浮動層	부동층
浮力	부력
浮沈	부침

6급

따뜻할 **온**

[水, 10] 총 13획

물[氵]을 담은 통[皿]에 몸을 담그고[囚] 들어가 목욕하니 몸이 따뜻하다는 뜻이다. 우리나라와 일본에는 이러한 溫泉(온천) 문화가 발달해 있다.

• 囚(가둘 수)는 사람[人]을 울타리[囗] 안에 가둔다는 뜻이다. 皿(그릇 명)은 그릇을 그린 글자인데, 여기서는 욕조처럼 큰 통을 의미한다.

氵 氵 氵 氵 沪 沪 沪 溫 溫 溫

高溫多濕	고온다습
微溫的	미온적
온수	溫水
온실	溫室
온정	溫情

3급Ⅱ

맏 **맹**

[子, 5] 총 8획

자식[子] 중에 집안의 목욕통[皿]에 처음으로 몸을 씻게 되는 맏이(첫째)를 뜻한다.

㇀ 了 子 子 孟 孟 孟 孟

| 孟母三遷 | 맹모삼천 |
| 孟春 | 맹춘 |

3급Ⅱ

사나울 **맹**

[犬, 8] 총 11획

짐승[犭] 중에도 첫째[孟]는 덩치가 커서 우두머리로 사니 용맹하고 사납다는 뜻이다.

• 犭(개사슴록변)은 犬(개 견)의 변형 부수로, 개와 같은 짐승이나 개의 성질을 나타내는 글자에 주로 쓰인다.

丿 ⺈ 犭 犭 犭 犭 狂 猛 猛 猛

猛獸	맹수
猛打	맹타
猛虎	맹호

8급

가르칠 **교**

[攵, 7] 총 11획

예로부터 계산은 생활에 꼭 필요한 능력이었다. 그래서 산가지[爻→孝]로 숫자 세는 방법을 자식[子]에게 매로 치며[攵] 가르친다는 뜻이다. 신의 가르침을 믿는 문화인 '종교'를 뜻하기도 한다.

• 爻(수효 효)는 대나무 조각이 엇갈려 있는 산가지를 그린 한자이다.

丿 乂 ㇇ 孝 孝 孝 孝 敎 敎 敎

殉敎	순교
교과서	敎科書
교구	敎具
교사	敎師

8급

배울 **학**

[子, 13] 총 16획

손[𦥑→臼]으로 새끼줄을 매듭지어[爻] 지붕을 덮는[冖] 방법을 자식[子]이 배운다는 뜻이다.

• 爻(수효 효)는 여기서 엇갈려 매듭지은 모양을 나타낸다.

학과	學科
학업	學業
학연	學緣

4급

깨달을 **각**

[見, 13] 총 20획

끊임없이 배우고[學→🅇] 보면서[見] 진리를 깨닫는다는 뜻이다. 學(배울 학)의 아랫부분인 子(아들 자)는 글자가 합쳐지면서 생략되었다.

• 見(볼 견)은 사람의 다리[儿] 위에 눈[目]만 강조하여 그린 글자로, 눈을 크게 뜨고 본다는 뜻이다.

覺悟	각오
錯覺	착각
觸覺	촉각
감각	感覺
미각	味覺
자각	自覺

12일째 가족

스마트 한자 암기 프로그램

8급

아버지 부
[父, 0] 총 4획

농경 사회에서의 아버지 모습을 나타낸 글자이다. 손[又→乂]에 돌도끼[丶]를 들고 사냥하거나 농사짓는 아버지의 모습이다.

`丶 ハ ケ 父`

伯父	백부
부계	父系
부친	父親
신부	神父

8급

母

어머니 모
[毋, 1] 총 5획

옛날에는 아버지가 밖에 나가 일하면 어머니가 자식을 먹여 기르는 데 힘썼다. 그래서 자식을 품에 안고 젖[母]을 물려 기르는 어머니의 모습을 그렸다.

`乚 口 口 母 母`

姑母	고모
賢母良妻	현모양처
노모	老母
모유	母乳
모친	母親

8급

兄

형 형
[儿, 3] 총 5획

예로부터 집안의 맏이(첫째)는 제사를 물려받아 조상을 모셨다. 제단 앞에 무릎을 꿇고[儿] 입[口]으로 조상께 고하는 글을 읽는 형을 뜻하는 글자이다.

• 儿(사람인발)은 사람의 두 다리를 그린 모양이다.

`丨 ㄇ 口 尸 兄`

異腹兄弟	이복형제
妻兄	처형
난형난제	難兄難弟
학부형	學父兄
호형호제	呼兄呼弟

5급

祝

빌 축
[示, 5] 총 10획

제단[示] 앞에서 형[兄]이 신이나 조상께 집안의 평안을 빈다는 뜻이다. 다른 사람의 좋은 일을 기뻐하고 즐거움을 비는 인사를 祝賀(축하)라고 한다.

• 示(보일 시)는 제사 지내는 단을 그린 글자이다.

`一 二 亍 亓 示 示 祀 祀 祝 祝`

祝杯	축배
祝賀	축하
축가	祝歌
축복	祝福
축사	祝辭
축제	祝祭

4급

상황 황

[水, 5] 총 8획

맏이는 제사뿐 아니라 집안의 크고 작은 일을 다스렸다. 그중 **농사에 필요한 물[氵]이 붇거나 줄면 집안의 형[兄]이 먼저 나서서 살피는 상황**을 나타낸다. 형은 먼저 狀況(상황)을 파악한 후 비가 오거나 그치기를 비는 제사를 지냈다.

況且	황차
近況	근황
不況	불황
實況	실황

丶 丶 氵 氵 沢 沢 況 況

3급II

이길 극

[儿, 5] 총 7획

손에 무기[十]를 들고 얼굴에 투구를 쓴 사람[兄]이 전쟁에 나가서 이긴다는 뜻이다. 전쟁에서 이기려면 자기를 먼저 이기는 克己(극기) 정신이 필요하다.

克己復禮	극기복례
克復	극복
克服	극복

一 十 十 古 古 克 克

3급

다만 지

[口, 2] 총 5획

입[口]으로 숨을 내뱉는[八] 짧은 순간이라는 의미에서 '다만, 오직, 오로지'라는 뜻으로 쓰인다. 오직 이때의 순간을 只今(지금)이라고 한다.

| 但只 | 단지 |
| 只今 | 지금 |

丶 丨 冂 口 尸 只

5급II

아이 아

[儿, 6] 총 8획

어린아이들은 머리뼈가 단단해지기 전까지 머리로도 호흡한다. 그래서 **정수리의 숨구멍[臼]이 아직 열린 상태로 걸어 다니는[儿] 사람은 아이**라는 뜻이다.

• 臼(절구 구)는 절구처럼 정수리의 숨통이 열린 상태의 머리를 나타낸다.

棄兒	기아
未熟兒	미숙아
幼兒	유아
孤兒	고아
兒童	아동
育兒	육아

丶 丨 丨 彳 彳 臼 臼 兒

8급

아우 제

[弓, 4] 총 7획

나무 무기[丫]에 가죽을 위에서부터 차례대로 감아[弓] 내려가듯[丿] 차례로 태어나는 아우를 뜻한다. 弗(아닐 불)과 모양이 비슷하다.

• 丫는 나무 무기의 모양을 나타낸다.

妻弟	처제
師弟	사제
弟子	제자
兄弟	형제

丶 丶 丷 弓 弓 弟 弟

6급II

차례 제
[竹, 5] 총 11획

종이가 없어서 대나무에 글을 기록하던 시절, **대나무[⺮] 조각을 책으로 엮기 위해 순서대로[弟→弔] 늘어놓은 차례**를 의미한다.

丿 ㄣ ㅗ ⺮ ⺮ 竺 笃 笃 第 第

及第	급제
落第	낙제
제삼자	第三者
제일	第一
차제	次第

7급

늙을 로
[老, 0] 총 6획

노인[耂]이 지팡이[匕]를 짚고 걸어가는 모습이 늙었다는 뜻이다. 늙은이는 비록 몸에 힘이 없지만, 오랜 경험에서 나오는 老鍊(노련)함을 지니고 있다.

• 耂(늙을로엄)은 긴 머리칼을 늘어뜨리고 몸을 구부린 노인의 모습이다. 匕는 지팡이를 나타낸다.

一 十 土 耂 耂 老

老鍊	노련
老妄	노망
老人丈	노인장
老廢物	노폐물
경로	敬老
노익장	老益壯
노환	老患

5급

생각할 고
[老, 2] 총 6획

오랜 경험이 쌓여 노련한 노인[耂]은 교묘하고[丂] 뛰어난 꾀를 잘 생각한다는 뜻이다. 깊이 생각하고 풀어야 하는 '시험'을 의미하기도 한다.

• 丂(공교할 교)는 기운이 위로 나가려는 모양으로, 뛰어나고 교묘함을 의미한다.

一 十 土 耂 耂 考

고고학	考古學
고사	考査
고시	考試
사고	思考
재고	再考

7급II

효도 효
[子, 4] 총 7획

노인[耂]이 된 부모님의 곁에서 지팡이 대신 자식[子]이 부축하며 효도한다는 뜻이다. 孝道(효도)는 정성을 다하여 섬기는 마음이다.

一 十 土 耂 耂 孝 孝

효부	孝婦
효성	孝誠
효심	孝心

3급II

목숨 수
[士, 11] 총 14획

노인[耂→士]이 구불구불한[㠭] 인생길을 거치며 입[口]과 손[寸]을 그대로 유지해 온 목숨을 뜻한다. 긴 시간 동안 온갖 일을 경험하면서도 목숨을 유지했다는 의미이다.

• 글자의 맨 윗부분은 耂에서 변형된 모양으로, 士(선비 사)처럼 쓴다.

一 十 士 耂 耂 耂 壽 壽 壽 壽

萬壽	만수
壽衣	수의
長壽	장수

3급II

鑄

쇠 불릴 주

[金, 14] 총 22획

무기나 돈을 만들기 위해 쇠를 녹이는 것을 쇠 불린다고 한다. 이처럼 쇠[金]에 다른 목숨[壽]을 불어넣기 위해 녹여서 쇠 불린다는 뜻이다. 쇠붙이를 녹여 화폐로 만든 것이 鑄貨(주화)이다.

鑄物	주물
鑄造	주조
鑄鐵	주철

6급

死

죽을 사

[歹, 2] 총 6획

죽은[歹] 사람 옆에서 사람[匕]이 꿇어앉아 슬퍼하는 모습이니 '죽음'을 의미한다. 사람이 나고 늙고 병들고 죽는 네 가지 고통을 生老病死(생로병사)라고 한다.

• 歹(죽을사변)은 죽은 사람의 앙상한 뼈를 그린 부수로, 죽음과 관계있다.

枯死	고사
凍死	동사
慘死	참사
사경	死境
사별	死別
사색	死色

3급II

葬

장사 지낼 장

[艸, 9] 총 13획

죽은 사람을 묻거나 화장하는 것을 장사 지낸다고 한다. 옛 풍습 중에 풀숲[艸→茻]에 죽은[死] 사람을 던져 풀로 덮고 장사 지내던 모습을 나타냈다. 이렇게 장사 지내는 의식을 葬禮式(장례식)이라고 한다.

國葬	국장
埋葬	매장
葬禮	장례
合葬	합장

8급

女

여자 녀

[女, 0] 총 3획

두 손을 앞으로 모으고 다소곳이 앉은 여자의 모습이다. '여자, 딸' 등을 의미한다.

淑女	숙녀
姪女	질녀
醜女	추녀
선녀	仙女
양녀	養女
여류	女流

4급

姉

손위 누이 자

[女, 5] 총 8획

여자[女] 중에 다 자라서 성장이 끝난[夅] 손위 누이를 뜻한다. 夅(그칠 자) 대신 市(시장 시)를 넣은 姉는 속자(俗字)이다.

자매결연	姉妹結緣
자형	姉兄

4급

손아래 누이 **매**

[女, 5] 총 8획

여자[女] 중에 나이가 어려서 아직[未] 덜 자란 손아래 누이를 뜻한다. 손위 누이와 손아래 누이 사이를 姊妹(자매)라고 한다.

• 未(아닐 미)는 나무의 가지에 난 아직 덜 자란 싹을 그려 '아직 아니다'라는 뜻을 표현한 글자이다.

남매	男妹
매부	妹夫
자매	姊妹

ㄑ 夊 女 女´ 女⁻ 奸 奸 妹

3급

조카 **질**

[女, 6] 총 9획

형제자매의 자식을 조카라고 한다. 다른 여자[女]의 몸에서 태어나 나와 가족 관계에 이른[至] 조카를 뜻한다.

• 至(이를 지)는 먼 곳에서 날아온 화살이 땅에 이르러 꽂힌 모습이다.

| 姪女 | 질녀 |
| 姪婦 | 질부 |

ㄑ 夊 女 女´ 女⁻ 妒 妒 姪 姪

3급

간음할 **간**

[女, 6] 총 9획

옛날에는 여자를 남자보다 천하게 여겼기 때문에 안 좋은 뜻을 나타내는 한자에 女(여자 녀)를 많이 썼다. 그래서 여러 여자들[女女女→姦]을 남자가 함부로 간음한다는 뜻이다.

姦淫	간음
姦通	간통
強姦	강간

ㄑ 夊 女 女 女 妥 姦 姦 姦

4급

방해할 **방**

[女, 4] 총 7획

여자[女]들은 질투가 많아서 여러 가지 방법[方]으로 서로를 방해한다는 뜻이다. 여자를 무시하던 시대에 한자가 만들어졌기에 가능했던 발상이다.

• 方(모 방)은 쟁기를 그린 글자이다. 쟁기로 논밭을 갈면 네모지게 된다는 의미에서 '모서리, 방향, 방법' 등의 뜻이 나왔다.

| 無妨 | 무방 |
| 妨害 | 방해 |

ㄑ 夊 女 女` 女⁻ 妨 妨

3급

온당할 **타**

[女, 4] 총 7획

행동이 이치에 알맞은 것을 온당하다고 한다. 남성 중심의 세상이던 옛날에는 남자의 손[爫]으로 여자[女]를 눌러 복종시키는 것이 온당했다는 의미이다.

• 爫(손톱 조)는 사람의 손톱을 그린 모양으로, 주로 손의 의미로 쓰인다.

妥結	타결
妥當	타당
妥協	타협

ˊ ˊ ˊ ⺥ ⺥ 妥 妥

4급

위엄 위

[女, 6] 총 9획

상대를 두렵게 하여 복종하게 하는 태도를 위엄이라고 한다. 여자[女]를 천하게 대하며 무기[戌]를 들고 위협할 때 드러나는 위엄을 뜻한다.

• 戌(개 술)은 둥근 도끼 모양의 무기를 나타낸다.

丿 厂 厂 厂 反 反 威 威 威

猛威	맹위
威脅	위협
권위	權威
시위	示威
위풍	威風

3급

너 여

[水, 3] 총 6획

중국의 강 중에 여강(汝江)을 나타내는 글자였으나, 나중에 2인칭 대명사 '너'를 의미하게 되었다. 우리나라에서는 汝矣島(여의도)라는 지명에 활용된다.

丶 丶 氵 汝 汝 汝

| 汝等 | 여등 |
| 汝矣島 | 여의도 |

3급

어조사 의

[矢, 2] 총 7획

팔뚝[厶]을 접어 화살[矢]을 품에 넣고 공격을 마쳤다는 뜻에서 문장을 맺는 어조사로 쓰인다. 주로 문장의 맨 뒤에 놓여 '~이다'로 풀이된다.

• 厶(나 사)는 팔꿈치를 구부려 물건을 자기 쪽으로 당기는 모습이다.

㇄ ㇉ 厸 厸 㠯 矣 矣

| 萬事休矣 | 만사휴의 |
| 汝矣島 | 여의도 |

3급 II

아내 처

[女, 5] 총 8획

비녀[一]를 손[⺕]으로 잡아 머리에 꽂은[丨] 어지[女]는 남자와 정식으로 혼인한 아내라는 뜻이다.

一 ㇇ 三 三 圭 妻 妻 妻

惡妻	악처
妻家	처가
妻兄	처형

3급

첩 첩

[女, 5] 총 8획

남자가 정식 아내 외에 데리고 사는 여자를 첩이라고 한다. 주로 신분이 낮은 여자가 첩이 되곤 했는데, 몸에 노비 문신[辛→立]이 새겨진 채 주인의 여자[女]로 들여진 첩을 의미한다.

• 辛(매울 신)은 노비나 죄인에게 문신을 새기는 뾰족한 도구의 모양이다.

丶 亠 立 立 立 㚢 㚢 妾

愛妾	애첩
賤妾	천첩
妾室	첩실

4급II

이을 접
[手, 8] 총 11획

남자가 손[扌]으로 첩[妾]을 잡아끌어 가까이하면 사이가 이어진다는 뜻이다. 서로 맞닿아 이어지는 것을 接觸(접촉)한다고 한다.

接觸	접촉
영접	迎接
접골	接骨
접착	接着

一 亅 扌 扌 扩 护 护 挟 接 接

4급II

같을 여
[女, 3] 총 6획

옛날 여자들은 남자의 말을 부정하거나 반대할 수 없었다. 이렇게 순종적이어야 했던 여자[女]의 입[口]으로 할 수 있는 대답은 항상 같다는 뜻이다.

如反掌	여반장
何如歌	하여가
만사여의	萬事如意
여전	如前

く 女 女 如 如 如

3급II

용서할 서
[心, 6] 총 10획

잘못을 저지른 상대를 그와 같은[如] 마음[心]으로 이해하여 용서한다는 뜻이다.

容恕	용서
忠恕	충서

く 女 女 如 如 如 如 恕 恕 恕

3급II

종 노
[女, 2] 총 5획

남의 집에서 천한 일을 하는 사람을 '종'이라고 한다. 여자[女]처럼 손[又]을 부지런히 움직이며 일하는 남자 종을 의미한다. 남자 종과 여자 종을 합쳐 奴婢(노비)라고 한다.

奴婢	노비
賣國奴	매국노
守錢奴	수전노

• 又(또 우)는 오른손을 그린 글자로, 주로 손을 의미한다.

く 女 女 奴 奴

4급II

힘쓸 노
[力, 5] 총 7획

노비[奴]가 힘[力]을 다해 부지런히 일하며 집안을 위해 힘쓴다는 뜻이다. 목적을 이루기 위해 몸과 마음을 다하여 애쓰는 것을 努力(노력)이라고 한다.

努力	노력

く 女 女 如 奴 努 努

4급II

성낼 노

[心, 5] 총 9획

할 일이 산더미 같아서 온종일 일한 노비[奴]가 분한 마음[心]으로 성낸다는 뜻이다. 분해서 몹시 성내는 것을 憤怒(분노)라고 한다.

く ㄠ 女 如 奴 奴 怒 怒 怒

격노	激怒
대로	大怒
분노	憤怒
희로애락	喜怒哀樂

7급II

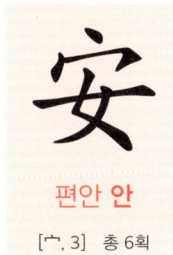

편안 안

[宀, 3] 총 6획

옛날에는 남자가 바깥일을 하며 가정의 경제를 책임 지고, 여자가 집안일을 하며 살림을 꾸렸다. 그래서 집[宀]에 여자[女]가 있어야 가정이 편안하다는 뜻 이다. 남에게 부끄러워서 마음이 편하지 않을 때 未 安(미안)하다고 한다.

丶 丷 宀 宀 安 安

安寧	안녕
安眠	안면
安葬	안장
미안	未安
보안	保安
안정	安定
편안	便安

3급II

편안 녕

[宀, 11] 총 14획

집[宀]에 음식이 수북한 그릇[皿]이 상[丁] 위에 차 려져 있으니 마음[心]이 편안하다는 뜻이다. 아무 탈 없이 편안한 것을 安寧(안녕)이라고 한다.

• 丁(고무래 정)은 여기서 상 모양을 나타낸다.

宀 宀 心 宀 宀 宓 宓 寍 寧

壽福康寧	수복강녕
安寧	안녕

5급

책상 안

[木, 6] 총 10획

편안하게[安] 앉아서 책을 읽거나 글을 쓸 수 있도록 만든 나무[木] 책상을 뜻한다. 책상에서 어떤 안건을 생각한다는 의미에서 '안건, 문서'라는 뜻도 나왔다.

丶 丷 宀 宀 安 安 安 安 案

腹案	복안
妥協案	타협안
懸案	현안
기안	起案
답안	答案
대안	代案
안내	案內

3급II

잔치 연

[宀, 7] 총 10획

집[宀] 안에서 여자들과 편안하게[妟] 즐기는 잔치 를 뜻한다.

• 妟(편안할 안)은 해[日]의 따스함을 받은 여자[女]는 마음이 편안하다는 뜻 이다.

丶 丷 宀 宀 宀 宴 宴 宴 宴

宴會	연회
祝賀宴	축하연

5급II

要

중요할 요

[襾, 3] 총 9획

양손으로 허리를 잡은[襾] 여자[女]를 그려, 우리 몸에서 허리가 중요하다는 의미를 표현했다. 나중에 중요한 것을 '구하다, 요구하다' 등의 뜻으로 발전하였다.

• 襾는 양손으로 허리를 움켜쥔 모습이다.

一 ァ 戸 戸 西 西 要 要 要

概要	개요
需要	수요
要綱	요강
요구	要求
요약	要約
중요	重要

3급

腰

허리 요

[肉, 9] 총 13획

우리 몸[月]에서 가장 중요한[要] 허리를 뜻한다. 허리가 아픈 증상을 腰痛(요통)이라고 한다.

• 月(육달월변)은 肉(고기 육)의 변형 부수이다.

丿 刀 月 月 月 月 腰 腰 腰

腰帶	요대
腰折腹痛	요절복통
腰痛	요통

4급II

票

표 표

[示, 6] 총 11획

제사에서 중요한[要→襾] 내용을 적어 제단[示] 위에 올려 두는 표(쪽지)를 뜻한다. 요즘은 기차 탈 때나 영화 볼 때, 선거할 때 票(표)를 이용한다.

• 示(보일 시)는 제사 지내는 단을 그린 글자이다.

一 ァ 戸 戸 西 西 票 票 票 票

浮動票	부동표
개표	開票
득표	得票
수표	手票
투표	投票

4급

標

표할 표

[木, 11] 총 15획

나무[木] 꼭대기에 표[票]를 걸어 위치를 표시한다는 뜻이다. 어떤 목적에 도달하기 위해 표시해 둔 지점을 目標(목표)라고 한다.

목표	目標
표시	標示
표적	標的
표준	標準

木 木 木 杧 栖 梗 標 標 標

3급

漂

떠다닐 표

[水, 11] 총 14획

물[氵] 위에 표(쪽지)[票]처럼 작은 물건이 둥둥 떠다닌다는 뜻이다. 물 위에서 정처 없이 흘러가는 것을 漂流(표류)라고 한다.

浮漂	부표
漂流	표류
漂白	표백

丶 氵 氵 氵 沪 沪 湮 漂 漂 漂

3급

屢 여러 루
[尸, 11] 총 14획

옛날 중국에는 전쟁이 잦았기에 사람의 시체가 길에 널려 있는 일이 흔했다. 이렇게 <mark>시체[尸]가 여러 구 포개져[婁] 있는 모습에서 '여러'라는 뜻</mark>이 나왔다.

- 尸(주검 시)는 죽은 사람의 몸이 굽은 모습이다. 婁(포갤 루)는 여자가 물건을 포개서 머리에 이고 있는 모습이다.

｜ 一 ㄱ 尸 尸 尸 屄 屄 屄 屄 屢

| 屢屢 | 누누 |
| 屢次 | 누차 |

3급II

樓 다락 루
[木, 11] 총 15획

다락은 사방을 바라볼 수 있도록 문과 벽 없이 높게 지은 집이다. 그래서 <mark>나무[木] 기둥을 포개어[婁] 높이 세운 다락</mark>이라는 뜻이다. 이렇게 사방을 바라볼 수 있도록 지은 다락집을 樓閣(누각)이라고 한다.

木 木 木 木 木 栌 梗 樓 樓

| 空中樓閣 | 공중누각 |
| 沙上樓閣 | 사상누각 |

7급

數 셈 수
[攴, 11] 총 15획

<mark>포개어[婁] 놓은 물건을 막대기로 치면서[攵] 숫자를 센다</mark>는 뜻이다. 셈에 대해 배우는 과목을 算數(산수) 또는 數學(수학)이라고 한다.

- 攵(등글월문)은 손에 회초리를 들고 때리는 모습인 攴(칠 복)의 변형 부수이다.

口 日 日 日 曲 婁 婁 數 數 數

不知其數	부지기수
數値	수치
등수	等數
액수	額數
점수	點數

7급II

每 매양 매
[毋, 3] 총 7획

매양은 '때마다', '매번'을 의미한다. <mark>매일 아침 비녀[⺊]를 꽂는 어머니[母]의 모습처럼 한결같이 매번, 매양</mark>이라는 뜻이다.

- ⺊은 비녀의 모양을 나타낸다.

丿 ⺊ 仁 乍 每 每 每

매년	每年
매사	每事
매일	每日
매주	每週
매회	每回

3급II

梅 매화 매
[木, 7] 총 11획

매화는 추위가 가시지 않은 봄에 피어나는 꽃이다. 그래서 <mark>나무[木] 중에 매번[每] 봄추위를 이겨 내고 때를 지켜 피어나는 매화나무</mark>를 뜻한다. 매화나무의 열매를 梅實(매실)이라고 한다.

一 十 木 朾 朾 杧 栫 梅 梅 梅

望梅解渴	망매해갈
梅蘭菊竹	매란국죽
梅實	매실

侮

3급

남을 하찮게 여기는 것을 업신여긴다고 한다. **사람[亻]은 매번[每] 보는 가까운 사람을 소홀히 대하기 쉬워 업신여긴다**는 뜻이다. 업신여기고 욕되게 하는 것을 侮辱(모욕)이라고 한다.

侮辱　모욕
受侮　수모

업신여길 **모**

[人, 7] 총 9획

丿 亻 亻 亻 侮 侮 侮 侮

悔

3급Ⅱ

마음[忄]으로 매일[每] 돌아보며 잘못한 행동을 뉘우친다는 뜻이다. 이전의 잘못에 대해 나중에 깨치고 뉘우치는 것을 後悔(후회)라고 한다.

悔改　회개
悔恨　회한
後悔　후회

뉘우칠 **회**

[心, 7] 총 10획

丶 丶 忄 忄 忄 忄 悔 悔 悔 悔

敏

3급

매일[每] 비녀를 매만지는[攵] 어머니의 손놀림이 민첩하다는 뜻이다.

• 攵(등글월문)은 여기서 손에 장신구를 들고 매만지는 모습을 나타낸다.

過敏　과민
敏感　민감
銳敏　예민

민첩할 **민**

[攵, 7] 총 11획

丿 亠 仁 乍 句 每 每 敏 敏

繁

3급Ⅱ

민첩하게[敏] 비녀를 꽂고 실[糸] 장식까지 더하니 머리에 장신구가 많아 번성하다는 뜻이다. 화려하고 많다는 의미이다.

農繁期　농번기
繁榮　번영
繁昌　번창
繁華街　번화가

번성할 **번**

[糸, 11] 총 17획

亠 句 每 每 敏 敏 繁 繁 繁 繁

잠깐! 성어 공략

*붉은색 글자는 한자능력검정시험 3급에 빈칸 채우기 문제로 출제되었던 한자임.

燈下不明	등하불명	등잔 밑이 어두움. 가까이에 있는 물건이나 사람을 잘 찾지 못함.
良藥苦口	양약고구	좋은 약은 입에 씀. 충고나 바른말은 귀에 거슬리나 자신에게 이로움.
馬耳東風	마이동풍	동풍(봄바람)이 말의 귀를 스쳐 감. 남의 말을 귀담아듣지 않음.
莫逆之友	막역지우	서로의 뜻을 거스르지 않는 친한 벗.
萬頃蒼波	만경창파	만 이랑의 푸른 물결. 한없이 넓은 바다.
萬事如意	만사여의	모든 일이 뜻과 같음.
晚時之歎	만시지탄	시기에 늦어 기회를 놓쳤음을 안타까워하는 탄식.
茫然自失	망연자실	멍하니 정신을 잃음.
孟母斷機	맹모단기	맹자가 학업을 중단하고 돌아왔을 때 맹자의 어머니가 짜던 베를 끊으며 맹자의 잘못을 타이른 가르침.
面從腹背	면종복배	겉으로는 복종하는 체하면서 내심으로는 배반함.
滅私奉公	멸사봉공	사욕을 버리고 공익을 위하여 힘씀.
名實相符	명실상부	이름과 실상이 서로 꼭 맞음.
明鏡止水	명경지수	맑은 거울과 고요한 물. 잡념과 헛된 욕심 없이 맑고 깨끗한 마음.
明若觀火	명약관화	불을 보듯 분명하고 뻔함.

梁上君子 양상군자

들보 위의 군자. 도둑을 점잖게 이르는 말.

13일째 손¹

스마트 한자 암기 프로그램

7급 II

손 수
[手, 0] 총 4획

다섯 손가락을 그린 글자로, **손**이나 재주를 의미한다. 손을 그린 또 다른 한자로는 又(또 우), 寸(마디 촌) 등이 있다.

• 手(손 수)의 변형 부수는 扌(재방변)이다.

一 二 三 手

騎手	기수
手不釋卷	수불석권
기수	旗手
수기	手記
수동	手動

4급 II

절 배
[手, 5] 총 9획

손[手→扌]을 모으고 풍성하게 자란 농작물[丯] 앞에 감사의 뜻으로 올리는 **절**을 뜻한다. 새해의 첫날 웃어른께 인사로 하는 절을 歲拜(세배)라고 한다.

• 丯는 농작물이 곧게 잘 자란 모양이다.

一 二 三 手 手 手 扌 扌 拜

세배	歲拜
숭배	崇拜
참배	參拜

4급 II

가리킬 지
[手, 6] 총 9획

손가락[扌] 중에 음식의 맛[旨]을 보는 검지로 이것저것 **가리킨다**는 뜻이다. 손가락으로 가리키며 시킬 일을 알리는 것을 指示(지시)라고 한다.

• 旨(맛 지)는 국자[匕]로 떠서 입[日]으로 맛본다는 뜻이다.

一 十 扌 扌 扩 拃 指 指 指

指鹿爲馬	지록위마
指摘	지적
지명	指名
지목	指目
지시	指示

3급 II

바꿀 환
[手, 9] 총 12획

시장에 나가서 손[扌]으로 빛나는[奐] 보석을 건네주며 다른 물건으로 **바꾼다**는 뜻이다.

• 奐(빛날 환)은 산모의 자궁에서 나오는 아기를 손으로 받는 모습인데, 생명 탄생의 순간은 빛난다는 의미이다.

一 十 扌 扌 扩 扩 护 换 换 换

外換	외환
換拂	환불
換錢	환전

4급II

멜 **담**

[手, 13] 총 16획

손[扌]으로 넉넉하게[詹] 많은 짐을 들어 어깨에 올려 멘다는 뜻이다. 한 학급을 짊어지고 맡아보는 사람을 擔任(담임)이라고 한다.

• 詹(넉넉할 담)은 높은 곳[厂]에 오른 사람[⺈]이 다른 사람들에게 나누어[八] 베푸는 말[言]이 넉넉하다는 뜻으로, 여기서는 넉넉한 짐을 의미한다.

一 十 扌 扩 护 护 护 擔 擔

담임	擔任
부담	負擔
분담	分擔

4급

찾을 **탐**

[手, 8] 총 11획

손[扌]으로 점점[采] 깊은 곳까지 더듬어서 물건을 찾는다는 뜻이다. 알려지지 않은 사물이나 사실을 샅샅이 더듬어 조사하는 것을 探査(탐사)라고 한다.

• 采(점점 미)는 나무[木]를 집고 동굴[穴] 깊이 짐짐 들어간다는 뜻이다.

一 十 扌 扌 扩 护 护 押 探 探

探索	탐색
탐구	探究
탐문	探問
탐방	探訪
탐사	探査

4급II

深

깊을 **심**

[水, 8] 총 11획

물[氵]속으로 들어가면 들어갈수록 점점[采] 깊이가 깊다는 뜻이다.

`丶 氵 氵 氵 沪 浐 浐 深 深

深思熟考	심사숙고
深山幽谷	심산유곡
수심	水深
심야	深夜
심해	深海

3급

찾을 **수**

[手, 9] 총 13획

한 손에 횃불을 들고[叟] 다른 한 손[扌]으로 구석구석 뒤지며 찾는다는 뜻이다. 무엇을 搜索(수색)하는 모습이 그려지는 글자이다.

• 叟(찾을 수)는 손에 횃불을 들고 있는 모습이다.

扌 扌 扌 扌 扚 扚 押 搜 搜

搜査	수사
搜索	수색
搜所聞	수소문

3급

찾을 **심**

[寸, 9] 총 12획

손[크]을 위로, 왼쪽으로[左→工], 오른쪽으로[右→口], 아래로[寸] 모두 뻗어 가며 물건을 찾는다는 뜻이다. '보통, 평소'라는 뜻으로도 쓰인다.

• 크는 사람의 손과 손목을 그린 모양이다. 寸(마디 촌)은 손목에서 맥박이 뛰는 곳까지의 거리를 표시한 것으로, 주로 손을 의미한다.

一 ㅋ 크 크 크 크 큰 큰 尋 尋

| 尋常 | 심상 |
| 推尋 | 추심 |

4급

隱
숨을 은
[阜, 14] 총 17획

언덕[阝] 아래를 손[爫]으로 파서 연장[工]을 묻고 다시 손[彐]으로 덮어 감추려는 마음[心]으로 숨기거나 숨는다는 뜻이다. 몸을 숨기는 것을 隱身(은신)이라고 한다.

隱忍自重	은인자중
은거	隱居
은사	隱士
은신	隱身
은어	隱語

3급

蔽
덮을 폐
[艸, 12] 총 16획

너덜너덜하게 해진[敝] 옷을 남이 볼까 창피하여 풀[艹]로 덮는다는 뜻이다. 덮어서 감추거나 가려서 숨기는 것을 隱蔽(은폐)라고 한다.

• 敝(해질 폐)는 옷을 너덜너덜[㡀]할 정도로 쳐서[攵] 옷이 해진 모습이다.

| 隱蔽 | 은폐 |
| 蔽一言 | 폐일언 |

3급

幣
화폐 폐
[巾, 12] 총 15획

돈은 여러 사람의 손을 거치기 때문에 금방 해진다. 옛날에 비단[巾]으로 만들어서 닳아 해질[敝] 때까지 사용하던 화폐를 뜻한다. 종이에 인쇄하여 만든 화폐를 紙幣(지폐)라고 한다.

• 巾(수건 건)은 줄에 천이 걸린 모습으로, '천, 비단, 헝겊' 등과 관계있다.

僞幣	위폐
紙幣	지폐
貨幣	화폐

3급 II

弊
폐단/해질 폐
[廾, 12] 총 15획

해로운 현상을 弊端(폐단)이라고 한다. 사람이 개에게 물어뜯겨 해진[敝] 옷을 양손[𠂇ㄟ→廾]으로 가리고 가는 모습과 같이 해로운 현상이 바로 폐단이라는 뜻이다.

• 廾(받들 공)은 양손으로 물건을 들고 있는 모양이다.

民弊	민폐
弊端	폐단
弊害	폐해

3급 II

捕
잡을 포
[手, 7] 총 10획

손[扌]으로 채소밭[甫]에 난 채소를 뽑으려고 잡는다는 뜻이다. 사람을 잡아서 행동의 자유를 빼앗는 일을 逮捕(체포)라고 한다.

• 甫(채소밭 포)는 풀이 가득 올라온 채소밭의 모양을 나타낸다.

生捕	생포
逮捕	체포
捕手	포수
捕獲	포획

3급II

기울 보

[衣, 7] 총 12획

옷[衣→衤]이 채소밭[甫]의 채소처럼 터지고 너덜너덜해서 실로 깁는다는 뜻이다. 부족한 것을 보태어 채우는 것을 補充(보충)이라고 한다.

• 衤(옷의변)은 저고리 모양을 그린 衣(옷 의)의 변형 부수이다.

補講	보강
補藥	보약
補充	보충
候補	후보

`丶 亠 才 衤 衤 衤 衦 袖 補 補`

3급II

개 포

[水, 7] 총 10획

바닷물이 육지에 가까운 강과 닿는 곳을 '개'라고 한다. 그래서 바닷물[氵]이 사람 사는 채소밭[甫] 근처의 강까지 들어와 맞닿아 있는 개를 뜻한다. 개의 어귀에 배가 드나들 수 있는 곳을 浦口(포구)라고 한다.

| 浦口 | 포구 |
| 浦港 | 포항 |

`丶 丶 氵 氵 氵 沪 沪 沪 浦 浦`

4급II

넓을 박

[十, 10] 총 12획

많은[十] 양을 펼쳐[尃] 놓으니 차지하는 면적이 넓다는 뜻이다. 지식이 넓고 아는 것이 많은 사람을 博識(박식)하다고 한다.

• 尃(펼 부)는 채소밭[甫]을 손[寸]으로 일구어 넓게 펼친다는 뜻이다.

博物館	박물관
該博	해박
박람회	博覽會
박사	博士
박애주의	博愛主義

`一 十 十 忄 忄 恒 博 博 博 博`

3급II

엷을 박

[艹, 13] 총 17획

두께가 작거나 밀도가 빽빽하지 않은 것을 엷다고 한다. 물[氵]이 펼쳐진[尃] 넓은 논 위로 조금씩 올라온 풀[艹]의 두께가 엷다는 뜻이다. 얇게 살짝 언 얼음을 薄氷(박빙)이라고 하는데, 근소한 차이를 비유하는 말로도 쓰인다.

薄利多賣	박리다매
薄氷	박빙
薄色	박색
淺薄	천박

`艹 艹 艹 艹 艻 芦 菏 蒲 蒲 蓮 薄 薄`

3급II

문서 부

[竹, 13] 총 19획

대나무[竹] 조각을 넓게[溥] 이어 붙여 글을 기록한 문서를 뜻한다. 집안 살림의 수입과 지출을 적는 문서를 家計簿(가계부)라고 한다.

• 溥(넓을 보)는 물[氵]이 펼쳐져[尃] 있는 물가가 넓다는 뜻이다.

名簿	명부
帳簿	장부
出席簿	출석부
學籍簿	학적부

`丶 ㅑ ㅑ 𥫗 笁 笁 笁 笁 簿 簿`

6급	 失 잃을 실 [大, 2] 총 5획	손[手→牛]에서 물건이 미끄러지면[\]떨어뜨리게 되어 **잃는다**는 뜻이다. 조심하지 않아서 잘못하는 행위를 失手(실수)라고 한다. 矢(화살 시)와 모양이 비슷하다. 丿 ノ 二 牛 失	喪失 상실 損失 손실 失策 실책 실소 失笑 실언 失言 실직 失職
3급II	秩 차례 질 [禾, 5] 총 10획	농사에서 **추수한 볏단[禾]을 잃어버리지[失] 않도록 차례로 쌓은 모습**이다. 사물의 차례가 순조로운 모습을 秩序(질서) 있다고 한다. 丿 二 千 千 禾 禾 秒 秩 秩 秩	秩序 질서
3급	 又 또 우 [又, 0] 총 2획	**오른손을 그린 글자로, 주로 손을 의미**한다. • 부수에서 손에 회초리를 들고 친다는 攵(칠 복), 손에 나뭇가지를 들고 지탱한다는 支(지탱할 지), 손에 나무 몽둥이를 든 殳(몽둥이 수) 등에 쓰인다. フ 又 	
5급II	 友 벗 우 [又, 2] 총 4획	**왼손[𠂇→ナ]과 오른손[㕅→又]을 잡고 다정하게 걸어가는 벗(친구)**을 뜻한다. 右(오른쪽 우), 反(돌이킬 반)과 모양이 비슷하므로 주의해야 한다. 一 ナ 方 友 	朋友有信 붕우유신 友邦 우방 교우 校友 급우 級友 학우 學友
3급II	 桑 뽕나무 상 [木, 6] 총 10획	**손[又又又→叒]으로 나무[木]에서 뽕잎을 따는 모습을 그려 뽕나무를 표현**했다. 뽕잎은 누에의 먹이인데, 누에 농사를 위해서는 뽕잎을 따는 손길이 많이 필요했다. フ ヌ 콧 콧 孨 叒 叒 桒 桑 桑	桑田碧海 상전벽해

3급 II

괴이할 괴

[心, 5] 총 8획

손[又]으로 흙[土]을 파다가 벌레를 보면 놀라서 마음[忄]이 괴이하다는 뜻이다. 괴이하게 생긴 물체를 怪物(괴물)이라고 한다.

` ｀ 忄 忄 怀 怀 怪 怪`

怪談	괴담
怪物	괴물
怪漢	괴한

4급

흩을 산

[攴, 8] 총 12획

쌓인[卄] 고기[月]를 막대기로 쳐서[攵] 사방으로 조각조각 흩는다는 뜻이다.

• 卄은 물건이 많이 쌓인 모습이고, 月(육달월변)은 肉(고기 육)의 변형이다. 攵(등글월문)은 攴(칠 복)의 변형 부수이다.

`一 艹 土 꾸 쑤 쀼 骨 背 散 散`

霧散	무산
散漫	산만
擴散	확산
분산	分散
이산	離散
이합집산	離合集散
해산	解散

5급

고칠 개

[攴, 3] 총 7획

자기[己]의 잘못을 알고 스스로 때려서[攵] 고친다는 뜻이다. 새롭게 뜯어고치는 것을 改革(개혁)이라고 한다.

• 己(몸 기)는 사람의 구부러진 몸을 그린 글자로, '자기 자신, 나'를 뜻한다.

`フ 그 己 己´ 卍 改 改`

朝令暮改	조령모개
悔改	회개
개정	改正
개조	改造
개혁	改革

4급

고칠 경, 다시 갱

[日, 3] 총 7획

돌[日]이나 쇠를 여러 번 쳐서[攵→丈] 모양을 다시 고친다는 뜻이다. 고쳐서 새롭게 한다는 뜻의 更新(경신/갱신)은 기록을 깨뜨린다는 의미로 쓸 때는 '경신'으로, 계약 기간을 연장한다는 의미로 쓸 때는 '갱신'으로 읽는다.

`一 ｢ 戸 戸 百 更 更`

갱년기	更年期
갱신	更新
경신	更新
갱생	更生
갱지	更紙

7급

편할 편, 똥오줌 변

[人, 7] 총 9획

사람[亻]이 불편하게 여기던 것을 고쳐서[更] 쓰니 편하다는 뜻이다. 우리 몸이 편하려면 배설되어야 하는 '똥오줌'을 뜻하기도 한다. 便(변)을 잘 봐야 하루가 便(편)하다.

`丿 亻 亻 仨 佰 佰 佰 伊 便`

便乘	편승
便宜	편의
남편	男便
대변	大便
변소	便所
편리	便利
편안	便安

3급II

굳을 경

[石, 7] 총 12획

돌[石]은 오랜 세월 동안 더욱 단단하게 고쳐지면서 [更] 굳는다는 뜻이다.

• 石(돌 석)은 언덕[厂] 아래에 굴러다니는 돌덩이[口]를 그린 한자이다.

一ブ石石石石石石 硬硬

強硬	강경
硬直	경직
硬化	경화

4급II

지탱할 지

[支, 0] 총 4획

나뭇가지[十]를 손[又]에 잡고 몸을 지탱한다는 뜻이다. 손에 도구를 쥐고 물건을 '가르다', 손에 있는 물건을 앞으로 내밀어 '값을 치르다'라는 뜻도 있다.

• 十은 여기서 나뭇가지의 모양을 나타낸다.

一十ナ支

支署	지서
支柱	지주
의지	依支
지불	支拂
지원	支援
지출	支出

3급II

가지 지

[木, 4] 총 8획

나무[木]줄기에서 갈려[支] 나온 가지를 뜻한다. 식물의 가지와 잎처럼 중요하지 않고 부차적인 것을 枝葉的(지엽적)이라고 한다.

一十ナ木木村枝枝

金枝玉葉	금지옥엽
枝葉	지엽

5급

재주 기

[手, 4] 총 7획

손[扌]으로 나무를 갈라[支] 물건을 만드는 재주를 뜻한다. 사물을 다루는 재주를 技術(기술)이라 한다.

• 支(지탱할 지)는 여기서 손에 나무를 쥐고 가른다는 의미로 쓰였다.

一十ナ扌扩抟技

技巧	기교
구기	球技
잡기	雜技
특기	特技

4급II

**죽일 살,
감할/빠를 쇄**

[殳, 7] 총 11획

다리가 많은 지네[杀]를 몽둥이[殳]로 찍어서[丶] 죽인다는 뜻이다. 지네가 도망가는 속도가 '빠르다', 지네를 죽여 개체 수를 '감하다'라는 뜻도 있다.

• 杀은 다리가 사방으로 나 있는 지네의 모습이고, 殳(몽둥이 수)는 손[又]에 든 나무[几] 몽둥이를 나타낸다.

ノメチ亲亲亲矜殺殺殺

矯角殺牛	교각살우
殺菌	살균
독살	毒殺
살해	殺害
상쇄	相殺
쇄도	殺到

3급

헐 훼

[殳, 9] 총 13획

쌓아 놓은 물건을 부수고 무너뜨리는 것을 헌다고 한다. 절구[臼] 안의 곡식을 나무 몽둥이[殳]로 빻아서 모양을 헌다는 뜻이다. 헐거나 깨뜨려 못 쓰게 만드는 것을 毁損(훼손)이라고 한다.

• 臼에서 아랫부분의 工은 절구 받침대 모양이다.

| 毁傷 | 훼상 |
| 毁損 | 훼손 |

4급

던질 투

[手, 4] 총 7획

사냥하기 위해 손[扌]에 든 몽둥이[殳]를 던진다는 뜻이다. 야구에서 포수를 향해 공을 던지는 선수를 投手(투수)라고 한다.

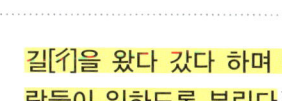

投稿	투고
投影	투영
投獄	투옥
투자	投資
투표	投票
투하	投下

3급 II

부릴 역

[彳, 4] 총 7획

길[彳]을 왔다 갔다 하며 몽둥이[殳]를 들고 다른 사람들이 일하도록 부린다는 뜻이다. '일하다, 힘쓰다'라는 뜻으로도 쓰여서, 자기가 힘써야 할 임무를 가리켜 役割(역할)이라고 한다.

• 彳(조금 걸을 척)은 行(다닐 행)의 일부분으로, 길을 걷는 것과 관계있다.

兵役	병역
使役	사역
役割	역할
主役	주역

4급 II

設

베풀 설

[言, 4] 총 11획

말[言]로 지시하고 여러 가지 도구[殳]를 늘어놓으며 일을 시작하라는 명령을 베푼다는 뜻이다. 說(말씀 설)과 다른 글자이므로 주의해야 한다.

竝設	병설
附設	부설
개설	開設
건설	建設
설정	設定

4급

층계 단

[殳, 5] 총 9획

나무 몽둥이[殳]로 언덕을 조각[𠂆]내어 만든 층계를 뜻한다. 층계를 오르듯이 일의 차례를 따라 나아가는 과정을 段階(단계)라고 한다.

• 𠂆은 언덕길이 순서대로 조각난 모습이다.

단계	段階
단락	段落
수단	手段

6급 II

돌이킬 반
[又, 2] 총 4획

언덕[厂]을 손[又]으로 기어오르며 중력의 반대쪽으로 돌이킨다는 뜻이다. '반대로, 뒤집다'의 의미가 강하다. 자신의 잘못을 돌이켜 살피는 것을 反省(반성)이라고 한다.

ノ 厂 丆 反

謀反	모반
如反掌	여반장
違反	위반
반감	反感
반대	反對
반성	反省

3급

돌아올 반
[辵, 4] 총 8획

가던 길을 돌이켜[反] 반대로 가는[辶] 것은 되돌아온다는 뜻이다. 가지고 왔던 물건을 도로 돌려주는 것을 返納(반납)이라고 한다.

ノ 厂 丆 反 反 返 返 返

返納	반납
返送	반송
返品	반품
返還	반환

3급

팔 판
[貝, 4] 총 11획

돈[貝]을 주고 사온 물건을 반대로[反] 판다는 뜻이다. 상품을 販賣(판매)할 때에는 販路(판로)를 개척하는 것이 매우 중요하다.

• 貝(조개 패)는 조개를 그린 글자로, 옛날에 조개껍데기를 돈으로 사용했기 때문에 돈이나 재물을 뜻하기도 한다.

丨 冂 円 月 貝 貝 貯 貯 販 販

市販	시판
直販	직판
販路	판로
販賣	판매
販促	판촉

5급

널 판
[木, 4] 총 8획

나무[木] 중에 이리저리 뒤집을[反] 수 있을 정도로 얇고 넓은 널(판)을 뜻한다.

一 十 オ 木 木 朽 板 板

苗板	묘판
坐板	좌판
漆板	칠판
간판	看板
철판	鐵板
판자촌	板子村
화판	畫板

3급 II

판목 판
[片, 4] 총 8획

잘린 나무 조각[片]에 글씨를 새겨 반대로[反] 찍어낼 수 있는 판목(나무 조각)을 뜻한다. 出版(출판), 인쇄와 관계있는 한자이다.

• 片(조각 편)은 나무를 반으로 자른 오른쪽 조각의 모양이다.

丿 丿' 丿' 片 片 版 版 版

原版	원판
出版	출판
版權	판권

4급

아저씨 **숙**

[又, 6] 총 8획

부모와 같은 항렬에 있는 남자를 부르는 말인 '아저씨'를 의미하는 글자이다. 콩[未]꼬투리를 손[又]으로 따서 보면 한 줄로 있는 콩처럼 부모와 같은 항렬에 있는 아저씨를 뜻한다.

• 未(콩 숙)은 구부러진 콩꼬투리[卜]와 땅[一], 뿌리[小]의 모양이다.

叔姪	숙질
堂叔	당숙
叔父	숙부
外叔母	외숙모

丨 ㅏ 上 才 未 禾 朽 叔

3급II

맑을 **숙**

[水, 8] 총 11획

물[氵]에 콩[叔]을 담가 두어도 콩에서는 색이 빠지지 않아 물이 맑다는 뜻이다. 마음씨가 맑고 고운 여자를 淑女(숙녀)라고 한다.

淑女	숙녀
淑淸	숙청
貞淑	정숙

丶 冫 氵 汁 沁 沽 沽 洂 浉 淑

4급II

감독할 **독**

[目, 8] 총 13획

작은 콩[叔]을 볼 때처럼 눈[目]을 크게 뜨고 자세히 살피며 감독한다는 뜻이다. 일이나 행동을 監督(감독)하며 빨리하도록 재촉하는 것을 督促(독촉)이라고 한다.

督勵	독려
督促	독촉
감독	監督
기독교	基督敎
총독	總督

丨 ㅏ 上 才 未 叔 叔 督 督 督

3급II

고요할 **적**

[宀, 8] 총 11획

집[宀] 안에 아저씨[叔]가 홀로 있으니 말이 없어 고요하다는 뜻이다. 조용하고 쓸쓸한 것을 寂寂(적적)하다고 한다.

孤寂	고적
寂寂	적적
靜寂	정적
閑寂	한적

丶 丷 宀 宁 宇 宇 宗 宗 寂 寂

3급II

친척 **척**

[戈, 7] 총 11획

한 줄기에서 무성하게[戊] 열리는 콩[未]처럼 한 집안에서 무성하게 뻗어 나간 친척을 의미한다. 어머니 쪽의 親戚(친척)을 外戚(외척)이라고 한다.

• 戊(천간 무)는 전쟁용 창을 그린 글자인데, 여기서는 창처럼 뾰족뾰족 올라온 풀이 무성하다는 의미이다.

外戚	외척
姻戚	인척
親戚	친척

丿 厂 厂 厂 戶 戌 戚 戚 戚

7급Ⅱ

힘 력
[力, 0] 총 2획

사람이 팔뚝에 힘을 준 모습을 그린 글자이다. 주로 힘과 관계있는 뜻을 가진 한자에 부수로 쓰인다.

怪力	괴력
微力	미력
迫力	박력
권력	權力
노력	努力
병력	兵力

ㄱ 力

7급Ⅱ

사내 남
[田, 2] 총 7획

농경 사회에는 男子(남자)가 바깥일을, 여자가 집안 일을 하는 구조였기 때문에 밭[田]에서 힘써[力] 일 하는 사람은 사내(남자)라는 뜻이다.

男爵	남작
男尊女卑	남존여비
갑남을녀	甲男乙女
남편	男便

丨 冂 冃 田 田 男 男

3급Ⅱ

어릴 유
[幺, 2] 총 5획

몸이 작아[幺] 힘[力]이 없는 어린아이를 뜻한다. 어린아이를 幼兒(유아)라고 한다.

● 幺(작을 요)는 가늘게 꼬인 실의 모양을 그린 글자로, '작다'는 뜻이다.

幼兒	유아
幼稚園	유치원
長幼有序	장유유서

ㄴ 纟 幺 幻 幼

3급

못할 렬
[力, 4] 총 6획

힘[力]을 남보다 적게[少] 쓰니 뒤처지고 일을 못한 다는 뜻이다. 자기를 남보다 못한 사람이라고 생각 하는 감정을 劣等感(열등감)이라고 한다.

劣等	열등
劣性	열성
優劣	우열

丨 丬 小 少 尐 劣

4급Ⅱ

힘쓸 무
[力, 9] 총 11획

창[矛]을 들고 상대를 치기[攵] 위해 힘[力]쓴다는 뜻이다. 주로 일이나 업무와 관계있다. 직장 같은 곳 에서 맡아 힘쓰는 일을 業務(업무)라고 한다.

● 矛(창 모)는 끝이 뾰족하고 장식이 달린 창을 그린 글자이다. 攵(등글월문) 은 손에 회초리를 들고 때리는 모습인 攴(칠 복)의 변형이다.

乘務員	승무원
業務	업무
職務遺棄	직무유기
執務室	집무실
공무	公務
교무실	敎務室
시무식	始務式

フ マ 予 矛 矛 教 教 務 務

3급 II

勵

힘쓸 려

[力, 15] 총 17획

가파른 언덕[厂]을 오르기 위해 만[萬] 번이나 손에 힘[力]을 쓴다는 뜻이다. 상대의 용기나 의욕이 솟아나도록 힘써 북돋우는 것을 激勵(격려)라고 한다.

• 萬(일만 만)은 알을 많이 낳아서 빠르게 번식하는 전갈을 그려 많은 수를 표현한 한자이다.

一 厂 严 严 屑 屑 屑 屑 勵

激勵	격려
督勵	독려
獎勵	장려

4급 II

協

화할 협

[十, 6] 총 8획

여러[十] 사람이 서로 힘[力力力→劦]을 합쳐 화합한다는 뜻이다. 많은 사람이 協助(협조)해 주어야 화합을 이룰 수 있다.

• 十(열 십)은 수자 '10'을 의미하는 한자로, 하나의 완성된 수라는 의미에서 '전부, 완성, 많다' 등의 뜻으로도 쓰인다.

一 十 忄 忄 协 协 協 協

妥協	타협
協奏曲	협주곡
協贊	협찬
협상	協商
협조	協助
협회	協會

3급 II

脅

위협할 협

[肉, 6] 총 10획

힘[力力力→劦]이 센 여러 명이 몰려 와서 한 사람의 몸[月]에 상처를 입히며 위협한다는 뜻이다. 상대를 위협하며 괴롭히는 것을 脅迫(협박)이라고 한다.

• 月(육달월변)은 肉(고기 육)의 변형 부수이다.

マ ケ 久 劧 劦 剈 脅 脅 脅

威脅	위협
脅迫	협박

5급

加

더할 가

[力, 3] 총 5획

힘써[力] 일하는 사람에게 입[口]으로 응원하여 힘을 더한다는 뜻이다. 이미 있는 것에 더하거나 보태는 것을 添加(첨가)라고 한다.

フ カ 加 加 加

加減乘除	가감승제
雪上加霜	설상가상
添加	첨가
가감	加減
가속도	加速度
가열	加熱
가입	加入

3급 II

架

시렁 가

[木, 5] 총 9획

시렁은 물건을 얹어 놓기 위하여 긴 나무를 가로질러 선반처럼 만든 것을 말한다. 그래서 나무[木] 위에 물건을 더하여[加] 얹을 수 있게 만든 것이 시렁(선반)이라는 뜻이다.

フ カ 加 加 加 끄 架 架 架

架空	가공
書架	서가
十字架	십자가

3급 II

賀
하례할 하
[貝, 5] 총 12획

祝賀(축하)하여 예를 차리는 것을 하례한다고 한다. 상대의 좋은 일에 재물[貝]과 칭찬의 말을 더하며 [加] 하례(축하)한다는 뜻이다.

- 貝(조개 패)는 조개를 그린 글자로, 옛날에 조개껍데기를 돈으로 사용했기 때문에 돈이나 재물을 뜻하기도 한다.

フ カ カ 加 加 賀 賀 賀 賀

謹賀新年	근하신년
年賀狀	연하장
祝賀	축하
賀客	하객

6급

勝
이길 승
[力, 10] 총 12획

나[朕]의 모든 힘[力]을 다하여 상대를 이긴다는 뜻이다.

- 朕(나 짐)은 '나'를 뜻하는 1인칭 대명사였으나, 옛날 진시황이 자신을 가리키는 글자로 쓰면서 임금이 자기를 가리키는 말로 쓰게 되었다.

丿 丿 月 月 月` 胙 胖 朕 勝

勝訴	승소
乘勝長驅	승승장구
勝戰譜	승전보
부전승	不戰勝
승패	勝敗
완승	完勝

3급

騰
오를 등
[馬, 10] 총 20획

말을 타기 위해 나[朕]의 몸이 말[馬]의 등 위로 오른다는 뜻이다. 물건의 값이나 주가가 갑자기 큰 폭으로 오르는 것을 暴騰(폭등)이라고 한다.

月 月` 胙 朕 朕 腾 腾 騰 騰

急騰	급등
騰落	등락
暴騰	폭등

잠깐! 성어 공략

*붉은색 글자는 한자능력검정시험 3급에 빈칸 채우기 문제로 출제되었던 한자임.

目不識丁	목불식정	간단한 글자인 丁(고무래 정)을 보고도 읽지 못할 정도로 까막눈임.
目不忍見	목불인견	눈앞에 벌어진 상황을 눈 뜨고 차마 볼 수 없음.
無窮無盡	무궁무진	끝이 없고 다함이 없음.
武陵桃源	무릉도원	이상향이나 별천지를 비유하는 말.
無爲徒食	무위도식	하는 일 없이 놀고먹음.
美辭麗句	미사여구	아름다운 말로 듣기 좋게 꾸민 글귀.
拍掌大笑	박장대소	손뼉을 치며 크게 웃음.
拔本塞源	발본색원	좋지 않은 일의 근본 원인을 안전히 없애서 다시는 그러한 일이 생길 수 없도록 함.
傍若無人	방약무인	곁에 사람이 없는 것처럼 아무 거리낌 없이 함부로 말하고 행동하는 태도.
背恩忘德	배은망덕	남에게 입은 은혜를 저버리고 배신하는 태도.
白骨難忘	백골난망	죽어서 백골이 되어도 은혜를 잊을 수 없음.
百八煩惱	백팔번뇌	사람의 마음속에 있는 엄청난 번뇌.
百家爭鳴	백가쟁명	많은 학자가 자기의 학설이나 사상을 내세우며 논쟁하고 토론하는 일.
百年河淸	백년하청	중국의 황허[黃河] 강(江)이 늘 흐려 맑을 때가 없음. 아무리 오랜 시일이 지나도 어떤 일이 이루어지기 어려움.

白面書生 백면서생

한갓 글만 읽고 세상일에는 전혀 경험이 없는 사람.

14일째 손₂

스마트 한자 암기 프로그램

7급 II

왼쪽 좌
[工, 2] 총 5획

장인[工]이 도구를 드는 왼손[ナ→ナ]을 그린 글자로, **왼쪽을 의미**한다. 예로부터 동양 문화권에서는 오른쪽을 바르다고 여겼기 때문에 상대적으로 왼쪽을 '옳지 못하다, 불편하다' 등의 의미로 썼다.

• ナ은 왼손[ナ] 모양에서 손바닥 쪽인 가로획을 먼저 쓴다.

一 ナ ナ 左 左

左衝右突	좌충우돌
우왕좌왕	右往左往
좌경	左傾
좌천	左遷
좌파	左派

3급

도울 좌
[人, 5] 총 7획

지위가 높은 사람[亻]의 왼쪽[左]에 서서 비서처럼 일을 돕는다는 뜻이다. 상대의 오른손 근처가 아닌 왼쪽에 서서 도와야 불편하지 않다. 윗사람을 도와 일을 처리하는 것을 補佐(보좌)라고 한다.

丿 亻 亻 佐 佐 佐 佐

| 補佐 | 보좌 |
| 補佐官 | 보좌관 |

7급 II

오른쪽 우
[口, 2] 총 5획

입[口]에 음식을 넣는 오른손[又→ナ]을 그린 글자로, **오른쪽을 의미**한다. 옛날에는 오른손으로 음식을 먹어야 한다고 생각했기에 이런 모양이 되었다.

• ナ은 오른손[又] 모양에서 손바닥 쪽인 세로획을 먼저 쓴다.

丿 ナ ナ 右 右

座右銘	좌우명
左之右之	좌지우지
左衝右突	좌충우돌
극우	極右
우왕좌왕	右往左往

3급 II

같을 약
[艸, 5] 총 9획

풀[艹]을 오른손[右]으로 뽑아 놓고 보니 모양이 다 비슷하거나 같다는 뜻이다. 풀에 만약 독초가 섞여 있을 수 있으니 '만약'이라는 뜻으로도 쓰인다. 또, 불교에서 만물의 참모습을 깨닫는 지혜인 般若(반야)를 의미하기도 해서 '반야 야'로도 쓰인다.

明若觀火	명약관화
般若	반야
傍若無人	방약무인

3급II

허락할 낙

[言, 9] 총 16획

상대가 말하는[言] 내용이 나의 뜻과 같으면[若] 허락한다는 뜻이다. 요구를 받아들이고 허락한다는 의미의 受諾(수락)이나 許諾(허락)과 같은 단어에서는 '낙'이 '락'으로 발음(활음조 현상)되므로 주의해야 한다.

受諾	수락
承諾	승낙
應諾	응낙
許諾	허락

亠 言 言 言 訁 訜 訝 詳 諾

8급

마디 촌

[寸, 0] 총 3획

손목[十]에서 맥박[丶]이 뛰는 곳까지의 거리를 표시하여 한 마디(약 3cm)를 표현한 글자이다. 한 치(길이의 단위, 약 3cm)와 같은 길이이다. 친족 관계의 멀고 가까움을 나타내는 단위로도 쓰여 一寸(일촌), 三寸(삼촌)과 같은 단어에 활용된다.

촌각	寸刻
촌극	寸劇
촌평	寸評

一 十 寸

3급II

자 척

[尸, 1] 총 4획

손목에서 팔꿈치까지 길이를 재는 모습으로, 그 길이가 한 자(약 30cm)라는 의미이다. 寸(마디 촌=한 치)의 열 배가 尺(자 척)이다. 한 자는 길이를 재는 표준이 되므로 '표준, 법도'라는 뜻도 있다.

三尺童子	삼척동자
越尺	월척
尺度	척도

' ㄱ 尸 尺

3급II

어른 장

[一, 2] 총 3획

긴 지팡이로 땅을 짚으며 걸어가는 어른의 모습이다. 어른은 오래 살아서 머리가 길다는 의미에서 긴 길이의 단위인 '열 자'를 뜻하기도 한다.

● 마디[寸]의 열 배가 자[尺], 자[尺]의 열 배가 장[丈]이다.

大丈夫	대장부
丈母	장모
主人丈	주인장

一 ナ 丈

7급

마을 촌

[木, 3] 총 7획

예로부터 사람들은 나무와 자연이 있는 곳에 모여 살았다. 이처럼 나무[木]가 있는 자연에 도막도막[寸] 작은 집을 짓고 사람들이 모여 사는 시골, 마을을 뜻하는 글자이다.

농촌	農村
무의촌	無醫村
산촌	山村

一 十 才 木 杧 村 村

4급II

守 지킬 수
[宀, 3] 총 6획

집[宀]을 손[寸]으로 막아 적으로부터 단단히 지킨다는 뜻이다.

• 寸(마디 촌)이 다른 한자에 쓰일 때에는 주로 손을 의미한다.

守錢奴	수전노
遵守	준수
고수	固守
공수	攻守
수비	守備

`ヽ ´ 宀 宁 守 守`

4급II

得 얻을 득
[彳, 8] 총 11획

길[彳]을 가다가 돈[貝→旦]을 손[寸]으로 주워 얻는다는 뜻이다. 일한 결과로 얻은 이익을 所得(소득)이라고 한다.

• 彳(조금 걸을 척)은 사거리를 그린 行(다닐 행)의 일부분으로, 길을 걷는 것과 관계있다. 旦은 여기서 돈을 의미하는 貝(조개 패)의 변형이다.

旣得權	기득권
拾得	습득
이해득실	利害得失
소득	所得

`ノ ノ 彳 彳 彳 铝 铝 得 得 得 得`

4급

討 칠 토
[言, 3] 총 10획

상대를 말[言]로 비난하고 손가락질[寸]하며 공격한다(친다)는 뜻이다. 요즘은 무력 대신에 말로 공격하며 '討論(토론)한다'는 뜻으로 많이 쓰인다.

검토	檢討
성토	聲討
토론	討論
토의	討議

`ヽ ニ ニ ョ ョ 言 言 言 計 討`

3급II

付 부칠 부
[人, 3] 총 5획

다른 사람[亻]에게 물건을 손[寸]으로 건네서 상대에게 부친다는 뜻이다. 부치는 물건이 새지 않도록 잘 싸서 '붙이다', 대신 전달해 줄 사람에게 '부탁하다'라는 뜻으로도 쓰인다.

交付	교부
發付	발부

`ノ 亻 亻 付 付`

3급II

符 부호 부
[竹, 5] 총 11획

옛날 사신들은 대나무나 옥을 갈라서 반은 조정에 보관하고 반은 가지고 다니며 신분을 증명했다고 한다. 이때 신분을 증명하는 잘린 대나무[竹]를 붙이면 [付] 나타나는 신분의 부호(기호)를 뜻한다. 잘린 대나무가 들어맞듯 '부합하다'라는 뜻도 있다.

名實相符	명실상부
符合	부합
符號	부호
終止符	종지부

`ノ ト ト 竹 竹 竺 符 符 符 符 符`

3급II

붙을 부

[阜, 5] 총 8획

언덕[阝]에 오를 때 떨어지지 않기 위해 몸을 딱 붙인다[付]는 뜻이다. 남에게 잘 보이려고 딱 붙어서 알랑거리는 것을 阿附(아부)라고 한다.

• 阝(좌부변)은 층진 언덕을 그린 阜(언덕 부)의 변형 부수이다.

` ｀ ｆ ｆ ｆ ｆ 附 附

寄附	기부
附言	부언
附着	부착
阿附	아부
回附	회부

4급II

마을/관청 부

[广, 5] 총 8획

커다란 집[广]을 지어 놓고 마을 사람들의 여러 가지 부탁[付]을 처리해 주는 관청을 뜻한다.

• 广(집 엄)은 커다란 집의 지붕을 그린 부수이다.

` 一 广 广 庁 庁 府 府

幕府	막부
司法府	사법부
부군	府君
정부	政府
학부	學府

3급II

썩을 부

[肉, 8] 총 14획

청렴해야 할 관청[府]에 뇌물로 받은 고기[肉]가 쌓여 썩는다는 뜻이다. 그래서 물질이 썩는 것을 뜻하는 腐敗(부패)는 정치나 사상이 썩었다는 의미로도 쓰인다.

• 肉(고기 육)은 고기를 썬 조각을 그린 한자이다.

` 一 广 广 庁 庁 府 府 腐 腐

豆腐	두부
腐敗	부패
不正腐敗	부정부패

4급II

절 사

[寸, 3] 총 6획

손님을 모시기 위해 땅[土] 위를 바삐 움직이며 손[寸]을 쓰는 관청을 뜻하다가, 관청에 승려가 많이 묵었다는 데서 유래하여 '사찰, 절'을 의미하게 된 글자이다.

一 十 土 士 寺 寺

불국사	佛國寺
사원	寺院
산사	山寺

7급II

때 시

[日, 6] 총 10획

시계가 없던 옛날에 해[日]의 위치에 따라 절[寺]에서 종을 쳐서 알려주던 때(시간)를 의미한다.

丨 冂 日 日 日- 日+ 旫 旫 時 時

晩時之歎	만시지탄
卽時	즉시
시간	時間
시계	時計
시류	時流

4급II

詩
시 시
[言, 6] 총 13획

말[言]하려는 내용을 절[寺]의 불경 외는 소리처럼 운율에 맞게 표현하는 시를 뜻한다. 어린이가 짓거나 읊는 시를 童詩(동시)라고 한다.

敍事詩	서사시
동시	童詩
시선	詩仙
시집	詩集

`  ㆍ  亠  言  言  計  計  計  詩  詩 `

3급II

侍
모실 시
[人, 6] 총 8획

벼슬아치[亻]가 마을의 관청[寺]에서 임금 대신 일을 처리하며 임금을 모신다는 뜻이다. 궁궐 안에서 임금의 시중을 드는 남자를 內侍(내시)라고 한다.

| 內侍 | 내시 |
| 侍女 | 시녀 |

`丿  亻  亻  什  件  侍  侍 `

4급

持
가질 지
[手, 6] 총 9획

관청[寺]에서 처리해 준 일의 결과를 문서로 받아 손[扌]에 가진다는 뜻이다. 손에 가지고 있는 물품을 所持品(소지품)이라고 한다.

維持	유지
持久力	지구력
소지품	所持品
지지	支持

`一  十  扌  扌  扌  扩  抟  持  持 `

6급

待
기다릴 대
[彳, 6] 총 9획

일을 보기 위해 관청[寺]으로 가서[彳] 차례를 기다린다는 뜻이다. 관청에서는 기다린 사람에게 잘 待遇(대우)하며 일을 처리한다.

• 彳(조금 걸을 척)은 길을 걷는 것과 관계있다.

企待	기대
待機室	대기실
鶴首苦待	학수고대
냉대	冷待
환대	歡待
후대	厚待

`丿  彳  彳  彳  彳  徍  待  待 `

6급

特
특별할 특
[牛, 6] 총 10획

관청[寺]에서 중요한 일로 제사 지낼 때 바치던 소[牛→牜]는 크고 특별하다는 뜻이다. 주로 힘센 수컷 소를 바쳤다고 한다.

• 牜(소우변)은 牛(소 우)의 변형 부수이다.

特殊	특수
特徵	특징
특강	特講
특권	特權
특출	特出

`丿  ㇒  牜  牜  牜  牜  牜  特  特 `

6급II

무리 등

[竹, 6] 총 12획

대나무[竹] 조각에 기록한 관청[寺]의 문서를 분류하기 위해 나눈 무리(등급)를 뜻한다. 수준에 따라 여러 개의 무리로 구분한 단계를 等級(등급)이라고 한다.

丿 ㅗ ㅗ 섣 섣 섣 섣 等 等 等

劣等感	열등감
吾等	오등
越等	월등
강등	降等
균등	均等
우등	優等

4급

오로지 전

[寸, 8] 총 11획

실패(실감개)[叀]에 실을 풀리지 않게 감으려면 손[寸]을 오로지 한 방향으로 해야 한다는 뜻이다. 한 분야에 해박한 지식을 가진 사람을 專門家(전문가)라고 한다.

• 叀은 실을 감아 두는 작은 도구인 실패의 모양이다.

一 ㄕ 亘 亘 車 車 車 車 叀 專 專

專橫	전횡
전공	專攻
전문	專門
전유물	專有物

5급II

전할 전

[人, 11] 총 13획

옛날에는 멀리 물건이나 소식을 전하는 일을 모두 사람이 직접 하였다. 그래서 사람[亻]이 오로지[專] 한 방향으로 계속 가서 먼 곳에 소식을 전한다는 뜻이다. 기술이나 지식 등을 전해 주는 것을 傳授(전수)라고 한다.

丿 亻 亻 伯 伯 伸 俥 俥 傳 傳

自敍傳	자서전
傳承	전승
傳染	전염
전기	傳記
전달	傳達
전통	傳統

4급

구를 전

[車, 11] 총 18획

수레[車]의 바퀴가 앞으로 가기 위해 오로지[專] 한 방향으로 구른다는 뜻이다. 물체가 빙빙 돌고 구르는 것을 回轉(회전)이라고 한다.

• 車(수레 거)는 바퀴가 네 개 달린 수레의 모습이다.

一 ㄕ 亘 車 車 車 軋 軯 軯 轉 轉

轉役	전역
轉禍爲福	전화위복
轉換	전환
이전	移轉
전송	轉送
전업	轉業
회전	回轉

5급II

둥글 단

[囗, 11] 총 14획

한[專] 마음을 가진 사람들이 모여 서로 둘러싼[囗] 모양새가 둥글다는 뜻이다. 여러 사람이 모여 둥글게 이루고 있는 집단을 團體(단체)라고 한다.

• 囗(에울 위)는 사방이 울타리처럼 둘러싸인 모양이다.

丨 冂 冂 同 門 甲 圍 團 團 團

단결	團結
단체	團體
재단	財團

4급II

은혜 혜

[心, 8] 총 12획

실을 짜서 실패[叀]에 감아 내다 팔며 자식을 기르는 어머니의 마음[心]이 은혜롭다는 뜻이다. 자식을 위해 고된 일도 마다치 않는 부모님의 恩惠(은혜)는 높고도 넓다.

一 厂 厅 百 叀 叀 叀 叀 惠 惠

慈惠	자혜
惠澤	혜택
互惠	호혜
은혜	恩惠

3급

어찌 해

[大, 7] 총 10획

포졸의 손[爫]에 끌려가는 밧줄[幺]로 묶인 죄인[大]을 보니 어찌 된 일인지 의문이라는 뜻이다. 주로 문장에서 의문사로 쓰인다.

● 爫(손톱 조)는 움켜쥔 손을 나타내고, 幺(작을 요)는 꼬인 실이나 밧줄을 나타낸다.

一 亠 夂 夂 夂 幺 奚 奚 奚

| 奚琴 | 해금 |

3급II

시내 계

[水, 10] 총 13획

물[氵]이 어찌[奚] 된 이유에서든 평지로 흘러오면 만들어지는 시내를 뜻한다. 물이 흐르는 골짜기를 溪谷(계곡)이라고 한다.

丶 氵 氵 氵 氵 氵 溪 溪 溪 溪

溪谷	계곡
溪流	계류
淸溪川	청계천

4급

닭 계

[鳥, 10] 총 21획

날지 못하는데 어찌[奚] 새[鳥]라고 할 수 있는지 의문을 품게 하는 닭을 뜻한다.

● 鳥(새 조)는 새의 얼굴과 눈, 몸통, 다리, 꼬리를 자세히 그린 글자이다.

爫 幺 奚 奚 鷄 鷄 鷄 鷄 鷄 鷄

群鷄一鶴	군계일학
烏骨鷄	오골계
계란	鷄卵
양계장	養鷄場
투계	鬪鷄

3급II

나물 채

[艸, 8] 총 12획

나무[木]의 잎 중에 손[爫]으로 따서 먹을 수 있는 풀[艹]인 나물을 뜻한다. 들에서 자라는 나물을 野菜(야채)라고 한다.

● 采(캘 채)는 나무[木] 위의 잎을 손[爫]으로 따는 모습이다.

一 艹 艹 艹 芊 芊 苙 苙 菜 菜

山菜	산채
野菜	야채
菜蔬	채소
菜食	채식

4급  **캘 채** [手, 8] 총 11획	손[⺥]으로 딴 나무[木]의 열매나 잎 중에 먹을 수 있는 것을 손[扌]으로 골라 캔다는 뜻이다. 기업에서 필요한 사람을 골라 쓰는 것을 採用(채용)이라고 한다. ー ナ 才 扌 扩 扩 扩 护 护 採	채용 採用 채점 採點 채취 採取 채택 採擇 특채 特採
3급II  **채색 채** [彡, 8] 총 11획	여러 가지 고운 빛깔을 채색이라고 한다. 손[⺥]으로 나무[木]에서 딴 잎이 햇빛을 받아 반짝거리는[彡] 고운 빛깔(채색)을 뜻한다. • 彡은 물체가 햇빛을 받아 윤이 나는 모양이다. ー ⺈ 乊 宀 乊 采 采 彩 彩	光彩 광채 文彩 문채 色彩 색채
4급II  **받을 수** [又, 6] 총 8획	상대가 손[⺥]을 내밀어서 주는 물건[冖]을 손[又]으로 받는다는 뜻이다. • 冖(덮을 멱)은 여기서 물건을 잘 덮어서 주는 모양을 나타낸다. ー ⺈ 爫 乊 爫 受 受 受	수락 受諾 수모 受侮 수강 受講 수상 受賞 수신 受信
4급II  **줄 수** [手, 8] 총 11획	상대가 받을[受] 물건을 손[扌]으로 들고 가서 준다는 뜻이다. 지식을 준다는 의미로도 발전하여 '가르치다'의 뜻으로도 쓰인다. 스승이 제자를 가르치는 일을 授業(수업)이라고 한다. ー ナ 才 扌 扩 扩 扩 护 护 授 授	교수 教授 수상 授賞 수업 授業
4급  **도울 원** [手, 9] 총 12획	물이나 함정에 빠진 사람을 손[扌]으로 끌어당겨[爰] 빠져나오게 돕는다는 뜻이다. 뒤에서 도와주는 것을 後援(후원)이라고 한다. • 爰(끌 원)은 손[⺥]으로 막대기[于]를 뻗어 상대의 손[又]을 끈다는 뜻이다. ー ナ 才 扌 扩 扩 扩 护 护 援 援 援	구원 救援 성원 聲援 원조 援助 응원 應援 후원 後援

3급II

느릴 완

[糸, 9] 총 15획

함정에 빠진 사람을 줄[糸]로 끌어내기[爰] 위해 줄을 천천히 느리게 내려 주는 모습이다. 느린 것과 빠른 것을 이르는 緩急(완급)은 모두 위험한 상황과 관계있는 글자로 이루어진 단어이다.

緩急	완급
緩慢	완만
緩行列車	완행열차
緩和	완화

4급II

따뜻할 난

[日, 9] 총 13획

해[日]처럼 뜨거운 열을 가까이 끌어[爰]당기면 **따뜻하다**는 뜻이다. 따뜻하게 열을 내는 화로를 暖爐(난로)라고 한다.

난류	暖流
난방	暖房
온난	溫暖

4급

어지러울 란

[乙, 12] 총 13획

구부리고[乚] 앉아서 양손[爫, 又]으로 실패[冂]에 엉킨 실[ᄀ, 厶]을 풀려니 **어지럽다**는 뜻이다.

● ᄀ, 厶는 엉킨 실의 모양이고, 乚은 사람이 몸을 구부린 모습이다.

騷亂	소란
淫亂	음란
난동	亂動
난세	亂世
난입	亂入
난잡	亂雜

4급

말씀 사

[辛, 12] 총 19획

세상을 어지럽힌[亂→𤔔] 죄인[辛]에게 좋은 방향으로 변화하라고 타이르는 **말씀**을 뜻한다.

● 辛(매울 신)은 여기서 형벌을 앞둔 죄인을 의미한다.

辭讓	사양
弔辭	조사
답사	答辭
사전	辭典
송사	送辭

5급

다툴 쟁

[爪, 4] 총 8획

상대의 손[爫]과 내 손[ㅋ]이 물건[亅]을 빼앗기 위해 서로 잡아당기며 **다툰다**는 뜻이다.

● 亅은 두 개의 손이 당기고 있는 물건의 모양을 나타낸다.

紛爭	분쟁
爭奪	쟁탈
언쟁	言爭
쟁취	爭取
전쟁	戰爭

4급

고요할 정

[青, 8] 총 16획

깨끗하게[青] 다툼[爭]이 정리되어 주위가 편안하고 **고요하다**는 뜻이다. 편안하고 고요한 것을 安靜(안정)이라고 한다.

• 青(푸를 청)은 '푸르다, 고요하다, 젊다' 등의 뜻이 있다.

= ‡ 主 青 青 青 青 青 靜 靜

靜寂	정적
靜坐	정좌
鎭靜	진정
동정	動靜
안정	安靜
정물	靜物
정숙	靜肅

3급II

깨끗할 정

[水, 8] 총 11획

물[氵]이 고요하여[靜→爭] 속이 들여다보일 정도로 **깨끗하다**는 뜻이다. 원래 瀞으로 쓰다가 나중에 青이 생략되었다.

丶 亠 氵 氵 氵' 氵" 氵" 沪 泮 淨

淨水	정수
淨化	정화
淸淨	청정

4급II

할 위

[爪, 8] 총 12획

옛날에 사람이 하기 힘든 일은 힘센 코끼리를 시켰는데, **사람이 손[爫]으로 코끼리[爲]를 잡고 어떤 일을 한다**는 뜻이다. 코끼리는 사람을 爲(위)하여 자기의 힘을 내 주던 고마운 동물이다.

• 爲는 코끼리의 몸통과 발의 모양을 나타낸다.

一 ⺍ ⺁ ⺁' 爲 爲 爲 爲 爲

轉禍爲福	전화위복
指鹿爲馬	지록위마
당위	當爲
무위도식	無爲徒食

3급II

거짓 위

[人, 12] 총 14획

자연 그대로가 아니니 **사람[亻]이 일하여[爲] 만들어 낸 것은 인위적인 거짓**이라는 뜻이다. '가짜, 잘못, 속이다' 등의 뜻으로 쓰인다.

丿 亻 亻' 亻" 亻" 亻" 僞 僞 僞

僞善	위선
僞造	위조
眞僞	진위

4급II

거짓 가

[人, 9] 총 11획

사람[亻]이 사실이 아닌 다른 이야기를 빌려[叚] 말을 꾸미니 거짓이라는 뜻이다. '가짜, 임시로, 틈, 빌리다' 등 여러 가지 의미로 쓰인다.

• 叚(빌릴 가)는 부서진 틈에 조각난 돌을 손으로 들고 메꾸는 모습으로, 조각난 돌의 힘을 임시로 빌린다는 의미이다.

亻 亻' 亻" 亻" 亻" 亻" 假 假 假

假拂	가불
假釋放	가석방
假飾	가식
가면	假面
가명	假名
가발	假髮

4급

틈 가

[日, 9] 총 13획

해[日]가 떠서 한창 일할 시간에 잠시 시간을 빌려 [叚] 쉬는 틈(겨를)을 뜻한다. 休暇(휴가)는 바쁜 틈틈이 기간을 정하여 몸과 마음을 쉬는 일이다.

병가	病暇
한가	閑暇
휴가	休暇

잠깐! 성어 공략

*붉은색 글자는 한자능력검정시험 3급에 빈칸 채우기 문제로 출제되었던 한자임.

百折不屈	백절불굴	어떠한 난관에도 결코 굽히지 않음.
伯仲之勢	백중지세	서로 우열을 가리기 힘든 형세.
兵家常事	병가상사	전쟁에서 이기고 지는 일은 흔히 있는 일이므로 실패에 낙심할 것이 없음.
普遍妥當	보편타당	특별하지 않고 사리에 맞아 타당함.
附和雷同	부화뇌동	아무런 줏대 없이 남의 의견이나 행동에 따름.
不問曲直	불문곡직	옳고 그름을 따지지 않음.
不知其數	부지기수	헤아릴 수가 없을 만큼 많음. 또는 그렇게 많은 수효.
貧者一燈	빈자일등	가난한 사람이 바치는 하나의 등. 정신이 중요함을 비유.
士農工商	사농공상	예전에, 백성을 나누던 네 가지 계급. 선비, 농부, 공장(工匠), 상인.
斯文亂賊	사문난적	성리학에서 교리를 어지럽히고 사상에 어긋나는 언행을 하는 사람.
四分五裂	사분오열	여러 갈래로 갈기갈기 찢어짐.
事必歸正	사필귀정	모든 일은 반드시 바른길로 돌아감.
山紫水明	산자수명	산은 자줏빛이고 물은 맑음. 경치가 아름다움.
山海珍味	산해진미	산과 바다에서 나는 온갖 진귀한 물건으로 차린, 맛이 좋은 음식.

夫唱婦隨 부창부수

남편이 주장하고 아내가 이에 잘 따름.

손₃

스마트 한자 암기 프로그램

5급 II

筆
붓 **필**
[竹, 6] 총 12획

대나무[⺮]로 만든 붓대[聿]에 동물의 털을 붙여 손으로 잡고 쓰게 만든 붓을 뜻한다. 필기도구인 鉛筆(연필), 萬年筆(만년필) 등의 단어에 활용된다.

• 聿(붓 율)은 손으로 잡은 붓대[⺽] 아래에 붓털[二]이 달린 모습이다.

隨筆	수필
紙筆墨	지필묵
執筆	집필
필기	筆記
필력	筆力
필명	筆名
필순	筆順

4급 II

律
법칙 **률**
[彳, 6] 총 9획

인간이 살아가는 길[彳]에 반드시 지켜야 할 규칙을 붓[聿]으로 써서 기록한 법(법칙)을 뜻한다. '규칙, 법칙, 법령' 등 다양한 뜻으로 쓰인다. 자기의 법칙에 따라 스스로 통제하는 것을 自律的(자율적)이라고 한다.

法律	법률
旋律	선율
韻律	운율
율동	律動
자율	自律
타율	他律

4급

##
다할 **진**
[皿, 9] 총 14획

붓처럼 생긴 수세미 털끝[聿→⺕]이 닳아 해질 정도로 그릇[皿]을 닦는 데 힘을 다한다는 뜻이다. 이렇게 힘을 다하다가 기운이 다 빠지는 것을 脫盡(탈진)이라고 한다.

• 聿은 聿(붓 율)에서 맨 아래 붓털[一]이 해져서 灬로 바뀐 모양이다.

無盡藏	무진장
縱橫無盡	종횡무진
매진	賣盡
소진	消盡
탈진	脫盡

4급

##
엄숙할 **숙**
[聿, 7] 총 13획

연못에 들어갈 때에는 조심하고 정숙해야 미끄러지지 않는다. 손[⺕]에 든 지팡이[丨]로 연못[淵→淵]을 조심히 짚으며 들어가는 엄숙함을 뜻한다.

• 肅은 물결[氵]이 도는[淵] 연못을 그린 淵(연못 연)이 축소된 모양이다.

숙연	肅然
엄숙	嚴肅
자숙	自肅
정숙	靜肅

6급II

글 서

[日, 6] 총 10획

붓[聿]으로 스승이나 성현의 말씀[日]을 적은 글을 뜻한다. '글, 책, 편지, 서류' 등 다양한 뜻으로 쓰인다. 책을 파는 가게를 書店(서점)이라고 한다.

• 日(말할 왈)은 입[口]에서 소리[一]를 내어 말한다는 뜻이다.

但書	단서
書架	서가
著書	저서
서당	書堂
서생	書生
서점	書店

ᄀ ᄀ ᄏ 크 킈 킈 聿 書 書 書

6급

낮 주

[日, 7] 총 11획

붓[聿]을 들고 공부할 수 있는 시간은 해[日]가 지평선[一] 위로 떠 있는 낮이라는 뜻이다. 전기가 없던 옛날에는 해가 지면 어두워서 공부하기가 어려웠다.

晝耕夜讀	주경야독
백주	白晝
주간	晝間
주야	晝夜

6급

그림 화

[田, 7] 총 12획

붓[聿]으로 밭[田]의 경계선[一]을 그려 기록한 그림을 의미한다. 자연의 경치를 그린 그림을 風景畫(풍경화)라고 한다.

漫畫	만화
畫伯	화백
畫幅	화폭
畫廊	화랑
시화	詩畫
영화	映畫
화실	畫室

3급II

그을 획

[刀, 12] 총 14획

붓으로 밭의 경계를 그릴[畫] 때, 경계선을 칼[刂]로 자르듯 분명하게 긋는다는 뜻이다. 앞으로 할 일을 정해 목표를 그어 두는 것을 計劃(계획)이라고 한다.

• 刂(선칼도방)은 刀(칼 도)의 변형 부수이다.

計劃	계획
區劃	구획
企劃	기획

6급II

그림 도

[口, 11] 총 14획

마을의 등고선[啚]과 둘레[囗] 모양을 지도처럼 그린 그림을 의미한다. 나중에 '地圖(지도), 책' 등의 뜻으로도 쓰게 되었다.

• 啚는 땅의 높고 낮음을 표시한 등고선을 나타낸다.

企圖	기도
圖書館	도서관
도표	圖表
도해	圖解
도형	圖形

5급

세울 건

[廴, 6] 총 9획

붓[聿]을 끌며[廴] 글을 쓰기 위해 붓대를 세우듯 나라나 집을 세운다는 뜻이다. 사람이 살거나 물건을 넣어 두기 위해 세우는 집을 建物(건물)이라고 한다.

- 廴(민책받침)은 발을 천천히 끌며 걷는 모습이다.

封建主義	봉건주의
건국	建國
건물	建物
건설	建設

フ ㄱ ㅋ ㅋ 글 聿 聿 建 建

5급

굳셀 건

[人, 9] 총 11획

사람[亻]이 몸을 꼿꼿이 세우고[建] 힘차게 걸으니 굳세다는 뜻이다. 정신과 육체가 탈 없이 굳센 것을 健康(건강)하다고 한다.

健脚	건각
健忘症	건망증
건강	健康
건아	健兒
건투	健鬪

亻 亻 亻 亻 亻 亻 伊 伊 健 健

3급

일곱째 천간 경

[广, 5] 총 8획

집[广]에서 손[ㅋ]에 절굿공이[人]를 들고 곡식을 찧는 모습인데, 나중에 천간(天干) 중에 일곱째를 의미하게 되었다.

- 人은 여기서 절굿공이의 모양을 나타낸다.

| 庚戌國恥 | 경술국치 |
| 庚申年 | 경신년 |

丶 亠 广 户 庐 庐 庚 庚

4급 II

편안 강

[广, 8] 총 11획

집에 절구질[庚→庚]할 곡식[米→氺]이 있으니 먹고 살기 편안하다는 뜻이다.

- 庚은 집에서 손에 절굿공이를 들고 절구질하는 모습을 그린 庚(일곱째 천간 경)의 변형이다.

| 康寧 | 강녕 |

亠 广 户 户 庐 庐 庚 庚 康 康

3급

떳떳할 용

[广, 8] 총 11획

절구[庚]를 써서[用] 찧어 먹을 나의 곡식이 있으니 구차하지 않고 떳떳하다는 뜻이다. 한쪽으로 치우치지 않고 중심을 지키는 떳떳한 상태를 中庸(중용)이라고 한다.

| 庸劣 | 용렬 |
| 中庸 | 중용 |

丶 亠 广 户 户 庐 庐 肩 肩 庸

3급II

절구질[庚]하며 입[口]으로 크게 떠드는 사람 때문에 다른 사람들이 당황한다는 뜻이다. 중국의 나라 이름 중에 '당나라'를 뜻하기도 한다.

唐突 당돌
唐詩 당시
荒唐 황당

당나라/당황할 **당**

[口, 7] 총 10획

丶 亠 广 庐 庐 庐 唐 唐 唐 唐

3급II

쌀[米]밥에 엿기름을 넣어 삭힌 뒤 오래 끓이면 당황스럽게도[唐] 갑자기 달고 끈적해지는 엿을 뜻한다.

• 米(쌀 미)는 벼 줄기 끝에 알알이 영글어 있는 쌀을 그린 글자이다.

糖分 당분
雪糖 설탕
製糖 제당
血糖 혈당

엿 **당**

[米, 10] 총 16획

丶 丷 ⺍ 半 米 米 米 扩 扩 扩 糖 糖

3급

상대방을 뒤따라가서[辶] 손을 그에게 미치게[隶] 하여 잡는다는 뜻이다.

• 隶(미칠 이)는 동물의 꼬리[氺]가 손[⺕]에 미치니 잡힌다는 뜻이다.

逮捕 체포

잡을 **체**

[辵, 8] 총 12획

⺕ 肀 肀 隶 隶 逮 逮 逮 逮

3급

옛날에 큰 죄를 지은 사람은 천민이 되어 남의 집에서 종으로 일하게 하였다. 어찌어찌[柰→㝸]한 죄를 짓고 남의 집에 잡혀서[隶] 일하게 된 종을 뜻한다.

• 㝸는 크게[大] 잘 보이려면[示] 어찌하느냐는 뜻인 奈(어찌 내)의 변형이다.

奴隷 노예
隷書 예서
隷屬 예속

종 **례**

[隶, 8] 총 16획

士 丰 丰 事 耒 耒 耒 耒 隷 隷

4급II

손[扌]에 빗자루[帚]를 들고 바닥을 쓴다는 뜻이다. 더러운 것을 쓸고 닦아서 깨끗하게 하는 것을 淸掃(청소)라고 한다.

• 帚(빗자루 추)는 댑싸리라는 풀로 만든 빗자루를 손에 잡은 모습이다.

掃除 소제
一掃 일소
淸掃 청소

쓸 **소**

[手, 8] 총 11획

一 十 扌 扌 扩 扫 扫 扫 掃 掃

4급II

婦
며느리 부
[女, 8] 총 11획

여자[女] 중에 빗자루[帚]를 들고 살림과 청소를 맡아 하는 며느리나 아내를 뜻한다.

姑婦	고부
夫唱婦隨	부창부수
부부	夫婦
신부	新婦
주부	主婦

丨 乂 女 女ˊ 女ˊ 女ˊ 女ˊ 女ˊ 婦 婦

4급

歸
돌아갈 귀
[止, 14] 총 18획

옛 풍습에 결혼한 남편은 아내를 따라가서[追→𠂤] 처가에 머물며[止] 일을 돕다가 다시 아내[婦→帚]를 데리고 집으로 돌아간다는 뜻이다.

• 𠂤는 追(따를 추)가 축소된 모양이다.

歸還	귀환
귀국	歸國
귀농	歸農
귀향	歸鄕

ˊ 丨 𠂤 𠂤 𠂤 𠂤 𠂤 𠂤 歸 歸

4급II

侵
침노할 침
[人, 7] 총 9획

남의 나라에 불법으로 쳐들어가는 것을 침노한다고 한다. 사람[亻]이 빗자루[帚→⺕]를 손[又]에 들고 사방을 쓸어버리듯이 다른 지역을 침노한다는 뜻이다.

侵掠	침략
侵奪	침탈
침공	侵攻
침범	侵犯
침해	侵害

丿 亻 亻 伊 伊 伊 伊 侵 侵

3급II

浸
잠길 침
[水, 7] 총 10획

물[氵]이 조금씩 계속 침범하다[𠬶] 보면 어느새 사방이 온통 잠긴다는 뜻이다. 물에 젖거나 잠기는 것을 浸水(침수)라고 한다.

• 𠬶은 빗자루[帚→⺕]를 손[又]에 들고 쓸어버리듯 공간을 침범한다는 의미이다.

浸水	침수
浸透	침투

丶 丶 氵 氵 氵 浔 浔 浔 浸 浸

4급

寢
잘 침
[宀, 11] 총 14획

집[宀]에 들어와서 몸으로 평상[爿]을 침범하여[𠬶] 잠을 잔다는 뜻이다.

• 爿(나무 조각 장)은 나무를 반으로 자른 왼쪽 조각의 모양인데, 여기서는 나무로 만든 평상을 의미한다.

寢臺	침대
취침	就寢
침구	寢具
침실	寢室

丶 丶 宀 宀 宁 穼 穼 寑 寑 寢

4급

君
임금 군
[口, 4] 총 7획

손[⺕]에 채찍[丿]을 들고 입[口]으로 명령하며 나라를 다스리는 **임금**을 뜻한다. 집안을 다스리는 '남편'이나 자신의 마음을 잘 다스리는 '어진 사람'을 뜻하기도 한다.

フ ㄱ ㅋ 尹 尹 君 君

郎君	낭군
梁上君子	양상군자
諸君	제군
군자	君子
성군	聖君
폭군	暴君

4급

群
무리 군
[羊, 7] 총 13획

임금[君]이 거느린 양[羊] 떼처럼 많은 백성의 **무리**를 뜻한다. 많은 무리 가운데서 뛰어난 인물을 群鷄一鶴(군계일학)이라고 한다.

フ ㄱ ㅋ 尹 君 君 君' 郡' 群' 群 群

群鷄一鶴	군계일학
群像	군상
症候群	증후군
군소	群小
군중	群衆
학군	學群

6급

郡
고을 군
[邑, 7] 총 10획

임금[君]의 명령을 받으며 다스려지는 **고을**[阝]을 뜻한다. 우리나라 행정구역 단위의 하나로 도(道)의 아래, 읍(邑)이나 면(面)의 위에 해당한다.

• 阝(우부방)은 邑(고을 읍)의 변형 부수로, 글자의 오른쪽에 위치한다.

フ ㄱ ㅋ 尹 君 君 君 君' 君' 郡

군내	郡內
군민	郡民
군수	郡守
군청	郡廳

5급 II

史
역사 사
[口, 2] 총 5획

지나온 사건에 대해 어느 편에도 치우치지 않고 중심[中]을 지키며 사실만을 손[又]으로 기록한 **역사**를 뜻한다.

丶 口 口 史 史

史蹟	사적
史跡地	사적지
사관	史觀
사극	史劇
야사	野史

3급 II

吏
벼슬아치 리
[口, 3] 총 6획

역사[史]를 기록하는 사람처럼 한결같은[一] 태도로 나랏일을 해야 하는 **벼슬아치**를 뜻한다. 官吏(관리) 중에 욕심이 없고 깨끗한 관리를 淸白吏(청백리)라고 한다.

一 丅 丆 ㅁ 吏 吏

| 淸白吏 | 청백리 |
| 貪官汚吏 | 탐관오리 |

6급

하여금/부릴 사

[人, 6] 총 8획

윗사람[亻]이 관리[吏]들로 하여금 일하게 시키고 부린다는 뜻이다. '하여금, 부리다, 시키다, 사신' 등 여러 가지 뜻으로 쓰인다. 일하는 사람과 부리는 사람의 관계를 勞使(노사) 관계라고 한다.

ノ 亻 亻 仁 厂 戸 佢 使 使

公使館	공사관
使役	사역
御使	어사
노사	勞使
밀사	密使
사용법	使用法
특사	特使

7급 II

事

일 사

[亅, 7] 총 8획

벼슬아치[吏→⺕]가 손[⺕]을 열심히 움직이며 고을을 위해 하는 일을 뜻한다.

一 丆 戸 百 耳 写 事 事

旣往之事	기왕지사
茶飯事	다반사
不祥事	불상사
사고	事故
사실	事實
사친이효	事親以孝

3급 II

겸할 겸

[八, 8] 총 10획

여러 단의 벼[秝]를 손[⺕]에 함께 쥔 모습처럼 두 가지 이상의 일을 겸한다는 뜻이다. 두 가지 이상을 겸하여 갖추는 것을 兼備(겸비)라고 한다.

• 禾(벼 화)는 쌀알이 익으면서 고개를 숙인 벼의 모습이다.

ノ 八 ゝ 今 今 兮 争 争 兼 兼

兼備	겸비
兼事兼事	겸사겸사
兼任	겸임
兼職	겸직

3급 II

겸손할 겸

[言, 10] 총 17획

말할[言] 때 상대의 입장을 겸하여[兼] 생각하며 자기를 내세우지 않으니 겸손하다는 뜻이다.

丶 亠 言 言 訁 訁 訁 訁 謙 謙

謙讓之德	겸양지덕
謙稱	겸칭
謙虛	겸허

3급

싫어할 혐

[女, 10] 총 13획

여자[女]에게 집안일을 여러 가지 겸하게[兼] 하면 힘이 들어서 싫어한다는 뜻이다. 싫어하고 미워하는 것을 嫌惡(혐오)라고 한다.

乚 夕 女 女 妒 妒 婶 嫌 嫌

| 嫌惡 | 혐오 |
| 嫌疑 | 혐의 |

3급

廉

청렴할 렴

[广, 10] 총 13획

행실이 맑고 탐욕이 없는 사람을 淸廉(청렴)하다고 한다. 벼슬아치가 집[广]에서도 농사일을 겸하며[兼] 검소하게 사니 청렴하다는 뜻이다.

低廉	저렴
淸廉潔白	청렴결백

`丶 亠 广 产 产 庐 庐 庐 廉 廉`

4급

私

사사로울 사

[禾, 2] 총 7획

사사로움은 개인적인 범위나 관계를 의미한다. 벼[禾]가 내 팔[厶]의 안쪽에 들어와 있으니 내 소유의 사사로운(개인적인) 것이라는 뜻이다.

- 厶(나 사)는 팔꿈치를 구부린 모습으로, 내 소유를 의미한다.

公私多忙	공사다망
滅私奉公	멸사봉공
사교육	私敎育
사비	私費
사심	私心

`丶 二 千 千 禾 私 私`

6급II

和

화할 화

[口, 5] 총 8획

마음이 따뜻하고 부드러운 것을 '화하다'고 한다. 수확한 벼[禾]로 지은 밥이 가족의 입[口]에 들어가니 마음이 따뜻하고 화하다는 뜻이다. 평온하고 화목한 것을 平和(평화)라고 한다.

緩和	완화
違和感	위화감
斥和	척화
불화	不和
평화	平和
화해	和解

`丶 二 千 千 禾 禾 和 和`

6급II

公

공평할 공

[八, 2] 총 4획

사사롭게[厶] 가지고 있던 물건을 나누어[八] 주니 서로 공평하다는 뜻이다. 상대를 높이는 말로도 쓰인다.

公企業	공기업
公爵	공작
公債	공채
공금	公金
공사	公私
공연	公演
공정	公正

`丿 八 公 公`

4급

松

소나무 송

[木, 4] 총 8획

나무[木] 중에 항상 변치 않고 공평한[公] 모습으로 서 있는 소나무를 뜻한다. 날씨가 추워진 후에라야 소나무가 푸른 것을 안다고 한다. 독야청청(獨也靑靑)의 대표 나무이다.

노송	老松
송림	松林
송화	松花
청송	靑松

`一 十 才 木 木 松 松 松`

3급 II

송사할 송

[言, 4] 총 11획

다툰 사람들이 관청에 억울함을 말하며[言] 공평하게[公] 판결해 달라고 송사한다는 뜻이다. 訟事(송사)는 다른 말로 訴訟(소송)이라고도 한다.

| 訴訟 | 소송 |
| 訟事 | 송사 |

`〰 亠 ㇐ 㣺 言 言 言 訟 訟 訟`

4급

칭송할 송

[頁, 4] 총 13획

백성들이 고을을 공평하게[公] 다스린 우두머리[頁]를 칭송한다는 뜻이다. 이런 우두머리의 공덕을 칭송하기 위해 세운 비석을 頌德碑(송덕비)라고 한다.

- 頁(머리 혈)은 사람의 머리와 얼굴을 강조해 그린 글자로, 여기서는 우두머리를 뜻한다.

송덕	頌德
송축	頌祝
찬송	讚頌

`丿 八 公 公 公 公 公頁 頌 頌 頌`

3급

늙은이 옹

[羽, 4] 총 10획

상대[公(존칭)]의 턱에 수염이 깃털[羽]처럼 늘어져 있으니 그는 나이 많은 늙은이라는 뜻이다. 주로 남자 노인의 성(姓)이나 이름, 호 뒤에 붙여 존경의 뜻으로 쓴다.

老翁	노옹
塞翁之馬	새옹지마
翁主	옹주

`丿 八 公 公 公 夲 夲 翁 翁 翁`

6급 II

함께 공

[八, 4] 총 6획

묶여 있는 다발[廾]을 양손[𦥑→ㅅ]으로 함께 받쳐 들고 있는 모습이다. 共同(공동)으로 일하면 부담을 줄일 수 있다.

- 廾은 다발의 모습이고, ㅅ은 양손으로 물건을 받치는 모습이다.

共謀	공모
공공	公共
공동	共同
공범	共犯

`一 十 卄 并 共 共`

3급 II

이바지할 공

[人, 6] 총 8획

사람들[亻]이 함께[共] 쓸 수 있도록 물건을 내주며 사회에 이바지한다는 뜻이다. 요구나 필요에 따라 물품을 제공하는 것을 供給(공급)이라고 한다.

供給	공급
供養	공양
佛供	불공
提供	제공

`丿 亻 亻 仁 什 供 供 供`

3급II	 공손할 공 [心, 6] 총 10획	함께[共] 사는 세상에서 서로 예의를 다하는 마음[心→忄]인 공손함을 의미한다. 공손히 받들어 모시는 것을 恭敬(공경)이라고 한다. • 忄(마음심발)은 心(마음 심)의 변형 부수이다. 一 十 廾 艹 共 共 恭 恭 恭	恭敬 공경 恭待 공대
3급II	 넓을 홍 [水, 6] 총 9획	물[氵]이 모든 것을 함께[共] 덮어 버릴 정도로 넓게 찬 모습을 나타낸다. 주로 洪水(홍수)를 의미한다. 丶 丷 氵 汁 汁 洪 洪 洪 	洪福 홍복 洪水 홍수
3급	 거리 항 [己, 6] 총 9획	마을 사람들[巳]이 함께[共] 거닐며 생활하는 거리를 뜻한다. • 巳(뱀 사)는 뱀처럼 몸을 구부린 사람의 모습을 나타낸다. 一 十 廾 艹 共 共 恭 巷	街談巷說 가담항설 巷間 항간
4급II	 항구 항 [水, 9] 총 12획	물가[氵]에 배가 드나들 수 있는 거리[巷]를 만들어 놓은 것이 항구이다. 삼면이 바다인 우리나라에서 港口(항구)는 중요한 역할을 한다. 氵 氵 汁 汁 洪 洪 洪 洪 港 港	공항 空港 출항 出港 항구 港口
3급II	 그 기 [八, 6] 총 8획	키[甘]를 양손[八→六]에 들고 까부른 곡식의 알맹이를 가리켜 '그것'이라고 표현한 글자이다. 가리키고자 하는 '그것'을 나타내는 지시 대명사이다. • 甘는 곡식의 쭉정이를 골라내는 도구인 키를 나타낸다. 一 十 廿 甘 甘 其 其 其	各其 각기 其他 기타 不知其數 부지기수

5급 II

터 기

[土, 8] 총 11획

키[甘]를 양손[𠬞→六]에 들고 알맹이를 고르듯 흙[土]을 고르고 다져서 이룬 터를 뜻한다. 시설이나 행동, 일의 밑바탕을 基本(기본)이라고 한다.

基幹	기간
基礎	기초
기금	基金
기본	基本
기지	基地

一 十 廿 甘 甘 其 其 其 基 基

5급

기약할 기

[月, 8] 총 12획

한 바퀴를 돌아 약속된 그[其] 자리로 돌아오는 달[月]처럼 기간을 정하여 약속한다는 뜻이다. 학교에서 학업의 필요에 따라 정해 둔 기간을 學期(학기)라고 한다.

劃期的	획기적
기말	期末
기한	期限
학기	學期

一 十 廿 甘 甘 其 其 期 期 期

5급 II

갖출 구

[八, 6] 총 8획

솥단지[目]를 양손[𠬞→六]에 들었으니 생활에 필요한 도구를 갖췄다는 뜻이다.

• 目은 많은 양의 음식을 할 수 있는 깊고 큰 솥단지의 모양이다.

가구	家具
구비	具備
기구	器具
도구	道具

丨 冂 冂 冃 目 且 具 具

3급

함께 구

[人, 8] 총 10획

사람들[亻]이 생활에 필요한 도구를 갖추고서[具] 함께 모인다는 뜻이다.

俱樂部	구락부
俱現	구현
父母俱存	부모구존

丿 亻 亻 们 伹 伹 伹 俱 俱

4급

더불/줄 여

[臼, 7] 총 14획

여러 사람이 새끼줄[与]을 마주 들고[舁] 더불어 꼬며 서로 도움을 준다는 뜻이다. 대통령과 더불어 정권을 잡고 있는 정당을 與黨(여당)이라고 한다.

• 舁(마주 들 여)는 두 사람이 마주 보며 손을 내밀어 물건을 든 모습이다. 与는 꼬인 새끼줄의 모양이다.

貸與	대여
賦與	부여
與野	여야
贈與稅	증여세
여당	與黨
여민동락	與民同樂
참여	參與

丶 ʹ 𠂆 𠂆 𠂆 臼 臼 臼 臼 與

5급

擧
들 거
[手, 14] 총 18획

여러 사람이 더불어[與] 손[手]으로 물건을 든다는 뜻이다. 어떤 집단의 대표를 뽑기 위해 누구에게 손을 들어줄 것인지 정하는 일을 選擧(선거)라고 한다.

擧國的	거국적
輕擧妄動	경거망동
薦擧	천거
거동	擧動
거론	擧論
선거	選擧

3급 II

譽
기릴/명예 예
[言, 14] 총 21획

많은 사람이 더불어[與] 좋은 말로[言] 칭찬하며 위대한 사람이나 업적을 기린다는 뜻이다. 사람들에게 인정받아 얻은 '名譽(명예)'를 의미하기도 한다.

名譽	명예
榮譽	영예

3급

輿
수레 여
[車, 10] 총 17획

여럿이 앞뒤에서 마주 들고[舁] 가는 수레[車]를 뜻한다. 가마처럼 메고 가는 형태의 수레이다. 대중이 싣고 있는 공통된 의견을 輿論(여론)이라고 한다.

喪輿	상여
輿論	여론

4급 II

興
일어날 흥
[臼, 9] 총 16획

여럿이 같이[同] 물건을 마주 들고[舁] 일이난다는 뜻이다. 물건을 들 힘이 나도록 '興(흥)을 일으키다' 또는 '興(흥)하다'의 뜻으로도 쓰인다.

卽興詩	즉흥시
振興	진흥
興奮	흥분
흥망	興亡
흥미	興味
흥행	興行

3급 II

泰
클 태
[水, 5] 총 10획

양손[𠬜→夫]을 크게 모아 물[氺]을 가득 뜬 모습이다. 사람들이 손에 마실 물을 얻었으니 '편안하다'는 뜻으로도 쓰인다.

• 氺(물수발)은 水(물 수)의 변형 부수이다.

國泰民安	국태민안
泰山北斗	태산북두

5급 II

받들 봉

[大, 5] 총 8획

신에게 바치기 위해 양손[扌→癶]에 예쁘고 풍성한 [丰→キ] 음식을 받든다는 뜻이다. 국가나 사회 또는 남을 받들기 위해 힘을 바쳐 애쓰는 일을 奉仕(봉사) 라고 한다.

• キ은 풀이 무성한 모양을 그린 丰(무성할 봉)의 변형이다.

一 二 三 声 夫 表 奏 奉

滅私奉公	멸사봉공
奉獻	봉헌
봉사	奉仕
봉양	奉養
신봉	信奉

3급 II

아뢸 주

[大, 6] 총 9획

옛날에는 신에게 제사의 시작을 알리기 위해 곡을 연주하였다. 양손[扌→癶]에 악기[天]를 들고 연주하며 신에게 제사를 아뢴다는 뜻이다.

• 天은 제사 지낼 때 연주하는 옻칠이 된 악기의 모양이다.

一 二 三 声 夫 表 奏 奏 奏

獨奏	독주
伴奏	반주
演奏	연주

4급 II

사나울 폭, 모질 포

[日, 11] 총 15획

해[日]가 나서 양손을 함께[共] 내어 쌀[米→氺]을 들고 나가 말리니 그 빛이 세고 사납다는 뜻이다. '갑자기, 모질다, 난폭하다, 드러내다' 등의 뜻으로도 쓰인다.

• 共(함께 공)은 묶여 있는 다발을 양손으로 함께 받쳐 든 모습이다.

丶 冂 曰 昌 昌 昌 昱 暴 暴 暴

自暴自棄	자포자기
暴露	폭로
暴雨	폭우
포악	暴惡
폭력	暴力
폭설	暴雪

4급

불 터질 폭

[火, 15] 총 19획

불꽃[火]이 사납게[暴] 퍼지며 터진다는 뜻이다. 불이 터지도록 화약을 채워서 떨어뜨리는 폭발물을 爆彈(폭탄)이라고 하고, 대나무 통이나 종이 통에 화약을 넣어 불꽃이 일어나게 하는 물건을 爆竹(폭죽)이라고 한다.

丶 火 炉 炉 焊 煜 爆 爆 爆

猛爆	맹폭
폭발	爆發
폭소	爆笑
폭죽	爆竹

잠깐! 성어 공략

*붉은색 글자는 한자능력검정시험 3급에 빈칸 채우기 문제로 출제되었던 한자임.

三旬九食	삼순구식	삼십 일 동안 아홉 끼니밖에 먹지 못함. 매우 가난함.
三寒四溫	삼한사온	7일을 주기로 사흘 동안 춥고 나흘 동안 따뜻함.
桑田碧海	상전벽해	뽕나무밭이 변하여 푸른 바다가 됨. 세상일의 변천이 심함을 비유.
塞翁之馬	새옹지마	인생의 길흉화복은 변화가 많아서 예측하기가 어려움.
生面不知	생면부지	서로 한 번도 만난 적이 없어서 전혀 알지 못하는 사람.
善男善女	선남선녀	성품이 착한 남자와 여자. 착하고 어진 사람들.
小貪大失	소탐대실	작은 것을 탐하다가 큰 것을 잃음.
速戰速決	속전속결	싸움을 오래 끌지 않고 빨리 몰아쳐 이기고 지음 결정함.
送舊迎新	송구영신	묵은해를 보내고 새해를 맞음.
修身齊家	수신제가	몸과 마음을 닦아 수양하고 집안을 다스림.
守株待兔	수주대토	그루터기를 지키며 토끼가 와서 부딪쳐 죽기를 기다림. 한 가지 일에만 얽매여 발전을 모르는 어리석은 사람을 비유.
壽福康寧	수복강녕	오래 살고 복을 누리며 건강하고 평안함.
脣亡齒寒	순망치한	입술이 없으면 이가 시림. 의지하던 사이에 한쪽이 위험하면 다른 한쪽도 덩달아 위험해짐.
識字憂患	식자우환	학식이 있는 것이 오히려 근심을 사게 됨.

雪上加霜 설상가상

눈 위에 서리가 덮임. 난처하거나 불행한 일이 잇따라 일어남.

16 일째

발

스마트 한자 암기 프로그램

7급II

足

발 족
[足, 0] 총 7획

무릎부터 발끝까지의 모양을 그린 글자이다. 글자의 윗부분은 무릎, 아랫부분은 발을 나타낸다. 전쟁 중에는 발만 잘 보존해도 족하다 하여 '만족하다'는 뜻도 있다.

• 足(발 족)의 변형 부수로는 ⻊(발족변)이 있다.

蛇足	사족
足跡	족적
만족	滿足
부족	不足
실족	失足

丶 丨 冂 口 吊 吊 足

3급II

促

재촉할 **촉**
[人, 7] 총 9획

사람[亻]이 발[足]을 동동 구르면서 빨리하라고 재촉한다는 뜻이다. 정해 놓은 시간이 바싹 닥쳐와서 가까운 것을 促迫(촉박)하다고 한다.

促迫	촉박
促進	촉진
販促	판촉

丿 亻 亻 伫 伫 伊 伊 促 促

3급

捉

잡을 **착**
[手, 7] 총 10획

손[扌]으로 도망가는 사람의 발[足]을 잡는다는 뜻이다. 상대를 꼭 붙잡는 것 또는 어떤 기운을 알아차리는 것을 捕捉(포착)이라고 한다.

捕捉	포착

一 一 十 扌 扌 护 护 护 捉 捉

3급II

踏

밟을 **답**
[足, 8] 총 15획

발[足→⻊]자국을 여러 번 겹치며[㳫] 밟는다는 뜻이다. 어떤 장소를 직접 밟아가며 '조사하다'라는 뜻도 있다.

踏步	답보
踏査	답사
踏襲	답습

• 㳫(겹칠 답)은 물[水] 흐르듯 말[曰]을 이으며 말꼬리를 겹친다는 뜻이다.

口 吊 吊 吊 足 趵 趵 跛 踏

5급

止 그칠 지

[止, 0] 총 4획

사람이 걷다가 멈춘 발자국을 그린 글자이다. '그치다, 멈추다, 머무르다' 등의 뜻으로 쓰인다.

丨 ㅏ ㅑ 止

抑止	억지
止揚	지양
廢止	폐지
금지	禁止
방지	防止
정지	停止
제지	制止

3급

肯 즐길 긍

[肉, 4] 총 8획

일하다 보면 중간에 잠시 쉬며 즐길 시간이 필요하다. 그래서 하던 일을 그치고[止] 잠시 고기[肉→月]를 먹으며 즐긴다는 뜻이다.

• 月(육달월법)은 肉(고기 육)의 변형 부수이다.

丨 ㅏ ㅑ 止 ⺧ 肯 肯 肯

| 肯定 | 긍정 |
| 首肯 | 수긍 |

4급Ⅱ

齒 이 치

[齒, 0] 총 15획

입을 벌리면[니] 윗니와 아랫니[쓨]에 박혀 머물러[止] 있는 이를 뜻한다.

• 니(입 벌릴 감)은 턱을 내려 입을 벌린 모습이고, 쓨은 혀를 사이에 두고 위와 아래에 위치한 이의 모양이다.

丨 ㅏ ㅑ 止 ⺧ 齒 齒 齒 齒

脣亡齒寒	순망치한
切齒腐心	절치부심
齒牙	치아
충치	蟲齒
치과	齒科
치약	齒藥

3급Ⅱ

企 꾀할 기

[人, 4] 총 6획

사람[人]이 멈춰[止] 서서 까치발을 들고 멀리 바라보며 앞날의 계획을 꾀한다는 뜻이다. 먼 곳을 보며 '기도하다, 희망하다'라는 뜻으로도 쓰인다.

丿 人 𠆢 仝 仐 企

企待	기대
企劃	기획
中小企業	중소기업

3급Ⅱ

之 갈 지

[丿, 3] 총 4획

사람이 땅을 밟고 걸어가는 모습을 그린 글자로, '가다'라는 뜻이다. 나중에 문장에서 '그것(대명사), ~의(어조사)' 등 다양한 뜻으로 쓰게 되었다.

丶 ㄧ ㇇ 之

無用之物	무용지물
漁夫之利	어부지리
易地思之	역지사지

3급II

책력 력

[日, 12] 총 16획

일자[日]별로 해와 달의 운행이나 절기 등을 가지런히[厤] 적어 놓은 책력(달력)을 뜻한다.

• 厤(다스릴 력)은 언덕[厂] 밑에 벼[秝]를 가지런히 정리하여 다스리는 모습이다.

曆法	역법
陽曆	양력
陰曆	음력

一 厂 厂 厂 厂 厤 厤 厤 曆 曆

5급II

지날 력

[止, 12] 총 16획

가지런히[厤] 발자취[止]를 남기며 길을 지난다는 뜻이다. 시간을 지나오며 이룬 자취를 기록으로 남긴 것을 歷史(역사)라고 한다.

履歷書	이력서
遍歷	편력
경력	經歷
역대	歷代
전력	前歷

厂 厂 厂 厂 厤 厤 厤 厤 歷

4급II

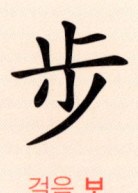

걸음 보

[止, 3] 총 7획

오른발과 왼발을 번갈아 옮겨 놓는 걸음을 그린 글자이다. 한 걸음 물러서서 자리나 물건 등을 사양하며 남에게 미루어 주는 것을 讓步(양보)라고 한다.

踏步	답보
步幅	보폭
讓步	양보
보도	步道

丨 ㅏ 止 ャ 步 步 步

3급

건널 섭

[水, 7] 총 10획

시내나 강물[氵]을 걸어서[步] 건넌다는 뜻이다. 직접 관계가 없는 남의 일에 건너가서 참견하는 것을 干涉(간섭)이라고 한다.

干涉	간섭
涉獵	섭렵
涉外	섭외

丶 丶 氵 氵 汁 泮 涉 涉 涉 涉

4급II

거스를 역

[辵, 6] 총 10획

사람이 거꾸로[屰] 서서 걸으며[辶] 순리를 거스른다는 뜻이다. 같은 방향의 찻길에서 다른 차와 반대로 거슬러 달리는 것을 逆走行(역주행)이라고 한다.

• 屰은 사람이 몸을 뒤집어서 선 모습이다.

莫逆之友	막역지우
逆謀	역모
逆襲	역습
역류	逆流
역설	逆說
역풍	逆風
역행	逆行

丶 丶 匕 屰 屰 逆 逆 逆 逆

3급
朔 초하루 삭
[月, 6] 총 10획

달은 월초부터 조금씩 차올라 보름달이 되었다가, 다시 이지러져 월말에는 거의 안 보이게 된다. 이처럼 **둥근 모양을 거스르며[屰] 이지러졌던 달[月]이 다시 차기 시작하는 초하루**를 뜻한다. '달수' 또는 '북쪽'을 의미하기도 한다.

` ゙ ㄗ 므 흠 乎 朔 朔 朔`

滿朔	만삭
朔風	삭풍

7급II
正 바를 정
[止, 1] 총 5획

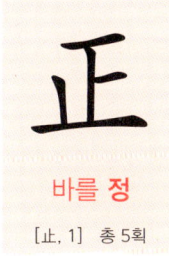

땅의 경계선[一]을 넘지 않고 올려놓은 발[止]의 모습이 바르다는 뜻이다. 경계선을 넘는 것은 不正(부정)한 행위이다.

`一 丁 下 下 正`

사정	司正
정정	訂正
개정	改正
정답	正答
정직	正直

4급II
政 정사 정
[攴, 5] 총 9획

政事(정사)는 나라를 다스리는 일인 政治(정치)를 의미한다. 이렇게 **나라를 바르게[正] 이끌기 위해 회초리[攴]로 지시하며 다스리는 정사**를 뜻한다.

● 攵(등글월문)은 손에 회초리를 들고 때리는 모습인 攴(칠 복)의 변형 부수이다.

`一 丁 下 下 正 正 正 政 政`

선정	善政
정책	政策
정치	政治

3급II
征 칠 정
[彳, 5] 총 8획

전쟁이 다반사였던 옛날에는 이런저런 이유로 다른 나라를 征伐(정벌)하곤 하였다. 이처럼 **바르지 않은 세력 앞에 나아가[彳] 그들을 바로잡기[正] 위해 친다**는 뜻이다.

● 彳(조금 걸을 척)은 行(다닐 행)의 일부분으로, 길을 걷는 것과 관계있다.

`丿 彳 彳 彳 行 行 征 征`

遠征	원정
長征	장정
征伐	정벌

4급
整 가지런할 정
[攴, 12] 총 16획

흩어진 것을 묶고[束] 삐져나온 부분을 쳐서[攴] 바르게[正] 만드니 가지런하다는 뜻이다. 흐트러진 것을 가지런하게 만드는 것을 整理(정리)라고 한다.

● 束(묶을 속)은 나무[木]를 끈으로 감아 묶은[口] 모양이다.

`一 ㅁ 市 束 束 敕 敕 敕 整`

정렬	整列
정리	整理
정비	整備

6급

정할 정

[宀, 5] 총 8획

집안[宀]을 바르게[正→疋] 다스리기 위해 사람이나 물건의 자리를 정한다는 뜻이다. 행동이나 태도를 분명하게 정하는 것을 決定(결정)이라고 한다.

- 疋은 땅에 발을 바르게 올려놓은 모양인 正(바를 정)의 변형이다.

`ˋ ˊ ˋ ㇁ ㇁ ㇁ 定 定`

鑑定	감정
肯定	긍정
暫定	잠정
정량	定量
정산	定算
정원	定員

4급 II

이/옳을 시

[日, 5] 총 9획

옛날 사람들은 만물 중에 해보다 바른 것은 없다고 믿었다. 그래서 해[日]는 언제나 바르고[正→疋] 옳다는 뜻이다. '이것'을 가리키는 지시 대명사로도 쓰인다.

`丶 丨 冂 日 旦 尸 尸 尸 是`

國是	국시
是正	시정
亦是	역시
시시비비	是是非非
시인	是認

4급 II

끌 제

[手, 9] 총 12획

손[扌]으로 자신이 옳다고[是] 생각하는 것을 끌어당긴다는 뜻이다. 물건을 끌어다가 내주거나 갖다 바치는 것을 提供(제공)이라고 한다.

`一 十 扌 扌 扌 押 押 押 捍 捍 提`

提供	제공
提携	제휴
제기	提起
제시	提示
제청	提請

3급

둑 제

[土, 9] 총 12획

하천이나 바닷물이 땅으로 흘러넘치는 것을 막기 위해 쌓은 시설을 둑이라고 한다. 그래서 흙[土]을 쌓아 물이 넘치지 않고 옳은[是] 길로 가도록 막은 둑을 뜻한다.

`一 十 土 圹 圵 坦 坦 垠 堤 堤`

防潮堤	방조제
防波堤	방파제
堤防	제방

6급 II

제목 제

[頁, 9] 총 18획

글이나 강의에서 그 내용이 옳게[是] 드러나도록 글의 머리[頁]에 갖다 붙인 제목을 뜻한다. 題目(제목)은 전체 내용을 대표하는 것이어야 한다.

- 頁(머리 혈)은 머리끝부터 발까지 중에 머리와 얼굴을 강조한 모양이다.

`日 旦 尸 尸 尸 是 是 題 題`

副題	부제
숙제	宿題
제목	題目
주제	主題

4급

늘일 연
[廴, 4] 총 7획

발을 질질 끌며[丿] 가다 서기를[止→止] 반복하여 천천히 걸으면[廴] 가는 데 걸리는 시간이 늘어난다는 뜻이다. 시간이나 거리 등을 본래보다 길게 늘이는 것을 延長(연장)이라고 한다.

- 廴(민책받침)은 발을 천천히 끌며 걷는 모습이다.

` 丨 下 正 延 延 延

遲延	지연
연기	延期
연장	延長
연착	延着

3급

낳을/거짓 탄
[言, 7] 총 14획

말[言]을 길게 늘여[延] 거짓을 낳는다는 뜻이다. 나중에 생명을 낳는다는 의미로도 썼다. 주로 제왕(帝王)이나 고귀한 사람이 태어난다는 뜻으로 쓰인다.

` 亠 言 言 訂 訂 訂 誕 誕

佛誕日	불탄일
聖誕節	성탄절
誕生	탄생
誕辰	탄신

3급 II

조정 정
[廴, 4] 총 7획

임금이 신하들과 나라의 정치를 의논하거나 집행하는 곳을 朝廷(조정)이라고 한다. 그래서 신하[壬]가 매일 걸어[廴] 나가야 하는 곳인 조정을 뜻한다.

- 壬(북방 임)은 등에 짐을 지고 북쪽으로 가는 신하의 모습이다.

` 二 千 壬 任 廷 廷

宮廷	궁정
法廷	법정
朝廷	조정

6급 II

뜰 정
[广, 7] 총 10획

집[广] 안에 대궐의 조정[廷]처럼 넓게 만든 뜰을 뜻한다.

- 广(집 엄)은 커다란 집의 지붕을 그린 부수이다.

` 亠 广 广 庄 庄 庭 庭 庭 庭

가정	家庭
정원	庭園
친정	親庭

4급 II

길 정
[禾, 7] 총 12획

벼[禾]를 윗사람에게 바치기[呈] 위해 농사지어 나가는 길(과정)을 뜻한다. 계획된 '분량'을 뜻하기도 한다. 하루에 가야 할 길을 日程(일정)이라고 한다.

- 呈(바칠 정)은 윗사람의 입[口]에 들어갈 곡식을 지고[壬] 가서 바친다는 뜻이다.

` 二 千 禾 禾 和 程 程 程 程

大長程	대장정
과정	過程
규정	規程
여정	旅程
일정	日程

4급 II

성인 성

[耳, 7] 총 13획

귀[耳]와 입[口]이 총명하여 사리 분별력이 뛰어난 사람[壬]인 성인을 뜻한다. 나중에 초월적 존재로서의 '신'도 뜻하게 되었다. 어질고 덕이 뛰어난 임금을 聖君(성군)이라고 한다.

聖靈	성령
성군	聖君
성당	聖堂
성인	聖人
성직자	聖職者

一 「 下 下 耳 耳 即 耵 聖 聖 聖

7급

날 출

[凵, 3] 총 5획

동굴[凵]에서 발[屮]이 나오는 모습이다. 동굴을 벗어나 세상의 빛을 보게 되었으니 '뛰어나다'는 뜻으로도 쓰인다. 사회적으로 높은 지위에 올라 세상에 이름나게 되는 것을 出世(출세)라고 한다.

• 屮는 발가락과 발목 부분을 그린 모양이다.

出刊	출간
出獄	출옥
出荷	출하
출산	出産
출입구	出入口
출중	出衆

丨 ㄴ 屮 屮 出

3급

졸할 졸

[手, 5] 총 8획

재주나 재능이 없고 서투른 것을 '졸하다'고 한다. 식물이 자라는 것을 돕는답시고 손[扌]으로 싹을 뽑아 억지로 나오게[出] 하다가 죽이니 재주가 졸하다는 뜻이다.

拙劣	졸렬
拙速	졸속
拙作	졸작
拙筆	졸필

一 † 扌 扌 扚 拙 拙 拙

6급 II

각각 각

[口, 3] 총 6획

사람들이 걸어[夂] 다닌 발자국이 입구[口]에 찍힌 모습이 제각각이라는 뜻이다. 각각의 자기 자신을 各自(각자)라고 한다.

• 夂(뒤져올 치)는 천천히 걷는 발을 그린 글자이다.

各人各色	각인각색
各種	각종
각각	各各
각계각층	各界各層
각자	各自

丿 夂 夂 冬 各 各

6급

길 로

[足, 6] 총 13획

사람들이 저마다의 발[足→⻊]로 각각[各] 다니는 길을 뜻한다. 道路(도로)에는 사람이 다니는 人道(인도)와 차가 다니는 車道(차도)가 모두 포함된다.

高架道路	고가도로
미로	迷路
귀로	歸路
노면	路面
대로	大路

口 ㅁ 묘 足 足⺀ 趵 趵 政 路 路

5급 II

격식 격

[木, 6] 총 10획

주위 환경이나 형편에 맞는 일정한 방식을 격식이라 한다. 나무[木]가 각각[各]의 형태나 주위 환경에 맞게 자라나는 격식(방식)을 뜻한다. 사람이 타고난 성품에 따라 행동하는 격식을 品格(품격)이라고 한다.

昇格	승격
격상	格上
격식	格式
격언	格言
자격	資格

一 十 十 才 朴 朴 柊 柊 格 格

4급

간략할 략

[田, 6] 총 11획

무질서하던 옛날에는 남의 밭[田]을 빼앗아 각자[各] 소유하는 일이 쉽고 간략했다는 뜻이다. 이렇게 남의 땅을 '약탈하다'라는 뜻으로도 쓰인다.

謀略	모략
略述	약술
策略	책략
공략	攻略
약식	略式
중략	中略

丨 冂 日 田 田 畋 畋 畋 略 略

3급 II

이을 락

[糸, 6] 총 12획

실[糸]로 각각[各] 떨어져 있는 물체를 잇는다는 뜻이다. 서로에게 소식을 잇는 것을 連絡(연락)이라고 한다.

經絡	경락
脈絡	맥락
連絡	연락

幺 幺 幺 糸 糸 紷 紷 絡 絡

3급 II

집 각

[門, 6] 총 14획

대문[門] 안으로 사람을 들여 각각[各]의 용무를 처리해 주는 관청과 같은 큰 집을 뜻한다. 주로 대궐이나 누각, 관청 등을 의미한다. 국가의 행정을 담당하는 최고 합의 기관을 內閣(내각)이라고 한다.

閣下	각하
改閣	개각
內閣	내각
樓閣	누각

丨 冂 冂 冂 門 門 門 閣 閣

5급 II

손 객

[宀, 6] 총 9획

각처[各]에서 집[宀]으로 찾아온 손(님)을 뜻한다. 주인과 손님을 합쳐 主客(주객)이라고 한다.

乘客	승객
賀客	하객
객관	客觀
객지	客地
주객	主客

丶 丶 宀 宀 宁 灾 灾 客 客

4급

이마 **액**

[頁, 9] 총 18획

손님[客]의 머릿수를 셀 때 가장 먼저 보이는 머리[頁]의 이마를 뜻한다. 그림이나 사진을 끼우는 데 쓰는 이마처럼 넓은 틀을 額子(액자)라고 한다.

금액	金額
액자	額子
정액	定額

`丶 宀 宀 㝉 㝉 客 客 客 額 額`

3급 II

만날 **봉**

[辶, 7] 총 11획

무성한[丰] 풀 위를 걸어[夂]가다가[辶] 사람을 만난다는 뜻이다. 서로 만나는 것을 相逢(상봉)이라 한다.

• 夆(만날 봉)은 무성한[丰] 풀 위를 걸으며[夂] 무엇과 만나는 것을 뜻한다.

逢着	봉착
相逢	상봉

`丿 夂 夂 夆 夆 夆 夆 逢 逢 逢`

3급 II

봉우리 **봉**

[山, 7] 총 10획

산[山] 위로 올라가면 만날[夆] 수 있는 봉우리를 뜻한다. 산맥 중에 가장 높은 봉우리나 어떤 분야에서 가장 높은 수준을 最高峯(최고봉)이라고 한다.

主峯	주봉
最高峯	최고봉

`丨 山 山 岁 峇 峇 峯 峯 峯 峯`

3급

벌 **봉**

[虫, 7] 총 13획

벌레[虫] 중에 꽃을 만나[夆] 꿀을 채취하는 벌을 뜻한다. 벌 떼처럼 떼 지어 세차게 일어나는 것을 蜂起(봉기)라고 한다.

• 虫(벌레 충)은 세모꼴 머리에 몸이 긴 뱀을 그린 글자인데, 나중에 모든 벌레를 가리키게 되었다.

蜜蜂	밀봉
蜂起	봉기
養蜂	양봉

`丨 口 中 虫 虫 虫 虮 蚁 蜂 蜂`

4급

내릴 **강**,
항복할 **항**

[阜, 6] 총 9획

병사들이 언덕[阝] 위에서 발[夂]을 비틀대며[ヰ] 천천히 내려와 항복한다는 뜻이다. 적이나 상대편의 힘에 눌리어 굴복하는 것을 降伏(항복)이라고 한다.

• 夂(뒤져올 치)는 천천히 걷는 발을 그린 글자이고, ヰ는 그 발이 비틀대는 모양이다.

降臨	강림
降版	강판
昇降機	승강기
投降	투항
下降	하강
降伏	항복

`丨 ㄋ 阝 阝 阝 阽 阽 降 降`

8급

先
먼저 선
[儿, 4] 총 6획

남보다 앞서 가는[之→土] 두 다리[儿]를 가진 사람은 도착이 먼저라는 뜻이다. 어떤 일이 일어나기 전에 먼저 앞을 내다보고 아는 지혜를 先見之明(선견지명)이라고 한다.

• 儿(사람인발)은 사람이 두 다리를 그린 모양이다.

丿 ㄧ ㅗ 生 步 先

先見之明	선견지명
先驅者	선구자
先輩	선배
先拂	선불
선각자	先覺者
선금	先金
선친	先親

5급II

洗
씻을 세
[水, 6] 총 9획

물[氵]에 가까이 가서[之→土] 두 다리[儿]를 담그고 씻는다는 뜻이다. 손이나 얼굴을 씻는 것을 洗手(세수)라고 한다.

丶 丶 氵 氵 汗 浐 洮 洗 洗

洗腦	세뇌
洗禮	세례
洗濯	세탁
세면	洗面
세안	洗眼
세차	洗車

3급II

贊
도울 찬
[貝, 12] 총 19획

어려운 사람에게 남보다 먼저[先] 더 먼저[先] 가서 재물[貝]을 주며 돕는다는 뜻이다. 어떤 일에 힘이나 재물로 돕는 것을 協贊(협찬)이라고 한다.

丿 ㄧ ㅗ 生 生 先 梺 替 瞀 贊

贊同	찬동
贊成	찬성
贊助	찬조
協贊	협찬

4급

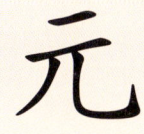

讚
기릴 찬
[言, 19] 총 26획

남을 돕는[贊] 사람에게 칭찬하는 말[言]을 전하며 그 훌륭함을 기린다는 뜻이다. 좋은 점이나 착하고 훌륭한 일을 높이 평가하는 것을 稱讚(칭찬)이라고 한다.

言 言 言 言 訁 訁 讃 讃 讃 讚

自畫自讚	자화자찬
讚揚	찬양
극찬	極讚
찬가	讚歌
찬미	讚美
칭찬	稱讚

5급II

元
으뜸 원
[儿, 2] 총 4획

두 다리[儿] 위로 솟은 머리[二]가 우리 몸의 가장 꼭대기이므로 '으뜸, 첫째'라는 뜻이다. 어떤 일을 첫째로 시작한 사람을 元祖(원조)라고 한다.

• 二는 큰 머리의 형태를 나타낸다.

一 二 テ 元

元旦	원단
元帥	원수
元亨利貞	원형이정
사차원	四次元
원수	元首
원조	元祖

5급

완전할 완

[宀, 4] 총 7획

집[宀]을 으뜸[元]으로 잘 지었으니 **완전하다**는 뜻이다. 병을 완전히 낫게 하는 것을 完治(완치)라고 한다.

` ` ` 宀 ` 宀 ` 宁 ` 完

보완	補完
완료	完了
완불	完拂
완납	完納
완치	完治

5급

집 원

[阜, 7] 총 10획

언덕[阝] 위에 담을 완전하게[完] 둘러쳐서 지은 관청이나 사원 같은 집을 뜻한다. 寺院(사원), 病院(병원), 學院(학원) 등의 단어에 활용된다.

` ` ` 阝 ` 阝 ` 阝 ` 阼 ` 阼 ` 院

개원	開院
법원	法院
병원	病院
원내	院內
학원	學院

3급 II

갓 관

[冖, 7] 총 9획

옛날에 어른이 된 남자가 머리[元]에 덮어[冖] 쓰고 손[寸]으로 동여매던 갓을 뜻한다. 옛날에는 남자가 성년이 되면, 어른이 된다는 의미로 상투를 틀고 갓을 쓰게 하는 冠禮(관례)를 치렀다.

• 元(으뜸 원)은 두 다리[儿] 위의 머리[二] 모양을 나타낸다.

` ` ` 冖 ` 冖 ` 元 ` 元 ` 冠 ` 冠

冠禮	관례
冠婚喪祭	관혼상제
弱冠	약관
王冠	왕관
衣冠	의관

4급 II

달릴 주

[走, 0] 총 7획

사람[大→土]이 발[足→龰]을 앞뒤로 움직이며 빠르게 달리는 모습이다. 매우 빨리 달리는 것을 疾走(질주)라고 한다.

• 土(토)는 사람의 모습을 그린 大(큰 대)의 변형이다.

一 十 土 キ キ 走 走

東奔西走	동분서주
奔走	분주
疾走	질주
독주	獨走
주마간산	走馬看山
주마등	走馬燈

4급

무리 도

[彳, 7] 총 10획

길[彳] 한편으로 때 지어 달려와서[走] 모인 사람들의 무리를 뜻한다.

• 彳(조금 걸을 척)은 사거리를 그린 行(다닐 행)의 일부분으로, 길을 걷는 것과 관계있다.

` ` ` 彳 ` 彳 ` 彳 ` 徏 ` 徏 ` 徒 ` 徒

花郞徒	화랑도
불도	佛徒
신도	信徒
폭도	暴徒

4급

좇을 종

[彳, 8] 총 11획

길[彳]에서 앞사람[人]의 뒤를 뒷사람[人]이 발[足→ㄓ]로 좇는다는 뜻이다. 주로 남의 말이나 뜻을 따른다는 의미로 쓰인다.

丿 ㇉ 彳 彳' 彳" 彵 彵 從 從 從

面從腹背	면종복배
追從	추종
상종	相從
순종	順從
주종	主從

3급II

세로 종

[糸, 11] 총 17획

베틀은 세로로 여러 겹 놓인 날실에 씨실을 넣어서 조이며 천을 짜는 기구이다. 이때 베틀에 걸린 실[糸]이 위에서부터 쭉 따라와[從] 놓인 모습이 세로라는 뜻이다. 橫(가로 횡)과 뜻이 반대이다.

丨 幺 幺 糸 絆 絆 絆 絆 縱

縱斷	종단
縱隊	종대
縱的	종적
縱橫無盡	종횡무진

5급II

머리 수

[首, 0] 총 9획

사람의 머리를 나타내기 위해 머리카락과 눈을 강조하여 그린 글자이다. 머리는 우리 몸의 맨 위에 있다는 점에서 '첫째, 우두머리'를 뜻하기도 한다. 등급이니 직위의 맨 윗자리를 首席(수석)이라고 한다.

丶 丷 ⺌ 广 产 首 首 首 首

首肯	수긍
首腦	수뇌
鶴首苦待	학수고대
수도	首都
수상	首相
수석	首席
원수	元首

7급II

길 도

[辶, 9] 총 13획

머리[首]가 달린 사람들이 이리저리 다니는[辶] 길을 뜻한다. '사람이 마땅히 걸어야 할 도덕적인 길'을 뜻하기도 한다.

丶 丷 ⺌ 产 首 首 渞 渞 道 道

騎士道	기사도
橫斷步道	횡단보도
도덕	道德
도리	道理
도민	道民

4급II

인도할 도

[寸, 13] 총 16획

인간이 마땅히 가야 할 길[道]을 손[寸]으로 가리키며 인도한다는 뜻이다. 남을 가르쳐 이끄는 사람을 指導者(지도자)라고 한다.

产 首 首 渞 道 道 道 導 導

啓導	계도
矯導所	교도소
誘導	유도
선도	先導
인도	引導
지도	指導

7급

낯 **면**

[面, 0] 총 9획

사람의 얼굴선과 코를 강조하여 그린 글자이다. 얼굴의 살가죽이 쇠처럼 두꺼워 염치가 없고 뻔뻔스러운 사람을 鐵面皮(철면피)라고 한다.

一 丆 丆 丙 而 而 面 面

面刀	면도
面貌	면모
面像	면상
가면	假面
면전	面前
면접	面接
면회	面會

3급 II

낯 **안**

[頁, 9] 총 18획

선비[彦]가 머리[頁]에서 항상 단정함을 유지해야 하는 낯(얼굴)을 뜻한다.

• 頁(머리 혈)은 머리끝부터 발까지 중에 머리와 얼굴을 강조한 글자이다. 彦(선비 언)을 産(낳을 산)으로 쓰지 않도록 주의해야 한다.

亠 亠 亠 产 产 彦 彦 彦 顏 顏

童顏	동안
顏面	안면
顏色	안색

5급 II

무리 **류**

[頁, 10] 총 19획

쌀[米] 알갱이처럼 많은 사람이 개[犬]떼처럼 머리[頁]를 모으고 있는 무리를 뜻한다.

丶 丷 ⺦ 米 类 类 类 类 類 類

類似	유사
분류	分類
육류	肉類
의류	衣類
인류	人類

3급

자주 **빈**

[頁, 7] 총 16획

오래 걸으면[步] 힘들어서 얼굴[頁]을 자주 찡그린다는 의미이다. '자주'라는 뜻으로 많이 쓰이며, 나중에 '찡그리다'라는 뜻도 나왔다.

丨 ト 卜 止 止 步 步 頻 頻

頻度	빈도
頻發	빈발
頻繁	빈번

3급

돌아볼 **고**

[頁, 12] 총 21획

집[戶] 근처에서 새[隹] 소리를 들으면 어디에 있는지 머리[頁]를 돌려 돌아본다는 뜻이다. 지난날을 돌아본다는 의미도 있다. 상점 등을 돌아보며 물건을 사러 오는 손님을 顧客(고객)이라고 한다.

丶 冫 尸 戶 戶 雇 雇 雇 顧 顧

顧客	고객
顧慮	고려
顧問	고문
回顧	회고

3급

모름지기 수

[頁, 3] 총 12획

할아버지가 머리[頁] 아래 턱수염[彡]을 쓰다듬으며 반드시 해야 할 일을 훈계하는 모습에서 '모름지기, 반드시'라는 뜻이 나왔다.

彡 彡 彡 须 须 须 须 須 須 須

| 必須 | 필수 |

3급II

적을 과

[宀, 11] 총 14획

집[宀]에 있는 머릿수[頁]가 칼[刀]로 자른 듯 줄었으니 사람이 적다는 뜻이다. 남편을 잃고 사람이 적은 집에서 혼자 사는 여자를 寡婦(과부)라고 한다.

丶 宀 宀 宀 宀 宕 宣 宣 寘 寡

寡婦	과부
寡少	과소
寡人	과인

3급

번거로울 번

[火, 9] 총 13획

머릿속[頁]에 불[火]이 난 것처럼 열을 받아서 생각이 번거롭다는 뜻이다.

丶 丷 业 火 火 灯 灯 炠 煩 煩

| 煩惱 | 번뇌 |
| 煩雜 | 번잡 |

3급

번뇌할 뇌

[心, 9] 총 12획

마음이 시달려서 괴로워하는 것을 煩惱(번뇌)라고 한다. 마음[忄]이 복잡하니 머리카락[巛] 아래에 있는 뇌[囟]가 시달리며 번뇌한다는 뜻이다.

• 巛은 머리카락의 모양이고, 囟(정수리 신)은 정수리와 뇌의 모양이다.

丶 丶 忄 忄 忄" 忄" 惱 惱 惱 惱

| 苦惱 | 고뇌 |
| 百八煩惱 | 백팔번뇌 |

3급II

뇌 뇌

[肉, 9] 총 13획

우리 몸[月]에서 머리카락[巛]과 정수리[囟] 안쪽에 있는 뇌를 뜻한다. 뇌를 다른 말로 頭腦(두뇌)라고도 한다.

• 月(육달월변)은 肉(고기 육)의 변형 부수이다.

丿 刀 月 月" 朋" 胪 腦 腦 腦

腦死	뇌사
大腦	대뇌
頭腦	두뇌

5급

생각 사

[心, 5] 총 9획

옛사람들은 생각이 머리와 가슴에서 나온다고 믿었다. 그래서 뇌[囟→田]와 마음[心]으로 하는 생각이라는 뜻이다.

• 田은 여기서 囟(정수리 신)이 변형된 모양이다.

思料	사료
思索	사색
思惟	사유
사려	思慮
사모	思慕
사조	思潮

丶 口 日 田 田 甲 思 思 思

4급 II

가늘 세

[糸, 5] 총 11획

뇌[囟→田]의 안쪽에 있는 핏줄은 실[糸]처럼 가늘다는 뜻이다. 매우 미세하고 가늘어서 잘 보이지 않는 병균을 細菌(세균)이라고 한다.

微細	미세
詳細	상세
細菌	세균
세공	細工
세밀	細密
세포	細胞

ㄥ ㄠ 幺 乡 糸 糸 紀 紃 細 細

잠깐! 성어 공략

* 붉은색 글자는 한자능력검정시험 3급에 빈칸 채우기 문제로 출제되었던 한자임.

성어	독음	뜻
信賞必罰	신상필벌	공이 있는 자에게는 반드시 상을, 죄가 있는 자에게는 반드시 벌을 줌. 상과 벌을 공정하고 엄중하게 하는 일.
身言書判	신언서판	인물을 선택하는 네 가지 표준 조건인 신수(용모와 풍채), 말씨, 문필, 판단력.
神出鬼沒	신출귀몰	귀신같이 나타났다가 사라짐. 움직임을 쉽게 알 수 없을 만큼 자유자재로 나타나고 사라짐.
實事求是	실사구시	사실에 토대를 두어 진리를 탐구하는 일. 정확한 고증을 바탕으로 하는 객관적 학문 태도.
深思熟考	심사숙고	깊이 생각하고 곰곰이 생각함.
十中八九	십중팔구	열 가운데 여덟이나 아홉 정도로 대부분이거나 거의 틀림없음.
十年知己	십년지기	오래전부터 친히 사귀어 잘 아는 사람.
我田引水	아전인수	자기 논에 물 대기. 자기에게만 이롭게 되도록 생각하거나 행동함.
安貧樂道	안빈낙도	가난한 생활을 하면서도 편안한 마음으로 도를 즐겨 지킴.
安分知足	안분지족	편안한 마음으로 제 분수를 지키며 만족할 줄을 앎.
弱肉強食	약육강식	약한 자가 강한 자에게 먹힘.
羊頭狗肉	양두구육	양의 머리를 걸어놓고 개고기를 팖. 앞뒤가 다름.
魚目燕石	어목연석	물고기 눈과 중국 옌산[燕山]의 돌은 구슬처럼 보이나 구슬이 아님. 가짜가 진짜를 어지럽힘.
語不成說	어불성설	말이 조금도 사리에 맞지 않음.

漁夫之利 어부지리

두 사람이 서로 싸우는 사이에 엉뚱한 사람이 이익을 가로챔.

17일째 마음

스마트 한자 암기 프로그램

7급

心
마음 심
[心, 0] 총 4획

사람의 심장을 그린 글자로, 주로 생각이나 마음을 의미한다.

心醉   심취
人面獸心   인면수심
관심   關心
심약   心弱
흑심   黑心

丶 心 心 心

4급II

應
응할 응
[心, 13] 총 17획

옛날에 사냥용으로 키우던 매[雁]는 주인의 마음[心]을 잘 읽고 이에 응한다는 뜻이다. 부름이나 물음에 응하여 답하는 것을 應答(응답)이라고 한다.

• 雁(매 응)은 사냥용으로 집[广]에서 사람[亻]이 키우던 새[隹]인 매를 뜻하는 글자이다.

應諾   응낙
應募   응모
불응   不應
응답   應答
호응   呼應

丶 亠 广 广 庐 庐 雁 雁 雁 應

3급II

慧
슬기로울 혜
[心, 11] 총 15획

슬기란, 일을 바르게 판단하고 잘 처리하는 재능이다. 어떤 일을 빗자루[彗]로 쓸듯이 깔끔하게 처리하는 마음[心]을 가졌으니 슬기롭다는 뜻이다.

• 彗(빗자루 혜)는 싸리 빗자루를 손으로 든 모습이다.

智慧   지혜
知慧   지혜
慧眼   혜안

一 二 三 丰 圭 卦 彗 彗 彗 慧

4급II

慶
경사 경
[心, 11] 총 15획

옛날 중국에는 기쁜 일이 있는 상대에게 귀한 사슴 가죽을 선물하는 풍습이 있었다. 이처럼 귀한 사슴[鹿→声] 가죽을 들고 기쁜 마음[心]으로 걸어가서[夊] 축하해 주는 경사(기쁜 일)를 뜻한다.

• 声은 사슴의 뿔과 눈망울, 네 발 등을 그린 鹿(사슴 록)의 변형이다.

慶弔事   경조사
慶賀   경하
경사   慶事
경축   慶祝
국경일   國慶日

亠 广 广 庐 声 庙 慶 慶 慶

4급

慰

위로할 위

[心, 11] 총 15획

제단[示] 위의 시체[尸]를 손[寸]으로 어루만지며 마음[心]을 다해 위로한다는 뜻이다. 慰勞(위로)는 따뜻한 말이나 행동으로 괴로움과 슬픔을 달래 주는 것이다.

• 示(보일 시)는 제사 지내는 단을 그린 글자이다.

一 コ ヨ 尸 尽 尿 尉 尉 慰 慰

慰靈祭	위령제
弔慰金	조위금
위로	慰勞
위문	慰問
위안	慰安

6급

愛

사랑 애

[心, 9] 총 13획

손[爫]으로 손을 덮어[冖] 잡고 두근대는 마음[心]으로 걸어가는[夊] 사람들의 사랑을 뜻한다. 모든 사람을 평등하게 사랑하는 것을 博愛(박애)라고 한다.

一 ー 不 ㅉ 平 栗 票 愛 愛 愛

愛誦	애송
愛憎	애증
戀愛	연애
박애	博愛
애견	愛犬
애정	愛情

3급Ⅱ

憂

근심 우

[心, 11] 총 15획

양손으로 머리[頁→百]를 감싸고[冖] 마음[心]을 달래며 걷는[夊] 사람의 근심을 뜻한다.

• 百은 頁(머리 혈)에서 다리가 생략된 모양이다. 冖(덮을 멱)은 여기서 손으로 머리를 덮어 감싸 쥐었다는 의미이다.

一 ー 不 百 白 自 息 憂 憂 憂

內憂外患	내우외환
識字憂患	식자우환
憂慮	우려
憂愁	우수

4급

優

넉넉할 우

[人, 15] 총 17획

사람[亻]이 근심[憂]하고 노력하다 보면 생각이 성장하여 넉넉해진다는 뜻이다. 능력이 넉넉하여 '뛰어나다'라는 뜻으로도 쓰이고, 표현력이 넉넉한 '연기자'를 뜻하기도 한다.

亻 亻 伂 佰 価 優 優 優 優

優劣	우열
優雅	우아
優越	우월
여우	女優
우성	優性
우승	優勝

3급Ⅱ

戀

그리워할 련

[心, 19] 총 23획

마음[心]속이 어지러울[䜌] 정도로 사랑하는 사람을 그리워한다는 뜻이다. 서로 그리워하고 사랑하는 것을 戀愛(연애)라고 한다.

• 䜌(어지러울 련)은 양쪽에서 실[絲]처럼 끊임없이 말[言]을 뱉어내니 정신이 어지럽다는 뜻이다.

亠 宀 言 信 綰 綰 綰 綰 戀 戀

失戀	실연
戀歌	연가
戀愛	연애

5급 II

변할 변

[言, 16] 총 23획

세상을 어지럽힌[䜌] 사람을 때려서[攵] 좋은 방향으로 이끄니 **변한다**는 뜻이다. 성질, 모양, 상태 등이 바뀌어 달라지는 것을 變化(변화)라고 한다.

• 攵(등글월문)은 손에 회초리를 들고 때리는 모습인 攴(칠 복)의 변형 부수이다.

言 䜌 䜌 䜌 䜌 䜌 䜌 䜌 變 變

突變	돌변
變遷	변천
慘變	참변
변동	變動
변색	變色
변심	變心
변이	變異

3급 II

두려울 공

[心, 6] 총 10획

연장[工]을 들고 몸을 구부려[凡] 땅을 팔 때 무엇이 나올지 몰라 **두려워하는 마음[心]**을 뜻한다. 두려워할 만한 것을 可恐(가공)할 만하다고 한다.

• 凡(무릇 범)은 여기서 몸을 구부리고 있는 사람의 모습을 나타낸다.

一 T エ 工 巩 巩 巩 恐 恐 恐

可恐	가공
恐龍	공룡
恐妻家	공처가

4급 II

쌓을 축

[竹, 10] 총 16획

집을 짓기 위해 나무[木] 기둥을 세운 후 연장[工]을 들고 몸을 구부려[凡] 대나무[竹] 지붕을 **쌓는다**는 뜻이다.

ノ ⺮ ⺮ 竺 竺 筑 筑 筑 築 築

築臺	축대
개축	改築
건축	建築
신축	新築
증축	增築

4급

원망할 한

[心, 6] 총 9획

마음[忄]속에 응어리로 머물러[艮] 있는 사람을 **미워하며 원망한다**는 뜻이다.

• 艮(그칠 간)은 사람이 길에 머물러 서서 원망하며 뒤돌아보는 모습이다. 良(어질 량)으로 쓰지 않도록 주의해야 한다.

, , 忄 忄 忄 忄 忄 恨 恨 恨

悔恨	회한
여한	餘恨
통한	痛恨
한탄	恨歎

4급 II

막을 한

[阜, 6] 총 9획

높은 언덕[阝]이 버티고 서서 사람들의 걸음이 멈추도록[艮] **앞을 막는다**는 뜻이다. 주로 힘이나 능력이 작용할 수 있는 限界(한계)를 의미한다. 한계가 없는 것을 無限(무한)이라고 한다.

ノ ⻖ ⻖ 阝 阝 阡 限 限 限

기한	期限
무제한	無制限
한정	限定

4급II

눈 안

[目, 6] 총 11획

길쭉한 눈[目] 안에 머물러[艮] 있는 동그란 눈동자를 뜻한다. 시력이 나쁜 눈을 잘 보이게 하는 물건은 眼鏡(안경)이다.

審美眼	심미안
雙眼鏡	쌍안경
眼疾	안질
노안	老眼
안하무인	眼下無人
육안	肉眼

丨 冂 冃 目 目ᄀ 目ᄀ 目ᄏ 目ᄏ 眼 眼 眼

6급

뿌리 근

[木, 6] 총 10획

나무[木]가 땅 아래에 박혀 머물러[艮] 있도록 해 주는 뿌리를 뜻한다. 초목의 뿌리나 사물의 본바탕을 根本(근본)이라고 한다.

根幹	근간
草根木皮	초근목피
禍根	화근
근원	根源
근절	根絶
모근	毛根

一 十 才 木 木ᄀ 木ᄀ 木ᄏ 柜 根 根

6급

은 은

[金, 6] 총 14획

쇠붙이[金] 중에 눈길을 멈추게[艮] 할 만큼 희고 깨끗한 빛을 가진 은을 뜻한다. 옛날에는 은덩이를 화폐로 사용했기에, 은을 거래하는 금융 기관이라는 뜻의 銀行(은행)이 만들어졌다.

銀塊	은괴
銀幕	은막
수은	水銀
은행원	銀行員
은행	銀行

丿 乞 乍 乍 金 金ᄀ 金ᄏ 銀 銀 銀

3급II

간절할 간

[心, 13] 총 17획

해치[豸] 앞에 멈추어[艮] 서서 정성껏 소원을 비는 마음[心]이 간절하다는 뜻이다. 옳고 그름을 판단한다고 알려진 상상의 동물 해치의 모습은 현재 서울 광화문 앞에 있는 석상에서 볼 수 있다.

• 豸(해치 치)는 입을 벌리고 이빨을 드러낸 해치의 모습이다.

| 懇談會 | 간담회 |
| 懇請 | 간청 |

丶 彡 乛 乥 多 豸 豺 豺 貇 懇

4급II

退

물러날 퇴

[辶, 6] 총 10획

상대의 기세에 밀려서 앞으로 가던[辶] 발길을 멈추고[艮] 뒤로 물러난다는 뜻이다.

退却	퇴각
退役	퇴역
퇴근	退勤
퇴임	退任
퇴장	退場
퇴행	退行

ᄀ ᄀ ᄏ 日 艮 艮 ᄀ艮 退 退 退

5급 II

좋을 량
[艮, 1] 총 7획

곡식[丶]을 체[艮]에 넣어 쭉정이를 골라내면 남는 알갱이는 좋은 것이라는 뜻이다. 덕행이 높고 좋은 사람을 의미하여 '어질다'라는 뜻도 있다. 옳고 그름을 판단하는 어진 마음을 良心(양심)이라고 한다.

• 艮(그칠 간)은 여기서 고운 알갱이만 골라내는 체의 모양을 나타낸다.

丶 ㄱ ㅋ ㅋ 自 自 良

賢母良妻	현모양처
불량	不良
양심	良心
양호	良好
우량	優良

3급 II

물결 랑
[水, 7] 총 10획

체로 좋은[良] 곡식을 까부르는 모습처럼 출렁거리는 물결[氵]이라는 뜻이다. 사방으로 마구 출렁이는 물결의 모양에서 '마구, 함부로'라는 뜻도 나왔다.

丶 丶 氵 氵 汀 汩 泊 浪 浪 浪

浪費	낭비
浪說	낭설
風浪	풍랑

5급 II

밝을 랑
[月, 7] 총 11획

둥글게 가득 찬 아름다운(좋은)[良] 달[月]이 사방을 비추니 밝다는 뜻이다.

丶 ㄱ ㅋ ㅋ 自 自 良 郎 朗 朗

朗誦	낭송
낭독	朗讀
낭보	朗報
명랑	明朗

3급 II

아가씨 낭
[女, 7] 총 10획

여자[女] 중에 아직 어려서 몸과 마음이 건강한(좋은)[良] 아가씨를 뜻한다. 옛날에 이런 결혼하지 않은 여자를 높여 娘子(낭자)라고 불렀다.

乚 𠃌 女 女 女' 女⺀ 女⺀ 妒 娘 娘

| 娘子 | 낭자 |
| 娘子軍 | 낭자군 |

3급 II

사내 랑
[邑, 7] 총 10획

좋은[良] 신체와 정신으로 적으로부터 고을[阝]을 지켜 주는 사내를 뜻한다. 갓 결혼한 사내를 新郎(신랑)이라고 한다.

• 阝(우부방)은 邑(고을 읍)의 변형 부수로, 글자의 오른쪽에 위치한다.

丶 ㄱ ㅋ ㅋ 自 自 良 郎' 郎

郎君	낭군
新郎	신랑
花郎徒	화랑도

3급 II

사랑채 랑

[广, 10] 총 13획

집안[广]의 바깥주인인 사내[郞]가 머무는 곳이자 손님을 접대하는 방인 사랑채를 뜻한다. 사랑채는 주로 안채와 떨어져 있다. 그림을 진열하여 관람하도록 만든 곁채를 畫廊(화랑)이라고 한다.

行廊	행랑
畫廊	화랑
回廊	회랑

一 广 广 广 庐 庐 庐 庐 廊 廊

5급 II

반드시 필

[心, 1] 총 5획

마음[心]에 표시해[丿] 두고 틀림없이 하려는 마음이니 '반드시'라는 뜻이다. 반드시 이기는 것을 必勝(필승)이라고 한다.

生者必滅	생자필멸
必修	필수
필독서	必讀書
필승	必勝
필요	必要

丶 丿 必 必 必

4급

숨길 비

[示, 5] 총 10획

신은 사람들이 제단[示] 앞에서 빈 소원을 반드시[必] 드러나지 않게 숨긴다는 뜻이다. 숨기고 남에게 드러내지 말아야 할 일이나 내용을 祕密(비밀)이라고 한다. 示(보일 시) 대신 禾(벼 화)를 쓴 秘(숨길 비)는 속자(俗字)이다.

默祕權	묵비권
祕藏	비장
祕策	비책
비밀	祕密
비법	祕法
비자금	祕資金

一 二 亍 亓 示 禾 秘 祕 祕 祕

4급 II

빽빽할 밀

[宀, 8] 총 11획

산[山]속에 몰래[宓] 들어가 숨으려면 나무가 빽빽해야 한다는 뜻이다. '몰래'라는 뜻도 있다. 큰 나무가 빽빽하게 들어선 숲을 密林(밀림)이라고 한다.

• 宓(몰래 밀)은 중요한 물건을 집[宀] 안에 반드시[必] 몰래 두어야 한다는 뜻이다.

密封	밀봉
密輸	밀수
祕密	비밀
밀담	密談
밀림	密林
밀실	密室
밀항	密航

丶 宀 宀 宀 宓 宓 宓 宓 密 密 密

3급

꿀 밀

[虫, 8] 총 14획

벌[虫]이 깊고 은밀한 곳에 벌집을 지어 몰래[宓] 숨겨 놓은 꿀을 뜻한다. 결혼식을 마치고 신혼부부가 함께 가는 꿀처럼 달콤한 여행을 蜜月(밀월)여행이라고 한다.

• 虫(벌레 충)은 여기서 벌을 의미한다.

口蜜腹劍	구밀복검
蜜月	밀월
蜜月旅行	밀월여행

丶 宀 宀 宀 宓 宓 宓 宓 蜜 蜜 蜜 蜜 蜜

5급

귀 이

[耳, 0] 총 6획

사람의 귀를 그대로 그린 글자이다. 사람들이 귀와 눈을 이용하여 기울이는 관심을 耳目(이목)이라고 한다.

中耳炎	중이염
마이동풍	馬耳東風
이목	耳目
이순	耳順

一 丆 丆 Ｆ 王 耳

4급Ⅱ

가질 취

[又, 6] 총 8획

옛날 전쟁터에서 자기가 무찌른 병사의 수를 증명하기 위해 적군의 귀[耳]를 잘라 손[又]에 가졌다는 뜻이다. 싸워서 원하는 바를 갖는 것을 爭取(쟁취)라고 한다.

取捨選擇	취사선택
奪取	탈취
쟁취	爭取
취득	取得
취재	取材

一 丆 丆 Ｆ 王 耳 取 取

4급

뜻 취

[走, 8] 총 15획

달려가서[走] 무엇을 가지려[取] 하는 의지나 뜻(마음)을 나타낸다. 원하는 뜻(마음)과 입맛에 따라 하는 일을 趣味(취미)라고 한다.

• 走(달릴 주)는 사람이 발을 앞뒤로 움직이며 빠르게 달리는 모습이다.

雅趣	아취
정취	情趣
취미	趣味
취향	趣向
흥취	興趣

土 キ 走 走 赳 赳 赳 趙 趣 趣

5급

가장 최

[曰, 8] 총 12획

병사가 가지고[取] 온 적군 귀의 숫자를 말하며[曰] 최고를 따진다는 뜻에서 '가장'이라는 의미이다. 누구나 자기 분야에서 最高(최고)가 되기를 희망한다.

• 曰(말할 왈)은 입[口]에서 소리[一]를 내어 말한다는 뜻이다.

最尖端	최첨단
최고	最古
최고	最高
최소	最小

冂 冃 日 旦 甼 旱 昌 昻 最 最

3급

다스릴 섭

[手, 18] 총 21획

손[扌]으로 적군의 귀[耳耳耳→聶]를 모두 모아서 잘 정리하고 다스린다는 뜻이다.

攝理	섭리
攝生	섭생
攝政	섭정
攝取	섭취

一 亅 扌 扌 扩 扞 拒 揖 攝

3급II

부끄러울 **치**

[心, 6] 총 10획

싸움에 져서 귀[耳]가 잘린 병사의 마음[心]이 부끄럽다는 뜻이다. 다른 사람들을 볼 낯이 없어 부끄럽고 욕된 것을 恥辱(치욕)스럽다고 한다.

| 恥辱 | 치욕 |
| 厚顔無恥 | 후안무치 |

一 T F F E 耳 耳 耳 耶 恥 恥

4급

감히 **감**

[攴, 8] 총 12획

귀[耳]에 연장[工]을 들이대며 쳐서[攵] 자르려는 용감한 행동에서 '감히'라는 뜻이 나왔다. 결단성 있고 勇敢(용감)한 것을 果敢(과감)하다고 한다.

• 攵(등글월문)은 손에 회초리를 들고 때리는 모습이 攴(칠 복)이 변형된 부수이다.

焉敢生心	언감생심
감행	敢行
과감	果敢
용감	勇敢

一 T F F E 耳 耳 耳' 敢 敢

4급

엄할 **엄**

[口, 17] 총 20획

바위들[口口]이 언덕[厂] 위에 자리한 모습이 감히[敢] 올라가기 무서울 만큼 엄하다는 뜻이다.

• 口는 여기서 바위의 모양을 나타낸다.

謹嚴	근엄
森嚴	삼엄
엄격	嚴格
엄선	嚴選
위엄	威嚴

3급II

바위 **암**

[山, 20] 총 23획

험한 산[山] 위에 엄한[嚴] 자태로 자리 잡고 있는 바위를 뜻한다. 깎아지른 듯 높이 솟은 벽 모양의 바위를 巖壁(암벽)이라고 한다.

奇巖怪石	기암괴석
巖壁	암벽
巖石	암석
巖下老佛	암하노불

3급

귀 밝을 **총**

[耳, 11] 총 17획

총명하게 상대의 말을 잘 알아들으니 귀[耳]가 밝다[悤]는 뜻이다. 귀와 눈이 밝아서 보고 들은 것을 오래 기억하는 것을 聰明(총명)하다고 한다.

• 悤(밝을 총)은 창문[囪]으로 들어오는 빛이 마음[心]에 통할 정도로 밝다는 뜻이다.

| 聰氣 | 총기 |
| 聰明 | 총명 |

丁 耳 耳' 耵 耵 聸 聸 聰 聰

4급II

總

다 총

[糸, 11] 총 17획

여러 색의 실[糸]을 한눈에 밝게[悤] 찾을 수 있도록 한곳에 다 모은다는 뜻이다. 얻은 점수를 다 합한 것을 總點(총점)이라고 한다

總帥	총수
總罷業	총파업
總販	총판
총력	總力
총점	總點
총평	總評

4급II

聲

소리 성

[耳, 11] 총 17획

옛날 악기인 편경이나 석경[声]을 방망이[殳]로 두드리면 귀[耳]로 들려오는 소리를 뜻한다. 편경이나 석경은 주로 나라의 의식을 행할 때 쓰던 악기이다.

• 声(성)은 석경이 틀에 걸린 모습이다.

哭聲	곡성
大聲痛哭	대성통곡
擴聲器	확성기
가성	假聲
명성	名聲
원성	怨聲

6급II

業

업 업

[木, 9] 총 13획

북이나 종 등을 매다는 나무틀을 그린 글자로, 그 틀을 만드는 작업이나 일을 의미한다. 나중에 선악의 소행에 따라 현세에서 받는 '업보'도 뜻하게 되었다.

企業	기업
罷業	파업
廢業	폐업
업계	業界
업무	業務
업보	業報
업종	業種

6급II

對

대할 대

[寸, 11] 총 14획

사람이 북을 연주하기 위해 받침틀[業→丵] 앞에 손[寸]을 내밀어 마주 대한다는 뜻이다. 두 사람이 마주 대하여 승패를 가리는 것을 對決(대결)이라고 한다.

對照	대조
對策	대책
대답	對答
대면	對面
반대	反對

6급II

樂

즐길 락, 노래 악, 좋아할 요

[木, 11] 총 15획

나무[木] 받침 위에 줄[糸糸→幺幺]을 걸고 엄지손가락[白]으로 연주하며 즐겁게 노래하는 것을 좋아한다는 뜻이다.

• 白(흰 백)은 여기서 엄지손가락의 모양을 나타낸다.

娛樂	오락
享樂	향락
絃樂器	현악기
악기	樂器
요산요수	樂山樂水
쾌락	快樂

6급 II

藥

약 약

[艹, 15] 총 19획

풀[艹] 중에 먹으면 아픈 곳을 낫게 하여 즐겁게[樂] 해 주는 약을 뜻한다. 藥(약)은 비록 쓰지만 아픈 곳이 나으면 즐겁다.

補藥	보약
賜藥	사약
丸藥	환약
약국	藥局
약방감초	藥房甘草
약효	藥效

3급

絃

줄 현

[糸, 5] 총 11획

실[糸]처럼 가늘고 길어서 악기에 걸면 오묘한[玄] 소리를 내는 줄을 뜻한다. 絃樂器(현악기)는 줄을 켜거나 타서 소리를 내는 악기이다.

- 玄(검을 현)은 손[亠]에 가는[幺] 실을 들고 물들인 색이 검고 오묘하다는 뜻이다.

管絃樂	관현악
伯牙絶絃	백아절현
絃樂器	현악기

3급 II

琴

거문고 금

[玉, 8] 총 12획

줄[王王]을 매달아 술대(대나무로 만든 채)로 뜯으면 바로[今] 소리를 내는 거문고를 뜻한다. 거문고와 비파의 가락처럼 잘 어울리는 부부간의 사랑을 琴瑟(금슬)이라고 한다.

- 王은 여기서 악기에 걸린 줄의 모양을 나타낸다.

| 心琴 | 심금 |

4급

管

대롱 관

[竹, 8] 총 14획

가늘고 속이 빈 대나무의 토막을 대롱이라고 한다. 대나무[竹] 토막에 구멍을 내서 피리처럼 소리가 나도록 관리한[官] 대롱을 뜻한다. 管樂器(관악기)의 대표 악기는 피리이다.

管掌	관장
管絃樂	관현악
雷管	뇌관
관리	管理
보관	保管
이관	移管
주관	主管

3급 II

笛

피리 적

[竹, 5] 총 11획

대나무[竹]에 뚫은 구멍으로부터 말미암아[由] 소리가 나는 피리를 뜻한다. 사람들이 듣고 경계하도록 소리를 울리는 피리를 警笛(경적)이라고 한다.

- 由(말미암을 유)는 식물은 밭에서 싹이 나는 것으로부터 말미암아 자란다는 뜻이다.

警笛	경적
鼓笛隊	고적대
汽笛	기적
萬波息笛	만파식적

5급

칠 **타**

[手. 2] 총 5획

손[扌]에 망치를 들고 못[丁]을 내리친다는 뜻이다. 야구에서 방망이를 들고 투수의 공을 받아치는 사람을 打者(타자)라고 한다.

• 丁(고무래 정)은 여기서 못의 모양을 나타낸다.

一 十 才 打 打

猛打	맹타
打倒	타도
打率	타율
강타	強打
단타	短打
대타	代打

3급II

북 **고**

[鼓. 0] 총 13획

북[효]을 치는 손과 북채[支]를 그린 글자이다. 조선시대에는 백성이 억울한 일을 하소연할 때 치게 하려고 대궐 앞에 申聞鼓(신문고)를 두었다고 한다.

• 효는 받침대 위에 놓인 북의 모습이고, 支는 손에 나무 채를 든 모습이다.

一 十 士 吉 吉 喜 壴 尌 鼓 鼓

鼓舞	고무
鼓腹擊壤	고복격양
申聞鼓	신문고

4급

기쁠 **희**

[口. 9] 총 12획

경사스런 일로 북[효]을 연주하며 입[口]으로 노래를 부르니 기쁘다는 뜻이다.

一 十 士 吉 吉 吉 吉 壴 喜 喜

喜怒哀樂	희로애락
喜悅	희열
희비	喜悲
희소식	喜消息

5급

없을 **무**

[火. 8] 총 12획

원시 시대에 무녀가 신과 교감하기 위해 손에 깃털[無]을 흔들며 춤추다 보면 발[灬]이 보이지 않았으니 '없다'는 뜻이다. 옛날 무녀는 無我之境(무아지경)에 빠져 춤을 추었다.

• 無는 새의 날개와 같은 깃털을 손에 든 무녀의 모습이다.

丿 亻 亠 仁 垆 無 無 無 無

無償	무상
無顔	무안
무관심	無關心
무소유	無所有
무심	無心
허무	虛無

4급

춤출 **무**

[舛. 8] 총 14획

무녀가 손에 깃털[無]을 흔들며 발[舛]을 이리저리 움직여 춤춘다는 뜻이다.

• 舛(어그러질 천)은 양발의 방향이 틀어지고 어긋나게 걷는 모습이다.

⺈ 亻 無 無 無 舞 舞 舞 舞

劍舞	검무
鼓舞	고무
舞臺	무대
가무	歌舞
음주가무	飮酒歌舞

잠깐! 성어 공략

*붉은색 글자는 한자능력검정시험 3급에 빈칸 채우기 문제로 출제되었던 한자임.

焉敢生心	언감생심	어찌 감히 그런 마음을 품을 수 있겠냐는 뜻.
言行一致	언행일치	말과 행동이 하나로 들어맞음. 말한 대로 실행함.
易地思之	역지사지	처지를 바꾸어서 생각하여 봄.
烏飛梨落	오비이락	까마귀 날자 배 떨어짐. 관계없이 한 일이 공교롭게 때가 같아서 의심을 받거나 난처한 위치에 서게 됨.
五穀百果	오곡백과	온갖 곡식과 과일.
五里霧中	오리무중	오 리나 되는 짙은 안개 속에 있어 방향이나 갈피를 잡을 수 없음.
吾鼻三尺	오비삼척	내 코가 석자. 자기 사정이 급하여 남을 돌볼 겨를이 없음.
傲霜孤節	오상고절	서릿발이 심한 속에서도 굴하지 않고 외로이 지키는 절개.
烏合之卒	오합지졸	까마귀가 모인 것처럼 질서가 없이 모인 병졸. 임시로 모여들어서 규율이 없고 무질서한 병졸이나 군중.
玉骨仙風	옥골선풍	살빛이 희고 고결하여 신선과 같은 풍채.
溫故知新	온고지신	옛것을 익히고 그것을 통하여 새것을 앎.
龍頭蛇尾	용두사미	용의 머리와 뱀의 꼬리. 처음은 왕성하나 끝이 부진한 현상.
龍味鳳湯	용미봉탕	용과 봉황으로 만든 음식. 맛이 좋은 음식을 비유.
牛耳讀經	우이독경	쇠귀에 경 읽기. 아무리 가르쳐도 알아듣지 못함.

緣木求魚 연목구어

나무에 올라가서 물고기를 구함. 도저히 불가능한 일을 굳이 하려 함.

18일째 눈

6급 — 目 (눈 목) [目, 0] 총 5획

사람 눈의 흰자위와 눈동자를 그린 글자이다. 처음에는 실제 눈의 모양과 같이 가로로 길게 썼는데, 시간이 지나면서 지금의 형태로 바뀌었다.

目不忍見	목불인견
項目	항목
곡목	曲目
목록	目錄
목불식정	目不識丁

l 冂 冂 目 目

4급 — 看 (볼 간) [目, 4] 총 9획

손[手→手]을 눈[目] 위로 올려서 눈부신 태양을 가리고 멀리 본다는 뜻이다. 가게의 이름이나 판매 상품의 이름이 잘 보이도록 걸어 둔 것을 看板(간판)이라고 한다.

간병	看病
간파	看破
간판	看板
주마간산	走馬看山

一 二 三 手 手 看 看 看 看

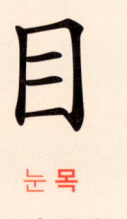

3급 — 眉 (눈썹 미) [目, 4] 총 9획

눈[目] 위쪽에 길게 그려진[尸] 눈썹을 뜻한다. 두 눈썹의 사이를 眉間(미간)이라고 한다.

• 尸은 눈썹의 모양을 나타낸다.

白眉	백미
兩眉間	양미간

フ 尸 尸 尸 尸 眉 眉 眉

3급Ⅱ — 夢 (꿈 몽) [夕, 11] 총 14획

눈썹[艹]과 눈[目→罒]만 남긴 채 이불을 덮고[冖] 저녁[夕]에 잠이 들면 꾸는 꿈을 뜻한다.

• 艹는 여기서 눈썹의 모양을 나타낸다.

吉夢	길몽
惡夢	악몽
解夢	해몽

艹 艹 莀 莔 莔 萝 萝 夢 夢

3급

무릅쓸 모

[冂, 7] 총 9획

두건[冃]을 눈[目] 위쪽에 덮어쓰고서 힘들고 어려운 일을 무릅쓴다는 뜻이다. 冒險(모험)은 위험을 무릅쓰고 어떤 일을 하는 것이다.

- 冃(쓰개 모)는 머리에 쓰는 수건을 그린 글자로, 曰(말할 왈)로 쓰지 않도록 주의해야 한다.

｜ 冂 冂 曰 曰 冒 冒 冒 冒

| 冒險 | 모험 |

3급Ⅱ

눈 깜짝일 순

[目, 12] 총 17획

금세 피었다 지는 나팔꽃[舜]처럼 눈[目]을 빨리 감았다가 뜨며 깜짝인다는 뜻이다. 눈 깜짝할 사이를 瞬間(순간)이라고 한다.

- 舜(순)은 엉킨[舛] 넝쿨 위로 솟[爫]처럼 활짝 피었다가 금세 덮고[冖] 지는 나팔꽃을 의미한다.

目 目´ 目⺈ 瞬 瞬 瞬 瞬 瞬 瞬

瞬發力	순발력
瞬息間	순식간
一瞬間	일순간

5급Ⅱ

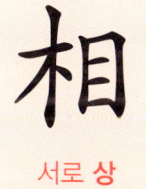

서로 상

[目, 4] 총 9획

좋은 나무를 고르기 위해 나무[木]에 눈[目]을 맞추고 서로 마주 보는 모습을 나타낸다. 서로서로 돕는 것을 相扶相助(상부상조)라고 한다.

一 十 才 木 村 相 相 相 相

同病相憐	동병상련
相逢	상봉
相扶相助	상부상조
관상	觀相
상담	相談
상이	相異

4급Ⅱ

생각 상

[心, 9] 총 13획

서로[相] 마음[心]속으로 그리워하며 생각한다는 뜻이다. 지난 일을 돌이켜 생각하는 것을 回想(회상)이라고 한다.

木 村 村 相 相 相 相 想 想 想

妄想	망상
冥想	명상
想像	상상
공상	空想
구상	構想
회상	回想

5급Ⅱ

볼 견, 뵈올 현

[見, 0] 총 7획

사람의 다리[儿] 위에 눈[目]만 강조하여 그린 글자로, 눈을 크게 뜨고 본다는 뜻이다. 임금의 얼굴을 본다는 의미로 쓰일 때에는 '뵈올 현'으로 읽는다. 보고 듣는 것을 見聞(견문)이라고 한다.

｜ 冂 冂 月 目 貝 見

先見之明	선견지명
謁見	알현
偏見	편견
견해	見解
예견	豫見
이견	異見

6급II

現
나타날 현
[玉, 7] 총 11획

무엇이 옥[玉→王]처럼 반짝이며 눈에 보이게[見] 나타난다는 뜻이다. 지금 나타나 있는 사실이나 상태를 現實(현실)이라고 한다.

• 王(구슬옥변)은 玉(구슬 옥)의 변형 부수로, 王(임금 왕)과 모양이 같다.

一 二 干 王 玗 玡 珇 玥 現

現夢	현몽
現役	현역
현실	現實
현존	現存
현직	現職

5급II

臣
신하 신
[臣, 0] 총 6획

임금 앞에서 눈을 아래로 내리고[臣] 복종하는 모습의 신하를 나타냈다. 옛날 君臣(군신)의 관계는 이처럼 상하가 뚜렷하였다.

一 丆 丆 丂 臣 臣

姦臣	간신
공신	功臣
군신	君臣
사신	使臣

3급

臥
누울 와
[臣, 2] 총 8획

지쳐서 눈을 아래로 내린[臣] 사람[人]이 쉬기 위해 몸을 구부리고 눕는다는 뜻이다. 병으로 자리에 눕는 것을 臥病(와병)이라고 한다.

一 丆 丆 丂 臣 臣 臥 臥

| 臥龍 | 와룡 |
| 臥病 | 와병 |

3급II

臨
임할 림
[臣, 11] 총 17획

어떤 일이나 장소에 마주하는 것을 어디에 임한다고 한다. 몸을 구부려서[臥→臥] 자세히 살펴야 할 물건[品] 앞에 임한다는 뜻이다. 죽음 앞에 임하는 것을 臨終(임종)이라고 한다.

• 臥는 臥(누울 와)의 변형이다. 品(물건 품)은 쌓아 놓은 물건의 모양이다.

一 丆 丆 丂 臣 臣 臥 臨 臨 臨

降臨	강림
臨迫	임박
臨終	임종

4급II

監
볼 감
[皿, 9] 총 14획

몸을 구부려서[臥→臥] 물[丶]이 찰랑거리는 그릇[皿]에 자신의 얼굴을 비쳐 본다는 뜻이다. 일이나 사람을 살펴보며 단속하는 것을 監督(감독)이라고 한다.

一 丆 丆 丂 臣 臣 臥 臨 監 監

| 監督 | 감독 |
| 監査 | 감사 |

3급II

거울 **감**

[金, 14] 총 22획

청동 거울처럼 금속[金]으로 만들어 사람의 얼굴을 비춰볼[監] 수 있게 한 거울을 뜻한다. 비친 모습을 '분별하는 능력'이나 대표로 내세워 보이는 '본보기'라는 뜻도 있다.

• 金(쇠 금)은 흙 속에서 황금이 반짝거리는 모습으로, 금속의 총칭이다.

鑑別	감별
鑑賞	감상
鑑識	감식
鑑察	감찰
龜鑑	귀감

3급

넘칠 **람**

[水, 14] 총 17획

물[氵]을 틀어 놓고 계속 보고[監] 있으면 넘친다는 뜻이다. 그래서 '함부로, 마구 하다'라는 의미가 있다. 기준을 넘어 함부로 쓰는 것을 濫用(남용)이라고 한다.

| 濫發 | 남발 |
| 濫用 | 남용 |

4급

볼 **람**

[見, 14] 총 21획

보고[監→臨] 또 보며[見] 두루두루 자세히 살펴본다는 뜻이다. 영화나 미술품 등을 두루두루 살펴보는 것을 觀覽(관람)이라고 한다.

| 관람 | 觀覽 |
| 유람 | 遊覽 |

3급II

소금 **염**

[鹵, 13] 총 24획

소금밭[鹵]에서 물이 빠지는 것을 잘 보고[監] 있다가 건져 낸 소금을 뜻한다. 소금기 있는 성분을 鹽分(염분)이라고 한다.

• 鹵(소금밭 로)는 바닷물이 드나드는 개펄에 소금 결정이 있는 모습이다.

食鹽水	식염수
鹽分	염분
鹽田	염전
竹鹽	죽염

4급

굳을 **견**

[土, 8] 총 11획

눈으로 내려다[臣]보며 손[又]으로 흙[土]을 꾹꾹 누르니 단단하게 굳는다는 뜻이다. 기와나 도자기 등을 만들 때에는 堅固(견고)하게 만들어야 쉽게 부서지지 않는다.

堅忍	견인
견고	堅固
견과	堅果
견실	堅實

4급 II

어질 현

[貝, 8] 총 15획

재물[貝]을 굳건히[臤] 보관했다가 여러 사람에게 나누어 주니 행동이 어질다는 뜻이다. 어질고 사리에 밝은 사람을 賢明(현명)하다고 한다.

• 臤(굳을 간)은 눈을 아래로 내리고[臣] 손[又]으로 다지는 모습이다.

臣 臤 臤 臤 賢 賢 賢 賢 賢

賢母良妻	현모양처
선현	先賢
성현	聖賢
현명	賢明

3급 II

요긴할 긴

[糸, 8] 총 14획

실[糸]로 단단하게[臤] 묶어야 할 만큼 꼭 필요하고 요긴한 것을 뜻한다. 실을 팽팽하게 잡아당긴다는 뜻에서 '팽팽하다'는 의미도 있다. 마음을 조이고 정신을 바짝 차리는 것을 緊張(긴장)이라고 한다.

一 ㄒ 于 臣 臤 臤 緊 緊 緊

緊急	긴급
緊密	긴밀
緊迫	긴박
緊張	긴장

7급 II

곧을 직

[目, 3] 총 8획

눈[目]에서 십자 광선[十]을 쏘며 턱을 직각으로[ㄴ] 세우고 곧게 본다는 뜻이다. 마음이 바르고 곧은 것을 正直(정직)하다고 한다.

一 十 广 占 古 直 直 直

硬直	경직
愚直	우직
直輸入	직수입
직선	直線
직시	直視
직언	直言

3급 II

값 치

[人, 8] 총 10획

사람[亻]이 정직하고 곧은[直] 기준으로 매긴 값을 뜻한다. 물건뿐만 아니라 사람의 價値(가치)를 의미하기도 한다.

丿 亻 亻 亻 佔 佔 佔 値 値

價値	가치
近似値	근사치
數値	수치

4급 II

둘 치

[网, 8] 총 13획

그물[网→罒]을 엉키지 않도록 곧게[直] 세워 펼쳐둔다는 뜻이다. 사람이나 물건을 어떤 장소나 상황에 놓는 것을 의미한다.

• 罒은 그물이 쳐진 모양을 그린 网(그물 망)의 변형 부수이다.

冂 罒 罒 罒 罒 罕 罯 置 置

拘置所	구치소
倒置	도치
荷置場	하치장
방치	放置
배치	配置
설치	設置

5급Ⅱ

도덕 덕

[彳, 12] 총 15획

사람이 마땅히 가야 할 길[彳]이며 곧은[直→㤡] 마음[心]으로 지켜야 하는 도덕을 뜻한다. 道德(도덕)은 법률과 달리 그 기준이 각자의 내면에 달려 있다.

背恩忘德	배은망덕
도덕	道德
미덕	美德
악덕	惡德
음덕	陰德

彳 彳 彳 彳 彳 德 德 德 德

4급

들을 청

[耳, 16] 총 22획

왕[王]이 귀[耳]를 기울여 덕[德→悳]이 있는 사람의 말을 듣는다는 뜻이다. 귀를 기울여 듣는 것을 傾聽(경청)이라고 한다.

傍聽客	방청객
補聽器	보청기
난청	難聽
도청	盜聽
청중	聽衆
청취	聽取

耳 耳 耳 耳 耳 耴 耴 聽 聽 聽

4급

관청 청

[广, 22] 총 25획

백성의 소리를 듣고[聽] 일을 처리하는 집[广]인 관청을 뜻한다. 區廳(구청)이나 市廳(시청)은 주민의 소리를 듣고 처리해 주는 관청이다.

中央廳	중앙청
구청	區廳
군청	郡廳
시청	市廳

一 厂 厅 厅 厅 廳 廳 廳

4급Ⅱ

참 진

[目, 5] 총 10획

도를 닦아 신선이 된[化→匕] 사람이 곧은[直→皀] 행실을 팔방[八]으로 퍼뜨리니 바르고 참되다는 뜻이다.

• 化(될 화)는 바로 섰던 사람[亻]이 몸을 거꾸로[匕] 세우면 모습이 변화된다는 뜻이다.

眞僞	진위
眞珠	진주
진범	眞犯
진실	眞實
진심	眞心
진정	眞情

一 匕 匕 匕 旨 旨 直 直 眞

3급Ⅱ

삼갈 신

[心, 10] 총 13획

마음[忄]에 진심[眞]을 담아 행동하며 몸가짐이나 언행을 삼간다는 뜻이다. 매우 조심스럽게 삼가는 것을 愼重(신중)하다고 한다.

謹愼	근신
愼重	신중

丶 丶 忄 忄 忄 愼 愼 愼 愼

3급II

진압할 **진**

[金, 10] 총 18획

쇠[金]로 만든 물건으로 억눌러 진정시키며 참되게 [眞] 행동하도록 진압한다는 뜻이다.

鎭壓	진압
鎭靜	진정
鎭痛	진통
鎭火	진화

ノ ト 乍 卉 金 釒 釒 鈩 鎔 鎭 鎭

3급

거만할 **만**

[心, 11] 총 14획

마음[忄]이 길게[曼] 늘어져 행동이 게으르니 거만하다는 뜻이다. 게으르고 거만한 것을 怠慢(태만)이라고 한다.

- 曼(길게 끌 만)은 해[日]를 보는 눈[目→罒]을 손[又]으로 가리니 앞이 안 보여서 발을 길게 끈다는 뜻이다.

慢性	만성
緩慢	완만
怠慢	태만

丶 忄 忄 忄 忄 悍 悍 悍 慢 慢

3급

퍼질 **만**

[水, 11] 총 14획

물[氵]이 방향 없이 길게[曼] 제멋대로 흘러나가며 퍼진다는 뜻이다. 일정한 형식 없이 붓이 가는 대로 그린 그림을 漫畵(만화)라고 한다.

漫談	만담
漫然	만연
漫評	만평
漫畵	만화
散漫	산만

氵 氵 氵 氵 沪 渭 渭 渭 漫 漫

7급

입 **구**

[口, 0] 총 3획

사람의 입 모양을 그린 글자이다. 사람의 입, 출입하는 입구, 구멍, 물건 등 다양한 뜻이 있다.

口述試驗	구술시험
突破口	돌파구
비상구	非常口
식구	食口
창구	窓口

丨 冂 口

3급

말할 **왈**

[曰, 0] 총 4획

입[口]에서 소리[一]를 내어 말한다는 뜻이다. 日(해 일)과 모양이 비슷하다.

| 曰可曰否 | 왈가왈부 |
| 或曰 | 혹왈 |

丨 冂 曰 曰

3급II

잃을 상

[口, 9] 총 12획

사람들이 입[口口]을 모아 울며 옷깃[衣→衣]에 눈물을 적시니 사람이 죽어서 그를 잃게 된 것을 의미한다. 사람이 죽어 장례를 치르는 집을 喪家(상가)라고 한다.

喪家	상가
喪失	상실
喪妻	상처

3급II

울 곡

[口, 7] 총 10획

사람이 죽자 입[口口]을 크게 벌려 개[犬]처럼 소리 내며 꺼이꺼이 운다는 뜻이다. 소리를 높여 슬피 우는 것을 痛哭(통곡)이라고 한다.

| 放聲大哭 | 방성대곡 |
| 痛哭 | 통곡 |

4급II

그릇 기

[口, 13] 총 16획

귀한 쇠로 만들어지는 물건[品品]이기에 개[犬]를 시켜 지키도록 했던 그릇을 뜻한다. 그릇과 같은 '도구'나 귀한 그릇처럼 귀한 '인재'를 뜻하기도 한다.

• 品品은 그릇이 놓인 모양이다.

器械	기계
藥湯器	약탕기
漆器	칠기
대기만성	大器晚成
병기	兵器

3급

나 오

[口, 4] 총 7획

다섯[五] 손가락으로 자신을 가리키며 입[口]으로 지칭하는 말은 '나'라는 뜻이다. 我(나 아)와 같은 1인칭 대명사이다. '내 코가 석자'라는 속담은 한문으로 吾鼻三尺(오비삼척)이라고 쓴다.

| 吾等 | 오등 |
| 吾鼻三尺 | 오비삼척 |

3급II

깨달을 오

[心, 7] 총 10획

나[吾]의 마음[忄]속으로 생각하여 느끼고 깨닫는다는 뜻이다.

| 覺悟 | 각오 |
| 大悟 | 대오 |

6급

예 고

[口, 2] 총 5획

여러[十] 사람의 입[口]을 거쳐 전해 들은 옛날을 뜻한다. 보기에 예스러운 멋이 있는 것을 古風(고풍)스럽다고 한다.

• 十(열 십)은 숫자 '10'을 의미하는 한자로, 하나의 완성된 수라는 의미에서 '전부, 완성, 많다' 등의 뜻으로도 쓰인다.

一 十 十 古 古

古蹟	고적
古稀	고희
고가	古家
고전	古典
고풍	古風

6급

쓸 고

[艸, 5] 총 9획

풀[艹] 중에 예[古]로부터 쓰다고 알려진 씀바귀를 의미하여 '쓰다'라는 뜻이다. 나중에 '고생, 괴롭다' 등의 뜻으로도 쓰게 되었다. 어렵고 괴로운 일을 겪는 생활을 苦生(고생)이라고 한다.

苦惱	고뇌
苦杯	고배
忍苦	인고
고진감래	苦盡甘來
고통	苦痛

3급

마를 고

[木, 5] 총 9획

나무[木]가 오래[古]되어 말랐다는 뜻이다. 나무가 枯死(고사)하지 않도록 정성껏 물을 주어야 한다.

一 十 才 木 朳 杜 枯 枯

枯渴	고갈
枯木	고목
枯葉	고엽

3급II

시어머니 고

[女, 5] 총 8획

여자[女] 중에 며느리보다 시집온 지 오래된[古] 시어머니를 뜻한다. 여자가 시어머니가 되는 것은 잠깐 사이라는 의미에서 '잠시'라는 뜻으로도 쓰인다. 시어머니와 며느리 사이를 姑婦間(고부간)이라고 한다.

ㄴ ㄥ 女 女 女+ 姑 姑

姑母	고모
姑婦	고부
姑息的	고식적

4급II

연고 고

[攴, 5] 총 9획

일의 까닭을 '연고'라고 한다. 옛날[古] 일을 막대기[攵]로 차근차근 짚어가며 찾은 연고(까닭)를 뜻한다. 나중에 '사건, 고의로, 옛날, 죽은 사람' 등의 뜻으로도 쓰였다.

• 攵(등글월문)은 攴(칠 복)의 변형 부수로, 손에 막대기를 든 모습이다.

一 十 十 古 古 扩 故 故

故障	고장
緣故	연고
고국	故國
고의	故意
고인	故人
사고	事故

5급

固 굳을 고
[口, 5] 총 8획

마을을 둘러싼[口] 성벽은 오래전[古]에 쌓은 것이니 단단하게 굳었다는 뜻이다. 堅固(견고)한 성곽은 나라의 존망(存亡)과 관계가 깊다.

• 口(에울 위)는 사방이 울타리처럼 둘러싸인 모양이다.

固執	고집
凝固	응고
고사	固辭
고수	固守
고유	固有

丨 冂 冂 円 円 周 固 固

4급 II

個 낱개 개
[人, 8] 총 10획

사람[亻]이나 물건이 각자의 성질대로 굳어서[固] 이루어진 하나하나의 낱개를 의미한다. 개체별로 가지는 고유의 특성을 個性(개성)이라고 한다.

개별	個別
개성	個性
개인	個人
별개	別個

丿 亻 亻 个 們 們 個 個 個 個

3급 II

胡 오랑캐 호
[肉, 5] 총 9획

우리 몸[月]에서 귀밑부터 턱 끝까지 오래[古] 길러야 모양이 나는 구레나룻을 뜻하다가 나중에 이민족을 낮잡아 이르는 오랑캐를 의미하게 되었다. 조선 인조 14년(1636)에 청나라가 우리나라를 침입한 난리를 丙子胡亂(병자호란)이라고 한다.

丙子胡亂	병자호란
胡服	호복

一 十 古 古 古 古 胡 胡 胡

5급

湖 호수 호
[水, 9] 총 12획

물[氵]이 오랜[古] 세월[月] 동안 고여서 이루어진 호수를 뜻한다. 연못보다 훨씬 넓고 깊은 물이다. 우리나라 호수에는 대청호(湖), 소양호(湖) 등이 있다.

강호	江湖
호남	湖南
호수	湖水

丶 氵 氵 汁 汁 汁 沽 沽 湖 湖 湖 湖

4급 II

句 글귀 구
[口, 2] 총 5획

문장의 구절을 글귀라고 한다. 입[口]에서 구불구불[勹] 이어져 나오는 글귀를 뜻한다. 말 한마디 한마디를 句句節節(구구절절)이라고 한다.

• 勹(쌀 포)는 여기서 고르지 않고 구불구불한 모습을 나타낸다.

경구	警句
시구	詩句
자구	字句

丿 勹 勹 句 句

3급II

잡을 구

[手, 5] 총 8획

손[扌]에 갈고리[句]를 들고 낚아채듯 범인을 잡는다는 뜻이다. 잡아서 묶어 두는 것을 拘束(구속)이라고 한다. 狗(개 구)와 모양이 비슷하다.

• 句(구)는 여기서 끝이 구부러져[勹] 있어 물건[口]을 잡아채기 좋은 갈고리를 나타낸다.

拘禁	구금
拘留	구류
拘束	구속

一 亅 扌 扌 扚 扚 拘 拘

3급

진실로/구차할 구

[艹, 5] 총 9획

풀[艹]이 구부러진[句] 모양으로 간신히 올라오는 모습이 진실로 구차하다는 뜻이다. 주로 문장에서 '진실로'라는 뜻으로 쓰인다.

| 苟且 | 구차 |

丶 卄 丱 艹 艻 芍 苟 苟

5급II

공경 경

[攴, 9] 총 13획

나이 들어 노인이 되면 몸에 힘이 빠져 말과 행동이 구차해지기 쉽다. 구차하게[苟] 지팡이로 땅을 치며[攵] 걷는 노인을 받들고 공경해야 한다는 뜻이다.

• 攵(등글월문)은 攴(칠 복)의 변형 부수이다.

| 恭敬 | 공경 |
| 경이원지 | 敬而遠之 |

卄 丱 艻 芍 苟 苟 芶 茍 敬 敬

4급

놀랄 경

[馬, 13] 총 23획

말[馬]이 하늘을 공경[敬]하는 듯한 자세로 앞다리를 쳐들며 놀란다는 뜻이다. 놀랍고 기이한 것을 驚異(경이)롭다고 한다.

경이	驚異
경천동지	驚天動地
경탄	驚歎

苟 茍 敬 敬 驚 驚 驚 驚 驚

4급II

경계할 경

[言, 13] 총 20획

공경하는[敬] 상대에게 말[言]을 조심하며 실수를 경계한다는 뜻이다. 삶의 진리를 간결하게 표현한 말을 警句(경구)라고 한다.

警吏	경리
巡警	순경
경고	警告
경보	警報
경종	警鐘
경찰	警察

卄 艻 苟 苟 敬 敬 敬 警 警

3급II

맡을 사
[口, 2] 총 5획

임금을 대신하여 몸을 굽힌[㇇] 신하 중 한[一] 명이 입[口]을 크게 벌리고서 제사 올리는 일을 맡는다는 뜻이다. 可(옳을 가)와 모양이 비슷하다.

• ㇇는 허리를 굽힌 사람의 모습을 나타낸다.

司法	사법
司正	사정
司祭	사제
司會者	사회자
上司	상사

㇇ ㇆ 司 司 司

3급II

말씀 사
[言, 5] 총 12획

신의 제사를 맡아[司] 주관하는 사람이 뱉는 말[言]은 호소력 있는 말씀이라는 뜻이다. 노랫말을 짓는 것을 作詞(작사)라고 한다.

歌詞	가사
作詞	작사
助詞	조사

丶 亠 言 言 言 言 訂 訂 詞 詞

19일째

스마트 한자 암기 프로그램

4급 II

버금 차

[欠, 2] 총 6획

버금은 으뜸의 바로 아래를 뜻한다. **두[二→冫] 번째라고 불리는[欠] 것은 으뜸의 다음인 버금**이라는 뜻이다.

• 冫(이수변)은 여기서 二(두 이)의 변형으로 쓰였다. 欠(하품 흠)은 사람이 입을 크게 벌린 모습이다.

丶 冫 二 次 次 次

屢次	누차
漸次	점차
次善策	차선책
목차	目次
차기	次期
차남	次男
차례	次例

4급

재물 자

[貝, 6] 총 13획

살아가는 데 있어 사람 다음[次]으로 필요한 것이 재물[貝]이라는 뜻이다. 사람이나 회사가 쌓아 두고 있는 재물을 資産(자산)이라고 한다.

丶 冫 二 次 次 次 咨 咨 資 資

자격	資格
자료	資料
자본금	資本金
자산	資産
자질	資質
학자금	學資金

4급

모양 자

[女, 6] 총 9획

포로로 잡혀 온 여자[女]들이 차례[次]로 얌전하게 앉아 있는 모양을 뜻한다. 주로 태도나 맵시를 의미한다. 몸을 움직이거나 가누는 모양을 姿勢(자세)라고 한다.

丶 冫 二 次 次 次 姿 姿

| 자세 | 姿勢 |
| 자태 | 姿態 |

3급

방자할 자

[心, 6] 총 10획

거리낌 없이 건방지게 행동하는 것을 放恣(방자)하다고 한다. **자기 마음[心]속에 정해 놓은 차례[次]대로 함부로 행동하니 방자하다**는 말이다.

丶 冫 二 次 次 次 恣 恣 恣

| 放恣 | 방자 |
| 恣行 | 자행 |

3급II

吹

불 취

[口, 4] 총 7획

입[口]을 하품[欠]하듯 벌려 숨을 불어낸다는 뜻이다. 옛날에는 병사들에게 북을 치거나 나팔을 불어 힘을 내도록 격려하였는데, 이처럼 격려하여 용기를 북돋우는 것을 鼓吹(고취)라고 한다.

鼓吹	고취
吹打	취타

丿 丨 口 口' 吖 吹 吹

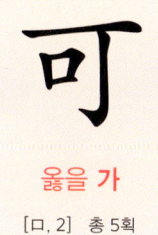

5급

可

옳을 가

[口, 2] 총 5획

입[口]을 크게 벌려[丁] 좋다고 말할 수 있을 정도로 바르고 옳다는 뜻이다. '옳다, 좋다, 할 수 있다' 등 여러 가지 뜻으로 쓰인다.

可憐	가련
可憎	가증
裁可	재가
가관	可觀
가망	可望
불가	不可
불문가지	不問可知

一 丁 亓 可 可

3급II

阿

언덕/아부 아

[阜, 5] 총 8획

언덕[阝]을 올려다보듯 우러러보며 상대가 좋아하는 [可] 말로 아부한다는 뜻이다.

• 阝(좌부변)은 층진 언덕을 그린 阜(언덕 부)의 변형 부수이다. 可(옳을 가)는 여기서 '좋다'의 뜻으로 쓰였다.

阿附	아부
阿片	아편

' ㄱ ㅏ ㅏ' 厂 阿 阿 阿

7급

歌

노래 가

[欠, 10] 총 14획

입을 벌리고[欠] '좋아[可], 좋아[可]'하며 흥얼거리는 노래를 뜻한다. 특정한 시기에 인기를 얻어 널리 퍼진 노래를 流行歌(유행가)라고 한다.

戀歌	연가
가요	歌謠
애국가	愛國歌
유행가	流行歌

一 ㄱ 丏 可 哥 哥 哥 歌 歌 歌

3급II

何

어찌 하

[人, 5] 총 7획

사람[亻]이 좋은[可] 물건을 보고 어찌하여 귀한지 의문을 품는 것을 나타낸다. 주로 '무엇, 누구, 어찌' 등의 의문사로 쓰인다.

幾何	기하
何等	하등
何如歌	하여가
何必	하필

丿 亻 亻' 仃 仃 何 何

3급II

荷 멜 하
[艹, 7] 총 11획

산에서 캔 풀[艹]을 어찌[何] 가지고 내려갈까 걱정하며 등에 멘다는 뜻이다. 어떤 물건을 멜 때 받게 되는 무게를 荷重(하중)이라고 한다.

| 出荷 | 출하 |
| 荷重 | 하중 |

4급

奇 기이할 기
[大, 5] 총 8획

크기가 너무 커서[大] 입이 벌어질 만할[可] 정도로 놀랍고 기이하다는 뜻이다. 기이한 일이나 사물에 흥미를 느끼는 것을 獵奇的(엽기적)이라고 한다.

• 可(옳을 가)는 여기서 '할 수 있다'는 가능의 의미로 쓰였다.

奇怪	기괴
奇巖	기암
獵奇	엽기
기이	奇異
기인	奇人
신기	神奇

3급II

騎 말 탈 기
[馬, 8] 총 18획

재주가 뛰어나고 기이한[奇] 말[馬]의 등에 올라탄다는 뜻이다. 말을 타고 싸우는 병사를 騎馬兵(기마병)이라고 한다.

騎馬	기마
騎兵	기병
騎士	기사
騎手	기수

4급

寄 부칠 기
[宀, 8] 총 11획

집[宀]으로 기이한[奇] 재물이나 편지를 부친다는 뜻이다. 사람의 집[宀]에 기이한[奇] 벌레가 더부살이로 몸을 맡긴다는 뜻도 있다. 寄附金(기부금)은 이롭지만, 寄生蟲(기생충)은 해롭다.

寄稿	기고
寄附金	기부금
寄贈	기증
기거	寄居
기생충	寄生蟲
기숙사	寄宿舍

6급

言 말씀 언
[言, 0] 총 7획

입에서 혀가 움직이며 소리의 기운이 퍼져 나가서 이루어지는 말(말씀)을 뜻한다. 말로 다투는 것을 言爭(언쟁)이라고 한다.

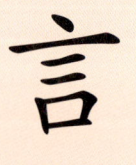

妄言	망언
言及	언급
一言之下	일언지하
격언	格言
언쟁	言爭
유구무언	有口無言

7급

말씀 어

[言, 7] 총 14획

다른 사람과 이야기[言]하며 나[吾]의 생각을 담아 전하는 말(말씀)을 뜻한다.

熟語	숙어
失語症	실어증
語尾	어미
경어	敬語
어불성설	語不成說
어학	語學

一 亠 言 言 言 訁 訒 誣 語 語

6급 II

믿을 신

[人, 7] 총 9획

사람[亻]의 말[言]에는 믿음이 있어야 한다는 뜻이다. 한 사회의 구성원으로 살아가려면 信用(신용)을 잃지 않는 것이 중요하다.

盲信	맹신
迷信	미신
信仰	신앙
신념	信念
신용	信用
신의	信義

丿 亻 亻 亻 伫 伫 信 信 信

6급 II

셀 계

[言, 2] 총 9획

말[言]로 열[十]까지 수를 센다는 뜻이다. 할 일을 하나하나 세며 앞으로의 일을 '계획한다'는 뜻으로도 쓰인다.

計策	계책
計劃	계획
累計	누계
계산	計算
생계	生計
통계	統計

丶 亠 亠 言 言 言 訁 計

3급 II

이를 위

[言, 9] 총 16획

음식을 몸으로 전하는 위[胃]처럼 말[言]을 남에게 전하여 이른다는 뜻이다.

• 胃(밥통 위)는 음식물[田]로 꽉 찬 몸[月]의 기관인 밥통을 뜻한다.

所謂	소위

言 訁 訂 謂 謂 謂 謂 謂 謂 謂

4급

혀 설

[舌, 0] 총 6획

입에서 혀가 쑥 나와 있는 모습을 그린 글자이다. 다른 사람의 입과 혀에 오르내리게 될 운수를 口舌數(구설수)라고 한다.

舌禍	설화
구설수	口舌數
독설	毒舌
설전	舌戰

丿 一 千 千 舌 舌

7급II  말씀 화 [言, 6] 총 13획	말[言]을 할 때 혀[舌]를 자유자재로 움직이며 들려주는 말씀을 뜻한다.	逸話 일화 비화 祕話 수화 手話 신화 神話 실화 實話
	一 二 言 言 言 言 計 話 話 話	

7급II  살 활 [水, 6] 총 9획	사람은 물[氵]이 혀[舌]에 닿아야 생기가 나서 산다는 뜻이다. 살아 움직이는 힘을 活力(활력)이라고 한다.	活躍 활약 活版 활판 부활 復活 생활 生活 활력 活力
	丶 丶 氵 氵 氵 汗 汗 活 活	

4급II  다스릴 치 [水, 5] 총 8획	홍수가 빈번했던 옛날에 물길[氵]을 잘 살펴 백성이 기뻐하도록[台] 다스린다는 뜻이다. 나라를 잘 다스려 백성을 이롭게 한다는 의미이다. • 台(기뻐할 이/태풍 태)는 입을 크게 벌리고 웃는 모습을 그린 한자이다.	법치 法治 치국 治國 치안 治安
	丶 丶 氵 氵 汁 治 治 治	

3급II  위태할 태 [歹, 5] 총 9획	입을 크게 벌린 듯한 모습의 태풍[台]이 오면 모두 죽음[歹]을 마주하니 위태하다는 뜻이다. • 歹(죽을사변)은 죽은 사람의 앙상한 뼈를 그린 부수로, 죽음과 관계있다.	百戰不殆 백전불태 危殆 위태 殆半 태반
	一 プ 歹 歹 歹' 歹' 殆 殆 殆	

6급II  비로소 시 [女, 5] 총 8획	엄마[女]의 배에서 아기가 기쁘게[台] 웃으며 태어났으니, 비로소 인생의 시작이라는 의미이다. 어떤 일이 비로소 이루어지는 단계를 始作(시작)이라고 한다.	始終一貫 시종일관 개시 開始 시작 始作 시조 始祖
	乚 女 女 女 始 始 始 始	

3급

게으를 태

[心, 5] 총 9획

기쁜[台] 마음[心]이 지나쳐서 마음가짐이 무너지니 게으르다는 뜻이다. 의무를 게을리 한 사람에게 벌로 물게 하는 돈을 過怠料(과태료)라고 한다.

過怠料	과태료
怠慢	태만
怠業	태업

ノ ム 公 台 台 台 怠 怠 怠

5급 II

해칠 해

[宀, 7] 총 10획

집[宀]에 들어앉아 남을 헐뜯는[丰] 말을 입[口]으로 뱉으며 정신을 해친다는 뜻이다. 못살게 굴어서 해롭게 하는 것을 迫害(박해)라고 한다.

• 丰(무성할 봉)은 여기서 가시가 무성한 모양이다.

迫害	박해
弊害	폐해
被害	피해
냉해	冷害
상해	傷害
음해	陰害
해충	害蟲

丶 丶 宀 宀 宀 宝 害 害 害 害

3급 II

벨 할

[刂, 10] 총 12획

어떤 물건이나 상대를 해치기[害] 위해 칼[刂]로 벤다는 뜻이다. 일정한 값에서 얼마를 베어내어 빼는 것을 割引(할인)이라고 한다.

役割	역할
割當	할당
割腹	할복
割引	할인

丶 丶 宀 宀 宝 害 害 害 割

4급

법 헌

[心, 12] 총 16획

질서를 해치는[害→宀] 사람을 눈[目→罒]으로 살펴 바로잡으려는 마음[心]으로 정해 놓은 법을 뜻한다. 憲法(헌법)은 한 국가의 최고 법규이다.

違憲	위헌
개헌	改憲
헌법	憲法
헌병	憲兵

丶 丶 宀 宀 宝 害 害 害 憲 憲

3급

목마를 갈

[水, 9] 총 12획

물[氵]을 달라고 구걸하니[曷] 목이 마르다는 의미이다. 목이 말라 물을 마시고 싶은 느낌을 渴症(갈증)이라고 한다.

• 曷(갈)은 원하는 것을 달라고 말하며[曰] 몸을 굽혀 구걸한다[匃]는 뜻이다.

渴症	갈증
枯渴	고갈
解渴	해갈

氵 氵 汀 汩 汩 渇 渇 渇 渴

3급

謁
뵐 알
[言, 9] 총 16획

높은 사람에게 말씀[言]을 올려 원하는 것을 요청하기[曷] 위해 직접 뵙는다는 뜻이다.

言 言 訁 訂 訏 訏 謁 謁 謁 謁

| 拜謁 | 배알 |
| 謁見 | 알현 |

4급

甘
달 감
[甘, 0] 총 5획

앞으로 내민 혀[廿]에 올려진 달콤한 설탕[一]을 먹으니 달다는 뜻이다. 꾸짖음이나 괴로움을 달게 받아들이는 것을 甘受(감수)라고 한다.

• 一(한 일)은 여기서 혀에 올려진, 단 것의 모양이다.

一 十 廿 甘 甘

| 감수 | 甘受 |
| 감언이설 | 甘言利說 |

3급

某
아무 모
[木, 5] 총 9획

달콤한[甘] 열매가 열린 나무[木]에서는 아무거나 따도 맛있으니 '아무, 어느'라는 뜻이다.

一 十 廿 甘 甘 丱 苷 荁 某

某年某月	모년모월
某種	모종
某處	모처

3급 II

謀
꾀 모
[言, 9] 총 16획

사람들이 모여 아무도[某] 모르게 말[言]을 나누며 꾸민 꾀를 뜻한다. 어떤 일을 꾀하고 의논하는 것을 謀議(모의)라고 한다.

言 言 訁 訏 訮 諩 諽 謀 謀

共謀	공모
謀反	모반
謀士	모사
謀議	모의
主謀者	주모자
智謀	지모

3급 II

媒
중매 매
[女, 9] 총 12획

결혼이 이루어지도록 중간에서 소개하는 일을 仲媒(중매)라고 한다. 이처럼 여자[女]가 시집갈 수 있도록 아무개[某] 남자를 소개하는 중매를 의미한다.

乙 女 女 妒 妝 妝 媒 媒 媒

媒介	매개
媒體	매체
仲媒	중매
觸媒	촉매

3급 II

어금니 **아**

[牙, 0] 총 4획

위아래로 맞물려 있는 어금니의 모습을 그린 글자이다. 코끼리의 입 밖으로 뿔처럼 뻗어 있는 이를 象牙(상아)라고 한다.

象牙	상아
象牙塔	상아탑
牙城	아성

一 ㄷ 于 牙

3급 II

맑을 **아**

[隹, 4] 총 12획

어금니[牙] 안쪽 깊은 곳에서부터 나오는 새[隹]의 울음소리가 맑다는 뜻이다. 성품이 넉넉하고 맑아 아름다운 사람을 優雅(우아)하다고 한다.

端雅	단아
優雅	우아
淸雅	청아

• 隹(새 추)는 몸집이 작은 새를 그린 글자이다.

一 ㄷ 于 牙 舟 舟 邪 邪 雅 雅 雅

3급 II

싹 **아**

[艸, 4] 총 8획

잇몸에서 올라온 어금니[牙]처럼 삐죽 돋아난 싹[艹]을 뜻한다. 씨앗에서 싹이 트는 것을 發芽(발아)라고 한다.

| 麥芽 | 맥아 |
| 發芽 | 발아 |

一 ㅏ ㅏ 艹 芒 芒 芽 芽

3급 II

간사할 **사**

[邑, 4] 총 7획

자기의 이익을 위하여 나쁜 꾀를 부리는 것을 간사하다고 한다. 입안에 감춰진 어금니[牙]처럼 속마음을 감추고 마을[阝] 사람들에게 나쁜 짓을 일삼으니 간사하다는 뜻이다.

邪念	사념
邪惡	사악
酒邪	주사

• 阝(우부방)은 邑(고을 읍)의 변형 부수로, 글자의 오른쪽에 위치한다.

一 ㄷ 于 牙 牙 邪 邪

3급

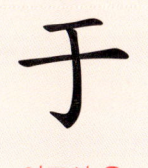

어조사 **우**

[二, 1] 총 3획

호흡이 자유롭지 못해 꺾이고 굽어 나오는 숨소리를 표현한 글자이다. 주로 문장에서 '~에서, ~에게, ~까지, ~보다' 등으로 풀이되는 어조사이다. 干(방패 간)과 모양이 비슷하다.

| 于先 | 우선 |

一 二 于

3급II  집 우 [宀, 3] 총 6획	만물을 감싸는 지붕[宀] 아래로 무한히 굽어[于] 나간 공간적 우주를 뜻한다. 우주의 공간 안에 우리 삶의 터전인 집이 있다는 의미에서 뜻을 '집'으로 표현하였다. ` ´ 宀 宀 宇 宇	宇宙 우주 宇宙船 우주선
3급II  집 주 [宀, 5] 총 8획	만물을 감싸는 지붕[宀] 아래로부터 말미암아[由] 무한한 시간을 갖게 된 우주를 의미한다. 무한한 공간과 무한한 시간이 합쳐져 이루어진 것이 宇宙(우주)이다. ` ´ 宀 宀 宙 宙 宙 宙	宇宙 우주
3급  더러울 오 [水, 3] 총 6획	물[氵]에서 나는 악취 때문에 코를 막고 숨을 굽어[亐] 쉬어야 할 정도로 더럽다는 뜻이다. 지저분하고 더러운 물건을 汚物(오물)이라고 한다. • 亐는 호흡하기 어려워서 숨을 굽어 쉬는 모습을 나타낸 것이다. ` ´ 氵 氵 汚 汚	汚名 오명 汚物 오물 汚辱 오욕
3급II  자랑할 과 [言, 6] 총 13획	말[言]로 뽐내며[夸] 자랑한다는 뜻이다. 자랑하여 보이는 것을 誇示(과시)라고 한다. • 夸(뽐낼 과)는 입을 크게[大] 벌리고 큰소리[亐]치며 뽐낸다는 뜻이다. ` ´ 言 言 言 言 誇 誇 誇 誇	誇大妄想 과대망상 誇示 과시 誇張 과장
3급  부를 빙 [耳, 7] 총 13획	상대의 안부를 귀[耳]로 직접 듣기 위해 찾아가서 급하게[甹] 부른다는 뜻이다. • 甹(말이 잴 병)은 입으로부터[由] 큰[亐→丂] 숨과 함께 말을 급하게 한다는 뜻이다. ` ´ 丅 丅 耳 耳 耴 聍 聘 聘	聘丈 빙장 招聘 초빙

3급

어조사 호

[丿, 4] 총 5획

목소리를 길게 끌어올리며 의문이나 감탄을 표현하는 어조사이다. 주로 한문 문장의 맨 뒤에 놓여 의문 종결사로 쓰인다. 平(평평할 평)과 모양이 비슷하다.

| 斷乎 | 단호 |

` ´ ⼅ 匞 乎

4급 II

呼

부를 호

[口, 5] 총 8획

입[口]으로 목소리를 끌어올려[乎] 상대를 부른다는 뜻이다. 이름을 부르는 것을 呼名(호명)이라고 한다.

呼訴	호소
호명	呼名
호흡	呼吸
환호	歡呼

丨 冂 口 口´ 口⼅ 叮 呼 呼

3급

이에 내

[丿, 1] 총 2획

말이 술술 나오지 않고 잠시 걸린 상태를 표현한 글자이다. 그래서 '아, 이에, 곧'이라는 뜻으로 쓰인다. 人乃天(인내천)은 '사람이 곧 하늘'이라는 천도교의 사상이다.

| 乃至 | 내지 |
| 人乃天 | 인내천 |

丿 乃

6급 II

소리 음

[音, 0] 총 9획

입으로 말할[曰] 때 밖으로 울리는[立] 소리를 의미한다. 목소리나 악기를 통해 생각이나 감정을 나타내는 예술을 音樂(음악)이라고 한다.

• 立(설 립)은 여기서 말의 기운이 밖으로 울리는 모양을 나타낸다. 曰(말할 왈)은 입[口]에서 소리[一]를 내어 말한다는 뜻이다.

音盤	음반
音響	음향
濁音	탁음
음성	音聲
음악	音樂
잡음	雜音

` ⼅ ⼅ 立 产 音 音 音

4급 II

어두울 암

[日, 9] 총 13획

해[日]가 저서 앞이 보이지 않고 소리[音]만 들리니 어둡다는 뜻이다. 어두운 곳에서 '남몰래', 어두운 곳으로 '숨기다'라는 뜻으로도 쓰인다.

暗誦	암송
暗行御史	암행어사
명암	明暗
암거래	暗去來
암기	暗記
암시	暗示

丨 冂 日 日` 日⼅ 旷 时 昨 暗 暗

6급II

뜻 의
[心, 9] 총 13획

마음[心]속에 담긴 소리[音]가 바로 나의 생각이고 뜻이라는 의미이다. '속마음, 생각'이라는 뜻이 강하다. 어떤 일을 이루고자 하는 뜻을 意志(의지)라고 한다.

丶亠立产音音音意

意譯	의역
意欲	의욕
弔意	조의
경의	敬意
의견	意見
의지	意志

3급II

생각할 억
[心, 13] 총 16획

마음[忄]속에 자기의 뜻[意]을 단단히 새겨 오래 기억하고 생각한다는 뜻이다. 지나간 일을 돌이켜 생각하는 것을 追憶(추억)이라고 한다.

丶丶忄忄忄忄忄忄憶憶

記憶	기억
追憶	추억

5급

억 억
[人, 13] 총 15획

사람[亻]의 생각[意]으로 헤아리기 어려울 만큼 많은 수인 억을 나타낸다. 숫자 萬(일만 만)의 만 배가 億(억 억)이고, 억의 만 배가 兆(억조 조)이다.

亻亻亻倍倍倍億億億

億兆蒼生	억조창생
수억	數億
억만장자	億萬長者

6급

글 장
[立, 6] 총 11획

음악[音]의 한 묶음[十]인 악장을 나타내다가, 한 묶음으로 구분되는 글이나 문장을 의미하게 되었다.

丶亠立产音音音音章

肩章	견장
喪章	상장
악장	樂章
인장	印章
초장	初章
헌장	憲章

4급II

막을 장
[阜, 11] 총 14획

언덕[阝]이 땅을 양쪽으로 구분[章] 지으며 길의 중간을 막는다는 뜻이다.

• 章(글 장)은 여기서 글의 단락처럼 구분 지어지는 것을 의미한다.

丶阝阝阝阡阡阡障障

고장	故障
보장	保障
장벽	障壁
지장	支障

3급

竟

마침내 **경**

[立, 6] 총 11획

음악[音]을 연주하는 사람이 두 다리[儿]로 서서 한 곡의 연주를 마침내 끝냈다는 뜻이다.

• 儿(사람인발)은 사람의 두 다리를 그린 모양이다.

丶 亠 立 立 产 产 咅 咅 音 竞 竟

| 畢竟 | 필경 |

4급 II

境

지경 **경**

[土, 11] 총 14획

땅[土]이 끝나는[竟] 경계라는 뜻으로, 나라나 지역의 구간을 나누는 지경을 의미한다. 나라와 나라의 영역을 가르는 경계를 國境(국경)이라고 한다.

一 十 土 圹 圹 垃 培 培 境 境

境界	경계
國境	국경
心境	심경

4급

鏡

거울 **경**

[金, 11] 총 19획

화장을 마치고[竟] 비추어 볼 수 있도록 청동[金]을 갈아서 만든 거울을 뜻한다. 요즘의 거울은 유리로 만드는데, 시력이 나쁜 눈을 잘 보이게 하려고 유리로 민든 물건을 眼鏡(안경)이라고 한다.

丿 𠂉 𠂉 牟 牟 余 金 鈩 鐀 鏡

鏡臺	경대
雙眼鏡	쌍안경
수경	水鏡
안경	眼鏡
파경	破鏡

코

스마트 한자 암기 프로그램

7급II

스스로 자

[自, 0] 총 6획

자신을 가리킬 때 손가락이 향하는 코를 그려 '스스로'라는 뜻을 표현했다. 자기 自身(자신)을 '스스로'라고 한다.

自販機　자판기
自畫自讚　자화자찬
자각　自覺
자력　自力
자부심　自負心

′ 丿 冂 冃 自 自

5급

코 비

[鼻, 0] 총 14획

코를 그린 한자가 다른 뜻으로 쓰이자, 의미와 소리를 더하여 '코'의 뜻을 명확히 한 글자이다. 코[自]로 세상이 주는[畀] 공기를 다 들이마시는 코를 뜻한다.

• 畀(줄 비)는 양손[廾] 위에 있는 물건[田]을 남에게 준다는 뜻이다.

鼻炎　비염
비조　鼻祖
이목구비　耳目口鼻

′ 冂 冃 自 自 臬 臬 臬 島 昗 鼻

3급

냄새 취

[自, 4] 총 10획

예로부터 개는 냄새를 잘 맡기로 유명하다. 개[犬]가 코[自]를 킁킁거리며 맡는 냄새를 뜻한다.

惡臭　악취
遺臭萬年　유취만년
體臭　체취

′ 丿 冂 冃 自 自 훨 臭 臭 臭

4급II

쉴 식

[心, 6] 총 10획

코[自]로 공기를 들이켜서 심장[心]이 뛰도록 숨을 쉰다는 뜻이다. 부모가 세상에 낳아 숨 쉬고 살아갈 수 있게 한 아이를 子息(자식)이라고 한다.

姑息的　고식적
안식년　安息年
휴식　休息

′ 丿 冂 冃 自 自 息 息 息 息

3급

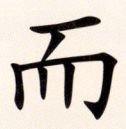

말 이을 이
[而, 0] 총 6획

할아버지가 수염[而]을 만지며 쉬지 않고 말을 잇는다는 뜻이다. 주로 한문 문장에서 '그리고, 그러나, 그래서'로 풀이하는 접속사로 쓰인다.

似而非	사이비
生而知之	생이지지

3급II

견딜 내
[而, 3] 총 9획

할아버지 수염[而]을 손자가 손[寸]으로 잡아당기면 많이 아프지 않으니 견딘다는 뜻이다. 괴로움이나 어려움을 참고 견디는 것을 忍耐(인내)라고 한다.

耐久性	내구성
耐熱	내열
忍耐	인내

3급II

쓰일 수
[雨, 6] 총 14획

비[雨]가 올 때 수염[而]을 만지며 오래 기다려서 받아 둔 물은 다른 일에 잘 쓰인다는 뜻이다. 쓰일 데가 있는 물건을 일정한 가격으로 사려는 욕구를 需要(수요)라고 한다.

內需	내수
需給	수급
需要	수요
祭需	제수
必需品	필수품

4급

선비 유
[人, 14] 총 16획

사람[亻] 중에 덕이 많아서 세상에 이롭게 쓰일[需] 학식이 있는 선비를 뜻한다. 儒學(유학)을 공부하는 선비를 儒生(유생)이라고 한다.

유교	儒敎
유림	儒林
유생	儒生
유학	儒學

5급II

참여할 참
[厶, 9] 총 11획

중국 만리장성의 담을 쌓기[厽] 위해 많은 사람의 머리[㐱]가 모여 참여하는 모습이다.

• 厽(담쌓을 루)는 차례차례 담을 쌓은 모습이고, 㐱(술 많을 진)은 숱이 많은 머리카락의 모양이다.

참선	參禪
참작	參酌
참조	參照
참가	參加
참석	參席
참여	參與

3급

참혹할 **참**

[心, 11] 총 14획

만리장성은 그 규모가 엄청나서 일꾼들이 많은 고통을 겪었다. 이처럼 고된 만리장성 쌓기에 참여하게 [參] 된 사람은 마음[忄]이 참혹하다는 뜻이다. 慘事(참사)란 비참하고 끔찍한 일이다.

慘劇	참극
慘變	참변
慘事	참사

丶 忄 忄 忄 忄 忄 忄 怽 怽 慘

3급Ⅱ

낄 **개**

[人, 2] 총 4획

사람[人]이 양쪽[儿] 사이에 낀다는 뜻이다. 둘 사이에 끼어서 양편의 일이 진행되게 맺어 주는 것을 紹介(소개)라고 한다.

介入	개입
紹介	소개
仲介	중개

丿 人 介 介

6급Ⅱ

지경 **계**

[田, 4] 총 9획

밭[田]과 밭 사이에 낀[介] 땅의 경계를 의미한다. '지경, 범위' 등의 뜻으로 쓰인다.

세계	世界
외계	外界
정계	政界

丶 冂 曰 田 田 甼 界 界 界

3급Ⅱ

또 **역**

[亠, 4] 총 6획

사람[大→亣]의 양쪽[八] 겨드랑이를 그린 글자로, 양쪽에 모두 있어서 '또'라는 뜻이다.

| 不亦說乎 | 불역열호 |
| 亦是 | 역시 |

丶 一 亠 亣 亣 亦

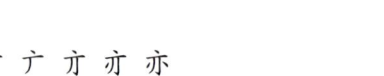

3급Ⅱ

발자취 **적**

[足, 6] 총 13획

발[足→⻊]을 앞으로 또[亦] 한 걸음 내디딜 때마다 생기는 발자취를 뜻한다.

遺跡	유적
人跡	인적
足跡	족적
追跡	추적

丨 口 口 卩 卩 䟴 䟴 䟴 跡 跡

5급

붉을 **적**

[赤, 0] 총 7획

형벌을 받는 죄인[大→土]이 불[火→灬] 위에서 타오르는 모습이 붉다는 뜻이다. 위험한 상황을 알리는 붉은 표시를 赤信號(적신호)라고 한다.

• 土(토)는 사람의 모습을 그린 大(큰 대)의 변형이다.

一 十 土 耂 方 赤 赤

적신호	赤信號
적십자	赤十字
적자	赤字

5급 II

될 **화**

[匕, 2] 총 4획

바로 섰던 사람[亻]이 몸을 거꾸로[匕] 세우면 모습이 변화된다는 뜻이다. 바뀌어 다르게 되는 것을 變化(변화)라고 한다.

• 匕(비수 비)는 거꾸로 선 사람의 모습이다.

ノ 亻 亻 化

企業化	기업화
淨化	정화
化粧	화장
문화	文化
변화	變化
화석	化石

4급 II

재물 **화**

[貝, 4] 총 11획

여러 가지 물건과 바꿀[化] 수 있는 돈이나 재물[貝]을 의미한다. 널리 통하여 쓰이는 재물을 通貨(통화)라고 한다.

ノ 亻 亻 化 化 代 件 俨 俨 貨 貨

貨幣	화폐
수화물	手貨物
외화	外貨
통화	通貨

3급 II

이랑/잠깐 **경**

[頁, 2] 총 11획

머리[頁]를 비스듬히[匕] 움직여 갸우뚱하는 잠깐을 뜻한다. 매우 짧은 시간을 나타낸다. 아주 짧은 시간을 頃刻(경각)이라고 한다.

一 匕 上 丘 丘 师 师 师 师 項 項

| 頃刻 | 경각 |
| 命在頃刻 | 명재경각 |

4급

기울 **경**

[人, 11] 총 13획

사람[亻]의 고개가 잠깐[頃] 비뚤어져 기운다는 뜻이다. 임금이 혹하여 나라가 기울어져도 모를 정도의 미인을 傾國之色(경국지색)이라고 한다.

亻 亻 化 化 化 佰 佰 傾 傾 傾

傾國之色	경국지색
傾斜	경사
경도	傾度
경청	傾聽
경향	傾向

3급II

앉을 좌

[土, 4] 총 7획

흙[土]바닥에 두 사람[人人]이 마주 보고 앉아 있다는 뜻이다.

`ノ 人 人 圦 灬 坐 坐`

坐不安席 　좌불안석
坐視 　　 좌시

4급

座

자리 좌

[广, 7] 총 10획

집[广] 안에 사람이 앉을[坐] 수 있는 자리를 뜻한다. 늘 자리 옆에 갖추어 두고 가르침으로 삼는 말이나 문구를 座右銘(좌우명)이라고 한다.

`丶 一 广 广 庐 庐 应 应 座 座`

座右銘 　좌우명
강좌 　　講座
계좌 　　計座
구좌 　　口座

4급

儉

검소할 검

[人, 13] 총 15획

사람[亻]이 물건을 아껴 끝까지 다[僉] 쓰는 습관을 지녔으니 검소하다는 뜻이다.

• 僉(모두 첨)은 집[亼] 안에 모인 모든 사람[人人]들이 말한다[口口]는 의미에서 '모두, 다'를 뜻한다.

`亻 仒 佥 伶 伶 伶 儉 儉 儉`

검소 　　儉素
검약 　　儉約
근검 　　勤儉

3급II

劍

칼 검

[刀, 13] 총 15획

전쟁이 잦았던 옛날에 모든[僉] 남자가 지니고 다니던 칼[刂]을 뜻한다. 劍(칼 검)은 무기로 쓰는 양날의 긴 칼이고, 刀(칼 도)는 식칼로 쓰는 외날의 짧은 칼이다.

`ノ 亼 亼 侖 侖 侖 僉 僉 劍 劍`

劍客 　　검객
口蜜腹劍 　구밀복검
短劍 　　 단검

4급II

檢

검사할 검

[木, 13] 총 17획

나무[木] 상자에 보관할 중요한 기록을 모두[僉] 꼼꼼히 검사한다는 뜻이다. 사실이나 일의 상태 등을 조사하고 판단하는 것을 檢査(검사)라고 한다.

`一 十 才 木 村 杦 检 檢 檢 檢`

검사 　　檢事
검사 　　檢査
검안 　　檢眼
검출 　　檢出

4급

험할 험

[阜, 13] 총 16획

가파른 언덕[阝]이 사방 모든[僉] 곳에 솟아 있어 길이 험하다는 뜻이다. 探險家(탐험가)는 危險(위험)을 무릅쓰고 冒險(모험)을 즐기는 사람이다.

`, ʳ 阝 阝ᐟ 阝ᐩ 阝ᐩᐩ 險 險 險`

冒險	모험
위험	危險
탐험가	探險家
험난	險難
험담	險談

4급Ⅱ

시험 험

[馬, 13] 총 23획

전쟁에 나가기 전에 말[馬]을 가진 사람들이 모두[僉] 모여 말의 능력을 시험한다는 뜻이다.

`丨 F ㄈ 馬 馬 馬ᐟ 馬ᐩ 驗 驗`

靈驗	영험
경험	經驗
시험	試驗
실험	實驗
체험	體驗

8급

큰 대

[大, 0] 총 3획

인간의 위대함을 드러내기 위해 두 팔과 다리를 크게 벌리고 선 사람의 모습이다.

`一 ナ 大`

寬大	관대
大腦	대뇌
大使館	대사관
대동소이	大同小異
대작	大作

6급

클 태

[大, 1] 총 4획

큰[大] 것에 또 한 점[丶]을 올려 매우 크다는 의미를 표현한 글자이다. 지나치게 큰 것을 의미하며, 나중에 '우주의 본체'라는 뜻도 나왔다. 犬(개 견)과 모양이 비슷하다.

`一 ナ 大 太`

태백산	太白山
태양	太陽
태자	太子

7급

하늘 천

[大, 1] 총 4획

위대하다고 자부하는 사람[大]보다 더 높은 곳에 놓인[一] 하늘을 의미한다.

`一 二 チ 天`

露天劇場	노천극장
天高馬肥	천고마비
지천명	知天命
천국	天國
천당	天堂

3급II

달릴 분

[大, 5] 총 9획

사람[大]이 풀[卉]을 밟으며 매우 신 나게 달린다는 뜻이다.

• 卉(풀 훼)는 풀이 많이 돋아난 모습이다.

一 ナ 大 太 本 李 夲 奔 奔

| 狂奔 | 광분 |
| 東奔西走 | 동분서주 |

5급

인할 인

[口, 3] 총 6획

침상[口]에 사람[大]이 누워 있는 것은 이런저런 이유로 인한 것이라는 뜻이다. 어떤 이유로 인하여 맺어지는 관계를 因緣(인연)이라고 한다.

丨 冂 冃 囝 因 因

因襲	인습
사인	死因
인연	因緣
원인	原因

3급

혼인 인

[女, 6] 총 9획

여자[女]가 남자와 인연[因]을 맺어 함께 살게 되는 혼인을 뜻한다. 옛날에는 혼인하면 여자가 남자의 집으로 가서 살았다.

く 夕 女 女 妇 妇 姻 姻 姻

| 親姻戚 | 친인척 |
| 婚姻 | 혼인 |

4급II

은혜 은

[心, 6] 총 10획

인연[因]을 맺은 상대에게 받은 감사한 마음[心]인 은혜를 뜻한다. 가르침을 받은 恩惠(은혜)로운 스승을 恩師(은사)라고 한다.

丨 冂 冃 囝 因 因 恩 恩 恩

결초보은	結草報恩
배은망덕	背恩忘德
은사	恩師
은혜	恩惠

3급II

가운데 앙

[大, 2] 총 5획

사람[大]이 물동이[冂]를 어깨에 메고 가운데로 중심을 잡으며 걷는 모습이다. 양쪽 끝에서 같은 거리에 있는 지점을 中央(중앙)이라고 한다.

| 中央 | 중앙 |

丨 冂 口 央 央

3급

殃

재앙 **앙**

[歹, 5] 총 9획

사람을 죽음[歹]의 한가운데[央]로 몰아넣는 재앙을 뜻한다. 뜻하지 않게 생긴 불행한 사고를 災殃(재앙)이라고 한다.

• 歹(죽을사변)은 죽은 사람의 앙상한 뼈를 그린 부수이다.

一 ㄧ ㄏ 歹 歹 ㄢ 妕 殃 殃

| 災殃 | 재앙 |
| 池魚之殃 | 지어지앙 |

6급

英

꽃부리 **영**

[艹, 5] 총 9획

풀잎[艹] 위 한가운데[央]에 아름답게 피어나는 꽃부리(꽃잎 전체)를 뜻하는 글자이다. 英國(영국)을 일컫는 글자로도 쓰여 英語(영어)와 같은 단어에 활용된다.

丨 丷 艹 ガ 艿 荁 苂 英 英

英雄豪傑	영웅호걸
영어	英語
영재	英才
영특	英特

4급

映

비칠 **영**

[日, 5] 총 9획

해[日]가 하늘의 한가운데[央] 높이 떠서 비친다는 뜻이다. 필름에 촬영된 상을 스크린에 비치게 하여 보는 것을 映畫(영화)라고 한다.

丨 冂 日 日 日 旷 旷 映 映

映寫機	영사기
映像	영상
방영	放映
영화	映畫
종영	終映

4급 II

缺

이지러질 **결**

[缶, 4] 총 10획

한쪽 귀퉁이가 떨어져 없어지는 것을 이지러진다고 한다. 물 항아리[缶]를 메고 가다가 떨어뜨려서 한곳이 터졌으니[夬] 형태가 이지러졌다는 뜻이다.

• 缶(장군 부)는 액체를 담아 옮길 때 쓰는 통의 모양이고, 夬(터질 쾌)는 가운데[央]에서 한쪽이 터진 모습이다.

丿 ㄥ 亠 乍 缶 缶 缶 缶 缺 缺

缺陷	결함
補缺	보결
결강	缺講
결근	缺勤
결식	缺食
결점	缺點

4급 II

快

쾌할 **쾌**

[心, 4] 총 7획

마음[忄]이 탁 트여[夬] 상쾌하다는 뜻이다.

丶 丶 忄 忄 忄 快 快

快速	쾌속
快哉	쾌재
快晴	쾌청
명쾌	明快
불쾌	不快
쾌감	快感
쾌락	快樂

5급 II

決 결단할 결
[水, 4] 총 7획

물[氵]을 담은 항아리가 터지면[夬] 어떻게 할 것인지 빨리 판단하여 결단한다는 뜻이다. 행동이나 태도를 분명하게 정하는 것을 決定(결정)이라고 한다.

決裂	결렬
決裁	결재
卽決	즉결
결승	決勝
결심	決心
결정	決定

丶 冫 氵 氿 汁 決 決

3급 II

訣 이별할 결
[言, 4] 총 11획

상대에게 마지막이라고 말한[言] 뒤 관계를 깨뜨리고[夬] 이별한다는 뜻이다. 관계나 교재를 끊고 헤어지는 것을 訣別(결별)이라고 한다.

訣別	결별
口訣	구결
永訣式	영결식

亠 宀 宀 言 言 言 訓 訣 訣

3급 II

沈 잠길 침, 성씨 심
[水, 4] 총 7획

물[氵]에 오래 머뭇거리다가[冘] 서서히 잠긴다는 뜻이다. 물속에 잠겨 가라앉는 것을 沈沒(침몰)이라고 한다. 성씨 중에 '심씨'를 의미하기도 한다.

• 冘(머뭇거릴 유)는 목에 칼을 덮은 죄수가 잘 걷지 못하고 머뭇거리는 모습이다.

浮沈	부침
沈氏	심씨
沈沒	침몰
沈默	침묵
沈水	침수

丶 冫 氵 氿 沙 沈

3급

枕 베개 침
[木, 4] 총 8획

나무[木]를 깎아서 사람이 머리를 대고 머물[冘] 수 있도록 만든 베개를 뜻한다. 옛날에는 나무토막으로 만든 베개인 木枕(목침)을 썼다.

高枕而臥	고침이와
木枕	목침

一 十 十 才 木 木 朴 枕

7급

夫 지아비/사나이 부
[大, 1] 총 4획

상투를 틀어 비녀를 꽂고[一] 관례를 치른 남자[大]인 지아비를 뜻한다. 나중에 '사나이, 장정, 선생'이라는 뜻으로도 쓰였다.

대장부	大丈夫
부부	夫婦
부인	夫人
영부인	令夫人

一 二 チ 夫

3급II

扶

도울 부

[手, 4] 총 7획

농경 시대에 건장한 남자는 생산성을 올리는 데 큰 도움이 되었다. 그래서 **힘이 좋은 사내[夫]가 손[扌]을 걷어붙이고 농사일을 돕는다**는 뜻이다. 서로서로 돕는 것을 相扶相助(상부상조)라고 한다.

扶養	부양
扶助	부조
相扶相助	상부상조

一 † 扌 扌 扑 扶 扶

5급

規

법 규

[見, 4] 총 11획

성인인 사내[夫]의 눈으로 볼[見] 때 옳다고 생각되는 것을 기준으로 세운 법(법칙)을 뜻한다. 법칙으로 정하여 놓은 것을 規定(규정)이라고 한다.

규모	規模
규율	規律
규정	規定
법규	法規
신규	新規

二 𦐇 𦐇 𦐇 𦐇 𦐇 𦐇 𦐇 規 規

3급

替

바꿀 체

[日, 8] 총 12획

한 사내[夫]가 일하다가 힘들면 다른 사내[夫]에게 말하여[日] 자리를 바꾼다는 뜻이다. 스포츠 경기에서도 선수가 지치면 후보 선수와 交替(교체)한다.

交替	교체
代替	대체
移替	이체

• 日(말할 왈)은 입[口]에서 소리[一]를 내어 말한다는 뜻이다.

二 𦐇 𦐇 𦐇 𦐇 扶 扶 替 替 替

7급II

立

설 립

[立, 0] 총 5획

사람이 두 팔을 벌리고 땅 위에 바르게 서 있는 모습이다.

立身揚名	입신양명
聯立	연립
立體	입체
독립	獨立
수립	樹立
이립	而立

丶 二 亠 立 立

5급

位

자리 위

[人, 5] 총 7획

사람[亻]이 서[立] 있는 자리를 뜻한다. 사람은 자신의 位置(위치)에서 정해진 역할을 다해야 한다.

爵位	작위
諸位	제위
卽位	즉위
왕위	王位
위치	位置

丿 亻 亻 亻 位 位 位

3급

울 읍

[水, 5] 총 8획

눈물[氵]을 여러 줄기로 세워[立] 흘리며 운다는 뜻이다. 크게 소리 내어 우는 것을 哭(울 곡)이라 하고, 소리 없이 조용히 우는 것을 泣(울 읍)이라 한다.

| 感泣 | 감읍 |
| 泣訴 | 읍소 |

丶 丶 氵 氵 泣 泣 泣 泣

4급II

끝 단

[立, 9] 총 14획

땅 위로 삐죽 선[立] 새싹[耑]의 끝을 뜻한다. '일의 시초, 실마리, 끝' 등의 의미로 쓰인다.

• 耑(끝 단)은 수염[而]처럼 내린 뿌리 위로 산[山]처럼 올라온 새싹의 모습이다.

端緒	단서
端雅	단아
尖端	첨단
말단	末端
발단	發端
이단	異端

立 立' 立 立 立 立 端 端 端

6급II

아이 동

[立, 7] 총 12획

아이들은 활기가 넘쳐서 뛰놀기를 좋아한다. 그래서 마을[里]을 종횡무진 뛰어다니며 서서[立] 노는 아이를 뜻한다.

童顔	동안
童謠	동요
三尺童子	삼척동자
동시	童詩
동심	童心
동화	童話
아동	兒童

亠 立 立 产 咅 咅 音 音 童 童

4급

쇠북 종

[金, 12] 총 20획

쇠북은 쇠로 만들어 북처럼 쳐서 소리 내는 물건인 종을 의미한다. 이렇게 쇠[金]를 녹여 아이[童]의 울음소리와 같이 큰 소리를 내게 만든 쇠북을 뜻한다. 童(아이 동) 대신 重(무거울 중)을 넣어 鍾(쇠북 종)으로 쓰기도 한다.

鐘閣	종각
鐘路	종로
鐘樓	종루
경종	警鐘
자명종	自鳴鐘
타종	打鐘

丿 丶 ㅌ 午 金 鈩 鋅 鐘 鐘 鐘

3급

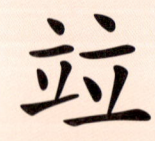

나란히 병

[立, 5] 총 10획

두 사람이 나란히 서[立立→竝] 있는 모습을 그린 글자이다. 둘 이상의 일을 한꺼번에 하는 것을 竝行(병행)이라고 한다.

竝列	병렬
竝設	병설
竝行	병행

丶 亠 亠 立 立 竝 竝 竝 竝

5급

다툴 경

[立, 15] 총 20획

길에 선[立立] 두 사람[儿儿]이 입[口口]으로 심한 말을 뱉으며 다툰다는 뜻이다. 이기거나 앞서려고 서로 겨루어 다투는 것을 競爭(경쟁)이라고 한다.

경마	競馬
경매	競買
경주	競走
경합	競合

4급

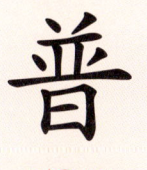

넓을 보

[日, 8] 총 12획

모든 사람을 나란히[竝→並] 다 비칠 수 있을 만큼 해[日]의 빛이 넓다는 뜻이다. 특별하지 않고 널리 통하는 평범함을 普通(보통)이라고 한다.

普及	보급
普遍	보편
보시	普施
보통	普通

3급II

족보 보

[言, 12] 총 19획

말[言]로 내려오던 체계나 조직을 널리[普] 알리기 위해 기록으로 남기는 족보를 뜻한다. 요즘은 가문의 族譜(족보)를 따지는 사람이 예전처럼 많지 않다.

系譜	계보
樂譜	악보
年譜	연보
族譜	족보

5급

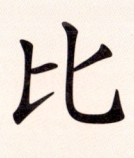

견줄 비

[比, 0] 총 4획

두 사람을 나란히 세워 견주는 모습을 그린 글자이다. 둘 이상을 견주어 비슷하거나 다른 점을 살피는 일을 比較(비교)라고 한다. 두 사람이 서로 등진 모습인 北(북녘 북)과 모양이 비슷하다.

比肩	비견
比較	비교
比率	비율
대비	對比
비례	比例
비중	比重

4급

비평할 비

[手, 4] 총 7획

어떤 일에 대해 손가락[扌]으로 하나하나 견주고[比] 분석하며 비평한다는 뜻이다. 사물을 견주고 분석하여 가치를 논하는 것을 批評(비평)이라고 한다.

| 비판 | 批判 |
| 비평 | 批評 |

3급

다 개

[白, 4] 총 9획

모든 사람이 나란히[比] 줄지어 앉아 말하는[白] 모습에서 '모두, 다'라는 뜻이 나왔다. 학교나 직장에 모든 날을 출석하거나 출근했을 때 皆勤(개근)이라고 한다.

• 白(흰 백)은 曰(말할 왈)과 모양이 비슷하여 '말하다'라는 뜻으로도 쓰인다.

丿 匕 上 比 比 毕 毕 皆 皆

| 皆勤 | 개근 |
| 皆勤賞 | 개근상 |

4급

섬돌 계

[阜, 9] 총 12획

언덕[阝]처럼 여러[皆] 개의 돌을 쌓아 만든 돌층계가 바로 섬돌이다. 재산이나 권력의 차이로 정해진 사회적 지위의 각 단계를 階層(계층)이라고 한다.

丿 乛 阝 阝 阝' 阝匕 阝比 阰 階 階

계급	階級
계층	階層
위계	位階

3급Ⅱ

이 차

[止, 2] 총 6획

사람[匕]이 가까이 있는 자신의 발자국[止]을 가리킬 때 하는 말인 '이, 이것'을 뜻한다. 彼(저 피)와 뜻이 반대되는 한자이다.

• 匕(비수 비)는 여기서 몸을 굽힌 사람의 모습을 나타낸다.

丨 卜 十 止 此 此

此日彼日	차일피일
此後	차후
彼此	피차
彼此一般	피차일반

3급Ⅱ

자줏빛 자

[糸, 6] 총 12획

자연에 있는 이것[此]저것을 모아 물들인 실[糸]은 색이 섞인 자줏빛이라는 뜻이다. 색을 나타낸 한자로는 紅(붉을 홍), 綠(푸를 록), 玄(검을 현), 黃(누를 황) 등이 있다.

丨 卜 十 止 此 此 紫 紫 紫 紫

山紫水明	산자수명
紫色	자색
紫外線	자외선

잠깐! 성어 공략

* 붉은색 글자는 한자능력검정시험 3급에 빈칸 채우기 문제로 출제되었던 한자임.

성어	독음	뜻
優柔不斷	우유부단	어물어물 망설이기만 하고 결단성이 없음.
愚公移山	우공이산	우공이 산을 옮김. 어떤 일이든 끊임없이 노력하면 반드시 이루어짐.
愚問賢答	우문현답	어리석은 질문에 대한 현명한 대답.
遠禍召福	원화소복	화를 물리치고 복을 불러들임.
月態花容	월태화용	아름다운 여인의 얼굴과 맵시.
危機一髮	위기일발	여유가 조금도 없이 몹시 절박한 순간. 눈앞에 닥친 위기의 순간.
類類相從	유유상종	같은 무리끼리 서로 사귐.
有口無言	유구무언	입은 있어도 할 말은 없음. 변명할 말이 없거나 변명을 못함.
唯我獨尊	유아독존	세상에서 자기 혼자 잘났다고 뽐내는 태도.
悠悠自適	유유자적	속세를 떠나 아무 속박 없이 조용하고 편안하게 삶.
隱忍自重	은인자중	마음속에 감추어 참고 견디면서 몸가짐을 신중하게 행동함.
耳目口鼻	이목구비	귀와 눈과 입과 코를 아울러 이르는 말.
泥田鬪狗	이전투구	진흙탕에서 싸우는 개. 강인한 성격.
以卵擊石	이란격석	달걀로 돌을 침. 아주 약한 것으로 강한 것에 대항하려는 어리석음을 비유.

有名無實 유명무실
이름만 그럴듯하고 실속은 없음.

3부 생활

  食 士 門  一

행동   사람   전쟁   도구   식사
의복   주거   기타

 者  向 衣

21일째 행동

스마트 한자 암기 프로그램

5급II

선비 **사**
[士, 0] 총 3획

하나[一]를 배우면 열[十]을 깨치는 사람이 바로 선비라는 뜻이다. 聞一知十(문일지십)은 '하나를 들으면 열을 안다'는 뜻으로, 매우 총명한 사람을 말한다.

騎士道	기사도
士禍	사화
操縱士	조종사
강사	講士
군사	軍士
사림	士林

一 十 士

5급II

섬길 **사**
[人, 3] 총 5획

선비[士]가 벼슬에 나아가 윗사람[亻]을 섬긴다는 뜻이다. 국가나 사회, 다른 사람을 받들고 섬기며 애쓰는 것을 奉仕(봉사)라고 한다.

급사	給仕
봉사	奉仕
출사	出仕

丿 亻 亻 仕 仕

5급

길할 **길**
[口, 3] 총 6획

운이 좋거나 일이 상서로운 것을 길하다고 한다. 고상한 인품과 학식을 지닌 선비[士]의 말[口]을 따르면 앞일이 길하다는 뜻이다.

吉夢	길몽
吉兆	길조
길흉	吉凶
불길	不吉
입춘대길	立春大吉

一 十 士 吉 吉 吉

5급II

맺을 **결**
[糸, 6] 총 12획

길한[吉] 날을 정하여 실[糸]로 묶듯 약속을 맺는다는 뜻이다. 남녀가 정식으로 부부 관계를 맺는 것을 結婚(결혼)이라고 한다.

桃園結義	도원결의
妥結	타결
결빙	結氷
결자해지	結者解之
결혼	結婚

幺 幺 幺 纟 糸 糸 紅 紅 結 結

4급II

뜻 지

[心, 3] 총 7획

선비[士]가 올바른 길을 가기 위해 마음[心]에 세운 뜻을 의미한다. 처음에 세운 뜻을 끝까지 밀고 나가는 것을 初志一貫(초지일관)이라고 한다.

篤志家　독지가
初志一貫　초지일관
입지　　立志
지원　　志願
투지　　鬪志

一 十 士 志 志 志 志

4급

기록할 지

[言, 7] 총 14획

자기의 말[言]이나 마음의 뜻[志]을 글로 기록한다는 뜻이다. 그날그날의 일을 적은 기록이나 그런 책을 日誌(일지)라고 한다.

교지　　校誌
일지　　日誌
잡지　　雜誌

丶 亠 亠 言 言 言 許 許 誌

7급

들 입

[入, 0] 총 2획

사람이 몸을 구부리고 집으로 들어가는 모습을 그린 글자이다. 人(사람 인), 八(여덟 팔)과 모양이 비슷하다.

輸入　　수입
入寂　　입적
編入　　편입
입소　　入所
입시　　入試
입양　　入養

丿 入

7급II

온전 전

[入, 4] 총 6획

옥[玉→王]은 통 안에 들여[入] 놓아야 흠이 생기지 않고 온전하다는 뜻이다.

全滅　　전멸
全般　　전반
全燒　　전소
전력　　全力
전문　　全文
전신　　全身

丿 入 亼 仝 全 全

7급II

안 내

[入, 2] 총 4획

궁궐[冂]이나 집으로 들어가면[入] 마주할 수 있는 안쪽을 뜻한다.

內賓　　내빈
內憂外患　내우외환
內藏　　내장
내란　　內亂
내면　　內面
내분　　內紛

丨 冂 冂 內

4급

들일 납

[糸, 4] 총 10획

실[糸]을 바늘귀의 안[内]으로 들인다는 뜻이다. 다른 사람의 말이나 행동을 내 머릿속으로 들여 이해를 얻는 것을 納得(납득)이라고 한다.

納涼	납량
納付	납부
返納	반납
납골당	納骨堂
납득	納得
납세	納稅
납품	納品

5급

갈 거

[厶, 3] 총 5획

사람[大→土]이 집의 입구[厶]에서 나와 밖으로 간다는 뜻이다. '떠나다, 제거하다'의 뜻으로도 쓰인다.

• 土(토)는 사람의 모습을 그린 大(큰 대)의 변형이다. 厶는 여기서 집의 입구 모양을 나타낸다.

逝去	서거
七去之惡	칠거지악
거래	去來
수거	收去
퇴거	退去

5급 II

법 법

[水, 5] 총 8획

사회가 물[氵]처럼 수평을 유지할 수 있도록 악을 제거하는[去] 법을 뜻한다. 옛날에는 선악을 가리는 해태(해치)[廌]가 악을 제거한다고 믿었기에 灋(법 법)이라고 썼으나, 나중에 해태를 뜻하는 부분을 생략하여 지금의 모양이 되었다.

祕法	비법
違法	위법
遵法	준법
법도	法度
법률	法律
법원	法院

3급

물리칠 각

[卩, 5] 총 7획

싸움에 져서 몸을 구부리고[卩] 도망가는 병사를 따라가 제거하고[去] 물리친다는 뜻이다.

• 卩(병부 절)은 몸을 구부린 사람의 모습이다.

却下	각하
棄却	기각
忘却	망각
賣却	매각
退却	퇴각

3급 II

다리 각

[肉, 7] 총 11획

우리 몸[肉→月] 중에서 왔다가 돌아가는[却] 행동을 반복하는 다리를 뜻한다. 다리 선의 아름다움을 脚線美(각선미)라고 한다.

• 月(육달월변)은 肉(고기 육)의 변형 부수이다. 却(물리칠 각)은 여기서 왔던 길을 물리치고 돌아간다는 의미이다.

脚本	각본
健脚	건각
失脚	실각
立脚	입각

5급

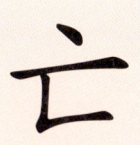

망할 망

[亠, 1] 총 3획

사람[亠]이 도망쳐서 벽[ㄴ] 안쪽으로 몸을 숨겼으니 모두 잃고 망했다는 뜻이다. '망하다, 도망가다, 죽다, 잃다' 등 여러 가지 뜻으로 쓰인다.

• 亠(돼지해머리)는 돼지의 머리를 그린 것으로, 여기서는 사람을 뜻한다. ㄴ은 벽의 모양을 나타낸다.

丶 亠 亡

亡靈	망령
亡兆	망조
滅亡	멸망
망명	亡命
미망인	未亡人
패망	敗亡

3급Ⅱ

망령될 망

[女, 3] 총 6획

나이가 들어서 제정신을 잃은[亡] 여자[女]는 정상이 아니니 망령되다라는 뜻이다. 늙어서 妄靈(망령)이 드는 것을 老妄(노망)이라고 한다.

丶 亠 亡 产 妄 妄

老妄	노망
妄靈	망령
妄想	망상
妄言	망언

3급

잊을 망

[心, 3] 총 7획

마음[心]속에 있던 기억을 없애고[亡] 모두 잊는다는 뜻이다. 경험한 일을 잘 기억하지 못하는 증상을 健忘症(건망증)이라고 한다.

丶 亠 亡 产 忘 忘 忘

刻骨難忘	각골난망
忘却	망각

3급

바쁠 망

[心, 3] 총 6획

마음[忄]이 여러 방면으로 쓰여 정신없이[亡] 바쁘다는 뜻이다. 공적인 일, 사적인 일 등으로 매우 바쁜 것을 公私多忙(공사다망)하다고 한다. 忘(잊을 망)과 忙(바쁠 망)을 잘 구별해야 한다.

丶 丶 忄 忄 忙 忙

公私多忙	공사다망
忙中閑	망중한

3급

아득할 망

[艹, 6] 총 10획

보이거나 들리는 것이 희미하고 매우 먼 것을 아득하다고 한다. 풀[艹]이나 물[氵]이 끝없이[亡] 펼쳐진 곳을 바라보니 아득하다는 뜻이다. 아득히 넓고 먼 것을 茫漠(망막)하다고 한다.

丶 卝 井 井 芒 芒 茫 茫 茫 茫

茫漠	망막
茫茫大海	망망대해
茫然自失	망연자실

5급II

바랄 망

[月, 7] 총 11획

사람[壬]이 고개를 들고 달[月]에 소원을 빌며 자기가 잃은[亡] 것을 찾기를 바란다는 뜻이다. 무엇을 '바라보다'라는 뜻도 있다. 바라는 바를 所望(소망)이라고 한다.

• 壬(북방 임)은 여기서 사람이 고개를 들고 있는 모습이다.

望樓	망루
慾望	욕망
有望株	유망주
갈망	渴望
신망	信望
희망	希望

3급II

눈멀 맹

[目, 3] 총 8획

눈[目]의 시력을 잃으면[亡] 아무것도 보지 못하고 눈이 먼다는 뜻이다. 밤에 눈이 먼 것처럼 사물을 보지 못하는 증상을 夜盲症(야맹증)이라고 한다.

盲目的	맹목적
盲信	맹신
盲人	맹인
盲從	맹종
夜盲症	야맹증

3급

없을 망

[网, 3] 총 8획

물고기를 잡기 위해 쳐 놓은 그물[网→罒]에 고기가 다 도망가고[亡] 없다는 뜻이다. 은혜나 슬픔이 끝이 없다는 말을 할 때 罔極(망극)하다고 표현한다.

• 罒은 그물이 쳐진 모양을 그린 网(그물 망)의 변형 부수이다.

怪常罔測	괴상망측
欺罔	기망
罔極	망극

3급II

버금 아

[二, 6] 총 8획

곱사등이 두 명이 마주 보고 서 있으니 몸의 상태가 으뜸이 아니라 버금이라는 뜻이다. 장애를 가진 사람을 얕잡아 보던 잘못된 생각에서 비롯한 글자이다. 둘째가는 것 혹은 독창성 없이 모방하는 것을 亞流(아류)라고 한다.

東南亞	동남아
亞流	아류
亞聖	아성
亞細亞	아세아

5급II

악할 악, 미워할 오

[心, 8] 총 12획

사람들이 편견에 빠져서 곱사등이[亞]는 마음[心]이 악하다고 여기며 미워한다는 뜻이다.

惡役	악역
惡妻	악처
憎惡	증오
醜惡	추악
악명	惡名
악법	惡法
악평	惡評

5급II

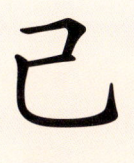

몸 기

[己, 0] 총 3획

사람의 구부러진 몸[己]을 그린 글자이다. '자기 자신, 나'라는 1인칭 대명사로도 쓰인다. 克己(극기)는 자신의 감정, 욕심 등을 이성적 의지로 눌러 이기는 것이다.

ㄱ ㄲ 己

克己	극기
이기주의	利己主義
자기	自己
지기	知己

7급II

기록할 기

[言, 3] 총 10획

자기[己]의 생각이나 말[言]을 글로 기록한다는 뜻이다. 머리에 기록된 일을 생각해 내는 것을 記憶(기억)이라고 한다.

丶 亠 ㄗ 宀 言 言 言 訁 訂 記 記

記述	기술
記憶	기억
記載	기재
기록	記錄
기사	記事
암기	暗記
필기	筆記

4급II

일어날 기

[走, 3] 총 10획

밖으로 달려[走]나가기 위해 몸[己]을 세워서 일어난다는 뜻이다. 잠자리에서 일어나는 것을 起床(기상)이라고 한다.

一 十 土 キ キ 走 走 走 起 起

起訴	기소
突起	돌기
蜂起	봉기
기복	起伏
기상	起床
기안	起案
기인	起因

3급

꺼릴 기

[心, 3] 총 7획

자기의 몸[己]과 마음[心]을 지키기 위해 해로운 일을 꺼린다는 뜻이다. 꺼리거나 싫어하여 피하는 것을 忌避(기피)라고 한다.

ㄱ ㄲ 己 尸 忌 忌 忌

禁忌	금기
忌日	기일
忌避	기피

3급II

왕비 비

[女, 3] 총 6획

왕이 자기[己]의 여자[女]로 정하여 맞이한 왕비를 뜻한다.

し 女 女 女 妃 妃

大妃	대비
王妃	왕비

4급II

나눌/짝 배

[酉, 3] 총 10획

전통 혼례에는 신랑, 신부가 서로 술을 나누어 마시는 절차가 있다. 이처럼 술[酉] 앞에 몸[己]을 구부려 앉은 신랑과 신부가 짝이 되는 절차로 술을 나눈다는 뜻이다.

• 酉(닭 유)는 술이 담긴 병에 뚜껑이 덮인 모습인데, 주로 술을 의미한다.

一 厂 广 丙 丙 酉 酉 酉' 酉^ 配

配偶者	배우자
配匹	배필
배분	配分
배정	配定
배치	配置

4급

벼리 기

[糸, 3] 총 9획

그물의 몸체[己]를 오므렸다 펼 수 있도록 꿰놓은 줄[糸]이 벼리이다. 나중에 나라를 다스릴 수 있게 하는 '법도, 규율'도 의미하게 되었다.

乙 纟 幺 乡 糸 糸 紅 紀 紀

紀綱	기강
군기	軍紀
기행문	紀行文
단기	檀紀

3급II

벼리 강

[糸, 8] 총 14획

그물을 단단하게[岡] 오므릴 수 있도록 꿰놓은 줄[糸]인 벼리를 뜻한다. 벼리는 일이나 글의 뼈대가 되는 줄거리를 의미하기도 한다.

• 岡(산등성이 강)은 산[山]꼭대기에서 그물[网→冂]처럼 갈라져 내려오는 등줄기를 뜻하는데, 주로 단단하다는 뜻으로 쓰인다.

幺 乡 糸 糸 紀 紀 網 網 網 綱

綱領	강령
紀綱	기강
三綱五倫	삼강오륜
要綱	요강

3급II

강철 강

[金, 8] 총 16획

쇠[金] 중에서도 매우 단단한[岡] 강철을 뜻한다. 鋼鐵(강철)은 아주 굳세고 단단한 것의 대명사이다.

ノ 乍 乍 全 金 釒 鈩 鈩 鋼 鋼

鋼鐵	강철
製鋼	제강
鐵鋼	철강

3급II

굳셀 강

[刀, 8] 총 10획

단단한[岡] 칼[刂]은 튼튼하고 굳세다는 뜻이다. 겉으로는 부드러워 보이나 속은 곧고 굳센 것을 外柔內剛(외유내강)이라고 한다.

剛健	강건
剛直	강직
外柔內剛	외유내강

丨 冂 冂 冂 門 門 門 岡 岡' 剛

4급

居 살 거
[尸, 5] 총 8획

우리 몸[尸]이 한곳에 오래[古] 머무르며 산다는 뜻이다. 일정한 곳에 머물러 사는 것을 住居(주거)라고 한다.

• 尸(주검 시)는 죽은 사람의 굽은 몸을 그린 글자로, 몸이나 시체를 뜻한다.

㇀ ㇁ 尸 尸 尸 居 居 居

거실	居室
거주	居住
주거	住居

5급II

局 판 국
[尸, 4] 총 7획

몸[尸]을 구부리고 바라봐야 하는, 돌이 올려진 바둑판[句]을 뜻한다. 어떤 일이 벌어진 판이나 형세를 의미한다.

• 句은 바둑판 위에 돌이 올려진 모양이다.

㇀ ㇁ 尸 月 局 局 局

국면	局面
난국	難局
대국	對局
방송국	放送局
정국	政局

4급

屈 굽힐 굴
[尸, 5] 총 8획

전쟁에서 패한 병사가 몸[尸]을 구부리고 나와서[出] 적 앞에 몸을 굽힌다는 뜻이다. 병사는 百折不屈(백절불굴)의 정신으로 싸우지 않으면 屈伏(굴복)해야 하는 屈辱(굴욕)을 당한다.

㇀ ㇁ 尸 尸 屈 屈 屈 屈

굴욕	屈辱
비굴	卑屈
굴복	屈伏
백절불굴	百折不屈

5급II

展 펼 전
[尸, 7] 총 10획

사람이 몸[尸]을 구부리고서 쌓여 있는 옷[㐱]을 바닥에 하나씩 편다는 뜻이다. 여러 가지 물품을 한 곳에 펴 놓고 보이는 것을 展示(전시)라고 한다.

• 㐱(전)은 옷이 많이 쌓여 있는 모습이다.

㇀ ㇁ 尸 尸 尸 屈 屈 展 展 展

국전	國展
미전	美展
전망	展望
전시	展示

3급II

殿 전각 전
[殳, 9] 총 13획

커다란 집이나 궁궐을 전각이라고 한다. 방이 여러 채 펼쳐져[展→㞆] 있어 몽둥이[殳]를 들고 밤낮으로 지켜야 하는 전각을 뜻한다.

• 㞆은 展(펼 전)이 축소된 모양이다. 殳(몽둥이 수)는 손[又]에 든 나무[几] 몽둥이를 나타낸다.

㇀ 尸 尸 屈 屈 屈 屈 殿 殿

宮殿	궁전
聖殿	성전
神殿	신전

6급  사귈 교 [亠, 4] 총 6획	사람이 양다리를 교차하여 꼰 모습인데, 이처럼 친구와 뒤섞여 사귄다는 뜻이다. 交友(교우) 관계는 친구와 마음을 주고받으며 맺어진다. 丶 亠 ナ 六 交 交	交涉　교섭 交換　교환 교역　交易 교통　交通 국교　國交
8급  학교 교 [木, 6] 총 10획	뒤틀린 나무[木]에 기둥을 교차하여[交] 세워서 바로잡듯 사람을 바로잡는 학교를 뜻한다. 學校(학교) 생활에서 交友(교우) 관계는 매우 중요하다.  一 十 才 木 木 杧 柠 柠 校 校	廢校　폐교 교정　校庭 교칙　校則 학교　學校
3급Ⅱ  비교할 교 [車, 6] 총 13획	크기와 장식이 다른 여러 대의 수레[車]를 번갈아[交] 보며 비교한다는 뜻이다. ● 交(사귈 교)는 여기서 시선을 교차하여 번갈아 본다는 의미로 쓰였다. 一 厂 ㄅ 币 車 車 車 軒 軒 軒 較 較	比較　비교 日較差　일교차
3급  들 교 [邑, 6] 총 9획	고을[阝]과 바깥 지역이 교차하는[交] 곳에 넓게 트인 들을 뜻한다. 도시의 가까운 변두리에 있는 들을 近郊(근교)라고 한다. ● 阝(우부방)은 邑(고을 읍)의 변형 부수로, 글자의 오른쪽에 위치한다. 丶 亠 ナ 六 交 交` 交阝 郊	郊外　교외 近郊　근교
5급Ⅱ  본받을 효 [攴, 6] 총 10획	사귀는[交] 벗의 어진 행동을 회초리로 삼아 자신의 단점을 쳐가며[攵] 본받는다는 뜻이다. ● 攵(등글월문)은 손에 회초리를 들고 때리는 모습인 攴(칠 복)의 변형 부수이다. 丶 亠 ナ 六 交 交` 交攵 效 效	效率　효율 실효　實效 효능　效能 효력　效力

6급II

몸 신

[身, 0] 총 7획

임신한 여자의 옆모습을 그린 글자로, 사람의 몸을 의미한다. 身(몸 신)은 주로 신체를 지칭하는 글자로 쓰이고, 己(몸 기)는 1인칭 대명사로 쓰인다.

謹身	근신
立身揚名	입신양명
獻身	헌신
독신	獨身
은신	隱身
피신	避身

′ ⺆ ⺆ ⺆ 自 身 身

4급

쏠 사

[寸, 7] 총 10획

몸[身]에 중심을 잡고 서서 손[寸]으로 화살을 당겨 쏜다는 뜻이다. 활이나 총, 대포 등을 쏘는 것을 射擊(사격)이라고 한다.

• 寸(마디 촌)은 손목에서 맥박이 뛰는 위치를 표시한 글자로, 주로 손을 의미한다.

난사	亂射
사격	射擊
사살	射殺
일사병	日射病

′ ⺆ ⺆ ⺆ 自 身 身 射 射

4급II

사례할 사

[言, 10] 총 17획

말이나 선물로 상대에게 고마운 뜻을 나타내는 것을 사례라고 한다. 활쏘기[射]를 마친 후 주변 사람들에게 인사의 말[言]을 전하며 사례한다는 뜻이다. '사례하다, 사양하다, 물러나다' 등의 뜻으로 쓰인다.

新陳代謝	신진대사
감사	感謝
사과	謝過
사절	謝絶
사죄	謝罪

一 亠 言 言 訁 訢 訢 謝 謝 謝

4급

뼈 골

[骨, 0] 총 10획

살[肉→月]과 붙어 있는 뼈[冎]를 그린 글자이다. 뼈가 부러지는 것을 骨折(골절)이라고 한다.

• 冎(뼈 발라낼 과)는 살에서 발라낸 뼈의 모양이다. 月(육달월변)은 肉(고기 육)의 변형이다.

露骨的	노골적
白骨難忘	백골난망
골격	骨格
골절	骨折
약골	弱骨

丨 冂 冂 冋 咼 咼 骨 骨 骨 骨

6급

다를/나눌 별

[刀, 5] 총 7획

뼈[冎→另]와 살을 칼[刂]로 분리하여 나누니 모양이 다르다는 뜻이다. 뼈와 살을 離別(이별)시킨 것이다. 列(벌릴 렬)과 모양이 비슷하다.

鑑別	감별
別館	별관
別莊	별장
별명	別名
별세	別世
별천지	別天地

丨 冂 冋 另 別 別 別

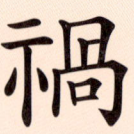

3급II

신[示]의 노여움을 사서 입이 비뚤어지는[咼] 천벌을 받았으니 재앙이라는 뜻이다. 옛사람들은 禍(화)와 福(복)을 신의 뜻이라고 여겼다.

• 示(보일 시)는 제사 지내는 단을 그린 글자로, 조상이나 신과 관계있다. 咼(입 비뚤어질 와)는 입[口]의 뼈[冎]가 틀어진다는 뜻이다.

재앙 화
[示, 9] 총 14획

二 亍 禾 利 利 初 祸 祸 禍

吉凶禍福	길흉화복
士禍	사화
慘禍	참화
禍根	화근

5급II

바른길로 가지 않고 비뚤어지게[咼] 가다가[辶] 잘못하여 목적지를 지났다는 뜻이다. '지나다, 지나치다, 잘못' 등 여러 가지 뜻으로 쓰인다.

지날 과
[辵, 9] 총 13획

冂 冋 冋 冏 咼 咼 過 過 過

改過遷善	개과천선
過慾	과욕
과거	過去
과로	過勞
과식	過食
과실	過失

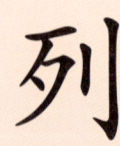

4급II

죽은[歹] 동물의 살을 칼[刂]로 발라 부위별로 분리해서 벌려 놓은 모습이다. 여러 사람에게 보이기 위해 물건을 벌여 놓는 것을 陳列(진열)이라고 한다.

• 歹(죽을사변)은 죽은 사람의 앙상한 뼈를 그린 것으로, 죽음과 관계있다.

벌릴 렬
[刀, 4] 총 6획

一 ㄕ 歹 歹 列 列

竝列	병렬
陳列	진열
계열	系列
열도	列島
열차	列車

4급

물건을 벌려[列] 놓고 불[火→灬]에 태우니 타오르는 연기가 맵다는 뜻이다. 기세가 몹시 사납고 매서운 것을 猛烈(맹렬)하다고 한다.

• 灬(불화발)은 火(불 화)의 변형 부수이다.

매울 렬
[火, 6] 총 10획

一 ㄕ 歹 歹 列 列 列 烈 烈 烈

猛烈	맹렬
격렬	激烈
선열	先烈
열사	烈士

3급II

옷[衣]이 갈기갈기 조각난 상태로 벌어지며[列] 찢어진다는 뜻이다. 갈라지고 터진 것을 龜裂(균열)이라고 한다.

• 衣(옷 의)는 윗옷으로 입는 저고리 모양을 그린 글자이다.

찢어질 렬
[衣, 6] 총 12획

一 ㄕ 歹 歹 列 列 裂 裂 裂

決裂	결렬
龜裂	균열
分裂	분열
破裂	파열

6급

법식 례

[人, 6] 총 8획

사람[亻]이 차례를 기다릴 때에는 줄지어[列] 서는 것이 예의에 맞는 법식(법도와 양식)이라는 뜻이다. 나중에 '법칙, 관례, 본보기' 등 여러 가지 뜻으로 발전하였다.

丿 亻 亻 仃 伢 伢 例 例

慣例	관례
凡例	범례
예문	例文
예시	例示
전례	前例
판례	判例

8급

길 장

[長, 0] 총 8획

머리카락이 길게 늘어진 노인의 모습이다. 긴 머리카락은 세월의 상징이므로 '어른, 우두머리, 낫다' 등의 뜻도 나왔다. 오래도록 사는 것을 長壽(장수)라고 한다.

丨 冂 F 乕 镸 長 長 長

長劍	장검
長久	장구
長壽	장수
가장	家長
교장	校長
성장	成長

4급

베풀 장

[弓, 8] 총 11획

활[弓]을 길게[長] 당겨 화살을 쏘듯 자신의 것을 널리 풀어 베푼다는 뜻이다. 규모나 세력 등을 늘려서 널리 베푸는 것을 擴張(확장)이라고 한다.

フ ᄀ 弓 弘 弘 張 張 張 張 張 張

誇張	과장
緊張	긴장
擴張	확장
주장	主張
책장	冊張
출장	出張

4급

장막 장

[巾, 8] 총 11획

천[巾]을 길게[長] 둘러친 장막을 뜻한다. 비바람이나 햇빛을 피할 수 있도록 둘러치는 막을 帳幕(장막)이라고 한다.

丨 冂 巾 帄 帄 帜 帳 帳 帳 帳 帳

帳幕	장막
帳簿	장부
일기장	日記帳
통장	通帳
휘장	揮帳

4급

터럭 발

[髟, 5] 총 15획

개가 달릴[犮] 때 개의 몸에 길게 늘어져[髟] 휘날리는 터럭을 뜻한다. 사람의 몸에 난 털이나 머리털을 毛髮(모발)이라고 한다.

● 犮(달릴 발)은 개가 꼬리를 흔들며 달리는 모습이고, 髟(늘어질 표)는 머리카락이 길게 늘어진 모양이다.

丨 F F 县 髟 髟 髟 髮 髮 髮

削髮	삭발
가발	假髮
모발	毛髮
백발	白髮

3급 II

拔

뽑을 **발**

[手, 5] 총 8획

여러 마리의 개 중에서 잘 달리는[犮] 개를 손[扌]으로 잡아서 **뽑는다**는 뜻이다. 많은 가운데서 골라 뽑는 것을 選拔(선발)이라고 한다.

一 寸 扌 扌 扩 扐 拔 拔

拔本塞源	발본색원
拔齒	발치
選拔	선발

4급 II

修

닦을 **수**

[人, 8] 총 10획

빠르게[攸] 흐르는 물에서 사람이 머리카락[彡]과 몸을 씻으며 **닦는다**는 뜻이다. 나중에 '다스리다, 연구하다, 손질하다' 등의 뜻도 나왔다.

• 攸(재빠를 유)는 사람[亻]이 막대기[攵]로 물꼬[丨]를 트니 물의 흐름이 재빠르다는 뜻이다. 彡(터럭 삼)은 몸에 난 긴 털을 뜻한다.

丿 亻 亻 亻' 亻ㅏ 亻攸 攸 修 修 修

補修	보수
修了	수료
修訂	수정
수교	修交
수리	修理
수정	修整

3급 II

悠

멀 **유**

[心, 7] 총 11획

빠른[攸] 물에 답답한 마음[心]을 흘려 보내니 근심이 아득히 **멀어진다**는 뜻이다.

亻 亻 亻' 亻ㅏ 亻攸 攸 悠 悠 悠

| 悠久 | 유구 |
| 悠悠自適 | 유유자적 |

4급

條

가지 **조**

[木, 7] 총 11획

빠르게[攸] 뻗어 나가는 나무[木]의 가지를 뜻한다. 가지처럼 하나하나 나누어 정해 놓은 '條目(조목), 항목, 법규' 등을 뜻하기도 한다.

亻 亻 亻' 亻ㅏ 亻攸 攸 條 條 條

條項	조항
무조건	無條件
조목	條目
조약	條約

잠깐! 성어 공략

*붉은색 글자는 한자능력검정시험 3급에 빈칸 채우기 문제로 출제되었던 한자임.

以實直告	이실직고	사실 그대로 고함.
離合集散	이합집산	헤어졌다가 만나고 모였다가 흩어짐. 뭉쳤다 흩어졌다 하는 일.
利害打算	이해타산	이해관계를 이모저모 모두 따져 봄.
人死留名	인사유명	사람은 죽어서 이름을 남김. 사람의 삶이 헛되지 않으면 그 이름이 길이 남음.
仁者無敵	인자무적	어진 사람은 남에게 덕을 베풂으로써 모든 사람의 사랑을 받기에 세상에 적이 없음.
日就月將	일취월장	나날이 다달이 자라거나 발전함.
一字千金	일자천금	글자 하나의 값이 천금의 가치가 있음. 글씨나 문장이 아주 훌륭함.
日久月深	일구월심	날이 오래고 달이 깊어 감. 세월이 흐를수록 더함.
一騎當千	일기당천	한 사람의 기병이 천 사람을 감당함. 싸우는 능력이 아주 뛰어남.
一罰百戒	일벌백계	한 사람을 벌주어 백 사람을 경계함. 다른 사람들에게 경각심을 불러일으키기 위해 본보기로 한 사람을 엄하게 처벌함.
一石二鳥	일석이조	돌 한 개를 던져 새 두 마리를 잡음. 동시에 두 가지 이득을 봄.
一筆揮之	일필휘지	글씨나 그림을 단숨에 내리 씀.
臨機應變	임기응변	그때그때 처한 사태에 맞추어 그 자리에서 결정하거나 처리함.
自激之心	자격지심	자기가 한 일에 대해 스스로 미흡하게 여기는 마음.
自動移替	자동이체	예금을 자동으로 출금하여 수취인 계좌에 대체하는 제도.

一魚濁水 일어탁수

한 마리의 물고기가 물을 흐림. 한 사람의 잘못으로 여러 사람이 해를 입음.

 사람

스마트 한자 암기 프로그램

6급

者
사람 자
[耂, 5] 총 9획

경험이 풍부한 노인[耂]의 앞에서 고민을 말하고 [白] 있는 사람을 뜻한다.

- 耂(늙을로엄)은 老(늙을 로)의 변형 부수이다. 白(흰 백)은 曰(말할 왈)과 모양이 비슷하여 '말하다'라는 뜻으로도 쓰인다.

一 十 土 耂 耂 耂 者 者 者

配偶者	배우자
先驅者	선구자
기자	記者
부자	富者
인자무적	仁者無敵

5급

都
도읍 도
[邑, 9] 총 12획

많은 사람[者]이 사는 고을[阝]인 한 나라의 도읍을 뜻한다. 首都(수도)라는 의미이다.

- 阝(우부방)은 邑(고을 읍)의 변형 부수로, 글자의 오른쪽에 위치한다.

土 耂 耂 耂 者 者 者 者' 都 都

遷都	천도
還都	환도
고도	古都
수도	首都
왕도	王都

3급Ⅱ

署
마을 서
[网, 9] 총 14획

그물[网→罒]처럼 얽히고설킨 일을 정리해 주는 사람[者]이 있는 관청이나 마을을 뜻한다. 警察署(경찰서)는 국민의 민원을 해결해 주는 관청이다.

- 罒(그물망머리)는 그물의 형태를 그린 网(그물 망)의 변형 부수이다.

丶 冂 冂 罒 罒 罒 甲 罜 罜 罢 署

官署	관서
本署	본서
部署	부서
署長	서장

3급

暑
더울 서
[日, 9] 총 13획

뜨거운 태양[日]의 아래를 걸어가는 사람[者]은 더위에 지쳐 덥다는 뜻이다. 더위를 피하여 시원한 곳으로 옮기는 것을 避暑(피서)라고 한다. 署(마을 서)와 暑(더울 서)를 잘 구별해야 한다.

丶 冂 日 日 旦 旱 星 昇 昇 暑

大暑	대서
小暑	소서
避暑	피서

3급II

실미리 서

[糸, 9] 총 15획

엉킨 실[糸]을 풀기 위해 사람[者]이 잡아낸 실마리를 뜻한다. 어떤 일을 풀어나가는 데에 시초가 되는 실마리를 端緒(단서)라고 한다.

端緒	단서
緒論	서론
由緒	유서

3급II

諸

모두 제

[言, 9] 총 16획

자신의 주장을 말하기[言] 위해 모인 사람들[者] 모두를 뜻한다. 중국 춘추 전국 시대에 등장한 많은 사상가를 諸子百家(제자백가)라고 한다.

諸君	제군
諸般	제반
諸子百家	제자백가

3급II

著

나타날 저

[艸, 9] 총 13획

대나무나 풀잎[艹]에 적힌 옛사람[者]의 글에는 그들의 뜻과 생각이 나타난다는 뜻이다. 글을 지어서 자기 생각을 나타내는 사람을 著者(저자)라고 한다.

著名	저명
著書	저서
著述	저술
著者	저자

5급II

着

붙을 착

[目, 7] 총 12획

원래 著(나타날 저)의 속자(俗字)였는데, 글에 나타난 내용이 눈에 착 붙는다는 의미로 변하게 된 글자이다.

逢着	봉착
附着	부착
執着	집착
착상	着想
착색	着色
착석	着席

4급

差

다를 차

[工, 7] 총 10획

축 늘어진 벼 이삭[𠂉]을 왼손[左→𠂇]에 잡고 보니 길이가 들쭉날쭉 다르다는 뜻이다. 서로 같지 않고 다른 것을 差異(차이)라고 한다.

• 𠂉는 줄기 끝에 열매가 맺힌 벼 이삭의 모양을 나타낸다.

隔差	격차
日較差	일교차
격차	格差
교차	交差
오차	誤差

3급II

悅 기쁠 열
[心, 7] 총 10획

마음[忄]이 즐거워 입을 크게 벌리고 웃으니[兌] 기쁘다는 뜻이다.

- 兌(기쁠 열/바꿀 태)는 사람이 입을 벌리고 숨을 내쉬며 기쁘게 웃는 모습이다. 표정을 바꾼다는 의미에서 '바꾸다'라는 뜻도 있다.

丶 丶 忄 忄 忄 悅 悅 悅 悅 悅

法悅	법열
悅樂	열락
喜悅	희열

4급

脫 벗을 탈
[肉, 7] 총 11획

곤충이나 벌레가 몸[肉→月]을 바꾸기[兌] 위해 허물을 벗는다는 뜻이다. 나중에 '떨어지다, 벗어나다'라는 뜻도 나왔다.

- 月(육달월변)은 肉(고기 육)의 변형 부수이다.

丿 月 月 月 肞 肞 肮 胪 胪 脫 脫

脫稿	탈고
脫獄	탈옥
脫皮	탈피
탈락	脫落
탈선	脫線
탈속	脫俗

5급II

說 말씀 설, 달랠 세
[言, 7] 총 14획

사람들이 기뻐할[兌] 수 있도록 잘 달래며 설득하는 말씀[言]을 뜻한다. 선거 때 遊說(유세) 현장에 가면 후보자가 유권자를 달래고 說得(설득)하는 모습을 볼 수 있다.

丶 亠 宀 言 言 訡 訡 訡 訡 說

却說	각설
浪說	낭설
辱說	욕설
설교	說敎
설득	說得
유세	遊說

3급

銳 날카로울 예
[金, 7] 총 15획

쇠붙이[金]를 잘 갈아서 칼로 바꾸면[兌] 날카롭다는 뜻이다. 끝이 뾰족하거나 날이 서서 날카로운 것을 銳利(예리)하다고 한다.

丿 𠂉 𠂉 𠂉 钅 金 金 釒 鈩 鋭 銳

新銳	신예
銳利	예리
銳敏	예민

3급

閱 볼 열
[門, 7] 총 15획

문[門] 앞에 세워진 수레와 말의 수가 바뀌었는지 [兌] 헤아리며 살펴본다는 뜻이다. 어떤 상태를 검사하기 위해 살펴보는 일을 檢閱(검열)이라고 한다.

丨 冂 冃 冃 冃 門 門 門 閱 閱

檢閱	검열
閱覽	열람
閱兵	열병

4급 II

그르칠 오
[言, 7] 총 14획

말[言]을 할 때 함부로 큰소리[吳]치다가는 잘못하여 일을 그르친다는 뜻이다. 잘못 심판하는 것을 誤審(오심)이라고 한다. 正(바를 정)과 반대의 뜻이다.

• 吳(큰소리칠 오)는 입을 벌려 큰소리치는 사람의 모습을 나타낸다.

誤審	오심
誤譯	오역
錯誤	착오
오보	誤報
오용	誤用
오해	誤解

3급

즐길 오
[女, 7] 총 10획

여자[女]와 큰 소리[吳]로 웃고 떠들며 즐긴다는 뜻이다. 여러 가지 방법으로 기분을 즐겁게 하는 일을 娛樂(오락)이라고 한다.

娛樂	오락
娛樂室	오락실

6급 II

이제 금
[人, 2] 총 4획

명령을 내리기 위해 목탁[今]을 쳐서 주목시키는 순간인 지금을 뜻한다. 말하는 바로 이때를 只今(지금)이라고 한다. 令(하여금 령)과 모양이 비슷하다.

• 今(이제 금)은 목탁의 모양을 그린 것이다.

今昔之感	금석지감
고금	古今
금명간	今明間
방금	方今
지금	只今

5급 II

생각 념
[心, 4] 총 8획

지금[今] 마음[心]속에 담고 있는 생각을 뜻한다. 여러 가지 잡스러운 생각을 雜念(잡념)이라고 한다.

槪念	개념
默念	묵념
雜念	잡념
단념	斷念
신념	信念
염원	念願

3급

탐낼 탐
[貝, 4] 총 11획

지금[今] 눈앞에 있는 재물[貝]을 탐낸다는 뜻이다. 지나치게 탐하는 욕심을 貪慾(탐욕)이라고 한다. 貧(가난할 빈)과 모양이 비슷하다.

小貪大失	소탐대실
食貪	식탐
貪慾	탐욕

3급II

머금을 함

[口, 4] 총 7획

지금[今] 입[口]속에 음식물을 넣고 머금고 있다는 뜻이다.

丿 人 𠆢 今 今 含 含

包含　포함
含量　함량
含有　함유

3급

읊을 음

[口, 4] 총 7획

입[口]으로 지금[今] 마음속에 있는 말을 읊는다는 뜻이다. 시를 지어 읊으며 여기저기 떠돌아다니는 시인을 吟遊(음유) 시인이라고 한다.

丨 冂 口 叭 吟 吟

吟味　음미
吟遊　음유
吟風弄月　음풍농월

5급

하여금 령

[人, 3] 총 5획

집[亼]에 무릎 꿇고[卩→龴] 있는 하인으로 하여금 일하라고 명령한다는 뜻이다. '하여금, 명령' 등의 뜻으로 쓰인다. 今(이제 금)과 모양이 비슷하다.

• 亼은 여기서 집의 모양을 나타낸다. 龴은 몸을 구부린 사람의 모습인 卩(병부 절)의 변형이다.

丿 人 𠆢 今 令

司令官　사령관
朝令暮改　조령모개
명령　命令
영부인　令夫人
영애　令愛

7급

목숨 명

[口, 5] 총 8획

임금의 입[口]에서 나오는 명령[令]으로 하여금 왔다 갔다 하는 백성의 목숨을 뜻한다. 왕의 命令(명령)은 거역하기 힘들지만, 백성의 生命(생명) 또한 소중하다.

丿 人 𠆢 亼 슈 命 命 命

美人薄命　미인박명
壽命　수명
생명　生命
엄명　嚴命
연명　延命

5급

찰 랭

[冫, 5] 총 7획

얼음은 주위의 물질을 차게 변화시키는 성질이 있다. 그래서 얼음[冫]으로 하여금[令] 원하는 물질을 차게 한다는 뜻이다. 찬 기운을 冷氣(냉기)라고 한다.

• 冫(이수변)은 얼음이 언 모양을 나타내는 부수이다.

丶 冫 冫 冷 冷 冷 冷

冷淡　냉담
冷凍　냉동
冷湯　냉탕
급랭　急冷
냉기　冷氣
냉정　冷情

5급

거느릴 령

[頁, 5] 총 14획

우두머리[頁]가 백성에게 명령하며[令] 거느린다는 뜻이다. 한 나라가 통치권을 가지고 거느리는 구역을 領土(영토)라고 한다.

丿 𠂉 ⺈ 令 令 㝉 領 領 領 領

綱領	강령
橫領	횡령
대통령	大統領
영역	領域
영토	領土
점령	占領

3급II

고개 령

[山, 14] 총 17획

산[山]을 거느리며[領] 넘어다닐 수 있도록 길이 나 있는 고개를 뜻한다. 주로 고개나 산마루의 이름에 붙는 접미사로 쓰인다.

| 大關嶺 | 대관령 |
| 分水嶺 | 분수령 |

3급II

우러를 앙

[人, 4] 총 6획

서 있는 사람[亻]을 무릎 꿇은 사람[卩]이 올려다 보며 우러른다는 뜻이다. 어떤 믿음에 대해 우러러 받드는 것을 信仰(신앙)이라고 한다.

• 卬(고개 들 앙)은 무릎 꿇은[卩] 사람[ヒ→亻]이 고개를 든 모습이다.

丿 亻 亻 仨 仰 仰

| 信仰 | 신앙 |
| 推仰 | 추앙 |

3급II

누를 억

[扌, 4] 총 7획

손[扌]으로 무릎 꿇은[卩] 사람이 일어나지 못하도록 누른다는 뜻이다. 과한 감정이나 행동을 눌러서 그치게 하는 것을 抑制(억제)라고 한다.

一 十 扌 扣 扣 抑 抑

抑留	억류
抑壓	억압
抑制	억제

4급II

도장 인

[卩, 4] 총 6획

신하가 무릎 꿇고[卩] 바친 상소에 임금이 손[⺥→ㅌ]으로 도장을 찍는 모습이다.

• 卩(병부 절)은 몸을 구부린 사람의 모습이다. ⺥(손톱 조)는 사람의 손톱을 그린 모양으로, 주로 손의 의미로 쓰인다.

丿 ⺁ ㅌ 臼 卬 印

封印	봉인
印鑑	인감
印刷術	인쇄술
각인	刻印
인세	印稅
인장	印章

4급

찾아온 손님을 마중 나가서[辶] 높이 우러러보며 [卬] 맞이한다는 뜻이다. 오는 사람을 기쁜 마음으로 반갑게 맞이하는 것을 歡迎(환영)이라고 한다.

迎賓	영빈
送舊迎新	송구영신
영입	迎入
환영	歡迎

맞을 영

[辶, 4] 총 8획

`, ㄥ ㄉ 卬 卬 卬 诇 迎`

4급Ⅱ

떠나는 사람의 길을 밝혀 주기 위해 양손에 등불[灷]을 들고 나가서[辶] 보낸다는 뜻이다. 떠나는 이를 기쁜 마음으로 보내는 것을 歡送(환송)이라고 한다.

- 灷은 양손으로 등불을 든 모습이다.

返送	반송
送還	송환
輸送	수송
방송	放送
송별	送別
송신	送信
허송	虛送

보낼 송

[辶, 6] 총 10획

`, ハ ハ ハ 乊 矣 笑 送 送 送`

7급

오랜만에 친구를 만나면 잘 지냈는지 顔色(안색)을 살피게 된다. 이처럼 **사람[⺈]과 사람[巴]이 만나면 서로 살피는 얼굴의 빛**을 뜻한다.

- ⺈은 人(사람 인)의 변형이다. 巴(파)는 여기서 몸을 구부리고 있는 사람의 모습을 나타낸다.

薄色	박색
顔色	안색
染色	염색
기색	氣色
명색	名色
색감	色感

빛 색

[色, 0] 총 6획

`, ⺈ ⺈ 刍 刍 色`

4급Ⅱ

실[糸]에 칼[刀]을 갖다 대서 사람[巴]이 끊는다는 뜻이다. 바라볼 것이 없게 되어 모든 희망을 끊어 버리는 것을 絶望(절망)이라고 한다.

絶世佳人	절세가인
絶頂	절정
昏絶	혼절
근절	根絶
기절	氣絶
절경	絶景
절교	絶交

끊을 절

[糸, 6] 총 12획

`, ㄠ ㄠ 糸 紀 紀 紹 紹 紹 絶`

4급

몸을 구부린 노인[匕]이 화살[矢]처럼 긴 지팡이로 바닥을 찍으며 걸어가자, 아이[子→マ]가 발[疋]로 뒤따르며 노인이 어디로 가는지 의심한다는 뜻이다. 확실히 믿지 못하는 마음이 疑心(의심)이다.

- 疋(발 소)는 무릎부터 종아리 아래 발까지 그린 글자이다.

疑惑	의혹
被疑者	피의자
懷疑	회의
반신반의	半信半疑
의문	疑問
의심	疑心

의심할 의

[疋, 9] 총 14획

`, ヒ 匕 毕 罢 罢 疑 疑 疑`

3급

엉길 응

[冫, 14] 총 16획

의심[疑]을 품은 사람들끼리 모여서 얼음[冫]처럼 뭉쳐 엉긴다는 뜻이다. 눈길이 한 곳에만 엉겨 바라보는 것을 凝視(응시)라고 한다.

• 冫(이수변)은 얼음이 언 모양을 나타내는 부수이다.

凝固　응고
凝視　응시
凝集　응집

冫 冫 冫 冫 冫 冸 冸 冸 凝 凝

4급

다를 이

[田, 6] 총 11획

귀신 가면[田]을 쓰고 두 다리와 양손을 벌려[共] 춤추는 모습이 특이하고 남다르다는 뜻이다.

• 田은 귀신 탈을, 共은 손과 발이 움직이는 모습을 나타낸다.

怪異　괴이
於異阿異　어이아이
이색　異色
이설　異說
이성　異性

丨 冂 冂 冂 田 田 田 田 異 異 異

3급Ⅱ

날개 익

[羽, 11] 총 17획

새나 곤충의 몸에 두 개의 깃[羽]이 좌우 다른[異] 방향으로 달린 날개를 뜻한다.

• 羽(깃 우)는 새의 날개에 있는 깃털을 그린 글자이다.

右翼　우익
左翼　좌익

フ フ ヨ ヨ ヨヨ 羽 羿 翌 翼 翼

3급

두려워할 외

[田, 4] 총 9획

귀신 가면에 지팡이를 든 사람[畏]을 보면 사람들이 두려워한다는 뜻이다.

敬畏心　경외심
後生可畏　후생가외

丨 冂 冂 冂 田 田 臾 畏 畏

3급Ⅱ

낮을 비

[十, 6] 총 8획

손[十]에 부채[甶]를 들고 주인에게 부채질하는 사람은 신분이 낮다는 뜻이다. 상대를 업신여겨 아래로 낮추는 것을 卑下(비하)라고 한다.

• 十은 손의 모양을, 甶은 부채의 모양을 나타낸다.

男尊女卑　남존여비
卑屈　비굴
卑劣　비열
卑下　비하

丿 丿 冂 白 白 甶 卑 卑

3급Ⅱ

婢

계집종 **비**

[女, 8] 총 11획

여자[女] 중에 낮은[卑] 신분으로 남의 종노릇을 하는 계집종을 뜻한다. 남자 종을 奴(종 노)라고 하고, 여자 종을 婢(계집종 비)라고 한다.

奴婢	노비
婢妾	비첩
賤婢	천비

ㄣ ㄥ 女 女′ 如 如 妒 婢 婢

4급

碑

비석 **비**

[石, 8] 총 13획

무덤 앞에 낮고[卑] 평평한 돌[石]을 세워 만든 비석을 뜻한다. 무덤 앞에 세우는 비석을 墓碑(묘비)라고 한다.

墓碑銘	묘비명
묘비	墓碑
비석	碑石
송덕비	頌德碑

一 ア 丆 石 石 石' 矴 碑 碑 碑

3급Ⅱ

壬

북방/아홉째 천간 **임**

[士, 1] 총 4획

사람[亻]이 등에 짐[一]을 메고 땅[一]을 디디며 북쪽으로 걷는 모습이다. 나중에 십간(十干) 중에 아홉 번째 글자로 쓰이게 되었다. 王(임금 왕)과 모양이 비슷하다.

| 壬午軍亂 | 임오군란 |

ノ 二 千 壬

5급Ⅱ

任

맡길 **임**

[人, 4] 총 6획

다른 사람[亻]에게 일을 짊어지도록[壬] 맡긴다는 뜻이다. 자기에게 맡겨진 일을 任務(임무)라고 한다.

兼任	겸임
赴任	부임
담임	擔任
임무	任務
임용	任用

ノ 亻 亻 仁 任 任

3급Ⅱ

賃

품삯 **임**

[貝, 6] 총 13획

자기에게 맡겨진[任] 일을 다 하면 돈[貝]으로 받는 품삯을 뜻한다. 賃金(임금)은 일한 결과의 대가이다.

無賃	무임
運賃	운임
賃金	임금
賃貸借	임대차

ノ 亻 亻 仁 任 任 任 賃 賃 賃

3급 II

행동이 막되고 어지러운 것을 음란하다고 한다. **남녀가 더러운 물[氵]에 손을 가까이[ ]담그듯 막된 행동을 하니 음란하다**는 뜻이다.

- (가까이할 음)은 무엇을 구하기 위해 손을 가까이하는 것을 뜻한다.

姦淫	간음
淫亂	음란
淫行	음행

음란할 음

[水, 8] 총 11획

8급

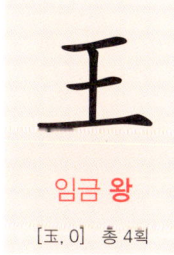

하늘과 땅, 사람이라는 세[三] 가지 존재를 하나로 묶어[ㅣ] 다스리는 임금을 뜻한다.

王冠	왕관
王陵	왕릉
王妃	왕비
왕국	王國
왕실	王室
왕조	王朝

임금 왕

[玉, 0] 총 4획

3급 II

개[犭]처럼 사납고 악한 행동을 하는 임금[王]은 미쳤다는 뜻이다. 미친 듯한 기미를 狂氣(광기)라고 한다.

- 犭(개사슴록변)은 犬(개 견)의 변형 부수로, 개와 같은 짐승이나 개의 성질을 나타내는 글자에 주로 쓰인다.

狂犬	광견
狂氣	광기
狂風	광풍
熱狂	열광

미칠 광

[犬, 4] 총 7획

3급 II

화려한 왕관[白]을 쓴 임금[王]의 모습을 그린 글자이다. 왕과 제후를 거느리는 최고 권위의 황제를 뜻한다.

- 白(흰 백)은 여기서 왕관의 모양을 나타낸다.

敎皇	교황
皇宮	황궁
皇室	황실
皇恩	황은
皇帝	황제

임금 황

[白, 4] 총 9획

4급

하늘에 제사 지내는 제단을 그린 글자로, 그 권한을 가진 '임금'을 의미한다.

皇帝	황제
제국주의	帝國主義
제왕	帝王
천제	天帝

임금 제

[巾, 6] 총 9획

7급

주인 주
[丶, 4] 총 5획

촛대[王] 위의 불꽃[丶]처럼 어떤 일의 중심이 되어 주위를 밝히는 주인이라는 뜻이다. 나중에 '임금'이라는 뜻도 나왔다. 어떤 일의 중심이 되는 사람을 主人公(주인공)이라고 한다.

主謀者	주모자
株主	주주
군주	君主
주부	主婦
주종	主從

丶 亠 宀 主 主

7급

살 주
[人, 5] 총 7획

사람[亻]이 주인[主]이 되어 세상을 산다는 뜻이다. 인간 생활의 기본 요소인 입는 것, 먹는 것, 사는 것을 衣食住(의식주)라고 한다. 佳(새 추)와 모양이 비슷하다.

의식주	衣食住
주소	住所
주택	住宅

丿 亻 亻 亻 住 住 住

6급 II

부을 주
[水, 5] 총 8획

가두어 둔 물[氵]을 끌어와 중심[主]이 되는 한 곳에 붓는다는 뜻이다. 자동차 등에 기름을 붓는 것을 注油(주유)라고 한다.

주목	注目
주시	注視
주유소	注油所
주의	注意

丶 丶 氵 氵 汁 汁 注 注

3급 II

기둥 주
[木, 5] 총 9획

나무[木]의 중심[主]이 되어 가지와 잎을 떠받치는 기둥을 뜻한다. 전선 등을 늘여 매기 위해 세운 기둥을 電柱(전주) 또는 전봇대라고 한다.

四柱	사주
電柱	전주
柱石	주석

一 十 十 木 木 朴 杧 柱 柱

4급 II

갈 왕
[彳, 5] 총 8획

삶의 길[彳]에 주인[主]이 되어 앞으로 간다는 뜻이다. 이미 지나간 해를 往年(왕년)이라고 한다.

旣往之事	기왕지사
已往	이왕
설왕설래	說往說來
왕년	往年
왕복	往復

丿 彳 彳 彳 往 往 往 往

8급

백성 민
[氏, 1] 총 5획

전쟁에서 잡은 포로의 눈[目]을 칼[匕]로 찔러서 노예로 만든 백성을 뜻한다.

民泊　　민박
庶民　　서민
零細民　영세민
민가　　民家
여민동락　與民同樂

3급 II

眠

잘 면
[目, 5] 총 10획

일을 마친 백성[民]이 피곤해서 눈[目]을 감고 잠을 잔다는 뜻이다.

冬眠　　동면
不眠症　불면증
睡眠　　수면
熟眠　　숙면
永眠　　영면

23일째 전쟁 1

스마트 한자 암기 프로그램

4급II

장수 **장**

[寸, 8] 총 11획

전쟁터에서 나무 조각[爿] 위에 올린 고기[月]를 손[寸]에 들고 제단에 바치는 장수를 뜻한다. 제단 앞으로 장차 나아가려는 모습에서 '장차, 나아가다'라는 뜻도 나왔다.

• 爿(나무 조각 장)은 나무를 반으로 자른 왼쪽 조각을 나타낸다.

丨 丬 爿 扩 扩 扩 护 捋 將 將

將帥	장수
노장	老將
일취월장	日就月將
장군	將軍
장래	將來

4급

장려할 **장**

[大, 11] 총 14획

전쟁터에서 장수[將]들이 이길 수 있도록 큰[大] 소리로 격려하고 장려한다는 뜻이다. 배움을 장려하기 위해 성적이 우수한 학생에게 주는 돈을 奬學金(장학금)이라고 한다.

• 大(큰 대)는 사람이 팔다리를 크게 벌린 모습이다.

丨 丬 爿 扩 扩 护 將 將 奬 奬

| 奬學金 | 장학금 |
| 장려 | 奬勵 |

3급II

감출 **장**

[艸, 14] 총 18획

숨기고[臧] 싶은 물건을 풀[艹]로 덮어 감춘다는 뜻이다.

• 臧(숨길 장)은 창[戈]으로 상대편 신하[臣]의 눈을 찌른 뒤 나무 조각[爿]으로 가려 숨긴다는 뜻이다.

艹 疒 疒 疒 莊 莊 蔵 藏 藏

所藏品	소장품
愛藏品	애장품
貯藏	저장

3급II

오장 **장**

[肉, 18] 총 22획

몸[月]속에 감춰져[藏] 있는 다섯 가지 내장인 오장을 뜻한다. 五臟(오장)은 간장(肝臟), 심장(心臟), 폐장(肺臟), 신장(腎臟), 비장(脾臟)을 가리킨다.

• 月(육달월변)은 肉(고기 육)의 변형 부수이다.

月 肝 肝 肝 肝 臓 臓 臓 臟 臟

肝臟	간장
內臟	내장
五臟	오장
臟器	장기

3급 II

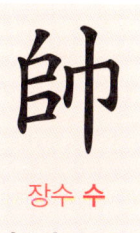

장수 수

[巾, 6] 총 9획

언덕[𠂤] 위에 깃발[巾]을 세우고 많은 병사를 거느린 장수를 뜻한다.

• 𠂤(언덕 퇴)는 층진 언덕을 그린 阜(언덕 부)의 윗부분이고, 巾(수건 건)은 줄에 천이 걸린 모습이다.

ノ ィ ŕ ŕ 㠯 自 皀 帥 帥

元帥	원수
將帥	장수
統帥權	통수권

4급 II

스승 사

[巾, 7] 총 10획

언덕[𠂤] 아래 빙 둘러[帀] 있는 군사를 뜻하다가, 제자들에게 둘러싸인 스승을 의미하게 되었다.

• 帀(두를 잡)은 사람들이 깃발[巾]을 중심으로 한[一] 바퀴 둘러 있다는 뜻이다.

ノ ィ ŕ ŕ 㠯 自 皀 皀 師 師

교사	教師
약사	藥師
의사	醫師

3급 II

쫓을/따를 추

[辵, 6] 총 10획

언덕[𠂤]으로 도망친 사람을 뒤따라가서[辶] 쫓는다는 뜻이다.

• 辶(책받침)은 머리카락을 날리며 걷는 모습을 그린 辵(쉬엄쉬엄 갈 착)의 변형 부수이다.

ノ ィ ŕ ŕ 㠯 自 㠯 追 追 追

追擊	추격
追求	추구
追慕	추모
追放	추방
追憶	추억

8급

군사 군

[車, 2] 총 9획

전쟁터로 가기 위해 수레[車] 위를 가득 덮어[冖] 타고 있는 군사를 뜻한다. 군사의 무리가 모여 있는 집단을 軍隊(군대)라고 한다.

• 冖(덮을 멱)은 물건을 덮는 덮개의 모양이고, 車(수레 거)는 수레의 몸통과 축, 바퀴를 그린 글자이다.

ノ 冖 冖 冖 冃 冒 冒 宣 軍

孤軍奮鬪	고군분투
叛軍	반군
我軍	아군
강행군	強行軍
국군	國軍
군대	軍隊
적군	敵軍

6급 II

움직일 운

[辵, 9] 총 13획

군사[軍]들이 전차를 몰고 앞으로 가며[辶] 움직인다는 뜻이다. 運轉(운전)을 하다 보면 運(운)이 나쁘게 사고가 나기도 한다.

厄運	액운
運輸業	운수업
運賃	운임
국운	國運
운동	運動
운전	運轉
운행	運行

ノ 冖 冖 宣 宣 軍 軍 運 運 運

4급

휘두를 휘
[手, 9] 총 12획

장군이 손[扌]을 들어서 군사[軍]들이 보고 따를 수 있도록 휘두른다는 뜻이다. 손을 휘두르며 단체의 행동을 통솔하는 것을 指揮(지휘)라고 한다.

一筆揮之	일필휘지
발휘	發揮
지휘	指揮

3급

빛날 휘
[車, 8] 총 15획

쇠로 만든 군사[軍]의 무기와 갑옷이 전쟁터에서 빛[光]난다는 뜻이다.

• 光(빛 광)은 햇불[火→⺌]을 든 사람[儿]이 사방에 전하는 빛을 뜻한다.

| 光輝 | 광휘 |

5급 II

마칠 졸
[十, 6] 총 8획

가죽 조각을 이어 붙인 옷을 입은 병졸의 모습을 그린 글자로, 전쟁터에서 생을 마친다 하여 '병사, 죽다, 마치다'의 뜻으로 쓰인다.

腦卒中	뇌졸중
卒倒	졸도
대졸	大卒
졸병	卒兵
졸업	卒業

5급 II

병사 병
[八, 5] 총 7획

전쟁이 끝날 때까지 무기[斤]를 손[⺈→⺹]에 들고 나라를 지키는 병사를 뜻한다.

• 斤(도끼 근)은 날이 큰 쇠에 나무 자루가 달린 도끼의 모양이고, ⺹은 양손으로 물건을 받치는 모습이다.

騎兵隊	기병대
兵役	병역
徵兵	징병
노병	老兵
병기	兵器
병졸	兵卒

3급

물리칠 척
[斤, 1] 총 5획

도끼[斤]의 예리한 날[丶]로 적군을 물리친다는 뜻이다. 무기를 들고 뒤에서 몰래 '엿보다, 망보다'라는 뜻도 있다.

排斥	배척
斥邪	척사
斥和碑	척화비
斥候兵	척후병

3급II

호소할 소

[言, 5] 총 12획

억울함을 물리치기[斥] 위해 사정을 말하며[言] 관청에 호소한다는 뜻이다. 잘잘못을 따져달라고 법원에 호소하는 절차를 訴訟(소송)이라고 한다.

訴訟	소송
勝訴	승소
敗訴	패소
呼訴	호소

` 一 亠 言 言 訁 訴 訴 訴

4급II

대적할 적

[攵, 11] 총 15획

나무의 밑동[啇]을 치듯[攵] 상대를 치며 대적한다는 뜻이다. 이해관계가 얽혀 서로 용납하지 못하는 관계를 敵(적)이라고 한다.

• 啇(밑동 적)은 나무의 뿌리 쪽 밑동을 뜻한다. 攵(등글월문)은 손에 회초리를 들고 때리는 모습인 攴(칠 복)의 변형 부수이다.

衆寡不敵	중과부적
匹敵	필적
숙적	宿敵
인자무적	仁者無敵

亠 亠 产 产 产 啇 啇 敵 敵 敵

3급II

딸 적

[手, 11] 총 14획

손[扌]으로 나무나 채소의 밑동[啇]을 딴다는 뜻이다. 드러나지 않은 것을 들추어내는 것을 摘發(적발)이라고 한다.

摘發	적발
摘要	적요
摘出	적출
指摘	지적

一 丨 扌 扌 扩 护 挤 摘 摘 摘

4급

맞을 적

[辶, 11] 총 15획

밭으로 가서[辶] 채소의 밑동[啇]을 딸 때는 적당히 익은 것이 알맞다는 뜻이다. 適當(적당)히 익은 채소를 고르기는 쉽지 않다.

悠悠自適	유유자적
적격	適格
적기	適期
적당	適當
최적	最適

亠 产 产 产 产 啇 啇 適 適 適

3급

물방울 적

[水, 11] 총 14획

물[氵]이 열매의 밑동[啇]까지 굴러와서 떨어지는 모습의 물방울을 뜻한다.

| 水滴 | 수적 |

丶 冫 氵 沪 沪 沪 滴 滴 滴 滴

3급II

我 나 아
[戈, 3] 총 7획

톱날 모양의 자루 달린 창을 그렸는데, 그 창으로 지킬 수 있는 '나'를 지칭한다. 이외에도 창을 그린 글자인 戈(창 과), 戊(천간 무), 戌(개 술) 등과 모양이 비슷하다.

丿 一 亍 手 我 我 我

我軍	아군
自我	자아
彼我	피아

4급II

伐 칠 벌
[人, 4] 총 6획

사람[亻]이 창[戈]을 들고 적을 친다는 뜻이다. 적이나 죄 있는 무리를 무력으로 치는 것을 征伐(정벌)이라고 한다.

• 戈(창 과)는 전쟁터에서 쓰는 창을 그린 한자이다.

丿 亻 亻 代 伐 伐

濫伐	남벌
征伐	정벌
벌목	伐木
벌초	伐草
북벌	北伐

4급

戒 경계할 계
[戈, 3] 총 7획

병사가 양손[⺽→廾]에 창[戈]을 들고 보초를 서며 주위를 경계한다는 뜻이다. 보초를 서는 병사는 매서운 눈빛으로 적군을 警戒(경계)한다.

一 二 千 开 戒 戒 戒

懲戒	징계
경계	警戒
계엄령	戒嚴令
계율	戒律

3급II

械 기계 계
[木, 7] 총 11획

죄인이 도망가는 것을 경계하기[戒] 위해 나무[木]로 만든 형틀이나 기계를 뜻한다.

一 十 才 才 术 杠 杙 械 械 械

器械	기계
機械	기계
農機械	농기계

4급

或 혹시 혹
[戈, 4] 총 8획

창[戈]을 든 병사가 사람[口]과 땅[一]을 지키다가 낯선 자를 보고 '혹시' 하며 의심하는 마음을 뜻한다.

• 口(입 구)는 사람의 입을 그린 글자로, 여기서는 사람을 의미한다.

혹시	或是
혹여	或如
혹자	或者

一 亇 冂 冋 百 或 或 或

3급II

미혹할 혹

[心, 8] 총 12획

정신이 헷갈리어 갈팡질팡 헤매는 것을 迷惑(미혹)하다고 한다. 혹시나[或] 하는 마음[心]으로 의심하며 헤매니 정신이 미혹하다는 뜻이다.

困惑	곤혹
不惑	불혹
疑惑	의혹

一 一 一 一 一 或 或 或 惑 惑 惑

4급

지경 역

[土, 8] 총 11획

혹시[或]라도 땅[土]을 빼앗기지 않기 위해 반드시 지켜야 하는 지경(땅의 경계)을 뜻한다. 지경은 땅의 가장자리인 경계, 구역 등을 말한다.

묘역	墓域
성역	聖域
전역	全域

一 十 土 土 圹 圹 垣 域 域 域

8급

나라 국

[口, 8] 총 11획

혹시[或] 모를 적의 침입에 대비하기 위해 성벽을 둘러[口]놓은 나라를 뜻한다. 國家(국가)는 이렇게 오랜 세월 동안 힘들게 지켜 온 우리의 땅이다.

• 口(에울 위)는 사방이 울타리처럼 둘러싸인 모양이다.

國葬	국장
賣國奴	매국노
殉國	순국
국가	國歌
국법	國法
국어	國語

丨 冂 冂 同 同 同 國 國 國 國

4급II

무사 무

[止, 4] 총 8획

창[戈→弋]을 들고 튼튼한 발[止]로 적을 향해 나아가는 무사를 뜻한다. 무사는 무예를 익혀 전쟁에 나가는 군인이다.

• 止(그칠 지)는 사람의 발자국을 그린 글자이다.

武陵桃源	무릉도원
尙武	상무
玄武	현무
무기	武器
무사	武士
무술	武術

一 二 于 于 于 武 武 武

3급II

부여할 부

[貝, 8] 총 15획

백성에게 나라를 위한 재물[貝]과 군사[武]의 의무를 부여한다는 뜻이다.

• 貝(조개 패)는 조개를 그린 글자로, 옛날에 조개껍데기를 돈으로 사용했기 때문에 돈이나 재물을 뜻하기도 한다.

賦課	부과
賦與	부여
天賦的	천부적
割賦	할부

丨 冂 冃 貝 貝 賦 賦 賦 賦 賦

3급

개 술

[戈, 2] 총 6획

둥근 도끼 모양의 자루 달린 무기를 그렸는데, 나중에 십이지(十二支) 중 열한 번째 띠인 개를 의미하게 되었다.

甲戌年　갑술년
戌時　　술시

丿 厂 戸 戌 戌 戌

3급

다 함

[口, 6] 총 9획

무기[戌]를 들고 입[口]으로 소리치며 적진으로 함께 돌진하는 병사들 모두 다를 의미한다.

咸興差使　함흥차사

丿 厂 戸 戌 戌 咸 咸 咸 咸

6급

느낄 감

[心, 9] 총 13획

전쟁에서 살아 돌아온 병사들이 다[咸] 함께 끌어안고 안도의 마음[心]을 느낀다는 뜻이다. 고마움을 느껴 인사를 건네는 것을 感謝(감사)라고 한다.

鈍感　둔감
敏感　민감
靈感　영감
감사　感謝
감성　感性
감지　感知

丿 厂 戸 咸 咸 咸 咸 感 感

4급 II

덜 감

[水, 9] 총 12획

물[氵]을 다[咸] 함께 나누어 마시기 위해 조금씩 던다는 뜻이다. 계속 덜어내니 '줄다'라는 뜻으로도 쓰인다. 더하거나 더는 일을 加減(가감)이라고 한다.

減免　감면
削減　삭감
감원　減員
감축　減縮
증감　增減

丶 丶 氵 氵 汒 沰 減 減 減

3급

천간 무

[戈, 1] 총 5획

戈(창 과), 戌(개 술) 등과 마찬가지로 자루 달린 전쟁용 창을 그린 글자인데, 십간(十干) 중에 다섯 번째 글자로 쓰인다.

戊午士禍　무오사화

丿 厂 戊 戊 戊

3급II

무성할 무

[艹, 5] 총 9획

풀[艹]이 창[戊]처럼 삐죽삐죽 솟아 무성하다는 뜻이다.

| 茂林 | 무림 |
| 茂盛 | 무성 |

丶 艹 艹 芹 芹 茂 茂 茂

3급II

활 궁

[弓, 0] 총 3획

가운데가 불룩하게 굽은 활을 그린 글자이다. 활이나 화살을 쏘는 동작과 관계있다. 洋弓(양궁)은 서양식으로 만든 활로 겨루는 경기이다.

弓術	궁술
石弓	석궁
洋弓	양궁

フ ㄱ 弓

4급II

끌 인

[弓, 1] 총 4획

활시위[弓]에 화살[丨]을 걸어서 쏘기 위해 끌어당긴다는 뜻이다. 물건이나 값을 끌어 올리는 것을 引上(인상)이라고 한다.

牽引	견인
引導	인도
引率	인솔
아전인수	我田引水
인상	引上

フ ㄱ 弓 引

3급

조상할 조

[弓, 1] 총 4획

들판에 시체를 두고 상을 치르던 시절, 사람들[亻丨]이 활[弓]을 들고 찾아와 짐승을 막으며 죽은 자의 가족을 조상(조문)한다는 뜻이다.

慶弔事	경조사
謹弔	근조
弔意	조의

フ ㄱ 弓 弔

3급

오랑캐 이

[大, 3] 총 6획

중국에서 볼 때 큰 화살[弓]을 메고 오는 사람[大]은 오랑캐라는 뜻이다. 중국 사람들은 우리 민족을 동쪽의 오랑캐라는 뜻에서 東夷(동이)라고 불렀다.

● 大(큰 대)는 사람이 팔다리를 크게 벌린 모습이다.

東夷	동이
洋夷	양이
以夷制夷	이이제이

一 ㄇ 三 弓 夷 夷

3급

弘 클 홍

[弓, 2] 총 5획

활시위[弓]를 팔뚝[厶]으로 당기니 벌어진 모양이 넓고 크다는 뜻이다. 단군의 건국이념인 弘益人間(홍익인간)은 '널리 인간을 이롭게 하라'는 뜻이다.

- 厶(나 사)는 팔꿈치를 구부려 물건을 자기 쪽으로 당기는 모습이다.

ㄱ ㄹ 弓 弘 弘

| 弘報 | 홍보 |
| 弘益人間 | 홍익인간 |

6급

強 강할 강

[弓, 8] 총 11획

등껍질이 딱딱하고 넓은[弘] 벌레[虫]는 몸이 단단하여 힘이 강하다는 뜻이다. 강한 힘으로 '억지로 하다'라는 뜻도 있다.

- 虫(벌레 충)은 세모꼴 머리에 몸이 긴 뱀을 그린 글자인데, 나중에 모든 벌레를 가리키게 되었다.

ㄱ ㄹ 弓 弘 弘 弘 強 強 強 強 強

強硬	강경
強奪	강탈
강도	強盜
강매	強賣
강약	強弱

6급 II

弱 약할 약

[弓, 7] 총 10획

오래 쓴 두 개의 활[弓弓]에 줄이 너덜더널[冫冫]하여 힘이 약하다는 뜻이다. 부드럽고 약한 것을 軟弱(연약)하다고 한다.

- 冫冫은 활시위가 너덜너덜해진 모습을 나타낸다.

ㄱ ㄹ 弓 弓 弓 弱 弱 弱 弱 弱

薄弱	박약
衰弱	쇠약
軟弱	연약
강약	強弱
빈약	貧弱
심약	心弱

4급

干 방패 간

[干, 0] 총 3획

손잡이가 달린 방패를 그린 글자이다. 방패처럼 '막다'라는 뜻도 있다. 간과(干戈)는 방패와 창이라는 뜻으로, 전쟁에 쓰는 무기를 통틀어 이르는 말이다.

一 二 干

干涉	간섭
若干	약간
간지	干支
여간	如干

3급 II

刊 새길 간

[刀, 3] 총 5획

방패[干]처럼 단단한 나무에 칼[刂]로 글자를 새긴다는 뜻이다. 주로 책을 인쇄하여 발행한다는 뜻으로 쓰인다.

一 二 干 刊 刊

發刊	발간
週刊	주간
創刊	창간

3급 II

땀 한

[水, 3] 총 6획

체온이 오르는 것을 막기[干] 위해 몸에서 내보내는 물[氵]이 땀이다. 땀이 지나치게 많이 나는 증상을 多汗症(다한증)이라고 한다.

汗蒸幕　한증막

丶 丶 氵 氵 汙 汗

3급

가물 한

[日, 3] 총 7획

해[日]가 오랫동안 내리쬐며 비를 막으니[干] 날이 가문다는 뜻이다. 早(일찍 조)와 모양이 비슷하다.

旱害　한해

丨 冂 冂 日 旦 豆 旱

3급

집 헌

[車, 3] 총 10획

수레[車] 중에 비바람을 막는[干] 처마가 달린 수레를 뜻하다가 나중에 처마가 있는 집을 의미하게 되었다. 옛날 수령들이 공공의 일을 처리하던 건물을 東軒(동헌)이라고 한다.

• 車(수레 거)는 바퀴가 네 개 달린 수레의 모습이다.

東軒　동헌
烏竹軒　오죽헌

一 厂 厂 百 亘 車 車 軒 軒

3급

돌 순

[彳, 9] 총 12획

병사가 길[彳]에서 방패[盾]를 들고 성곽을 지키며 주위를 돈다는 뜻이다. 주기적으로 되풀이하여 도는 것을 循環(순환)이라고 한다.

• 盾(방패 순)은 손으로 방패를 들어 올려 눈 위까지 가린 모습이다.

循行　순행
循環　순환

丿 彳 彳 扩 扩 扩 扩 循 循 循

3급

화살 시

[矢, 0] 총 5획

뾰족한 화살촉과 깃털 장식이 달린 화살이 곧게 날아가는 모습이다. 失(잃을 실)과 모양이 비슷하다.

已發之矢　이발지시

丿 ㅗ 느 午 矢

6급II

짧을 단

[矢, 7] 총 12획

옛날에는 활과 화살을 긴 것과 짧은 것의 표준으로 삼았다. 그래서 화살[矢]이나 제사 그릇[豆]과 같은 물건은 길이가 짧다는 뜻이다.

- 豆(콩 두)는 제사 지내는 그릇의 모양이다.

短距離	단거리
短劍	단검
短刀	단도
단기	短期
단명	短命
단문	短文

5급II

알 지

[矢, 3] 총 8획

배운 것을 화살[矢]처럼 빠르게 이해하여 입[口]으로 말할 정도로 분명히 안다는 뜻이다. 어떤 대상에 대해 알고 있는 내용을 知識(지식)이라고 한다.

온고지신	溫故知新
인지	認知
지능	知能
지식	知識

4급

지혜 지

[日, 8] 총 12획

아는[知] 내용을 토대로 사물에 대해 해[日]처럼 밝게 판단하는 지혜를 뜻한다. 智慧(지혜)는 슬기로운 인생을 사는 데 밑거름이 된다.

智謀	지모
智慧	지혜
기지	機智
지덕체	智德體
지략	智略

5급II

알 식

[言, 12] 총 19획

말[言]로 내뱉을 수 있을 정도로 어떤 내용을 잘 안다[戠]는 뜻이다. 사람들이 보통 알고 있거나 알아야 하는 지식을 常識(상식)이라고 한다.

- 戠(알 직)은 북을 치는 소리[音]와 병사의 창[戈]을 보고 전쟁이 난 것을 안다는 뜻이다.

鑑識	감식
沒常識	몰상식
상식	常識
식견	識見
지식	知識
학식	學識

4급II

직분 직

[耳, 12] 총 18획

職業(직업)상 맡은 일을 마땅히 해야 하는 의무를 職分(직분)이라고 한다. 맡은 일에 대해 귀[耳]를 세워 잘 알아듣고[戠] 잘 행해야 하는 직분이라는 뜻이다.

兼職	겸직
補職	보직
殉職	순직
직무	職務
직업	職業
직원	職員

4급

짤 직

[糸, 12] 총 18획

실[糸]을 베틀에 걸어 사람들이 알아볼[戠] 수 있는 무늬로 천을 짠다는 뜻이다.

丿 幺 幺 糸 糸 紅 結 織 織 織

牽牛織女	견우직녀
絹織物	견직물
綿織物	면직물
모직	毛織
직물	織物
직조	織造

전쟁₂

스마트 한자 암기 프로그램

7급

기 기

[方, 10] 총 14획

네모난 모양으로 나부끼며[㫃→方] 정해진 그[其] 자리에 세워진 기(깃발)를 뜻한다. 우리나라를 상징하는 國旗(국기)는 太極旗(태극기)이다.

• 方은 깃발이 나부끼는 모양을 그린 㫃(나부낄 언)의 변형이다.

旗幅	기폭
弔旗	조기
백기	白旗
태극기	太極旗

` 亠 方 方 方 扩 扩 掂 旌 旗 `

5급 II

나그네 려

[方, 6] 총 10획

이리저리 나부끼며[㫃→方] 돌아다니는 사람들[从→氏]인 나그네를 뜻한다. 일이나 유람을 목적으로 다른 고장에서 나그네처럼 돌아다니는 일을 旅行(여행)이라고 한다.

• 氏은 두 사람을 그린 从이 변형된 모양이다.

旅館	여관
旅愁	여수
여독	旅毒
여비	旅費
여행	旅行

` 亠 方 方 方 扩 扩 旅 旅 `

6급

겨레 족

[方, 7] 총 11획

전쟁에 나가기 위해 한 깃발[㫃→方] 아래로 화살[矢]을 들고 모인 겨레를 뜻한다.

民族	민족
族譜	족보
皇族	황족
가족	家族
동족	同族
종족	種族

` 亠 方 方 方 扩 扩 族 族 `

3급 II

돌 선

[方, 7] 총 11획

장수의 깃발[㫃→方]을 따라 병사들이 발[疋]을 옮기며 전쟁터를 돈다는 뜻이다. 둘레를 빙글빙글 도는 것을 旋回(선회)라고 한다.

• 疋(발 소)는 무릎부터 종아리 아래 발까지 그린 글자이다.

| 旋風的 | 선풍적 |
| 旋回 | 선회 |

` 亠 方 方 方 扩 扩 旋 旋 `

4급

遊
놀 유
[辵, 9] 총 13획

깃발[㫃→扩]을 든 어린아이[子]가 돌아다니며[辶] 신 나게 논다는 뜻이다. 즐겁게 놀며 주위를 구경할 수 있도록 만든 배를 遊覽船(유람선)이라고 한다.

方 扩 扩 扩 扩 斿 斿 游 游 遊

夢遊病	몽유병
浮遊物	부유물
遊戲	유희
외유	外遊
유원지	遊園地
유학	遊學

4급Ⅱ

施
베풀 시
[方, 5] 총 9획

전쟁에서 이긴 부족은 깃발[㫃→扩] 아래에 펼쳐진 [也] 전리품을 병사들에게 베푼다는 뜻이다.

• 也(어조사 야)는 뱀이 똬리를 틀고 있는 모습인데, 여기서는 잡혀 온 포로 외 전리품이 이리저리 펼쳐진 모습을 나타낸다.

丶 亠 方 方 方 扩 扩 扩 施 施

施策	시책
시설	施設
시술	施術
실시	實施

4급Ⅱ

單
홑 단
[口, 9] 총 12획

새총처럼 Y자 형태로 생긴 무기[單]를 들고 홀로 사냥한다는 의미에서 '홑'이라는 뜻이다.

• 單(홑 단)은 새총처럼 생긴 무기의 모양을 나타낸다.

丶 丷 口 吅 吅 吅 严 胃 胃 單

單刀直入	단도직입
간단	簡單
단독	單獨
단순	單純
단신	單身
단위	單位
명단	名單

4급

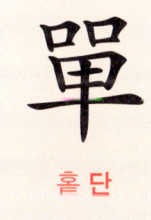

彈
탄알 탄
[弓, 12] 총 15획

활[弓]이나 총에서 하나씩[單] 튕겨 나가는 단알을 뜻한다. 불이 크게 터지도록 만들어진 탄알을 爆彈(폭탄)이라고 한다.

丁 弓 弓 弓 弓 弭 严 严 彈 彈

照明彈	조명탄
彈丸	탄환
탄약	彈藥
포탄	砲彈
폭탄	爆彈

3급Ⅱ

禪
좌선할 선
[示, 12] 총 17획

제단[示] 앞에 홀로[單] 앉아 고요히 좌선한다는 뜻이다. 坐禪(좌선)이란 고요히 앉아서 參禪(참선)하는 불교의 수행법이다.

二 于 示 示 肝 禪 禪 禪 禪

禪問答	선문답
坐禪	좌선
參禪	참선

6급 II

戰

싸움 전

[戈, 12] 총 16획

나라와 가족을 지키기 위해 홀로[單] 창[戈]을 들고 나가 적과 끝까지 싸운다는 뜻이다. 국가나 단체 간에 무력을 사용해서 싸우는 것을 戰爭(전쟁)이라고 한다.

角逐戰	각축전
騎馬戰	기마전
전승	戰勝
전시	戰時
전쟁	戰爭

` 門 門 冒 冒 單 單 戰 戰 戰`

4급

鬪

싸움 투

[鬥, 10] 총 20획

두 사람이 서로 주먹[鬥]을 불끈 세우고 (尌) 싸운다는 뜻이다.

- 鬥(싸울 투)는 두 사람이 손으로 주먹다짐하는 모습이다. 尌(세울 주)는 제사 의식 전에 북[효]을 손[寸]으로 세우는 모습이다.

拳鬪	권투
奮鬪	분투
鬪魂	투혼
전투	戰鬪
투쟁	鬪爭
투지	鬪志

`丨 ㅏㅏ ᅡᅡ 門 鬥 鬥 鬪 鬪 鬪`

4급

擊

칠 격

[手, 13] 총 17획

전차[車]를 힘껏 몰며 몽둥이[殳]를 손[手]에 들고 적을 친다는 뜻이다.

- 車은 전쟁에 쓰는 수레인 전차를 나타낸다. 殳(몽둥이 수)는 손[又]에 든 나무[几] 몽둥이를 나타낸다.

擊沈	격침
追擊	추격
被擊	피격
가격	加擊
공격	攻擊
사격	射擊
진격	進擊

`車 車 車 車 軟 穀 穀 擊 擊`

3급

繫

맬 계

[糸, 13] 총 19획

전차[車]에서 몽둥이[殳]로 잡은 포로를 끌고 가기 위해 밧줄[糸]로 묶어 맨다는 뜻이다.

繫留	계류
連繫	연계

`車 車 軟 軟 穀 擊 擊 擊 繫`

4급

殘

남을 잔

[歹, 8] 총 12획

전쟁터에서 창[戔]을 맞댄 상대를 잔인하게 죽이거나[歹] 해치고 살아남는다는 뜻이다. '나머지, 잔인하다'라는 뜻으로도 쓰인다.

- 戔(해칠 잔)은 창을 맞대고 서로 공격하며 해친다는 뜻이다.

衰殘	쇠잔
殘飯	잔반
잔금	殘金
잔설	殘雪
잔인	殘忍

`一 ㄱ 歹 歹 歹 殘 殘 殘 殘`

4급

錢

쇠[金]를 녹여 창[戔] 모양으로 만들어 썼던 옛날 돈(화폐)을 뜻한다.

換錢	환전
급전	急錢
동전	銅錢
지전	紙錢

돈 **전**

[金, 8] 총 16획

亻 亠 午 余 金 金 釒 銭 錢 錢

3급Ⅱ

賤

쇠로 만든 창[戔] 모양의 돈에 밀려 조개[貝]의 가치가 천해졌다는 뜻이다. 돈이란 잘 쓰면 貴(귀)하게 되고, 나쁘게 쓰면 賤(천)하게 된다.

貴賤	귀천
賤民	천민
賤視	천시
賤職	천직

• 貝(조개 패)는 조개를 그린 글자로, 옛날에 조개껍데기를 돈으로 사용했기 때문에 돈이나 재물을 뜻하기도 한다.

천할 **천**

[貝, 8] 총 15획

丨 冂 冃 目 貝 貝 貯 賎 賤

3급Ⅱ

踐

발[足→⻊]을 해칠[戔] 때까지 오래도록 길을 밟는다는 뜻이다.

| 實踐 | 실천 |

밟을 **천**

[足, 8] 총 15획

口 口 吊 足 足 趵 趵 踐 踐

3급Ⅱ

淺

물[氵]의 깊이가 창[戔]을 짚으며 건널 수 있을 정도로 얕다는 뜻이다. 深(깊을 심)의 반대자로, 주로 말이나 행동이 얕거나 상스럽다는 뜻으로 쓰인다.

| 淺薄 | 천박 |

얕을 **천**

[水, 8] 총 11획

丶 冫 氵 氵 汢 浅 浅 淺 淺 淺

6급Ⅱ

成

도끼[戊]로 치고 못[丁]으로 박으며 원하는 물건의 모양을 이룬다는 뜻이다. 成功(성공)적인 完成(완성)을 위해서는 여러 번의 실패가 따른다.

大器晩成	대기만성
成熟	성숙
성년	成年
성취	成就
양성	養成

• 戊(천간 무)는 자루 달린 전쟁용 창을 그린 글자인데, 여기서는 도끼를 의미한다.

이룰 **성**

[戈, 3] 총 7획

丿 厂 厂 万 成 成 成

4급 II

정성 성

[言, 7] 총 14획

자신이 말한[言] 것을 이루려고[成] 쏟는 정성을 뜻한다. 誠心(성심)을 다하여 誠實(성실)한 자세로 誠意(성의)를 보이면 원하는 바에 가까워질 수 있다.

성금	誠金
성실	誠實
성의	誠意
열성	熱誠
효성	孝誠

` ㄱ 亠 言 言 訐 訐 訐 誠 誠 誠 `

4급 II

성할 성

[皿, 7] 총 12획

그릇[皿] 위에 올려놓은 음식이 완성된[成] 모양이 풍성하다는 뜻이다.

• 皿(그릇 명)은 제사 지낼 때 쓰는 그릇을 그린 글자이다.

隆盛	융성
繁盛	번성
盛需期	성수기
성업	盛業
성행	盛行
풍성	豊盛

` ノ 厂 厂 厅 成 成 成 成 盛 盛 `

4급 II

성 성

[土, 7] 총 10획

적의 침입을 막기 위해 흙[土]이나 돌을 쌓아 이루어[成] 놓은 성을 뜻한다. 옛날에는 城(성)을 높이 쌓아서 백성과 나라를 지켰다.

城郭	성곽
牙城	아성
불야성	不夜城
산성	山城
토성	土城

` 一 十 土 圵 圵 圹 城 城 城 `

3급

성곽 곽

[邑, 8] 총 11획

城(성) 밖에 겹으로 둘러 쌓은 성을 郭(곽)이라고 한다. 이렇게 고을[阝]의 백성이 평화를 누릴[享] 수 있도록 성 밖으로 둘러 쌓은 성곽을 뜻한다.

• 享(누릴 향)은 제단에 제사 지내는 자손의 모습을 그린 글자로, 그런 자손은 복을 누린다는 의미이다.

| 城郭 | 성곽 |
| 外郭 | 외곽 |

` 亠 亠 亩 盲 亨 亨 享 享' 享阝 郭 `

7급

고을 읍

[邑, 0] 총 7획

성[口]안에 사람들[巴]이 모여 사는 고을을 뜻한다. 행정 구역 단위의 하나이다.

• 邑(고을 읍)의 변형 부수는 阝(우부방)으로, 글자의 오른쪽에 위치한다.

도읍	都邑
도읍지	都邑地
읍내	邑內
읍장	邑長

` ` 口 口 므 므 吕 邑 `

3급

邦

나라 **방**

[邑, 4] 총 7획

무성하게[丰→㇇] 자란 풀을 경계로 하여 그 안에 고을[阝]이 모여 형성된 나라를 뜻한다. 공통의 정치 이념으로 연합하여 구성하는 나라를 聯邦(연방)이라고 한다.

• 丰(무성할 봉)은 여기서 풀이 무성하게 돋은 모양을 나타낸다.

一 = 三 丰 邦 邦 邦

萬邦	만방
聯邦	연방
友邦	우방
異邦人	이방인

4급

圍

에워쌀 **위**

[囗, 9] 총 12획

나라의 경계[囗]를 지키기 위해 주위를 둘러[韋] 에워싼다는 뜻이다.

• 韋(둘레 위)는 병사들이 고을[囗] 주위를 오른발[㇇], 왼발[㇇]로 둘러가며 지키는 모습이다.

丨 冂 冂 円 囝 周 周 圍 圍 圍

범위	範圍
주위	周圍
포위	包圍

4급 II

衛

지킬 **위**

[行, 9] 총 15획

병사가 사람이 다니는[行] 길을 둘러싸고[韋] 돌며 마을을 지킨다는 뜻이다.

彳 彳' 彳'' 衎 衎 衛 衛 衛 衛

위생	衛生
위성	衛星
호위	護衛

3급

違

어긋날 **위**

[辵, 9] 총 13획

병사들이 마을의 둘레[韋]를 순찰 다닐[辶] 때 서로 방향을 어긋나게 다닌다는 뜻이다. '어긋나다, 어기다'의 뜻으로 쓰인다.

違反	위반
違背	위배
違憲	위헌

丨 ㇌ 土 뫃 章 韋 幃 違 違

5급 II

偉

클 **위**

[人, 9] 총 11획

보통 사람[亻]과 다르게 능력의 둘레[韋]가 크다는 뜻이다. 비슷한 의미에서 '위대하다, 훌륭하다'의 뜻으로도 쓰인다. 뛰어나고 훌륭한 사람을 偉人(위인)이라고 한다.

위대	偉大
위력	偉力
위인	偉人

亻 亻' 亻'' 伟 偉 偉 偉 偉 偉

3급

緯

씨 위

[糸, 9] 총 15획

베틀에 세로로 걸린 날실[糸]을 가로로 지나가며 둘러싸는[韋] 씨실을 뜻한다. '씨실, (천을) 짜다, 가로' 등의 뜻으로 쓰인다.

• 날실을 뜻하는 한자는 經(경)이다.

經緯書	경위서
南緯	남위
北緯	북위
緯度	위도

纟 纟 糸 糹 紓 紓 緯 緯 緯 緯

6급

行

다닐 행, 항렬 항

[行, 0] 총 6획

사거리[行]를 그린 글자로, 그 길로 다닌다는 뜻이다. 혈족 계통 사이의 위아래를 표시하는 '항렬'을 뜻하기도 하며, 이때는 '항'으로 읽는다.

緩行	완행
執行	집행
行蹟	행적
항렬	行列
행군	行軍
행사	行事

丿 彳 彳 行 行 行

7급 II

後

뒤 후

[彳, 6] 총 9획

길[彳]을 갈 때 작은[幺] 아이는 걸음이 뒤처진다는 [夊] 뜻에서 '뒤'를 의미한다. 같은 분야에 자기보다 뒤에 들어온 사람을 後輩(후배)라고 한다.

後輩	후배
後生可畏	후생가외
후기	後記
후문	後聞
후원	後援

丿 彳 彳 彳 彳 袢 袢 後 後

3급 II

衡

저울 형

[行, 10] 총 16획

물속을 다니는[行] 물고기[魚→奐]가 균형을 잡고 헤엄치듯 좌우 균형을 이룬 저울을 뜻한다. 均衡(균형)은 어느 한쪽으로 기울지 않고 고른 상태이다.

• 奐는 물고기의 머리, 몸통, 꼬리지느러미를 그린 魚(물고기 어)의 변형이다.

均衡	균형
平衡	평형
衡平	형평

彳 彳 彳 彳 衎 衎 衡 衡 衡

3급 II

御

거느릴 어

[彳, 8] 총 11획

마부가 길[彳]에서 말의 멍에를 풀고[卸] 쉬게 하며 말을 거느린다는 뜻이다. 마부가 말을 거느리듯 임금이 백성을 통치한다는 의미에서 임금과 관계된 어휘의 머리에 붙는 경칭으로 쓰인다.

• 卸(풀 사)는 사람이 말에서 발을 내리고 말의 멍에를 푼다는 의미이다.

暗行御使	암행어사
御命	어명
御用	어용
御前	어전

丿 彳 彳 彳 彳 衎 衎 御 御 御

4급 II

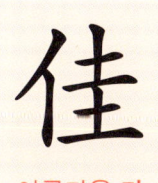

街

거리 **가**

[行, 6] 총 12획

사방으로 길[行]이 나서 흙[土土→圭]이 고르게 깔린 거리를 뜻한다. 대학 주변의 거리를 大學街(대학가)라고 한다.

丿 彳 彳 彳 彳 往 往 往 往 街 街

街談巷說	가담항설
街販	가판
대학가	大學街
상가	商街
시가	市街

3급 II

佳

아름다울 **가**

[人, 6] 총 8획

사람[亻]이 옥[圭]처럼 깨끗하여 아름답다는 뜻이다. 아름다운 사람을 佳人(가인)이라고 한다.

● 圭(홀 규)는 옛날 중국에서 황제가 신하에게 땅을 내려 다스리게 할 때 주던 옥으로 된 홀을 뜻한다. 옥처럼 맑고 '깨끗하다'라는 뜻도 있다.

丿 亻 亻 仁 仕 佳 佳 佳

佳人薄命	가인박명
佳作	가작
百年佳約	백년가약

3급 II

桂

계수나무 **계**

[木, 6] 총 10획

나무[木] 중에 향이 좋고 깨끗한[圭] 계수나무를 뜻한다. 올림픽에서 경기의 우승자에게 씌워 주는 月桂冠(월계관)은 月桂樹(월계수)의 가지와 잎으로 만든다.

一 十 才 木 木 朴 杜 桂 桂 桂

桂皮	계피
月桂冠	월계관
月桂樹	월계수

3급 II

封

봉할 **봉**

[寸, 6] 총 9획

황제가 신하의 손[寸]에 홀[圭]을 내리며 일정한 도지를 다스리도록 봉한다는 뜻이다. 나중에 '봉투를 봉한 편지'도 뜻하게 되었다.

一 十 土 圭 圭 圭 封 封

開封	개봉
密封	밀봉
封建	봉건
封鎖	봉쇄

4급 II

復

회복할 **복**,
다시 **부**

[彳, 9] 총 12획

갔던 길[彳]을 다시[复] 걸어와서 원래 있던 자리를 회복한다는 뜻이다. '다시'라는 뜻으로 쓰일 때에는 '부'로 읽는다.

● 复(다시 부)는 앞뒤가 뚫린 움막[旨]을 지났다가 다시 돌아오는 발[夊]의 모양이다.

丿 彳 彳 彳 衤 衤 衤 復 復 復

반복	反復
복귀	復歸
복원	復元
부활	復活
부흥	復興
회복	回復

3급II

覆 뒤집을 복
[襾, 12] 총 18획

그릇 위에 덮어 놓은 뚜껑[襾]을 다시[復] 들어 뒤집는다는 뜻이다. '뒤집어진 물은 다시 담기 어렵다'는 뜻의 고사성어로 覆水難收(복수난수)가 있다.

• 襾(덮을 아)는 병이나 그릇에 덮개를 덮은 모양이다.

一 厂 襾 襾 覀 覀 覂 覆 覆 覆

反覆	반복
飜覆	번복
覆蓋	복개
覆面	복면

3급II

履 밟을 리
[尸, 12] 총 15획

몸[尸]을 구부려서 신발을 신은 후 다시[復] 일어나서 땅을 밟는다는 뜻이다. 지금까지 밟아 온 학업, 직업, 경험 등의 내력을 履歷(이력)이라고 한다.

• 尸(주검 시)는 죽은 사람의 굽은 몸을 그린 글자로, 몸이나 시체를 뜻한다.

一 コ 尸 尸 尸 屏 屧 履 履

| 如履薄氷 | 여리박빙 |
| 履歷書 | 이력서 |

4급

複 겹칠 복
[衣, 9] 총 14획

옷[衣→衤] 위에 옷을 다시[复] 입어서 겹친다는 뜻이다. 종이를 겹쳐 놓고 원본을 베끼는 것을 複寫(복사)라고 한다.

• 衤(옷의변)은 저고리 모양을 그린 衣(옷 의)의 변형 부수이다.

丶 亠 ⺀ 衤 衤 衤 祁 袆 複 複

복사	複寫
복수	複數
복합	複合
중복	重複

7급II

車 수레 거/차
[車, 0] 총 7획

수레의 몸통과 축, 바퀴를 그린 글자이다. 예전에는 주로 '거'로 읽었으나, 현대에 와서 '차'로 발음하게 되었다. 車馬(거마), 自轉車(자전거), 汽車(기차), 自動車(자동차) 등의 단어에 활용된다.

一 厂 厂 亘 亘 車 車

乘用車	승용차
거마	車馬
정거장	停車場
정차	停車
차도	車道

4급

庫 곳집 고
[广, 7] 총 10획

물건을 보관하려고 지은 집을 곳집이라고 한다. 이처럼 집[广] 안에 수레[車]를 넣어 보관하는 곳집을 뜻한다. 음식을 차갑게 보관하는 곳을 冷藏庫(냉장고)라고 한다.

丶 亠 广 广 广 庐 庐 启 庫 庫

冷藏庫	냉장고
倉庫	창고
금고	金庫
보고	寶庫
서고	書庫
입고	入庫

3급

바퀴자국 궤

[車, 2] 총 9획

수레[車]가 같은 길을 여러[九] 번 지나가서 생기는 **바퀴자국**을 뜻한다. 바퀴자국이 난 길처럼 어떤 일이 발전하는 방향과 단계를 軌道(궤도)라고 한다.

• 九(아홉 구)는 숫자 9를 뜻하는 한자로, 많은 수를 나타낼 때 주로 쓰인다.

軌道	궤도
軌跡	궤적
同軌	동궤

4급

진 칠 진

[阜, 7] 총 10획

군사들이 적과 싸우기 위해 언덕[阝]에 전차[車]를 배치하여 진을 친다는 뜻이다. 뱀처럼 한 줄로 길게 진을 치고 늘어선 모양을 長蛇陣(장사진)이라고 한다.

• 阝(좌부변)은 층진 언덕을 그린 阜(언덕 부)의 변형 부수이다.

鶴翼陣	학익진
배수진	背水陣
진영	陣營
진통	陣痛
퇴진	退陣

3급Ⅱ

연할 연

[車, 4] 총 11획

수레바퀴[車]가 마치 입을 벌린[欠] 것처럼 느슨해져서 바퀴의 질이 연하다는 뜻이다.

• 欠(하품 흠)은 사람이 입을 크게 벌린 모습이다.

軟骨	연골
軟水	연수
軟弱	연약
柔軟	유연

4급Ⅱ

이을 련

[辵, 7] 총 11획

거리에 수레나 차[車]가 꼬리를 물고 가며[辶] 줄을 잇는다는 뜻이다.

連累	연루
連鎖	연쇄
連敗	연패
연속	連續
연승	連勝
연일	連日
연휴	連休

3급Ⅱ

연꽃 련

[艸, 11] 총 15획

풀[艹] 중에 뿌리가 옆으로 길게 이어지며[連] 꽃을 피우는 연꽃을 뜻한다. 연꽃은 불교를 상징하는 꽃으로, 주로 연못에서 자란다.

木蓮	목련
蓮根	연근
蓮花	연화

3급II

凡

무릇 범

[几, 1] 총 3획

배에 달아 놓은 돛[凡]을 그린 글자이다. 돛은 바람을 받아 배를 순조롭게 나아가게 한다는 의미에서 '무릇, 보통, 평범하다'라는 뜻으로 쓰인다. 무릇은 '대체로 보아'라는 의미이다.

丿 几 凡

大凡	대범
非凡	비범
平凡	평범

3급

舟

배 주

[舟, 0] 총 6획

통나무를 쪼개서 만든 배의 모양을 그린 글자이다.

丿 丿 丬 丹 月 舟

刻舟求劍	각주구검

5급

船

배 선

[舟, 5] 총 11획

배[舟] 중에 늪[㕣]이나 바다를 항해할 수 있는 커다란 배를 뜻한다. 물고기 등을 많이 잡아 배에 가득 실은 것을 滿船(만선)이라고 한다.

• 㕣(산속의 늪 연)은 땅바닥이 우묵하여 물이 고여 있는 늪을 나타낸다.

丿 丿 丬 丹 月 舟 舡 舩 船 船

船尾	선미
乘船	승선
宇宙船	우주선
구조선	救助船
선장	船長
선적	船積

3급II

沿

물가 연

[水, 5] 총 8획

강[氵]이나 바다가 늪[㕣]과 만나는 곳이니 물의 가장자리인 물가라는 뜻이다.

丶 丶 氵 氵 㕣 㕣 沿 沿

沿邊	연변
沿岸	연안
沿革	연혁

4급

鉛

납 연

[金, 5] 총 13획

쇠[金] 중에 늪[㕣]처럼 검푸른 빛을 띠고 있는 납을 뜻한다. 黑鉛(흑연)으로 만든 필기도구를 鉛筆(연필)이라고 한다.

丿 𠂉 乍 乍 金 金 釒 釒 鉛 鉛

亞鉛	아연
연필	鉛筆
흑연	黑鉛

3급II

般

일반 반

[舟, 4] 총 10획

배[舟]를 타고 노[殳]를 저어 순조롭게 나아가는 일 상적이고 일반적인 일을 뜻한다. 특별하지 않고 평범한 수준을 一般(일반)이라고 한다.

- 殳(몽둥이 수)는 여기서 손[又]에 든 나무[几] 노를 뜻한다.

萬般	만반
一般的	일반적
全般	전반

′ ⺁ ⺁ 月 月 舟 舟 舟 舩 般 般

3급II

盤

쟁반 반

[皿, 10] 총 15획

일반적이고[般] 평평한 그릇[皿]인 쟁반을 뜻한다. 쟁반처럼 동그란 판으로, 음악을 들을 수 있게 만든 물건을 音盤(음반)이라고 한다.

- 皿(그릇 명)은 음식을 담는 그릇이나 접시를 그린 글자이다.

基盤	기반
盤石	반석
巖盤	암반
音盤	음반
地盤	지반

舟 舟 舟 舩 般 般 般 盤 盤

7급II

前

앞 전

[刀, 7] 총 9획

배[舟→月]를 칼[刂]로 다듬은 뒤 발[止→龷]로 밀면서 나아가는 앞을 뜻한다.

- 月은 배의 모양을 그린 舟(배 주)의 변형이고, 龷는 사람의 발자국을 그린 止(그칠 지)의 변형이다.

御前	어전
驛前	역전
靈前	영전
전례	前例
전무후무	前無後無
전진	前進

′ ⺊ ⺊ 广 前 前 前 前 前

3급II

輸

보낼 수

[車, 9] 총 16획

수레[車]에 사람과 짐을 실어 목적지에 나아가도록[兪] 보낸다는 뜻이다.

- 兪(나아갈 유)는 나무를 들여[亼] 만든 한[一] 척의 배[舟→月]로 물살[巛]을 가르며 나아간다는 뜻이다.

輸入	수입
輸出	수출
輸血	수혈
運輸業	운수업

車 車 軟 軟 輪 輪 輪 輸 輸

3급

愈

더욱 유

[心, 9] 총 13획

마음[心]이 앞으로 더 나아간[兪] 것이니 '더욱'이라는 의미이다. '(남보다) 낫다, (병이) 낫다'라는 뜻으로도 쓰인다.

′ 人 亼 亼 兪 兪 兪 兪 愈 愈

4급II

배 항

[舟, 4] 총 10획

돛을 높이[亢] 달고 강이나 바다를 건너는 배[舟]를 뜻한다. 주로 '건너다, 항해하다'라는 뜻으로 쓰이며, 나중에 비행기가 '비행하다'라는 뜻도 나왔다.

• 亢(높을 항)은 사람이 목을 높이 뺀 모습이다.

巡航	순항
결항	缺航
순항	順航
항공	航空

′ 亠 丿 丹 月 舟 舟` 舟' 舟⁻ 航

4급

겨룰 항

[手, 4] 총 7획

손[扌]을 높이[亢] 쳐들고 상대와 승부를 겨룬다는 뜻이다. 어떤 힘이나 조건에 굽히지 않고 버티며 겨루는 것을 抵抗(저항)이라고 한다.

抵抗	저항
抗訴	항소
반항	反抗
항의	抗議
항일	抗日

一 十 扌 扌` 扩 扩 抗

잠깐! 성어 공략

*붉은색 글자는 한자능력검정시험 3급에 빈칸 채우기 문제로 출제되었던 한자임.

姉妹結緣	자매결연	서로 돕거나 교류하기 위하여 친선 관계를 맺는 일.
自中之亂	자중시란	같은 편끼리 하는 싸움.
自暴自棄	자포자기	절망에 빠져 자신을 스스로 포기하고 돌아보지 않음.
張三李四	장삼이사	장씨의 셋째 아들과 이씨의 넷째 아들. 이름이나 신분이 평범한 사람들.
積善餘慶	적선여경	착한 일을 많이 한 결과로 경사스럽고 복된 일이 자손에게까지 미침.
前無後無	전무후무	이전에도 없었고 앞으로도 없음.
轉禍爲福	전화위복	재앙과 화난이 바뀌어 오히려 복이 됨.
切齒腐心	절치부심	몹시 분하여 이를 갈면서 속을 썩임.
漸入佳境	점입가경	들어갈수록 점점 재미가 있음.
朝令暮改	조령모개	아침에 명령을 내렸다가 저녁에 다시 고침. 법령을 자꾸 고쳐서 갈피를 잡기가 어려움.
朝變夕改	주변석개	아침저녁으로 뜯어고침. 계획이나 결정을 일관성이 없이 자주 고침.
朝三暮四	조삼모사	간사한 꾀로 남을 속여 희롱함.
鳥足之血	조족지혈	새 발의 피. 매우 적은 분량을 비유.
縱橫無盡	종횡무진	자유자재로 행동하여 거침이 없는 상태.
左衝右突	좌충우돌	이리저리 마구 찌르고 부딪침.

坐井觀天 좌정관천

우물 속에 앉아서 하늘을 봄. 사람의 견문이 매우 좁음.

25일째 도구

스마트 한자 암기 프로그램

8급

一 한 일
[一, 0] 총 1획
一

선 하나를 옆으로 그어 숫자 '1'을 표현했다. '첫째, 모두, 한결같은' 등의 뜻으로도 쓰인다.

群鷄一鶴 군계일학
一場春夢 일장춘몽
初志一貫 초지일관
일등　　一等
일면　　一面
일언지하　一言之下

8급

二 두 이
[二, 0] 총 2획
一 二

선 두 개를 옆으로 그어 숫자 '2'를 표현했다.

二人三脚 이인삼각
이성지합　二姓之合
일석이조　一石二鳥

8급

三 석 삼
[一, 2] 총 3획
一 二 三

선 세 개를 옆으로 그어 숫자 '3'을 표현했다.

孟母三遷 맹모삼천
三人成虎 삼인성호
朝三暮四 조삼모사
삼다도　三多島
삼류　　三流
삼복　　三伏

8급

四 넉 사
[口, 2] 총 5획
丨 冂 冂 四 四

선 네 개를 옆으로 그은 모양이었는데, 三(석 삼)과 구분이 어려워서 四(사)를 빌려 쓰다가 자리 잡게 된 글자이다.

四分五裂 사분오열
朝三暮四 조삼모사
사계　　四季
사방　　四方
사촌　　四寸

8급

다섯 **오**

[二, 2] 총 4획

숫자 '5'를 하나의 단위로 여겨서 X로 표기하다가 위아래에 선을 추가한 모양[乂]을 거쳐 지금의 형태 [五]를 갖춘 글자이다.

一 丁 五 五

四分五裂	사분오열
三綱五倫	삼강오륜
五里霧中	오리무중
오감	五感
오대양	五大洋
오복	五福

8급

여섯 **륙**

[八, 2] 총 4획

세 손가락씩 양손을 편 모양을 그려 숫자 '6'을 표현했다.

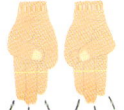

丶 一 六 六

六旬	육순
삼십육계	三十六計
육갑	六甲
육서	六書

8급

일곱 **칠**

[一, 1] 총 2획

한 손은 다섯 손가락, 다른 한 손은 두 손가락을 편 모양을 그려 숫자 '7'을 표현했다.

一 七

七旬	칠순
북두칠성	北斗七星
칠거지악	七去之惡
칠면조	七面鳥

8급

여덟 **팔**

[八, 0] 총 2획

네 손가락씩 양손을 편 모양을 그려 숫자 '8'을 표현했다. 물건을 둘로 '나눈다'는 뜻으로도 쓰인다.

丿 八

百八煩惱	백팔번뇌
팔도	八道
팔방미인	八方美人
팔자	八字

8급

아홉 **구**

[乙, 1] 총 2획

十(열 십)에서 하나가 모자란다는 의미에서 끝을 구부린 모양으로, 숫자 '9'를 의미한다. 주로 많은 수를 나타내거나 오래된 것을 의미한다.

丿 九

九曲肝腸	구곡간장
구사일생	九死一生
구우일모	九牛一毛
십중팔구	十中八九

8급

양손의 다섯 손가락을 모두 펴서 엇갈려 모은 모양으로, 숫자 '10'을 의미한다. 하나의 완성된 수라는 의미에서 '전부, 완성, 많다' 등의 뜻으로도 쓰인다.

열 십

[十, 0] 총 2획

一 十

十字架　십자가
문일지십　聞一知十
십장생　十長生

7급

매우 많은 사람[亻]이 줄지어[一] 선 모습으로, 숫자 '1000'을 의미한다. 많은 수를 나타내는 말로 쓰인다. 干(방패 간)과 모양이 비슷하다.

일천 천

[十, 1] 총 3획

千載一遇　천재일우
천리마　千里馬
천리안　千里眼
천자문　千字文

8급

알을 많이 낳아서 빠르게 번식하는 전갈을 그려 '10000'이라는 많은 수를 표현한 글자이다.

일만 만

[艸, 9] 총 13획

萬邦　만방
萬事亨通　만사형통
만감　萬感
만물　萬物
만복　萬福

8급

볏단을 등에 진 농부의 모습을 그린 글자로, 곡식을 심어서 수확하는 데 걸리는 한 해를 의미한다.

해 년

[干, 3] 총 6획

百年河淸　백년하청
享年　향년

5급 II

농부가 도끼[戌]를 들고 걸음[步]을 옮기며 벼를 수확하는 모습으로, 벼농사 수확에 걸리는 한 해를 의미한다. 年歲(연세)는 살아온 햇수를 뜻하는 나이의 높임말이다.

• 步(걸음 보)는 오른발과 왼발을 번갈아 옮겨 놓는 걸음을 그린 글자이다.

해 세

[止, 9] 총 13획

만세　萬歲
세월　歲月
연세　年歲

7급 II

인간 세

[一, 4] 총 5획

삼십[十十十→世] 년을 한 세대로 살아가는 인간을 뜻한다. 한 世代(세대)는 어린아이가 성장하여 부모를 계승할 때까지의 약 30년 정도 되는 기간이다.

一 十 卅 世 世

世代交替	세대교체
世襲	세습
난세	亂世
별세	別世
출세	出世

5급 II

물건 품

[口, 6] 총 9획

쌓아 놓은 물건[口口口→品]의 모양을 그린 글자이다. 사고팔기 위해 쌓아 둔 물건을 商品(상품)이라고 한다.

丶 口 口 口 吊 品 品 品 品

返品	반품
類似品	유사품
廢品	폐품
化粧品	화장품
물품	物品
상품	商品
품격	品格

6급

구분할/지경 구

[匚, 9] 총 11획

상자[匚] 안에 물건[品]을 담아서 종류를 구분한다는 뜻이다. 땅을 구분 짓는 경계인 '지경'을 뜻하기도 하여, 행정 구역 단위로 쓰인다.

• 匚(상자 방)은 물건을 넣어 두는 상자를 옆에서 본 모양이다.

一 匚 匚 吊 吊 吊 品 品 品 區

區劃	구획
구분	區分
구역	區域
구청	區廳

3급

몰 구

[馬, 11] 총 21획

말[馬]을 일정한 구역[區]으로 가도록 몬다는 뜻이다. 말을 탄 행렬에서 가장 먼저 말을 몰고 가는 사람인 先驅者(선구자)는 다른 사람보다 앞선 사람을 의미하는 말로 쓰인다.

• 馬(말 마)는 말의 등에 난 갈기와 네 발, 꼬리를 그린 글자이다.

丨 厂 F F 馬 馬 馬 馬 駈 驅 驅

先驅者	선구자
乘勝長驅	승승장구

3급

짝 필

[匚, 2] 총 4획

상자[匚] 안에 나누어[八] 담은 두 필의 옷감이 서로 짝이라는 뜻이다. 부부로서의 짝을 配匹(배필)이라고 한다.

一 丆 兀 匹

配匹	배필
匹馬	필마
匹夫匹婦	필부필부

3급II

심할 심

[甘, 4] 총 9획

짝[匹]이 된 부부가 달콤한[甘] 사랑을 나누니 정이 깊고 심하다는 뜻이다. 심하게 어려운 것을 甚難(심난)하다고 한다.

一 十 卄 廾 甘 甚 其 其 甚

極甚	극심
甚難	심난
甚至於	심지어

4급II

구슬 옥

[玉, 0] 총 5획

구슬 세 개를 꿴 모양[王]인데, 옥에도 티가 있다는 의미에서 점[丶]을 찍은 글자이다. 주로 아름답고 훌륭한 것을 나타내며 임금을 상징하기도 한다.

• 玉(구슬 옥)이 부수로 쓰일 때에는 주로 王(임금 왕)의 모양으로 쓰인다.

一 ー 干 王 玉

金枝玉葉	금지옥엽
珠玉	주옥
금과옥조	金科玉條
옥동자	玉童子
옥체	玉體

4급

보배 진

[玉, 5] 총 9획

옥[玉→王] 중에 머릿결[彡]과 같이 찬란한 빛이 나는 진귀한 보배를 뜻한다. 보배롭고 보기 드물게 귀한 것을 珍貴(진귀)하다고 한다.

• 彡(술 많을 진)은 술이 많은 머리카락의 모양이다.

一 ー 干 王 玡 玪 珍 珍

珍珠	진주
산해진미	山海珍味
진귀	珍貴
진기	珍技

6급II

나눌 반

[玉, 6] 총 10획

쌍옥[玉玉→珏]의 가운데를 칼[刂]로 잘라 나눈다는 뜻이다. 학생들을 일정한 단위로 나누어 놓은 班(반)의 대표를 班長(반장)이라고 한다.

一 ー 干 王 玡 玪 珍 班 班

越班	월반
鶴班	학반
虎班	호반
반가	班家
반장	班長
양반	兩班

3급II

희롱할 롱

[廾, 4] 총 7획

옥[玉→王]을 양손[𠬞→廾]에 올려서 가지고 놀듯이 상대를 희롱한다는 뜻이다. 상대를 戲弄(희롱)하며 장난으로 하는 말을 弄談(농담)이라고 한다.

• 廾(받들 공)은 양손으로 물건을 들고 있는 모양이다.

一 ー 干 王 丟 弄 弄

弄談	농담
愚弄	우롱
才弄	재롱

3급

벗 붕

[月, 4] 총 8획

돈으로 쓰던 조개 두 꾸러미가 나란히 놓인 모양인데, 이처럼 나란히 사귀는 벗을 의미하게 되었다. 벗을 다른 말로 朋友(붕우)라고도 한다.

朋友有信 붕우유신

丿 刀 月 月 刖 刖 朋 朋

3급

무너질 붕

[山, 8] 총 11획

산[山]이 주위의 벗[朋]인 나무, 흙, 돌과 함께 무너진다는 뜻이다. 옛날에 임금의 죽음은 산이 무너지는 것과 같다고 하여 崩御(붕어)라고 하였다.

崩壞 붕괴
崩御 붕어

' 山 屮 屵 屵 屵 屵 崩 崩

6급

누를 황

[黃, 0] 총 12획

귀족[⿱⿳]의 몸에 차고 있는 옥[日]의 색이 누렇다는 뜻이다. 누런빛의 금을 黃金(황금)이라고 한다.

• ⿱은 머리에 관을 쓴 귀족의 모습이고, 日은 둥근 옥의 모양이다.

黃狗 황구
黃桃 황도
黃昏 황혼
황금 黃金
황조 黃鳥
황천 黃泉

一 十 廿 冉 苗 苗 苗 黃 黃

3급II

가로 횡

[木, 12] 총 16획

누런[黃] 나무[木]로 대문에 빗장을 가로질러 채운다는 의미에서 '가로'라는 뜻이다. 나중에 '제멋대로, 갑작스러운' 등의 뜻도 나왔다. 뜻밖의 재앙으로 갑작스럽게 죽는 것을 橫死(횡사)라고 한다.

橫領 횡령
橫財 횡재
橫暴 횡포

木 朴 样 样 栟 桡 横 横 横 横

5급II

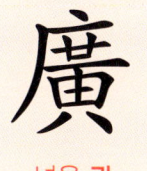

넓을 광

[广, 12] 총 15획

귀족[黃]이 사는 집[广]은 크고 넓다는 뜻이다. 사람이 많이 모일 수 있게 만들어 놓은 넓은 터를 廣場(광장)이라고 한다.

광고 廣告
광야 廣野
광장 廣場

亠 广 广 产 产 庐 庐 廣 廣 廣

4급

鑛

넓은[廣] 땅에 파묻힌 쇠붙이[金] 성분의 광물인 쇳돌을 뜻한다. 鑛物(광물)을 캐내는 곳을 鑛山(광산)이라고 한다.

• 金(쇠 금)은 흙 속에서 황금이 반짝거리는 모습으로, 금속의 총칭이다.

廢鑛	폐광
광물	鑛物
광산	鑛山
금광	金鑛
채광	採鑛

쇳돌 광

[金, 15] 총 23획

金 釒 釓 鉱 鉱 鑛 鑛 鑛 鑛

3급

擴

손[扌]으로 모양을 벌려서 좀 더 넓게[廣] 넓힌다는 뜻이다. 흩어져 널리 퍼지는 것을 擴散(확산)이라고 한다.

擴大	확대
擴散	확산
擴張	확장

넓힐 확

[手, 15] 총 18획

扌 扩 扩 护 护 擔 擴 擴 擴

4급

勤

진흙[堇]밭처럼 일하기 어려운 상황에도 힘써[力] 일하니 부지런하다는 뜻이다. 부지런히 일하며 힘쓰는 것을 勤勉(근면)이라고 한다.

• 堇(노란 진흙 근)은 누런[黃] 진흙[土]을 나타내는 한자이다.

皆勤	개근
근검	勤儉
근면	勤勉
근무	勤務
출근	出勤

부지런할 근

[力, 11] 총 13획

一 十 廾 廾 苩 莒 堇 堇 勤 勤

3급

謹

말[言]을 할 때 진흙[堇]밭을 걷는 것처럼 조심스레 삼간다는 뜻이다. 사람의 죽음에 대하여 삼가 슬픈 마음을 나타내는 것을 謹弔(근조)라고 한다.

謹愼	근신
謹嚴	근엄
謹弔	근조
謹賀新年	근하신년

삼갈 근

[言, 11] 총 18획

亠 亠 言 言 訐 詳 謹 謹 謹 謹

3급

사람[亻]이 진흙[堇]밭에서 몸을 겨우 빼낸다는 의미에서 '겨우'라는 뜻이다.

| 僅僅 | 근근 |
| 僅少 | 근소 |

겨우 근

[人, 11] 총 13획

丿 亻 亻 伊 伊 偱 僅 僅 僅

7급II

漢 한수/한나라 한
[水, 11] 총 14획

물[氵]에 진흙[菫→𦰩]이 많은 중국의 한수(漢水)를 뜻한다. 유방이 한수(漢水) 근처에 세운 나라인 '한나라'를 뜻하거나 거친 '사나이'를 뜻하기도 한다.

• 𦰩은 黃(누를 황)과 土(흙 토)가 합쳐진 菫(노란 진흙 근)의 변형이다.

氵 氵 汢 汢 泮 浐 浐 溁 漢 漢

怪漢	괴한
無賴漢	무뢰한
문외한	門外漢
악한	惡漢
한문	漢文
한양	漢陽

4급II

難 어려울 난
[隹, 11] 총 19획

진흙탕[菫→𦰩]에 빠진 작은 새[隹]는 빠져나오기가 어렵다는 뜻이다. 어려움과 쉬움의 정도를 難易度(난이도)라고 한다.

• 隹(새 추)는 몸집이 작은 새를 그린 글자이다.

艹 艹 芇 堇 菓 蓳 蓳 蘩 難 難

刻骨難忘	각골난망
白骨難忘	백골난망
고난	苦難
난이도	難易度

4급

歎 탄식할 탄
[欠, 11] 총 15획

진흙탕[菫→𦰩]에 빠져 허우적대는 새가 입을 벌리고[欠] 탄식한다는 뜻이다. 몹시 한탄하거나 탄식하는 소리를 歎聲(탄성)이라고 한다.

• 欠(하품 흠)은 사람이 입을 크게 벌린 모습을 그린 부수이다.

艹 艹 芇 堇 菓 莫 莫 𦰩 歎 歎 歎

慨歎	개탄
晚時之歎	만시지탄
감탄	感歎
탄식	歎息
통탄	痛歎
한탄	恨歎

8급

金 쇠 금, 성 김
[金, 0] 총 8획

흙 속에서 황금이 반짝거리는 모습으로, 금속의 총칭이다. 나중에 성씨 중에 '김씨'를 의미하게 되었다. 누런빛의 금을 黃金(황금)이라고 한다.

丿 人 𠆢 𠆢 𠆢 𠆢 余 金

金塊	금고
金字塔	금자탑
獻金	헌금
금발	金髮
금상	金賞
금액	金額

4급

針 바늘 침
[金, 2] 총 10획

쇠[金]를 갈아 십[十] 자 모양으로 뾰족하게 만든 바늘을 뜻한다. 한의원에 가면 針(침)을 맞을 수 있다.

丿 人 𠆢 𠆢 𠆢 𠆢 余 金 金 針

독침	毒針
지침	指針
침술	針術

5급
鐵 쇠 철
[金, 13] 총 21획

받침대[壬] 위에 올려놓고 두드려 무기[戈]를 만들 수 있는 쇠[金]를 뜻한다. 쇠를 재료로 하여 만들어지는 것과 관계있다. 鐵器(철기)는 인류 발전의 원동력이 되었다.

- 壬은 불린 쇠를 올려놓고 두드릴 때 쓰는 받침대의 모양이다.

鐵鋼	철강
鐵拳	철권
鐵面皮	철면피
지하철	地下鐵
철도	鐵道
철로	鐵路

3급 II
鎖 쇠사슬 쇄
[金, 10] 총 18획

쇠[金]고리를 이어 붙여 만든 것으로, 자개[貝] 소리가 나는 쇠사슬을 뜻한다. 쇠사슬 등으로 문을 닫고 막는 것을 閉鎖(폐쇄)라고 한다.

- 貨(쇄)는 조개[貝]껍데기를 작게[小] 자른 조각인 자개를 나타낸다.

封鎖	봉쇄
鎖國	쇄국
連鎖	연쇄
閉鎖	폐쇄

3급 II
刀 칼 도
[刀, 0] 총 2획

한쪽에만 날이 있는 주방용 짧은 칼을 그린 글자이다. 끊고 자르는 것과 관계있다.

- 刀(칼 도)의 변형 부수로는 刂(선칼도방)이 있다.

短刀	단도
面刀	면도
銀粧刀	은장도

5급
初 처음 초
[刀, 5] 총 7획

옷[衣→衤]을 만들기 위해서는 칼[刀]로 천을 자르는 것이 처음에 할 일이라는 뜻이다. 어떤 일의 시작이나 시초와 관계있다.

- 衤(옷의변)은 저고리 모양을 그린 衣(옷 의)의 변형 부수이다.

初旬	초순
初志一貫	초지일관
初版	초판
초기	初期
초면	初面
초선	初選

5급 II
切 끊을 절, 온통 체
[刀, 2] 총 4획

여러[七] 번 칼[刀]로 잘라 온통 끊는다는 뜻이다. '모두, 온통'이라는 뜻으로 쓰일 때에는 '체'로 읽는다. 一切(일체)는 '모든 것'을 뜻하는 긍정형이고, 一切(일절)은 '전혀, 절대로'를 뜻하는 부정형이다.

- 七(일곱 칠)은 여기서 '여러 번'을 의미한다.

懇切	간절
哀切	애절
切迫	절박
절감	切感
품절	品切

3급II

인쇄할 쇄

[刀, 6] 총 8획

몸[尸]을 구부리고 천[巾]으로 판을 닦아내며 칼[刂]로 새긴 내용을 인쇄한다는 뜻이다.

- 尸(주검 시)는 죽은 사람의 굽은 몸을 그린 글자로, 몸이나 시체를 뜻한다. 巾(수건 건)은 줄에 천이 걸린 모습이다.

| 刷新 | 쇄신 |
| 印刷術 | 인쇄술 |

6급II

나눌 분

[刀, 2] 총 4획

칼[刀]로 반[八]을 잘라 나눈다는 뜻이다. 동강이 나게 끊어 가르는 것을 分斷(분단)이라고 한다.

- 八(여덟 팔)은 여기서 사물이 둘로 나뉜 모습이다.

分讓	분양
分裂	분열
分割	분할
분가	分家
분단	分斷
분해	分解

4급

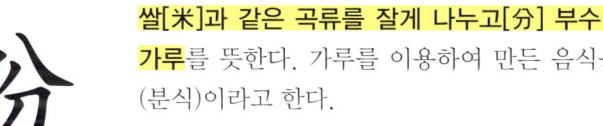

가루 분

[米, 4] 총 10획

쌀[米]과 같은 곡류를 잘게 나누고[分] 부수어 만든 가루를 뜻한다. 가루를 이용하여 만든 음식을 粉食(분식)이라고 한다.

粉飾	분식
분말	粉末
분식	粉食
분필	粉筆
제분	製粉

3급II

어지러울 분

[糸, 4] 총 10획

실[糸]을 가닥가닥 나누어[分] 공중에 흩날리니 어지럽다는 뜻이다. 어지럽고 복잡하게 다투는 것을 紛爭(분쟁)이라고 한다.

內紛	내분
紛亂	분란
紛紛	분분
紛爭	분쟁

4급II

가난할 빈

[貝, 4] 총 11획

재물[貝]을 여러 사람에게 나누어[分] 주어 돈이 없으니 가난하다는 뜻이다. 가난하여 살기가 어려운 것을 貧困(빈곤)이라고 한다.

빈곤	貧困
빈부	貧富
안빈낙도	安貧樂道
청빈	淸貧

3급II

참을 인

[心, 3] 총 7획

칼날[刃]이 심장[心]에 박힌 것처럼 괴롭고 아픈 마음을 참는다는 뜻이다. 칼날로 심장을 찌르는 일을 '차마 못 하다'라는 뜻으로도 쓰인다.

• 刃(칼날 인)은 칼[刀]의 반짝[丶]이는 날을 그린 한자이다.

フ 刀 刃 刃 忍 忍 忍

目不忍見	목불인견
不忍之心	불인지심
忍耐	인내
忍冬草	인동초
殘忍	잔인

4급II

알 인

[言, 7] 총 14획

남의 말[言]을 잘 참고[忍] 들으며 내용을 이해하여 안다는 뜻이다. 주로 어떤 내용에 대해 確認(확인)하거나 認定(인정)한다는 의미이다.

丶 亠 言 訁 訒 訒 認 認 認 認

묵인	默認
오인	誤認
인정	認定
자인	自認
확인	確認

3급

부를 소

[口, 2] 총 5획

칼[刀]을 들고 있는 관청의 벼슬아치가 조사 대상을 입[口]으로 부른다는 뜻이다. 사람들을 불러서 모으는 것을 召集(소집)이라고 한다.

フ 刀 刀 召 召

召命	소명
召集	소집

4급

부를 초

[手, 5] 총 8획

가까운 거리의 사람에게 손짓[扌]을 하며 부른다[召]는 뜻이다. 사람을 불러 대접하는 것을 招待(초대)라고 한다.

一 亅 扌 扌 护 护 招 招

招聘	초빙
招魂	초혼
초대	招待
초래	招來
초청	招請

3급II

뛰어넘을 초

[走, 5] 총 12획

상대가 부르면[召] 달려가서[走] 울타리나 담을 뛰어넘는다는 뜻이다. 다른 사람을 뛰어넘을 정도로 '뛰어나다, 빠르다'는 뜻의 접두사로도 쓰인다.

一 十 土 キ キ 走 走 起 起 超

超强力	초강력
超過	초과
超越	초월
超人	초인
超脫	초탈

3급 II

넘을 월

[走, 5] 총 12획

병사가 도끼[戌]를 들고 달려가서[走] 상대국의 경계선을 넘는다는 뜻이다. 어떠한 한계나 표준을 뛰어넘는 것을 超越(초월)이라고 한다.

• 戌(도끼 월)은 둥근 도끼의 모양을 그린 글자이다.

越權	월권
越冬	월동
越等	월등
越班	월반
移越	이월

土 + + 走 走 走 起 越 越

3급

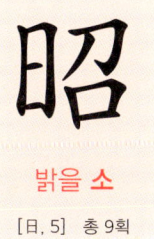

밝을 소

[日, 5] 총 9획

해[日]를 부른[召] 듯 주위가 밝다는 뜻이다.

| 昭詳 | 소상 |

丨 冂 日 日 日刀 日刀 昭 昭

3급 II

비칠 조

[火, 9] 총 13획

불빛[火→灬]이 밝게[昭] 비친다는 뜻이다. '비치다, 비추다, 밝다' 등 여러 가지 뜻으로 쓰인다. 주위를 밝게 비추는 빛줄기를 照明(조명)이라고 한다.

• 灬(불화발)은 火(불 화)의 변형 부수이다.

觀照	관조
對照	대조
落照	낙조
照明	조명

丨 冂 日 日 日刀 日刀 昭 昭 照

3급 II

말 물

[勹, 2] 총 4획

소를 도살하여 칼[刀→勹]에서 핏방울[〃]이 흐르게 하지 마라는 뜻이다. '~하지 마라'라는 뜻의 금지사로 쓰인다.

• 〃은 핏방울이 뚝뚝 떨어지는 모습을 나타낸다.

| 勿論 | 물론 |
| 勿忘草 | 물망초 |

丿 勹 勺 勿

7급 II

물건 물

[牛, 4] 총 8획

소[牛→牜]는 소중한 재산이므로 함부로 다루지 말아야[勿] 하는 물건이라는 뜻이다. 나중에 세상에 존재하는 모든 물건을 뜻하게 되었다.

• 牜(소우변)은 뿔 달린 소의 머리를 그린 牛(소 우)의 변형 부수이다.

鑛物	광물
萬物	만물
物件	물건
物心兩面	물심양면
物證	물증

丿 ㇒ 牛 牛 牜 物 物 物

3급II

갑자기 홀

[心, 4] 총 8획

생각하지 말아야[勿] 했던 일이 마음[心]속에 갑자기 떠오르는 것을 뜻한다. 나중에 '소홀하다'는 뜻도 나왔다.

疏忽	소홀
忽待	홀대
忽然	홀연

丿 勹 勿 勿 忽 忽 忽

잠깐! 성어 공략

* 붉은색 글자는 한자능력검정시험 3급에 빈칸 채우기 문제로 출제되었던 한자임.

晝耕夜讀	주경야독	낮에는 농사짓고 밤에는 글을 읽음. 어려운 여건 속에서도 꿋꿋이 공부함.
走馬看山	주마간산	말을 타고 달리며 산천을 구경함. 자세히 살피지 않고 대충대충 보고 지나감.
竹馬故友	죽마고우	대나무로 만든 말을 타고 놀던 벗. 어릴 때부터 같이 놀며 자란 벗.
衆寡不敵	중과부적	적은 수효로 많은 수효를 대적하지 못함.
知過必改	지과필개	잘못을 알면 반드시 고쳐야 함.
知者樂水	지자요수	슬기로운 사람은 사리에 밝아서 흐르는 물처럼 막힘이 없으므로 물과 친하게 즐김.
盡忠報國	진충보국	충성을 다하여서 나라의 은혜를 갚음.
進退兩難	진퇴양난	이러지도 저러지도 못하는 어려운 처지.
千篇一律	천편일률	여럿이 개별적 특성이 없이 모두 엇비슷한 현상을 비유.
千辛萬苦	천신만고	천 가지 매운 것과 만 가지 쓴 것. 온갖 어려운 고비를 다 겪으며 심하게 고생함.
天壤之差	천양지차	하늘과 땅 사이와 같이 엄청난 차이.
千載一遇	천재일우	천 년 동안 단 한 번 만남. 좀처럼 만나기 어려운 좋은 기회.
千態萬象	천태만상	천 가지 모습과 만 가지 형상. 세상 사물이 한결같지 않고 각각 모습과 모양이 다름.
徹頭徹尾	철두철미	처음부터 끝까지 철저하게 처리함.
淸廉潔白	청렴결백	마음이 맑고 깨끗하며 탐욕이 없음.

指鹿爲馬 지록위마

사슴을 가리키며 말이라고 함. 윗사람을 농락하여 권세를 마음대로 함.

식사

食 밥/먹을 식
[食, 0] 총 9획
7급II

그릇에 밥이 담겨 뚜껑이 덮인 모습이다. '밥, 먹다' 등의 뜻으로 쓰인다. 어떤 특정한 음식에만 치우쳐 즐겨 먹는 것을 偏食(편식)이라고 한다.

• 食(밥/먹을 식)의 변형 부수로는 飠(먹을식변)이 있다.

ノ 人 𠆢 亼 亼 仒 仒 佘 食

三旬九食	삼순구식
偏食	편식
飽食	포식
식단	食單
식비	食費
식용	食用
식품	食品

飮 마실 음
[食, 4] 총 13획
6급II

음식[飠]을 먹을 때 하품[欠]하듯 입을 벌리고 마신다는 뜻이다. 사람이 마실 수 있도록 만든 액체를 飮料(음료)라고 한다.

• 欠(하품 흠)은 사람이 입을 크게 벌린 모습이다.

ノ 𠂉 𠂉 𠂉 𠂉 𠂉 𠂉 𠂉 飮 飮

시음	試飮
음료	飮料
음식	飮食

飯 밥 반
[食, 4] 총 13획
3급II

음식[飠]을 먹을 때 숟가락이 계속 돌아와서[反] 먹는 밥을 뜻한다. 차를 마시고 밥을 먹는 일처럼 보통 있는 일을 茶飯事(다반사)라고 한다.

• 反(돌이킬 반)은 언덕[厂]을 손[又]으로 기어오르며 중력의 반대쪽으로 돌이킨다는 뜻이다.

ノ 𠂉 𠂉 𠂉 𠂉 𠂉 𠂉 𠂉 飯 飯

茶飯事	다반사
飯店	반점
朝飯	조반

飾 꾸밀 식
[食, 5] 총 14획
3급II

밥[飠] 먹을 상을 사람[人→亻]이 천[巾]으로 닦으며 깨끗하게 꾸민다는 뜻이다.

• 亻은 人(사람 인)의 변형이다. 巾(수건 건)은 줄에 천이 걸린 모습이다.

ノ 𠂉 𠂉 𠂉 𠂉 𠂉 𠂉 𠂉 飾 飾

假飾	가식
裝飾	장식
虛禮虛飾	허례허식

4급Ⅱ

남을 여

[食, 7] 총 16획

밥[食]이 많아서 내[余]가 먹고도 남는다는 뜻이다. 나머지 분량을 餘分(여분)이라고 한다.

• 余(나 여)는 지붕을 나무 기둥으로 받친 모양인데, 그 안에 깃든 '나'의 의미한다.

餘韻	여운
餘裕	여유
여가	餘暇
여분	餘分
여생	餘生
여죄	餘罪

亽 亽 亽 今 숙 숙 숙 숙 숙 숙 숙

3급

배부를 포

[食, 5] 총 14획

밥[食]을 많이 먹어서 배가 아이를 감싼[包] 듯이 불룩하니 배부르다는 뜻이다.

• 包(쌀 포)는 엄마의 배가 배 속의 아이[巳]를 감싸고[勹] 있는 모습이다.

飽滿感	포만감
飽食	포식
飽和	포화

丿 丿 亽 亽 숙 숙 숙 숙 숙 숙

3급

주릴 기

[食, 2] 총 11획

먹을[食] 것이 없어 식탁[几] 위가 텅 비었으니 배를 굶주린다는 뜻이다.

• 几(안석 궤)는 여기서 나무로 만든 식탁이나 책상을 나타낸다.

| 飢渴 | 기갈 |
| 飢餓 | 기아 |

丿 亽 亽 今 今 今 숙 숙 숙 숙

3급

주릴 아

[食, 7] 총 16획

먹을[食] 것으로 나[我]의 배를 채우지 못하고 배를 굶주린다는 뜻이다. 굶어 죽는 것을 餓死(아사)라고 한다.

• 我(나 아)는 톱날 모양의 창을 그린 글자로, 전쟁에서 나를 보호해 준다는 의미에서 '나, 자신'을 뜻한다.

飢餓	기아
餓鬼	아귀
餓死	아사

亽 숙 숙 숙 숙 숙 숙 숙 숙 숙

3급Ⅱ

일찍 증

[日, 8] 총 12획

물그릇[日]에 깔개[罒]를 겹친 시루 위로 뜨거운 김[八]이 일찍 오르는 모습이다. '일찍, 이미'라는 뜻으로 쓰이고, 그릇이 겹쳐 있다는 의미에서 '거듭'의 의미로도 쓰인다. 會(모일 회)와 모양이 비슷하다.

| 未曾有 | 미증유 |
| 曾祖父 | 증조부 |

八 八 今 今 今 曾 曾 曾 曾

4급II

더할 증

[土, 12] 총 15획

흙덩이[土]를 거듭[曾] 쌓으며 층을 더한다는 뜻이다. 계속 더하여 쌓이는 것을 增加(증가)라고 한다.

增補	증보
增幅	증폭
割增	할증
증가	增加
증대	增大
증액	增額
증원	增員

3급II

미울 증

[心, 12] 총 15획

마음[忄]속에 앙금이 거듭[曾] 쌓여서 상대가 밉다는 뜻이다. 상대방을 몹시 미워하는 마음을 憎惡心(증오심)이라고 한다.

可憎	가증
愛憎	애증
憎惡	증오

3급

줄 증

[貝, 12] 총 19획

재물[貝]을 거듭[曾] 쌓거나 모아서 남에게 준다는 뜻이다. 선물이나 기념으로 남에게 물품을 거저 주는 것을 寄贈(기증)이라고 한다.

寄贈	기증
贈與	증여
追贈	추증

3급II

僧

중 승

[人, 12] 총 14획

사람[亻] 중에 일찍이[曾] 속세를 떠난 중을 뜻한다. 고대 인도어로 '무리'를 뜻하는 '승가[samgha]'를 음역하여 '僧伽(승가)'라고 썼던 데서 유래하였다.

• 음역(音譯)이란, 한자로 외국어의 음을 나타내는 일이다.

僧舞	승무
僧服	승복
女僧	여승

4급

층 층

[尸, 12] 총 15획

지붕[尸]이 거듭[曾] 겹쳐져 이루어진 층을 뜻한다. 여러 대의 어른들을 층층이 모시고 사는 처지를 層層侍下(층층시하)라고 한다.

• 尸(주검 시)는 죽은 사람의 굽은 몸을 그린 글자이나, 여기서는 지붕의 모양을 나타낸다.

富裕層	부유층
庶民層	서민층
각층	各層
단층	斷層
지층	地層

6급 II

모일 회
[曰, 9] 총 13획

사람들[人]이 음식을 기다리며 김 오르는 시루 옆으로 일찍[會→曾]부터 모인다는 뜻이다. 여럿이 모여 의논하는 것을 會議(회의)라고 한다.

• 曾은 曰(일찍 증)의 변형이다.

丿 亼 亼 슷 슬 命 命 命 會 會

懇談會	간담회
宴會	연회
會館	회관
개회	開會
대회	大會
회의	會議

3급 II

곧 즉
[卩, 7] 총 9획

향기로운[皀] 음식을 만들자마자 사람[卩]이 곧 자리에 앉으니 '곧, 바로'라는 뜻이다. 어떤 일이 진행되는 바로 그 자리를 卽席(즉석)이라고 한다.

• 皀(향기로울 향)은 주걱[匕] 위의 흰[白] 쌀밥 냄새가 향기롭다는 뜻이다. '고소하다, 맛있다'의 의미로도 쓰인다.

丶 冫 白 白 皀 皀 皀 卽

卽刻	즉각
卽死	즉사
卽席	즉석

5급 II

마디 절
[竹, 9] 총 15획

대나무[竹]가 자랄 때마다 바로바로[卽] 하나씩 생겨나는 마디를 뜻한다. 대나무처럼 곧은 '예절'이나 '절제'를 뜻하기도 한다. 전기를 절제하여 쓰는 것을 節電(절전)이라고 한다.

丿 ㅅ ㅆ ㅆ 竹 笁 笁 節 節 節

節槪	절개
貞節	정절
換節期	환절기
계절	季節
변절	變節
절도	節度

3급

이미 기
[无, 7] 총 11획

맛있는[皀] 음식을 목이 메이게[旡] 많이 먹고서 고개를 돌려 외면하니 식사가 이미 끝났다는 뜻이다. '이미, 끝나다' 등의 뜻으로 쓰인다.

• 旡(이미/목멜 기)는 배불리 먹고 목이 메어 고개를 돌린 모습이다.

丶 亠 白 白 皀 皀 皀 旣 旣 旣

旣得權	기득권
旣存	기존
旣婚	기혼

3급 II

대개 개
[木, 11] 총 15획

됫박의 곡식을 나무[木] 방망이로 한 번 밀면 이미[旣→旣] 면이 대개 고르게 된다는 뜻이다. 어떤 사물에 대한 일반적인 지식을 槪念(개념)이라고 한다.

木 木 杧 朾 栉 椎 槪 槪 槪

槪念	개념
槪論	개론
大槪	대개

3급
慨
슬퍼할 개
[心, 11] 총 14획

마음[忄]속으로 이미[旣→旣] 잘못된 일을 슬퍼한다는 뜻이다. 몹시 분하여 슬퍼하는 마음을 憤慨(분개)라고 한다.

感慨無量	감개무량
慨歎	개탄
憤慨	분개

4급II
鄕
시골 향
[邑, 10] 총 13획

사람[乡]과 사람[阝] 사이에 향기로운[皀] 음식을 두고 정겹게 식사하는 시골의 모습을 나타냈다. 자기가 태어나서 자란 곳을 故鄕(고향)이라고 한다.

• 乡과 阝은 둘 다 사람이 몸을 구부리고 앉아있는 모습의 변형이다.

鄕愁	향수
낙향	落鄕
동향	同鄕
실향민	失鄕民

3급II
響
울릴 향
[音, 13] 총 22획

시골[鄕]에는 넓은 들이 많아서 소리[音]치면 사방으로 퍼져 울린다는 뜻이다. 물체에서 나는 소리와 그 울림을 音響(음향)이라고 한다.

交響樂	교향악
影響	영향
音響	음향

3급
卿
벼슬 경
[卩, 10] 총 12획

일반 사람보다 꼿꼿한[卯] 자세로 향기로운[皀] 음식을 마주한 벼슬아치, 벼슬을 뜻한다. 벼슬아치는 鄕(시골 향)의 양쪽에 있는 일반 백성보다 귀한 신분이라서 자세가 당당하고 꼿꼿하다.

卿大夫	경대부
公卿大夫	공경대부

6급
合
합할 합
[口, 3] 총 6획

뚜껑[亼]과 그릇[口]을 딱 맞게 합한다는 뜻이다. '모으다, 맞다'의 뜻으로도 쓰인다. 서로 합한 의견이 일치하는 것을 合意(합의)라고 한다.

附合	부합
合乘	합승
合掌	합장
결합	結合
합동	合同
합심	合心
합의	合意

7급 II

대답 답

[竹, 6] 총 12획

대나무[⺮] 조각에 적힌 질문에 맞게[合] 제시한 대답을 뜻한다. 잘못된 대답을 誤答(오답)이라고 한다.

愚問賢答	우문현답
東問西答	동문서답
오답	誤答
정답	正答

` ノ 𠂉 𥫗 𥫗 𥫗 ⺮ 欠 夻 㚎 答 答`

5급

줄 급

[糸, 6] 총 12획

실[糸]의 끝과 끝을 계속 합하여[合] 잇듯이 줄줄이 이어서 준다는 뜻이다. 한 달을 단위로 내주는 급료를 月給(월급)이라고 한다.

供給	공급
補給	보급
需給	수급
급식	給食
기본급	基本給
월급	月給

` ⼃ ㄠ ㄠ 爷 糸 糸 糿 紷 紷 給`

3급 II

주울 습, 열 십

[扌, 6] 총 9획

손[扌]으로 물건을 모아서[合] 줍는다는 뜻이다. 十(열 십)의 갖은자로도 쓰인다. 주워서 얻는 것을 拾得(습득)이라고 한다.

道不拾遺	도불습유
收拾	수습
拾得物	습득물

• 갖은자란, 수를 나타내는 한자 중에 획이 적어서 위조하기 쉬운 것을 복잡하게 나타낸 글자이다.

` 一 十 扌 扌 扒 拎 拾 拾`

3급 II

탑 탑

[土, 10] 총 13획

흙[土]을 높이 쌓은 건축물에 이끼[艹]가 조금 합쳐진[合] 탑의 모습을 나타냈다. 여러 층으로 높고 뾰족하게 세운 건축물을 塔(탑)이라고 하며, 돌을 이용하여 쌓은 탑을 石塔(석탑)이라고 한다.

象牙塔	상아탑
石塔	석탑
屋塔房	옥탑방
鐵塔	철탑

` 一 土 土 圹 圹 圹 圹 圹 塔 塔`

3급 II

질그릇 도

[阜, 8] 총 11획

질그릇은 진흙만으로 구워 만든 그릇이다. 언덕[阝] 위에 흙으로 싸인[勹] 가마굴을 짓고 그 안에서 구운 도자기[缶]는 질그릇이라는 뜻이다.

陶工	도공
陶器	도기
陶藝	도예

• 缶(장군 부)는 배가 불룩하고 목이 좁은 도자기나 그릇의 모양이다.

` ⼃ ⼅ 阝 阝 阫 阫 陶 陶 陶`

4급II

보배 보

[宀, 17] 총 20획

집[宀] 안에 보관한 옥[玉→王]과 도자기[缶]와 돈[貝]은 귀하고 값비싼 보배라는 뜻이다. 귀한 가치가 있는 보배로운 물건을 寶物(보물)이라고 한다.

• 宀(집 면)은 지붕이 씌워진 집을 뜻하는 부수이다.

寶劍	보검
보고	寶庫
보석	寶石
보화	寶貨

宀 宀 宁 宇 宙 宙 寍 寍 寶 寶

3급

흔들 요

[手, 10] 총 13획

손[扌]에 고기[肉→月]가 담긴 그릇[缶]을 들고 양념을 섞기 위해 흔든다는 뜻이다.

• 月(육달월변)은 고기를 썬 조각을 그린 肉(고기 육)의 변형이다.

動搖	동요
搖動	요동
搖亂	요란

扌 扌 扩 扩 扩 护 捽 搖 搖

4급II

노래 요

[言, 10] 총 17획

고기[肉→月]가 담긴 그릇[缶]을 흔들며 기분이 좋아서 흘러 나오는 말[言]인 노래를 뜻한다. 일을 즐겁게 하고 능률을 높이기 위해 부르는 노래를 勞動謠(노동요)라고 한다.

가요	歌謠
노동요	勞動謠
동요	童謠
민요	民謠

亠 亠 言 訁 訡 訡 訡 謡 謡 謠

3급

멀 요

[辵, 10] 총 14획

고기[肉→月]와 그릇[缶]을 사기 위해 시장으로 가는[辶] 길이 멀다는 뜻이다. 까마득히 먼 것을 遙遠(요원)하다고 한다.

• 辶(책받침)은 머리카락을 날리며 걷는 모습을 그린 辵(쉬엄쉬엄 갈 착)의 변형 부수이다.

遙遠	요원

夕 夕 夗 夅 夅 夅 夅 遙 遙 遙

4급II

말 두

[斗, 0] 총 4획

곡식 알갱이[冫]를 됫박[十]에 담아 분량을 헤아릴 때 쓰는 단위인 '말'을 뜻한다. 열 되는 한 말이 되고, 열 말은 한 홉이 된다. 北斗七星(북두칠성)을 뜻하는 '별 이름'으로도 쓰인다.

• 十은 여기서 곡식을 담는 사각형 됫박의 모양을 나타낸다.

泰山北斗	태산북두

丶 亠 二 斗

6급 II

과목 과

[禾, 4] 총 9획

벼[禾]를 등급에 따라 한 말[斗]씩 담아 분류하듯 학문을 구분해 놓은 과목을 뜻한다. 지식의 각 분야를 세분한 교과 영역을 科目(과목)이라고 한다.

과목	科目
과학	科學
치과	齒科

一 二 千 千 禾 禾 禾 科 科

5급

헤아릴 료

[米, 6] 총 10획

쌀[米]을 한 말[斗]씩 담아 양을 헤아린다는 뜻이다.

過怠料	과태료
原稿料	원고료
요금	料金
요리	料理
재료	材料

7급

무거울 중

[里, 2] 총 9획

사람[亻]이 하나[一] 가득 짐[東→里]을 메니 무겁다는 뜻이다. '소중하다, 중요하다'의 뜻으로도 쓰인다. 어떤 물체나 짐의 무게를 荷重(하중)이라고 한다.

• 里(리)는 여기서 자루의 위아래를 묶어 놓은 모양인 東(동)의 변형이다.

愼重	신중
偏重	편중
荷重	하중
중대	重大
중량	重量
중시	重視
중요	重要

一 二 千 千 千 吉 吉 重 重

7급 II

움직일 동

[力, 9] 총 11획

무거운[重] 물건에 힘[力]을 써서 자리를 움직인다는 뜻이다. 크게 느끼어 마음이 움직이는 것을 感動(감동)이라고 한다.

騷動	소동
躍動	약동
감동	感動
동물	動物
자동문	自動門

一 二 千 千 吉 吉 重 重 動 動

5급 II

씨 종

[禾, 9] 총 14획

벼[禾]농사를 짓기 위해 남겨 둔 소중한[重] 씨앗을 뜻한다. 곡식이나 채소 등을 키우기 위해 논밭에 씨를 뿌리는 것을 播種(파종)이라고 한다.

播種	파종
신종	新種
종류	種類
종자	種子
품종	品種

一 二 千 千 禾 禾 秆 稻 稻 種 種

3급Ⅱ

찌를 충

[行, 9] 총 15획

무거운[重] 짐을 들고 가다가[行] 중심을 잃고 남에게 부딪치거나 남을 찌른다는 뜻이다. 서로 정면으로 부딪치거나 맞서는 것을 衝突(충돌)이라고 한다.

• 行(다닐 행)은 사거리를 그린 글자로, 그 길로 다닌다는 뜻이다.

緩衝	완충
衝擊	충격
衝突	충돌

彳 彳 彳 徟 徟 徻 衝 衝 衝 衝

5급

헤아릴 량

[里, 5] 총 12획

됫박[旦]으로 자루[里]에 곡식을 담아서 무게를 헤아린다는 뜻이다.

• 旦(단)은 여기서 사각형 모양의 나무로 만들어진 됫박을 나타내고, 里(리)는 자루의 모양을 나타낸다.

微量	미량
雅量	아량
含量	함량
다량	多量
분량	分量
성량	聲量

口 日 日 旦 昌 昌 昌 量 量 量

4급

양식 량

[米, 12] 총 18획

쌀[米]을 헤아려[量] 담아 놓은 사람의 양식을 뜻한다. 생존에 필요한 사람의 먹을거리를 糧食(양식)이라고 한다.

軍糧米	군량미
糧食	양식
食糧	식량
糧穀	양곡

丶 丷 丷 半 米 籵 籵 粐 糧 糧 糧 糧

4급Ⅱ

두 량

[入, 6] 총 8획

저울추 두 개가 저울의 양쪽에 나란히 매달린 모습을 그린 글자이다. 둘 중에 하나를 고르는 것을 兩者擇一(양자택일)이라고 한다.

兩側	양측
양반	兩班
양분	兩分
양친	兩親

一 「 冂 币 币 币 兩 兩

4급Ⅱ

찰 만

[水, 11] 총 14획

물[氵]이 그릇 위까지 평평하게[㒼] 가득 찼다는 뜻이다. 정한 인원이 차는 것을 滿員(만원)이라고 한다.

• 㒼(평평할 만)은 저울의 양쪽 무게가 같아서 평평한 모습을 나타낸다.

滿了	만료
滿朔	만삭
肥滿	비만
만개	滿開
만원	滿員
만점	滿點
만족	滿足

氵 氵 泸 泸 泸 湍 满 滿 滿 滿

7급II

평평할 평

[干, 2] 총 5획

저울[干]의 양쪽에 올린 두 개[八]의 물건이 균형이 맞아 **평평하다**는 뜻이다. 권리, 의무, 자격 등이 차별 없이 고른 것을 平等(평등)이라고 한다.

• 八(팔)은 여기서 저울 양쪽에 따로 나뉘어 올려진 물건의 모양을 나타낸다.

一 ㄱ 亍 二 平

태평	泰平
평범	平凡
평등	平等
평생	平生
평이	平易
평일	平日

4급

평할 평

[言, 5] 총 12획

말[言]에 공평함[平]을 유지하며 **좋고 나쁨이나 옳고 그름을 평한다**는 뜻이다. 무엇을 批評(비평)할 때에는 좋은 점과 나쁜 점을 잘 분석하여 말해야 한다.

丶 二 宀 亠 言 言 言 評 評 評

만평	漫評
악평	惡評
촌평	寸評
호평	好評

7급II

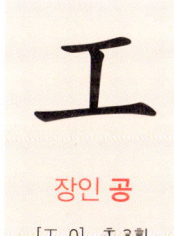

장인 공

[工, 0] 총 3획

손으로 물건을 만드는 일을 업으로 하는 사람을 장인이라고 한다. 이처럼 **물건을 만드는 장인이 사용하는 굽은 자[工]나 도구의 모양을 그린 글자**이다.

一 T 工

공교	工巧
도공	陶工
사공	沙工
공단	工團
공대	工大
공사	工事
공장	工場

4급

칠 공

[攴, 3] 총 7획

전쟁터에서 군인이 손에 도구[工]를 들고 **상대를 치다[攵]**는 뜻이다. 주로 '공격하다'의 의미로 쓰인다. 공격과 수비를 합쳐 攻守(공수)라고 한다.

• 攵(등글월문)은 손에 회초리를 들고 때리는 모습인 攴(칠 복)의 변형 부수이다.

一 T 工 工 攻 攻 攻

공습	攻襲
강공	強攻
공수	攻守
속공	速攻
침공	侵攻

6급II

공 공

[力, 3] 총 5획

도구[工]를 들고 힘써[力] 일하며 세운 업적이나 공을 뜻한다. 반딧불이나 겨울 눈빛에 글을 비추어 읽으며 이룬 공을 螢雪之功(형설지공)이라고 한다.

一 T 工 功 功

형설시공	螢雪之功
공로	功勞
공신	功臣
성공	成功
전공	戰功

3급II

공교할 교

[工, 2] 총 5획

솜씨나 재주가 재치 있고 精巧(정교)한 것을 공교하다고 한다. 장인[工]이 아름다운[丂] 곡선을 정교하게 깎는 재주가 공교하다는 뜻이다.

- 丂(아름다울 교)는 아름다운 곡선의 모습을 나타낸다.

一 丁 工 丂 巧

巧妙	교묘
巧言令色	교언영색
精巧	정교

3급II

貢

바칠 공

[貝, 3] 총 10획

장인[工]이 만든 가치 있는 재물[貝]을 나라에 바친다는 뜻이다. 어떤 일에 힘을 바쳐 도움이 되게 하는 것을 貢獻(공헌)이라고 한다.

一 丁 工 干 于 方 百 盲 貢 貢

貢女	공녀
貢物	공물
貢獻	공헌
朝貢	조공

4급

붉을 홍

[糸, 3] 총 9획

실[糸]에 장인[工]이 입힌 색 중에 중국에서 가장 많이 쓰는 붉은색을 뜻한다. 푸른 잎 가운데 피어 있는 한 송이의 붉은 꽃을 紅一點(홍일점)이라고 한다. 이외에도 붉은색을 뜻하는 한자에는 赤(붉을 적), 朱(붉을 주) 등이 있다.

乙 幺 幺 糸 糸 糸 紅 紅 紅

紅顏	홍안
紅疫	홍역
紅茶	홍차
주홍색	朱紅色
홍일점	紅一點
홍조	紅潮

3급II

항목 항

[頁, 3] 총 12획

머리[頁] 아래에 '공[工]' 자 모양으로 생긴 목덜미를 뜻하다가, 나중에 법률이나 규정 등에서의 낱낱의 항목을 의미하게 된 글자이다.

一 丁 工 丂 巧 巧 項 項 項

事項	사항
條項	조항
項目	항목

6급

법 식

[弋, 3] 총 6획

도구[工]를 이용하여 주살[弋]을 만드는 일정한 방법이나 법칙을 뜻한다. 일정한 절차와 형식이 있는 의식을 나타내는 단어에 주로 쓰인다.

- 弋(주살 익)은 줄이 달린 화살의 모양이다. 戈(창 과)와 모양이 비슷하다.

一 二 于 三 式 式

開幕式	개막식
除幕式	제막식
격식	格式
양식	洋式
정식	定式

4급II

시험 시

[言, 6] 총 13획

말[言]이나 글을 이용하여 정해진 법칙[式]대로 치러지는 시험을 뜻한다. 요즘의 試驗(시험)은 매우 다양한 형태로 이루어진다.

시련	試鍊
고시	考試
시식	試食
시험	試驗

`丶 亠 言 言 言 言 訁 試 試`

6급II

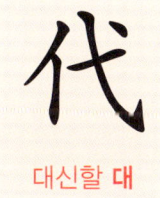

대신할 대

[人, 3] 총 5획

사람[亻]이 주살[弋]을 들고 번갈아 국경을 지키며 서로를 대신한다는 뜻이다. 세월의 흐름에 따라 서로의 위치를 대신하며 살아가는 '世代(세대)'를 뜻하기도 한다.

대역	代役
대체	代替
희대	稀代
교대	交代
시대	時代
역대	歷代

`丿 亻 代 代 代`

3급II

빌릴 대

[貝, 5] 총 12획

대신할[代] 무엇을 건네고 다른 사람에게 돈[貝]이나 물건을 빌린다는 뜻이다. 돈이나 물건을 빌려주거나 빌리는 것을 貸出(대출)이라고 한다.

대금	貸金
대여	貸與
대출	貸出
임대	賃貸

`丿 亻 代 代 代 伐 貸 貸 貸 貸`

4급

클 거

[工, 2] 총 5획

상인이 사용하는 도구[工] 중에 손잡이[ㅋ]가 달린 매우 큰 도구를 그린 글자이다. 臣(신하 신)과 모양이 비슷하다.

거금	巨金
거대	巨大
거부	巨富
거상	巨商
거인	巨人

`一 亅 匚 巨 巨`

4급

막을 거

[手, 5] 총 8획

손[扌]을 크게[巨] 뻗어 상대방을 막는다는 뜻이다. 상대편의 요구나 부탁 등을 받아들이지 않고 막는 것을 拒絶(거절)이라고 한다.

거부	拒否
거역	拒逆
거절	拒絶

`一 亅 才 扌 扩 拒 拒 拒`

3급 II

距

떨어질 **거**

[足, 5] 총 12획

발걸음[足→𧾷]을 크게[巨] 움직이면 발과 발 사이의 간격이 떨어진다는 뜻이다. 두 개의 물건이나 장소가 공간적으로 떨어진 길이를 距離(거리)라고 한다.

距離	거리
短距離	단거리

口 足 足 足 距 距 距 距

잠깐! 성어 공략

*붉은색 글자는 한자능력검정시험 3급에 빈칸 채우기 문제로 출제되었던 한자임.

한자	독음	뜻
青山流水	청산유수	푸른 산에 흐르는 맑은 물. 막힘없이 썩 잘하는 말을 비유.
草綠同色	초록동색	초록색과 풀은 같은 빛깔. 끼리끼리 어울림.
寸鐵殺人	촌철살인	한 치의 쇠붙이로도 사람을 죽일 수 있음. 간단한 말로도 남을 감동하게 하거나 남의 약점을 찌를 수 있음.
忠言逆耳	충언역이	충직한 말은 귀에 거슬림.
取捨選擇	취사선택	여럿 가운데서 쓸 것은 쓰고 버릴 것은 버림.
卓上空論	탁상공론	현실성이 없는 허황한 이론이나 논의.
貪官汚吏	탐관오리	백성의 재물을 탐내어 빼앗는, 행실이 깨끗하지 못한 관리.
泰山北斗	태산북두	태산과 북두칠성처럼 높고 뛰어나 세상 사람들로부터 가장 존경을 받는 사람을 비유.
破顔大笑	파안대소	매우 즐거운 표정으로 활짝 웃음.
八方美人	팔방미인	어느 모로 보나 아름다운 사람. 여러 방면에 능통한 사람을 비유.
飽食暖衣	포식난의	배불리 먹고 따뜻하게 입음. 옷과 음식이 넉넉하게 지냄.
風樹之歎	풍수지탄	효도를 다하지 못한 채 어버이를 여읜 자식의 슬픔.
風前燈火	풍전등화	바람 앞의 등불. 사물이 매우 위태로운 처지에 놓여 있음을 비유.
必有曲折	필유곡절	반드시 무슨 까닭이 있음.
他山之石	타산지석	다른 산의 나쁜 돌이라도 자신의 산의 옥돌을 가는 데에 쓸 수 있음. 본이 되지 않은 남의 말이나 행동도 자신을 수양하는 데에 도움이 될 수 있음을 비유.

抱腹絶倒 포복절도

배를 그러안고 넘어질 정도로 몹시 심하게 웃음.

27일째 의복

스마트 한자 암기 프로그램

6급

옷 의
[衣, 0] 총 6획

윗옷으로 입는 저고리 모양을 그린 글자이다. 윗옷인 저고리와 아래옷인 치마를 일러 衣裳(의상)이라고 한다.

• 衣(옷 의)의 변형 부수로는 衤(옷의변)이 있다.

`一ナオ衣衣

囚衣	수의
壽衣	수의
衣裳	의상
의류	衣類
의식주	衣食住

4급

의지할 의
[人, 6] 총 8획

사람[亻]이 몸을 보호하기 위해 옷[衣]에 의지한다는 뜻이다. 다른 것에 몸이나 마음을 기대어 도움을 받는 것을 依支(의지)라고 한다.

ノイイ个伫伫依依

依賴	의뢰
의거	依據
의존	依存
의지	依支

3급 II

슬플 애
[口, 6] 총 9획

옷[衣]으로 눈물을 닦고 입[口]으로 소리 내어 우니 슬프다는 뜻이다. 마음을 서글프게 하는 슬픈 근심을 哀愁(애수)라고 한다.

`亠亠宀宁宁亨享哀

哀愁	애수
哀切	애절
哀痛	애통

3급 II

쇠할 쇠
[衣, 4] 총 10획

힘이나 세력이 점점 줄어서 약해지는 것을 쇠한다고 한다. 옷[衣] 중에 짚을 엮어[丑] 만든 우비인 도롱이는 비를 맞으면 초췌해져서 모양이 쇠한다는 뜻이다. 늙어서 쇠약한 것을 老衰(노쇠)라고 한다.

• 丑은 여기서 짚이 가로세로로 엮인 모양을 나타낸다.

`亠亠宁宣宙车衰衰

老衰	노쇠
衰弱	쇠약
衰退	쇠퇴
興亡盛衰	흥망성쇠

6급II

表

겉 **표**

[衣, 2] 총 8획

동물의 털[毛→龶]로 만든 옷[衣]은 털이 있는 쪽이 겉이라는 뜻이다. 겉으로 드러나는 언행과 속으로 가지는 생각이 같지 않은 것을 表裏不同(표리부동)이라고 한다.

一 二 キ 主 쿀 丰 耒 表

徵表	징표
表裏不同	표리부동
대표	代表
사표	辭表
표피	表皮

3급II

裏

속 **리**

[衣, 7] 총 13획

마을[里]의 안에서 사람들이 옷[衣]을 입고 다닌다는 의미에서 '속, 안'이라는 뜻이다. 물건의 속이나 내부를 의미한다.

丶 亠 亠 宀 宀 宀 古 亩 帝 重 裏

腦裏	뇌리
裏面	이면
表裏不同	표리부동

6급

遠

멀 **원**

[辶, 10] 총 14획

치렁치렁[袁]하게 긴 옷을 입고 가니[辶] 걸음이 드디어 길이 멀다는 뜻이다.

• 袁(옷 길 원)은 옷이 길게 치렁치렁한 모습을 그린 한자이다.

土 吉 圭 幸 袁 袁 遠 遠 遠

久遠	구원
疏遠	소원
遠征	원정
영원	永遠
원시	遠視
원심력	遠心力

6급

園

동산 **원**

[口, 10] 총 13획

울타리[口] 안에 채소니 과일이 치렁치렁[袁] 열려 있는 동산을 뜻한다. 과실나무를 심은 동산을 果樹園(과수원)이라 하고, 어린이의 교육 시설로 지은 동산을 幼稚園(유치원)이라 한다.

• 口(에울 위)는 사방이 울타리처럼 둘러싸인 모양이다.

冂 冂 門 門 周 周 園 園 園

幼稚園	유치원
莊園	장원
공원	公園
낙원	樂園

3급II

還

돌아올 **환**

[辶, 13] 총 17획

가던[辶] 길을 멈추고 놀란 눈[睘]을 하여 돌아온다는 뜻이다. 죽은 사람이 다시 살아 돌아오는 것을 還生(환생)이라고 한다.

• 睘(놀라서 볼 경)은 놀란 눈으로 입을 벌린 채 쳐다보는 사람의 모습이다.

冂 皿 罒 罒 罘 罘 罴 睘 還

歸還	귀환
召還	소환
送還	송환
還拂	환불
還生	환생

4급

고리 환

[玉, 13] 총 17획

옥[玉→玉]이나 놀란 눈[罒]처럼 둥근 고리를 뜻한다. 고리처럼 계속 되풀이하여 도는 것을 循環(순환)이라고 한다.

循環	순환
惡循環	악순환
환경	環境

3급II

품을 회

[心, 16] 총 19획

마음[忄]속에 어떤 감정을 싸안아 품는다[褱]는 뜻이다. 옛 자취를 돌이켜 머릿속에 품는 것을 懷古(회고)라고 한다.

• 褱(품을 회)는 옷[衣]으로 눈[目→罒]에서 흐르는 눈물[氺]을 품는다는 뜻이다.

感懷	감회
懷古	회고
懷疑	회의
懷抱	회포

3급II

무너질 괴

[土, 16] 총 19획

흙[土]이 사람까지 품어[褱] 삼킬 정도로 와르르 무너진다는 뜻이다. 무너지고 깨어지는 것을 崩壞(붕괴)라고 한다.

壞滅	괴멸
崩壞	붕괴
破壞	파괴

3급II

흙덩이 양

[土, 17] 총 20획

흙[土] 중에 농사에 도움[襄]이 되는 부드러운 흙덩이를 뜻한다. 비옥한 土壤(토양)에서 좋은 수확물을 얻을 수 있다.

• 襄(도울 양)은 옷[衣]을 걷어붙인 여러 사람[口口]이 흙 쌓는[井] 일을 돕는다는 뜻이다.

| 天壤之差 | 천양지차 |
| 土壤 | 토양 |

3급II

사양할 양

[言, 17] 총 24획

정중한 말[言]로 도움[襄]을 사양한다는 뜻이다. 辭讓(사양)이란, 예(禮)에서 우러나오는 마음이라고 한다.

分讓	분양
辭讓	사양
讓步	양보
讓位	양위
移讓	이양

4급II

구할 **구**

[水, 2] 총 7획

동물의 털가죽으로 만든 옷[求]을 사람들이 귀하게 여겨 구한다는 뜻이다. 직업을 구하는 것을 求職(구직)이라고 한다.

求乞	구걸
促求	촉구
追求	추구
구애	求愛
언목구어	緣木求魚

一 十 十 寸 求 求 求

6급II

공 **구**

[玉, 7] 총 11획

옥[玉→王]처럼 둥근 모양을 구하여[求] 차거나 굴릴 수 있게 만든 공을 뜻한다. 공을 사용하여 재주를 겨루는 운동 경기를 球技(구기)라고 한다.

排球	배구
야구	野球
전구	電球
지구	地球

二 F 王 王⁻ 王⁺ 坪 球 球 球

5급

구원할 **구**

[攴, 7] 총 11획

어려움에 빠진 사람을 구하는 것을 救援(구원)이라고 한다. 위험에 빠진 사람을 구하기[求] 위해 손에 막대기[攵]를 들고 끌어당겨서 구원한다는 뜻이다.

● 攵(등글월문)은 여기서 손에 막대기를 들고 내미는 모습을 나타낸다.

구국	救國
구원	救援
구제	救濟

一 十 寸 寸 求 求 求 救 救

4급II

절제할 **제**

[刀, 6] 총 8획

제멋대로 뻗은 나뭇가지[朱]를 칼[刂]로 쳐내듯 지나친 마음을 쳐내며 절제한다는 뜻이다. '마름질하다, 만들다' 등의 뜻으로도 쓰인다. 규칙 등으로 일정한 한도를 넘지 못하게 막는 것을 規制(규제)라고 한다.

● 朱는 나뭇가지가 사방으로 뻗은 모양이다.

抑制	억제
制御	제어
制裁	제재
규제	規制
제도	制度
체제	體制

丿 卜 ヒ 느 朱 朱 制 制

4급II

지을 **제**

[衣, 8] 총 14획

옷감[衣]을 치수에 알맞게 마름질하여[制] 옷을 짓는다는 뜻이다. 制(절제할 제)는 추상적인 制作(제작)을, 製(만들 제)는 구체적인 제조나 製作(제작)을 의미할 때 쓰인다.

製糖	제당
製鍊所	제련소
제조	製造
제지	製紙
제철	製鐵

ト ヒ 느 朱 制 製 製 製 製

6급II

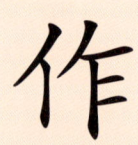

지을 작

[人, 5] 총 7획

사람[亻]이 도구를 가지고 잠깐[乍] 사이에 옷을 짓는다는 뜻이다.

• 乍(잠깐 사)는 옷깃에 한 땀씩 바느질한 모습으로, 한 땀을 뜨는 '잠깐'을 의미한다.

丿 亻 亻 亻 作 作 作

作詞	작사
著作權	저작권
拙作	졸작
作文	作文
작별	作別
작성	作成

6급II

어제 작

[日, 5] 총 9획

해[日]가 잠깐[乍] 사이에 떴다가 지며 지나가 버린 어제를 뜻한다. 지난해를 昨年(작년)이라고 한다.

丨 冂 日 日 日' 昨 昨 昨 昨

| 작금 | 昨今 |
| 작년 | 昨年 |

3급

속일 사

[言, 5] 총 12획

말[言]을 잠깐[乍] 사이에 바꾸며 남을 속인다는 뜻이다. 나쁜 꾀로 남을 속이는 것을 詐欺(사기)라고 한다.

丶 亠 亍 言 言 言 訐 訐 詐 詐

| 詐欺 | 사기 |
| 詐稱 | 사칭 |

3급

속일 기

[欠, 8] 총 12획

상대가 말하는 그것[其]에 대해 모자란[欠] 지식으로 거짓되게 속인다는 뜻이다.

• 其(그 기)는 가리키고자 하는 '그것'을 나타내는 지시 대명사이다. 欠(하품 흠)은 '하품'이라는 뜻 외에 '모자라다, 흠, 결함'이라는 뜻도 있다.

一 十 卄 廿 甘 其 其 欺 欺 欺

| 欺罔 | 기망 |
| 詐欺 | 사기 |

3급II

옷 마를 재

[衣, 6] 총 12획

옷감[衣]을 치수에 맞게 끊으며[𢦏] 마름질한다는 뜻이다.

• 𢦏(끊을 재)는 흙[土]을 창[戈]으로 파헤쳐 길을 끊는 모습이다.

土 十 土 𠂇 圥 表 表 裁 裁 裁

決裁	결재
獨裁	독재
裁量	재량
裁判	재판

3급II

심을 **재**

[木, 6] 총 10획

자라는 나무[木]의 일부를 끊어[𢦏] 새로 심는다는 뜻이다.

栽培　재배

ー ＋ 土 坴 圭 丰 栽 栽 栽 栽

3급II

실을 **재**

[車, 6] 총 13획

수레[車]의 공간을 알맞게 끊어[𢦏] 가며 물건을 싣는다는 뜻이다. 나중에 세월을 끊는 단위인 '해, 년'이라는 의미로도 쓰였다.

記載　기재
積載　적재
千載一遇　천재일우

ー ＋ 土 圭 吉 責 車 軏 載 載

3급

어조사 **재**

[口, 6] 총 9획

입[口]에서 말이 끊기는[𢦏] 마지막에 나오는 의문과 감탄의 어조사이다.

哀哉　애재
嗚呼痛哉　오호통재
快哉　쾌재

ー ＋ 土 圭 吉 吉 哉 哉 哉

4급II

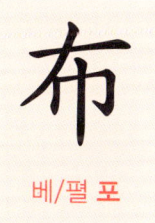

베/펼 **포**

[巾, 2] 총 5획

손[ナ→ナ]으로 베[巾]를 잡고 넓게 편다는 뜻이다.

• 巾(수건 건)은 줄에 천이 걸린 모습으로, '천, 비단, 헝겊' 등과 관계있다.

濕布　습포
분포　分布
유포　流布
포목　布木
포의　布衣

ノ ナ 才 右 布

4급II

바랄 **희**

[巾, 4] 총 7획

여름철에는 사람들이 성글게 짠[爻→爻] 베옷[巾]을 입기를 바란다는 뜻이다. 希望(희망)이 참으로 소박하다.

• 爻는 여기서 직물의 조직이 성근 모양이다.

希求　희구
希望　희망

ノ ㄨ ㄨ 产 产 希 希

3급II

드물 희

[禾, 7] 총 12획

벼[禾]농사가 바라는[希] 만큼 잘 되는 해는 드물다는 뜻이다. 드물어서 특이하거나 매우 귀한 것을 稀貴(희귀)하다고 한다.

古稀	고희
稀貴	희귀
稀代	희대
稀少性	희소성

⌒ ⼆ 千 禾 禾 禾' 禾´ 秆 秲 稀 稀

7급II

시장 시

[巾, 2] 총 5획

언덕 위에 깃대[亠]와 깃발[巾]을 세우고 열어 놓은 시장을 뜻한다. 市場(시장)은 여러 가지 상품을 사고 파는 장소이다.

市井雜輩	시정잡배
市販	시판
도시	都市
시립	市立
시장	市場

、 亠 宀 亣 市

3급II

삼 마

[麻, 0] 총 11획

집[广] 안에 삼[𣏟]의 껍질을 벗겨 걸어 놓은 모습이다. 삼 껍질에서 뽑아낸 실로 짠 천을 삼베라고 한다.

• 广(집 엄)은 집의 지붕을 그린 모양이다.

| 麻衣 | 마의 |

⌒ 广 广 广 庁 庄 庐 庐 庥 麻 麻

3급II

갈 마

[石, 11] 총 16획

삼[麻]의 껍질을 벗기기 위해 돌[石]에 문질러 부드럽게 간다는 뜻이다. 돌이나 고체를 갈고닦는 것 또는 학문이나 기술을 갈고 닦는 것을 硏磨(연마)라고 한다.

達磨大師	달마대사
磨滅	마멸
硏磨	연마

、 亠 广 广 麻 麻 麼 麿 磨 磨

4급

실 사

[糸, 6] 총 12획

누에고치에서 뽑은 긴 명주실을 쓰기 편하도록 뭉쳐서 꼬아 놓은 모습이다. 실이나 끈을 의미한다.

• 絲(실 사)가 부수로 쓰일 때에는 糸의 형태로 쓰인다.

絹絲	견사
綿絲	면사
원사	原絲
일사불란	一絲不亂
철사	鐵絲

ㄥ ㄠ ㄠ 幺 爷 糸 糸' 糸´ 紗 絲 絲 絲

4급II	 본디/흴 **소** [糸, 4] 총 10획	뽑아서 널어놓은[ㅌ] 실[糸]의 본디 색은 희다는 뜻이다. 흰색처럼 순수하고 '素朴(소박)하다'라는 뜻으로도 쓰인다. • ㅌ은 줄에 실을 널어놓은 모습이다. 一 = ㅌ 主 丰 叀 叀 素 素 素	검소 독소 소박 소복 활력소	儉素 毒素 素朴 素服 活力素
3급II	 찾을 **색** [糸, 4] 총 10획	여러[十] 번 꼬인[冖] 굵은 밧줄[糸]을 타고 내려가 깊은 곳의 물건을 찾는다는 뜻이다. 一 十 十 冘 宂 宏 宏 宏 索 索	檢索 思索 索出 搜索 探索	검색 사색 색출 수색 탐색
3급II	 여러/포갤 **루** [糸, 5] 총 11획	물건[田]을 줄[糸]로 꽁꽁 싸서 여러 개 포갠다는 뜻이다. 포개어 여러 번 쌓는 것을 累積(누적)이라고 한다. • 田은 여기서 줄로 묶어 놓은 물건의 모양을 나타낸다.  丨 冂 日 田 田 甲 罗 罗 累 累 累	累計 累積 累進稅 連累	누계 누적 누진세 연루
3급	 비단 **견** [糸, 7] 총 13획	작은 벌레[肙]인 누에에서 뽑은 실[糸]로 짠 비단을 뜻한다. • 肙(작은 벌레 연)은 작은 입[口]과 몸[月]을 가진 애벌레류를 나타낸다. ㄴ ㄠ ㄠ 幺 糸 糸 糽 絽 絹 絹	絹絲 絹織物 人造絹	견사 견직물 인조견
3급II	 비단 **금** [金, 8] 총 16획	황금[金]처럼 반짝이는 비단[帛]을 뜻한다. 비단 위에 꽃을 더한다는 뜻으로, 좋은 일 위에 또 좋은 일이 더하여지는 것을 비유하여 錦上添花(금상첨화)라고 한다. • 帛(비단 백)은 희고[白] 깨끗한 천[巾]인 비단을 뜻한다. 人 ㅅ 牟 亼 金 金' 鈤 鉑 錦 錦	錦上添花 錦衣夜行	금상첨화 금의야행

3급II

솜 면

[糸, 8] 총 14획

실뭉치[糸]처럼 뭉쳐져서 비단[帛]처럼 부드러운 감촉을 지닌 솜을 뜻한다. 다른 것이 전혀 섞여 있지 않은 면을 純綿(순면)이라고 한다.

綿密	면밀
綿絲	면사
石綿	석면
純綿	순면

` 幺 幺 糸 糸 糸' 絈 綿 綿 綿`

3급II

濕

젖을 습

[水, 14] 총 17획

밝은[㬎] 볕에 잘 마른 실뭉치를 물[氵]에 담그면 젖는다는 뜻이다. 공기 중에 포함된 수증기 때문에 공기가 젖어 있는 정도를 濕度(습도)라고 한다.

• 㬎(밝을 현)은 볕[日]을 받은 실뭉치[糸糸→絲]에 빛이 반사되어 밝다는 뜻이다.

濕氣	습기
濕度	습도
濕地	습지
除濕	제습

`氵 氵 沪 沪 浔 㴋 湿 濕 濕 濕`

4급

나타날 현

[頁, 14] 총 23획

머리[頁]에 꽂은 장식이 빛을 받아 밝게[㬎] 나타난다는 뜻이다. '돌아가신 부모님'을 뜻하기도 한다. 작은 물체나 물질을 크게 나타나게 해서 보는 기구를 顯微鏡(현미경)이라고 한다.

顯微鏡	현미경
顯著	현저
현고	顯考
현달	顯達
현충일	顯忠日

`日 日 昻 㬎 㬎 㬎' 顕 顯 顯 顯`

4급II

깨끗할 결

[水, 12] 총 15획

무성한[丰] 실[糸]을 칼[刀]로 잘라 물[氵]에 씻어내니 가지런하고 깨끗하다는 뜻이다. 깨끗하지 않고 더러운 것을 不潔(불결)하다고 한다.

• 丰(무성할 봉)은 여기서 실이 무성하게 뒤섞인 모습을 나타낸다.

淨潔	정결
결백	潔白
불결	不潔
순결	純潔

`氵 氵 汢 浐 浐 浐 潔 潔 潔 潔`

3급II

맺을 계

[大, 6] 총 9획

나무판에 금[丰]을 칼[刀]로 크게[大] 새기며 약속을 맺는다는 뜻이다. 사람 사이에서 서로 지켜야 할 의무에 대해 글이나 말로 맺는 약속을 契約(계약)이라고 한다.

• 丰(무성할 봉)은 여기서 금을 그어 표시한 모양을 나타낸다.

契約	계약
契員	계원
默契	묵계

`一 二 三 丰 刲 却 契 契 契`

6급

푸를 록

[糸, 8] 총 14획

실[糸]에 나무껍질을 깎은[彔] 물을 입히면 색이 푸르다는 뜻이다. 푸른 풀과 나무는 草綠色(초록색)을 띤다.

• 彔(나무 깎을 록)은 손[ᅩ→ᄂ]으로 나무를 흠집 내어 물[水]이 나오도록 껍질을 깎는다는 뜻이다.

幺 糸 糸 糸 糸 糸 糸 糸 綠 綠

綠衣紅裳	녹의홍상
綠茶	녹차
녹색	綠色
신록	新綠
초록동색	草綠同色

4급II

기록할 록

[金, 8] 총 16획

쇠[金] 도구로 나무를 깎아서[彔] 내용을 기록한다는 뜻이다. 소리를 기록하는 것을 錄音(녹음)이라고 한다.

丿 스 수 余 金 金 金 釒 錄 錄

芳名錄	방명록
備忘錄	비망록
녹음	錄音
녹화	錄畫
등록	登錄

3급II

녹 록

[示, 8] 총 13획

나라에서 관리에게 주는 급료를 祿(녹)이라고 한다. 그래서 신[示]께 나랏일을 한다고 올린 명단에 이름이 새겨진[彔] 관리가 받는 녹을 뜻한다.

• 示(보일 시)는 제사 지내는 단을 그린 글자로, 조상이나 신과 관계있다.

二 T 于 示 示 示 祁 祁 祿

| 國祿 | 국록 |
| 福祿 | 복록 |

4급

인연 연

[糸, 9] 총 15획

풀어진 치맛단을 실[糸]로 둘러[彖] 꿰매듯 사람들 사이를 꿰매어 놓은 인연을 뜻한다. 사람들 사이에 맺어지는 관계를 因緣(인연)이라고 한다.

• 彖(돌 시)는 돼지가 사방을 빙글빙글 돌아다니는 모습이다.

幺 糸 糸 糸 糸 糸 綠 綠 緣 緣

결연	結緣
악연	惡緣
연목구어	緣木求魚
인연	因緣

4급

이어 맬 계

[糸, 1] 총 7획

삐쳐[丿] 있는 실[糸]의 끝이 다른 실에 닿도록 이어 맨다는 뜻이다. 실처럼 이어진 '계통, 혈통'을 뜻하기도 한다.

丶 丿 乙 爫 至 系 系

系譜	계보
傍系	방계
계열	系列
계통	系統
부계	父系

4급II

맬 계

[人, 7] 총 9획

사람들[亻]이 서로의 인연을 이으며[系] 관계를 엮어 맨다는 뜻이다. 중국은 사람 사이의 모든 관계를 중요시하는 關係(관계) 문화가 발달해 있다.

係累	계루
계원	係員
계장	係長
관계	關係

丿 亻 亻 亻 伝 伝 係 係 係

6급

손자 손

[子, 7] 총 10획

결혼한 아들[子]에게서 태어나 집안의 대를 이어받을[系] 자손이나 손자를 뜻한다. 아들의 손자는 曾孫(증손)이라고 한다.

曾孫	증손
손자	孫子
외손	外孫
후손	後孫

丁 了 孑 孑 孖 孖 孫 孫 孫

3급

고을 현

[糸, 10] 총 16획

옛날에는 백성이 경각심을 갖도록 죄수의 머리를 베어 마을 입구에 매달아 두었다. 이처럼 죄수의 머리를 거꾸로 매달아[県] 묶어[系] 둔 고을 입구의 모습에서 '고을'을 의미하게 되었다.

• 県(매달 현)은 首(머리 수)를 거꾸로 매달아 놓은 모습이다.

| 縣監 | 현감 |
| 縣令 | 현령 |

日 且 旦 県 県 県 県 縣 縣

3급II

매달 현

[心, 16] 총 20획

고을[縣] 사람들의 마음[心]에 경각심이 생기도록 죄수의 목을 베어 매단다는 뜻이다. 선전이나 구호를 적어서 매달아 놓은 막을 懸垂幕(현수막)이라고 한다.

懸賞金	현상금
懸垂幕	현수막
懸案	현안
懸板	현판

日 且 県 県 県 縣 縣 懸 懸 懸

3급II

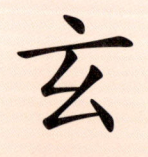

검을 현

[玄, 0] 총 5획

손[亠]에 가는[幺] 실타래를 들고 물들인 색이 검다는 뜻이다. 검은색을 뜻하는 글자로는 黑(검을 흑)도 있다.

• 幺(작을 요)는 가늘게 꼬인 실의 모양이다.

天地玄黃	천지현황
玄米	현미
玄孫	현손

丶 亠 亠 玄 玄

3급Ⅱ

비율 률,
거느릴 솔

[玄, 6] 총 11획

손[亠]에 그물줄[幺]을 길게[十] 늘어뜨려 잡고 양쪽[冫ㄑ]에서 끌며 거느린다는 뜻이다. 이때 그물의 양쪽이 대칭을 이룬다는 의미에서 '비율 률'로도 쓰인다.

• 十(십)은 여기서 그물줄이 길게 늘어진 모양이다.

亠 亠 亠 玄 玄 玄 玄 率 率 率 率

比率	비율
勝率	승률
引率	인솔
打率	타율
統率力	통솔력

3급

이 자

[玄, 5] 총 10획

양쪽 손에 든 검은 실[玄玄→茲]처럼 가까운 것을 가리킬 때 하는 말인 '이, 이것'을 뜻한다. '검다'라는 뜻으로도 쓰인다.

丶 亠 亠 玄 玄 玄' 茲 茲 茲 茲

3급Ⅱ

사랑 자

[心, 10] 총 14획

부모가 자식을 품고 이[茲] 마음[心], 저 마음을 다 내주는 사랑을 뜻한다. 자식은 부모에게 孝道(효도)하고, 부모는 자식에게 慈愛(자애)를 베풀면 가정이 화목하다.

丶 亠 亠 玄 玄 茲 茲 慈 慈 慈

仁慈	인자
慈悲	자비
慈善	자선

4급Ⅱ

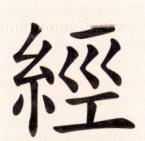

지날/글 경

[糸, 7] 총 13획

실[糸] 줄에 베틀에 세로로 걸린 날실[巠] 위로 북이 지난다는 뜻이다. 세로로 써 내려가는 '글'을 뜻하기도 한다. 緯(씨 위)와 뜻이 반대이다.

• 巠(물줄기 경)은 여기서 베틀에 물줄기처럼 세로로 걸린 날실을 의미한다.

纟 纟 纟 糸 糸 紅 經 經 經 經

經緯	경위
經穴	경혈
金剛經	금강경
경력	經歷
경세제민	經世濟民
경영	經營
경전	經典

5급

가벼울 경

[車, 7] 총 14획

수레[車]가 베틀의 세로줄[巠]처럼 빠르게 나가니 가볍다는 뜻이다. 가벼움과 무거움을 輕重(경중)이라고 한다.

一 亻 亻 亘 車 車 軒 輕 輕 輕

輕妄	경망
輕微	경미
輕薄	경박
경상	輕傷
경시	輕視
경중	輕重
경쾌	輕快

3급 II

徑 지름길 경

[彳, 7] 총 10획

길[彳]을 베틀의 세로줄[巠]처럼 빠르게 가로질러 갈 수 있는 지름길을 뜻한다.

• 彳(조금 걸을 척)은 사거리를 그린 行(다닐 행)의 일부분으로, 길을 걷는 것과 관계있다.

丶 彡 彳 彳 彳 彳 彳 彳 彳 徑

| 半徑 | 반경 |
| 直徑 | 직경 |

4급 II

斷 끊을 단

[斤, 14] 총 18획

베틀[𢇍]에 걸린 실을 도끼[斤]처럼 날카로운 도구로 끊는다는 뜻이다. 동강이 나게 끊어 나누는 것을 分斷(분단)이라고 한다.

• 𢇍(이을 계)는 가는 실이 베틀에 층층이 이어져 있는 모양이다.

乚 𢆶 𢆶 𢇍 𢇍 𢇍 𢇍 斷 斷 斷

優柔不斷	우유부단
裁斷	재단
단념	斷念
단면	斷面
단전	斷電
분단	分斷

4급

繼 이을 계

[糸, 14] 총 20획

베틀[𢇍]에 걸린 실[糸]이 끊어지면 다시 잇는다는 뜻이다. 이어달리기를 繼走(계주)라고 한다.

幺 幺 幺 糸 糸 糸 糸 糸 繼 繼

계승	繼承
계주	繼走
인계	引繼
중계	中繼

3급

幾 몇 기

[幺, 9] 총 12획

베틀에 걸린 실[糸糸→幺幺]에 사람[人]이 북[戈]을 움직이며 짠 직물의 양이 몇이냐는 뜻이다. '얼마, 몇'이라는 뜻으로 쓰인다.

• 戈(창 과)는 여기서 베틀의 날실 사이를 왔다 갔다 하며 씨실을 푸는 북을 나타낸다.

丶 幺 幺 幺 幺 幺 幺 幾 幾 幾

| 幾百 | 기백 |
| 幾何 | 기하 |

4급

機 틀 기

[木, 12] 총 16획

나무[木]로 만들어진 베틀[幾]처럼 물건을 만드는 기계나 틀을 의미한다. '기회, 때(시기), 기교' 등의 뜻으로도 쓰인다. 위험한 고비나 시기를 危機(위기)라고 한다.

一 十 木 木 机 枕 桃 椎 機 機

機微	기미
臨機應變	임기응변
기회	機會
동기	動機
위기	危機

3급 II

경기 기

[田, 10] 총 15획

수도에서 얼마[幾] 떨어지지 않은 곳에 있는 지방 마을과 밭[田]인 경기를 뜻한다. 주로 수도에서 오백 리 이내의 땅을 의미한다.

| 京畿道 | 경기도 |
| 畿內 | 기내 |

4급 II

띠 대

[巾, 8] 총 11획

옛날에 지위가 높은 사람의 허리에 두른 화려한 장식의 띠를 그린 글자이다.

帶劍	대검
携帶	휴대
성대	聲帶
일대	一帶
지대	地帶

3급 II

막힐 체

[水, 11] 총 14획

물길[氵]의 중간에 띠[帶]가 형성되어 있어 흐름이 막힌다는 뜻이다. 음식의 소화가 막히거나 길이 막히는 증상을 滯症(체증)이라고 한다.

急滯	급체
延滯	연체
停滯	정체
滯拂	체불
滯症	체증

주거 ₁

스마트
한자 암기
프로그램

8급

門
문 문
[門, 0] 총 8획

두 개의 문짝[門]으로 이루어진 문의 모양을 그린 글자이다. 주로 큰 집의 대문을 의미한다. 학교의 문을 校門(교문)이라고 한다.

관문	關門
교문	校門
명문	名門
문하생	門下生
전문가	專門家

丨 冂 冂 冂 門 門 門 門

7급

問
물을 문
[口, 8] 총 11획

대문[門] 앞에서 궁금한 점을 입[口]으로 묻는다는 뜻이다.

問喪	문상
審問	심문
愚問賢答	우문현답
문안	問安
위문	慰問
의문	疑問

丨 冂 冂 冂 冂 門 門 門 問 問

6급 II

聞
들을 문
[耳, 8] 총 14획

문[門]에 귀[耳]를 대고 안에서 나는 소리를 듣는다는 뜻이다. 사람들 입에 오르내려 전해 들리는 바를 所聞(소문)이라고 한다.

申聞鼓	신문고
醜聞	추문
신문	新聞
후문	後聞

丨 冂 冂 門 門 門 門 門 聞 聞

4급

閑
한가할 한
[門, 4] 총 12획

문[門] 안에 있는 나무[木] 그늘에서 시간을 보내니 한가하다는 뜻이다. 바쁜 가운데 잠깐 얻어 낸 한가함을 忙中閑(망중한)이라고 한다.

忙中閑	망중한
閑寂	한적
농한기	農閑期
한가	閑暇
한산	閑散

丨 冂 冂 冂 門 門 門 閑 閑 閑

憫

불쌍히 여길 민

[心, 12] 총 15획

초상 당한 사람을 위문하며[閔] 슬픈 마음[忄]으로 불쌍히 여긴다는 뜻이다. 불쌍하고 가련하게 여기는 것을 憐憫(연민)이라고 한다.

- 閔(위문할 민)은 상갓집에 찾아가 문 앞에서 위문한다는 뜻이다.

丶 丶 忄 忄 忄 忄門 忄門 忄閂 憫 憫

| 憐憫 | 연민 |

開

열 개

[門, 4] 총 12획

대문[門]의 빗장[一]을 양손[ᅣᅥ→廾]으로 들어 문을 연다는 뜻이다. 나중에 '꽃이 피다, 개척하다, 시작하다' 등의 뜻도 나왔다. 꽃이 피는 것을 開花(개화)라고 한다.

丨 丨 冂 冂 門 門 門 開 開 開

개척	開拓
개발	開發
개방	開放
개시	開始
개화	開花

閉

닫을 폐

[門, 3] 총 11획

대문[門]에 빗장[才]을 걸어 닫는다는 뜻이다. 행사가 끝나고 막을 내리는 것을 閉幕(폐막)이라고 한다.

- 才(재주 재)는 여기서 문을 가로질러 잠그는 빗장의 모양을 나타낸다.

丨 丨 冂 冂 門 門 門 閂 閉 閉

유폐	幽閉
폐막	閉幕
폐쇄	閉鎖
폐강	閉講
폐업	閉業
폐점	閉店

關

빗장 관

[門, 11] 총 19획

양쪽 문[門] 사이를 실[糸糸→幺幺]로 묶듯 잠기 놓은 빗장[ᅣᅥ]을 뜻한다. 둘 이상을 연결한다는 의미에서 '關係(관계)하다'의 뜻으로도 쓰인다.

- ᅣᅥ은 대문 사이에 걸린 빗장의 모양을 나타낸다.

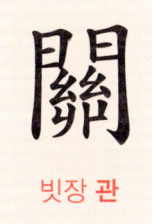

門 門 門 閂 閂 閂 關 關 關 關

관련	關聯
관세	關稅
상관	相關
세관	稅關
통관	通關

聯

이을 련

[耳, 11] 총 17획

귀[耳]와 귀 사이를 뺨이 실[絲]처럼 잇는다는 뜻이다.

一 丆 巨 耳 聯 聯 聯 聯

관련	關聯
연방국	聯邦國
연합	聯合
연락	聯絡
연맹	聯盟

7급II

사이 간
[門, 4] 총 12획

문[門] 안쪽으로 해[日]가 들어오도록 벌어진 틈이나 사이를 뜻한다. 끼니와 끼니 사이에 먹는 음식을 間食(간식)이라고 한다.

眉間	미간
瞬間	순간
巷間	항간
간식	間食
공간	空間
인간	人間

丨 冂 冃 冃 門 門 門 問 問 間

4급

대쪽/간략할 간
[竹, 12] 총 18획

대나무[竹] 사이사이[間]를 쪼갠 대쪽을 뜻한다. 옛날에는 종이 대신 대쪽에 문자를 간략히 기록했다는 의미에서 '간략하다'는 뜻도 있다.

簡易驛	간이역
간단	簡單
간략	簡略
간소	簡素
간편	簡便

丿 𠂉 𥫗 𥫗 𥫗 𥫗 簡 簡 簡 簡

3급

윤달 윤
[門, 4] 총 12획

지구의 공전 주기와 달력의 시간을 맞추기 위해 몇 년에 한 번씩 더해진 달을 윤달이라고 한다. 이때는 사람들이 행동을 삼갔다. 이처럼 문[門] 안에 왕[王]이 들어앉아 출입과 몸가짐을 삼가는 시기인 윤달을 뜻한다.

| 閏年 | 윤년 |
| 閏月 | 윤월 |

丨 冂 冃 冃 門 門 門 閏 閏 閏

3급II

윤택할 윤
[水, 12] 총 15획

윤달[閏]에 비가 내려 물[氵]이 불어나니 대지가 촉촉하고 윤택하다는 뜻이다. 반질반질하고 윤택한 기운을 潤氣(윤기)라고 한다.

潤氣	윤기
潤澤	윤택
利潤	이윤

氵 氵 氵 氵 氵 氵 潤 潤 潤 潤

4급II

집 호
[戶, 0] 총 4획

한쪽 문짝[戶]이 달린 서민들의 작은 집을 뜻한다. '문'을 뜻하기도 한다.

| 가가호호 | 家家戶戶 |
| 호주 | 戶主 |

丶 冫 彐 戶

4급II

방 **방**

[戶, 4] 총 8획

집집이[戶] 네모[方]로 만들어진 방을 뜻한다. 손님을 접대하는 방을 舍廊房(사랑방)이라고 한다.

• 方(모 방)은 쟁기[方]로 반듯하게 갈아 놓은 각진 사방을 뜻한다.

丶 亠 冫 戶 戶 戶 房 房

茶房	다방
舍廊房	사랑방
감방	監房
문방사우	文房四友

7급

바 **소**

[戶, 4] 총 8획

집[戶] 안에 도끼[斤]를 두는 '곳(장소)' 또는 '앞서 말한 바'를 뜻한다. 所(소)가 앞에 오면 주로 '~하는 바'라고 풀이하고, 뒤에 오면 '장소'로 풀이한다.

• 斤(도끼 근)을 날이 큰 쇠에 나무 자루가 달린 도끼를 그린 글자이다.

丶 亠 亇 户 戶 所 所 所

所謂	소위
所藏品	소장품
명소	名所
소신	所信
소원	所願
소유	所有
장소	場所

3급II

열 **계**

[口, 8] 총 11획

문[戶]을 손으로 쳐서[攵] 입구[口]를 활짝 연다는 뜻이다. 현실에 어두운 사람을 깨우쳐서 생각이 열리게 하는 것을 啓蒙(계몽)이라고 한다.

丶 亠 亇 户 戶 所 所 所 啟 啓 啓

啓導	계도
啓蒙	계몽
啓發	계발
啓示	계시

3급

병풍 **병**

[尸, 8] 총 11획

문짝[戶→尸]처럼 넓은 판을 나란히[幷] 붙여 쳐 놓은 병풍을 뜻한다. 무엇을 막거나 가리는 장식용으로 쓴다.

• 幷(아우를 병)은 방패를 든 두 사람이 나란히 선 모습이다.

一 コ 尸 尸 尸 尸 屏 屏 屏 屏

| 屛風 | 병풍 |

8급

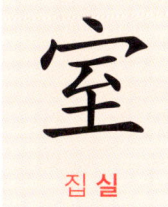

집 **실**

[宀, 6] 총 9획

지붕[宀] 아래에 사람이 이르러[至] 살 수 있도록 만든 방이나 집을 뜻한다. 학교에 가면 敎室(교실)이 있고, 병원에 가면 病室(병실)이 있다.

• 至(이를 지)는 먼 곳에서 날아온 화살이 땅에 이르러 꽂힌 모습이다.

丶 亠 宀 宀 宀 宁 宮 室 室

企劃室	기획실
娛樂室	오락실
교실	敎室
병실	病室
산실	産室

5급

집 옥

[尸, 6] 총 9획

사람이 이르러서[至] 몸[尸]을 기대어 쉴 수 있는 집을 뜻한다. 지붕 위를 屋上(옥상)이라고 한다.

- 尸(주검 시)는 죽은 사람의 굽은 몸을 그린 글자로, 몸이나 시체를 뜻한다.

가옥	家屋
양옥	洋屋
옥상	屋上
옥외	屋外
옥탑방	屋塔房

 ̄ ˉ ㄹ 尸 戸 居 屋 屋 屋

3급II

돈대 대

[至, 8] 총 14획

사람이 이르러서[至] 주변을 바라볼 수 있도록 높게[高] 세운 누대나 돈대를 뜻한다. 춤이나 노래를 할 수 있게 만든 높은 곳을 舞臺(무대)라고 한다.

- 高는 높이 세운 건물의 모습이다.

氣象臺	기상대
燈臺	등대
舞臺	무대
展望臺	전망대

士 吉 吉 高 高 臺 臺 臺 臺

4급II

벼슬 관

[宀, 5] 총 8획

높은 언덕[阜→㠯]에 지어진 관청[宀]에서 나랏일을 맡아 다스리는 벼슬을 뜻한다. 나라의 官吏(관리)는 백성과 나라를 위해 힘써야 한다.

- 㠯는 층진 언덕을 그린 阜(언덕 부)의 변형이다.

官僚	관료
官吏	관리
경관	警官
관직	官職
관청	官廳

丶 丷 宀 宀 宁 官 官 官

3급II

집 관

[食, 8] 총 17획

옛날에 관리[官]들이 묵으며 식사[食→飠] 등을 해결하던 객사나 집을 뜻한다. 지금은 어떤 기관이나 건물 이름에 주로 쓰인다.

開館	개관
旅館	여관
美術館	미술관
休館	휴관

丿 ㇏ ⺈ 𠆢 食 食 食 館 館 館

4급II

집 궁

[宀, 7] 총 10획

지붕[宀] 아래에 방[呂]이 여러 칸 이어져 있는 임금의 집을 뜻한다. 우리나라 조선 시대의 王宮(왕궁)인 景福宮(경복궁)은 수백 칸의 방으로 이루어져 있다.

- 呂(등골 려)는 여기서 방이 여러 칸 이어진 모습이다.

尙宮	상궁
皇宮	황궁
고궁	古宮
왕궁	王宮
용궁	龍宮

丶 丷 宀 宀 宁 宮 宮 宮 宮 宮

5급

寒 찰 한
[宀, 9] 총 12획

집[宀] 안에 짚[茻]을 깔고 누운 사람[人→仌]의 발 아래로 얼음[冫]이 얼 정도로 날이 차다는 뜻이다. 이 사람의 모습에서 寒氣(한기)가 느껴진다.

• 茻은 여기서 짚으로 엮은 깔개를 나타낸다.

宀 宀 宀 宀 审 宲 寍 寒 寒 寒

脣亡齒寒	순망치한
寒微	한미
방한복	防寒服
오한	惡寒
한기	寒氣

3급 II

塞 막힐 색, 변방 새
[土, 10] 총 13획

집[宀]의 벽돌[井] 틈에 양손[廾→八]으로 흙[土]을 채우니 틈이 막힌다는 뜻이다. 적의 침입에 대비해 반드시 막아야 하는 '변방'을 뜻하기도 한다.

宀 宀 宀 审 宲 寍 寒 寒 塞

窮塞	궁색
拔本塞源	발본색원
塞翁之馬	새옹지마

6급 II

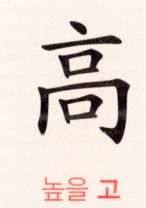

高 높을 고
[高, 0] 총 10획

높이 세운 건물의 모습을 그린 글자이다. '높다, 뛰어나다, 비싸다' 등의 뜻으로 쓰인다. 높은 하늘을 高空(고공)이라고 한다.

丶 亠 宀 宁 宁 高 高 高 高 高

高僧	고승
氣高萬丈	기고만장
고공	高空
고귀	高貴
고급	高級

3급 II

稿 원고/볏짚 고
[禾, 10] 총 15획

벼[禾]의 낟알을 떨어낸 줄기를 높이[高] 쌓아 놓은 볏짚을 뜻한다. 이 볏짚을 재료로 만든 종이인 '원고'를 뜻하기도 한다. 초벌로 쓴 원고를 草稿(초고)라고 한다.

一 二 千 千 禾 禾 和 秆 秆 稿 稿

寄稿	기고
原稿	원고
遺稿	유고
草稿	초고
投稿	투고

3급 II

豪 호걸 호
[豕, 7] 총 14획

용모가 씩씩하고 지혜가 뛰어난 사람을 豪傑(호걸)이라고 한다. 돼지[豕]처럼 생긴 호저(豪豬)가 높은[高→亠] 곳을 돌아다니며 등에 바늘을 세우고 적과 용감하게 싸우는 모습을 그려 '호걸'이라는 뜻을 나타냈다.

亠 亠 亠 亯 亯 亭 亭 豪 豪 豪

英雄豪傑	영웅호걸
豪雨	호우
豪快	호쾌
豪華	호화

3급

터럭 호
[毛, 7] 총 11획

길어서 높이[高→亯] 솟은 사람이나 짐승의 터럭[毛]을 뜻한다. 가을철에 털갈이하여 새로 돋아난 짐승의 털을 秋毫(추호)라고 하는데, 매우 조금을 비유하는 말로도 쓰인다.

亠 亠 吉 吉 亯 亯 亯 亳 毫 毫

秋毫	추호
揮毫	휘호

5급 II

장사 상
[口, 8] 총 11획

성문[冏] 아래에서 물건[口]을 진열해 놓고 하는 장사를 뜻한다. 옛날 백성을 나누던 네 가지 계급으로 士農工商(사농공상)이 있었다.

• 冏은 여기서 성문의 모양을 나타낸다.

亠 亠 立 产 庐 商 商 商 商

商魂	상혼
상가	商街
상술	商術
상업	商業
상호	商號

3급 II

정자 정
[亠, 7] 총 9획

높게[高→亯] 다리 기둥[丁]을 세워서 지은 정자를 뜻한다. 정자는 벽이 없이 기둥과 지붕만 있다. 서울 남산에는 八角亭(팔각정)이라는 이름의 亭子(정자)가 있다.

亠 亠 吉 吉 亯 亯 亯 亭

亭子	정자
八角亭	팔각정

5급

머무를 정
[人, 9] 총 11획

사람들[亻]이 정자[亭]에 올라 쉬며 머무른다는 뜻이다. 버스나 열차가 일정하게 머무르도록 정해진 장소를 停車場(정거장)이라고 한다.

亻 亻 广 广 停 停 停 停 停 停

정년	停年
정류장	停留場
정전	停戰

3급

바로잡을 교
[矢, 12] 총 17획

구부러진 화살[矢]을 높이[喬] 세우며 모양을 바로잡는다는 뜻이다. 틀어지거나 잘못된 것을 바로잡는 일을 矯正(교정)이라고 한다.

• 喬(높을 교)는 사람[夭]이 높은[高] 곳에 올라가 있는 모습이다.

丿 ㄣ 느 矢 矢 矢 矫 矫 矯

矯角殺牛	교각살우
矯導	교도
矯正	교정

5급

다리 교

[木, 12] 총 16획

나무[木]를 높게[喬] 세워서 물을 건너다닐 수 있도록 만든 다리를 뜻한다. 철을 주재료로 하여 놓은 다리를 鐵橋(철교)라고 한다.

架橋	가교
橋脚	교각
橋梁	교량
육교	陸橋
인도교	人道橋
철교	鐵橋

一 十 才 木 木 栌 栌 杯 桥 橋 橋

3급 II

들보/다리 량

[木, 7] 총 11획

물[氵] 위를 건널 수 있도록 칼[刅]로 나무[木]를 깎아 세운 다리를 뜻한다. 건물의 두 기둥을 건너질러 얹는 '들보'를 뜻하기도 한다.

- 刅(칼날 인)은 칼[刀]의 양쪽 날을 표현한 글자이다.

橋梁	교량
上梁式	상량식

丶 丶 氵 汀 汈 汈 汈 㴸 㴸 梁

6급

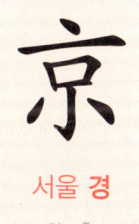

서울 경

[亠, 6] 총 8획

높이 지은 망루[京]를 중심으로 사람들이 모여 살던 서울(도읍)을 뜻한다. 주로 나라의 수도를 이른다. 지방에서 서울로 올라오는 것을 上京(상경)이라고 한다.

- 京(경)은 적을 살피기 위해 높이 지어 놓은 누각의 모습이다.

京畿	경기
경성	京城
귀경	歸京
상경	上京

丶 一 亠 亠 亨 亨 京 京

4급

나아갈 취

[尢, 9] 총 12획

사람들이 출세하기 위해 서울[京]로 더욱[尤] 나아간다는 뜻이다.

- 尤(더욱 우)는 절름발이[尢]가 짐[丶]까지 들고 가니 몸이 더욱 힘들다는 뜻이다.

일취월장	日就月將
취직	就職
취학	就學

丶 一 亠 古 亨 亨 京 京 亰 就 就 就

3급 II

서늘할 량

[水, 8] 총 11획

물가[氵]에 있는 망루[京]에는 바람이 많이 불어서 서늘하다는 뜻이다. 맑고 서늘한 것을 淸涼(청량)하다고 한다.

納涼	납량
淸涼	청량

丶 丶 氵 氵 冫 冫 沪 泸 泸 涼 涼

3급
諒
살필 량
[言, 8] 총 15획

서울[京]을 찾아가기 위해 말[言]을 물은 후 그 뜻을 잘 헤아려 살핀다는 뜻이다. 남의 사정을 잘 헤아려 너그러이 받아들이는 것을 諒解(양해)라고 한다.

| 諒解 | 양해 |
| 諒知 | 양지 |

丶 亠 言 言 言 訪 詝 詝 諒 諒

3급
掠
노략질할 략
[手, 8] 총 11획

떼를 지어 다니며 사람을 해치거나 재물을 빼앗는 것을 노략질이라고 한다. 사람이 많은 서울[京]에 와서 손[扌]으로 사람들의 물건을 훔치며 노략질한다는 뜻이다.

| 掠奪 | 약탈 |

一 十 扌 扌 扩 扩 拧 挡 掠

5급

볕 경
[日, 8] 총 12획

서울[京] 하늘 위에 높이 뜬 해[日]가 내려 주는 햇볕을 뜻한다. 볕이 밝게 비추어 만들어 내는 '景致(경치)'를 뜻하기도 한다.

경복궁	景福宮
경치	景致
경품	景品
절경	絕景
조경	造景

丶 口 日 日 旦 몸 몸 몸 景 景

3급II

그림자 영
[彡, 12] 총 15획

햇볕[景]을 받은 물체의 뒤편에 드리워지는[彡] 그림자를 뜻한다. 어떤 사물의 효과나 작용이 그림자처럼 다른 것에 미치는 일을 影響(영향)이라고 한다.

| 影響 | 영향 |
| 投影 | 투영 |

• 彡(터럭 삼)은 여기서 그림자가 드리워지는 모양을 나타낸다.

丶 口 日 日 旦 몸 몸 몸 景 影

3급

형통할 형
[亠, 5] 총 7획

모든 일이 뜻과 같이 잘되어 가는 것을 亨通(형통)이라고 한다. 높은[高→亠] 제단 위에서 조상께 제사를 마치고[了] 나면 모든 일이 형통한다는 뜻이다.

| 萬事亨通 | 만사형통 |

• 了(마칠 료)는 사람이 일을 마치고 팔을 내려놓은 모습이다.

丶 亠 亠 亡 亨 亨 亨

3급

누릴 **향**

[亠, 6] 총 8획

높은[高→亠] 제단 위에서 조상의 제사를 지내는 자손[子]은 복을 누린다는 뜻이다. 즐거움을 누리는 것을 享樂(향락)이라고 한다.

享年	향년
享樂	향락
享有	향유

` 亠 亠 亩 亨 亨 享 享

3급

도타울 **돈**

[攵, 8] 총 12획

함께 즐거움도 누리고[享], 함께 치고[攵]받으며 관계를 다진 사이는 정이 도탑다는 뜻이다. 정이 도탑고 성실한 것을 敦篤(돈독)하다고 한다.

• 攵(등글월문)은 손에 회초리를 들고 때리는 모습인 攴(칠 복)의 변형 부수이다.

敦篤	돈독
敦化門	돈화문
敦厚	돈후

` 亠 亩 亨 亨 亨 𡨴 𡨴 敦 敦

3급

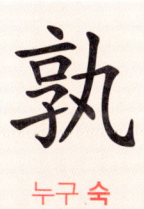

누구 **숙**

[子, 8] 총 11획

열매가 둥글게[丸] 잘 익으면 누구나 먹고 건강을 누릴[享] 수 있다는 의미에서 '누구'라는 뜻이다.

• 丸(둥글 환)은 여기서 둥글게 잘 익은 과일의 모양을 나타낸다.

| 誰怨孰尤 | 수원숙우 |

亠 亠 亩 亨 亨 享 孰 孰 孰

3급Ⅱ

익을 **숙**

[火, 11] 총 15획

누구나[孰] 먹기 좋게 음식을 불[火→灬]에 올리니 익는다는 뜻이다. '익숙하다'의 뜻으로도 쓰인다. 충분히 잘 익는 것을 熟成(숙성)이라고 한다.

能熟	능숙
熟達	숙달
熟眠	숙면
熟成	숙성

` 亠 亩 亨 亨 亨 孰 孰 熟

3급Ⅱ

굴 **혈**

[穴, 0] 총 5획

원시 시대의 집[宀]인 동굴에 구멍[八]이 뚫린 모습이다. 동굴은 비바람을 피하기에 좋은 주거지였다.

• 穴(굴 혈)의 변형 부수인 穴(구멍혈머리)는 '구멍, 동굴, 움막, 집'과 관계있는 글자에 부수로 쓰인다.

三姓穴	삼성혈
穴居	혈거
虎穴	호혈

` 宀 宁 穴

7급II

빌 공

[穴, 3] 총 8획

구멍[穴]을 만들기 위해 연장[工]으로 파내면 속이 빈다는 뜻이다. 비어 있는 넓은 '하늘' 또는 '공중'을 뜻하기도 한다. 지구를 둘러싼 空中(공중)에 존재하는 기체를 空氣(공기)라고 한다.

• 工(장인 공)은 물건을 잘 만드는 장인의 도구를 그린 글자이다.

丶 丷 宀 宀 灾 灾 空 空

架空人物	가공인물
空腹	공복
蒼空	창공
공간	空間
공상	空想
공석	空席

6급II

창 창

[穴, 6] 총 11획

벽에 구멍[穴]을 뚫어 만든 공간[厶]은 빛이 마음[心]까지 통하게 하는 창이라는 뜻이다. 같은 학교, 같은 창문 아래에서 공부한 사람을 同窓(동창)이라고 한다.

• 厶(사)는 여기서 벽에 뚫은 창문의 모양을 나타낸다.

丶 宀 宀 宀 灾 灾 宓 窗 窓 窓

동창	同窓
차창	車窓
창구	窓口
창호지	窓戶紙
철창	鐵窓

4급II

연구할 구

[穴, 2] 총 7획

구멍[穴] 속을 파고들듯 깊은 곳까지 여러[九] 번 조사하며 연구한다는 뜻이다. 진리나 학문 등을 깊이 찾고 硏究(연구)하는 것을 探究(탐구)라고 한다.

• 九(아홉 구)는 숫자 9를 뜻하는 한자로, 많은 수를 나타낼 때 주로 쓰인다.

丶 丷 宀 宀 灾 究

구명	究明
궁구	窮究
연구	硏究
탐구	探究

4급

다할/궁할 궁

[穴, 10] 총 15획

굴[穴]속에 몸[身]을 활[弓]처럼 구부려 숨겼으니 상황이 궁하다는 뜻이다. 운이 다하여 궁해졌다는 의미에서 '다하다'의 뜻으로도 쓰인다. 가난하고 궁색한 것을 貧窮(빈궁)이라고 한다.

宀 宀 宀 宀 宲 窀 窀 窮 窮 窮

窮塞	궁색
窮餘之策	궁여지책
追窮	추궁
궁리	窮理
무궁화	無窮花
빈궁	貧窮

3급

훔칠 절

[穴, 17] 총 22획

구멍[穴]으로 들어온 벌레[禼]가 슬그머니[乀] 곡식[米]을 훔친다는 뜻이다. 남의 물건을 몰래 훔치는 것을 竊盜(절도)라고 한다.

• 禼(벌레 설)은 벌레의 한 종류를 나타낸다.

宀 窃 窃 窃 窃 竊 竊 竊 竊

竊盜	절도

盜

4급

도둑 도

[皿, 7] 총 12획

남의 그릇[皿]을 넘보며 침[次]을 흘리는 도둑을 뜻한다. 남의 물건을 훔치거나 빼앗는 나쁜 짓을 하는 사람을 盜賊(도적)이라고 한다.

• 次(침 연)은 입을 벌리고[欠] 흘리는 침[氵]을 나타낸다. 次(버금 차)와는 다른 한자이므로 주의해야 한다.

氵 氵 汄 汋 次 次 咨 盜 盜 盜

鷄鳴狗盜	계명구도
竊盜	절도
강도	強盜
도난	盜難
도용	盜用
도적	盜賊

賊

4급

도둑 적

[貝, 6] 총 13획

남의 재물[貝]을 빼앗기 위해 무기[戎]를 들고 위협하는 도둑을 뜻한다. 산속에 근거지를 두고 드나드는 도둑을 山賊(산적)이라고 한다.

• 戎(무기 융)은 병사들이 쓰던 창[戈]과 같은 온갖[十] 무기를 뜻한다.

丨 冂 日 貝 貝 貯 貯 賊 賊

逆賊	역적
도적	盜賊
산적	山賊
의적	義賊

29일째 주거₂

스마트 한자 암기 프로그램

6급

향할 향

[口, 3] 총 6획

집[宀→冂]에 낸 창문[口]을 통해 눈이 바깥으로 향한다는 뜻이다. 어떤 위치를 향한 쪽을 方向(방향)이라고 한다.

丿 丨 冂 冋 向 向

偏向	편향
방향	方向
의향	意向
지향	志向
향상	向上

3급Ⅱ

숭상할 상

[小, 5] 총 8획

굴뚝 위로 피어오르는 연기[ヽヽ]의 방향[向]처럼 높이 여기며 숭상한다는 뜻이다. '높다'의 뜻으로도 쓰인다. 우리나라 국군 체육 부대의 별명은 무예를 숭상한다는 뜻의 '尙武(상무)'이다.

丨 丷 丷 丷 冋 쓰 尙 尙

高尙	고상
尙武	상무
尙存	상존
崇尙	숭상

4급Ⅱ

떳떳할 상

[巾, 8] 총 11획

예의를 숭상하는[尙→尙] 사람은 항상 옷[巾]을 갖춰 입고 다니니 떳떳하다는 뜻이다. '항상'이라는 뜻으로도 쓰인다. 사람이 떳떳하기 위해 보통으로 알아야 하는 지식을 常識(상식)이라고 한다.

丨 丷 丷 丷 冋 쓰 尙 尙 常 常 常

沒常識	몰상식
凡常	범상
비상	非常
상식	常識
상용	常用

3급Ⅱ

치마 상

[衣, 8] 총 14획

높은[尙→尙] 곳에 입은 저고리 아래에 입는 옷[衣]인 치마를 뜻한다. 일반적으로 衣(옷 의)는 윗옷을, 裳(치마 상)은 아래옷을 가리킨다. 이 둘을 합쳐 衣裳(의상)이라고 한다.

丨 丷 丷 丷 冋 쓰 尙 尙 当 堂 堂 堂 裳

綠衣紅裳	녹의홍상
同價紅裳	동가홍상
衣裳	의상

3급

嘗

맛볼 상

[口, 11] 총 14획

음식을 높이[尙→尚] 국자[匕]로 떠서 입[曰]에 갖다 대며 맛본다는 뜻이다. 맛은 음식을 하면서 일찍 봐야 하므로 '일찍이'라는 뜻으로도 쓰인다.

• 旨(맛 지)는 음식을 국자[匕]로 떠서 입[曰]에 넣고 확인하는 맛을 뜻한다.

| 未嘗不 | 미상불 |

3급 II

掌

손바닥 장

[手, 8] 총 12획

평소에는 잘 안 보이지만 높이[尙→尚] 손[手]을 들면 밖으로 드러나는 손바닥을 뜻한다. 일이 손바닥을 뒤집는 것 같이 쉬운 것을 如反掌(여반장)이라고 한다.

| 如反掌 | 여반장 |
| 掌風 | 장풍 |

5급 II

當

마땅 당

[田, 8] 총 13획

생산성이 높은[尙→尚] 밭[田]을 교환할 때에는 같은 크기로 바꾸는 것이 마땅하다는 뜻이다.

當然	당연
當爲	당위
應當	응당
당락	當落
당일	當日
당장	當場

6급 II

堂

집 당

[土, 8] 총 11획

높이[尙→尚] 흙[土]을 쌓아서 지은 집을 뜻한다. 우뚝 솟은 집의 모습처럼 '당당하다'는 뜻도 있다. 음식을 만들어 손님에게 파는 집을 食堂(식당)이라고 한다.

堂姪	당질
殿堂	전당
명당	明堂
법당	法堂
식당	食堂
천당	天堂

4급 II

黨

무리 당

[黑, 8] 총 20획

높은[尙→尚] 창문 안쪽으로 보이는, 검은[黑] 머리를 맞대고 모여 있는 무리를 뜻한다. 뜻을 같이하는 사람들의 모임을 뜻하기도 하여 與黨(여당), 野黨(야당)과 같은 단어에 활용된다.

不偏不黨	불편부당
朋黨	붕당
당권	黨權
당파	黨派
여당	與黨
탈당	脫黨

5급		
 **상줄 상** [貝, 8] 총 15획	높은[尙→尚] 성과나 공을 세운 사람에게 재물[貝]로 상을 준다는 뜻이다. 잘한 일에 대한 칭찬을 글로 담아 주는 문서를 賞狀(상장)이라고 한다. ` ⺍ ⺌ 冖 尚 尚 常 賞 賞 賞 賞 `	鑑賞 감상 懸賞金 현상금 상금 賞金 상벌 賞罰 상장 賞狀

3급 II		
 **갚을 상** [人, 15] 총 17획	공을 세운 사람[亻]에게 상[賞]을 주어 그 노력에 대한 대가를 갚는다는 뜻이다. 지금은 '報償(보상), 배상'의 뜻으로 주로 쓰인다. ` 亻 亻 亻 僧 償 償 償 償 償 `	無償 무상 辨償 변상 辨償金 변상금 償還 상환 有償 유상

3급		
 **여러 서** [广, 8] 총 11획	집[广] 안에서 가마솥[廿]을 걸고 불[火→灬]을 때서 만든 음식을 여럿이 나눈다는 뜻이다. '여러' 또는 여러 자식 중에 '서자(첩의 자식이나 자손)'를 뜻한다. • 廿은 여기서 불 위에 올려놓은 가마솥의 모양이다. ` ⺀ 广 广 庐 庐 庐 庐 庶 庶 庶 `	庶母 서모 庶民 서민 庶子 서자

6급		
 **자리 석** [巾, 7] 총 10획	집[广] 안에서 가마솥[廿]을 걸고 만든 음식 앞에 방석[巾]을 깔아 마련한 자리를 뜻한다. 손님이 앉는 자리를 客席(객석)이라고 한다. ` ⺀ 广 广 庐 庐 庐 席 席 席 `	宴席 연석 卽席 즉석 객석 客席 동석 同席 석차 席次

6급		
 **법도 도** [广, 6] 총 9획	집[广] 안에서 가마솥[廿]을 걸고 손[又]으로 요리할 때, 재료의 양을 헤아리는 법도를 뜻한다. '횟수, 정도'의 뜻으로도 쓰인다. ` ⺀ 广 广 庐 庐 庐 庐 度 `	頻度 빈도 濕度 습도 緯度 위도 극도 極度 난이도 難易度

3급II

건널 도

[水, 9] 총 12획

강[氵]을 건널 때에는 빠지지 않도록 법도[度]를 지키며 건넌다는 뜻이다. 기업에서 자금 사정이 나빠져 위기를 건너지 못하는 것을 不渡(부도)라고 한다.

渡江	도강
渡來	도래
不渡	부도
讓渡	양도

氵 氵 氵 浐 浐 浐 浐 浐 渡 渡

3급II

倉

곳집 창

[人, 8] 총 10획

곡식을 저장하려고 지은 곳간을 곳집이라고 한다. 곳간의 지붕[亼]과 문짝[戶], 출입문[口]을 그린 글자이다. 곳간처럼 물건을 보관하는 곳을 倉庫(창고)라고 한다.

穀倉	곡창
營倉	영창
倉庫	창고

丿 人 人 今 今 合 合 合 倉 倉

4급II

비롯할 창

[刀, 10] 총 12획

어떤 일이 처음 시작될 때 '그 일은 그로부터 비롯한다'고 한다. 곳집[倉]을 짓는 일은 칼[刂]로 나무를 베는 일로부터 비롯한다는 뜻이다.

創刊號	창간호
창립	創立
창제	創製
창조	創造

丿 人 人 今 今 今 合 倉 倉 創

3급II

푸를 창

[艸, 10] 총 14획

풀[艹]이 곳집[倉]에 가득 쌓여 있으니 그 빛이 푸르다는 뜻이다. 맑고 푸른 하늘을 蒼空(창공)이라 한다.

億兆蒼生	억조창생
蒼空	창공
蒼白	창백
蒼天	창천

艹 艹 艹 苎 苎 苍 苍 苍 蒼 蒼

4급II

집 사

[舌, 2] 총 8획

집의 지붕과 기둥, 집터의 모습을 그린 글자이다. 주로 나그네가 잠시 머무는 객사나 여관 같은 숙소를 말한다. 余(나 여)와 모양이 비슷하다.

館舍	관사
幕舍	막사
舍廊房	사랑방
기숙사	寄宿舍
사감	舍監
청사	廳舍

丿 人 人 合 全 全 舍 舍

3급  捨 버릴 사 [手, 8] 총 11획	손[扌]으로 집[舍]에 있는 물건을 버린다는 뜻이다. 여럿 가운데서 쓸 것은 쓰고 버릴 것은 버리는 것을 取捨選擇(취사선택)이라고 한다.	取捨選擇 취사선택 喜捨 희사
	一 十 扌 扒 扲 扲 拎 拎 捨 捨	

3급  余 나 여 [人, 5] 총 7획	지붕을 나무 기둥으로 받친 모양인데, 그 안에 깃든 '나'를 의미한다. 1인칭 대명사 '나' 또는 '남다'라는 뜻으로 쓰인다. 舍(집 사)와 모양이 비슷하다.	余等 여등
	丿 人 ㅅ 슥 今 余 余	

4급II  除 덜 제 [阜, 7] 총 10획	언덕[阝]의 계단에 있는 남은[余] 먼지를 쓸어서 점점 덜어낸다는 뜻이다. '없애다, 버리다'의 뜻도 있다. 없애 버리는 것을 除去(제거)라고 한다. • 阝(좌부변)은 층진 언덕을 그린 阜(언덕 부)의 변형 부수이다.	免除 면제 排除 배제 削除 삭제 방제 防除 제거 除去 제명 除名
	ㄱ ㄱ 阝 阝 阡 阡 阼 除 除 除	

3급II 徐 천천할 서 [彳, 7] 총 10획	길[彳]을 걷는 동작을 여유롭고[余] 급하지 않게 천천히 한다는 뜻이다. 徐行(서행)은 사람이나 차가 천천히 간다는 뜻이다. • 彳(조금 걸을 척)은 사거리를 그린 行(다닐 행)의 일부분으로, 길을 걷는 것과 관계있다.	徐行 서행
	丿 ㄅ 彳 彳 彳 彶 彶 徐 徐 徐	

3급II  途 길 도 [辵, 7] 총 11획	내[余]가 걸어가는[辶] 길을 뜻한다. 길을 가는 중간 또는 일이 진행되는 과정 중의 중간을 途中(도중)이라고 한다.	途中 도중 途中下車 도중하차 用途 용도 長途 장도
	丿 人 ㅅ 슥 今 余 余 浍 诒 诒 途	

3급

塗

칠할 도

[土, 10] 총 13획

내[余] 집의 벽에 물[氵]과 흙[土]을 섞어 바르며 칠한다는 뜻이다.

塗裝　도장
道聽塗說　도청도설
塗炭之苦　도탄지고

氵　氵　氵　氵　氵　氵　氵　氵　塗　塗

3급 II

斜

비낄 사

[斗, 7] 총 11획

남은[余] 곡식을 쏟아붓기 위해 곡식이 담긴 말[斗]을 들어 비스듬히 비낀다는 뜻이다. 비스듬히 기울어진 상태를 傾斜(경사)라고 한다.

傾斜　경사
斜線　사선
斜視　사시
斜陽　사양

丿　亻　亽　仐　夺　余　余　斜　斜

3급

敍

펼 서

[攴, 7] 총 11획

쌀독에 남은[余] 쌀을 막대기로 쳐서[攴] 모두 털어 펼쳐 놓는다는 뜻이다. 작가의 일생을 소재로 글을 펼쳐 적은 기록을 自敍傳(자서전)이라고 한다.

• 攴(등글월문)은 여기서 손에 막대기를 들고 치는 모습을 나타낸다.

敍事詩　서사시
敍述　서술
敍情　서정
自敍傳　자서전

丿　亻　亽　仐　夺　余　斜　斜　敍　敍

5급

再

두 재

[冂, 4] 총 6획

집을 지을 때 나무를 켜켜이 쌓듯 어떤 일을 '다시, 두 번' 한다는 의미이다. 어떤 일이 다시 일어나는 것을 再發(재발)이라고 한다.

비일비재　非一非再
재건　再建
재기　再起
재발　再發
재차　再次

一　厂　丆　丙　再　再

4급

構

얽을 구

[木, 10] 총 14획

나무[木]를 쌓으며 틀을 짜서[冓] 얽는다는 뜻이다. 생각을 쌓아 엮는 것을 構想(구상)이라고 한다.

• 冓(짤 구)는 나무를 쌓고[井] 다시[再] 쌓으며 틀을 짠다는 뜻이다.

구상　構想
구조　構造
허구　虛構

一　十　木　朳　枞　枎　构　構　構　構

4급 II

강론할 강

[言, 10] 총 17획

말[言]을 조리 있게 짜서[冓] 일정한 내용을 설명하며 강론한다는 뜻이다. 名講師(명강사)의 講演(강연)은 내용이 명확하고 짜임새가 있다.

강단	講壇
강사	講師
강의	講義
개강	開講
수강	受講

필순: 讠 氵 言 言 言 詳 詳 詳 詳 講 講 講

4급

稱

일컬을 칭

[禾, 9] 총 14획

곡식[禾]을 손으로 들어[再] 올려 저울에 재고 무게를 소리 내어 일컫는다는 뜻이다. '저울질하다, 칭찬하다'의 뜻으로도 쓰인다.

• 再(들 칭)은 손[爫]으로 두[再] 개를 한꺼번에 들어 올리는 모습이다.

사칭	詐稱
명칭	名稱
칭찬	稱讚
칭호	稱號

필순: 千 禾 禾 禾 秆 秆 秤 稱 稱

7급 II

모 방

[方, 0] 총 4획

양쪽에 손잡이가 달린 쟁기를 그린 글자이다. 쟁기로 논밭을 갈면 네모지게 된다는 의미에서 '모서리, 방향, 방법' 등의 뜻이 나왔다.

방책	方策
비방	祕方
쌍방	雙方
남방	南方
방식	方式
방향	方向

필순: 丶 亠 方 方

3급 II

꽃다울 방

[艸, 4] 총 8획

풀[艹] 내음이 사방[方]으로 퍼질 정도로 향기롭고 꽃답다는 뜻이다. 꽃다운 나이를 芳年(방년)이라고 한다.

芳年	방년
芳名錄	방명록
流芳百世	유방백세

필순: 艹 艹 艹 芏 芝 芳 芳

4급 II

막을 방

[阜, 4] 총 7획

언덕[阝]처럼 높은 벽을 사방[方]에 세워 막는다는 뜻이다. 소리가 새어 나가거나 들어오지 못하도록 막는 것을 防音(방음)이라고 한다.

• 阝(좌부변)은 층진 언덕을 그린 후(언덕 부)의 변형 부수이다.

防役	방역
防波堤	방파제
堤防	제방
攻防	공방
防水	방수
防音	방음

필순: 阝 阝 阝 防 防 防

4급II

찾을 방

[言, 4] 총 11획

누군가와 말[言]을 나누면서 좋은 방법[方]을 찾기 위해 훌륭한 사람을 찾아간다는 뜻이다. 어떤 사람이나 장소를 찾아가서 만나거나 보는 것을 訪問(방문)이라고 한다.

巡訪	순방
방문	訪問
방한	訪韓
탐방	探訪

一 亠 亠 言 言 言 言 訪 訪 訪

3급

곁 방

[人, 10] 총 12획

사람[亻]의 양옆[旁]인 곁을 뜻한다.

• 旁(옆 방)은 서 있는 사람의 가까운 방향인 옆을 뜻하는 한자이다.

傍觀	방관
傍若無人	방약무인
傍聽客	방청객

亻 亻 亻 亻 亻 亻 倍 倍 倍 傍 傍

6급II

놓을 방

[攵, 4] 총 8획

사방[方] 국경의 밖으로 내쳐서[攵] 놓아 버린다는 뜻이다. 일정한 지역이나 조직 밖으로 쫓아내는 것을 追放(추방)이라고 한다.

• 攵(등글월문)은 손에 회초리를 들고 때리는 모습인 攴(칠 복)의 변형 부수이다.

放漫	방만
釋放	석방
追放	추방
방송	放送
방심	放心
방출	放出

丶 亠 亍 方 方 扩 放 放

3급

본뜰 방

[人, 8] 총 10획

사람[亻]이 자신의 모습을 놓아[放] 버리고 다른 사람을 흉내 내며 본뜬다는 뜻이다.

| 模倣 | 모방 |

丿 亻 亻 亻 仟 仿 仿 仿 倣 倣

5급II

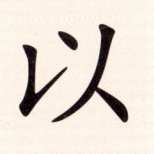

써 이

[人, 3] 총 5획

쟁기를 그린 글자로, 사람이 쟁기로써 밭을 간다는 의미에서 '~로써'라는 뜻이다.

| 이심전심 | 以心傳心 |
| 이열치열 | 以熱治熱 |

丨 丶 丷 以 以

3급

같을 **사**

[人, 5] 총 7획

사람[亻]이 쟁기[以]를 들고 일하는 모습은 대부분 비슷하거나 같다는 뜻이다. 겉으로는 비슷하나 속은 완전히 다른 것을 似而非(사이비)라고 한다.

近似値   근사치
似而非   사이비
類似   유사

ノ 亻 亻' 亻' 亻'' 似 似

4급

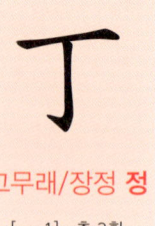

고무래/장정 **정**

[一, 1] 총 2획

밭의 흙을 고르거나 아궁이의 재를 긁어모으는 데에 쓰는 '丁' 자 모양의 고무래를 뜻한다. 나중에 고무래질하는 '장정, 일꾼'이라는 뜻도 나왔다.

白丁   백정
兵丁   병정
壯丁   장정

一 丁

3급 II

정수리 **정**

[頁, 2] 총 11획

고무래[丁]의 꼭대기에 달린 널조각처럼 머리[頁]의 꼭대기에 달린 정수리를 뜻한다.

登頂   등정
頂上   정상

一 丁 丆 丆 𠀆 頂 頂 頂 頂 頂

3급

바로잡을 **정**

[言, 2] 총 9획

말[言]로 타일러서 상대의 비뚤어진 마음을 고무래[丁]처럼 곧게 바로잡는다는 뜻이다. 글이나 글자의 잘못된 점을 바로잡는 것을 修訂(수정)이라고 한다.

改訂   개정
校訂   교정
修訂   수정
訂正   정정

丶 亠 二 宀 言 言 言 訂

3급 II

기와 **와**

[瓦, 0] 총 5획

지붕을 이는 데 쓰는 수키와(둥근 기와)와 암키와(평기와)가 겹쳐진 모양이다. 대통령의 관저인 靑瓦臺(청와대)는 푸른색 기와를 올려 만든 집이다.

瓦器   와기
瓦當   와당
瓦解   와해
靑瓦臺   청와대

一 厂 厂 瓦 瓦

3급

서로 호

[二, 2] 총 4획

새끼줄을 좌우로 번갈아 감은 모양으로, 짝이나 관계를 이루고 있는 '서로'를 의미한다. 상대가 되는 서로를 相互(상호)라고 한다.

| 相互 | 상호 |
| 互換 | 호환 |

一 フ 互 互

3급 II

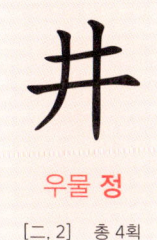

우물 정

[二, 2] 총 4획

네모나게 만든 우물의 터를 그린 글자이다. 현재 남아 있는 우물의 터는 주로 원형이 많지만, 처음에는 사각형으로 만들었다고 한다.

| 市井雜輩 | 시정잡배 |
| 井田法 | 정전법 |

一 二 井 井

3급 II

밭 갈 경

[耒, 4] 총 10획

농부가 쟁기[耒]를 들고 가로세로[井] 줄을 맞춰 밭을 간다는 뜻이다. 논밭을 갈아 농사짓는 것을 農耕(농경)이라고 한다.

耕作地	경작지
農耕	농경
晝耕夜讀	주경야독

• 耒(쟁기 뢰)는 논과 밭을 가는 농기구의 모양이다.

一 = 三 丰 丰 耒 耒 耒 耕 耕

3급 II

붉을 단

[丶, 3] 총 4획

광산의 구덩이[井→丹] 안에서 점[丶]처럼 반짝이는 주사(朱沙)의 색이 붉다는 뜻이다. 한 조각의 붉은 마음이라는 뜻의 一片丹心(일편단심)은 진심에서 우러나오는 변치 않는 마음을 의미한다.

丹粧	단장
丹靑	단청
一片丹心	일편단심

• 주사(朱沙)는 붉은색을 띤 광물의 한 종류이다.

丿 刀 月 丹

4급

책 책

[冂, 3] 총 5획

종이가 없던 옛날에 대나무 조각[冂]을 길게 잘라 끈[一]으로 연결하여 만든 책을 뜻한다. 冊房(책방)에서 옛날 書冊(서책)을 찾아보면 이 모습이 그대로 남아 있다.

冊封	책봉
분책	分冊
서책	書冊
책방	冊房

丿 冂 冂 冊 冊

5급 II

법 전

[八, 6] 총 8획

사회의 본보기가 되는 법이 적힌 책[冊]을 양손[廾]에 받쳐 든 모습이다. '법, 典法(법전), 經典(경전)' 등의 뜻으로 쓰인다.

고전	古典
법전	法典
자전	字典
출전	出典

3급 II

인륜 륜

[人, 8] 총 10획

인간[亻]이 서로 둥글게[侖] 살아가기 위해 지켜야 할 도리인 인륜을 뜻한다. 人倫(인륜)을 저버리는 사람과는 함께 살아가기가 힘들다.

• 侖(둥글 륜)은 집[스] 안에 있는 책[冊]을 모아 둥글게 말아 놓은 모양이다.

倫理	윤리
不倫	불륜
人倫	인륜
天倫	천륜

4급

바퀴 륜

[車, 8] 총 15획

수레[車]에 둥글게[侖] 달린 바퀴를 뜻한다. 올림픽을 상징하는 五輪旗(오륜기)는 다섯 색깔의 바퀴 모양 고리를 겹쳐 놓은 모양이다.

삼륜차	三輪車
연륜	年輪
오륜기	五輪旗
윤회	輪回

4급 II

논할 론

[言, 8] 총 15획

둥글게[侖] 돌아가면서 말[言]을 나누며 의견을 논한다는 뜻이다. 어떤 내용에 대해 논하여 비평하는 것을 論評(논평)이라고 한다.

論及	논급
論述	논술
輿論	여론
논리	論理
논설	論說
논평	論評

4급

책 편

[竹, 9] 총 15획

대나무[竹]를 납작하게[扁] 자른 조각에 쓴 글을 묶어 만든 책을 뜻한다.

• 扁(납작할 편)은 집[戶] 앞에 둘러쳐진 울타리[冊]의 모양이 납작하다는 뜻이다.

단편	短篇
옥편	玉篇
장편	長篇
전편	全篇

3급II

엮을 **편**

[糸, 9] 총 15획

납작한[扁] 대나무 조각에 쓴 글을 모아서 실[糸]로 엮는다는 뜻이다. 여러 가지 내용을 엮어 조직을 짜거나 책이나 신문 등을 만드는 것을 編成(편성)이라고 한다.

改編	개편
編成	편성
編入	편입
編制	편제

幺 糸 糽 糽 糽 紎 綇 綇 綑 編

3급

두루 **편**

[辵, 9] 총 13획

납작하게 둘러쳐진 울타리[扁] 밖으로 널리 돌아다니니[辶] 발길이 두루 미친다는 뜻이다. 두루 멀리 미치는 것을 普遍的(보편적)이라고 한다.

普遍	보편
普遍的	보편적
遍歷	편력

丶 亠 冃 户 户 扁 扁 扁 遍

3급II

치우칠 **편**

[人, 9] 총 11획

사람[亻]의 생각이 넉넉하지 못하고 납작하면[扁] 중심을 잃고 한쪽으로 치우친다는 뜻이다. 공정하지 못하고 한쪽으로 치우친 생각을 偏見(편견)이라고 한다.

偏見	편견
偏食	편식
偏愛	편애
偏向	편향

亻 亻 亻 侊 伵 侊 俌 偏 偏

4급

책 **권**

[卩, 6] 총 8획

양손[手手→廾]으로 둘둘 말아[㔾] 쥔 책을 뜻한다. 나중에 책을 세는 단위로 쓰게 되었다.

• 廾은 다섯 손가락의 모양을 그린 手(손 수)가 두 개 합쳐진 모양이다.

壓卷	압권
권수	卷數
석권	席卷

丶 丷 丷 亠 半 失 夨 卷

4급

문서 **권**

[刀, 6] 총 8획

종이의 양쪽을 각각 손[手手→廾]으로 잡고서 가운데를 칼[刀]로 잘라 각자 보관하던 중요한 문서를 뜻한다. 외국을 여행하는 사람의 신분을 증명하고 보호하는 문서를 旅券(여권)이라고 한다.

債券	채권
割引券	할인권
식권	食券
여권	旅券
입장권	入場券
증권	證券

丶 丷 丷 亠 半 失 夯 券

3급II

주먹 권

[手, 6] 총 10획

손[丵]과 손[手]을 모아 구부린 주먹을 뜻한다. 주먹 쥔 양손에 글러브를 끼고 상대를 쳐서 승부를 겨루는 경기를 拳鬪(권투)라고 한다.

拳法	권법
拳銃	권총
拳鬪	권투

丿 丶 一 二 乄 丵 丵 叁 叄 拳

3급II

조각 편

[片, 0] 총 4획

나무를 반으로 자른 오른쪽 조각의 모양이다. 주로 작고 납작한 조각을 의미한다. 깨어지거나 부서진 조각을 破片(파편)이라고 한다.

• 爿(나무 조각 장)은 나무를 반으로 자른 왼쪽 조각이다.

| 一片丹心 | 일편단심 |
| 破片 | 파편 |

丿 丿 ㇇ 片

4급II

형상 상, 문서 장

[犬, 4] 총 8획

신에게 제사 지내기 위해 평상[爿]에 제물로 올려놓은 개[犬]의 형상을 뜻한다. 나중에 '편지, 문서' 등의 뜻으로도 쓰게 되었다.

告訴狀	고소장
召集令狀	소집영장
상장	賞狀
상태	狀態
상황	狀況

丨 丬 丬 爿 爿 肬 狀 狀

4급

씩씩할 장

[士, 4] 총 7획

나무 조각[爿]으로 만든 무기를 들고 선 사내[士]의 모습이 씩씩하다는 뜻이다. 기상이나 인품이 훌륭하거나 기세등등하다는 의미로 쓰인다.

• 士(선비 사)는 여기서 '사내, 남자'를 의미한다.

豪言壯談	호언장담
노익장	老益壯
장렬	壯烈
장원	壯元

丨 丬 丬 爿 爿 壯 壯

3급II

장엄할 장

[艹, 7] 총 11획

풀[艹]이 씩씩하고[壯] 무성하게 자란 모습이 장엄하다는 뜻이다. 경치가 장엄한 곳에 따로 지어 놓고 때때로 묵으며 쉬는 '別莊(별장)'을 뜻하기도 한다.

別莊	별장
山莊	산장
莊重	장중

丶 丿 艹 艹 井 壮 莊 莊 莊

4급

꾸밀 **장**

[衣, 7] 총 13획

==씩씩하고[壯] 훌륭한 모습을 뽐내기 위해 옷[衣]을 잘 차려입고 꾸민다==는 뜻이다. 격식을 차려야 하는 자리에 정식으로 꾸밀 때 입는 옷을 正裝(정장)이라고 한다.

僞裝	위장
裝飾	장식
包裝	포장
복장	服裝
양장	洋裝
여장	女裝
장비	裝備

30일째 기타

3급
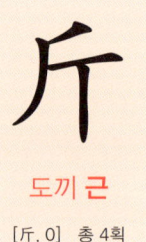

도끼 근
[斤, 0] 총 4획

날이 큰 쇠[厂]에 나무 자루[丅]가 달린 도끼를 그린 글자이다. 나중에 무게의 단위로 쓰게 되었다. 한 斤(근)은 600g에 해당한다.

千斤　천근

丿 厂 斤 斤

6급

가까울 근
[辶, 4] 총 8획

도끼[斤]는 자주 써서 늘 집에 있으므로 가서[辶] 가져오기에 가깝다는 뜻이다.

近郊　근교
近墨者黑　근묵자흑
鄰近　인근
근래　近來
근방　近方
친근　親近

丿 厂 斤 斤 斤 近 近 近

3급Ⅱ

빌 기
[示, 4] 총 9획

제단[示]에 가까이[近→斤] 다가가서 신에게 복을 빈다는 뜻이다. 바라는 일이 이루어지기를 비는 것을 祈願(기원)이라고 한다.

• 示(보일 시)는 제사 지내는 단을 그린 글자이다.

祈福　기복
祈雨祭　기우제
祈願　기원

一 二 亍 亓 示 宗 祈 祈 祈

5급Ⅱ

바탕 질
[貝, 8] 총 15획

도끼질에 필요한 받침나무[斦]나 재물[貝]은 일의 밑거름이자 바탕이 된다는 뜻이다. 물건의 성질과 바탕을 品質(품질)이라고 한다.

• 斦(받침나무 은)은 도끼로 나무를 자를 때 받쳐 놓는 나무토막을 의미한다.

수질　水質
양질　良質
질문　質問
질책　質責
품질　品質

丿 厂 斤 斤 斦 斦 斦 質 質

3급

이 사

[斤, 8] 총 12획

그곳[其]에 있던 도끼[斤]를 앞으로 가지고 와서 가리킬 때 하는 말인 '이, 이것'을 의미한다.

• 其(그 기)는 가리키고자 하는 것을 나타내는 지시 대명사이다.

| 斯界 | 사계 |
| 斯文亂賊 | 사문난적 |

3급

쪼갤 석

[木, 4] 총 8획

나무[木]를 도끼[斤]로 쪼갠다는 뜻이다. 복잡한 것을 나누고 쪼개는 것을 分析(분석)이라고 한다.

| 分析 | 분석 |
| 解析 | 해석 |

4급

꺾을 절

[手, 4] 총 7획

손[扌]에 도끼[斤]를 들고 나무를 찍어서 꺾는다는 뜻이다. 뼈가 꺾여 부러지는 것을 骨折(골절)이라고 한다.

腰折腹痛	요절복통
곡절	曲折
골절	骨折
절반	折半

3급 II

밝을 철

[口, 7] 총 10획

똑 부러지게[折] 판단하고 분명하게 말할[口] 수 있는 사람은 사리에 밝다는 뜻이다. 자신의 인생을 밝히는 믿음이나 학문을 哲學(철학)이라고 한다.

哲人	철인
哲學	철학
賢哲	현철

3급

맹세할 서

[言, 7] 총 14획

똑 부러지고[折] 분명하게 말하며[言] 다짐을 맹세한다는 뜻이다.

| 盟誓 | 맹서 |
| 宣誓 | 선서 |

3급

갈 서

[辵, 7] 총 11획

몸이 꺾여서[折] 저세상으로 간다[辶]는 뜻이다. 逝去(서거)는 죽음의 높임말이다.

逝去　서거

一 十 寸 扩 扩 折 折 浙 浙 逝

3급

부끄러울 참

[心, 11] 총 15획

목을 베는[斬] 형벌을 당하는 죄인은 마음[心]이 부끄럽다는 뜻이다. 부끄러워하여 뉘우치는 것을 慙悔(참회)라고 한다.

• 斬(벨 참)은 사람을 수레[車]에 묶어 몸을 찢거나 도끼[斤]로 목을 벤다는 뜻이다.

慙愧　참괴
慙悔　참회

一 亓 百 車 車 斬 斬 斬 慙 慙

3급 II

점점 점

[水, 11] 총 14획

목이 베일[斬] 시간이 물밀[氵]듯이 점차 다가온다는 의미에서 '점점'이라는 뜻이다.

漸入佳境　점입가경
漸次　점차

丶 氵 氵 汩 沪 浐 浐 涑 漸 漸

3급 II

잠깐 잠

[日, 11] 총 15획

목이 베이는[斬] 죄인이 해[日]를 볼 수 있는 잠깐을 뜻한다. '잠깐'이라는 말은 '暫間(잠간)'이라는 한자어에서 나온 말이다.

暫間　잠간
暫時　잠시
暫定　잠정

一 亓 百 車 車 斬 斬 斬 暫 暫

3급

제후 후

[人, 7] 총 9획

사람[亻] 중에 과녁[ㄱ]에 화살[矢]을 적중시키는 실력을 갖춘 제후를 뜻한다.

• ㄱ은 여기서 과녁의 모양을 나타낸다.

王侯將相　왕후장상
諸侯　제후
侯爵　후작

丿 亻 亻 仁 仃 伊 伊 侯 侯

4급  기후 후 [人, 8] 총 10획	사람[亻]이 과녁[ㄱ]에 화살[矢]을 쏠 때 살펴야 하는 그 사이[ㅣ]의 기후를 뜻한다. 어떤 '상황'이나 '징후'를 뜻하기도 한다.	症候群 증후군 徵候 징후 候補 후보 기후 氣候 악천후 惡天候 전천후 全天候
4급Ⅱ 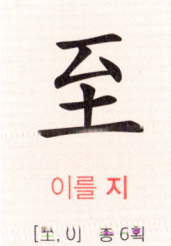 이를 지 [至, 0] 총 6획	먼 곳에서 날아온 화살이 땅에 이르러 꽂힌 모습을 그린 글자이다. '이르다, 지극하다, 매우' 등의 뜻으로 쓰인다. 지극히 큰 것을 至大(지대)라고 한다.	乃至 내지 甚至於 심지어 지성감천 至誠感天 지엄 至嚴
5급  이를 치 [至, 4] 총 10획	열심히 채찍질[攵]하며 노력하여 목표에 이른다[至]는 뜻이다. 윗사람이 아랫사람에게 목표에 이른 것을 축하하며 칭찬하는 것을 致賀(치하)라고 한다. • 攵(등글월문)은 손에 회초리를 들고 때리는 모습인 攴(칠 복)의 변형이다.	韻致 운치 致詞 치사 致賀 치하 언행일치 言行一致 치부 致富 풍치 風致
5급Ⅱ 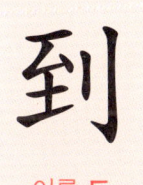 이를 도 [刀, 6] 총 8획	위험에 대비하여 칼[刂]을 들고 경계하며 목적지에 무사히 이른다[至]는 뜻이다. 목적한 곳이나 수준에 이르는 것을 到達(도달)이라고 한다.	周到綿密 주도면밀 도달 到達 도처 到處 쇄도 殺到
3급Ⅱ  넘어질 도 [人, 8] 총 10획	사람[亻]이 목적지에 도착[到]하기도 전에 다리에 힘이 풀려 넘어진다는 뜻이다. '망하다, 바꾸다'의 뜻으로도 쓰인다. 어떤 대상을 쳐서 넘어뜨리는 것을 打倒(타도)라고 한다.	倒產 도산 倒置 도치 打倒 타도

3급

나 여
[亅, 3] 총 4획

한쪽 손에서 한쪽 손으로 베틀의 북을 주고받는 모양으로, 내 손에서 왔다 갔다 한다고 하여 '나'라는 뜻이다. '주다'라는 뜻도 있다. 子(아들 자)와 모양이 비슷하다.

フ マ 弓 予

5급

차례 서
[广, 4] 총 7획

집[广]의 담장을 내[予]가 차례차례 쌓는다는 의미에서 '차례'라는 뜻이다. 담장을 쌓는 일과 마찬가지로 모든 일에는 順序(순서)와 秩序(질서)가 있다.

序幕	서막
秩序	질서
서문	序文
서시	序詩
순서	順序

ヽ 亠 广 户 庐 庐 序

5급

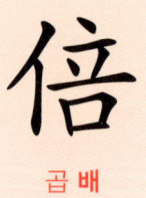

곱 배
[人, 8] 총 10획

사람들[亻]이 서로 침을 뱉고[咅] 사이가 갈라지니 미움이 곱이 된다는 뜻이다. 몇 倍(배)로 늘어나는 것을 倍加(배가)된다고 한다.

• 咅(침 뱉을 부)는 서로 등지고 서서[立] 입[口]으로 침을 뱉는다는 뜻이다.

倍率	배율
배가	倍加
배달민족	倍達民族
배수	倍數

ノ イ 亻 亻 仁 产 佇 佇 倍 倍

3급 II

북돋울 배
[土, 8] 총 11획

기운을 높이는 것을 북돋운다고 한다. 쟁기로 흙[土]을 가르며[咅] 고르게 다져서 땅의 기운을 북돋운다는 뜻이다.

• 咅(침 뱉을 부)는 여기서 서로 나뉘어 갈리는 것을 의미한다.

| 培養 | 배양 |
| 栽培 | 재배 |

一 十 土 圹 圹 圹 圹 埣 培 培

6급 II

떼 부
[邑, 8] 총 11획

마을[阝] 사람들이 여기저기 갈라져서[咅] 뭉친 무리, 떼를 뜻한다. 나중에 군대 등에서 조직을 편성하는 단위로 썼다.

• 阝(우부방)은 邑(고을 읍)의 변형 부수로, 글자의 오른쪽에 위치한다.

部署	부서
군부	軍部
부류	部類
부분	部分
외부	外部

丶 亠 ナ 立 产 音 音 音 音' 部' 部

3급

이웃 린

[邑, 12] 총 15획

쌀[米]을 들고 왔다 갔다[舛] 하며 서로 도울 수 있는 마을[阝]의 이웃을 뜻한다.

• 舛(어그러질 천)은 여기서 이웃을 돕기 위해 바삐 움직이는 발의 모양을 나타낸다.

米 米 米 米 米 米 粦 粦' 粦³ 鄰

善鄰	선린
鄰近	인근
鄰接	인접

3급

불쌍히 여길 련

[心, 12] 총 15획

어려운 처지의 이웃[鄰→舛]에게 마음[忄]을 쓰며 불쌍히 여긴다는 뜻이다. 어려운 처지에 있는 사람끼리 서로 가엾게 여기는 것을 同病相憐(동병상련)이라고 한다.

丶 丷 忄 忄 忄 怜 怜 怜 憐 憐

| 同病相憐 | 동병상련 |
| 憐憫 | 연민 |

3급 Ⅱ

작을 미

[彳, 10] 총 13획

길[彳] 위에서 노인[耂]이 지팡이로 땅을 치며[攵] 걷는 모습이 힘없고 작다는 뜻이다. 나중에 '천하다, 몰래, 쇠하다' 등의 뜻도 나왔다.

• 耂은 머리를 길게 늘어뜨린 노인이 걷는 모습이다.

彳 彳 彳 彳 彳 微 微 微 微

輕微	경미
微力	미력
微細	미세
微笑	미소
微弱	미약
微賤	미천

3급 Ⅱ

부를 징

[彳, 12] 총 15획

아무리 작고[微→徵] 미천한 노인이라도 재주가 있으면 왕[王]이 부른다는 뜻이다.

彳 彳 彳 彳 彳 徵 徵 徵 徵

徵收	징수
徵集	징집
追徵	추징

3급

징계할 징

[心, 15] 총 19획

잘못을 저지른 신하나 백성을 불러서[徵] 혼내는 마음[心]으로 징계한다는 뜻이다.

彳 彳 彳 徵 徵 徵 懲 懲 懲

| 勸善懲惡 | 권선징악 |
| 懲戒 | 징계 |

3급II

따를 수
[阜, 13] 총 16획

제사 지내고 남은 고기[隋]를 들고 가는[辶] 사람의 뒤를 따른다는 뜻이다. 일정한 형식 없이 붓을 따라 자유롭게 쓰는 산문을 隨筆(수필)이라고 한다.

• 隋(남은 제물 타)는 언덕[阝] 위에서 제사 지내고 남은 고기[肉→月]를 왼손[左]에 들고 있는 모습이다.

隨時	수시
隨筆	수필
隨行	수행

3급

떨어질 타
[土, 12] 총 15획

제사 지내고 남은 고기[隋]를 흙[土]에 묻기 위해 땅에 떨어뜨린다는 뜻이다. '떨어지다, 떨어뜨리다' 등의 형태로 쓰인다.

| 墮落 | 타락 |

3급II

불사를 소
[火, 12] 총 16획

불[火]을 높게[堯] 피워 불사른다는 뜻이다. 불에 태워 없애 버리는 것을 燒却(소각)이라고 하고, 남김없이 다 타버리는 것을 全燒(전소)라고 한다.

• 堯(높을 요)는 흙[土土土→垚]이 수북이 쌓여 우뚝하니[兀] 높다는 뜻이다.

燒却	소각
燒滅	소멸
全燒	전소

3급

曉

새벽 효
[日, 12] 총 16획

해[日]가 높이[堯] 오르기 시작하는 새벽을 뜻한다.

| 曉星 | 효성 |

3급II

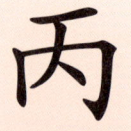

남녘 병
[一, 4] 총 5획

제사상에 제물을 올리고 불을 밝힌 모양으로, 불빛처럼 따뜻한 남쪽을 의미한다. 나중에 십간(十干) 중에 세 번째 글자로 쓰이게 되었다.

| 甲乙丙丁 | 갑을병정 |
| 丙子胡亂 | 병자호란 |

3급

북방 계

[癶, 4] 총 9획

무기 중에 세 갈래로 갈라진 창의 모양으로, 전쟁처럼 찬 북쪽을 의미한다. 나중에 십간(十干) 중에 열 번째 글자로 쓰이게 되었다.

| 癸酉年 | 계유년 |
| 癸丑日記 | 계축일기 |

ㄱ ㅋ ヺ ヺ ㄣ ㅆ ㅆ 癸 癸

3급

소 축

[一, 3] 총 4획

사람이 손을 뻗쳐 무엇을 잡으려는 모양인데, 나중에 십이지 중 두 번째 띠인 소를 의미하게 되었다.

癸丑年	계축년
癸丑日記	계축일기
丑時	축시

ㄱ 刀 丑 丑

3급

범 인

[宀, 8] 총 11획

양손으로 화살을 잡아서 과녁에 꽂은 모양으로, 화살처럼 빠르고 강한 범(호랑이)을 의미한다. 범은 십이지 중 세 번째 띠에 속한다.

| 甲寅字 | 갑인자 |

丶 宀 宀 宀 宀 宀 宗 宙 宙 宙 寅

4급 II

펼 연

[水, 11] 총 14획

물[氵]이 범[寅]처럼 빠르게 흘러 펼쳐진다는 뜻이다. 주로 '연기를 펼치다'라는 뜻으로 쓰인다. 주인공의 역할을 맡아 연기를 펼치는 사람을 主演(주연)이라고 한다.

연극	演劇
연기	演技
재연	再演
주연	主演
출연	出演

氵 氵 氵 氵 氵 沪 沪 沪 演 演 演

7급 II

낮 오

[十, 2] 총 4획

똑바로 세운 절굿공이의 모양으로, 공이에 그림자가 생기지 않는 낮을 의미한다. 나중에 십이지 중 일곱 번째 띠인 말을 의미하게 되었다. 牛(소 우)와 모양이 비슷하다.

午睡	오수
오전	午前
오후	午後
정오	正午

丿 丶 ㄣ 午

5급

허락할 허

[言, 4] 총 11획

다른 사람의 말[言]을 듣고 낮[午]처럼 환한 얼굴로 허락한다는 뜻이다.

免許	면허
許諾	허락
특허	特許
허가	許可
허용	許容

丶 亠 亠 言 言 言 言 許 許 許 許

4급 II

알릴 신

[田, 0] 총 5획

번쩍이며 내리꽂는 번갯불의 모양으로, 주위에 그 존재를 밝게 알린다는 뜻이다. 알리기 위해 '말하다' 라는 뜻으로도 쓰인다. 십이지 중 아홉 번째 띠인 원숭이를 의미한다.

申聞鼓	신문고
申申當付	신신당부
내신	內申
신고	申告
신청	申請

丨 冂 曰 日 申

3급

땅 곤

[土, 5] 총 8획

흙[土] 위로 번갯불[申]이 내리꽂힌 땅을 뜻한다. 하늘과 땅을 乾坤(건곤)이라고 한다.

| 乾坤 | 건곤 |

一 十 土 圤 坰 坤 坤 坤

3급

펼 신

[人, 5] 총 7획

사람[亻]이 번갯불[申]처럼 강렬하게 자기 생각을 편다는 뜻이다. 무엇을 '펼치다, 늘이다'라는 뜻으로도 쓰인다. 늘이고 줄이는 것을 伸縮(신축)이라고 한다.

伸張	신장
伸縮	신축
追伸	추신

丿 亻 亻 伂 伂 伸 伸

3급

벼슬 작

[爪, 14] 총 18획

왕이 하사한 참새 모양의 술잔[🍶]을 손[寸]에 받아 든 신하 또는 벼슬을 뜻한다. 벼슬과 지위를 통틀어 爵位(작위)라고 한다.

公爵	공작
伯爵	백작
爵位	작위

● 🍶은 참새 모양의 술잔을 나타내고, 寸(마디 촌)은 사람의 손과 손목 모양이다.

丶 ˊ ˮ 爫 爫 爵 爵 爵 爵 爵

3급

거만할 **오**

[人, 11] 총 13획

사람[亻]이 시끄럽게[敖] 떠들며 잘난 체하는 태도가 **거만하다**는 뜻이다. 태도나 행동이 건방지거나 거만한 것을 傲慢(오만)하다고 한다.

- 敖(시끄러울 오)는 밖에 나가[出→土] 놀며 목 놓아[放] 떠든다는 뜻이다.

亻 亻 亻 亻 俦 俦 俦 俦 傲 傲

傲氣	오기
傲慢	오만
傲霜孤節	오상고절

4급Ⅱ

이을 **승**

[手, 4] 총 8획

윗사람[㇀]이 내민 손[手]을 아랫사람이 양손[廾→八]으로 **이어받는다**는 뜻이다. 조상이나 선임자의 뒤를 이어 나가는 것을 繼承(계승)이라고 한다.

- ㇀은 몸을 구부린 사람의 모습이다.

㇀ 丁 于 手 承 承 承 承

承諾	승낙
승계	承繼
승복	承服
승인	承認

3급

담 **장**

[土, 13] 총 16획

다른 사람이 넘보지 못하도록 **흙[土]을 높이 쌓아서 인색하게[嗇] 막은 담**을 뜻한다.

- 嗇(인색할 색)은 보리[麥→来]를 창고[回]에 두고 베풀지 않는 인색함을 뜻한다.

土 圹 圹 圹 圻 圻 圻 墙 墙 墙

| 路柳墻花 | 노류장화 |
| 墻內 | 장내 |

3급Ⅱ

높을 **륭**

[阜, 9] 총 12획

언덕[阝]이 봉긋하게 솟아[夆] 있으니 높다는 뜻이다.

- 夆(높을 륭)은 발[夂]아래 땅[一]에 돋아 난[生] 풀이 높이 솟았다는 뜻이다.

阝 阝 阝 阝 阡 阡 阡 陸 陸 陸 陸 隆

隆盛	융성
隆崇	융숭
隆起	융기

3급Ⅱ

화로 **로**

[火, 16] 총 20획

숯불[火]을 담아 놓는 그릇[盧]인 화로를 뜻한다.

- 盧(그릇 로)는 짐승[虍]이나 밭[田]의 식물을 그려 만든 그릇[皿]을 뜻한다.

火 炉 炉 炉 炉 炉 爐 爐 爐

香爐	향로
紅爐點雪	홍로점설
火爐	화로

4급II

가 변

[辵, 15] 총 19획

더는 갈[辶] 수 있는 길이 보이지 않는[臱] 가장자리를 뜻한다.

•臱(보이지 않을 면)은 코[自]의 바로 아래가 구멍[穴]처럼 뚫린 방향[方]이니 길이 보이지 않는다는 뜻이다.

自 自 申 臾 臮 臮 臱 臱 臱 邊

沿邊	연변
一邊倒	일변도
강변	江邊
변방	邊方
신변	身邊
해변	海邊

3급II

옮길 천

[辵, 11] 총 16획

덮인[襾] 물건을 사람[己]이 양손[𠂆→大]으로 들고 가며[辶] 위치를 옮긴다는 뜻이다. 도읍(수도)을 옮기는 것을 遷都(천도)라고 한다.

一 一 西 西 覀 覀 覀 粟 㢴 遷

變遷	변천
左遷	좌천
遷都	천도

3급

더욱 우

[尢, 1] 총 4획

절름발이[尢]가 짐[丶]까지 들고 가니 몸이 더욱 힘들다는 뜻이다.

•尢(절름발이 왕)은 양쪽 다리의 길이가 달라서 몸이 기우뚱거리는 사람의 모습이다.

一 ナ 尢 尤

| 尤甚 | 우심 |

3급

그 궐

[厂, 10] 총 12획

언덕[厂]을 오르다가 힘들어서 피가 거꾸로[屰] 솟고 입이 벌어지는[欠] 그곳을 뜻한다.

•屰(거스를 역)은 사람이 몸을 뒤집어서 선 모습이다.

一 厂 厂 厂 厃 厇 屈 屈 屈 厥

| 厥女 | 궐녀 |
| 突厥 | 돌궐 |

3급

어찌 내

[大, 5] 총 8획

크게[大] 잘 보이려면[示] 어찌하느냐는 뜻이다. 나중에 '지옥 나'로도 쓰여 奈落(나락)과 같은 단어에 활용되었다.

一 ナ 大 太 夳 夳 奈 奈

| 奈落 | 나락 |
| 奈何 | 내하 |

3급

어찌 나

[邑, 4] 총 7획

위태로운[丹→冉] 마을[阝]을 어찌하느냐는 뜻이다.

- 冉은 수염이 흔들리는 위태로운 상태를 나타낸 冄(위태로울 염)의 변형이다. 阝(우부방)은 邑(고을 읍)의 변형 부수로, 글자의 오른쪽에 위치한다.

刹那　찰나

ㄱ ㄱ 刀 刃 刃' 邦 那

3급

어찌 기

[豆, 3] 총 10획

산처럼 웅장한 장식을 한 북을 그린 글자로, 북 치는 즐거움을 어찌하느냐는 뜻이다.

' 屮 屮 屮 岂 岂 豈 豈 豈

3급

어조사 어

[方, 4] 총 8획

까마귀를 그린 글자인데, 나중에 '~에, ~에서, ~보다'라는 뜻으로 쓰게 된 어조사이다.

甚至於　심지어
於異阿異　어이아이

` 亠 亍 方 方 於 於 於

3급

어조사 혜

[八, 2] 총 4획

감탄하여 입에서 소리를 뱉는 모양으로, 말과 숨을 고르는 목적으로 쓰는 어조사이다. '~이여!'로 풀이한다.

ノ 八 八 兮

3급

어찌 언

[火, 7] 총 11획

노란 빛깔의 새를 그린 글자인데, 나중에 '어찌'라는 뜻으로 쓰게 된 어조사이다.

焉敢生心　언감생심

一 丅 下 正 正 延 焉 焉 焉 焉

3급

耶

어조사 야

[耳, 3] 총 9획

귀[耳]를 기울여 고을[阝]에서 일어나는 일에 의문을 갖는다는 뜻으로, 의문으로 문장을 맺을 때 쓰는 어조사이다.

一 丆 F F Ｅ 耳 耶 耶 耶

| 有耶無耶 | 유야무야 |

3급II

마칠 필

[田, 6] 총 11획

농작물을 해치는 동물을 잡기 위해 밭[田]에 그물[𦘒] 치는 작업을 마쳤다는 뜻이다.

• 𦘒은 여기서 그물의 모양을 나타낸다.

丨 冂 日 田 田 畀 畀 畢 畢 畢

檢査畢	검사필
軍畢	군필
未畢	미필
兵役畢	병역필
畢生	필생

잠깐! 성어 공략

*붉은색 글자는 한자능력검정시험 3급에 빈칸 채우기 문제로 출제되었던 한자임.

성어	독음	뜻
鶴首苦待	학수고대	학의 목처럼 목을 길게 빼고 간절히 기다림.
咸興差使	함흥차사	심부름을 가서 오지 않거나 늦게 온 사람.
虛張聲勢	허장성세	실속은 없으면서 큰소리치거나 허세를 부림.
賢母良妻	현모양처	어진 어머니이면서 착한 아내.
螢雪之功	형설지공	반딧불·눈과 함께 하는 노력. 고생하면서 부지런하고 꾸준하게 공부하는 자세.
虎死留皮	호사유피	호랑이는 죽어서 가죽을 남김. 사람은 죽어서 명예를 남겨야 함.
浩然之氣	호연지기	하늘과 땅 사이에 가득 찬 넓고 큰 기운. 굴하지 않고 맞설 수 있는 당당한 기상.
昏定晨省	혼정신성	밤에는 부모의 잠자리를 보아 드리고 이른 아침에는 부모의 밤새 안부를 물음. 부모를 잘 섬기고 효성을 다함.
弘益人間	홍익인간	널리 인간을 이롭게 함.
環境保護	환경보호	환경을 잘 가꾸고 깨끗이 보존하는 일.
會者定離	회자정리	만난 자는 반드시 헤어짐. 모든 것이 무상함.
厚顔無恥	후안무치	뻔뻔스러워 부끄러움이 없음.
興亡盛衰	흥망성쇠	흥하고 망함과 성하고 쇠함.
興盡悲來	흥진비래	즐거운 일이 다하면 슬픈 일이 닥쳐옴. 세상일은 순환되는 것임.
喜怒哀樂	희로애락	기쁨과 노여움과 슬픔과 즐거움.

畵蛇添足 화사첨족

뱀을 다 그리고 나서 있지도 않은 발을 덧붙여 그림. 쓸데없는 군짓을 하여 도리어 잘못되게 함.

찾아보기

*붉은색으로 표시된 한자는 3급(3급II 포함) 신습 한자입니다.

ㄱ

가	加	더할 가	189
	可	옳을 가	259
	佳	아름다울 가	331
	架	시렁 가	189
	家	집 가	70
	假	거짓 가	201
	街	거리 가	331
	暇	틈 가	202
	歌	노래 가	259
	價	값 가	95
각	各	각각 각	224
	却	물리칠 각	288
	角	뿔 각	62
	刻	새길 각	72
	脚	다리 각	288
	閣	집 각	225
	覺	깨달을 각	165
간	干	방패 간	320
	刊	새길 간	320
	肝	간 간	59
	姦	간음할 간	170
	看	볼 간	246
	間	사이 간	382
	幹	줄기 간	115
	懇	간절할 간	237
	簡	대쪽/간략할 간	382
갈	渴	목마를 갈	263

감	甘	달 감	264
	敢	감히 감	241
	減	덜 감	318
	感	느낄 감	318
	監	볼 감	248
	鑑	거울 감	249
갑	甲	갑옷 갑	51
강	江	강 강	126
	降	내릴 강, 항복할 항	226
	剛	굳셀 강	292
	康	편안 강	206
	強	강할 강	320
	綱	벼리 강	292
	鋼	강철 강	292
	講	강론할 강	398
개	介	낄 개	272
	改	고칠 개	183
	皆	다 개	282
	個	낱개 개	255
	開	열 개	381
	慨	슬퍼할 개	356
	蓋	덮을 개	61
	槪	대개 개	355
객	客	손 객	225
거	去	갈 거	288
	巨	클 거	363
	車	수레 거/차	332
	居	살 거	293
	拒	막을 거	363

	距	떨어질 거	364
	據	의지할 거	79
	擧	들 거	215
건	件	물건 건	64
	建	세울 건	206
	乾	하늘/마를 건	115
	健	굳셀 건	206
걸	乞	빌 걸	51
	傑	뛰어날 걸	153
검	儉	검소할 검	274
	劍	칼 검	274
	檢	검사할 검	274
격	格	격식 격	225
	隔	사이 뜰 격	69
	激	격할 격	127
	擊	칠 격	326
견	犬	개 견	66
	見	볼 견, 뵈올 현	247
	肩	어깨 견	59
	堅	굳을 견	249
	牽	끌 견	64
	絹	비단 견	373
	遣	보낼 견	97
결	決	결단할 결	278
	缺	이지러질 결	277
	訣	이별할 결	278
	結	맺을 결	286
	潔	깨끗할 결	374
겸	兼	겸할 겸	210

	謙	겸손할 겸	210	溪	시내 계	198	恐	두려울 공	236
경	更	고칠 경, 다시 갱	183	繫	맬 계	326	恭	공손할 공	213
	京	서울 경	387	繼	이을 계	378	貢	바칠 공	362
	庚	일곱째 천간 경	206	鷄	닭 계	198	과	果	실과 과	33
	徑	지름길 경	378	고	古	예 고	254	科	과목 과	359
	耕	밭 갈 경	401	考	생각할 고	168	誇	자랑할 과	266
	竟	마침내 경	269	告	고할 고	66	過	지날 과	296
	頃	이랑/잠깐 경	273	固	굳을 고	255	寡	적을 과	231
	卿	벼슬 경	356	姑	시어머니 고	254	課	공부할/과정 과	34
	景	볕 경	388	孤	외로울 고	163	곽	郭	성곽 곽	328
	硬	굳을 경	184	故	연고 고	254	관	官	벼슬 관	384
	傾	기울 경	273	枯	마를 고	254	冠	갓 관	228
	敬	공경 경	256	苦	쓸 고	254	貫	꿸 관	98
	經	지날/글 경	377	庫	곳집 고	332	慣	익숙할 관	98
	境	지경 경	269	高	높을 고	385	管	대롱 관	243
	輕	가벼울 경	377	鼓	북 고	244	寬	너그러울 관	74
	慶	경사 경	234	稿	원고/볏짚 고	385	館	집 관	384
	鏡	거울 경	269	顧	돌아볼 고	230	關	빗장 관	381
	競	다툴 경	281	곡	曲	굽을 곡	18	觀	볼 관	88
	警	경계할 경	256	谷	골 곡	27	광	光	빛 광	132
	驚	놀랄 경	256	哭	울 곡	253	狂	미칠 광	309
계	戒	경계할 계	316	穀	곡식 곡	39	廣	넓을 광	343
	系	이어 맬 계	375	곤	困	곤할 곤	32	鑛	쇳돌 광	344
	季	계절 계	38	坤	땅 곤	414	괘	掛	걸 괘	146
	係	맬 계	376	골	骨	뼈 골	295	괴	怪	괴이할 괴	183
	契	맺을 계	374	공	工	장인 공	361	塊	흙덩이 괴	137
	界	지경 계	272	公	공평할 공	211	愧	부끄러울 괴	137
	癸	북방 계	413	孔	구멍 공	163	壞	무너질 괴	368
	計	셀 계	261	功	공 공	361	교	巧	공교할 교	362
	桂	계수나무 계	331	共	함께 공	212	交	사귈 교	294
	啓	열 계	383	攻	칠 공	361	郊	들 교	294
	械	기계 계	316	供	이바지할 공	212	校	학교 교	294
	階	섬돌 계	282	空	빌 공	390	敎	가르칠 교	164

	較	비교할 교	294		宮	집 궁	384		急 급할 급	23
	橋	다리 교	387		窮	다할/궁할 궁	390		級 등급 급	24
	矯	바로잡을 교	386	권	券	문서 권	403		給 줄 급	357
구	九	아홉 구	339		卷	책 권	403	긍	肯 즐길 긍	219
	久	오랠 구	152		拳	주먹 권	404	기	己 몸 기	291
	口	입 구	252		勸	권할 권	88		企 꾀할 기	219
	丘	언덕 구	25		權	권세 권	89		忌 꺼릴 기	291
	句	글귀 구	255	궐	厥	그 궐	416		技 재주 기	184
	求	구할 구	369	궤	軌	바큇자국 궤	333		汽 물 끓는 김 기	122
	究	연구할 구	390	귀	鬼	귀신 귀	137		其 그 기	213
	具	갖출 구	214		貴	귀할 귀	96		奇 기이할 기	260
	拘	잡을 구	256		歸	돌아갈 귀	208		祈 빌 기	406
	狗	개 구	66	규	叫	부르짖을 규	54		紀 벼리 기	292
	苟	진실로/구차할 구	256		糾	얽힐 규	54		氣 기운 기	122
	俱	함께 구	214		規	법 규	279		記 기록할 기	291
	區	구분할/지경 구	341	균	均	고를 균	144		豈 어찌 기	417
	救	구원할 구	369		菌	버섯 균	47		起 일어날 기	291
	球	공 구	369	극	克	이길 극	167		基 터 기	214
	構	얽을 구	397		極	다할/극진할 극	32		寄 부칠 기	260
	龜	거북 귀, 땅 이름 구, 터질 균			劇	심할 극	80		旣 이미 기	355
			75	근	斤	도끼 근	406		飢 주릴 기	353
	舊	예 구	89		近	가까울 근	406		幾 몇 기	378
	懼	두려워할 구	91		根	뿌리 근	237		期 기약할 기	214
	驅	몰 구	341		筋	힘줄 근	58		棄 버릴 기	161
국	局	판 국	293		僅	겨우 근	344		欺 속일 기	370
	國	나라 국	317		勤	부지런할 근	344		旗 기 기	324
	菊	국화 국	40		謹	삼갈 근	344		畿 경기 기	379
군	君	임금 군	209	금	今	이제 금	303		器 그릇 기	253
	軍	군사 군	313		琴	거문고 금	243		機 틀 기	378
	郡	고을 군	209		禁	금할 금	34		騎 말 탈 기	260
	群	무리 군	209		禽	새 금	90	긴	緊 요긴할 긴	250
굴	屈	굽힐 굴	293		錦	비단 금	373	길	吉 길할 길	286
궁	弓	활 궁	319	급	及	미칠 급	24	김	金 쇠 금, 성 김	345

ㄴ

나	那 어찌 나	417	
	諾 허락할 낙	193	
난	暖 따뜻할 난	200	
	難 어려울 난	345	
남	男 사내 남	188	
	南 남녘 남	112	
납	納 들일 납	288	
낭	娘 아가씨 낭	238	
내	乃 이에 내	267	
	內 안 내	287	
	奈 어찌 내	416	
	耐 견딜 내	271	
녀	女 여자 녀	169	
년	年 해 년	340	
념	念 생각 념	303	
녕	寧 편안 녕	173	
노	奴 종 노	172	
	努 힘쓸 노	172	
	怒 성낼 노	173	
농	農 농사 농	100	
뇌	惱 번뇌할 뇌	231	
	腦 뇌 뇌	231	
능	能 능할 능	78	
니	泥 진흙 니	126	

ㄷ

다	多 많을 다	121	
	茶 차 다/차	46	
단	丹 붉을 단	401	
	旦 아침 단	108	
	但 다만 단	108	
	段 층계 단	185	
	單 홑 단	325	
	短 짧을 단	322	
	團 둥글 단	197	
	端 끝 단	280	
	壇 제단 단	138	
	檀 박달나무 단	139	
	斷 끊을 단	378	
달	達 통달할 달	74	
담	淡 맑을 담	133	
	談 말씀 담	133	
	擔 멜 담	179	
답	畓 논 답	17	
	答 대답 답	357	
	踏 밟을 답	218	
당	唐 당나라/당황할 당	207	
	堂 집 당	393	
	當 마땅 당	393	
	糖 엿 당	207	
	黨 무리 당	393	
대	大 큰 대	275	
	代 대신할 대	363	
	待 기다릴 대	196	
	帶 띠 대	379	
	貸 빌릴 대	363	
	隊 무리 대	71	
	對 대할 대	242	
	臺 돈대 대	384	
덕	德 도덕 덕	251	
도	刀 칼 도	346	
	到 이를 도	409	
	度 법도 도	394	
	挑 돋울 도	147	
	倒 넘어질 도	409	
	島 섬 도	82	
	徒 무리 도	228	
	桃 복숭아 도	148	
	逃 도망할 도	147	
	途 길 도	396	
	陶 질그릇 도	357	
	渡 건널 도	395	
	盜 도둑 도	391	
	都 도읍 도	300	
	塗 칠할 도	397	
	跳 뛸 도	147	
	道 길 도	229	
	圖 그림 도	205	
	稻 벼 도	39	
	導 인도할 도	229	
독	毒 독 독	46	
	督 감독할 독	187	
	獨 홀로 독	104	
	篤 도타울 독	37	
	讀 읽을 독, 구절 두	96	
돈	豚 돼지 돈	70	
	敦 도타울 돈	389	
돌	突 갑자기 돌	67	
동	冬 겨울 동	111	
	同 한가지 동	28	
	東 동녘 동	111	
	洞 골 동, 밝을 통	28	
	凍 얼 동	111	
	動 움직일 동	359	
	童 아이 동	280	
	銅 구리 동	28	

두	斗	말 두	358		兩	두 량	360		禮 예도 례	140
	豆	콩 두	139		梁	들보/다리 량	387	로	老 늙을 로	168
	頭	머리 두	140		涼	서늘할 량	387		勞 일할 로	134
둔	屯	진칠 둔	53		量	헤아릴 량	360		路 길 로	224
	鈍	둔할 둔	53		諒	살필 량	388		爐 화로 로	415
득	得	얻을 득	194		糧	양식 량	360		露 이슬 로	123
등	登	오를 등	140	려	旅	나그네 려	324	록	鹿 사슴 록	77
	等	무리 등	197		慮	생각할 려	79		祿 녹 록	375
	燈	등불 등	140		勵	힘쓸 려	189		綠 푸를 록	375
	騰	오를 등	190		麗	고울 려	77		錄 기록할 록	375
				력	力	힘 력	188	론	論 논할 론	402
					曆	책력 력	220	롱	弄 희롱할 롱	342
ㄹ					歷	지날 력	220	뢰	雷 우레 뢰	124
				련	連	이을 련	333		賴 의뢰할 뢰	95
라	羅	벌릴 라	85		憐	불쌍히 여길 련	411	료	了 마칠 료	162
락	絡	이을 락	225		練	익힐 련	36		料 헤아릴 료	359
	落	떨어질 락	47		蓮	연꽃 련	333		僚 동료 료	153
	樂	즐길 락, 노래 악, 좋아할 요			聯	이을 련	381	룡	龍 용 룡	106
			242		鍊	쇠 불릴/단련할 련	36	루	淚 눈물 루	67
란	卵	알 란	83		戀	그리워할 련	235		累 여러/포갤 루	373
	亂	어지러울 란	200	렬	列	벌릴 렬	296		屢 여러 루	175
	欄	난간 란	36		劣	못할 렬	188		漏 샐 루	124
	蘭	난초 란	36		烈	매울 렬	296		樓 다락 루	175
람	濫	넘칠 람	249		裂	찢어질 렬	296	류	柳 버들 류	76
	覽	볼 람	249	렴	廉	청렴할 렴	211		流 흐를 류	160
랑	浪	물결 랑	238	렵	獵	사냥 렵	68		留 머무를 류	76
	郞	사내 랑	238	령	令	하여금 령	304		類 무리 류	230
	朗	밝을 랑	238		零	떨어질/영 령	123	륙	六 여섯 륙	339
	廊	사랑채 랑	239		領	거느릴 령	305		陸 뭍 륙	25
래	來	올 래	41		嶺	고개 령	305	륜	倫 인륜 륜	402
랭	冷	찰 랭	304		靈	신령 령	137		輪 바퀴 륜	402
략	掠	노략질할 략	388	례	例	법식 례	297	률	律 법칙 률	204
	略	간략할 략	225		隷	종 례	207		栗 밤 률	31
량	良	좋을 량	238							

	率 비율 률, 거느릴 솔	377		忙 바쁠 망	289		冒 무릅쓸 모	247
륭	隆 높을 륭	415		忘 잊을 망	289		某 아무 모	264
릉	陵 언덕 릉	26		罔 없을 망	290		募 모을 모	116
리	吏 벼슬아치 리	209		茫 아득할 망	289		貌 모양 모	106
	利 이로울 리	40		望 바랄 망	290		慕 그리워할 모	116
	李 오얏/성 리	31	매	每 매양 매	175		暮 저물 모	116
	里 마을 리	18		妹 손아래 누이 매	170		模 본뜰 모	117
	梨 배 리	40		埋 묻을 매	18		謀 꾀 모	264
	理 다스릴 리	18		梅 매화 매	175	목	木 나무 목	30
	裏 속 리	367		媒 중매 매	264		目 눈 목	246
	履 밟을 리	332		買 살 매	95		牧 칠 목	64
	離 떠날 리	91		賣 팔 매	96		睦 화목할 목	25
린	鄰 이웃 린	411	맥	脈 줄기 맥	128	몰	沒 빠질 몰	24
림	林 수풀 림	34		麥 보리 맥	41	몽	夢 꿈 몽	246
	臨 임할 림	248	맹	孟 맏 맹	164		蒙 어두울 몽	70
립	立 설 립	279		盲 눈멀 맹	290	묘	卯 토끼 묘	76
				猛 사나울 맹	164		妙 묘할 묘	21
	ㅁ			盟 맹세 맹	120		苗 모 묘	17
			면	免 면할 면	75		墓 무덤 묘	116
마	馬 말 마	77		勉 힘쓸 면	76		廟 사당 묘	114
	麻 삼 마	372		面 낯 면	230	무	戊 천간 무	318
	磨 갈 마	372		眠 잘 면	311		武 무사 무	317
막	莫 없을 막	115		綿 솜 면	374		茂 무성할 무	319
	幕 장막 막	116	멸	滅 없어질 멸	130		務 힘쓸 무	188
	漠 넓을 막	115	명	名 이름 명	122		無 없을 무	244
만	晚 늦을 만	76		命 목숨 명	304		貿 무역할 무	77
	萬 일만 만	340		明 밝을 명	120		舞 춤출 무	244
	慢 거만할 만	252		冥 어두울 명	145		霧 안개 무	123
	漫 퍼질 만	252		銘 새길 명	122	묵	墨 먹 묵	155
	滿 찰 만	360		鳴 울 명	82		默 잠잠할 묵	156
말	末 끝 말	33	모	毛 터럭 모	61	문	文 글월 문	155
망	亡 망할 망	289		母 어머니 모	166		門 문 문	380
	妄 망령될 망	289		侮 업신여길 모	176		紋 무늬 문	155

	問 물을 문	380		飯 밥 반	352		犯 범할 범	67
	聞 들을 문	380		盤 쟁반 반	335		範 모범 범	37
물	勿 말 물	349	발	拔 뽑을 발	298	법	法 법 법	288
	物 물건 물	349		發 필 발	141	벽	碧 푸를 벽	19
미	未 아닐 미	33		髮 터럭 발	297		壁 벽 벽	157
	米 쌀 미	40	방	方 모 방	398	변	辨 분별할 변	157
	尾 꼬리 미	61		妨 방해할 방	170		邊 가 변	416
	味 맛 미	33		邦 나라 방	329		辯 말씀 변	157
	眉 눈썹 미	246		防 막을 방	398		變 변할 변	236
	美 아름다울 미	72		房 방 방	383	별	別 다를/나눌 별	295
	迷 미혹할 미	40		放 놓을 방	399	병	丙 남녘 병	412
	微 작을 미	411		芳 꽃다울 방	398		兵 병사 병	314
민	民 백성 민	311		倣 본뜰 방	399		病 병 병	142
	敏 민첩할 민	176		訪 찾을 방	399		竝 나란히 병	280
	憫 불쌍히 여길 민	381		傍 곁 방	399		屛 병풍 병	383
밀	密 빽빽할 밀	239	배	杯 잔 배	51	보	步 걸음 보	220
	蜜 꿀 밀	239		拜 절 배	178		保 지킬 보	152
				背 등 배	112		報 갚을/알릴 보	158
	ㅂ			倍 곱 배	410		普 넓을 보	281
				配 나눌/짝 배	292		補 기울 보	181
박	朴 성 박	31		培 북돋울 배	410		譜 족보 보	281
	拍 칠 박	113		排 밀칠 배	92		寶 보배 보	358
	泊 머무를/배 댈 박	113		輩 무리 배	92	복	卜 점 복	146
	迫 핍박할 박	113	백	白 흰 백	112		伏 엎드릴 복	67
	博 넓을 박	181		百 일백 백	113		服 옷 복	158
	薄 엷을 박	181		伯 맏 백	113		復 회복할 복, 다시 부	331
반	反 돌이킬 반	186	번	番 차례 번	81		腹 배 복	59
	半 반 반	65		煩 번거로울 번	231		福 복 복	145
	伴 짝 반	65		繁 번성할 번	176		複 겹칠 복	332
	返 돌아올 반	186		飜 번역할 번	91		覆 뒤집을 복	332
	叛 배반할 반	65	벌	伐 칠 벌	316	본	本 근본 본	33
	班 나눌 반	342		罰 벌할 벌	154	봉	奉 받들 봉	216
	般 일반 반	335	범	凡 무릇 범	334		封 봉할 봉	331

	峯	봉우리 봉	226	붕	朋	벗 붕	343	
	逢	만날 봉	226		崩	무너질 붕	343	
	蜂	벌 봉	226	비	比	견줄 비	281	
	鳳	봉황새 봉	104		妃	왕비 비	291	
부	夫	지아비/사내 부	278		批	비평할 비	281	
	父	아버지 부	166		卑	낮을 비	307	
	付	부칠 부	194		肥	살찔 비	102	
	否	아닐 부	50		非	아닐 비	92	
	扶	도울 부	279		飛	날 비	91	
	府	마을/관청 부	195		祕	숨길 비	239	
	附	붙을 부	195		婢	계집종 비	308	
	負	질 부	94		備	갖출 비	55	
	赴	다다를 부	146		悲	슬플 비	92	
	浮	뜰 부	163		費	쓸 비	154	
	副	버금 부	145		碑	비석 비	308	
	婦	며느리 부	208		鼻	코 비	270	
	符	부호 부	194	빈	貧	가난할 빈	347	
	部	떼 부	410		賓	손 빈	95	
	富	부자 부	145		頻	자주 빈	230	
	腐	썩을 부	195	빙	氷	얼음 빙	125	
	賦	부여할 부	317		聘	부를 빙	266	
	簿	문서 부	181					
북	北	북녘 북, 달아날 배	112					
분	分	나눌 분	347			ㅅ		
	奔	달릴 분	276	사	士	선비 사	286	
	粉	가루 분	347		巳	뱀 사	102	
	紛	어지러울 분	347		仕	섬길 사	286	
	墳	무덤 분	100		史	역사 사	209	
	憤	분할 분	100		司	맡을 사	257	
	奮	떨칠 분	90		四	넉 사	338	
불	不	아닐 불	50		寺	절 사	195	
	佛	부처 불	153		死	죽을 사	169	
	拂	떨칠 불	153		似	같을 사	400	

沙	모래 사	20	
私	사사로울 사	211	
邪	간사할 사	265	
事	일 사	210	
使	하여금/부릴 사	210	
社	모일 사	136	
祀	제사 사	138	
舍	집 사	395	
思	생각 사	232	
査	조사할 사	149	
射	쏠 사	295	
師	스승 사	313	
捨	버릴 사	396	
斜	비낄 사	397	
蛇	뱀 사	102	
斯	이 사	407	
絲	실 사	372	
詞	말씀 사	257	
詐	속일 사	370	
寫	베낄 사	83	
賜	줄 사	105	
謝	사례할 사	295	
辭	말씀 사	200	
삭	削	깎을 삭	60
	朔	초하루 삭	221
산	山	산 산	16
	産	낳을 산	45
	散	흩을 산	183
	算	셈 산	37
살	殺	죽일 살, 감할/빠를 쇄	184
삼	三	석 삼	338
	森	수풀 삼	34
상	上	위 상	21

	床	평상 상	32		誓	맹세할 서	407		誠	정성 성	328
	尙	숭상할 상	392		緖	실마리 서	301		聲	소리 성	242
	狀	형상 상, 문서 장	404	석	夕	저녁 석	120	세	世	인간 세	341
	相	서로 상	247		石	돌 석	19		洗	씻을 세	227
	桑	뽕나무 상	182		昔	예 석	119		細	가늘 세	232
	商	장사 상	386		析	쪼갤 석	407		稅	세금 세	149
	常	떳떳할 상	392		席	자리 석	394		勢	형세 세	26
	祥	상서로울 상	73		惜	아낄 석	119		歲	해 세	340
	喪	잃을 상	253		釋	풀 석	158	소	小	작을 소	20
	象	코끼리 상	72	선	仙	신선 선	16		少	적을 소	20
	傷	다칠 상	118		先	먼저 선	227		召	부를 소	348
	想	생각 상	247		宣	베풀 선	109		所	바 소	383
	詳	자세할 상	74		旋	돌 선	324		昭	밝을 소	349
	像	모양 상	72		船	배 선	334		消	사라질 소	60
	嘗	맛볼 상	393		善	착할 선	73		笑	웃음 소	37
	裳	치마 상	392		線	줄 선	130		素	본디/흴 소	373
	賞	상줄 상	394		選	가릴 선	103		掃	쓸 소	207
	償	갚을 상	394		禪	좌선할 선	325		疏	소통할 소	160
	霜	서리 상	123		鮮	고울 선	93		訴	호소할 소	315
색	色	빛 색	306	설	舌	혀 설	261		蔬	나물 소	161
	索	찾을 색	373		設	베풀 설	185		燒	불사를 소	412
	塞	막힐 색, 변방 새	385		雪	눈 설	124		蘇	되살아날 소	93
생	生	날 생	44		說	말씀 설, 달랠 세	302		騷	떠들 소	77
서	西	서녘 서	112	섭	涉	건널 섭	220	속	束	묶을 속	35
	序	차례 서	410		攝	다스릴 섭	240		俗	풍속 속	27
	徐	천천할 서	396	성	成	이룰 성	327		速	빠를 속	35
	恕	용서할 서	172		姓	성씨 성	44		粟	조 속	41
	書	글 서	205		性	성품 성	44		屬	붙일 속	105
	庶	여러 서	394		星	별 성	44		續	이을 속	96
	敍	펼 서	397		省	살필 성, 덜 생	20	손	孫	손자 손	376
	逝	갈 서	408		城	성 성	328		損	덜 손	97
	暑	더울 서	300		盛	성할 성	328	송	松	소나무 송	211
	署	마을 서	300		聖	성인 성	224		送	보낼 송	306

	訟 송사할 송	212	숙	叔 아저씨 숙	187		是 이/옳을 시	222
	頌 칭송할 송	212		孰 누구 숙	389		時 때 시	195
	誦 욀 송	55		宿 잘 숙, 별자리 수	114		視 볼 시	136
쇄	刷 인쇄할 쇄	347		淑 맑을 숙	187		詩 시 시	196
	鎖 쇠사슬 쇄	346		肅 엄숙할 숙	204		試 시험 시	363
쇠	衰 쇠할 쇠	366		熟 익을 숙	389	식	式 법 식	362
수	手 손 수	178	순	旬 열흘 순	118		食 밥/먹을 식	352
	水 물 수	125		巡 돌아다닐 순	129		息 쉴 식	270
	囚 가둘 수	154		殉 따라 죽을 순	118		植 심을 식	30
	守 지킬 수	194		純 순수할 순	53		飾 꾸밀 식	352
	收 거둘 수	54		脣 입술 순	101		識 알 식	322
	秀 빼어날 수	39		循 돌 순	321	신	申 알릴 신	414
	受 받을 수	199		順 순할 순	129		臣 신하 신	248
	垂 드리울 수	48		瞬 눈 깜짝일 순	247		伸 펼 신	414
	帥 장수 수	313	술	戌 개 술	318		身 몸 신	295
	首 머리 수	229		述 펼 술	42		辛 매울 신	156
	修 닦을 수	298		術 재주 술	42		信 믿을 신	261
	殊 다를 수	35	숭	崇 높을 숭	139		神 귀신 신	136
	授 줄 수	199	습	拾 주울 습, 열 십	357		晨 새벽 신	101
	須 모름지기 수	231		習 익힐 습	92		愼 삼갈 신	251
	愁 근심 수	110		濕 젖을 습	374		新 새 신	156
	搜 찾을 수	179		襲 엄습할 습	106	실	失 잃을 실	182
	睡 졸음 수	48	승	承 이을 승	415		室 집 실	383
	遂 드디어 수	71		昇 오를 승	109		實 열매 실	98
	壽 목숨 수	168		乘 탈 승	31	심	心 마음 심	234
	需 쓰일 수	271		勝 이길 승	190		甚 심할 심	342
	數 셈 수	175		僧 중 승	354		深 깊을 심	179
	誰 누구 수	87	시	市 시장 시	372		尋 찾을 심	179
	樹 나무 수	30		矢 화살 시	321		審 살필 심	81
	隨 따를 수	412		示 보일 시	136	십	十 열 십	340
	輸 보낼 수	335		侍 모실 시	196	쌍	雙 쌍 쌍	84
	雖 비록 수	87		始 비로소 시	262	씨	氏 성씨 씨	49
	獸 짐승 수	68		施 베풀 시	325			

ㅇ

아	牙	어금니 아	265
	我	나 아	316
	亞	버금 아	290
	兒	아이 아	167
	芽	싹 아	265
	阿	언덕/아부 아	259
	雅	맑을 아	265
	餓	주릴 아	353
악	岳	큰 산 악	25
	惡	악할 악, 미워할 오	290
안	安	편안 안	173
	岸	언덕 안	25
	案	책상 안	173
	眼	눈 안	237
	雁	기러기 안	85
	顔	낯 안	230
알	謁	뵐 알	264
암	暗	어두울 암	267
	巖	바위 암	241
압	押	누를 압	51
	壓	누를 압	68
앙	央	가운데 앙	276
	仰	우러를 앙	305
	殃	재앙 앙	277
애	哀	슬플 애	366
	涯	물가 애	127
	愛	사랑 애	235
액	厄	액 액	24
	液	진액 액	122
	額	이마 액	226
야	也	어조사 야	103
	夜	밤 야	121
	耶	어조사 야	418
	野	들 야	18
약	約	맺을 약	144
	若	같을 약	192
	弱	약할 약	320
	藥	약 약	243
	躍	뛸 약	87
양	羊	양 양	72
	洋	큰 바다 양	73
	揚	날릴 양	117
	陽	볕 양	117
	楊	버들 양	117
	樣	모양 양	73
	養	기를 양	73
	壤	흙덩이 양	368
	讓	사양할 양	368
어	於	어조사 어	417
	御	거느릴 어	330
	魚	물고기 어	93
	漁	고기 잡을 어	93
	語	말씀 어	261
억	抑	누를 억	305
	億	억 억	268
	憶	생각할 억	268
언	言	말씀 언	260
	焉	어찌 언	417
엄	嚴	엄할 엄	241
업	業	업 업	242
여	予	나 여	410
	如	같을 여	172
	汝	너 여	171
	余	나 여	396
	與	더불/줄 여	214
	餘	남을 여	353
	輿	수레 여	215
역	亦	또 역	272
	役	부릴 역	185
	易	바꿀 역, 쉬울 이	105
	疫	전염병 역	143
	逆	거스를 역	220
	域	지경 역	317
	譯	번역할 역	159
	驛	역 역	159
연	延	늘일 연	223
	沿	물가 연	334
	宴	잔치 연	173
	硏	갈 연	19
	軟	연할 연	333
	然	그럴 연	68
	煙	연기 연	132
	鉛	납 연	334
	演	펼 연	413
	緣	인연 연	375
	燕	제비 연	83
	燃	탈 연	68
열	悅	기쁠 열	302
	熱	더울 열	26
	閱	볼 열	302
염	炎	불꽃 염	133
	染	물들 염	32
	鹽	소금 염	249
엽	葉	잎 엽	47
영	永	길 영	128
	泳	헤엄칠 영	128
	迎	맞을 영	306

	映	비칠 영	277		外	바깥 외	121		運	움직일 운	313
	英	꽃부리 영	277		畏	두려워할 외	307		韻	운 운	97
	詠	읊을 영	128	요	要	중요할 요	174	웅	雄	수컷 웅	86
	榮	영화 영	133		搖	흔들 요	358	원	元	으뜸 원	227
	影	그림자 영	388		腰	허리 요	174		怨	원망할 원	121
	營	경영할 영	133		遙	멀 요	358		原	언덕 원	131
예	銳	날카로울 예	302		謠	노래 요	358		員	인원 원	97
	豫	미리 예	81		曜	빛날 요	88		院	집 원	228
	藝	재주 예	26	욕	浴	목욕할 욕	27		援	도울 원	199
	譽	기릴/명예 예	215		辱	욕될 욕	101		圓	둥글 원	97
오	五	다섯 오	339		欲	하고자 할 욕	28		園	동산 원	367
	午	낮 오	413		慾	욕심 욕	28		源	근원 원	131
	汚	더러울 오	266	용	用	쓸 용	54		遠	멀 원	367
	吾	나 오	253		勇	날랠 용	55		願	원할 원	131
	娛	즐길 오	303		容	얼굴 용	27	월	月	달 월	120
	悟	깨달을 오	253		庸	떳떳할 용	206		越	넘을 월	349
	烏	까마귀 오	83	우	又	또 우	182	위	危	위태할 위	23
	傲	거만할 오	415		于	어조사 우	265		位	자리 위	279
	嗚	슬플 오	83		友	벗 우	182		委	맡길 위	38
	誤	그르칠 오	303		尤	더욱 우	416		威	위엄 위	171
옥	玉	구슬 옥	342		牛	소 우	63		胃	밥통 위	60
	屋	집 옥	384		右	오른쪽 우	192		偉	클 위	329
	獄	옥 옥	67		宇	집 우	266		圍	에워쌀 위	329
온	溫	따뜻할 온	164		羽	깃 우	91		爲	할 위	201
옹	翁	늙은이 옹	212		雨	비 우	123		違	어긋날 위	329
	擁	낄 옹	160		偶	짝 우	80		僞	거짓 위	201
와	瓦	기와 와	400		郵	우편 우	48		慰	위로할 위	235
	臥	누울 와	248		愚	어리석을 우	80		緯	씨 위	330
완	完	완전할 완	228		遇	만날 우	80		衛	지킬 위	329
	緩	느릴 완	200		憂	근심 우	235		謂	이를 위	261
왈	曰	말할 왈	252		優	넉넉할 우	235	유	幼	어릴 유	188
왕	王	임금 왕	309	운	云	이를 운	125		由	말미암을 유	17
	往	갈 왕	310		雲	구름 운	125		有	있을 유	58

	酉	닭 유	141	의	衣	옷 의	366		任	맡길 임	308
	乳	젖 유	163		矣	어조사 의	171		賃	품삯 임	308
	油	기름 유	17		依	의지할 의	366	입	入	들 입	287
	幽	그윽할 유	16		宜	마땅 의	149				
	柔	부드러울 유	32		意	뜻 의	268			ㅈ	
	唯	오직 유	84		義	옳을 의	74				
	悠	멀 유	298		疑	의심할 의	306	자	子	아들 자	162
	惟	생각할 유	84		儀	거동 의	74		字	글자 자	162
	猶	오히려 유	80		醫	의원 의	142		自	스스로 자	270
	裕	넉넉할 유	27		議	의논할 의	75		刺	찌를 자	38
	愈	더욱 유	335	이	二	두 이	338		姉	손위 누이 자	169
	遊	놀 유	325		已	이미 이	102		姿	모양 자	258
	維	벼리 유	85		以	써 이	399		者	사람 자	300
	誘	꾈 유	39		夷	오랑캐 이	319		恣	방자할 자	258
	儒	선비 유	271		而	말 이을 이	271		玆	이 자	377
	遺	남길 유	96		耳	귀 이	240		紫	자줏빛 자	282
육	肉	고기 육	58		移	옮길 이	121		慈	사랑 자	377
	育	기를 육	161		異	다를 이	307		資	재물 자	258
윤	閏	윤달 윤	382	익	益	더할 익	61	작	作	지을 작	370
	潤	윤택할 윤	382		翼	날개 익	307		昨	어제 작	370
은	恩	은혜 은	276	인	人	사람 인	152		酌	술 따를 작	143
	銀	은 은	237		仁	어질 인	152		爵	벼슬 작	414
	隱	숨을 은	180		引	끌 인	319	잔	殘	남을 잔	326
을	乙	새 을	51		印	도장 인	305	잠	暫	잠깐 잠	408
음	吟	읊을 음	304		因	인할 인	276		潛	잠길 잠	127
	音	소리 음	267		忍	참을 인	348	잡	雜	섞일 잡	84
	淫	음란할 음	309		姻	혼인 인	276	장	丈	어른 장	193
	陰	그늘 음	125		寅	범 인	413		壯	씩씩할 장	404
	飮	마실 음	352		認	알 인	348		長	길 장	297
읍	邑	고을 읍	328	일	一	한 일	338		將	장수 장	312
	泣	울 읍	280		日	날 일	108		帳	장막 장	297
응	凝	엉길 응	307		逸	편안할 일	75		張	베풀 장	297
	應	응할 응	234	임	壬	북방/아홉째 천간 임	308		章	글 장	268

	莊	장엄할 장	404		賊	도둑 적	391	**정**	丁	고무래/장정 정	400
	場	마당 장	117		跡	발자취 적	272		井	우물 정	401
	掌	손바닥 장	393		摘	딸 적	315		正	바를 정	221
	粧	단장할 장	41		滴	물방울 적	315		廷	조정 정	223
	腸	창자 장	59		敵	대적할 적	315		定	정할 정	222
	葬	장사 지낼 장	169		適	맞을 적	315		征	칠 정	221
	裝	꾸밀 장	405		積	쌓을 적	99		政	정사 정	221
	障	막을 장	268		績	길쌈 적	99		亭	정자 정	386
	墻	담 장	415		蹟	자취 적	100		訂	바로잡을 정	400
	藏	감출 장	312		籍	문서 적	119		貞	곧을 정	94
	臟	오장 장	312	**전**	田	밭 전	16		庭	뜰 정	223
	奬	장려할 장	312		全	온전 전	287		停	머무를 정	386
재	才	재주 재	52		典	법 전	402		情	뜻 정	46
	再	두 재	397		前	앞 전	335		淨	깨끗할 정	201
	在	있을 재	52		展	펼 전	293		頂	정수리 정	400
	材	재목 재	52		專	오로지 전	197		程	길 정	223
	災	재앙 재	129		傳	전할 전	197		精	정할 정	46
	哉	어조사 재	371		殿	전각 전	293		整	가지런할 정	221
	宰	재상 재	156		電	번개 전	124		靜	고요할 정	201
	栽	심을 재	371		戰	싸움 전	326	**제**	弟	아우 제	167
	財	재물 재	52		錢	돈 전	327		制	절제할 제	369
	裁	옷 마를 재	370		轉	구를 전	197		帝	임금 제	309
	載	실을 재	371	**절**	切	끊을 절, 온통 체	346		除	덜 제	396
쟁	爭	다툴 쟁	200		折	꺾을 절	407		祭	제사 제	138
저	低	낮을 저	50		絶	끊을 절	306		第	차례 제	168
	底	밑 저	50		節	마디 절	355		堤	둑 제	222
	抵	막을 저	50		竊	훔칠 절	390		提	끌 제	222
	貯	쌓을 저	95	**점**	占	점칠 점	146		製	지을 제	369
	著	나타날 저	301		店	가게 점	146		際	사이 제	138
적	赤	붉을 적	273		漸	점점 점	408		齊	가지런할 제	41
	的	과녁 적	144		點	점 점	147		諸	모두 제	301
	寂	고요할 적	187	**접**	接	이을 접	172		濟	건널 제	42
	笛	피리 적	243		蝶	나비 접	47		題	제목 제	222

조	弔	조상할 조	319	**주**	主	주인 주	310	
	兆	억조 조	147		州	고을 주	130	
	早	이를 조	109		朱	붉을 주	34	
	助	도울 조	148		舟	배 주	334	
	祖	할아버지 조	148		住	살 주	310	
	租	세금 조	149		走	달릴 주	228	
	條	가지 조	298		周	두루 주	55	
	組	짤 조	148		宙	집 주	266	
	造	지을 조	66		注	부을 주	310	
	鳥	새 조	82		奏	아뢸 주	216	
	朝	아침 조	114		柱	기둥 주	310	
	照	비칠 조	349		洲	물가 주	130	
	潮	밀물 조	114		株	그루 주	35	
	調	고를 조	56		珠	구슬 주	35	
	操	잡을 조	87		酒	술 주	141	
	燥	마를 조	87		晝	낮 주	205	
족	足	발 족	218		週	주일 주	55	
	族	겨레 족	324		鑄	쇠 불릴 주	169	
존	存	있을 존	52	**죽**	竹	대 죽	36	
	尊	높을 존	144	**준**	俊	뛰어날 준	153	
졸	卒	마칠 졸	314		準	법 준	86	
	拙	졸할 졸	224		遵	좇을 준	144	
종	宗	마루 종	139	**중**	中	가운데 중	22	
	從	좇을 종	229		仲	버금 중	22	
	終	마칠 종	111		重	무거울 중	359	
	種	씨 종	359		衆	무리 중	61	
	縱	세로 종	229	**즉**	卽	곧 즉	355	
	鐘	쇠북 종	280	**증**	症	증세 증	143	
좌	左	왼쪽 좌	192		曾	일찍 증	353	
	佐	도울 좌	192		蒸	찔 증	132	
	坐	앉을 좌	274		增	더할 증	354	
	座	자리 좌	274		憎	미울 증	354	
죄	罪	허물 죄	154		證	증거 증	141	

贈	줄 증	354	
지 之	갈 지	219	
支	지탱할 지	184	
止	그칠 지	219	
只	다만 지	167	
地	땅 지	103	
池	못 지	103	
至	이를 지	409	
志	뜻 지	287	
枝	가지 지	184	
知	알 지	322	
持	가질 지	196	
指	가리킬 지	178	
紙	종이 지	49	
智	지혜 지	322	
誌	기록할 지	287	
遲	더딜 지	64	
직 直	곧을 직	250	
織	짤 직	323	
職	직분 직	322	
진 辰	별 진, 때 신	100	
珍	보배 진	342	
振	떨칠 진	101	
眞	참 진	251	
陣	진 칠 진	333	
陳	베풀/묵을 진	111	
進	나아갈 진	85	
盡	다할 진	204	
震	우레 진	124	
鎭	진압할 진	252	
질 姪	조카 질	170	
疾	병 질	142	
秩	차례 질	182	

	質	바탕 질	406	책	冊	책 책	401		遞	갈마들 체	49
집	執	잡을 집	158		責	꾸짖을 책	99		體	몸 체	140
	集	모을 집	84		策	꾀 책	37	초	初	처음 초	346
징	徵	부를 징	411	처	妻	아내 처	171		抄	뽑을 초	21
	懲	징계할 징	411		處	곳 처	79		肖	닮을/같을 초	60

之

				척	尺	자 척	193		招	부를 초	348
					斥	물리칠 척	314		秒	분초 초	21
					拓	넓힐 척, 박을 탁	19		草	풀 초	46
차	且	또 차	148		戚	친척 척	187		超	뛰어넘을 초	348
	次	버금 차	258	천	千	일천 천	340		礎	주춧돌 초	19
	此	이 차	282		川	내 천	129	촉	促	재촉할 촉	218
	借	빌릴 차	119		天	하늘 천	275		燭	촛불 촉	105
	差	다를 차	301		泉	샘 천	130		觸	닿을 촉	105
착	捉	잡을 착	218		淺	얕을 천	327	촌	寸	마디 촌	193
	着	붙을 착	301		賤	천할 천	327		村	마을 촌	193
	錯	어긋날 착	119		踐	밟을 천	327	총	銃	총 총	162
찬	贊	도울 찬	227		遷	옮길 천	416		總	다 총	242
	讚	기릴 찬	227		薦	천거할 천	106		聰	귀 밝을 총	241
찰	察	살필 찰	138	철	哲	밝을 철	407	최	最	가장 최	240
참	參	참여할 참	271		徹	통할 철	161		催	재촉할 최	86
	慘	참혹할 참	272		鐵	쇠 철	346	추	抽	뽑을 추	17
	慚	부끄러울 참	408	첨	尖	뾰족할 첨	20		秋	가을 추	110
창	昌	창성할 창	108		添	더할 첨	126		追	쫓을/따를 추	313
	倉	곳집 창	395	첩	妾	첩 첩	171		推	밀 추	86
	唱	부를 창	109	청	靑	푸를 청	45		醜	추할 추	142
	窓	창 창	390		淸	맑을 청	45	축	丑	소 축	413
	創	비롯할 창	395		晴	갤 청	45		畜	짐승 축	64
	暢	화창할 창	118		請	청할 청	45		祝	빌 축	166
	蒼	푸를 창	395		聽	들을 청	251		逐	쫓을 축	70
채	彩	채색 채	199		廳	관청 청	251		蓄	모을 축	65
	採	캘 채	199	체	替	바꿀 체	279		築	쌓을 축	236
	菜	나물 채	198		逮	잡을 체	207		縮	줄일 축	114
	債	빚 채	99		滯	막힐 체	379	춘	春	봄 춘	110

출	出	날 출	224					吐	토할 토	23	
충	充	채울 충	161		**ㅋ**			兔	토끼 토	75	
	忠	충성 충	22	쾌	快	쾌할 쾌	277	討	칠 토	194	
	衝	찌를 충	360					통	通	통할 통	54
	蟲	벌레 충	101		**ㅌ**			痛	아플 통	143	
취	吹	불 취	259					統	거느릴 통	162	
	取	가질 취	240	타	他	다를 타	103	퇴	退	물러날 퇴	237
	臭	냄새 취	270		打	칠 타	244	투	投	던질 투	185
	就	나아갈 취	387		妥	온당할 타	170		透	꿰뚫을 투	39
	趣	뜻 취	240		墮	떨어질 타	412		鬪	싸움 투	326
	醉	취할 취	142	탁	託	맡길 탁	53	특	特	특별할 특	196
측	側	곁 측	99		卓	높을 탁	109				
	測	헤아릴 측	98		濁	흐릴 탁	104		**ㅍ**		
층	層	층 층	354		濯	씻을 탁	88				
치	治	다스릴 치	262	탄	炭	숯 탄	132	파	把	잡을 파	102
	値	값 치	250		誕	낳을/거짓 탄	223		波	물결 파	63
	恥	부끄러울 치	241		彈	탄알 탄	325		派	갈래 파	128
	致	이를 치	409		歎	탄식할 탄	345		破	깨뜨릴 파	63
	稚	어릴 치	85	탈	脫	벗을 탈	302		頗	자못 파	63
	置	둘 치	250		奪	빼앗을 탈	90		播	뿌릴 파	81
	齒	이 치	219	탐	探	찾을 탐	179		罷	마칠 파	78
칙	則	법칙 칙	98		貪	탐낼 탐	303	판	判	판단할 판	65
친	親	친할 친	156	탑	塔	탑 탑	357		板	널 판	186
칠	七	일곱 칠	339	탕	湯	끓을 탕	118		版	판목 판	186
	漆	옻 칠	31	태	太	클 태	275		販	팔 판	186
침	沈	잠길 침, 성씨 심	278		怠	게으를 태	263	팔	八	여덟 팔	339
	枕	베개 침	278		殆	위태할 태	262	패	貝	조개 패	94
	侵	침노할 침	208		泰	클 태	215		敗	패할 패	94
	浸	잠길 침	208		態	모습 태	78	편	片	조각 편	404
	針	바늘 침	345	택	宅	집 택	53		便	편할 편, 똥오줌 변	183
	寢	잘 침	208		擇	가릴 택	158		偏	치우칠 편	403
칭	稱	일컬을 칭	398		澤	못 택	159		遍	두루 편	403
				토	土	흙 토	22		篇	책 편	402

	編 엮을 편	403	필	匹 짝 필	341		項 항목 항	362
평	平 평평할 평	361		必 반드시 필	239	해	亥 돼지 해	71
	評 평할 평	361		畢 마칠 필	418		奚 어찌 해	198
폐	肺 허파 폐	59		筆 붓 필	204		害 해칠 해	263
	閉 닫을 폐	381					海 바다 해	126
	弊 폐단/해질 폐	180	ㅎ				解 풀 해	62
	幣 화폐 폐	180					該 갖출 해	71
	廢 폐할/버릴 폐	141	하	下 아래 하	21	핵	核 씨 핵	71
	蔽 덮을 폐	180		何 어찌 하	259	행	行 다닐 행, 항렬 항	330
포	包 쌀 포	159		河 물 하	126		幸 다행 행	157
	布 베/펼 포	3/1		夏 여름 하	110	향	向 향할 향	392
	抱 안을 포	160		荷 멜 하	260		享 누릴 향	389
	胞 세포 포	159		賀 하례할 하	190		香 향기 향	38
	捕 잡을 포	180	학	學 배울 학	164		鄕 시골 향	356
	浦 개 포	181		鶴 학 학	90		響 울릴 향	356
	砲 대포 포	160	한	汗 땀 한	321	허	許 허락할 허	414
	飽 배부를 포	353		旱 가물 한	321		虛 빌 허	79
폭	幅 폭 폭	145		恨 원망할 한	236	헌	軒 집 헌	321
	暴 사나울 폭, 모질 포	216		限 막을 한	236		憲 법 헌	263
	爆 불 터질 폭	216		寒 찰 한	385		獻 드릴 헌	69
표	表 겉 표	367		閑 한가할 한	380	험	險 험할 험	275
	票 표 표	174		漢 한수/한나라 한	345		驗 시험 험	275
	漂 떠다닐 표	174		韓 나라 이름 한	115	혁	革 가죽 혁	63
	標 표할 표	174	할	割 벨 할	263	현	玄 검을 현	376
품	品 물건 품	341	함	含 머금을 함	304		現 나타날 현	248
풍	風 바람 풍	104		咸 다 함	318		絃 줄 현	243
	楓 단풍 풍	104		陷 빠질 함	23		賢 어질 현	250
	豊 풍년 풍	139	합	合 합할 합	356		縣 고을 현	376
피	皮 가죽 피	62	항	抗 겨룰 항	336		懸 매달 현	376
	彼 저 피	62		巷 거리 항	213		顯 나타날 현	374
	疲 피곤할 피	143		恒 항상 항	110	혈	穴 굴 혈	389
	被 입을 피	62		航 배 항	336		血 피 혈	60
	避 피할 피	157		港 항구 항	213	혐	嫌 싫어할 혐	210

협	協	화할 협	189		紅	붉을 홍	362	
	脅	위협할 협	189		鴻	기러기 홍	82	
형	兄	형 형	166	**화**	化	될 화	273	
	刑	형벌 형	154		火	불 화	131	
	亨	형통할 형	388		禾	벼 화	38	
	形	모양 형	155		和	화할 화	211	
	螢	반딧불이 형	134		花	꽃 화	48	
	衡	저울 형	330		貨	재물 화	273	
혜	兮	어조사 혜	417		畵	그림 화	205	
	惠	은혜 혜	198		華	빛날 화	48	
	慧	슬기로울 혜	234		話	말씀 화	262	
호	互	서로 호	401		禍	재앙 화	296	
	戶	집 호	382	**확**	確	굳을 확	90	
	乎	어조사 호	267		擴	넓힐 확	344	
	好	좋을 호	163		穫	거둘 확	89	
	呼	부를 호	267	**환**	丸	둥글 환	26	
	虎	범 호	78		患	근심 환	22	
	胡	오랑캐 호	255		換	바꿀 환	178	
	浩	넓을 호	66		環	고리 환	368	
	毫	터럭 호	386		還	돌아올 환	367	
	湖	호수 호	255		歡	기쁠 환	88	
	號	이름 호	78	**활**	活	살 활	262	
	豪	호걸 호	385	**황**	況	상황 황	167	
	護	도울 호	89		皇	임금 황	309	
혹	或	혹시 혹	316		荒	거칠 황	47	
	惑	미혹할 혹	317		黃	누를 황	343	
혼	昏	어두울 혼	49	**회**	回	돌아올 회	127	
	婚	혼인할 혼	49		灰	재 회	132	
	混	섞을 혼	127		悔	뉘우칠 회	176	
	魂	넋 혼	137		會	모일 회	355	
홀	忽	갑자기 홀	350		懷	품을 회	368	
홍	弘	클 홍	320	**획**	劃	그을 획	205	
	洪	넓을 홍	213		獲	얻을 획	89	
횡	橫	가로 횡	343
효	孝	효도 효	168
	效	본받을 효	294
	曉	새벽 효	412
후	侯	제후 후	408
	厚	두터울 후	131
	後	뒤 후	330
	候	기후 후	409
훈	訓	가르칠 훈	129
훼	毀	헐 훼	185
휘	揮	휘두를 휘	314
	輝	빛날 휘	314
휴	休	쉴 휴	30
	携	이끌 휴	86
흉	凶	흉할 흉	23
	胸	가슴 흉	58
흑	黑	검을 흑	155
흡	吸	마실 흡	24
흥	興	일어날 흥	215
희	希	바랄 희	371
	喜	기쁠 희	244
	稀	드물 희	372
	戱	놀이 희	79

memo

memo

**30일 완성,
3단계** 학습 프로젝트

漢字 암기 마스터 핵심 스토리북

지은이 김미화
펴낸이 정규도
펴낸곳 (주)다락원

초판 1쇄 발행 2014년 12월 19일
　　5쇄 발행 2024년 1월 5일

편집총괄 최운선
책임편집 김유진
디자인 장미연, 정규옥
일러스트 윤혜영

다락원 경기도 파주시 문발로 211
내용문의 (02) 736-2031 내선 272
구입문의 (02) 736-2031 내선 250~252 / Fax (02) 732-2037
출판등록 1977년 9월 16일 제406-2008-000007호

Copyright ⓒ 2014, 김미화

저자 및 출판사의 허락 없이 이 책의 일부 또는 전부를 무단 복제·전재·발췌할 수 없습니다. 구입 후 철회는 회사 내규에 부합하는 경우에 가능하므로 구입문의처에 문의하시기 바랍니다. 분실·파손 등에 따른 소비자 피해에 대해서는 공정거래위원회에서 고시한 소비자 분쟁 해결 기준에 따라 보상 가능합니다. 잘못된 책은 바꿔 드립니다.

http://www.darakwon.co.kr

다락원 홈페이지를 통해 인터넷 주문을 하시면 자세한 정보와 함께 다양한 혜택을 받으실 수 있습니다.

**30일 완성,
3단계 학습 프로젝트**

漢字 암기
마스터

핵심 스토리북

30일 완성,
3단계 학습 프로젝트

漢字 암기
마스터

김미화 지음

핵심 스토리북

한자 암기에 필요한 **한 줄짜리 핵심 스토리** 수록

☑ 책갈피로 뜻음을 가린 후 암기한 한자를 체크해 보세요.
☑ 체크하지 않은 한자는 핵심 스토리를 다시 한 번 읽으며 복습해 보세요.

다락원

**30일 완성,
3단계 학습 프로젝트**

漢字 암기
마스터

김미화 지음

핵심 스토리북

다락원

1일째 땅1

	山	산 **산**	여러 개의 봉우리가 높이 솟은 산을 그린 글자
□	仙	신선 **선**	사람[亻] 중에 산[山]속에 들어가 자연과 더불어 사는 신선
□	幽	그윽할 **유**	깊은 산[山] 속은 어두워서 작은[幺幺] 것들이 안 보일 정도로 그윽하다
□	田	밭 **전**	밭과 그 경계인 논두렁을 그린 글자
□	畓	논 **답**	물[水]을 댄 밭[田]은 논
□	苗	모 **묘**	싹[艹]만 조금 올라와 밭[田]에 옮겨 심긴 모
□	由	말미암을 **유**	식물은 밭[田]에서 싹[ㅣ]이 올라오는 것으로부터 말미암아 자란다
□	抽	뽑을 **추**	손[扌]으로 밭[田]에 난 잡초나 싹[ㅣ]을 뽑는다
□	油	기름 **유**	밭[田]에서 난[ㅣ] 식물을 짜서 얻은 끈적한 물[氵]이 기름
□	曲	굽을 **곡**	밭[田→曰]에 난 싹들[ㅣㅣ]이 자라서 무성해 지면 서로 엉켜 구불구불하다
□	里	마을 **리**	농사지을 밭[田]과 집 지을 땅[土]이 있는 마을
□	理	다스릴 **리**	임금이 귀한 옥[玉→王]을 갈고 닦듯 정성스레 백성의 마을[里]을 다스린다
□	埋	묻을 **매**	사람이 죽으면 마을[里] 근처의 흙[土]에 묻는다
□	野	들 **야**	마을[里] 사람들이 농사짓고 살 수 있게 해 주는[予] 넓은 들
□	石	돌 **석**	언덕[厂] 아래에 굴러다니는 돌덩이[口]를 그린 글자
□	拓	넓힐 **척**, 박을 **탁**	손[扌]으로 돌[石]을 골라내어 터를 넓힌다
□	硏	갈 **연**	돌[石]의 표면을 평평하게[开] 만들기 위해 간다
□	碧	푸를 **벽**	흰[白] 돌[石]처럼 깨끗한 옥[王]에 담긴 푸른빛
□	礎	주춧돌 **초**	돌[石] 중에 건물의 무게에 괴로워하는[楚] 주춧돌
□	小	작을 **소**	작은 모래나 돌조각을 그려 작다는 의미를 표현
□	尖	뾰족할 **첨**	물체의 아랫부분은 크고[大] 위로 올라갈수록 작아져[小] 뾰족한 모양
□	少	적을 **소**	크기가 작다는 뜻의 小(작을 소)에 한 획[丿]을 더하여 양이 적음을 표현
□	省	살필 **성**, 덜 **생**	작거나 적은[少] 것을 눈[目]으로 보기 위해 자세히 살핀다 양이 줄어든[少] 것이 눈[目]에 보이니 덜어냈음을 의미

☐	沙	모래 사	파도가 들이쳤다가 나가면서 바닷가 물[氵]이 줄어들면[少] 점점 드러나는 모래
☐	妙	묘할 묘	나이 어린[少] 여자[女]가 가진 아름다움이 묘하다
☐	秒	분초 초	벼[禾]의 껍질에 붙은 가늘고[少] 짧은 수염을 시간 단위에 비유하여 '분초'의 의미
☐	抄	뽑을 초	글이나 문장에서 필요한 부분을 손[扌]으로 조금씩[少] 뽑는다
☐	上	위 상	기준선[一] 위에 점[丶]을 찍어 '위'라고 표현
☐	下	아래 하	기준선[一] 아래에 점[丶]을 찍어 '아래'를 표현
☐	中	가운데 중	땅의 가운데에 깃발을 세운 모습
☐	仲	버금 중	사람[亻] 중에 첫째와 막내의 가운데[中]에 태어난 둘째는 으뜸의 다음인 버금
☐	忠	충성 충	흔들리지 않고 중심[中]을 지키는 충성스런 마음[心]
☐	患	근심 환	중심이 흔들리는[串] 마음[心]에서 생겨나는 것이 근심
☐	土	흙 토	흙덩이가 땅 위에 두둑하게 올라와 있는 모습을 그린 글자
☐	吐	토할 토	입[口]안에 있는 음식을 땅[土]에 토한다
☐	凶	흉할 흉	구덩이[凵]에 사람[乂]이 빠졌으니 불길하고 흉하다
☐	陷	빠질 함	언덕[阝] 위에 있던 사람[ク]이 구덩이[臼]로 빠진다
☐	危	위태할 위	언덕[厂] 위에 있는 사람[ク]을 보고 웅크린 사람[㔾]을 그려 위태하다는 뜻을 표현
☐	急	급할 급	위태로운 사람[ク]에게 손[㣺]을 뻗어 잡으려는 마음[心]이 급하다
☐	厄	액 액	危(위태할 위)에서 언덕 위의 사람이 사라졌으니 액(사나운 운수)이 닥쳤다는 뜻
☐	沒	빠질 몰	물[氵]에 사람[ク]이 손[又]을 허우적거리며 빠져 있다
☐	及	미칠 급	낭떠러지에 걸린 사람[ク→丿]을 구하려고 뻗은 손[又]이 그에게 미친다
☐	級	등급 급	실[糸]이 옷감에 미치려면[及] 거쳐야 하는 단계나 등급
☐	吸	마실 흡	공기나 물이 입[口]속에 미치도록[及] 들이마신다
☐	丘	언덕 구	땅이 비탈지고 조금 높은 언덕을 그린 글자
☐	岳	큰 산 악	산[山] 위에 큰 언덕들[丘]이 자리 잡아 이루어진 높고 큰 산
☐	岸	언덕 안	산[山] 아래 언덕[厂]이 방패[干]처럼 막힌 형태의 낭떠러지 언덕
☐	陸	뭍 륙	바다보다 높이 올라온 언덕[阝]과 언덕[坴]이 합쳐져 이루어진 평평한 땅(뭍)
☐	睦	화목할 목	눈[目]앞의 언덕[坴]에 터를 이루고 살아가는 가족의 화목함
☐	陵	언덕 릉	언덕[阝]의 흙[土]이 높아서 숨을 나누어[八] 천천히 걸어[夂] 올라야 하는 큰 언덕

☐ 藝	재주 예	몸을 구부리고 앉아 풀[艹]을 잘 심고[埶] 또 잘 피어오르게[云] 하는 재주
☐ 勢	형세 세	심은[埶] 나무가 힘[力]차게 자라나는 형세
☐ 熱	더울 열	심었던[埶] 나무를 베어 불[火→灬]을 붙이면 열이 나서 덥다
☐ 丸	둥글 환	사람이 몸을 구부려 둥글게 말고 있는 모습
☐ 谷	골 곡	샘물[仌]이 흐르는 골짜기의 입구[口]
☐ 俗	풍속 속	사람들[亻]이 모여 사는 골짜기[谷]마다 자연스럽게 만들어진 풍속
☐ 浴	목욕할 욕	사람들이 물[氵] 많은 골짜기[谷]에서 목욕한다
☐ 容	얼굴 용	집[宀]이나 골짜기[谷]처럼 넓어서 많은 표정을 담을 수 있는 얼굴
☐ 裕	넉넉할 유	옷[衣→衤]의 품이 골짜기[谷]처럼 깊어서 크기가 넉넉하다
☐ 欲	하고자 할 욕	입을 골짜기[谷]처럼 하품[欠]하듯 벌려 말하며 끊임없이 무엇을 하고자 한다
☐ 慾	욕심 욕	하고자 하는[欲] 마음[心]이 지나치게 크면 분수에 넘치는 욕심
☐ 同	한가지 동	동굴[冂] 속 한[一] 구멍[口]에 모여 사는 식구는 핏줄이 한가지(같다)
☐ 洞	골 동, 밝을 통	물[氵]을 같이[同] 쓰는 골(고을) 물[氵]이 같은[同] 방향으로 흘러 '통한다, 밝다'
☐ 銅	구리 동	금[金]과 같은[同] 색처럼 보이는 구리

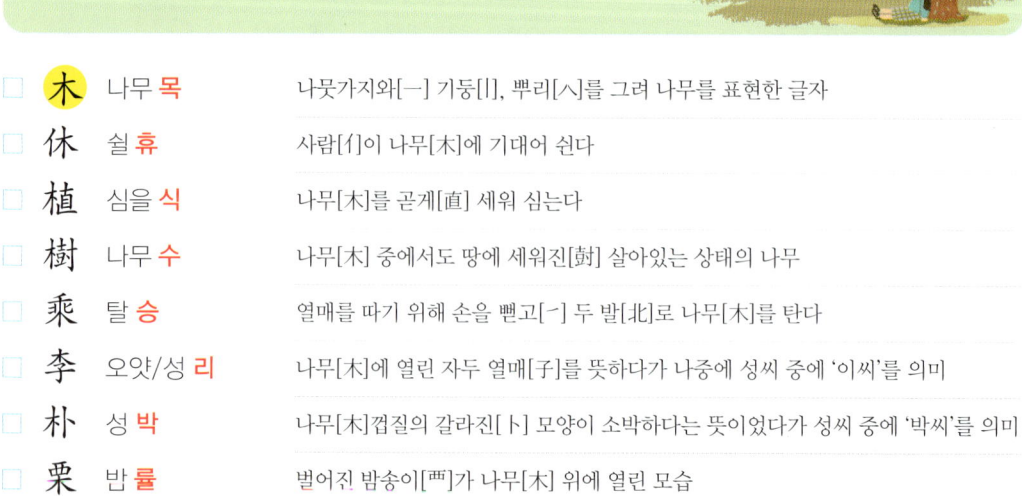

2일째 땅2

☐ 木	나무 목	나뭇가지와[一] 기둥[丨], 뿌리[八]를 그려 나무를 표현한 글자
☐ 休	쉴 휴	사람[亻]이 나무[木]에 기대어 쉰다
☐ 植	심을 식	나무[木]를 곧게[直] 세워 심는다
☐ 樹	나무 수	나무[木] 중에서도 땅에 세워진[尌] 살아있는 상태의 나무
☐ 乘	탈 승	열매를 따기 위해 손을 뻗고[丿] 두 발[北]로 나무[木]를 탄다
☐ 李	오얏/성 리	나무[木]에 열린 자두 열매[子]를 뜻하다가 나중에 성씨 중에 '이씨'를 의미
☐ 朴	성 박	나무[木]껍질의 갈라진[卜] 모양이 소박하다는 뜻이었다가 성씨 중에 '박씨'를 의미
☐ 栗	밤 률	벌어진 밤송이[覀]가 나무[木] 위에 열린 모습

	漆	옷 **칠**	진액[氵]을 얻으려고 나무[木]에 상처[人]를 내면 나오는 물[氺]이 옻
	染	물들 **염**	물[氵]에 나무[木]의 즙을 타서 천을 여러[九] 번 담그면 물든다
	柔	부드러울 **유**	창[矛]의 자루를 만드는 나무[木]는 열을 가하면 잘 구부러지니 부드럽다
	困	곤할 **곤**	사방이 둘러싸인[囗] 곳에 갇혀서 제대로 자라지 못하는 나무[木]의 곤란함
	床	평상 **상**	집[广] 안에서 쓰기 위해 나무[木]로 만든 침상이나 평상
	極	다할/극진할 **극**	나무[木]로 앞이 막힌 동굴[二]에서 사람[⺈→丂]이 입[口]으로 소리치고 손[又]으로 긁으며 살려달라고 온 힘을 다한다
	本	근본 **본**	나무[木] 아래에 뿌리를 나타내는 선[一]을 그어 사물의 근본을 표현
	末	끝 **말**	나무[木]의 맨 꼭대기에 선[一]을 그어 사물의 끝을 표현
	未	아닐 **미**	나무[木]의 가지에 난 아직 덜 자란 싹[一]을 짧게 그려 '아직 아니다'라는 뜻을 표현
	味	맛 **미**	음식을 입[口]에 넣고 간이 맞는지 아닌지[未] 맛본다
	果	실과 **과**	열매[田]가 나무[木] 위에 주렁주렁 열린 모습
	課	공부할/과정 **과**	말[言]로 어떤 일의 결과[果]를 조사하며 공부한다
	林	수풀 **림**	나무 두 그루를 그려 나무가 우거진 수풀을 표현
	禁	금할 **금**	숲[林] 안에 제단[示]을 두어 아무나 드나드는 것을 금한다
	森	수풀 **삼**	나무 세 그루를 그려 수풀 중에서도 빽빽하고 엄숙한 수풀을 표현
	朱	붉을 **주**	나무[木]의 가지[一] 끝에 붉은 열매[丿]가 달린 모습
	株	그루 **주**	나무[木]를 베어내고 남은 붉은[朱] 뿌리 쪽 그루(터기)
	珠	구슬 **주**	구슬[玉→王] 중에 옅은 붉은기[朱]가 도는 진주
	殊	다를 **수**	전쟁터에서 뼈[歹]가 부서지고 붉은[朱] 피가 흐르도록 싸우는 남다름
	束	묶을 **속**	산에서 땔감으로 모아 놓은 나무[木]를 끈으로 감아 묶은[口] 모양
	速	빠를 **속**	산에서 묶은[束] 나무를 지고 해가 지기 전에 집으로 걸어가는[辶] 발걸음이 빠르다
	練	익힐 **련**	좋은 실[糸]을 손으로 고를[柬] 수 있는 기술을 익힌다
	鍊	쇠 불릴/단련할 **련**	물건이 될 만한 쇠붙이[金]를 골라내어[柬] 불린다
	蘭	난초 **란**	풀[艹] 중에 사람의 발길이 막힌[闌] 깨끗한 곳에서 자라는 난초
	欄	난간 **란**	사람이 떨어지지 않도록 나무[木]로 막은[闌] 난간
	竹	대 **죽**	길쭉한 대나무 줄기와 잎을 그린 글자

笑	웃음 소	대나무[竹]가 바람에 흔들리는 소리가 고개를 젖히고 웃는 사람[夭]의 웃음 같다
範	모범 범	먼 길을 떠나기 전에 대나무[竹] 수레[車] 앞에 엎드려[㔾] 제물을 바치는 액막이 의식은 다른 사람들에게 본보기나 모범이 된다
篤	도타울 독	대나무[竹] 말[馬]을 타고 놀던 어릴 적 벗과의 오랜 우정이 도탑다
算	셈 산	대나무[竹]를 깎아 만든 주판[目]을 양손[廾]에 올려놓고 셈한다
策	꾀 책	대나무[竹]로 가시[朿]처럼 따갑게 만든 채찍을 들고서 말을 길들이기 위해 내는 꾀
刺	찌를 자	따가운 가시[朿]나 칼[刂]로 찌른다
禾	벼 화	쌀알이 익으면서 고개를 숙인 벼의 모양을 그린 글자
季	계절 계	벼[禾]를 수확하기 위해 어린 자식[子]까지 나와 일하던 계절
香	향기 향	수확한 벼[禾]를 밥솥[日]에 넣고 밥을 지을 때 나는 향기
委	맡길 위	수확한 벼[禾]의 보관을 그 집안의 여자[女]에게 맡긴다
穀	곡식 곡	껍질[殼→殳]로 둘러싸인 벼[禾]와 같은 종류의 곡식
稻	벼 도	벼[禾]를 절구[臼]에 넣고 손[爫]으로 찧어야만 껍질이 벗겨져 먹을 수 있는 벼
秀	빼어날 수	벼[禾]에 쌀알이 잘 여물어 고개를 길게[乃] 늘어뜨리고 있으니 그 모습이 빼어나다
透	꿰뚫을 투	벼가 빼어나게[秀] 자라 나가는[辶] 모습이 마치 하늘을 꿰뚫는 듯하다
誘	꾈 유	말[言]을 빼어나게[秀] 잘하여 자기가 원하는 대로 상대를 꾄다
利	이로울 리	농부가 벼[禾]를 낫[刂]으로 베어 곡식을 얻으니 이롭다
梨	배 리	몸에 이로운[利] 과일이 나무[木]에서 열리니 배
米	쌀 미	벼 줄기 끝에 알알이 영글어 있는 쌀을 그린 글자
迷	미혹할 미	쌀알[米]처럼 여러 갈래로 퍼진 길에서 어디로 갈지[辶] 헤매니 정신이 미혹하다
菊	국화 국	식물[艹] 중에 쌀알[米] 같은 꽃잎으로 둘러 싸인[勹] 모양의 국화
粧	단장할 장	하얀 쌀[米]을 빻아 얼굴에 바르며[庄] 뽀얗게 단장한다
粟	조 속	곡식의 열매[覀]가 쌀[米]처럼 한 줄기에 여러 개 열리는 조
來	올 래	원래 줄기[木]에 보리[从]가 열린 모습인데, 보리가 중앙아시아에서 넘어온 곡식이라고 해서 '오다'의 뜻
麥	보리 맥	보리[來]를 그린 글자 아래에 뿌리[夂]를 그려 곡식 보리의 뜻을 확실히 드러낸 글자
齊	가지런할 제	곡식의 줄기 위로 이삭이 가지런히 자란 모습을 그린 글자

濟	건널 제	물결[氵]이 세차지 않고 가지런할[齊] 때 사람들이 강을 건넌다
術	재주 술	길을 다닐[行] 때 차조[朮]처럼 여러 갈래로 뻗은 길도 잘 찾는 재주
述	펼 술	차조[朮] 열매가 뻗어 나가듯[辶] 여러 갈래로 이야기를 펼친다

3일째 식물

生	날 생	땅속에서 작은 싹이 고개를 내밀고 나오는 모습을 그린 글자
姓	성씨 성	여자[女]가 자식을 낳으면[生] 붙여 주던 성씨
性	성품 성	사람의 마음[忄]속에 날[生] 때부터 자리 잡은 성품
星	별 성	해가 지면 하늘에 생겨나는[生] 반짝이는 별[日]
産	낳을 산	옛날에는 산 아래 굴 바위에 산실을[产] 만들어 아이를 낳았다[生]
青	푸를 청	우물가[円]에서 물기를 머금고 피어나는 새싹[主]의 푸름
淸	맑을 청	물[氵]이 투명하여 하늘의 푸른[靑]빛이 비칠 정도로 맑다
晴	갤 청	비가 그치고 해[日]가 나오니 하늘이 푸르게[靑] 갠다
請	청할 청	파릇한[靑] 젊은이들이 어른의 가르침을 받기 위해 말씀[言]을 청한다
情	뜻 정	마음[忄]을 푸르게[靑] 가지고 사람을 대하는 따뜻한 정이나 마음의 뜻
精	성할 정	쌀[米]에서 푸른[靑] 쌀눈이 보이도록 벗기니 거칠지 않고 정(精)하다
毒	독 독	풀[㐃] 중에 먹지 말아야[毋] 할 풀이 지닌 독
草	풀 초	봄에 일찍[早] 돋아나는 풀[艹]
茶	차 다/차	풀잎[艹]이나 나무[木] 열매를 따서 사람[人]들이 달여 마시는 차
葉	잎 엽	나무[木] 위에 무성하게[十十十→世] 달린 풀[艹]은 잎
蝶	나비 접	벌레[虫] 중에 나뭇잎[枼] 사이로 날아다니는 나비
荒	거칠 황	흐르던 물[川→巛]이 없으니[亡] 풀[艹]도 말라서 땅이 거칠다
落	떨어질 락	마른 풀[艹]이 물방울[氵]처럼 각각[各] 사방으로 떨어진다
菌	버섯 균	벼[禾]를 곳간[囗]에 두면 그 위로 돋아나는 식물[艹]이 버섯
花	꽃 화	풀[艹]이 자라면서 변하여[化] 피운 꽃

	華	빛날 화	꽃이나 풀[艹]이 활짝[華] 피어 아름답게 빛난다
	垂	드리울 수	꽃이나 잎이 활짝[垂] 피면서 축 늘어져[丿] 땅에 드리운다
	睡	졸음 수	눈[目]에 눈꺼풀이 드리워져[垂] 졸음이 오는 상태
	郵	우편 우	집집이 온 편지를 전하며[垂] 마을[阝]을 돌아다니는 우편
	遞	갈마들 체	전설 속의 뿔[厂] 달린 범[虎]은 땅과 물속을 자유자재로 갈마든다[辶]
	氏	성씨 씨	나무의 뿌리를 그려 자신의 뿌리인 성씨를 표현
	紙	종이 지	나무를 실[糸]처럼 풀어 얇게 떠내면 섬유질이 나무뿌리[氏]처럼 얽힌 종이
	昏	어두울 혼	나무뿌리[氏] 밑으로 해[日]가 떨어지니 어둡다
	婚	혼인할 혼	여자[女]를 어두울[昏] 때 맞이하여 혼인한다
	低	낮을 저	사람[亻]이 나무뿌리[氏] 아래[_]까지 고개를 숙이고 굽실대니 신분이 낮다
	底	밑 저	집[广] 아래에 있는 나무뿌리[氏]보다 더 아래[_]에 있는 아주 맨 밑
	抵	막을 저	손[扌]으로 밑바닥[氏]까지 밀쳐 막는다
	不	아닐 불	나무의 뿌리가 제대로 뻗지 못하는 모습을 그려 '아니다'라는 뜻을 표현
	否	아닐 부	어떤 일에 대해 아니라고[不] 말하며[口] 말로 부정한다
	杯	잔 배	나무[木]로 만든 그릇 중에 술이 넘치지 않게[不] 따라야 하는 잔
	甲	갑옷 갑	땅을 뚫고[丨] 나온 새싹이 씨앗 껍질[田]을 쓰고 있는 모습이 마치 갑옷과 같다
	押	누를 압	손[扌]으로 갑옷[甲]처럼 무겁게 누른다
	乙	새 을	새싹이 구부려져 올라오는 모양을 그렸는데, 그 모습이 새와 닮아서 '새'라는 뜻
	乞	빌 걸	다른 사람[ノ] 앞에서 몸을 새[乙]처럼 구부리고 음식이나 물건을 빈다
	才	재주 재	새싹이 땅을 뚫고 올라온 모양으로, 이처럼 기특한 재주
	材	재목 재	나무[木] 중에 깨끗하고 온전하여 쓸만한 재주[才]가 있는 재목
	財	재물 재	조개[貝]로 된 돈을 재주[才] 있게 굴리면 얻을 수 있는 재물
	存	있을 존	땅에서 올라온 새싹[才→𰆊] 아래에는 그 식물의 씨앗[子]이 있다
	在	있을 재	새싹[才→𰆊]이 흙[土] 안에 있다
	托	맡길 탁	손[扌]에 든 것을 남에게 부탁하며[乇] 맡긴다
	宅	집 택	지붕[宀] 아래에 내가 몸을 맡기고[乇] 의지하는 집
	屯	진 칠 둔	풀[屮]이 더 자라지 못하고 한계선[一]에 머물러 진을 친다

☐ 鈍	둔할 둔	쇠[金]로 만든 칼이 앞으로 잘 나가지 않고 머물러[屯] 있으니 날이 둔하다
☐ 純	순수할 순	실[糸] 중에 뽑은 상태로 머물러[屯] 있는 것은 아직 색을 입지 않은 순수한 것
☐ 糾	얽힐 규	실[糸]이 넝쿨처럼 얽혀[丩] 있다
☐ 叫	부르짖을 규	입[口]을 벌리고 마음속에 얽힌[丩] 일을 크게 부르짖는다
☐ 收	거둘 수	얽힌[丩] 넝쿨을 막대기로 쳐서[攵] 정리하여 거둔다
☐ 用	쓸 용	울타리 모양을 그려 집에 외부의 침입을 막기 위해 울타리를 쓴다는 뜻을 표현
☐ 通	통할 통	앞으로 막힘없이 솟아[甬] 나갈[辶] 수 있도록 길이 통한다
☐ 勇	날랠 용	솟아나는[甬→甬] 힘[力]이 있으니 몸이 날래다
☐ 誦	욀 송	입에서 말[言]이 막힘없이 솟아나도록[甬] 왼다
☐ 備	갖출 비	사람[亻]이 바로 뽑아 쓸 수 있도록 화살통[𤰇]을 갖추다
☐ 周	두루 주	입[口]을 잘 써서[用→冂] 말을 잘하니 주위에 사람들이 두루 모인다
☐ 週	주일 주	한 바퀴를 두루[周] 돌아서[辶] 제자리가 되는 한 주일(월요일~일요일)
☐ 調	고를 조	말[言]을 두루두루[周] 전하니 전달이 고르다

4일째 동물1

☐ 肉	고기 육	고기를 썬 조각을 그린 글자
☐ 有	있을 유	손[又→𠂇]에 고기[月]를 가지고 있다
☐ 胸	가슴 흉	몸[月] 중에 흉한[凶] 일에 대비하여 심장을 감싸고[勹] 있는 부위인 가슴
☐ 筋	힘줄 근	대나무[竹]처럼 질긴 모양새로 우리 몸[月]에 힘[力]이 나게 하는 힘줄
☐ 肩	어깨 견	문짝[戶]처럼 넓게 벌어져서 우리 몸[月] 위를 덮고 있는 어깨
☐ 腹	배 복	우리 몸[月]에서 살이 많이 겹쳐[复] 있는 배
☐ 肝	간 간	몸[月]에 안 좋은 물질이 들어오면 방패[干]가 되어 몸을 지키는 간
☐ 肺	허파 폐	몸[月]에서 시장[市]처럼 바쁘게 호흡하는 허파
☐ 腸	창자 장	몸[月]에 햇살[昜]처럼 퍼진 창자
☐ 胃	밥통 위	음식물[田]로 꽉 찬 몸[月]의 기관은 밥통

☐	肖	닮을/같을 초	부모에게 물려받은 작은[小] 신체[月]는 부모의 모습을 닮는다
☐	消	사라질 소	물[氵]을 뿌려 불의 몸집[月]을 작게[小] 만드니 불이 사라진다
☐	削	깎을 삭	물건의 몸집[月]을 작게[小] 만들기 위해 칼[刂]로 깎는다
☐	血	피 혈	동물의 피[丿]를 그릇[皿]에 받고 있는 모습을 그린 글자
☐	衆	무리 중	태양 아래에서 피땀[血] 흘리며 일하는 사람들[人人人→乑]의 무리
☐	益	더할 익	물[水→氺]을 그릇[皿]에 더한다
☐	蓋	덮을 개	그릇에 뚜껑을 덮고[盍] 그 위에 풀[艹]을 또 덮는다
☐	毛	터럭 모	동물의 털이 길게 늘어진 모습을 그린 글자
☐	尾	꼬리 미	동물의 몸[尸]에서 털[毛]이 길게 늘어진 꼬리
☐	角	뿔 각	동물의 날카로운 뿔을 그린 글자
☐	解	풀 해	뿔[角] 사이에 칼[刀]을 넣고 소[牛]를 부위별로 해체하여 풀어낸다
☐	皮	가죽 피	손[又]에 칼[丨]을 들고 죽은 동물의 가죽[厂]을 벗기는 모습
☐	彼	저 피	가죽[皮]을 덮어 몸을 보호하며 걸어야[彳] 하는 먼 곳, 저쪽
☐	被	입을 피	가죽[皮]으로 된 옷[衣→衤]을 입는다
☐	破	깨뜨릴 파	돌[石]로 가죽[皮]을 두드려 찢으며 모양을 깨뜨린다
☐	波	물결 파	물[氵]의 표면에 가죽[皮]의 겉면처럼 나타나는 구불거리는 물결
☐	頗	자못 파	가죽[皮]을 벗길 때 힘이 들어서 머리[頁]가 한쪽으로 자못(생각보다 매우) 치우친다
☐	革	가죽 혁	동물의 가죽을 벗겨서 넓게 펴 말리는 모습
☐	牛	소 우	뿔 달린 소의 머리를 그린 글자
☐	件	물건 건	사람[亻]에게 소[牛]는 지켜야 할 소중한 물건
☐	牧	칠 목	소[牛→牜]를 막대기로 툭툭 쳐서[攵] 몰고 다니며 소를 친다(기른다)
☐	遲	더딜 지	코뿔소[犀]처럼 천천히 걸으니[辶] 움직임이 더디다
☐	牽	끌 견	소[牛]의 코에 걸린 코뚜레[冖]에 줄[玄]을 매어 끈다
☐	畜	짐승 축	줄[玄]을 묶어 끌며 밭[田]을 갈도록 길들인 가축이나 짐승
☐	蓄	모을 축	농사일에 도움을 주는 짐승[畜]을 먹이기 위해 풀[艹]을 쌓아 모은다
☐	半	반 반	소[牛→半]를 둘로 나누니[八] 각각 크기가 반
☐	伴	짝 반	사람[亻]이 자신의 반쪽[半]을 찾아서 이룬 짝

☐	叛	배반할 반	마음의 반[半]이 이미 반대로[反] 돌아갔으니 등을 돌리고 상대를 배반한다
☐	判	판단할 판	물건의 반[半]을 칼[刂]로 정확하게 나누고 공평한지 판단한다
☐	告	고할 고	제사 때 신에게 소[牛→牜]를 바치고 사정이나 소원을 입으로[口] 고한다
☐	造	지을 조	나라의 중요한 건물을 지을 때에는 신에게 가서[辶] 알리고[告] 짓는다
☐	浩	넓을 호	신에게 비를 기원하며 고하니[告] 사방에 빗물[氵]이 넓게 내린다
☐	犬	개 견	개의 옆모습을 그린 글자
☐	狗	개 구	개[犭] 중에 몸을 구부리고[勹] 입[口]으로 울고 있는 작은 개나 강아지
☐	伏	엎드릴 복	사람[亻] 옆에 개[犬]가 엎드린 모습
☐	突	갑자기 돌	개집의 구멍[穴]에서 개[犬]가 갑자기 튀어나온다
☐	淚	눈물 루	개집[戶]에 갇혀 사는 개[犬]가 사람 곁에 오고 싶어서 흐르는 눈물[氵]
☐	犯	범할 범	개[犭]가 사람을[㔾] 물려고 덤비며 잘못을 범한다
☐	獄	옥 옥	개[犭]와 개[犬]가 짖듯이 말[言]로 싸우는 사람을 벌주기 위해 가두는 감옥
☐	獸	짐승 수	큰 눈[口口], 벌름대는 코[田], 수염[一], 입[口]을 가지고 개[犬]처럼 행동하는 짐승
☐	獵	사냥 렵	사냥개[犭]에 놀라 머리털이 바싹 선 쥐[巤]의 모습을 그려 사냥이라는 뜻을 표현
☐	然	그럴 연	아시아에서는 옛날부터 개[犬]고기[月]를 불[火→灬]에 태워 먹는 것이 당연한 일
☐	燃	탈 연	불[火]을 피우면 당연히[然] 탄다
☐	壓	누를 압	오래 먹어 물린[厭] 음식을 흙[土]에 묻고 위에서 힘주어 누른다
☐	獻	드릴 헌	솥[鬳]에 개[犬]를 삶아 신에게 드린다
☐	隔	사이 뜰 격	언덕[阝] 위에서 제사용 고기를 삶을 때 쓰는 솥[鬲]은 가운데에 불을 땔 수 있도록 다리 사이가 떠 있다

5일째 동물2

☐	豚	돼지 돈	제사 때 쓰는 돼지[豕]고기[月]인 새끼 돼지
☐	家	집 가	한 지붕[宀] 아래에 돼지[豕]와 함께 살아가는 집
☐	蒙	어두울 몽	돼지가 도망가지 못하도록 덮어[冡] 둔 우리에 풀[艹]까지 덮으니 매우 어둡다

	逐	쫓을 축	집에서 기르던 돼지[豕]가 도망가면 따라가서[辶] 쫓는다
	遂	드디어 수	사람들이 사방으로 나뉘어[八] 돼지를 쫓아가서[逐] 드디어 잡은 것을 의미
	隊	무리 대	언덕[阝] 위에 여기저기 나뉘어서[八] 돌아다니는 돼지[豕] 무리
	亥	돼지 해	돼지의 튀어나온 코, 긴 주둥이, 볼록한 배, 짧은 네 다리, 꼬리를 그린 글자
	該	갖출 해	신에게 고사를 지낼 때 돼지[亥]머리까지 올리고 나서 다 갖추었다고 말한다[言]
	核	씨 핵	나무[木]에서 열린 열매의 가운데에 돼지[亥]처럼 통통하게 들어있는 씨
	刻	새길 각	시간을 나타내기 위해서 쥐부터 돼지[亥]까지 12간지를 칼[刂]로 나무에 새긴다
	象	코끼리 상	코끼리의 코와 귀, 네 발과 꼬리를 그린 글자
	像	모양 상	사람[亻]이 코끼리[象]를 그리기 위해 자세히 살핀 모양
	羊	양 양	뿔 달린 양의 머리를 그린 글자
	美	아름다울 미	신에게 제물로 바칠 양[羊]은 크고[大] 살찐 것이 아름답다
	善	착할 선	양[羊]처럼 온순하게 말[言言]하니 성품이 착하다
	洋	큰 바다 양	물결[氵]이 마치 양[羊]떼처럼 넘실대는 큰 바다
	養	기를 양	양[羊]처럼 살찌도록 먹여[食] 기른다
	樣	모양 양	나무[木]를 양[羊]털처럼 길게[永] 베어서 깎아 만들 수 있는 여러 가지 모양
	祥	상서로울 상	제단[示]에 양[羊]을 제물로 바치고 신에게 빌면 좋은 일이 생기므로 상서롭다
	詳	자세할 상	신에게 양[羊]을 바치며 소원을 말할[言] 때에는 자세하게 한다
	達	통달할 달	어린양[夲→幸]이 어미 양에게 가는[辶] 방법에 통달하다
	寬	너그러울 관	집[宀] 안에 산양[莧]이 들어와 뛰어놀아도 받아들일 수 있는 너그러움
	義	옳을 의	양[羊]처럼 착하게 나[我]의 마음을 쓰니 옳다
	儀	거동 의	사람[亻]이 옳은[義] 태도로 움직여야 하는 거동
	議	의논할 의	사람들이 모여 말하며[言] 옳은[義] 결정을 내리기 위해 의논한다
	兔	토끼 토	긴 귀와 이빨, 긴 다리와 꼬리를 가진 토끼를 그린 글자
	逸	편안할 일	토끼[兔→兎]는 재빠르게 달려가서[辶] 잘 숨으니 잡히지 않아 몸이 편안하다
	龜	거북 귀, 땅 이름 구, 터질 균	거북이의 얼굴, 등, 무늬, 발, 꼬리를 그린 글자
	免	면할 면	토끼[兔→兎]는 꼬리[丶]가 안 보일 정도로 재빠르게 도망가서 죽음을 면한다
	勉	힘쓸 면	실패를 면하기[免] 위해 부지런히 힘[力]쓴다

晚	늦을 만	해[日]가 저물어서 따가운 빛을 면할[免] 수 있는 늦은 때
卯	토끼 묘	양쪽 문을 활짝 연 모습인데, 그 모습이 토끼의 귀와 닮아서 12간지 중 토끼를 상징
柳	버들 류	나무[木] 중에 잎이 토끼[卯] 귀처럼 부드럽게 늘어진 버들
留	머무를 류	토끼[卯→㐬]가 풀을 뜯기 위해 밭[田]에 머무른다
貿	무역할 무	토끼[卯→㐬]처럼 사방을 뛰어다니며 물건을 사고팔아 돈[貝]을 얻는 무역
馬	말 마	말의 등에 난 갈기와 네 발, 꼬리를 그린 글자
騷	떠들 소	말[馬]이 벼룩[蚤]에 물려 가려워서 시끄럽게 날뛰며 떠든다
鹿	사슴 록	사슴의 뿔과 초롱초롱한 눈망울이 있는 얼굴, 네 발을 그린 글자
麗	고울 려	사슴 중에서도 화려한 뿔[丽]을 가진 사슴[鹿]이 곱다
能	능할 능	곰의 머리[厶]와 몸[月], 네 발[匕匕]을 그린 글자로, 곰처럼 재주에 능하다는 뜻
罷	마칠 파	능한[能] 재주가 있는 사람도 법의 그물[网→罒]에 걸리는 일은 그만 끝마쳐야 한다
態	모습 태	어떤 일을 능하게[能] 할 수 있는 마음[心]이 밖으로 드러난 모습
虎	범 호	사납게 입을 벌리고 튼튼한 다리로 걷는 호랑이를 그린 글자
號	이름 호	호랑이[虎]처럼 입을 크게 벌리고 부르짖는[号] 이름
慮	생각할 려	호랑이[虍]가 나타나면 사람들이 걱정하며 어떻게 잡을지 생각한다[思]
處	곳 처	호랑이[虍]가 천천히 걷다가[夂] 잠시 쉬기 위해 기댄[几] 곳
虛	빌 허	숲에 호랑이[虍]가 나타나면 동물이 모두 도망가서 풀[皿]만 남고 주위가 텅 빈다
戲	놀이 희	용맹한 호랑이[虍]가 새겨진 그릇[豆]을 제사에 올리고 창[戈]을 들어 춤추는 놀이
據	의지할 거	호랑이[虍]와 멧돼지[豕]가 영역을 다투며 서로 손[扌]으로 막고 그 자리에 의지한다
劇	심할 극	호랑이[虍]와 돼지[豕]가 싸우다가 칼[刂]을 뽑아 들었으니 상황이 심하다
愚	어리석을 우	원숭이[禺]처럼 둔하게 마음[心]을 쓰니 어리석다
遇	만날 우	원숭이[禺]는 활동량이 많아 여기저기 다니면서[辶] 서로 만난다
偶	짝 우	사람[亻]과 원숭이[禺]처럼 비슷하게 생긴 것들끼리 이룬 짝
猶	오히려 유	전설 속 원숭이를 나타내는 글자로, 겁이 많아 망설이는 특징에서 '오히려'라는 뜻
豫	미리 예	코끼리[象]는 죽을 때를 미리[予] 알고 죽을 곳을 찾아간다
番	차례 번	짐승의 발자국[采]이 밭[田]에 찍힌 모양이 차례차례
播	뿌릴 파	농부가 손[扌]으로 씨앗을 차례차례[番] 뿌린다

- 審 살필 심 　집안[宀]의 일을 차례차례[番] 꼼꼼히 살핀다

6일째 동물3

- 鳥 새 조 　새의 얼굴과 눈, 몸통, 다리, 꼬리를 자세히 그린 글자
- 島 섬 도 　새[鳥→鳥]가 쉬어갈 수 있도록 바다 위에 산[山]처럼 솟은 섬
- 鳴 울 명 　입[口]을 벌리고 새[鳥]가 운다
- 鴻 기러기 홍 　강[江] 옆에 사는 새[鳥]는 기러기
- 烏 까마귀 오 　새[鳥]를 그린 글자에서 눈 부분을 지워[烏] 까마귀를 표현
- 嗚 슬플 오 　입[口]을 벌리고 '까악까악' 우는 까마귀[烏]의 울음소리가 슬프다
- 燕 제비 연 　입을 벌리고 양 날개를 활짝 편 채 날아오르는 제비를 그린 글자
- 寫 베낄 사 　지붕[宀] 아래에 까치[舄]가 집을 지을 때에는 어디든 같은 모양으로 베낀다
- 卵 알 란 　투명한 막 속에 점처럼 들어 있는 개구리 알을 그린 글자
- 集 모을 집 　새[隹]가 나무[木] 위에 옹기종기 모인다
- 雜 섞일 잡 　여러 가지 색의 옷[衣→亠]을 입은 새[隹]가 나무[木] 위에 섞여 있다
- 雙 쌍 쌍 　두 마리의 새[隹隹]를 손[又] 위에 올려놓은 모습을 그려 '한 쌍'이라는 뜻을 표현
- 唯 오직 유 　새[隹]가 입[口]으로 낼 수 있는 소리는 오직 하나
- 惟 생각할 유 　마음[忄]속으로 새[隹]처럼 자유롭게 생각한다
- 維 벼리 유 　줄[糸]을 엮어 만든 그물로 새[隹]를 잡을 때 잡아당기는 벼리
- 羅 벌릴 라 　새나 물고기를 잡기 위해 그물[网→罒]의 벼리[維]를 풀어 벌려 놓는다
- 進 나아갈 진 　새[隹]가 날갯짓을 하여 앞으로 나아간다[辶]
- 雁 기러기 안 　언덕[厂] 위로 높이 날아 '사람 인[人→亻]' 자로 줄을 맞춰서 가는 새[隹]는 기러기
- 稚 어릴 치 　벼[禾] 이삭 중에 작은 새[隹]가 먹기 좋아하는 어린 것
- 推 밀 추 　새[隹]는 싸울 때 날개를 손[扌]처럼 뻗어 서로 민다
- 準 법 준 　물[氵] 위를 수평으로 나는 송골매[隼]처럼 수평과 중심을 유지해야 하는 법
- 雄 수컷 웅 　튼튼한 팔뚝[厷]을 가져 힘이 센 새[隹]는 수컷

	催	재촉할 최	사람[亻]이 높은[崔] 산을 끝까지 오르기 위해 발걸음을 재촉한다
	携	이끌 휴	새[隹] 중에 살찐[乃] 것을 사냥하여 손[扌]에 이끌고 온다
	誰	누구 수	까치 같은 새[隹]가 지저귀니[言] 찾아올 반가운 손님은 '누구'
	雖	비록 수	도마뱀[虫]과 참새[隹]는 비록 몸이 작지만 무시하면 안 된다는 뜻에서 '비록'을 의미
	操	잡을 조	나무 위에서 입을 모아 우는[喿] 새를 손[扌]으로 달래서 조용한 분위기를 잡는다
	燥	마를 조	불[火]이 새 울음[喿]처럼 시끄럽고 크게 타오르니 모두 타서 물기가 마른다
	躍	뛸 약	새[隹]가 날개[羽]를 펼치고 날기 위해 발[足→⻊]로 뛰어오른다
	濯	씻을 탁	날개[羽]를 펴고 날던 새[隹]가 물[氵]을 만나면 잠시 내려와 씻는다
	曜	빛날 요	씻고 난 새[隹]의 날개[羽]에 해[日]가 비치니 빛난다
	觀	볼 관	부리부리한 눈을 가진 황새[雚]가 두 눈을 크게 뜨고 살펴본다[見]
	歡	기쁠 환	황새[雚]처럼 눈을 크게 뜨고 입도 크게 벌리고[欠] 웃으니 기쁘다
	勸	권할 권	황새[雚]처럼 눈을 크게 뜨고 잘 살펴서 얻은 좋은 것을 힘써[力] 권한다
	權	권세 권	나무 저울추[木]로 저울의 평형을 맞추듯 황새[雚] 같은 눈으로 상황을 파악하여 평형을 맞춰야 하는 지도자의 권세
	獲	얻을 획	사냥개[犬→犭]가 잡아 온 황새[雚→隹]를 주인이 손[又]으로 집어서 얻는다
	護	도울 호	횡새[隹]를 손[又]에 든 사냥꾼에게 동물을 보호하자고 말하며[言] 동물을 돕는다
	穫	거둘 확	사냥개가 잡은 황새[隹]를 손[又]에 거두듯 가을에 벼[禾]를 거두어들인다
	舊	예 구	황새[萑]가 오래된 둥지[臼]를 헐어버리는 모습에서 '옛날, 오래되다' 등을 의미
	奮	떨칠 분	밭[田]에 있던 새[隹]가 날개를 크게[大] 펼치고 날아가기 위해 땅을 떨친다
	奪	빼앗을 탈	날개를 크게[大] 펴고 날려는 새[隹]를 사람이 손[寸]으로 잡아 자유를 빼앗는다
	鶴	학 학	고상하게 높이 나는[隺] 새[鳥]는 학
	確	굳을 확	단단한 돌[石]이니 지조 있는 학[隺]처럼 심지가 굳다
	禽	새 금	사람들이 짐승을 잡으려고 놓은 그물[离] 위로 날개[人]를 펴고 날아가는 날짐승(새)
	離	떠날 리	새[隹]가 그물[离]에 잡히지 않으려고 빨리 자리를 떠난다
	懼	두려워할 구	두 눈[目目]을 크게 뜨고 위험한 상황을 살피는 새[隹]의 마음[忄]은 겁나고 두렵다
	飛	날 비	새가 양 날개를 펴고 하늘을 가르면서 힘차게 날갯짓하는 모습
	飜	번역할 번	날개를 차례로[番] 움직여 날던[飛] 새가 뒤집어지듯 언어를 뒤집어 번역한다는 뜻

	羽	깃 우	새의 날개에 있는 깃털을 그린 글자
☐	習	익힐 습	어린 새가 날개[羽]를 퍼덕이며 밝은[白] 아침마다 나는 법을 익힌다
☐	非	아닐 비	새의 양쪽 날개가 반대 방향으로 펼쳐진 모양을 그려 '아니다, 나쁘다, 비방하다' 등의 부정적인 뜻을 표현
☐	悲	슬플 비	좋지 않은[非] 일을 겪으면 마음[心]이 슬프다
☐	排	밀칠 배	옳지 않은[非] 것을 손[扌]으로 밀친다
☐	輩	무리 배	새의 날개[非]처럼 줄지어 서 있는 수레[車]의 무리
☐	魚	물고기 어	물고기의 머리, 몸통, 꼬리지느러미를 그린 글자
☐	漁	고기 잡을 어	바다나 강[氵]에서 물고기[魚]를 잡는다
☐	鮮	고울 선	막 잡은 물고기[魚]는 부드러운 양고기[羊]처럼 신선하고 색이 곱다
☐	蘇	되살아날 소	목숨이 위태로운 사람에게 약초[艹]를 먹여 위기를 넘기고, 고기[魚]와 쌀밥[禾]으로 기운을 차리게 하면 되살아난다

7일째 동물 4

	貝	조개 패	조갯살이 삐죽 나온 조개를 그린 글자
☐	敗	패할 패	조개[貝]를 막대기로 치면[攵] 부서지는 모습처럼 승부에서 패한 것
☐	負	질 부	승부에서 진 사람[⺈]이 이긴 사람에게 줄 돈[貝]을 짊어진 모습
☐	貞	곧을 정	점[卜]을 친 결과에 대해 조개[貝]처럼 입을 꽉 다물고 따르는 곧은 마음
☐	賓	손 빈	남의 집[宀]에 찾아와 발[止→丏]을 들이며 손에 선물(재물)[貝]을 든 손(손님)
☐	貯	쌓을 저	재물[貝]을 집안의 궤짝[宁] 같은 곳에 쌓는다
☐	賴	의뢰할 뢰	묶어서[束] 보관해 두었던 재물[貝]을 칼[刀]로 나누어 주며 일을 의뢰한다
☐	價	값 가	사람[亻]이 장사[賈]하기 위해 물건에 매기는 값
☐	買	살 매	조개껍데기를 돈으로 사용하던 옛날 사람들은 그물[网→罒]로 잡은 조개[貝]를 주고 물건을 샀다는 뜻
☐	賣	팔 매	사들인[買] 물건을 다시 내다[出→士] 판다
☐	讀	읽을 독, 구절 두	말[言]을 물건 파는[賣] 사람처럼 크게 소리 내어 읽는다

☐ 續	이을 **속**	실[糸]을 내다 팔기[賣] 위해서 상품성이 있도록 길게 잇는다
☐ 貴	귀할 **귀**	양손으로 받쳐 든 바구니[虫]에 담긴 재물[貝]이 귀하다
☐ 遺	남길 **유**	귀한[貴] 물건을 들고 가다가[辶] 길에 떨어뜨리면 물건이 그곳에 남겨진다
☐ 遣	보낼 **견**	양손으로 받쳐 든 바구니[虫]에 물건[目]을 담아 가서[辶] 왕에게 보낸다
☐ 員	인원 **원**	돈[貝]을 벌기 위해 둥그렇게[口] 모여 있는 사람들(인원)
☐ 圓	둥글 **원**	사람들[員]이 넓게 둘러[囗] 앉아 있는 모양새가 둥글다
☐ 損	덜 **손**	사람들[員]이 서로 손[扌]을 합쳐 일하여 일의 양을 던다
☐ 韻	운 **운**	사람들[員]의 입에서 나는 소리[音]를 어울리는 소리끼리 나누어 놓은 것이 운
☐ 貫	꿸 **관**	논[貝]에 구멍을 뚫어서 [冊] 가지고 다니기 편하도록 줄을 꿴다
☐ 慣	익숙할 **관**	마음[忄]속에 이미 꿰어져[貫] 있는 일이니 낯설지 않고 익숙하다
☐ 實	열매 **실**	집[宀]안에 꿰어[貫] 놓은 돈 꾸러미가 가득 찬 모습인데, 나중에 꽉 찬 열매를 의미
☐ 則	법칙 **칙**	재물[貝]을 칼[刂]로 나누듯 정확히 분배하기 위해 반드시 필요한 법칙
☐ 測	헤아릴 **측**	물[氵]의 깊이를 일정한 법칙[則]에 따라 헤아린다
☐ 側	곁 **측**	사람[亻]이 법칙[則]을 지키시 못하고 한쪽 곁으로 치우친다
☐ 責	꾸짖을 **책**	돈[貝]을 빌려 쓰고 갚지 않는 사람에게 가시[龶]나무 회초리를 들고 꾸짖는다
☐ 債	빚 **채**	돈을 못 갚아 꾸지람을 당하는 사람[亻]이 책임[責]지고 갚아야 하는 빚
☐ 積	쌓을 **적**	내 논의 벼[禾]는 내가 책임[責]지고 추수하여 볏단을 쌓는다
☐ 績	길쌈 **적**	실[糸]을 각 책임[責]에 맞게 짜서 완성하는 일이 길쌈
☐ 蹟	자취 **적**	과거를 책임[責]지던 선인들이 발[足→足]로 밟으며 살아온 자취
☐ 墳	무덤 **분**	흙[土]이 조개[貝]처럼 봉긋하게 쌓인 모양 위로 풀[卉]이 돋은 무덤
☐ 憤	분할 **분**	마음[忄]속에 억울함이 크게[賁] 솟아올라서 진정이 되지 않으니 분하다
☐ 辰	별 **진**, 때 **신**	농사 도구로 쓰던 큰 조개를 그린 글자로, 농사일의 때를 가늠케 하는 별을 의미
☐ 農	농사 **농**	논밭에 싹이 구불구불[曲] 올라오면 조개[辰] 도구로 잡초를 베어 가며 짓는 농사
☐ 晨	새벽 **신**	별[辰]은 지고 해[日]가 뜨려 하는 무렵인 새벽
☐ 振	떨칠 **진**	농부가 손[扌]에 조개[辰] 도구를 들고 곡식을 베며 노동요를 불러 흥을 떨친다
☐ 辱	욕될 **욕**	조개[辰] 도구를 손[寸]에 들어야 할 때를 놓치면 농사를 망쳐 벌을 받으니 욕된다
☐ 脣	입술 **순**	조개[辰]가 혀를 내민 듯 우리 몸[月]에서 비죽 내민 입술

☐	蟲	벌레 충	뱀들[虫虫虫→蟲]이 우글거리는 모양으로, 나중에 꿈틀대는 모든 벌레를 의미
☐	蛇	뱀 사	뱀[虫] 중에서도 혀를 길게 내민 모습[它]의 긴 뱀
☐	巳	뱀 사	뱀이 똬리를 틀고 있는 모습을 그린 글자
☐	已	이미 이	뱀이 입을 벌려 상대에게 이빨을 드러낸 모양으로, 이미 상대의 목숨은 끝났다는 뜻
☐	肥	살찔 비	코끼리를 잡아먹은 뱀[巴]은 몸[月]에 피둥피둥 살이 찐다
☐	把	잡을 파	손[扌]으로 큰 뱀[巴]을 놓치지 않게 움켜잡는다
☐	選	가릴 선	탁자[共] 위에 뱀처럼 몸을 구부린 두 사람[巳巳] 중 제물로 갈[辶] 사람을 가린다
☐	也	어조사 야	몸을 꼰 뱀 또는 여자의 자궁을 그린 글자로, 주로 문장 끝에 쓰이는 종결사
☐	地	땅 지	흙[土]으로 만물을 품어서 어머니의 자궁[也]처럼 잘 자라게 하는 땅
☐	池	못 지	물[氵]이 어머니의 자궁[也]처럼 고여 있는 못(연못)
☐	他	다를 타	사람[亻]과 뱀[也]은 그 모습부터 성품까지 다르다
☐	風	바람 풍	돛[凡]에 붙은 벌레[虫]가 흔들릴 정도로 세게 불어오는 바람
☐	楓	단풍 풍	나무[木]에 가을바람[風]이 불면 잎이 점점 붉게 물드는 단풍
☐	鳳	봉황새 봉	배의 돛[凡]처럼 큰 날개로 바람을 일으키는 큰 새[鳥]인 봉황새
☐	獨	홀로 독	개[犭]는 고치 안에 홀로 든 애벌레[蜀]처럼 집 안에 홀로 지낸다
☐	濁	흐릴 탁	강물[氵] 중에 중국의 촉[蜀]나라에 있는 탁수(濁水)는 흐리다
☐	觸	닿을 촉	애벌레[蜀]는 뿔[角]처럼 달린 촉수를 써서 사물에 닿는다
☐	燭	촛불 촉	불[火]을 피우면 벌레[蜀]가 꼬이는 촛불
☐	屬	붙일 속	짐승의 꼬리[尾→尸]에 벌레[蜀]들이 기생하기 위해 몸을 붙인다
☐	易	바꿀 역, 쉬울 이	파충류인 도마뱀을 그린 글자로, 상황에 따라 몸의 색을 쉽게 바꾸는 모습에서 '쉽다, 바꾸다'의 뜻
☐	賜	줄 사	임금이 신하에게 고마움을 표할 때 재물[貝]로 바꾸기[易] 쉬운 물건을 내려 준다
☐	龍	용 룡	용의 머리와 몸통, 비늘과 발 등을 자세히 그린 글자
☐	襲	엄습할 습	죽은 사람의 몸에 용[龍]의 비늘처럼 옷[衣]이 덮이듯 몸에 무언가 덮쳐 엄습한다
☐	貌	모양 모	입을 벌려 이빨을 드러낸 해치[豸]처럼 뚜렷한 얼굴[皃] 모양
☐	薦	천거할 천	신령스런 동물인 해치[廌]에게 신성한 풀[艹]을 바치듯 윗사람에게 사람을 소개하고 천거한다

8일째 환경1

- 日 날 일 — 둥근 해와 그 가운데 흑점을 그린 글자
- 旦 아침 단 — 해[日]가 지평선[一] 위로 떠오르는 아침
- 但 다만 단 — 사람[亻]이 윗옷을 벗어 상체를 드러낸[旦] 모습인데, 다만 상체를 드러냈다고 하여 '다만(오직)'의 뜻
- 昌 창성할 창 — 햇빛[日]이 수면에 해[日]의 그림자를 비칠 정도로 창성하다
- 唱 부를 창 — 입[口]안 가득 창성한[昌] 기운을 담아 노래를 부른다
- 早 이를 조 — 해[日]가 풀숲[十] 위로 얼굴을 빼꼼 내민 이른 시간
- 卓 높을 탁 — 일찍[早] 일어난 사람[人→卜]이 가장 먼저 높은 곳에 올라서 있는 모습
- 昇 오를 승 — 해[日]가 높은 곳으로 떠오른다[升]
- 宣 베풀 선 — 대궐[宀] 안 임금의 덕을 사방으로 뻗쳐서[亘] 은혜를 베푼다
- 恒 항상 항 — 매일 변함없이 빛을 뻗치는[亘] 해처럼 마음[忄]이 항상 변함없다는 뜻
- 春 봄 춘 — 풀과 싹[夫]이 해[日]의 따스함을 받고 돋아나는 봄
- 夏 여름 하 — 머리[頁→百] 위의 태양이 너무 뜨거워서 천천히 걸어야[夊] 하는 여름
- 秋 가을 추 — 한창 벼[禾]를 거두어들이며 메뚜기를 잡아 불[火]에 태워야 하는 시기인 가을
- 愁 근심 수 — 가을[秋]이 되면 메뚜기 떼가 농작물을 해칠까 두려워서 마음[心]속에 쌓이는 근심
- 冬 겨울 동 — 바닥에 얼음[冫]이 얼어서 천천히 뒤처져[夊] 걷게 되는 겨울
- 終 마칠 종 — 실[糸]을 매듭짓듯 겨울[冬]을 매듭짓고 한 해를 마친다
- 東 동녘 동 — 나무[木] 사이로 아침 해[日]가 떠오르는 곳은 동쪽
  원래는 자루의 위아래를 묶어 놓은 물건을 뜻하던 글자
- 凍 얼 동 — 동쪽[東]에서 따스한 해가 비치는 봄 전까지는 세상이 얼음[冫]으로 얼어 있다
- 陳 베풀/묵을 진 — 언덕[阝] 위에 자루[東]를 늘어놓고 물건을 베푼다
- 西 서녘 서 — 새가 둥지[西]로 돌아오는 저녁이 되면 해가 지는 서쪽
- 南 남녘 남 — 풀[十]이 많아 울타리[冂]를 치고 양[羊→羊]을 기를 수 있는 따뜻한 남쪽
- 北 북녘 북, 달아날 배 — 두 사람이 등지고 달아나는 모습인데, 따뜻한 남쪽을 등진 북쪽을 의미

背	등 배	서로 등지고 달아날[北] 때 보이는 몸[月]의 등 부분
白	흰 백	해[日]가 떠서 햇살[丿]이 비치면 세상이 희다 엄지손가락을 그려서 '첫째, 으뜸'을 의미
伯	맏 백	형제를 이룬 사람들[亻] 중 첫째[白]인 맏이
泊	머무를/배 댈 박	강물[氵]에서 배를 타고 가다가 경치가 으뜸[白]인 곳에 배를 대고 머무른다
迫	핍박할 박	악한 무리의 우두머리[白]가 가까이 다가와서[辶] 위협을 가하며 핍박한다
拍	칠 박	양손[扌]의 엄지손가락[白]을 맞대며 손뼉을 친다
百	일백 백	일[一]부터 시작되는 숫자 중에 으뜸[白]인 숫자가 일백
宿	잘 숙, 별자리 수	지붕[宀] 아래에 사람[亻]이 여러[百] 명 모여 잠을 잔다
縮	줄일 축	실[糸]로 짠 직물을 뜨거운 물에 오래 재워[宿] 두면 오그라들어 크기가 줄어든다
朝	아침 조	풀잎 사이로 해가 떠오르고[車] 달[月]은 막 지려고 하는 아침
潮	밀물 조	아침[朝]이 되면 바닷물[氵]이 밀려 들어와 밀물이 된다
廟	사당 묘	집[广]을 지어 신주를 모시고 아침[朝]마다 제사 지내는 사당
韓	나라 이름 한	해가 뜨는[車] 동쪽에 위치하여 한 공간을 에워싼[韋] 한국
乾	하늘/마를 건	해가 하늘에서 뻗는 햇살[倝→倝]을 받아 새싹[乙]이 마른다
幹	줄기 간	햇살[倝]을 받고 방패[干]처럼 단단하게 자란 굵은 줄기
莫	없을 막	빽빽한 풀숲[艹→艹] 사이로 해[日]가 떨어져 없어진다
漠	넓을 막	물[氵]이 없는[莫] 넓은 사막
幕	장막 막	무대 앞을 가려 없어지도록[莫] 하는 천[巾]인 장막
暮	저물 모	해[日]가 풀숲 사이로 떨어져 없어지니[莫] 날이 저문다
墓	무덤 묘	죽은 사람의 몸이 썩어 없어지도록[莫] 흙[土]에 묻어 놓는 무덤
募	모을 모	나라나 집단에서 없는[莫] 힘[力]을 보충하기 위해 사람들을 뽑아 모은다
慕	그리워할 모	좋아하는 사람이 옆에 없으면[莫] 마음[心→忄]으로 그리워한다
模	본뜰 모	거푸집이 될 나무[木]의 속을 깎아 없애서[莫] 원하는 물건의 모양을 본뜬다
陽	볕 양	언덕[阝] 위에 햇살[昜]이 내리쬐면 느껴지는 따스한 볕
楊	버들 양	나무[木]의 잎들이 마치 햇살[昜]처럼 퍼져 흔들리는 버들(버드나무)
揚	날릴 양	손[扌]에 든 깃발을 햇살[昜] 비치는 하늘까지 높이 올려 날린다

☐ 場	마당 장	땅[土] 위로 햇살[昜]이 비치는 넓은 마당
☐ 湯	끓을 탕	물[氵]을 햇살[昜]처럼 뜨겁게 끓인다
☐ 暢	화창할 창	번개[申]처럼 환하게 햇살[昜]이 내리쬐니 날이 화창하다
☐ 傷	다칠 상	사람[亻]이 화살[亠]을 맞고 햇살[昜] 아래 쓰러지며 다친다
☐ 旬	열흘 순	옛날 중국 사람들이 한 묶음으로 싸서[勹] 계산하던 날[日]의 단위인 열흘
☐ 殉	따라 죽을 순	주인이 죽으면[歹] 노예도 일정 시간[旬] 안에 따라 죽는다
☐ 昔	예 석	날[日]이 계속 쌓이고 쌓여[卄] 오래 묵은 옛날
☐ 惜	아낄 석	마음[忄]에 옛일[昔]을 담아 두고 소중하게 아낀다
☐ 借	빌릴 차	사람[亻]은 옛날[昔]부터 전해 내려온 자연을 빌려 쓴다
☐ 錯	어긋날 착	쇠[金] 중에 옛날[昔]에 만들어져 오래된 것은 모양이 틀어져 어긋난다
☐ 籍	문서 적	대나무[竹] 조각에 농사짓는[耤] 사람의 명단을 적은 문서

9일째 환경 2

☐ 月	달 월	달의 여러 가지 모습 중 초승달을 그린 글자
☐ 明	밝을 명	낮에는 해[日]가 밤에는 달[月]이 빛을 비춰 세상이 밝다
☐ 盟	맹세 맹	그릇[皿]에 짐승의 피를 담아 마시며 다짐을 밝히는[明] 맹세
☐ 夕	저녁 석	달이 떠오르면서 구름에 살짝 가려진 저녁
☐ 外	바깥 외	아침에 치는 점은 잘 맞지만 저녁[夕]에 치는 점[卜]은 예측의 바깥이라는 뜻
☐ 怨	원망할 원	억울한 일을 당하여 저녁[夕]까지 몸을[㔾] 뒹굴며 마음[心] 속으로 원망한다
☐ 多	많을 다	고기[月→夕]가 켜켜이 쌓여 양이 많다
☐ 移	옮길 이	추수한 많은[多] 볏단[禾]을 집의 창고로 옮긴다
☐ 夜	밤 야	저녁[夕]에 뜬 달이 사람 곁[亦→亻]에 머물러 있는 밤
☐ 液	진 액	나무껍질에 상처를 내어 밤[夜]까지 오래 받으면 얻을 수 있는 끈끈한 물[氵]이 진
☐ 名	이름 명	저녁[夕]에는 앞이 보이지 않으므로 상대를 확인하기 위해 입[口]으로 부르는 이름

	漢字	訓音	설명
☐	銘	새길 명	쇳덩이[金]에 좋은 문구나 이름[名]을 새긴다
☐	汽	물 끓는 김 기	물[氵]을 끓일 때 뭉게뭉게 피어오르는[气] 김
☐	氣	기운 기	쌀[米]로 밥을 지어 먹으면 솟아오르는[气] 기운
☐	雨	비 우	구름 아래로 빗방울이 떨어지는 모습을 그린 글자
☐	露	이슬 로	아침에 길가[路]의 풀숲에 빗방울[雨]처럼 맺혀 있는 이슬
☐	霧	안개 무	공기 중의 물방울[雨]이 힘껏[務] 피어나면 생기는 안개
☐	霜	서리 상	공기 중의 물방울[雨]이 서로[相] 엉켜 땅 위에 얼어붙은 서리
☐	零	떨어질/영 령	빗방울[雨]이 하늘로 하여금[令] 떨어진다
☐	雪	눈 설	빗방울[雨]이 얼어서 내리면 손[彐]에 빗자루를 들고 쓸어야 하는 눈
☐	震	우레 진	조개[辰]가 모래를 흔들어 먹이를 채듯 비[雨]가 올 때 하늘을 흔드는 우레(천둥)
☐	雷	우레 뢰	비[雨]가 내릴 때 사방을 흔들며 울리는[田] 우레(천둥)
☐	電	번개 전	비[雨]가 내릴 때 해처럼 밝은 빛으로 하늘을 가르는 번갯불[申→电]
☐	漏	샐 루	물[氵]이 집[戶→尸]의 지붕 아래로 빗물[雨]처럼 뚝뚝 떨어지며 샌다
☐	云	이를 운	말소리가 구름처럼 뭉게뭉게 피어오르도록[云] 말한다(이르다)
☐	雲	구름 운	비[雨]가 내리는 하늘에 뭉게뭉게 피어[云] 있는 구름
☐	陰	그늘 음	언덕[阝] 위에 지금[今] 막 몰려온 구름[云]이 만들어 낸 어두운 그늘
☐	水	물 수	시냇가에 물줄기가 흘러가는 모양을 그린 글자
☐	氷	얼음 빙	물[水]의 온도가 떨어지면서 하나의 덩어리[丶]가 되는 얼음
☐	江	강 강	물[氵]이 '공, 공[工]' 소리를 내며 바다로 흘러들어 가는 강
☐	河	물 하	물줄기[氵]가 옳은[可] 방향으로 시원하게 흐르는 강이나 물
☐	海	바다 해	물[氵]이 항상[每] 넘실대며 가득 차 있는 바다
☐	添	더할 첨	물[氵]을 뿌려서 상대에게 치욕스런[忝] 마음을 더한다
☐	泥	진흙 니	물[氵]이 흙과 가까이[尼] 섞여서 끈적해진 진흙
☐	混	섞을 혼	물[氵]에 여러 가지 뒤섞인[昆] 재료를 넣고 섞는다
☐	涯	물가 애	바다나 강의 물[氵]이 언덕[厓]과 맞닿아 있는 물가
☐	潛	잠길 잠	물[氵]속에 일찍[朁]부터 들어가 있으면 팔다리가 잠긴다
☐	激	격할 격	물[氵]이 하얀[白] 거품을 내며 사방[方]을 치고[攵] 내려오는 모습이 격하다

☐	回	돌아올 회	물이 소용돌이치며 제자리를 도는 모습을 그린 글자
☐	永	길 영	작은 시작점[丶]에서부터 물[水]이 여러 갈래로 길게 흐르는 모습
☐	泳	헤엄칠 영	물[氵]에서 오랫동안[永] 헤엄친다
☐	詠	읊을 영	시나 노래처럼 말[言]을 길게[永] 뽑아 읊는다
☐	派	갈래 파	물[氵]이 갈라져[𣎳] 흐르면서 만들어지는 갈래
☐	脈	줄기 맥	몸[月] 전체에 피가 통하도록 갈라진[𣎳] 혈관 줄기
☐	川	내 천	위에서 아래로 졸졸 흐르는 냇물[川]의 모습
☐	順	순할 순	윗물을 따라 흐르는 냇물[川]처럼 윗사람의 말을 머리[頁] 숙여 따르니 순하다
☐	訓	가르칠 훈	윗사람의 말[言]이 냇물[川]처럼 잘 통하도록 아랫사람을 가르친다
☐	巡	돌아다닐 순	여러 지역을 물[巛] 흐르듯 차례로 가서[辶] 돌아다닌다
☐	災	재앙 재	물이 크게 불어나는 홍수[巛]나 불이 크게 나는 화재[火]는 인간이 막기 힘든 재앙
☐	滅	없어질 멸	홍수[氵]에 화재[火]에 전쟁[戌]까지 터지면 나라가 망하여 삶의 터전이 없어진다
☐	州	고을 주	냇물[川]이 뻗어 나간 사이마다 모래가 쌓여 만들어진 삼각주[丶丶丶]에 형성된 고을
☐	洲	물가 주	물[氵]이 감싸고 있는 고을[州]의 주변은 물가
☐	泉	샘 천	맑고 하얀[白] 물[水]이 처음 솟아나오는 샘
☐	線	줄 선	실[糸]을 샘물[泉]처럼 끊임없이 이어 만든 줄
☐	原	언덕 원	언덕[厂] 아래에 있는 샘물[𤽄→泉]의 근원 또는 드넓은 언덕
☐	源	근원 원	물줄기[氵]가 처음 시작된 언덕[原] 아래의 근원
☐	願	원할 원	언덕[原] 아래에서 무릎을 꿇고 머리[頁] 속으로 소원을 빌며 바라고 원한다
☐	厚	두터울 후	언덕[厂] 아래에서 토기[𠫤]에 음식을 가득 담아 신에게 올리니 정성이 두텁다
☐	火	불 화	불꽃이 넘실거리며 활활 타는 불의 모양
☐	光	빛 광	사람[儿]이 햇불[火→⺍]을 들어 사방을 환하게 비추는 빛
☐	炭	숯 탄	산[山] 아래 언덕[厂]에 숯가마를 만들어 불[火]을 때면 만들어지는 것이 숯
☐	灰	재 회	불[火]에 타고 남은 찌꺼기를 손[⺕→厂]으로 긁어모은 재
☐	煙	연기 연	불[火]을 피우는 아궁이가 막혀서[垔] 피어오르는 연기
☐	蒸	찔 증	풀[艹]을 받들고[丞] 있는 솥에 불[火→灬]을 때서 찐다
☐	炎	불꽃 염	불이 활활 타면서 사방으로 튀기는 불꽃

	淡	맑을 담	물[氵]을 불[炎]에 끓이면 불순물이 날아가서 물이 맑다
	談	말씀 담	사람들이 불[炎]을 피워 놓고 모여 앉아 도란도란 나누는 말(말씀)[言]
	榮	영화 영	나무[木]가 받쳐[冖] 든 불꽃[炎→⺌]같이 화려한 꽃의 모습이 영화롭다
	營	경영할 영	등불[炎→⺌]을 받쳐[冖] 두고 가게[呂]를 경영한다
	螢	반딧불이 형	등불[炎→⺌]을 받쳐[冖] 든 것처럼 빛을 내며 날아다니는 벌레[虫]는 반딧불이
	勞	일할 로	등불[炎→⺌]을 받쳐[冖] 두고 늦게까지 힘들게[力] 일한다

10일째 신

	示	보일 시	제사 지내는 단을 그린 글자로, 조상이나 신에게 제사를 차려 보인다는 뜻
	視	볼 시	조상이나 신에게 올릴 음식이 제단[示]에 잘 차려졌는지 본다[見]
	社	모일 사	토지[土]의 신에게 제사 지내는 날에는 사람들이 모두 제단[示]으로 모인다
	神	귀신 신	제단[示]에서 제사를 받는 존재이자 번개[申]를 일으킬 수 있는 존재는 귀신
	鬼	귀신 귀	죽어서 무서운 모습을 한 귀신의 얼굴과 다리를 그린 글자
	愧	부끄러울 괴	떳떳하지 못한 마음[忄]을 신령스런 귀신[鬼]에게 들키니 부끄럽다
	塊	흙덩이 괴	흙[土]이 마치 귀신[鬼] 묻힌 무덤처럼 덩어리져 있는 흙덩이
	魂	넋 혼	죽은 사람의 몸에서 구름[云]처럼 빠져나온 귀신[鬼]의 넋
	靈	신령 령	가뭄이 들었을 때 비를 내려[霝] 달라고 무당[巫]을 통해 기원하면 들어주는 신령
	祭	제사 제	고기[肉→月]를 손[又]에 들어 제단[示]에 바치며 신에게 올리는 제사
	祀	제사 사	제단[示] 앞에서 몸을 뱀[巳]처럼 구부리고 절하는 제사
	察	살필 찰	집[宀]에 차려 놓은 제사[祭] 음식이 제대로 갖춰졌는지 꼼꼼하게 살핀다
	際	사이 제	사람들이 언덕[阝]에 모여 제사[祭] 지내며 친근하게 다져 놓은 신과의 사이
	壇	제단 단	흙[土]을 단단하게 쌓아 올려서 튼튼하고 믿음직한[亶] 제단
	檀	박달나무 단	나무[木] 중에 단단하여 믿음직하게[亶] 쓸 수 있는 박달나무
	宗	마루 종	집[宀] 안에 제단[示]을 차리고 조상을 모시는 첫째(마루)

	漢字	訓音	설명
☐	崇	높을 숭	조상을 모시는 종가[宗]의 역할이 산[山]처럼 높다
☐	豆	콩 두	원래 제사 음식을 담는 제기의 모양을 그렸는데, 나중에 콩을 의미
☐	豊	풍년 풍	제기[豆]에 제사 음식을 가득 담아 올릴[曲] 수 있게 된 풍년
☐	禮	예도 례	제사 지낼 때 제단[示]에 음식을 풍성하게[豊] 올리는 것이 예의이고 법도
☐	體	몸 체	뼈[骨]에 풍만한[豊] 살이 붙어서 이루어진 몸
☐	頭	머리 두	제기[豆]를 머리[頁]까지 높이 올려 들고 가는 모습에서 '머리'를 의미
☐	登	오를 등	제기[豆]에 제사 음식을 담아 제단 위로 걸어[癶] 오른다
☐	燈	등불 등	제단에 오를[登] 때 불[火]을 밝히기 위해 들고 가는 등불
☐	證	증거 증	높은 곳에 올라서[登] 진실의 말[言]을 알리기 위해 갖춰야 하는 증거
☐	發	필 발	양발[癶]을 딛고 활[弓]을 쏘거나 몽둥이[殳]를 던지는 것처럼 어떤 일이 일어나거나 피어나다
☐	廢	폐할/버릴 폐	집[广]에 활을 쏘고[發] 몽둥이를 던져서 폐하여 버린다
☐	酉	닭 유	술이 담긴 병에 뚜껑이 덮인 모습인데, 나중에 십이지(十二支) 중 닭을 의미
☐	酒	술 주	술병[酉] 안에 들어 있는 묽[氵]은 술
☐	醉	취할 취	술병[酉]의 술이 끝날[卒] 때까지 마시면 취한다
☐	醜	추할 추	술[酉]에 취해서 귀신[鬼]처럼 날뛰는 모습이 추하다
☐	醫	의원 의	화살같이 뾰족한 침이 든 상자[医]와 나무[殳] 도구와 약술[酉]을 들고 다니는 의원
☐	疾	병 질	화살[矢]을 맞아 병상[疒]에 누운 사람이 겪게 되는 병
☐	病	병 병	병상[疒]에 누운 환자의 몸에서 남쪽[丙]의 볕처럼 열이 펄펄 나는 병
☐	痛	아플 통	병든[疒] 사람의 몸에서 솟아나는[甬] 아픔
☐	症	증세 증	병든[疒] 사람을 바르게[正] 고치기 위해서 잘 살펴야 하는 증세
☐	疲	피곤할 피	병상[疒]에 몸이 가죽[皮]이 늘어질 정도로 피곤하다
☐	疫	전염병 역	여러 사람을 몽둥이[殳]로 때려눕히듯 집단으로 병들게[疒] 하는 전염병
☐	酌	술 따를 작	술통[酉] 안의 술을 국자[勺]로 떠서 잔에 따른다
☐	的	과녁 적	흰[白] 판에 점[丶]을 찍고 그 둘레를 싼[勹] 모양의 원을 그려 만든 과녁
☐	約	맺을 약	실[糸]을 둥글게 돌려 싸면서[勹] 점[丶]처럼 매듭을 맺는다
☐	均	고를 균	울퉁불퉁한 흙[土]을 보고 몸을 굽혀[勹] 평평하게[二] 고른다

	漢字	訓音	說明
☐	尊	높을 존	마을의 우두머리[酋]가 손[寸]에 술을 들고 신에게 올리며 신을 높인다
☐	遵	좇을 준	명성이 높은[尊] 인물에게는 사람들이 가서[辶] 따르고 그 뜻을 좇는다
☐	福	복 복	제단[示] 앞에 술이 가득한[畐] 술병을 바치며 신에게 비는 복
☐	富	부자 부	집[宀] 안 창고에 곡식과 술병을 가득[畐] 쌓아 놓은 부자
☐	副	버금 부	가득한[畐] 술을 나누어[刂] 두었다가 다음에 마신다는 뜻에서 '다음, 둘째'를 의미
☐	幅	폭 폭	옷감[巾]의 면을 끝에서 끝까지 가득[畐] 잰 길이는 폭(너비)
☐	冥	어두울 명	자궁 속에 덮여[冖] 있던 아기[日]를 양손[廾→六]으로 꺼내 주면 아기가 벗어날 수 있는 어둠
☐	卜	점 복	거북이 배딱지를 구워 갈라지는[卜] 모양을 보고 길흉을 예측하던 점
☐	掛	걸 괘	점을 쳐서 나온 점괘[卦]를 여러 사람이 볼 수 있게 손[扌]으로 걸어 둔다
☐	赴	다다를 부	나랏일에 대해 점친[卜] 결과를 얼른 알리기 위해 달려가서[走] 왕에게 다다른다
☐	占	점칠 점	거북이 배딱지를 구워서 나온 점[卜]의 결과를 입[口]으로 해석하며 점친다
☐	店	가게 점	집[广] 안을 물건이 차지하고[占] 있는 가게
☐	點	점 점	얼굴에서 검게[黑] 차지하고[占] 있는 점
☐	兆	억조 조	점칠 때 거북이 배딱지가 심하게 갈라진 모양을 그려 많은 수의 단위인 '조'를 표현
☐	逃	도망할 도	죄를 지은 사람이 들킬 조짐[兆]을 느끼고 도망간다[辶]
☐	跳	뛸 도	발[足→⻊]을 억조[兆] 만큼 많이 구르며 뛴다
☐	挑	돋울 도	손[扌]으로 억조[兆] 만큼 많이 집적거리며 상대의 화를 돋운다
☐	桃	복숭아 도	나무[木] 중에 귀신의 조짐[兆]을 쫓는 복숭아나무
☐	且	또 차	조상이나 신에게 바칠 고기가 그릇 위에 겹겹이 쌓였다는 의미에서 '또'라는 뜻
☐	助	도울 조	고기가 겹겹이 쌓인 그릇[且]을 힘껏[力] 들어 옮기며 제사 준비를 돕는다
☐	祖	할아버지 조	제단[示] 위에 고기가 겹겹이 쌓인 그릇[且]을 올려서 모시는 조상이나 할아버지
☐	組	짤 조	실[糸]을 엮고 또[且] 엮어서 짠다
☐	宜	마땅 의	제사 지내는 집[宀]에서는 고기 쌓인 그릇[且]을 마련하는 일이 마땅하다
☐	査	조사할 사	어떤 일에 대해 나무[木]에 적고 또[且] 적으며 조사한다
☐	租	세금 조	농사지은 벼[禾]를 가져가고 또[且] 가져가는 가혹한 세금
☐	稅	세금 세	백성이 농사지은 벼[禾]는 통치자들을 기쁘게[兌] 하는 세금

11일째 몸

- 人 사람 **인** — 허리를 굽히고 서 있는 사람의 옆모습을 그린 글자
- 仁 어질 **인** — 사람[亻]이 둘[二] 이상 모이면 서로에게 베풀어야 하는 어진 정신
- 久 오랠 **구** — 등이 굽은 노인이 발을 끌며 걷는 모습[夂]으로, 시간이 오래 걸림을 의미
- 保 지킬 **보** — 사람[亻]이 아기[呆]를 포대기로 업어 키우며 보호한다(지킨다)
- 俊 뛰어날 **준** — 사람[亻] 중에 진실한[允] 외모와 천천히 걷는[夂] 자태를 지닌 뛰어난 인물
- 僚 동료 **료** — 제사 준비를 위해 늦게까지 횃불[尞]을 밝혀 놓고 함께 일하는 사람들[亻]은 동료
- 傑 뛰어날 **걸** — 사람[亻]이 양발[舛]을 나무[木] 위에 높이 올리고 있으니 재주가 뛰어나다
- 佛 부처 **불** — 깨달음을 얻어서 사람[亻]이 아닌[弗] 신의 경지에 오른 부처
- 拂 떨칠 **불** — 아니[弗]라고 생각되는 것은 손[扌]으로 털어서 떨친다
- 費 쓸 **비** — 돈[貝]을 남기지 않고[弗] 쓴다
- 囚 가둘 **수** — 사방이 막힌 울타리[囗]에 사람[人]을 가둔다
- 罪 허물 **죄** — 법의 그물[罓→罒]에 걸리는 옳지 않은[非] 행동은 허물(죄)
- 罰 벌할 **벌** — 법의 그물[罓→罒]에 걸린 사람에게 말[言]로 꾸짖고 칼[刂]로 고통을 주며 벌한다
- 刑 형벌 **형** — 목에 형틀[开]을 채우거나 칼[刂]로 죽이는 형벌
- 形 모양 **형** — 넓은 나무판[开] 위에 난 무늬[彡]를 그려 '모양'이라는 의미
- 文 글월 **문** — 죄인의 몸에 형벌로 죄명을 새긴 모습을 그린 것인데, 나중에 글자나 문장을 의미
- 紋 무늬 **문** — 실[糸]로 짜인 직물에 문신[文]처럼 새겨진 무늬
- 黑 검을 **흑** — 죄인의 얼굴에 죄명을 먹물로 검게 새긴 모습
- 墨 먹 **묵** — 흙[土]으로 만든 벼루 위에 검게[黑] 갈아서 쓰는 먹
- 默 잠잠할 **묵** — 어둡고 컴컴한[黑] 밤이 되면 개[犬]들도 모두 잠들어 잠잠하나
- 辛 매울 **신** — 죄인의 이마나 얼굴에 문신을 새기는 뾰족한 형벌 도구를 그린 글자
- 新 새 **신** — 도끼[斤]에 괴롭게[辛→立] 베인 나무[木]에서 돋아난 새싹의 모습이 새롭다
- 親 친할 **친** — 괴롭게[辛→立] 베인 나무[木]가 죽지 않도록 자주 다가가서 살펴보는[見] 사람은 나무와 친하다

	한자	훈음	설명
☐	宰	재상 재	관청[宀]에 형벌 도구[辛]를 갖춰 두고 재판이나 행정을 처리하는 재상
☐	辯	말씀 변	두 죄인[辛辛]이 서로의 무죄를 밝히기 위해 조리 있게 하는 말(말씀)[言]
☐	辨	분별할 변	두 죄인[辛辛]의 말을 듣고 중간에서 옳고 그름을 칼[刂]같이 분별한다
☐	避	피할 피	임금[辟]이 행차하여 길을 가면[辶] 백성들이 길옆으로 피한다
☐	壁	벽 벽	임금[辟]을 보호하기 위해 성 주위에 흙[土]으로 쌓은 벽
☐	幸	다행 행	죄인의 양손에 쇠고랑이 채워진 모습으로, 범인을 잡았으니 다행이라는 뜻
☐	執	잡을 집	도망치던 죄인에게 쇠고랑[幸]을 채우고 무릎을 굽히게[丸] 하여 잡는다
☐	報	갚을/알릴 보	쇠고랑[幸]을 차고 몸을 구부린[卩] 죄인에게 손가락질[又]하며 죄명을 알린다
☐	服	옷 복	형벌을 가하기 위해 죄인의 몸[月]을 구부리게[卩] 하여 손[又]으로 벗겨 낸 옷
☐	擇	가릴 택	좋은 물건을 잘 엿보았다가[睪] 손[扌]으로 가려낸다
☐	釋	풀 석	죄인의 행동을 잘 보다가[睪] 진심으로 뉘우치는 사람을 분별하여[釆] 풀어준다
☐	澤	못 택	물[氵]이 고여 투명하게 잘 보이는[睪] 못(연못)
☐	驛	역 역	먼 길을 가는 사람이 중간에 말[馬]의 상태를 볼[睪] 수 있도록 만든 역
☐	譯	번역할 역	어떤 나라의 말[言]을 잘 엿본[睪] 후 다른 나라의 말로 번역한다
☐	包	쌀 포	엄마의 배가 배 안의 아이[巳]를 감싸고[勹] 있는 모습
☐	胞	세포 포	우리 몸[月]을 둘러싸고[包] 있는 물질인 세포
☐	砲	대포 포	돌[石]처럼 단단한 탄알을 싸고[包] 있다가 멀리 쏘는 대포
☐	抱	안을 포	손[扌]으로 상대방을 감싸서[包] 안는다
☐	擁	낄 옹	손[扌]을 내밀어 기쁘게[雍] 안으며 깍지를 낀다
☐	流	흐를 류	엄마의 배에서 양수[氵]와 함께 아이[子→ㄊ]가 흘러[川→儿]나오는 모습
☐	疏	소통할 소	배에 있던 아이가 발[疋→疋]까지 모두 흘러[㐬]나오면 그때부터 세상과 소통한다
☐	蔬	나물 소	풀[艹] 중에 사람과 자연을 소통하게[疏] 해 주는, 먹을 수 있는 나물
☐	棄	버릴 기	일찍 죽은 아기[子→ㄊ]를 망태기[丗]에 싸서 양손[𠬞→木]으로 들고 나가 버린다
☐	育	기를 육	태어난 아기[子→ㄊ]의 몸[月]이 건강하게 자라도록 먹여 기른다
☐	徹	통할 철	자식을 기를[育] 때 매를 치며[攵] 행실을 바로잡아야 자식이 바른길[彳]로 통한다
☐	充	채울 충	태어난 아기[子→ㄊ]가 두 다리[儿]로 튼튼하게 걸을 수 있도록 영양을 채운다
☐	銃	총 총	쇠[金]로 만든 탄알을 채워[充] 쏘는 총

☐	統	거느릴 통	몇 갈래로 갈라진 실[糸]을 한 통에 채워[充] 관리하듯 집단을 하나로 모아 거느린다
☐	子	아들 자	갓난아기가 포대기에 싸여 양팔을 벌리고 있는 모습
☐	字	글자 자	집안[宀]에 자식[子]이 태어나면 가르쳐야 하는 글자
☐	了	마칠 료	양팔을 벌리고 일하다가 사늣 사세로 팔을 내려놓고 일을 마친다
☐	好	좋을 호	여자[女]인 어머니가 자식[子]을 안고 좋아하는 모습
☐	孤	외로울 고	어린아이[子]가 마치 넝쿨에 혼자 달린 오이[瓜]처럼 홀로 남겨져 외롭다
☐	孔	구멍 공	아기[子]가 엄마의 가슴[乚]에서 젖을 먹기 위해 찾아야 하는 구멍
☐	乳	젖 유	아기[子]가 손[爫]으로 엄마의 가슴[乚]을 잡고 먹는 젖
☐	浮	뜰 부	아기를 씻기기 위해 목욕통에 물[氵]을 붓고 손[爫]으로 아기[子]를 받치면 물에 뜬다
☐	溫	따뜻할 온	물[氵]을 담은 통[皿]에 몸을 담그고[囚] 들어가 목욕하니 몸이 따뜻하다
☐	孟	맏 맹	자식[子] 중에 집안의 목욕통[皿]에 처음으로 몸을 씻게 되는 맏이(첫째)
☐	猛	사나울 맹	짐승[犭] 중에도 첫째[孟]는 덩치가 커서 우두머리로 사니 용맹하고 사납다
☐	敎	가르칠 교	산가지[爻→爻]로 숫자 세는 방법을 자식[子]에게 매로 치며[攵] 가르친다
☐	學	배울 학	손[臼→臼]으로 새끼줄을 매듭지어[爻] 지붕을 덮는[冖] 방법을 자식[子]이 배운다
☐	覺	깨달을 각	끊임없이 배우고[學→興] 보면서[見] 진리를 깨닫는다

12일째 가족

☐	父	아버지 부	손[又→乂]에 돌도끼[丶]를 들고 사냥하거나 농사짓는 아버지의 모습
☐	母	어머니 모	자식을 품에 안고 젖[母]을 물려 기르는 어머니의 모습
☐	兄	형 형	제단 앞에 무릎을 꿇고[儿] 입[口]으로 조상께 고하는 글을 읽는 형
☐	祝	빌 축	제단[示] 앞에서 형[兄]이 신이나 조상께 집안의 평안을 빈다
☐	況	상황 황	농사에 필요한 물[氵]이 불거나 줄면 집안의 형[兄]이 먼저 나서서 살피는 상황
☐	克	이길 극	손에 무기[十]를 들고 얼굴에 투구를 쓴 사람[兄]이 전쟁에 나가서 이긴다
☐	只	다만 지	입[口]으로 숨을 내뱉는[八] 짧은 순간이라는 의미에서 '다만, 오직, 오로지'라는 뜻
☐	兒	아이 아	정수리의 숨구멍[臼]이 아직 열린 상태로 걸어 다니는[儿] 사람은 아이

☐	弟	아우 제	나무 무기[Y]에 가죽을 위에서부터 감아[弓] 내려가듯[丿] 차례로 태어나는 아우
☐	第	차례 제	대나무[⺮] 조각을 책으로 엮기 위해 순서대로[弟→弔] 늘어놓은 차례
☐	老	늙을 로	노인[耂]이 지팡이[匕]를 짚고 걸어가는 모습이 늙었다
☐	考	생각할 고	오랜 경험이 쌓여 노련한 노인[耂]은 교묘하고[丂] 뛰어난 꾀를 잘 생각한다
☐	孝	효도 효	노인[耂]이 된 부모님의 곁에서 지팡이 대신 자식[子]이 부축하며 효도한다
☐	壽	목숨 수	노인[耂→士]이 구불구불한[ㄹ] 인생길을 거치며 입[口]과 손[寸]을 유지해 온 목숨
☐	鑄	쇠 불릴 주	쇠[金]에 다른 목숨[壽]을 불어넣기 위해 녹여서 쇠 불린다
☐	死	죽을 사	죽은[歹] 사람 옆에서 사람[匕]이 꿇어앉아 슬퍼하는 모습이니 '죽음'을 의미
☐	葬	장사 지낼 장	풀숲[艸→艹]에 죽은[死] 사람을 던져 풀로 덮고 장사 지내던 모습
☐	女	여자 녀	두 손을 앞으로 모으고 다소곳이 앉은 여자의 모습
☐	姉	손위 누이 자	여자[女] 중에 다 자라서 성장이 끝난[市] 손위 누이
☐	妹	손아래 누이 매	여자[女] 중에 나이가 어려서 아직[未] 덜 자란 손아래 누이
☐	姪	조카 질	다른 여자[女]의 몸에서 태어나 나와 가족 관계에 이른[至] 조카
☐	姦	간음할 간	여러 여자들[女女女→姦]을 남자가 함부로 간음한다
☐	妨	방해할 방	여자[女]들은 질투가 많아서 여러 가지 방법[方]으로 서로를 방해한다
☐	妥	온당할 타	옛날에는 남자의 손[爫]으로 여자[女]를 눌러 복종시키는 것이 온당했다는 의미
☐	威	위엄 위	여자[女]를 천하게 대하며 무기[戌]를 들고 위협할 때 드러나는 위엄
☐	汝	너 여	중국의 여강(汝江)을 나타내는 글자였으나, 나중에 2인칭 대명사 '너'를 의미
☐	矣	어조사 의	팔뚝[厶]을 접어 화살[矢]을 품에 넣고 공격을 마쳤다는 뜻에서 문장을 맺는 어조사
☐	妻	아내 처	비녀[一]를 손[彐]으로 잡아 머리에 꽂은[l] 여자[女]는 남자와 정식 혼인한 아내
☐	妾	첩 첩	몸에 노비 문신[辛→立]이 새겨진 채 주인의 여자[女]로 들여진 첩
☐	接	이을 접	남자가 손[扌]으로 첩[妾]을 잡아끌어 가까이하면 사이가 이어진다
☐	如	같을 여	순종적이어야 했던 여자[女]의 입[口]으로 할 수 있는 대답은 항상 같다
☐	恕	용서할 서	잘못을 저지른 상대를 그와 같은[如] 마음[心]으로 이해하여 용서한다
☐	奴	종 노	여자[女]처럼 손[又]을 부지런히 움직이며 일하는 남자 종
☐	努	힘쓸 노	노비[奴]가 힘[力]을 다해 부지런히 일하며 집안을 위해 힘쓴다
☐	怒	성낼 노	할 일이 산더미 같아서 온종일 일한 노비[奴]가 분한 마음[心]으로 성낸다

☐	安	편안 안	집[宀]에 여자[女]가 있어야 가정이 편안하다
☐	寧	편안 녕	집[宀]에 음식이 수북한 그릇[皿]이 상[丁] 위에 차려져 있으니 마음[心]이 편안하다
☐	案	책상 안	편안하게[安] 앉아서 책을 읽거나 글을 쓸 수 있도록 만든 나무[木] 책상
☐	宴	잔치 연	집[宀] 안에서 여자들과 편안하게[旻] 즐기는 잔치
☐	要	중요할 요	양손으로 허리를 잡은[覀] 여자[女]를 그려, 몸에서 허리가 중요하다는 의미를 표현
☐	腰	허리 요	우리 몸[月]에서 가장 중요한[要] 허리
☐	票	표 표	제사에서 중요한[要→覀] 내용을 적어 제단[示] 위에 올려 두는 표(쪽지)
☐	標	표할 표	나무[木] 꼭대기에 표[票]를 걸어 위치를 표시한다
☐	漂	떠다닐 표	물[氵] 위에 표(쪽지)[票]처럼 작은 물건이 둥둥 떠다닌다
☐	屢	여러 루	시체[尸]가 여러 구 포개져[婁] 있는 모습에서 '여러'라는 뜻
☐	樓	다락 루	나무[木] 기둥을 포개어[婁] 높이 세운 다락
☐	數	셈 수	포개어[婁] 놓은 물건을 막대기로 치면서[攵] 숫자를 센다
☐	每	매양 매	매일 아침 비녀[亠]를 꽂는 어머니[母]의 모습처럼 한결같이 매번, 매양
☐	梅	매화 매	나무[木] 중에 매번[每] 봄추위를 이겨 내고 때를 지켜 피어나는 매화나무
☐	侮	업신여길 모	사람[亻]은 매번[每] 보는 가까운 사람을 소홀히 대하기 쉬워 업신여긴다
☐	悔	뉘우칠 회	마음[忄]으로 매일[每] 돌아보며 잘못된 행동을 뉘우친다
☐	敏	민첩할 민	매일[每] 비녀를 매만지는[攵] 어머니의 손놀림이 민첩하다
☐	繁	번성할 번	민첩하게[敏] 비녀를 꽂고 실[糸] 장식까지 더하니 머리에 장신구가 많아 번성하다

13일째 손1

☐	手	손 수	다섯 손가락을 그린 글자로, 손이나 재주를 의미
☐	拜	절 배	손[手→扌]을 모으고 풍성하게 자란 농작물[丰] 앞에 감사의 뜻으로 올리는 절
☐	指	가리킬 지	손가락[扌] 중에 음식의 맛[旨]을 보는 검지로 이것저것 가리킨다
☐	換	바꿀 환	시장에 나가서 손[扌]으로 빛나는 [奐] 보석을 건네주며 다른 물건으로 바꾼다
☐	擔	멜 담	손[扌]으로 넉넉하게[詹] 많은 짐을 들어 어깨에 올려 멘다

☐	探	찾을 탐	손[扌]으로 점점[罙] 깊은 곳까지 더듬어서 물건을 찾는다
☐	深	깊을 심	물[氵]속으로 들어가면 들어갈수록 점점[罙] 깊이가 깊다
☐	搜	찾을 수	한 손에 횃불을 들고[叟] 다른 한 손[扌]으로 구석구석 뒤지며 찾는다
☐	尋	찾을 심	손[⇒]을 위, 왼쪽[左→工], 오른쪽[右→口], 아래로[寸] 모두 뻗어 가며 물건을 찾는다
☐	隱	숨을 은	언덕[阝] 아래를 손[爫]으로 파서 연장[工]을 묻고 다시 손[⇒]으로 덮어 감추려는 마음[心]으로 무엇을 숨기거나 숨는다
☐	蔽	덮을 폐	너덜너덜하게 해진[敝] 옷을 남이 볼까 창피하여 풀[艹]로 덮는다
☐	幣	화폐 폐	옛날에 비단[巾]으로 만들어서 닳아 해질[敝] 때까지 사용하던 화폐
☐	弊	폐단/해질 폐	사람이 개에게 물어뜯겨 해진[敝] 옷을 양손[𠬞→廾]으로 가리고 가는 모습과 같이 해로운 현상이 바로 폐단
☐	捕	잡을 포	손[扌]으로 채소밭[甫]에 난 채소를 뽑으려고 잡는다
☐	補	기울 보	옷[衣→衤]이 채소밭[甫]의 채소처럼 터지고 너덜너덜해서 실로 깁는다
☐	浦	개 포	바닷물[氵]이 사람 사는 채소밭[甫] 근처의 강까지 들어와 맞닿아 있는 개
☐	博	넓을 박	많은[十] 양을 펼쳐[尃] 놓으니 차지하는 면적이 넓다
☐	薄	엷을 박	물[氵]이 펼쳐진[尃] 넓은 논 위로 조금씩 올라온 풀[艹]의 두께가 엷다
☐	簿	문서 부	대나무[⺮] 조각을 넓게[溥] 이어 붙여 글을 기록한 문서
☐	失	잃을 실	손[手→𠂉]에서 물건이 미끄러지면[乀] 떨어뜨리게 되어 잃는다
☐	秩	차례 질	추수한 볏단[禾]을 잃어버리지[失] 않도록 차례로 쌓은 모습
☐	又	또 우	오른손을 그린 글자로, 주로 손을 의미
☐	友	벗 우	왼손[𠂇→ナ]과 오른손[ナ→又]을 잡고 다정하게 걸어가는 벗(친구)
☐	桑	뽕나무 상	손[又又又→叒]으로 나무[木]에서 뽕잎을 따는 모습을 그려 뽕나무를 표현
☐	怪	괴이할 괴	손[又]으로 흙[土]을 파다가 벌레를 보면 놀라서 마음[忄]이 괴이하다
☐	散	흩을 산	쌓인[卄] 고기[月]를 막대기로 쳐서[攵] 사방으로 조각조각 흩는다
☐	改	고칠 개	자기[己]의 잘못을 알고 스스로 때려서[攵] 고친다
☐	更	고칠 경, 다시 갱	돌[曰]이나 쇠를 여러 번 쳐서[攵→又] 모양을 다시 고친다
☐	便	편할 편, 똥오줌 변	사람[亻]이 불편하게 여기던 것을 고쳐서[更] 쓰니 편하다
☐	硬	굳을 경	돌[石]은 오랜 세월 동안 더욱 단단하게 고쳐지면서[更] 굳는다

	支	지탱할 지	나뭇가지[十]를 손[又]에 잡고 몸을 지탱한다
	枝	가지 지	나무[木]줄기에서 갈려[支] 나온 가지
	技	재주 기	손[扌]으로 나무를 갈라[支] 물건을 만드는 재주
	殺	죽일 살, 감할/빠를 쇄	다리가 많은 지네[杀]를 몽둥이[殳]로 찍어서[丶] 죽인다
	毁	헐 훼	절구[臼] 안의 곡식을 나무 몽둥이[殳]로 빻아서 모양을 헌다
	投	던질 투	사냥하기 위해 손[扌]에 든 몽둥이[殳]를 던진다
	役	부릴 역	길[彳]을 왔다 갔다 하며 몽둥이[殳]를 들고 다른 사람들이 일하도록 부린다
	設	베풀 설	말[言]로 지시하고 여러 도구[殳]를 늘어놓으며 일을 시작하라는 명령을 베푼다
	段	층계 단	나무 몽둥이[殳]로 언덕을 소삭[⺊]내어 만든 층계
	反	돌이킬 반	언덕[厂]을 손[又]으로 기어오르며 중력의 반대쪽으로 돌이킨다
	返	돌아올 반	가던 길을 돌이켜[反] 반대로 가는[辶] 것은 되돌아온다는 뜻
	販	팔 판	돈[貝]을 주고 사온 물건을 반대로[反] 판다
	板	널 판	나무[木] 중에 이리저리 뒤집을[反] 수 있을 정도로 얇고 넓은 널(판)
	版	판목 판	잘린 나무 조각[片]에 글씨를 새겨 반대로[反] 찍어낼 수 있는 판목(나무 조각)
	叔	아저씨 숙	콩[尗]꼬투리를 손[又]으로 따서 보면 한 줄로 있는 콩처럼 부모와 같은 항렬에 있는 아저씨
	淑	맑을 숙	물[氵]에 콩[叔]을 담가 두어도 콩에서는 색이 빠지지 않아 물이 맑다
	督	감독할 독	작은 콩[叔]을 볼 때처럼 눈[目]을 크게 뜨고 자세히 살피며 감독한다
	寂	고요할 적	집[宀] 안에 아저씨[叔]가 홀로 있으니 말이 없어 고요하다
	戚	친척 척	한 줄기에서 무성하게[戌] 열리는 콩[尗]처럼 한 집안에서 무성하게 뻗어 나간 친척
	力	힘 력	사람이 팔뚝에 힘을 준 모습을 그린 글자
	男	사내 남	밭[田]에서 힘써[力] 일하는 사람은 사내(남자)
	幼	어릴 유	몸이 작아[幺] 힘[力]이 없는 어린아이
	劣	못할 렬	힘[力]을 남보다 적게[少] 쓰니 뒤처지고 일을 못한다
	務	힘쓸 무	창[矛]을 들고 상대를 치기[攵] 위해 힘[力]쓴다
	勵	힘쓸 려	가파른 언덕[厂]을 오르기 위해 만[萬] 번이나 손에 힘[力]을 쓴다
	協	화할 협	여러[十] 사람이 서로 힘[力力力→劦]을 합쳐 화합한다

☐	脅	위협할 협	힘[力力力→劦]이 센 여러 명이 한 사람의 몸[月]에 상처를 입히며 위협한다
☐	加	더할 가	힘써[力] 일하는 사람에게 입[口]으로 응원하여 힘을 더한다
☐	架	시렁 가	나무[木] 위에 물건을 더하여[加] 얹을 수 있게 만든 것이 시렁(선반)
☐	賀	하례할 하	상대의 좋은 일에 재물[貝]과 칭찬의 말을 더하며[加] 하례(축하)한다
☐	勝	이길 승	나[朕]의 모든 힘[力]을 다하여 상대를 이긴다
☐	騰	오를 등	말을 타기 위해 나[朕]의 몸이 말[馬]의 등 위로 오른다

14일째 손2

☐	左	왼쪽 좌	장인[工]이 도구를 드는 왼손[ナ→ナ]을 그린 글자로, 왼쪽을 의미
☐	佐	도울 좌	지위가 높은 사람[亻]의 왼쪽[左]에 서서 비서처럼 일을 돕는다
☐	右	오른쪽 우	입[口]에 음식을 넣는 오른손[ㄱ→ナ]을 그린 글자로, 오른쪽을 의미
☐	若	같을 약	풀[艹]을 오른손[右]으로 뽑아 놓고 보니 모양이 다 비슷하거나 같다
☐	諾	허락할 낙	상대가 말하는[言] 내용이 나의 뜻과 같으면[若] 허락한다
☐	寸	마디 촌	손목[十]에서 맥박[丶]이 뛰는 곳까지의 거리를 표시하여 한 마디(약 3cm)를 표현
☐	尺	자 척	손목에서 팔꿈치까지 길이를 재는 모습으로, 그 길이가 한 자(약 30cm)라는 의미
☐	丈	어른 장	긴 지팡이로 땅을 짚으며 걸어가는 어른의 모습
☐	村	마을 촌	나무[木]가 있는 자연에 도막도막[寸] 작은 집을 짓고 사람들이 모여 사는 마을
☐	守	지킬 수	집[宀]을 손[寸]으로 막아 적으로부터 단단히 지킨다
☐	得	얻을 득	길[彳]을 가다가 돈[貝→旦]을 손[寸]으로 주워 얻는다
☐	討	칠 토	상대를 말[言]로 비난하고 손가락질[寸]하며 공격한다(친다)
☐	付	부칠 부	다른 사람[亻]에게 물건을 손[寸]으로 건네서 상대에게 부친다
☐	符	부호 부	신분을 증명하는 잘린 대나무[竹]를 붙이면[付] 나타나는 신분의 부호(기호)
☐	附	붙을 부	언덕[阝]에 오를 때 떨어지지 않기 위해 몸을 딱 붙인다[付]
☐	府	마을/관청 부	커다란 집[广]을 지어 놓고 마을 사람들의 여러 가지 부탁[付]을 처리해 주는 관청
☐	腐	썩을 부	청렴해야 할 관청[府]에 뇌물로 받은 고기[肉]가 쌓여 썩는다

	寺	절 사	손님을 모시기 위해 땅[土] 위를 바삐 움직이며 손[寸]을 쓰는 관청을 뜻하다가, 관청에 승려가 많이 묵었다는 데서 유래하여 '사찰, 절'을 의미
	時	때 시	시계가 없던 옛날에 해[日]의 위치에 따라 절[寺]에서 종을 쳐서 알려주던 때(시간)
	詩	시 시	말[言]하려는 내용을 절[寺]의 불경 외는 소리처럼 운율에 맞게 표현하는 시
	侍	모실 시	벼슬아치[亻]가 마을의 관청[寺]에서 임금 대신 일을 처리하며 임금을 모신다
	持	가질 지	관청[寺]에서 처리해 준 일의 결과를 문서로 받아 손[扌]에 가진다
	待	기다릴 대	일을 보기 위해 관청[寺]으로 가서[彳] 차례를 기다린다
	特	특별할 특	관청[寺]에서 중요한 일로 제사 지낼 때 바치던 소[牛→牜]는 크고 특별하다
	等	무리 등	대나무[竹] 조각에 기록한 관청[寺]의 문서를 분류하기 위해 나눈 무리(등급)
	專	오로지 전	실패(실감개)[叀]에 실을 감으려면 손[寸]을 오로지 한 방향으로 해야 한다는 뜻
	傳	전할 전	사람[亻]이 오로지[專] 한 방향으로 계속 가서 먼 곳에 소식을 전한다
	轉	구를 전	수레[車]의 바퀴가 앞으로 가기 위해 오로지[專] 한 방향으로 구른다
	團	둥글 단	한[專] 마음을 가진 사람들이 모여 서로 둘러싼[囗] 모양새가 둥글다
	惠	은혜 혜	실을 짜서 실패[叀]에 감아 내다 팔며 자식을 기르는 어머니의 마음[心]이 은혜롭다
	奚	어찌 해	포졸의 손[爫]에 끌려가는 밧줄[幺]로 묶인 죄인[大]을 보니 어찌 된 일인지 의문
	溪	시내 계	물[氵]이 어찌[奚] 된 이유에서는 평지로 흘러오면 만들어지는 시내
	鷄	닭 계	날지 못하는데 어찌[奚] 새[鳥]라고 할 수 있는지 의문을 품게 하는 닭
	菜	나물 채	나무[木]의 잎 중에 손[爫]으로 따서 먹을 수 있는 풀[艹]인 나물
	採	캘 채	손[爫]으로 딴 나무[木]의 열매나 잎 중에 먹을 수 있는 것을 손[扌]으로 골라 캔다
	彩	채색 채	손[爫]으로 나무[木]에서 딴 잎이 햇빛을 받아 반짝거리는[彡] 고운 빛깔(채색)
	受	받을 수	상대가 손[爫]을 내밀어서 주는 물건[冖]을 손[又]으로 받는다
	授	줄 수	상대가 받을[受] 물건을 손[扌]으로 들고 가서 준다
	援	도울 원	물이나 함정에 빠진 사람을 손[扌]으로 끌어당겨[爰] 빠져나오게 돕는다
	緩	느릴 완	함정에 빠진 사람을 줄[糸]로 끌어내기[爰] 위해 줄을 천천히 느리게 내려 주는 모습
	暖	따뜻할 난	해[日]처럼 뜨거운 열을 가까이 끌어[爰]당기면 따뜻하다
	亂	어지러울 란	구부리고[乚] 앉아 양손[爫, 又]으로 실패[冂]에 엉킨 실[▽, 厶]을 풀려니 어지럽다
	辭	말씀 사	세상을 어지럽힌[亂→𤔔] 죄인[辛]에게 좋은 방향으로 변화하라고 타이르는 말씀

☐	爭	다툴 쟁	상대의 손[爫]과 내 손[⇒]이 물건[丨]을 빼앗기 위해 서로 잡아당기며 다툰다
☐	靜	고요할 정	깨끗하게[靑] 다툼[爭]이 정리되어 주위가 편안하고 고요하다
☐	淨	깨끗할 정	물[氵]이 고요하여[靜→爭] 속이 들여다보일 정도로 깨끗하다
☐	爲	할 위	사람이 손[爫]으로 코끼리[爲]를 잡고 어떤 일을 한다
☐	僞	거짓 위	자연 그대로가 아니라 사람[亻]이 일하여[爲] 만들어 낸 것은 인위적인 거짓
☐	假	거짓 가	사람[亻]이 사실이 아닌 다른 이야기를 빌려[叚] 말을 꾸미니 거짓
☐	暇	틈 가	해[日]가 떠서 한창 일할 시간에 잠시 시간을 빌려[叚] 쉬는 틈(겨를)

15일째 손3

☐	筆	붓 필	대나무[竹]로 만든 붓대[聿]에 동물의 털을 붙여 손으로 잡고 쓰게 만든 붓
☐	律	법칙 률	인간이 살아가는 길[彳]에 지켜야 할 규칙을 붓[聿]으로 써서 기록한 법(법칙)
☐	盡	다할 진	붓처럼 생긴 수세미 털끝[聿→肃]이 해질 정도로 그릇[皿]을 닦는 데 힘을 다한다
☐	肅	엄숙할 숙	손[⇒]에 든 지팡이[丨]로 연못[淵→爿]을 조심히 짚으며 들어가는 엄숙함
☐	書	글 서	붓[聿]으로 스승이나 성현의 말씀[曰]을 적은 글
☐	晝	낮 주	붓[聿]을 들고 공부할 수 있는 시간은 해[日]가 지평선[一] 위로 떠 있는 낮
☐	畫	그림 화	붓[聿]으로 밭[田]의 경계선[一]을 그려 기록한 그림
☐	劃	그을 획	붓으로 밭의 경계를 그릴[畫] 때, 경계선을 칼[刂]로 자르듯 분명하게 긋는다
☐	圖	그림 도	마을의 등고선[啚]과 둘레[囗] 모양을 지도처럼 그린 그림
☐	建	세울 건	붓[聿]을 끌며[廴] 글을 쓰기 위해 붓대를 세우듯 나라나 집을 세운다
☐	健	굳셀 건	사람[亻]이 몸을 꼿꼿이 세우고[建] 힘차게 걸으니 굳세다
☐	庚	일곱째 천간 경	집[广]에서 손[⇒]에 절굿공이[丨]를 들고 곡식을 찧는 모습인데, 나중에 천간(天干) 중에 일곱째를 의미
☐	康	편안 강	집에 절구질[庚→声]할 곡식[米→氺]이 있으니 먹고살기 편안하다
☐	庸	떳떳할 용	절구[声]를 써서[用] 찧어 먹을 나의 곡식이 있으니 구차하지 않고 떳떳하다
☐	唐	당나라/당황할 당	절구질[声]하며 입[口]으로 크게 떠드는 사람 때문에 다른 사람들이 당황한다

糖	엿 당	쌀[米]밥에 엿기름을 넣어 삭힌 뒤 오래 끓이면 당황스럽게도[唐] 갑자기 달고 끈적해지는 엿
逮	잡을 체	상대방을 뒤따라가서[辶] 손을 그에게 미치게[隶] 하여 잡는다
隸	종 례	어찌어찌[柰] 한 죄를 짓고 남의 집에 잡혀서[隶] 일하게 된 종
掃	쓸 소	손[扌]에 빗자루[帚]를 들고 바닥을 쓴다
婦	며느리 부	여자[女] 중에 빗자루[帚]를 들고 살림과 청소를 맡아 하는 며느리나 아내
歸	돌아갈 귀	옛 풍습에 결혼한 남편은 아내를 따라가서[追→自] 처가에 머물며[止] 일을 돕다가 다시 아내[婦→帚]를 데리고 집으로 돌아간다는 뜻
侵	침노할 침	사람[亻]이 빗자루[帚→彐]를 손[又]에 들고 쓸어버리듯이 다른 지역을 침노한다
浸	잠길 침	물[氵]이 조금씩 계속 침범하다[㑴] 보면 어느새 사방이 온통 잠긴다
寢	잘 침	집[宀]에 들어와서 몸으로 평상[爿]을 침범하여[㑴] 잠을 잔다
君	임금 군	손[⺕]에 채찍[丿]을 들고 입[口]으로 명령하며 나라를 다스리는 임금
群	무리 군	임금[君]이 거느린 양[羊] 떼처럼 많은 백성의 무리
郡	고을 군	임금[君]의 명령을 받으며 다스려지는 고을[阝]
史	역사 사	지나온 사건에 대해 치우치지 않고 중심[中]을 지켜 사실만을 손[又]으로 기록한 역사
吏	벼슬아치 리	역사[史]를 기록하는 사람처럼 한결같은[一] 태도로 나랏일을 해야 하는 벼슬아치
使	하여금/부릴 사	윗사람[亻]이 관리[吏]들로 하여금 일하게 시키고 부린다
事	일 사	벼슬아치[吏→㝍]가 손[⺕]을 열심히 움직이며 고을을 위해 하는 일
兼	겸할 겸	여러 단의 벼[秝]를 손[⺕]에 함께 쥔 모습처럼 두 가지 이상의 일을 겸한다
謙	겸손할 겸	말할[言] 때 상대의 입장을 겸하여[兼] 생각하며 자기를 내세우지 않으니 겸손하다
嫌	싫어할 혐	여자[女]에게 집안일을 여러 가지 겸하게[兼] 하면 힘이 들어서 싫어한다
廉	청렴할 렴	벼슬아치가 집[广]에서도 농사일을 겸하며[兼] 검소하게 사니 청렴하다
私	사사로울 사	벼[禾]가 내 팔[厶]의 안쪽에 들어와 있으니 내 소유의 사사로운(개인적인) 것
和	화할 화	수확한 벼[禾]로 지은 밥이 가족의 입[口]에 들어가니 마음이 따뜻하고 화하다
公	공평할 공	사사롭게[厶] 가지고 있던 물건을 나누어[八] 주니 서로 공평하다
松	소나무 송	나무[木] 중에 항상 변치 않고 공평한[公] 모습으로 서 있는 소나무
訟	송사할 송	다툰 사람들이 관청에 억울함을 말하며[言] 공평하게[公] 판결해 달라고 송사한다

☐	頌	칭송할 송	백성들이 고을을 공평하게[公] 다스린 우두머리[頁]를 칭송한다
☐	翁	늙은이 옹	상대[公(존칭)]의 턱에 수염이 깃털[羽]처럼 늘어져 있으니 그는 나이 많은 늙은이
☐	共	함께 공	묶여 있는 다발[卄]을 양손[𦥑→八]으로 함께 받쳐 들고 있는 모습
☐	供	이바지할 공	사람들[亻]이 함께[共] 쓸 수 있도록 물건을 내주며 사회에 이바지한다
☐	恭	공손할 공	함께[共] 사는 세상에서 서로 예의를 다하는 마음[心→㣺]인 공손함
☐	洪	넓을 홍	물[氵]이 모든 것을 함께[共] 덮어 버릴 정도로 넓게 찬 모습
☐	巷	거리 항	마을 사람들[巳]이 함께[共] 거닐며 생활하는 거리
☐	港	항구 항	물가[氵]에 배가 드나들 수 있는 거리[巷]를 만들어 놓은 것이 항구
☐	其	그 기	키[甘]를 양손[𦥑→八]에 들고 까부른 곡식의 알맹이를 가리켜 '그것'이라고 표현
☐	基	터 기	키[甘]를 양손[𦥑→八]에 들고 알맹이를 고르듯 흙[土]을 고르고 다져서 이룬 터
☐	期	기약할 기	한 바퀴를 돌아 약속된 그[其] 자리로 돌아오는 달[月]처럼 기간을 정하여 약속한다
☐	具	갖출 구	솥단지[目]를 양손[𦥑→八]에 들었으니 생활에 필요한 도구를 갖췄다
☐	俱	함께 구	사람들[亻]이 생활에 필요한 도구를 갖추고서[具] 함께 모인다
☐	與	더불/줄 여	여러 사람이 새끼줄[与]을 마주 들고[舁] 더불어 꼬며 서로 도움을 준다
☐	擧	들 거	여러 사람이 더불어[與] 손[手]으로 물건을 든다
☐	譽	기릴/명예 예	많은 사람이 더불어[與] 좋은 말로[言] 칭찬하며 위대한 사람이나 업적을 기린다
☐	輿	수레 여	여럿이 앞뒤에서 마주 들고[舁] 가는 수레[車]
☐	興	일어날 흥	여럿이 같이[同] 물건을 마주 들고[舁] 일어난다
☐	泰	클 태	양손[𦥑→夲]을 크게 모아 물[氺]을 가득 뜬 모습
☐	奉	받들 봉	신에게 바치기 위해 양손[𦥑→夲]에 예쁘고 풍성한[丰→丰] 음식을 받든다
☐	奏	아뢸 주	양손[𦥑→夲]에 악기[天]를 들고 연주하며 신에게 제사를 아뢴다
☐	暴	사나울 폭, 모질 포	해[日]가 나서 양손을 함께[共] 내어 쌀[米→氺]을 들고 나가 말리니 그 빛이 세고 사납다는 뜻
☐	爆	불 터질 폭	불꽃[火]이 사납게[暴] 퍼지며 터진다

16일째 발

- 足 발 족   무릎부터 발끝까지의 모양을 그린 글자
- 促 재촉할 촉   사람[亻]이 발[足]을 동동 구르면서 빨리하라고 재촉한다
- 捉 잡을 착   손[扌]으로 도망가는 사람의 발[足]을 잡는다
- 踏 밟을 답   발[足→⻊]자국을 여러 번 겹치며[沓] 밟는다
- 止 그칠 지   사람이 걷다가 멈춘 발자국을 그린 글자
- 肯 즐길 긍   하던 일을 그치고[止] 잠시 고기[肉→月]를 먹으며 즐긴다
- 齒 이 치   입을 벌리면[凵] 윗니와 아랫니[㐰]에 박혀 머물러[止] 있는 이
- 企 꾀할 기   사람[人]이 멈춰[止] 서서 까치발을 들고 멀리 바라보며 앞날의 계획을 꾀한다
- 之 갈 지   사람이 땅을 밟고 걸어가는 모습을 그린 글자로, '가다'라는 뜻
- 曆 책력 력   일자[日]별로 해와 달의 운행이나 절기 등을 가지런히[厤] 적어 놓은 책력(달력)
- 歷 지날 력   가지런히[厤] 발자취[止]를 남기며 길을 지난다
- 步 걸음 보   오른발과 왼발을 번갈아 옮겨 놓는 걸음을 그린 글자
- 涉 건널 섭   시내나 강물[氵]을 걸어서[步] 건넌다
- 逆 거스를 역   사람이 거꾸로[屰] 서서 걸으며[辶] 순리를 거스른다
- 朔 초하루 삭   둥근 모양을 거스르며[屰] 이지러졌던 달[月]이 다시 차기 시작하는 초하루
- 正 바를 정   땅의 경계선[一]을 넘지 않고 올려놓은 발[止]의 모습이 바르다
- 政 정사 정   나라를 바르게[正] 이끌기 위해 회초리[攵]로 지시하며 다스리는 정사
- 征 칠 정   바르지 않은 세력 앞에 나아가[彳] 그들을 바로잡기[正] 위해 친다
- 整 가지런할 정   흩어진 것을 묶고[束] 삐져나온 부분을 쳐서[攵] 바르게[正] 만드니 가지런하다
- 定 정할 정   집안[宀]을 바르게[正→疋] 다스리기 위해 사람이나 물건의 자리를 정한다
- 是 이/옳을 시   해[日]는 언제나 바르고[正→疋] 옳다
- 提 끌 제   손[扌]으로 자신이 옳다고[是] 생각하는 것을 끌어당긴다
- 堤 둑 제   흙[土]을 쌓아 물이 넘치지 않고 옳은[是] 길로 가도록 막은 둑
- 題 제목 제   글이나 강의에서 그 내용이 옳게[是] 드러나도록 글의 머리[頁]에 갖다 붙인 제목

	延	늘일 연	발을 질질 끌며[丿] 가다 서기를[止→止] 반복하여 천천히 걸으면[廴] 가는 데 걸리는 시간이 늘어난다
	誕	낳을/거짓 탄	말[言]을 길게 늘여[延] 거짓을 낳는다
	廷	조정 정	신하[壬]가 매일 걸어[廴] 나가야 하는 곳인 조정
	庭	뜰 정	집[广] 안에 대궐의 조정[廷]처럼 넓게 만든 뜰
	程	길 정	벼[禾]를 윗사람에게 바치기[呈] 위해 농사지어 나가는 길(과정)
	聖	성인 성	귀[耳]와 입[口]이 총명하여 사리 분별력이 뛰어난 사람[壬]인 성인
	出	날 출	동굴[凵]에서 발[屮]이 나오는 모습
	拙	졸할 졸	식물이 자라는 것을 돕는답시고 손[扌]으로 싹을 뽑아 억지로 나오게[出] 하다가 죽이니 재주가 졸하다
	各	각각 각	사람들이 걸어[夂] 다닌 발자국이 입구[口]에 찍힌 모습이 제각각
	路	길 로	사람들이 저마다의 발[足→𧾷]로 각각[各] 다니는 길
	格	격식 격	나무[木]가 각각[各]의 형태나 주위 환경에 맞게 자라나는 격식(방식)
	略	간략할 략	무질서하던 옛날에는 남의 밭[田]을 빼앗아 각자[各] 소유하는 일이 쉽고 간략했다
	絡	이을 락	실[糸]로 각각[各] 떨어져 있는 물체를 잇는다
	閣	집 각	대문[門] 안으로 사람을 들여 각각[各]의 용무를 처리해 주는 관청과 같은 큰 집
	客	손 객	각처[各]에서 집[宀]으로 찾아온 손(님)
	額	이마 액	손님[客]의 머릿수를 셀 때 가장 먼저 보이는 머리[頁]의 이마
	逢	만날 봉	무성한[丰] 풀 위를 걸어[夂]가다가[辶] 사람을 만난다
	峯	봉우리 봉	산[山] 위로 올라가면 만날[夆] 수 있는 봉우리
	蜂	벌 봉	벌레[虫] 중에 꽃을 만나[夆] 꿀을 채취하는 벌
	降	내릴 강, 항복할 항	병사들이 언덕[阝] 위에서 발[夂]을 비틀대며[㐄] 천천히 내려와 항복한다
	先	먼저 선	남보다 앞서 가는[之→𠂉] 두 다리[儿]를 가진 사람은 도착이 먼저
	洗	씻을 세	물[氵]에 가까이 가서[之→𠂉] 두 다리[儿]를 담그고 씻는다
	贊	도울 찬	어려운 사람에게 남보다 먼저[先] 더 먼저[先] 가서 재물[貝]을 주며 돕는다
	讚	기릴 찬	남을 돕는[贊] 사람에게 칭찬하는 말[言]을 전하며 그 훌륭함을 기린다
	元	으뜸 원	두 다리[儿] 위로 솟은 머리[二]가 우리 몸의 가장 꼭대기이므로 '으뜸, 첫째'라는 뜻

☐	完	완전할 완	집[宀]을 으뜸[元]으로 잘 지었으니 완전하다
☐	院	집 원	언덕[阝] 위에 담을 완전하게[完] 둘러쳐서 지은 관청이나 사원 같은 집
☐	冠	갓 관	옛날에 어른이 된 남자가 머리[元]에 덮어[冖] 쓰고 손[寸]으로 동여매던 갓
☐	走	달릴 주	사람[大→土]이 발[足→止]을 앞뒤로 움직이며 빠르게 달리는 모습
☐	徒	무리 도	길[彳] 한편으로 떼 지어 달려와서[走] 모인 사람들의 무리
☐	從	좇을 종	길[彳]에서 앞사람[人]의 뒤를 뒷사람[人]이 발[足→止]로 좇는다
☐	縱	세로 종	베틀에 걸린 실[糸]이 위에서부터 쭉 따라와[從] 놓인 모습이 세로
☐	首	머리 수	사람의 머리를 나타내기 위해 머리카락과 눈을 강조하여 그린 글자
☐	道	길 도	머리[首]가 달린 사람들이 이리저리 다니는[辶] 길
☐	導	인도할 도	인간이 마땅히 가야 할 길[道]을 손[寸]으로 가리키며 인도한다
☐	面	낯 면	사람의 얼굴선과 코를 강조하여 그린 글자
☐	顔	낯 안	선비[彦]가 머리[頁]에서 항상 단정함을 유지해야 하는 낯(얼굴)
☐	類	무리 류	쌀[米] 알갱이처럼 많은 사람이 개[犬]떼처럼 머리[頁]를 모으고 있는 무리
☐	頻	자주 빈	오래 걸으면[步] 힘들어서 얼굴[頁]을 자주 찡그린다는 의미
☐	顧	돌아볼 고	집[戶] 근처에서 새[隹] 소리를 들으면 어디에 있는지 머리[頁]를 돌려 돌아본다
☐	須	모름지기 수	할아버지가 머리[頁] 아래 턱수염[彡]을 쓰다듬으며 반드시 해야 할 일을 훈계하는 모습에서 '모름지기, 반드시'라는 뜻
☐	寡	적을 과	집[宀]에 있는 머릿수[頁]가 칼[刀]로 자른 듯 줄었으니 사람이 적다
☐	煩	번거로울 번	머릿속[頁]에 불[火]이 난 것처럼 열을 받아서 생각이 번거롭다
☐	惱	번뇌할 뇌	마음[忄]이 복잡하니 머리카락[巛] 아래에 있는 뇌[囟]가 시달리며 번뇌한다
☐	腦	뇌 뇌	우리 몸[月]에서 머리카락[巛]과 정수리[囟] 안쪽에 있는 뇌
☐	思	생각 사	뇌[囟→田]와 마음[心]으로 하는 생각
☐	細	가늘 세	뇌[囟→田]의 안쪽에 있는 핏줄은 실[糸]처럼 가늘다

17일째 마음

	한자	훈음	설명
☐	心	마음 심	사람의 심장을 그린 글자로, 주로 생각이나 마음을 의미
☐	應	응할 응	옛날에 사냥용으로 키우던 매[雁]는 주인의 마음[心]을 잘 읽고 이에 응한다
☐	慧	슬기로울 혜	어떤 일을 빗자루[彗]로 쓸듯이 깔끔하게 처리하는 마음[心]을 가졌으니 슬기롭다
☐	慶	경사 경	귀한 사슴[鹿→严] 가죽을 들고 기쁜 마음[心]으로 걸어가서[夂] 축하해 주는 경사
☐	慰	위로할 위	제단[示] 위의 시체[尸]를 손[寸]으로 어루만지며 마음[心]을 다해 위로한다
☐	愛	사랑 애	손[爫]으로 손을 덮어[冖] 잡고 두근대는 마음[心]으로 걸어가는[夂] 사람들의 사랑
☐	憂	근심 우	양손으로 머리[頁→頁]를 감싸고[冖] 마음[心]을 달래며 걷는[夂] 사람의 근심
☐	優	넉넉할 우	사람[亻]이 근심[憂]하고 노력하다 보면 생각이 성장하여 넉넉해진다
☐	戀	그리워할 련	마음[心]속이 어지러울[䜌] 정도로 사랑하는 사람을 그리워한다
☐	變	변할 변	세상을 어지럽힌[䜌] 사람을 때려서[攵] 좋은 방향으로 이끄니 변한다
☐	恐	두려울 공	연장[工]을 들고 몸을 구부려[凡] 땅을 팔 때 무엇이 나올지 두려워하는 마음[心]
☐	築	쌓을 축	집을 짓기 위해 나무[木] 기둥을 세운 후 연장[工]을 들고 몸을 구부려[凡] 대나무[竹] 지붕을 쌓는다
☐	恨	원망할 한	마음[忄]속에 응어리로 머물러[艮] 있는 사람을 미워하며 원망한다
☐	限	막을 한	높은 언덕[阝]이 버티고 서서 사람들의 걸음이 멈추도록[艮] 앞을 막는다
☐	眼	눈 안	길쭉한 눈[目] 안에 머물러[艮] 있는 동그란 눈동자
☐	根	뿌리 근	나무[木]가 땅 아래에 박혀 머물러[艮] 있도록 해 주는 뿌리
☐	銀	은 은	쇠붙이[金] 중에 눈길을 멈추게[艮] 할 만큼 희고 깨끗한 빛을 가진 은
☐	懇	간절할 간	해치[豸] 앞에 멈추어[艮] 서서 정성껏 소원을 비는 마음[心]이 간절하다
☐	退	물러날 퇴	상대의 기세에 밀려서 앞으로 가던[辶] 발길을 멈추고[艮] 뒤로 물러난다
☐	良	좋을 량	곡식[丶]을 체[艮]에 넣어 쭉정이를 골라내면 남는 알갱이는 좋은 것
☐	浪	물결 랑	체로 좋은[良] 곡식을 까부르는 모습처럼 출렁거리는 물결[氵]
☐	朗	밝을 랑	둥글게 가득 찬 아름다운(좋은)[良] 달[月]이 사방을 비추니 밝다
☐	娘	아가씨 낭	여자[女] 중에 아직 어려서 몸과 마음이 건강한(좋은)[良] 아가씨

☐	郎	사내 **랑**	좋은[良] 신체와 정신으로 적으로부터 고을[阝]을 지켜 주는 사내
☐	廊	사랑채 **랑**	집안[广]의 바깥주인인 사내[郎]가 머무는 곳이자 손님을 접대하는 방인 사랑채
☐	必	반드시 **필**	마음[心]에 표시해[丿] 두고 틀림없이 하려는 마음이니 '반드시'라는 뜻
☐	祕	숨길 **비**	신은 사람들이 제단[示] 앞에서 빈 소원을 반드시[必] 드러나지 않게 숨긴다
☐	密	빽빽할 **밀**	산[山]속에 몰래[宓] 들어가 숨으려면 나무가 빽빽해야 한다
☐	蜜	꿀 **밀**	벌[虫]이 깊고 은밀한 곳에 벌집을 지어 몰래[宓] 숨겨 놓은 꿀
☐	耳	귀 **이**	사람의 귀를 그대로 그린 글자
☐	取	가질 **취**	옛날 전쟁터에서 자기가 무찌른 병사의 수를 증명하기 위해 적군의 귀[耳]를 잘라 손[又]에 가졌다는 뜻
☐	趣	뜻 **취**	달려가서[走] 무엇을 가지려[取] 하는 의지나 뜻(마음)
☐	最	가장 **최**	병사가 가지고[取] 온 적군 귀의 숫자를 말하며[曰] 최고를 따진다는 뜻에서 '가장'이라는 의미
☐	攝	다스릴 **섭**	손[扌]으로 적군의 귀[耳耳耳→聶]를 모두 모아서 잘 정리하고 다스린다
☐	恥	부끄러울 **치**	싸움에 져서 귀[耳]가 잘린 병사의 마음[心]이 부끄럽다
☐	敢	감히 **감**	귀[耳]에 연장[工]을 들이대며 쳐서[攵] 자르려는 용감한 행동에서 '감히'라는 뜻
☐	嚴	엄할 **엄**	바위들[口口]이 언덕[厂] 위에 자리한 모습이 감히[敢] 올라가기 무서울 만큼 엄하다
☐	巖	바위 **암**	험한 산[山] 위에 엄한[嚴] 자태로 자리 잡고 있는 바위
☐	聰	귀 밝을 **총**	총명하게 상대의 말을 잘 알아들으니 귀[耳]가 밝다[悤]
☐	總	다 **총**	여러 색의 실[糸]을 한눈에 밝게[悤] 찾을 수 있도록 한곳에 다 모은다
☐	聲	소리 **성**	옛날 악기인 편경이나 석경[声]을 방망이[殳]로 두드리면 귀[耳]로 들려오는 소리
☐	業	업 **업**	북이나 종 등을 매다는 나무틀을 그린 글자로, 그 틀을 만드는 작업이나 일을 의미
☐	對	대할 **대**	사람이 북을 연주하기 위해 받침틀[業→丵] 앞에 손[寸]을 내밀어 마주 대한다
☐	樂	즐길 **락**, 노래 **악**, 좋아할 **요**	나무[木] 받침 위에 줄[糸糸→幺幺]을 걸고 엄지손가락[白]으로 연주하며 즐겁게 노래하는 것을 좋아한다
☐	藥	약 **약**	풀[艹] 중에 먹으면 아픈 곳을 낫게 하여 즐겁게[樂] 해 주는 약
☐	絃	줄 **현**	실[糸]처럼 가늘고 길어서 악기에 걸면 오묘한[玄] 소리를 내는 줄
☐	琴	거문고 **금**	줄[王王]을 매달아 술대(대나무로 만든 채)로 뜯으면 바로[今] 소리를 내는 거문고
☐	管	대롱 **관**	대나무[竹] 토막에 구멍을 내서 피리처럼 소리가 나도록 관리한[官] 대롱

	笛	피리 적	대나무[⺮]에 뚫은 구멍으로부터 말미암아[由] 소리가 나는 피리
	打	칠 타	손[扌]에 망치를 들고 못[丁]을 내리친다
	鼓	북 고	북[壴]을 치는 손과 북채[支]를 그린 글자
	喜	기쁠 희	경사스런 일로 북[壴]을 연주하며 입[口]으로 노래를 부르니 기쁘다
	無	없을 무	원시 시대에 무녀가 신과 교감하기 위해 손에 깃털[無]을 흔들며 춤추다 보면 발[灬]이 보이지 않았으니 '없다'는 뜻
	舞	춤출 무	무녀가 손에 깃털[無]을 흔들며 발[舛]을 이리저리 움직여 춤춘다

18일째 눈

	目	눈 목	사람 눈의 흰자위와 눈동자를 그린 글자
	看	볼 간	손[手→扌]을 눈[目] 위로 올려서 눈부신 태양을 가리고 멀리 본다
	眉	눈썹 미	눈[目] 위쪽에 길게 그려진[尸] 눈썹
	夢	꿈 몽	눈썹[艹]과 눈[目→罒]만 남긴 채 이불을 덮고[冖] 저녁[夕]에 잠이 들면 꾸는 꿈
	冒	무릅쓸 모	두건[冃]을 눈[目] 위쪽에 덮어쓰고서 힘들고 어려운 일을 무릅쓴다
	瞬	눈 깜짝일 순	금세 피었다 지는 나팔꽃[舜]처럼 눈[目]을 빨리 감았다가 뜨며 깜짝인다
	相	서로 상	좋은 나무를 고르기 위해 나무[木]에 눈[目]을 맞추고 서로 마주 보는 모습
	想	생각 상	서로[相] 마음[心]속으로 그리워하며 생각한다
	見	볼 견, 뵈올 현	사람의 다리[儿] 위에 눈[目]만 강조하여 그린 글자로, 눈을 크게 뜨고 본다는 뜻
	現	나타날 현	무엇이 옥[玉→王]처럼 반짝이며 눈에 보이게[見] 나타난다
	臣	신하 신	임금 앞에서 눈을 아래로 내리고[臣] 복종하는 모습의 신하
	臥	누울 와	지쳐서 눈을 아래로 내린[臣] 사람[人]이 쉬기 위해 몸을 구부리고 눕는다
	臨	임할 림	몸을 구부려서[臥→𦣞] 자세히 살펴야 할 물건[品] 앞에 임한다
	監	볼 감	몸을 구부려서[臥→𦣞] 물[丶]이 찰랑거리는 그릇[皿]에 자신의 얼굴을 비쳐 본다
	鑑	거울 감	금속[金]으로 만들어 사람의 얼굴을 비춰볼[監] 수 있게 한 거울
	濫	넘칠 람	물[氵]을 틀어 놓고 계속 보고[監] 있으면 넘친다

	覽	볼 람	보고[監→臨] 또 보며[見] 두루두루 자세히 살펴본다
	鹽	소금 염	소금밭[鹵]에서 물이 빠지는 것을 잘 보고[監] 있다가 건져 낸 소금
	堅	굳을 견	눈으로 내려다[臤]보며 손[又]으로 흙[土]을 꾹꾹 누르니 단단하게 굳는다
	賢	어질 현	재물[貝]을 굳건히[臤] 보관했다가 여러 사람에게 나누어 주니 행동이 어질다
	緊	요긴할 긴	실[糸]로 단단하게[臤] 묶어야 할 만큼 꼭 필요하고 요긴한 것
	直	곧을 직	눈[目]에서 십자 광선[十]을 쏘며 턱을 직각으로[乚] 세우고 곧게 본다
	値	값 치	사람[亻]이 정직하고 곧은[直] 기준으로 매긴 값
	置	둘 치	그물[网→罒]을 엉키지 않도록 곧게[直] 세워 펼쳐 둔다
	德	도덕 덕	사람이 마땅히 가야 할 길[彳]이며 곧은[直→悳] 마음[心]으로 지켜야 하는 도덕
	聽	들을 청	왕[王]이 귀[耳]를 기울여 덕[德→悳]이 있는 사람의 말을 듣는다
	廳	관청 청	백성의 소리를 듣고[聽] 일을 처리하는 집[广]인 관청
	眞	참 진	도를 닦아 신선이 된[化→匕] 사람이 곧은[直→直] 행실을 팔방[八]으로 퍼뜨리니 바르고 참되다
	愼	삼갈 신	마음[忄]에 진심[眞]을 닦아 행동하며 몸가짐이나 언행을 삼간다
	鎭	진압할 진	쇠[金]로 만든 물건으로 억눌러 진정시키며 참되게[眞] 행동하도록 진압한다
	慢	거만할 만	마음[忄]이 길게[曼] 늘어져 행동이 게으르니 거만하다
	漫	퍼질 만	물[氵]이 방향 없이 길게[曼] 제멋대로 흘러나가며 퍼진다
	口	입 구	사람이 입 모양을 그린 글자
	曰	말할 왈	입[口]에서 소리[一]를 내어 말한다
	喪	잃을 상	사람들이 입[口口]을 모아 울며 옷깃[衣→衣]에 눈물을 적시니 사람이 죽어서 그를 잃게 된 것을 의미
	哭	울 곡	사람이 죽자 입[口口]을 크게 벌려 개[犬]처럼 소리 내며 꺼이꺼이 운다
	器	그릇 기	귀한 쇠로 만들어지는 물건[皿]이기에 개[犬]를 시켜 지키도록 했던 그릇
	吾	나 오	다섯[五] 손가락으로 자신을 가리키며 입[口]으로 지칭하는 말은 '나'
	悟	깨달을 오	나[吾]의 마음[忄]속으로 생각하여 느끼고 깨닫는다
	古	예 고	여러[十] 사람의 입[口]을 거쳐 전해 들은 옛날
	苦	쓸 고	풀[艹] 중에 예[古]로부터 쓰다고 알려진 씀바귀를 의미하여 '쓰다'라는 뜻

□	枯	마를 고	나무[木]가 오래[古]되어 말랐다
□	姑	시어머니 고	여자[女] 중에 며느리보다 시집온 지 오래된[古] 시어머니
□	故	연고 고	옛날[古] 일을 막대기[攵]로 차근차근 짚어가며 찾은 연고(까닭)
□	固	굳을 고	마을을 둘러싼[囗] 성벽은 오래전[古]에 쌓은 것이니 단단하게 굳었다
□	個	낱개 개	사람[亻]이나 물건이 각자의 성질대로 굳어서[固] 이루어진 하나하나의 낱개
□	胡	오랑캐 호	우리 몸[月]에서 귀밑부터 턱 끝까지 오래[古] 길러야 모양이 나는 구레나룻을 뜻하다가 나중에 이민족을 낮잡아 이르는 오랑캐를 의미
□	湖	호수 호	물[氵]이 오랜[古] 세월[月] 동안 고여서 이루어진 호수
□	句	글귀 구	입[口]에서 구불구불[勹] 이어져 나오는 글귀
□	拘	잡을 구	손[扌]에 갈고리[句]를 들고 낚아채듯 범인을 잡는다
□	苟	진실로/구차할 구	풀[艹]이 구부러진[句] 모양으로 간신히 올라오는 모습이 진실로 구차하다
□	敬	공경 경	구차하게[苟] 지팡이로 땅을 치며[攵] 걷는 노인을 받들고 공경해야 한다
□	驚	놀랄 경	말[馬]이 하늘을 공경[敬]하는 듯한 자세로 앞다리를 쳐들며 놀란다
□	警	경계할 경	공경하는[敬] 상대에게 말[言]을 조심하며 실수를 경계한다
□	司	맡을 사	임금을 대신하여 몸을 굽힌[𠃌] 신하 중 한[一] 명이 입[口]을 크게 벌리고서 제사 올리는 일을 맡는다
□	詞	말씀 사	신의 제사를 맡아[司] 주관하는 사람이 뱉는 말[言]은 호소력 있는 말씀

19일째 입

□	次	버금 차	두[二→冫] 번째라고 불리는[欠] 것은 으뜸의 다음인 버금
□	資	재물 자	살아가는 데 있어 사람 다음[次]으로 필요한 것이 재물[貝]
□	姿	모양 자	포로로 잡혀 온 여자[女]들이 차례[次]로 얌전하게 앉아 있는 모양
□	恣	방자할 자	자기 마음[心]속에 정해 놓은 차례[次]대로 함부로 행동하니 방자하다
□	吹	불 취	입[口]을 하품[欠]하듯 벌려 숨을 불어낸다
□	可	옳을 가	입[口]을 크게 벌려[丁] 좋다고 말할 수 있을 정도로 바르고 옳다

	阿	언덕/아부 **아**	언덕[阝]을 올려다보듯 우러러보며 상대가 좋아하는[可] 말로 아부한다
	歌	노래 **가**	입을 벌리고[欠] '좋아[可], 좋아[可]'하며 흥얼거리는 노래
	何	어찌 **하**	사람[亻]이 좋은[可] 물건을 보고 어찌하여 귀한지 의문을 품는 것
	荷	멜 **하**	산에서 캔 풀[艹]을 어찌[何] 가지고 내려갈까 걱정하며 등에 멘다
	奇	기이할 **기**	크기가 너무 커서[大] 입이 벌어질 만할[可] 정도로 놀랍고 기이하다
	騎	말 탈 **기**	재주가 뛰어나고 기이한[奇] 말[馬]의 등에 올라탄다
	寄	부칠 **기**	집[宀]으로 기이한[奇] 재물이나 편지를 부친다
	言	말씀 **언**	입에서 혀가 움직이며 소리의 기운이 퍼져 나가서 이루어지는 말(말씀)
	語	말씀 **어**	다른 사람과 이야기[言]하며 나[吾]의 생각을 담아 전하는 말(말씀)
	信	믿을 **신**	사람[亻]의 말[言]에는 믿음이 있어야 한다
	計	셀 **계**	말[言]로 열[十]까지 수를 센다
	謂	이를 **위**	음식을 몸으로 전하는 위[胃]처럼 말[言]을 남에게 전하여 이른다
	舌	혀 **설**	입에서 혀가 쑥 나와 있는 모습을 그린 글자
	話	말씀 **화**	말[言]을 할 때 혀[舌]를 자유자재로 움직이며 들려주는 말씀
	活	살 **활**	사람은 물[氵]이 혀[舌]에 닿아야 생기가 나서 산다
	治	다스릴 **치**	홍수가 빈번했던 옛날에 물길[氵]을 잘 살펴 백성이 기뻐하도록[台] 다스린다
	殆	위태할 **태**	입을 크게 벌린 듯한 모습의 태풍[台]이 오면 모두 죽음[歹]을 마주하니 위태하다
	始	비로소 **시**	엄마[女]의 배에서 아기가 기쁘게[台] 웃으며 태어났으니, 비로소 인생의 시작
	怠	게으를 **태**	기쁜[台] 마음[心]이 지나쳐서 마음가짐이 무너지니 게으르다
	害	해칠 **해**	집[宀]에 들어앉아 남을 헐뜯는[丯] 말을 입[口]으로 뱉으며 정신을 해친다
	割	벨 **할**	어떤 물건이나 상대를 해치기[害] 위해 칼[刂]로 벤다
	憲	법 **헌**	질서를 해치는[害→丯] 사람을 눈[目→罒]으로 살펴 바로잡으려는 마음[心]으로 정해 놓은 법
	渴	목마를 **갈**	물[氵]을 달라고 구걸하니[曷] 목이 마르다는 의미
	謁	뵐 **알**	높은 사람에게 말씀[言]을 올려 원하는 것을 요청하기[曷] 위해 직접 뵙는다
	甘	달 **감**	앞으로 내민 혀[甘]에 올려진 달콤한 설탕[一]을 먹으니 달다
	某	아무 **모**	달콤한[甘] 열매가 열린 나무[木]에서는 아무거나 따도 맛있으니 '아무'라는 뜻

謀	꾀 모	사람들이 모여 아무도[某] 모르게 말[言]을 나누며 꾸민 꾀
媒	중매 매	여자[女]가 시집갈 수 있도록 아무개[某] 남자를 소개하는 중매
牙	어금니 아	위아래로 맞물려 있는 어금니의 모습을 그린 글자
雅	맑을 아	어금니[牙] 안쪽 깊은 곳에서부터 나오는 새[隹]의 울음소리가 맑다
芽	싹 아	잇몸에서 올라온 어금니[牙]처럼 삐죽 돋아난 싹[艹]
邪	간사할 사	입안에 감춰진 어금니[牙]처럼 속마음을 감추고 마을[阝] 사람들에게 나쁜 짓을 일삼으니 간사하다
于	어조사 우	호흡이 자유롭지 못해 꺾이고 굽어 나오는 숨소리를 표현한 글자
宇	집 우	만물을 감싸는 지붕[宀] 아래로 무한히 굽어[于] 나간 공간적 우주
宙	집 주	만물을 감싸는 지붕[宀] 아래로부터 말미암아[由] 무한한 시간을 갖게 된 우주
汚	더러울 오	물[氵]에서 나는 악취 때문에 코를 막고 숨을 굽어[丂] 쉬어야 할 정도로 더럽다
誇	자랑할 과	말[言]로 뽐내며[夸] 자랑한다
聘	부를 빙	상대의 안부를 귀[耳]로 직접 듣기 위해 찾아가서 급하게[甹] 부른다
乎	어조사 호	목소리를 길게 끌어올리며 의문이나 감탄을 표현하는 어조사
呼	부를 호	입[口]으로 목소리를 끌어올려[乎] 상대를 부른다
乃	이에 내	말이 술술 나오지 않고 잠시 걸린 상태를 표현한 글자
音	소리 음	입으로 말할[曰] 때 밖으로 울리는[立] 소리
暗	어두울 암	해[日]가 져서 앞이 보이지 않고 소리[音]만 들리니 어둡다
意	뜻 의	마음[心]속에 담긴 소리[音]가 바로 나의 생각이고 뜻
憶	생각할 억	마음[忄]속에 자기의 뜻[意]을 단단히 새겨 오래 기억하고 생각한다
億	억 억	사람[亻]의 생각[意]으로 헤아리기 어려울 만큼 많은 수인 억
章	글 장	음악[音]의 한 묶음[十]인 악장을 나타내다가, 한 묶음으로 구분되는 글(문장)을 의미
障	막을 장	언덕[阝]이 땅을 양쪽으로 구분[章] 지으며 길의 중간을 막는다
竟	마침내 경	음악[音]을 연주하는 사람이 두 다리[儿]로 서서 한 곡의 연주를 마침내 끝냈다
境	지경 경	땅[土]이 끝나는[竟] 경계라는 뜻으로, 나라 지역의 구간을 나누는 지경을 의미
鏡	거울 경	화장을 마치고[竟] 비추어 볼 수 있도록 청동[金]을 갈아서 만든 거울

20일째 코

- 自 스스로 자 — 자신을 가리킬 때 손가락이 향하는 코를 그려 '스스로'라는 뜻을 표현
- 鼻 코 비 — 코[自]로 세상이 주는[畀] 공기를 다 들이마시는 코
- 臭 냄새 취 — 개[犬]가 코[自]를 킁킁거리며 맡는 냄새
- 息 쉴 식 — 코[自]로 공기를 들이켜서 심장[心]이 뛰도록 숨을 쉰다
- 而 말 이을 이 — 할아버지가 수염[而]을 만지며 쉬지 않고 말을 잇는다
- 耐 견딜 내 — 할아버지 수염[而]을 손자가 손[寸]으로 잡아당기면 많이 아프지 않으니 견딘다
- 需 쓰일 수 — 비[雨]가 올 때 수염[而]을 만지며 오래 기다려서 받아 둔 물은 다른 일에 갑 쓰인다
- 儒 선비 유 — 사람[亻] 중에 덕이 많아서 세상에 이롭게 쓰일[需] 학식이 있는 선비
- 參 참여할 참 — 중국 만리장성의 담을 쌓기[厶] 위해 많은 사람의 머리[㐱]가 모여 참여하는 모습
- 慘 참혹할 참 — 고된 만리장성 쌓기에 참여하게 [參] 된 사람은 마음[忄]이 참혹하다
- 介 낄 개 — 사람[人]이 양쪽[川] 사이에 낀다
- 界 지경 계 — 밭[田]과 밭 사이에 낀[介] 땅의 경계
- 亦 또 역 — 사람[大→亣]의 양쪽[丷] 겨드랑이를 그린 글자로, 양쪽에 모두 있어서 '또'라는 뜻
- 跡 발자취 적 — 발[足→𧾷]을 앞으로 또[亦] 한 걸음 내디딜 때마다 생기는 발자취
- 赤 붉을 적 — 형벌을 받는 죄인[大→土]이 불[火→灬] 위에서 타오르는 모습이 붉다
- 化 될 화 — 바로 섰던 사람[亻]이 몸을 거꾸로[匕] 세우면 모습이 변화된다
- 貨 재물 화 — 여러 가지 물건과 바꿀[化] 수 있는 돈이나 재물[貝]
- 頃 이랑/잠깐 경 — 머리[頁]를 비스듬히[匕] 움직여 갸우뚱하는 잠깐
- 傾 기울 경 — 사람[亻]의 고개가 잠깐[頃] 비뚤어져 기운다
- 坐 앉을 좌 — 흙[土]바닥에 두 사람[人人]이 마주 보고 앉아 있다
- 座 자리 좌 — 집[广] 안에 사람이 앉을[坐] 수 있는 자리
- 儉 검소할 검 — 사람[亻]이 물건을 아껴 끝까지 다[僉] 쓰는 습관을 지녔으니 검소하다
- 劍 칼 검 — 전쟁이 잦았던 옛날에 모든[僉] 남자가 지니고 다니던 칼[刂]
- 檢 검사할 검 — 나무[木] 상자에 보관할 중요한 기록을 모두[僉] 꼼꼼히 검사한다

險	험할 험	가파른 언덕[阝]이 사방 모든[僉] 곳에 솟아 있어 길이 험하다
驗	시험 험	전쟁에 나가기 전에 말[馬]을 가진 사람들이 모두[僉] 모여 말의 능력을 시험한다
大	큰 대	인간의 위대함을 드러내기 위해 두 팔과 다리를 크게 벌리고 선 사람의 모습
太	클 태	큰[大] 것에 또 한 점[丶]을 올려 매우 크다는 의미를 표현한 글자
天	하늘 천	위대하다고 자부하는 사람[大]보다 더 높은 곳에 놓인[一] 하늘
奔	달릴 분	사람[大]이 풀[卉]을 밟으며 매우 신 나게 달린다
因	인할 인	침상[囗]에 사람[大]이 누워 있는 것은 이런저런 이유로 인한 것
姻	혼인 인	여자[女]가 남자와 인연[囙]을 맺어 함께 살게 되는 혼인
恩	은혜 은	인연[囙]을 맺은 상대에게 받은 감사한 마음[心]인 은혜
央	가운데 앙	사람[大]이 물동이[冂]를 어깨에 메고 가운데로 중심을 잡으며 걷는 모습
殃	재앙 앙	사람을 죽음[歹]의 한가운데[央]로 몰아넣는 재앙
英	꽃부리 영	풀잎[艹] 위 한가운데[央]에 아름답게 피어나는 꽃부리(꽃잎 전체)
映	비칠 영	해[日]가 하늘의 한가운데[央] 높이 떠서 비친다
缺	이지러질 결	물 항아리[缶]를 메고 가다가 떨어뜨려서 한 곳이 터졌으니[夬] 형태가 이지러졌다
快	쾌할 쾌	마음[忄]이 탁 트여[夬] 상쾌하다
決	결단할 결	물[氵]을 담은 항아리가 터지면[夬] 어떻게 할 것인지 빨리 판단하여 결단한다
訣	이별할 결	상대에게 마지막이라고 말한[言] 뒤 관계를 깨뜨리고[夬] 이별한다
沈	잠길 침, 성씨 심	물[氵]에 오래 머뭇거리다가[冘] 서서히 잠긴다
枕	베개 침	나무[木]를 깎아서 사람이 머리를 대고 머물[冘] 수 있도록 만든 베개
夫	지아비/사나이 부	상투를 틀어 비녀를 꽂고[一] 관례를 치른 남자[大]인 지아비
扶	도울 부	힘이 좋은 사내[夫]가 손[扌]을 걷어붙이고 농사일을 돕는다
規	법 규	성인인 사내[夫]의 눈으로 볼[見] 때 옳다고 생각되는 것을 기준으로 세운 법(법칙)
替	바꿀 체	한 사내[夫]가 일하다가 힘들면 다른 사내[夫]에게 말하여[曰] 자리를 바꾼다
立	설 립	사람이 두 팔을 벌리고 땅 위에 바르게 서 있는 모습
位	자리 위	사람[亻]이 서[立] 있는 자리
泣	울 읍	눈물[氵]을 여러 줄기로 세워[立] 흘리며 운다
端	끝 단	땅 위로 삐죽 선[立] 새싹[耑]의 끝

- 童 아이 동 — 마을[里]을 종횡무진 뛰어다니며 서서[立] 노는 아이
- 鐘 쇠북 종 — 쇠[金]를 녹여 아이[童]의 울음소리와 같이 큰 소리를 내게 만든 쇠북
- 竝 나란히 병 — 두 사람이 나란히 서[立立→竝] 있는 모습을 그린 글자
- 競 다툴 경 — 길에 선[立立] 두 사람[儿儿]이 입[口口]으로 심한 말을 뱉으며 다툰다
- 普 넓을 보 — 모든 사람을 나란히[竝→並] 다 비칠 수 있을 만큼 해[日]의 빛이 넓다
- 譜 족보 보 — 말[言]로 내려오던 체계나 조직을 널리[普] 알리기 위해 기록으로 남기는 족보
- 比 견줄 비 — 두 사람을 나란히 세워 견주는 모습을 그린 글자
- 批 비평할 비 — 어떤 일에 대해 손가락[扌]으로 하나하나 견주고[比] 분석하며 비평한다
- 皆 다 개 — 모든 사람이 나란히[比] 줄지어 앉아 말하는[白] 모습에서 '모두, 다'라는 뜻
- 階 섬돌 계 — 언덕[阝]처럼 여러[皆] 개의 돌을 쌓아 만든 돌층계가 바로 섬돌
- 此 이 차 — 사람[匕]이 가까이 있는 자신의 발자국[止]을 가리킬 때 하는 말인 '이, 이것'
- 紫 자줏빛 자 — 자연에 있는 이것[此]저것을 모아 물들인 실[糸]은 색이 섞인 자줏빛

21일째 행동

- 士 선비 사 — 하나[一]를 배우면 열[十]을 깨치는 사람이 바로 선비
- 仕 섬길 사 — 선비[士]가 벼슬에 나아가 윗사람[亻]을 섬긴다
- 吉 길할 길 — 고상한 인품과 학식을 지닌 선비[士]의 말[口]을 따르면 앞일이 길하다
- 結 맺을 결 — 길한[吉] 날을 정하여 실[糸]로 묶듯 약속을 맺는다
- 志 뜻 지 — 선비[士]가 올바른 길을 가기 위해 마음[心]에 세운 뜻
- 誌 기록할 지 — 자기의 말[言]이나 마음의 뜻[志]을 글로 기록한다
- 入 들 입 — 사람이 몸을 구부리고 십으로 들어가는 모습을 그린 글자
- 全 온전 전 — 옥[玉→王]은 통 안에 들여[入] 놓아야 흠이 생기지 않고 온전하다
- 內 안 내 — 궁궐[冂]이나 집으로 들어가면[入] 마주할 수 있는 안쪽
- 納 들일 납 — 실[糸]을 바늘귀의 안[內]으로 들인다
- 去 갈 거 — 사람[大→土]이 집의 입구[厶]에서 나와 밖으로 간다

☐	法	법 법	사회가 물[氵]처럼 수평을 유지할 수 있도록 악을 제거하는[去] 법
☐	却	물리칠 각	싸움에 져서 몸을 구부리고[卩] 도망가는 병사를 따라가 제거하고[去] 물리친다
☐	脚	다리 각	우리 몸[肉→月] 중에서 왔다가 돌아가는[却] 행동을 반복하는 다리
☐	亡	망할 망	사람[亠]이 도망쳐서 벽[ㄴ] 안쪽으로 몸을 숨겼으니 모두 잃고 망했다는 뜻
☐	妄	망령될 망	나이가 들어서 제정신을 잃은[亡] 여자[女]는 정상이 아니니 망령되다
☐	忘	잊을 망	마음[心]속에 있던 기억을 없애고[亡] 모두 잊는다
☐	忙	바쁠 망	마음[忄]이 여러 방면으로 쓰여 정신없이[亡] 바쁘다
☐	茫	아득할 망	풀[艹]이나 물[氵]이 끝없이[亡] 펼쳐진 곳을 바라보니 아득하다
☐	望	바랄 망	사람[壬]이 고개를 들고 달[月]에 소원을 빌며 자기가 잃은[亡] 것을 찾기를 바란다
☐	盲	눈멀 맹	눈[目]의 시력을 잃으면[亡] 아무것도 보지 못하고 눈이 먼다
☐	罔	없을 망	물고기를 잡기 위해 쳐 놓은 그물[网→門]에 고기가 다 도망가고[亡] 없다
☐	亞	버금 아	곱사등이 두 명이 마주 보고 서 있으니 몸의 상태가 으뜸이 아니라 버금
☐	惡	악할 악, 미워할 오	사람들이 편견에 빠져서 곱사등이[亞]는 마음[心]이 악하다고 여기며 미워한다
☐	己	몸 기	사람의 구부러진 몸[己]을 그린 글자
☐	記	기록할 기	자기[己]의 생각이나 말[言]을 글로 기록한다
☐	起	일어날 기	밖으로 달려[走]나가기 위해 몸[己]을 세워서 일어난다
☐	忌	꺼릴 기	자기의 몸[己]과 마음[心]을 지키기 위해 해로운 일을 꺼린다
☐	妃	왕비 비	왕이 자기[己]의 여자[女]로 정하여 맞이한 왕비
☐	配	나눌/짝 배	술[酉] 앞에 몸[己]을 구부려 앉은 신랑과 신부가 짝이 되는 절차로 술을 나눈다
☐	紀	벼리 기	그물의 몸체[己]를 오므렸다 펼 수 있도록 꿰놓은 줄[糸]이 벼리
☐	綱	벼리 강	그물을 단단하게[岡] 오므릴 수 있도록 꿰놓은 줄[糸]인 벼리
☐	鋼	강철 강	쇠[金] 중에서도 매우 단단한[岡] 강철
☐	剛	굳셀 강	단단한[岡] 칼[刂]은 튼튼하고 굳세다
☐	居	살 거	우리 몸[尸]이 한곳에 오래[古] 머무르며 산다
☐	局	판 국	몸[尸]을 구부리고 바라봐야 하는, 돌이 올려진 바둑판[句]
☐	屈	굽힐 굴	전쟁에서 패한 병사가 몸[尸]을 구부리고 나와서[出] 적 앞에 몸을 굽힌다
☐	展	펼 전	사람이 몸[尸]을 구부리고서 쌓여 있는 옷[뀨]을 바닥에 하나씩 편다

☐	殿	전각 전	방이 여러 채 펼쳐져[展→展] 있어 몽둥이[殳]를 들고 밤낮으로 지켜야 하는 전각
☐	交	사귈 교	사람이 양다리를 교차하여 꼰 모습인데, 이처럼 친구와 뒤섞여 사귄다는 뜻
☐	校	학교 교	뒤틀린 나무[木]에 기둥을 교차하여[交] 세워서 바로잡듯 사람을 바로잡는 학교
☐	較	비교할 교	크기와 장식이 다른 여러 대의 수레[車]를 번갈아[交] 보며 비교한다
☐	郊	들 교	고을[阝]과 바깥 지역이 교차하는[交] 곳에 넓게 트인 들
☐	效	본받을 효	사귀는[交] 벗의 어진 행동을 회초리로 삼아 자신을 단점을 쳐가며[攵] 본받는다
☐	身	몸 신	임신한 여자의 옆모습을 그린 글자로, 사람의 몸을 의미
☐	射	쏠 사	몸[身]에 중심을 잡고 서서 손[寸]으로 화살을 당겨 쏜다
☐	謝	사례할 사	활쏘기[射]를 마친 후 주변 사람들에게 인사의 말[言]을 전하며 사례한다
☐	骨	뼈 골	살[肉→月]과 붙어 있는 뼈[冎]를 그린 글자
☐	別	다를/나눌 별	뼈[冎→另]와 살을 칼[刂]로 분리하여 나누니 모양이 다르다
☐	禍	재앙 화	신[示]의 노여움을 사서 입이 비뚤어지는[咼] 천벌을 받았으니 재앙
☐	過	지날 과	바른길로 가지 않고 비뚤어지게[咼] 가다가[辶] 잘못하여 목적지를 지났다
☐	列	벌릴 렬	죽은[歹] 동물의 살을 칼[刂]로 발라 부위별로 분리해서 벌려 놓은 모습
☐	烈	매울 렬	물건을 벌려[列] 놓고 불[火→灬]에 태우니 타오르는 연기가 맵다
☐	裂	찢어질 렬	옷[衣]이 갈기갈기 조각난 상태로 벌어지며[列] 찢어진다
☐	例	법식 례	사람[亻]이 차례를 기다릴 때에는 줄지어[列] 서는 것이 예의에 맞는 법식
☐	長	길 장	머리카락이 길게 늘어진 노인의 모습
☐	張	베풀 장	활[弓]을 길게[長] 당겨 화살을 쏘듯 자신의 것을 널리 풀어 베푼다
☐	帳	장막 장	천[巾]을 길게[長] 둘러친 장막
☐	髮	터럭 발	개가 달릴[犮] 때 개의 몸에 길게 늘어져[髟] 휘날리는 터럭
☐	拔	뽑을 발	여러 마리의 개 중에서 잘 달리는[犮] 개를 손[扌]으로 잡아서 뽑는다
☐	修	닦을 수	빠르게[攸] 흐르는 물에서 사람이 머리카락[彡]과 몸을 씻으며 닦는다
☐	悠	멀 유	빠른[攸] 물에 답답한 마음[心]을 흘려 보내니 근심이 아득히 멀어진다
☐	條	가지 조	빠르게[攸] 뻗어 나가는 나무[木]의 가지

22일째 사람

☐	者	사람 자	경험이 풍부한 노인[耂]의 앞에서 고민을 말하고[白] 있는 사람
☐	都	도읍 도	많은 사람[者]이 사는 고을[阝]인 한 나라의 도읍
☐	署	마을 서	그물[网→罒]처럼 얽히고설킨 일을 정리해 주는 사람[者]이 있는 관청이나 마을
☐	暑	더울 서	뜨거운 태양[日]의 아래를 걸어가는 사람[者]은 더위에 지쳐 덥다
☐	緖	실마리 서	엉킨 실[糸]을 풀기 위해 사람[者]이 잡아낸 실마리
☐	諸	모두 제	자신의 주장을 말하기[言] 위해 모인 사람들[者] 모두
☐	著	나타날 저	대나무나 풀잎[艹]에 적힌 옛사람[者]의 글에는 그들의 뜻과 생각이 나타난다
☐	着	붙을 착	원래 著(나타날 저)의 속자(俗字)였는데, 글에 나타난 내용이 눈에 착 붙는다는 의미로 변하게 된 글자
☐	差	다를 차	축 늘어진 벼 이삭[¥]을 왼손[左→ナ]에 잡고 보니 길이가 들쭉날쭉 다르다
☐	悅	기쁠 열	마음[忄]이 즐거워 입을 크게 벌리고 웃으니[兌] 기쁘다
☐	脫	벗을 탈	곤충이나 벌레가 몸[肉→月]을 바꾸기[兌] 위해 허물을 벗는다
☐	說	말씀 설, 달랠 세	사람들이 기뻐할[兌] 수 있도록 잘 달래며 설득하는 말씀[言]
☐	銳	날카로울 예	쇠붙이[金]를 잘 갈아서 칼로 바꾸면[兌] 날카롭다
☐	閱	볼 열	문[門] 앞에 세워진 수레와 말의 수가 바뀌었는지[兌] 헤아리며 살펴본다
☐	誤	그르칠 오	말[言]을 할 때 함부로 큰소리[吳]치다가는 잘못하여 일을 그르친다
☐	娛	즐길 오	여자[女]와 큰 소리[吳]로 웃고 떠들며 즐긴다
☐	今	이제 금	명령을 내리기 위해 목탁[今]을 쳐서 주목시키는 순간인 지금
☐	念	생각 념	지금[今] 마음[心]속에 담고 있는 생각
☐	貪	탐낼 탐	지금[今] 눈앞에 있는 재물[貝]을 탐낸다
☐	含	머금을 함	지금[今] 입[口]속에 음식물을 넣고 머금고 있다
☐	吟	읊을 음	입[口]으로 지금[今] 마음속에 있는 말을 읊는다
☐	令	하여금 령	집[亼]에 무릎 꿇고[卩→㔾] 있는 하인으로 하여금 일하라고 명령한다
☐	命	목숨 명	임금의 입[口]에서 나오는 명령[令]으로 하여금 왔다 갔다 하는 백성의 목숨

	漢字	訓音	풀이
☐	冷	찰 랭	얼음[冫]으로 하여금[令] 원하는 물질을 차게 한다
☐	領	거느릴 령	우두머리[頁]가 백성에게 명령하며[令] 거느린다
☐	嶺	고개 령	산[山]을 거느리며[領] 넘어다닐 수 있도록 길이 나 있는 고개
☐	仰	우러를 앙	서 있는 사람[亻]을 무릎 꿇은 사람[卩]이 올려다 보며 우러른다
☐	抑	누를 억	손[扌]으로 무릎 꿇은[卩] 사람이 일어나지 못하도록 누른다
☐	印	도장 인	신하가 무릎 꿇고[卩] 바친 상소에 임금이 손[爫→ㅌ]으로 도장을 찍는 모습
☐	迎	맞을 영	찾아온 손님을 마중 나가서[辶] 높이 우러러보며[卬] 맞이한다
☐	送	보낼 송	떠나는 사람의 길을 밝혀 주기 위해 양손에 등불[癶]을 들고 나가서[辶] 보낸다
☐	色	빛 색	사람[⺈]과 사람[巴]이 만나면 서로 살피는 얼굴의 빛
☐	絕	끊을 절	실[糸]에 칼[刀]을 갖다 대서 사람[巴]이 끊는다
☐	疑	의심할 의	몸을 구부린 노인[匕]이 화살[矢]처럼 긴 지팡이로 바닥을 찍으며 걸어가자, 아이[子→ㄱ]가 발[疋]로 뒤따르며 노인이 어디로 가는지 의심한다
☐	凝	엉길 응	의심[疑]을 품은 사람들끼리 모여서 얼음[冫]처럼 뭉쳐 엉긴다
☐	異	다를 이	귀신 가면[田]을 쓰고 두 다리와 양손을 벌려[共] 춤추는 모습이 특이하고 남다르다
☐	翼	날개 익	새나 곤충의 몸에 두 개의 깃[羽]이 좌우 다른[異] 방향으로 달린 날개
☐	畏	두려워할 외	귀신 가면에 지팡이를 든 사람[畏]을 보면 사람들이 두려워한다
☐	卑	낮을 비	손[十]에 부채[甶]를 들고 주인에게 부채질하는 사람은 신분이 낮다
☐	婢	계집종 비	여자[女] 중에 낮은[卑] 신분으로 남의 종노릇을 하는 계집종
☐	碑	비석 비	무덤 앞에 낮고[卑] 평평한 돌[石]을 세워 만든 비석
☐	壬	북방/아홉째 천간 임	사람[亻]이 등에 짐[一]을 메고 땅[_]을 디디며 북쪽으로 걷는 모습
☐	任	맡길 임	다른 사람[亻]에게 일을 짊어지도록[壬] 맡긴다
☐	賃	품삯 임	자기에게 맡겨진[任] 일을 다 하면 돈[貝]으로 받는 품삯
☐	淫	음란할 음	남녀가 더러운 물[氵]에 손을 가까이[㸒] 담그듯 막돼 행동을 하니 음란하다
☐	王	임금 왕	하늘과 땅, 사람이라는 세[三] 가지 존재를 하나로 묶어[丨] 다스리는 임금
☐	狂	미칠 광	개[犭]처럼 사납고 악한 행동을 하는 임금[王]은 미쳤다
☐	皇	임금 황	화려한 왕관[白]을 쓴 임금[王]의 모습을 그린 글자
☐	帝	임금 제	하늘에 제사 지내는 제단을 그린 글자로, 그 권한을 가진 '임금'을 의미

☐	主	주인 주	촛대[王] 위의 불꽃[丶]처럼 어떤 일의 중심이 되어 주위를 밝히는 주인
☐	住	살 주	사람[亻]이 주인[主]이 되어 세상을 산다
☐	注	부을 주	가두어 둔 물[氵]을 끌어와 중심[主]이 되는 한 곳에 붓는다
☐	柱	기둥 주	나무[木]의 중심[主]이 되어 가지와 잎을 떠받치는 기둥
☐	往	갈 왕	삶의 길[彳]에 주인[主]이 되어 앞으로 간다
☐	民	백성 민	전쟁에서 잡은 포로의 눈[ア]을 칼[弋]로 찔러서 노예로 만든 백성
☐	眠	잘 면	일을 마친 백성[民]이 피곤해서 눈[目]을 감고 잠을 잔다

23일째 전쟁 1

☐	將	장수 장	전쟁터에서 나무 조각[爿] 위에 올린 고기[月]를 손[寸]에 들고 제단에 바치는 장수
☐	獎	장려할 장	전쟁터에서 장수[將]들이 이길 수 있도록 큰[大] 소리로 격려하고 장려한다
☐	藏	감출 장	숨기고[臧] 싶은 물건을 풀[艹]로 덮어 감춘다
☐	臟	오장 장	몸[月]속에 감춰져[藏] 있는 다섯 가지 내장인 오장
☐	帥	장수 수	언덕[自] 위에 깃발[巾]을 세우고 많은 병사를 거느린 장수
☐	師	스승 사	언덕[自] 아래 빙 둘러[帀] 있는 군사를 뜻하다가, 제자들에게 둘러싸인 스승을 의미
☐	追	쫓을/따를 추	언덕[自]으로 도망친 사람을 뒤따라가서[辶] 쫓는다
☐	軍	군사 군	전쟁터로 가기 위해 수레[車] 위를 가득 덮어[冖] 타고 있는 군사
☐	運	움직일 운	군사[軍]들이 전차를 몰고 앞으로 가며[辶] 움직인다
☐	揮	휘두를 휘	장군이 손[扌]을 들어서 군사[軍]들이 보고 따를 수 있도록 휘두른다
☐	輝	빛날 휘	쇠로 만든 군사[軍]의 무기와 갑옷이 전쟁터에서 빛[光]난다
☐	卒	마칠 졸	가죽 조각을 이어 붙인 옷을 입은 병졸의 모습을 그린 글자로, 전쟁터에서 생을 마친다 하여 '병사, 죽다, 마치다'의 뜻
☐	兵	병사 병	전쟁이 끝날 때까지 무기[斤]를 손[𠂇→廾]에 들고 나라를 지키는 병사
☐	斥	물리칠 척	도끼[斤]의 예리한 날[丶]로 적군을 물리친다
☐	訴	호소할 소	억울함을 물리치기[斥] 위해 사정을 말하며[言] 관청에 호소한다

	敵	대적할 적	나무의 밑동[啇]을 치듯[攵] 상대를 치며 대적한다
☐	摘	딸 적	손[扌]으로 나무나 채소의 밑동[啇]을 딴다
☐	適	맞을 적	밭으로 가서[辶] 채소의 밑동[啇]을 딸 때는 적당히 익은 것이 알맞다
☐	滴	물방울 적	물[氵]이 열매의 밑동[啇]까지 굴러와서 떨어지는 모습의 물방울
	我	나 아	톱날 모양의 자루 달린 창을 그렸는데, 그 창으로 지킬 수 있는 '나'를 지칭
	伐	칠 벌	사람[亻]이 창[戈]을 들고 적을 친다
	戒	경계할 계	병사가 양손[彐→廾]에 창[戈]을 들고 보초를 서며 주위를 경계한다
☐	械	기계 계	죄인이 도망가는 것을 경계하기[戒] 위해 나무[木]로 만든 형틀이나 기계
	或	혹시 혹	창[戈]을 든 병사가 사람[口]과 땅[一]을 지키다가 낯선 자를 보고 '혹시' 하며 의심하는 마음
☐	惑	미혹할 혹	혹시나[或] 하는 마음[心]으로 의심하며 헤매니 정신이 미혹하다
☐	域	지경 역	혹시[或]라도 땅[土]을 빼앗기지 않기 위해 반드시 지켜야 하는 지경(땅의 경계)
☐	國	나라 국	혹시[或] 모를 적의 침입에 대비하기 위해 성벽을 둘러[口]놓은 나라
	武	무사 무	창[戈→弋]을 들고 튼튼한 발[止]로 적을 향해 나아가는 무사
☐	賦	부여할 부	백성에게 나라를 위한 재물[貝]과 군사[武]의 의무를 부여한다
☐	戌	개 술	둥근 도끼 모양의 자루 달린 무기를 그렸는데, 나중에 십이지(十二支) 중 열한 번째 띠인 개를 의미
☐	咸	다 함	무기[戌]를 들고 입[口]으로 소리치며 적진으로 함께 돌진하는 병사들 모두 다
☐	感	느낄 감	전쟁에서 살아 돌아온 병사들이 다[咸] 함께 끌어안고 안도의 마음[心]을 느낀다
☐	減	덜 감	물[氵]을 다[咸] 함께 나누어 마시기 위해 조금씩 던다
	戊	천간 무	戈(창 과), 戌(개 술) 등과 마찬가지로 자루 달린 전쟁용 창을 그린 글자인데, 십간(十干) 중에 다섯 번째 글자
☐	茂	무성할 무	풀[艹]이 창[戊]처럼 삐죽삐죽 솟아 무성하다
	弓	활 궁	가운데가 불룩하게 굽은 활을 그린 글자
☐	引	끌 인	활시위[弓]에 화살[丨]을 걸어서 쏘기 위해 끌어당긴다
☐	弔	조상할 조	들판에 시체를 두고 상을 치르던 시절, 사람들[亻→丨]이 활[弓]을 들고 찾아와 짐승을 막으며 죽은 자의 가족을 조상(조문)한다
☐	夷	오랑캐 이	중국에서 볼 때 큰 화살[弓]을 메고 오는 사람[大]은 오랑캐

☐	弘	클 홍	활시위[弓]를 팔뚝[厶]으로 당기니 벌어진 모양이 넓고 크다
☐	強	강할 강	등껍질이 딱딱하고 넓은[弘] 벌레[虫]는 몸이 단단하여 힘이 강하다
☐	弱	약할 약	오래 쓴 두 개의 활[弓弓]에 줄이 너덜더덜[冫冫]하여 힘이 약하다
☐	干	방패 간	손잡이가 달린 방패를 그린 글자
☐	刊	새길 간	방패[干]처럼 단단한 나무에 칼[刂]로 글자를 새긴다
☐	汗	땀 한	체온이 오르는 것을 막기[干] 위해 몸에서 내보내는 물[氵]이 땀
☐	旱	가물 한	해[日]가 오랫동안 내리쬐며 비를 막으니[干] 날이 가문다
☐	軒	집 헌	수레[車] 중에 비바람을 막는[干] 처마가 달린 수레를 뜻하다가 나중에 처마가 있는 집을 의미
☐	循	돌 순	병사가 길[彳]에서 방패[盾]를 들고 성곽을 지키며 주위를 돈다
☐	矢	화살 시	뾰족한 화살촉과 깃털 장식이 달린 화살이 곧게 날아가는 모습
☐	短	짧을 단	화살[矢]이나 제사 그릇[豆]과 같은 물건은 길이가 짧다
☐	知	알 지	배운 것을 화살[矢]처럼 빠르게 이해하여 입[口]으로 말할 정도로 분명히 안다
☐	智	지혜 지	아는[知] 내용을 토대로 사물에 대해 해[日]처럼 밝게 판단하는 지혜
☐	識	알 식	말[言]로 내뱉을 수 있을 정도로 어떤 내용을 잘 안다[哉]
☐	職	직분 직	맡은 일에 대해 귀[耳]를 세워 잘 알아듣고[哉] 잘 행해야 하는 직분
☐	織	짤 직	실[糸]을 베틀에 걸어 사람들이 알아볼[哉] 수 있는 무늬로 천을 짠다

24일째 전쟁2

☐	旗	기 기	네모난 모양으로 나부끼며 [㫃→方] 정해진 그[其] 자리에 세워진 기(깃발)
☐	旅	나그네 려	이리저리 나부끼며 [㫃→方] 돌아다니는 사람들[从→氏]인 나그네
☐	族	겨레 족	전쟁에 나가기 위해 한 깃발[㫃→方] 아래로 화살[矢]을 들고 모인 겨레
☐	旋	돌 선	장수의 깃발[㫃→方]을 따라 병사들이 발[疋]을 옮기며 전쟁터를 돈다
☐	遊	놀 유	깃발[㫃→方]을 든 어린아이[子]가 돌아다니며[辶] 신 나게 논다
☐	施	베풀 시	전쟁에서 이긴 부족은 깃발[㫃→方] 아래 펼쳐진[也] 전리품을 병사들에게 베푼다

	漢字	訓音	說明
☐	單	홑 단	새총처럼 Y자로 생긴 무기[單]를 들고 홀로 사냥한다는 의미에서 '홑'이라는 뜻
☐	彈	탄알 탄	활[弓]이나 총에서 하나씩[單] 튕겨 나가는 탄알
☐	禪	좌선할 선	제단[示] 앞에 홀로[單] 앉아 고요히 좌선한다
☐	戰	싸움 전	나라와 가족을 지키기 위해 홀로[單] 창[戈]을 들고 나가 적과 끝까지 싸운다
☐	鬪	싸움 투	두 사람이 서로 주먹[鬥]을 불끈 세우고[斲] 싸운다
☐	擊	칠 격	전차[車]를 힘껏 몰며 몽둥이[殳]를 손[手]에 들고 적을 친다
☐	繫	맬 계	전차[車]에서 몽둥이[殳]로 잡은 포로를 끌고 가기 위해 밧줄[糸]로 묶어 맨다
☐	殘	남을 잔	전쟁터에서 창[戔]을 맞댄 상대를 잔인하게 죽이거나[歹] 해치고 살아남는다
☐	錢	돈 전	쇠[金]를 녹여 창[戔] 모양으로 만들어 썼던 옛날 돈(화폐)
☐	賤	천할 천	쇠로 만든 창[戔] 모양의 돈에 밀려 조개[貝]의 가치가 천해졌다
☐	踐	밟을 천	발[足→𧾷]을 해칠[戔] 때까지 오래도록 길을 밟는다
☐	淺	얕을 천	물[氵]의 깊이가 창[戔]을 짚으며 건널 수 있을 정도로 얕다
☐	成	이룰 성	도끼[戊]로 치고 못[丁]으로 박으며 원하는 물건의 모양을 이룬다
☐	誠	정성 성	자신이 말한[言] 것을 이루려고[成] 쏟는 정성
☐	盛	성할 성	그릇[皿] 위에 올려놓은 음식이 완성된[成] 모양이 풍성하다
☐	城	성 성	적의 침입을 막기 위해 흙[土]이나 돌을 쌓아 이루어[成] 놓은 성
☐	郭	성곽 곽	고을[阝]의 백성이 평화를 누릴[享] 수 있도록 성 밖으로 둘러 쌓은 성곽
☐	邑	고을 읍	성[囗]안에 사람들[巴]이 모여 사는 고을
☐	邦	나라 방	무성하게[丰→丯] 자란 풀을 경계로 하여 그 안에 고을[阝]이 모여 형성된 나라
☐	圍	에워쌀 위	나라의 경계[囗]를 지키기 위해 주위를 둘러[韋] 에워싼다
☐	衛	지킬 위	병사가 사람이 다니는[行] 길을 둘러싸고[韋] 돌며 마을을 지킨다
☐	違	어긋날 위	병사들이 마을의 둘레[韋]를 순찰 다닐[辶] 때 서로 방향을 어긋나게 다닌다
☐	偉	클 위	보통 사람[亻]과 다르게 능력의 둘레[韋]가 크다
☐	緯	씨 위	베틀에 세로로 걸린 날실[糸]을 가로로 지나가며 둘러싸는[韋] 씨실
☐	行	다닐 행, 항렬 항	사거리[行]를 그린 글자로, 그 길로 다닌다는 뜻
☐	後	뒤 후	길[彳]을 갈 때 작은[幺] 아이는 걸음이 뒤처진다는[夊] 뜻에서 '뒤'를 의미
☐	衡	저울 형	물속을 다니는[行] 물고기[魚→奐]가 균형을 잡고 헤엄치듯 좌우 균형을 이룬 저울

☐	御	거느릴 어	마부가 길[彳]에서 말의 멍에를 풀고[卸] 쉬게 하며 말을 거느린다
☐	街	거리 가	사방으로 길[行]이 나서 흙[土土→圭]이 고르게 깔린 거리
☐	佳	아름다울 가	사람[亻]이 옥[圭]처럼 깨끗하여 아름답다
☐	桂	계수나무 계	나무[木] 중에 향이 좋고 깨끗한[圭] 계수나무
☐	封	봉할 봉	황제가 신하의 손[寸]에 홀[圭]을 내리며 일정한 토지를 다스리도록 봉한다
☐	復	회복할 복, 다시 부	갔던 길[彳]을 다시[复] 걸어와서 원래 있던 자리를 회복한다
☐	覆	뒤집을 복	그릇 위에 덮어 놓은 뚜껑[襾]을 다시[復] 들어 뒤집는다
☐	履	밟을 리	몸[尸]을 구부려서 신발을 신은 후 다시[復] 일어나서 땅을 밟는다
☐	複	겹칠 복	옷[衣→衤] 위에 옷을 다시[复] 입어서 겹친다
☐	車	수레 거/차	수레의 몸통과 축, 바퀴를 그린 글자
☐	庫	곳집 고	집[广] 안에 수레[車]를 넣어 보관하는 곳집
☐	軌	바퀴자국 궤	수레[車]가 같은 길을 여러[九] 번 지나가서 생기는 바퀴자국
☐	陣	진 칠 진	군사들이 적과 싸우기 위해 언덕[阝]에 전차[車]를 배치하여 진을 친다
☐	軟	연할 연	수레바퀴[車]가 마치 입을 벌린[欠] 것처럼 느슨해져서 바퀴의 질이 연하다
☐	連	이을 련	거리에 수레나 차[車]가 꼬리를 물고 가며[辶] 줄을 잇는다
☐	蓮	연꽃 련	풀[艹] 중에 뿌리가 옆으로 길게 이어지며[連] 꽃을 피우는 연꽃
☐	凡	무릇 범	배에 달아 놓은 돛[凡]을 그린 글자
☐	舟	배 주	통나무를 쪼개서 만든 배의 모양을 그린 글자
☐	船	배 선	배[舟] 중에 늪[㕣]이나 바다를 항해할 수 있는 커다란 배
☐	沿	물가 연	강[氵]이나 바다가 늪[㕣]과 만나는 곳이니 물의 가장자리인 물가
☐	鉛	납 연	쇠[金] 중에 늪[㕣]처럼 검푸른 빛을 띠고 있는 납
☐	般	일반 반	배[舟]를 타고 노[殳]를 저어 순조롭게 나아가는 일상적이고 일반적인 일
☐	盤	쟁반 반	일반적이고[般] 평평한 그릇[皿]인 쟁반
☐	前	앞 전	배[舟→月]를 칼[刂]로 다듬은 뒤 발[止→䒑]로 밀면서 나아가는 앞
☐	輸	보낼 수	수레[車]에 사람과 짐을 실어 목적지에 나아가도록[兪] 보낸다
☐	愈	더욱 유	마음[心]이 앞으로 더 나아간[兪] 것이니 '더욱'이라는 의미
☐	航	배 항	돛을 높이[亢] 달고 강이나 바다를 건너는 배[舟]

| | 抗 | 겨룰 항 | 손[扌]을 높이[亢] 쳐들고 상대와 승부를 겨룬다 |

25일째 도구

	一	한 일	선 하나를 옆으로 그어 숫자 '1'을 표현
	二	두 이	선 두 개를 옆으로 그어 숫자 '2'를 표현
	三	석 삼	선 세 개를 옆으로 그어 숫자 '3'을 표현
	四	넉 사	선 네 개를 옆으로 그은 모양이었는데, 三(석 삼)과 구분이 어려워서 四(사)를 빌려 쓰다가 자리 잡게 된 글자
	五	니섯 오	숫자 '5'를 하나의 단위로 여겨서 X로 표기하다가 위아래에 선을 추가한 모양[X]을 거쳐 지금의 형태[五]를 갖춘 글자
	六	여섯 륙	세 손가락씩 양손을 편 모양을 그려 숫자 '6'을 표현
	七	일곱 칠	한 손은 다섯 손가락, 다른 한 손은 두 손가락을 편 모양을 그려 숫자 '7'을 표현
	八	여덟 팔	네 손가락씩 양손을 편 모양을 그려 숫자 '8'을 표현
	九	아홉 구	十(열 십)에서 하나가 모자란다는 의미에서 끝을 구부린 모양으로, 숫자 '9'를 의미
	十	열 십	양손의 다섯 손가락을 모두 펴서 엇갈려 모은 모양으로, 숫자 '10'을 의미
	千	일천 천	매우 많은 사람[亻]이 줄지어[一] 선 모습으로, 숫자 '1000'을 의미
	萬	일만 만	알을 많이 낳아서 빠르게 번식하는 전갈을 그려 '10000'이라는 많은 수를 표현
	年	해 년	볏단을 등에 진 농부의 모습을 그린 글자로, 곡식을 심어서 수확하는 데 걸리는 한 해를 의미
	歲	해 세	농부가 도끼[戌]를 들고 걸음[步]을 옮기며 벼를 수확하는 모습으로, 벼농사 수확에 걸리는 한 해를 의미
	世	인간 세	삼십[十十十→世] 년을 한 세대로 살아가는 인간
	品	물건 품	쌓아 놓은 물건[口口口→品]의 모양을 그린 글자
	區	구분할/지경 구	상자[匚] 안에 물건[品]을 담아서 종류를 구분한다
	驅	몰 구	말[馬]을 일정한 구역[區]으로 가도록 몬다
	匹	짝 필	상자[匚] 안에 나누어[八] 담은 두 필의 옷감이 서로 짝

	甚	심할 심	짝[匹]이 된 부부가 달콤한[甘] 사랑을 나누니 정이 깊고 심하다
☐	玉	구슬 옥	구슬 세 개를 꿴 모양[王]인데, 옥에도 티가 있다는 의미에서 점[丶]을 찍은 글자
☐	珍	보배 진	옥[玉→王] 중에 머릿결[彡]과 같이 찬란한 빛이 나는 진귀한 보배
☐	班	나눌 반	쌍옥[玉玉→玨]의 가운데를 칼[刂]로 잘라 나눈다
☐	弄	희롱할 롱	옥[玉→王]을 양손[ㅆ→廾]에 올려서 가지고 놀듯이 상대를 희롱한다
☐	朋	벗 붕	돈으로 쓰던 조개 꾸러미가 나란히 놓인 모양인데, 이처럼 나란히 사귀는 벗을 의미
☐	崩	무너질 붕	산[山]이 주위의 벗[朋]인 나무, 흙, 돌과 함께 무너진다
☐	黃	누를 황	귀족[芇]의 몸에 차고 있는 옥[田]의 색이 누렇다
☐	橫	가로 횡	누런[黃] 나무[木]로 대문에 빗장을 가로질러 채운다는 의미에서 '가로'라는 뜻
☐	廣	넓을 광	귀족[黃]이 사는 집[广]은 크고 넓다
☐	鑛	쇳돌 광	넓은[廣] 땅에 파묻힌 쇠붙이[金] 성분의 광물인 쇳돌
☐	擴	넓힐 확	손[扌]으로 모양을 벌려서 좀 더 넓게[廣] 넓힌다
☐	勤	부지런할 근	진흙[堇]밭처럼 일하기 어려운 상황에도 힘써[力] 일하니 부지런하다
☐	謹	삼갈 근	말[言]을 할 때 진흙[堇]밭을 걷는 것처럼 조심스레 삼간다
☐	僅	겨우 근	사람[亻]이 진흙[堇]밭에서 몸을 겨우 빼낸다는 의미에서 '겨우'라는 뜻
☐	漢	한수/한나라 한	물[氵]에 진흙[堇→莫]이 많은 중국의 한수(漢水)
☐	難	어려울 난	진흙탕[堇→莫]에 빠진 작은 새[隹]는 빠져나오기가 어렵다
☐	歎	탄식할 탄	진흙탕[堇→莫]에 빠져 허우적대는 새가 입을 벌리고[欠] 탄식한다
☐	金	쇠 금, 성 김	흙 속에서 황금이 반짝거리는 모습으로, 금속의 총칭
☐	針	바늘 침	쇠[金]를 갈아 십[十] 자 모양으로 뾰족하게 만든 바늘
☐	鐵	쇠 철	받침대[壺] 위에 올려놓고 두드려 무기[戈]를 만들 수 있는 쇠[金]
☐	鎖	쇠사슬 쇄	쇠[金]고리를 이어 붙여 만든 것으로, 자개[貝] 소리가 나는 쇠사슬
☐	刀	칼 도	한쪽에만 날이 있는 주방용 짧은 칼을 그린 글자
☐	初	처음 초	옷[衣→衤]을 만들기 위해서는 칼[刀]로 천을 자르는 것이 처음에 할 일
☐	切	끊을 절, 온통 체	여러[七] 번 칼[刀]로 잘라 온통 끊는다
☐	刷	인쇄할 쇄	몸[尸]을 구부리고 천[巾]으로 판을 닦아내며 칼[刂]로 새긴 내용을 인쇄한다
☐	分	나눌 분	칼[刀]로 반[八]을 잘라 나눈다

☐	粉	가루 분	쌀[米]과 같은 곡류를 잘게 나누고[分] 부수어 만든 가루
☐	紛	어지러울 분	실[糸]을 가닥가닥 나누어[分] 공중에 흩날리니 어지럽다
☐	貧	가난할 빈	재물[貝]을 여러 사람에게 나누어[分] 주어 돈이 없으니 가난하다
☐	忍	참을 인	칼날[刃]이 심장[心]에 박힌 것처럼 괴롭고 아픈 마음을 참는다
☐	認	알 인	남의 말[言]을 잘 참고[忍] 들으며 내용을 이해하여 안다
☐	召	부를 소	칼[刀]을 들고 있는 관청의 벼슬아치가 조사 대상을 입[口]으로 부른다
☐	招	부를 초	가까운 거리의 사람에게 손짓[扌]을 하며 부른다[召]
☐	超	뛰어넘을 초	상대가 부르면[召] 달려가서[走] 울타리나 담을 뛰어넘는다
☐	越	넘을 월	병사가 도끼[戉]를 들고 달려가서[走] 상대국의 경계선을 넘는다
☐	昭	밝을 소	해[日]를 부른[召] 듯 주위가 밝다
☐	照	비칠 조	불빛[火→灬]이 밝게[昭] 비친다
☐	勿	말 물	소를 도살하여 칼[刀→⁄]에서 핏방울[⁄⁄]이 흐르게 하지 마라
☐	物	물건 물	소[牛→牜]는 소중한 재산이므로 함부로 다루지 말아야[勿] 하는 물건
☐	忽	갑자기 홀	생각하지 말아야[勿] 했던 일이 마음[心]속에 갑자기 떠오르는 것

26일째 식사

☐	食	밥/먹을 식	그릇에 밥이 담겨 뚜껑이 덮인 모습
☐	飮	마실 음	음식[食]을 먹을 때 하품[欠]하듯 입을 벌리고 마신다
☐	飯	밥 반	음식[食]을 먹을 때 숟가락이 계속 돌아와서[反] 먹는 밥
☐	飾	꾸밀 식	밥[食] 먹을 상을 사람[人→亻]이 천[巾]으로 닦으며 깨끗하게 꾸민다
☐	餘	남을 여	밥[食]이 많아서 내[余]가 먹고도 남는다
☐	飽	배부를 포	밥[食]을 많이 먹어서 배가 아이를 감싼[包] 듯이 볼록하니 배부르다
☐	飢	주릴 기	먹을[食] 것이 없어 식탁[几] 위가 텅 비었으니 배를 굶주린다
☐	餓	주릴 아	먹을[食] 것으로 나[我]의 배를 채우지 못하고 배를 굶주린다
☐	曾	일찍 증	물그릇[曰]에 깔개[⊞]를 겹친 시루 위로 뜨거운 김[八]이 일찍 오르는 모습

	增	더할 증	흙덩이[土]를 거듭[曾] 쌓으며 층을 더한다
	憎	미울 증	마음[忄]속에 앙금이 거듭[曾] 쌓여서 상대가 밉다
	贈	줄 증	재물[貝]을 거듭[曾] 쌓거나 모아서 남에게 준다
	僧	중 승	사람[亻] 중에 일찍이[曾] 속세를 떠난 중
	層	층 층	지붕[尸]이 거듭[曾] 겹쳐져 이루어진 층
	會	모일 회	사람들[人]이 음식을 기다리며 김 오르는 시루 옆으로 일찍[曾→曽]부터 모인다
	卽	곧 즉	향기로운[皀] 음식을 만들자마자 사람[卩]이 곧 자리에 앉으니 '곧, 바로'라는 뜻
	節	마디 절	대나무[⺮]가 자랄 때마다 바로바로[卽] 하나씩 생겨나는 마디
	旣	이미 기	맛있는[皀] 음식을 목이 메이게[旡] 많이 먹고서 고개를 돌려 외면하니 식사가 이미 끝났다는 뜻
	槪	대개 개	됫박의 곡식을 나무[木] 방망이로 한 번 밀면 이미[旣→既] 면이 대개 고르게 된다
	慨	슬퍼할 개	마음[忄]속으로 이미[旣→既] 잘못된 일을 슬퍼한다
	鄕	시골 향	사람[乡]과 사람[阝] 사이에 향기로운[皀] 음식을 두고 정겹게 식사하는 시골
	響	울릴 향	시골[鄕]에는 넓은 들이 많아서 소리[音]치면 사방으로 퍼져 울린다
	卿	벼슬 경	일반 사람보다 꼿꼿한[卯] 자세로 향기로운[皀] 음식을 마주한 벼슬아치, 벼슬
	合	합할 합	뚜껑[亼]과 그릇[口]을 딱 맞게 합한다
	答	대답 답	대나무[⺮] 조각에 적힌 질문에 맞게[合] 제시한 대답
	給	줄 급	실[糸]의 끝과 끝을 계속 합하여[合] 잇듯이 줄줄이 이어서 준다
	拾	주울 습, 열 십	손[扌]으로 물건을 모아서[合] 줍는다
	塔	탑 탑	흙[土]을 높이 쌓은 건축물에 이끼[艹]가 조금 합쳐진[合] 탑의 모습
	陶	질그릇 도	언덕[阝] 위에 흙으로 싸인[勹] 가마굴을 짓고 그 안에서 구운 도자기[缶]는 질그릇
	寶	보배 보	집[宀] 안에 보관한 옥[玉→王]과 도자기[缶]와 돈[貝]은 귀하고 값비싼 보배
	搖	흔들 요	손[扌]에 고기[肉→月]가 담긴 그릇[缶]을 들고 양념을 섞기 위해 흔든다
	謠	노래 요	고기[肉→月]가 담긴 그릇[缶]을 흔들며 기분이 좋아서 흘러 나오는 말[言]인 노래
	遙	멀 요	고기[肉→月]와 그릇[缶]을 사기 위해 시장으로 가는[辶] 길이 멀다
	斗	말 두	곡식 알갱이[丶]를 됫박[十]에 담아 분량을 헤아릴 때 쓰는 단위인 '말'
	科	과목 과	벼[禾]를 등급에 따라 한 말[斗]씩 담아 분류하듯 학문을 구분해 놓은 과목

	料	헤아릴 료	쌀[米]을 한 말[斗]씩 담아 양을 헤아린다
	重	무거울 중	사람[亻]이 하나[一] 가득 짐[東→里]을 메니 무겁다
	動	움직일 동	무거운[重] 물건에 힘[力]을 써서 자리를 움직인다
	種	씨 종	벼[禾]농사를 짓기 위해 남겨 둔 소중한[重] 씨앗
	衝	찌를 충	무거운[重] 짐을 들고 가다가[行] 중심을 잃고 남에게 부딪치거나 남을 찌른다
	量	헤아릴 량	됫박[旦]으로 자루[里]에 곡식을 담아서 무게를 헤아린다
	糧	양식 량	쌀[米]을 헤아려[量] 담아 놓은 사람의 양식
	兩	두 량	저울추 두 개가 저울의 양쪽에 나란히 매달린 모습을 그린 글자
	滿	찰 만	물[氵]이 그릇 위까지 평평하게[㒼] 가득 찼다
	平	평평할 평	저울[干]의 양쪽에 올린 두 개[八]의 물건이 균형이 맞아 평평하다
	評	평할 평	말[言]에 공평함[平]을 유지하며 좋고 나쁨이나 옳고 그름을 평한다
	工	장인 공	물건을 만드는 장인이 사용하는 굽은 자[工]나 도구의 모양을 그린 글자
	攻	칠 공	전쟁터에서 군인이 손에 도구[工]를 들고 상대를 친다[攵]
	功	공 공	도구[工]를 들고 힘써[力] 일하며 세운 업적이나 공
	巧	공교할 교	장인[工]이 아름다운[丂] 곡선을 정교하게 깎는 재주가 공교하다
	貢	바칠 공	장인[工]이 만든 가치 있는 재물[貝]을 나라에 바친다
	紅	붉을 홍	실[糸]에 장인[工]이 입힌 색 중에 중국에서 가장 많이 쓰는 붉은색
	項	항목 항	머리[頁] 아래에 '공[工]'자 모양으로 생긴 목덜미를 뜻하다가, 나중에 법률이나 규정 등에서의 낱낱의 항목을 의미
	式	법 식	도구[工]를 이용하여 주살[弋]을 만드는 일정한 방법이나 법칙
	試	시험 시	말[言]이나 글을 이용하여 정해진 법칙[式]대로 치러지는 시험
	代	대신할 대	사람[亻]이 주살[弋]을 들고 번갈아 국경을 지키며 서로를 대신한다
	貸	빌릴 대	대신할[代] 무엇을 건네고 다른 사람에게 돈[貝]이나 물건을 빌리다
	巨	클 거	장인이 사용하는 도구[工] 중에 손잡이[ㄱ]가 달린 매우 큰 도구를 그린 글자
	拒	막을 거	손[扌]을 크게[巨] 뻗어 상대방을 막는다
	距	떨어질 거	발걸음[足→⻊]을 크게[巨] 움직이면 발과 발 사이의 간격이 떨어진다

27일째 의복

- 衣 옷 의 — 윗옷으로 입는 저고리 모양을 그린 글자
- 依 의지할 의 — 사람[亻]이 몸을 보호하기 위해 옷[衣]에 의지한다
- 哀 슬플 애 — 옷[衣]으로 눈물을 닦고 입[口]으로 소리 내어 우니 슬프다
- 衰 쇠할 쇠 — 옷[衣] 중에 짚을 엮어[丑] 만든 도롱이는 비를 맞으면 초췌해져서 모양이 쇠한다
- 表 겉 표 — 동물의 털[毛→龶]로 만든 옷[衣]은 털이 있는 쪽이 겉
- 裏 속 리 — 마을[里]의 안에서 사람들이 옷[衣]을 입고 다닌다는 의미에서 '속, 안'이라는 뜻
- 遠 멀 원 — 치렁치렁[袁]하게 긴 옷을 입고 가니[辶] 걸음이 더디어 길이 멀다
- 園 동산 원 — 울타리[口] 안에 채소나 과일이 치렁치렁[袁] 열려 있는 동산
- 還 돌아올 환 — 가던[辶] 길을 멈추고 놀란 눈[罒]을 하여 돌아온다
- 環 고리 환 — 옥[玉→王]이나 놀란 눈[罒]처럼 둥근 고리
- 懷 품을 회 — 마음[忄]속에 어떤 감정을 싸안아 품는다[褱]
- 壞 무너질 괴 — 흙[土]이 사람까지 품어[褱] 삼킬 정도로 와르르 무너진다
- 壤 흙덩이 양 — 흙[土] 중에 농사에 도움[襄]이 되는 부드러운 흙덩이
- 讓 사양할 양 — 정중한 말[言]로 도움[襄]을 사양한다
- 求 구할 구 — 동물의 털가죽으로 만든 옷[求]을 사람들이 귀하게 여겨 구한다
- 球 공 구 — 옥[玉→王]처럼 둥근 모양을 구하여[求] 차거나 굴릴 수 있게 만든 공
- 救 구원할 구 — 위험에 빠진 사람을 구하기[求] 위해 손에 막대기[攵]를 들고 끌어당겨서 구원한다
- 制 절제할 제 — 제멋대로 뻗은 나뭇가지[龵]를 칼[刂]로 쳐내듯 지나친 마음을 쳐내며 절제한다
- 製 지을 제 — 옷감[衣]을 치수에 알맞게 마름질하여[制] 옷을 짓는다
- 作 지을 작 — 사람[亻]이 도구를 가지고 잠깐[乍] 사이에 옷을 짓는다
- 昨 어제 작 — 해[日]가 잠깐[乍] 사이에 떴다가 지며 지나가 버린 어제
- 詐 속일 사 — 말[言]을 잠깐[乍] 사이에 바꾸며 남을 속인다
- 欺 속일 기 — 상대가 말하는 그것[其]에 대해 모자란[欠] 지식으로 거짓되게 속인다
- 裁 옷 마를 재 — 옷감[衣]을 치수에 맞게 끊으며[戈] 마름질한다

☐	栽	심을 재	자라는 나무[木]의 일부를 끊어[𢦏] 새로 심는다
☐	載	실을 재	수레[車]의 공간을 알맞게 끊어[𢦏] 가며 물건을 싣는다
☐	哉	어조사 재	입[口]에서 말이 끊기는[𢦏] 마지막에 나오는 의문과 감탄의 어조사
☐	布	베/펼 포	손[𠂇]으로 베[巾]를 잡고 넓게 편다
☐	希	바랄 희	여름철에는 사람들이 성글게 짠[爻→爻] 베옷[巾]을 입기를 바란다
☐	稀	드물 희	벼[禾]농사가 바라는[希] 만큼 잘 되는 해는 드물다
☐	市	시장 시	언덕 위에 깃대[亠]와 깃발[巾]을 세우고 열어 놓은 시장
☐	麻	삼 마	집[广] 안에 삼[朮]의 껍질을 벗겨 걸어 놓은 모습
☐	磨	갈 마	삼[麻]의 껍질을 벗기기 위해 돌[石]에 문질러 부드럽게 간다
☐	絲	실 사	누에고치에서 뽑은 긴 명주실을 쓰기 편하도록 뭉쳐서 꼬아 놓은 모습
☐	素	본디/흴 소	뽑아서 널어놓은[主] 실[糸]의 본디 색은 희다
☐	索	찾을 색	여러[十] 번 꼬인[冖] 굵은 밧줄[糸]을 타고 내려가 깊은 곳의 물건을 찾는다
☐	累	여러/포갤 루	물건[田]을 줄[糸]로 꽁꽁 싸서 여러 개 포갠다
☐	絹	비단 견	작은 벌레[月]인 누에에서 뽑은 실[糸]로 짠 비단
☐	錦	비단 금	황금[金]처럼 반짝이는 비단[帛]
☐	綿	솜 면	실뭉치[糸]처럼 뭉쳐져서 비단[帛]처럼 부드러운 감촉을 지닌 솜
☐	濕	젖을 습	밝은[㬎] 볕에 잘 마른 실뭉치를 물[氵]에 담그면 젖는다
☐	顯	나타날 현	머리[頁]에 꽂은 장식이 빛을 받아 밝게[㬎] 나타난다
☐	潔	깨끗할 결	무성한[丰] 실[糸]을 칼[刀]로 잘라 물[氵]에 씻어내니 가지런하고 깨끗하다
☐	契	맺을 계	나무판에 금[丰]을 칼[刀]로 크게[大] 새기며 약속을 맺는다
☐	綠	푸를 록	실[糸]에 나무껍질을 깎은[彔] 물을 입히면 색이 푸르다
☐	錄	기록할 록	쇠[金] 도구로 나무를 깎아서[彔] 내용을 기록한다
☐	祿	녹 록	신[示]께 나랏일을 한다고 올린 명단에 이름이 새겨진[彔] 관리가 받는 녹
☐	緣	인연 연	풀어진 치맛단을 실[糸]로 돌려[彖] 꿰매듯 사람들 사이를 꿰매어 놓은 인연
☐	系	이어 맬 계	뻗쳐[丿] 있는 실[糸]의 끝이 다른 실에 닿도록 이어 맨다
☐	係	맬 계	사람들[亻]이 서로의 인연을 이으며[系] 관계를 엮어 맨다
☐	孫	손자 손	결혼한 아들[子]에게서 태어나 집안의 대를 이어받을[系] 자손이나 손자

	漢字	훈음	설명
☐	縣	고을 현	죄수의 머리를 거꾸로 매달아[県] 묶어[系] 둔 고을 입구의 모습에서 '고을'을 의미
☐	懸	매달 현	고을[縣] 사람들의 마음[心]에 경각심이 생기도록 죄수의 목을 베어 매단다
☐	玄	검을 현	손[亠]에 가는[幺] 실타래를 들고 물들인 색이 검다
☐	率	비율 률, 거느릴 솔	손[亠]에 그물줄[幺]을 길게[十] 늘어뜨려 잡고 양쪽[冫]에서 끌며 거느린다
☐	玆	이 자	양쪽 손에 든 검은 실[玄玄→玆]처럼 가까운 것을 가리킬 때 하는 말인 '이, 이것'
☐	慈	사랑 자	부모가 자식을 품고 이[玆] 마음[心], 저 마음을 다 내주는 사랑
☐	經	지날/글 경	실[糸] 중에 베틀에 세로로 걸린 날실[巠] 위로 북이 지난다
☐	輕	가벼울 경	수레[車]가 베틀의 세로줄[巠]처럼 빠르게 나가니 가볍다
☐	徑	지름길 경	길[彳]을 베틀의 세로줄[巠]처럼 빠르게 가로질러 갈 수 있는 지름길
☐	斷	끊을 단	베틀[㡭]에 걸린 실을 도끼[斤]처럼 날카로운 도구로 끊는다
☐	繼	이을 계	베틀[㡭]에 걸린 실[糸]이 끊어지면 다시 잇는다
☐	幾	몇 기	베틀에 걸린 실[糸糸→幺幺]에 사람[人]이 북[戈]을 움직이며 짠 직물의 양이 몇
☐	機	틀 기	나무[木]로 만들어진 베틀[幾]처럼 물건을 만드는 기계나 틀
☐	畿	경기 기	수도에서 얼마[幾] 떨어지지 않은 곳에 있는 지방 마을과 밭[田]인 경기
☐	帶	띠 대	옛날에 지위가 높은 사람의 허리에 두른 화려한 장식의 띠를 그린 글자
☐	滯	막힐 체	물길[氵]의 중간에 띠[帶]가 형성되어 있어 흐름이 막힌다

28일째 주거 1

	漢字	훈음	설명
☐	門	문 문	두 개의 문짝[門]으로 이루어진 문의 모양을 그린 글자
☐	問	물을 문	대문[門] 앞에서 궁금한 점을 입[口]으로 묻는다
☐	聞	들을 문	문[門]에 귀[耳]를 대고 안에서 나는 소리를 듣는다
☐	閑	한가할 한	문[門] 안에 있는 나무[木] 그늘에서 시간을 보내니 한가하다
☐	憫	불쌍히 여길 민	초상 당한 사람을 위문하며[閔] 슬픈 마음[忄]으로 불쌍히 여긴다
☐	開	열 개	대문[門]의 빗장[一]을 양손[臼→廾]으로 들어 문을 연다
☐	閉	닫을 폐	대문[門]에 빗장[才]을 걸어 닫는다

70

關	빗장 관	양쪽 문[門] 사이를 실[糸糸→幺幺]로 묶듯 잠가 놓은 빗장[卝]
聯	이을 련	귀[耳]와 귀 사이를 뺨이 실[絲]처럼 잇는다
間	사이 간	문[門] 안쪽으로 해[日]가 들어오도록 벌어진 틈이나 사이
簡	대쪽/간략할 간	대나무[⺮] 사이사이[間]를 쪼갠 대쪽
閏	윤달 윤	문[門] 안에 왕[王]이 들어앉아 출입과 몸가짐을 삼가는 시기인 윤달
潤	윤택할 윤	윤달[閏]에 비가 내려 물[氵]이 불어나니 대지가 촉촉하고 윤택하다
戶	집 호	한쪽 문짝[戶]이 달린 서민들의 작은 집
房	방 방	집집이[戶] 네모[方]로 만들어진 방
所	바 소	집[戶] 안에 도끼[斤]를 두는 '곳(장소)' 또는 '앞서 말한 바'
啓	열 계	문[戶]을 손으로 쳐서[攵] 입구[口]를 활짝 연다
屛	병풍 병	문짝[戶→尸]처럼 넓은 판을 나란히[幷] 붙여 쳐 놓은 병풍
室	집 실	지붕[宀] 아래에 사람이 이르러[至] 살 수 있도록 만든 방이나 집
屋	집 옥	사람이 이르러서[至] 몸[尸]을 기대어 쉴 수 있는 집
臺	돈대 대	사람이 이르러서[至] 주변을 바라볼 수 있도록 높게[高] 세운 누대나 돈대
官	벼슬 관	높은 언덕[阜→自]에 지어진 관청[宀]에서 나랏일을 맡아 다스리는 벼슬
館	집 관	옛날에 관리[官]들이 묵으며 식사[食→飠] 등을 해결하던 객사나 집
宮	집 궁	지붕[宀] 아래에 방[呂]이 여러 칸 이어져 있는 임금의 집
寒	찰 한	집[宀] 안에 짚[井]을 깔고 누운 사람[人→八]의 발 아래로 얼음[冫]이 얼 정도로 날이 차다
塞	막힐 색, 변방 새	집[宀]의 벽돌[井] 틈에 양손[⺈→廾]으로 흙[土]을 채우니 틈이 막힌다
高	높을 고	높이 세운 건물의 모습을 그린 글자
稿	원고/볏짚 고	벼[禾]의 낟알을 떨어낸 줄기들 높이[高] 쌓아 놓은 볏짚
豪	호걸 호	돼지[豕]처럼 생긴 호저(豪豬)가 높은[高→亠] 곳을 돌아다니며 등에 바늘을 세우고 적과 용감하게 싸우는 모습을 그려 '호걸'이라는 뜻
毫	터럭 호	길어서 높이[高→亠] 솟은 사람이나 짐승의 터럭[毛]
商	장사 상	성문[冏] 아래에서 물건[口]을 진열해 놓고 하는 장사
亭	정자 정	높게[高→亭] 다리 기둥[丁]을 세워서 지은 정자

☐	停	머무를 정	사람들[亻]이 정자[亭]에 올라 쉬며 머무른다
☐	矯	바로잡을 교	구부러진 화살[矢]을 높이[喬] 세우며 모양을 바로잡는다
☐	橋	다리 교	나무[木]를 높게[喬] 세워서 물을 건너다닐 수 있도록 만든 다리
☐	梁	들보/다리 량	물[氵] 위를 건널 수 있도록 칼[刅]로 나무[木]를 깎아 세운 다리
☐	京	서울 경	높이 지은 망루[京]를 중심으로 사람들이 모여 살던 서울(도읍)
☐	就	나아갈 취	사람들이 출세하기 위해 서울[京]로 더욱[尤] 나아간다
☐	涼	서늘할 량	물가[氵]에 있는 망루[京]에는 바람이 많이 불어서 서늘하다
☐	諒	살필 량	서울[京]을 찾아가기 위해 말[言]을 물은 후 그 뜻을 잘 헤아려 살핀다
☐	掠	노략질할 략	사람이 많은 서울[京]에 와서 손[扌]으로 사람들의 물건을 훔치며 노략질한다
☐	景	볕 경	서울[京] 하늘 위에 높이 뜬 해[日]가 내려 주는 햇볕
☐	影	그림자 영	햇볕[景]을 받은 물체의 뒤편에 드리워지는[彡] 그림자
☐	亨	형통할 형	높은[高→亠] 제단 위에서 조상께 제사를 마치고[了] 나면 모든 일이 형통한다
☐	享	누릴 향	높은[高→亠] 제단 위에서 조상의 제사를 지내는 자손[子]은 복을 누린다
☐	敦	도타울 돈	함께 즐거움도 누리고[享], 함께 치고[攵]받으며 관계를 다진 사이는 정이 도탑다
☐	孰	누구 숙	열매가 둥글게[丸] 잘 익으면 누구나 먹고 건강을 누릴[享] 수 있다는 의미에서 '누구'라는 뜻
☐	熟	익을 숙	누구나[孰] 먹기 좋게 음식을 불[火→灬]에 올리니 익는다
☐	穴	굴 혈	원시 시대의 집[宀]인 동굴에 구멍[八]이 뚫린 모습
☐	空	빌 공	구멍[穴]을 만들기 위해 연장[工]으로 파내면 속이 빈다
☐	窓	창 창	벽에 구멍[穴]을 뚫어 만든 공간[厶]은 빛이 마음[心]까지 통하게 하는 창
☐	究	연구할 구	구멍[穴] 속을 파고들듯 깊은 곳까지 여러[九] 번 조사하며 연구한다
☐	窮	다할/궁할 궁	굴[穴]속에 몸[身]을 활[弓]처럼 구부려 숨겼으니 상황이 궁하다
☐	竊	훔칠 절	구멍[穴]으로 들어온 벌레[禼]가 슬그머니[丿] 곡식[米]을 훔친다
☐	盜	도둑 도	남의 그릇[皿]을 넘보며 침[次]을 흘리는 도둑
☐	賊	도둑 적	남의 재물[貝]을 빼앗기 위해 무기[戎]를 들고 위협하는 도둑

29일째 주거2

- 向 향할 **향** — 집[宀→冂]에 낸 창문[口]을 통해 눈이 바깥으로 향한다
- 尚 숭상할 **상** — 굴뚝 위로 피어오르는 연기[八]의 방향[向]처럼 높이 여기며 숭상한다
- 常 떳떳할 **상** — 예의를 숭상하는[尚→尚] 사람은 항상 옷[巾]을 갖춰 입고 다니니 떳떳하다
- 裳 치마 **상** — 높은[尚→尚] 곳에 입은 저고리 아래에 입는 옷[衣]인 치마
- 嘗 맛볼 **상** — 음식을 높이[尚→尚] 국자[匕]로 떠서 입[旨]에 갖다 대며 맛보다
- 掌 손바닥 **장** — 평소에는 잘 안 보이지만 높이[尚→尚] 손[手]을 들면 밖으로 드러나는 손바닥
- 當 마땅 **당** — 생산성이 높은[尚→尚] 밭[田]을 교환할 때에는 같은 크기로 바꾸는 것이 마땅하다
- 堂 집 **당** — 높이[尚→尚] 흙[土]을 쌓아서 지은 집
- 黨 무리 **당** — 높은[尚→尚] 창문 안쪽으로 보이는, 검은[黑] 머리를 맞대고 모여 있는 무리
- 賞 상줄 **상** — 높은[尚→尚] 성과나 공을 세운 사람에게 재물[貝]로 상을 준다
- 償 갚을 **상** — 공을 세운 사람[亻]에게 상[賞]을 주어 그 노력에 대한 대가를 갚는다
- 庶 여러 **서** — 집[广] 안에서 가마솥[廿]을 걸고 불[火→灬]을 때서 만든 음식을 여럿이 나눈다
- 席 자리 **석** — 집[广] 안에서 가마솥[廿]을 걸고 만든 음식 앞에 방석[巾]을 깔아 마련한 자리
- 度 법도 **도** — 집[广] 안에서 가마솥[廿]을 걸고 손[又]으로 요리할 때, 재료의 양을 헤아리는 법도
- 渡 건널 **도** — 강[氵]을 건널 때에는 빠지지 않도록 법도[度]를 지키며 건넌다
- 倉 곳집 **창** — 곳간의 지붕[스]과 문짝[尸], 출입문[口]을 그린 글자
- 創 비롯할 **창** — 곳집[倉]을 짓는 일은 칼[刂]로 나무를 베는 일로부터 비롯한다
- 蒼 푸를 **창** — 풀[艹]이 곳집[倉]에 가득 쌓여 있으니 그 빛이 푸르다
- 舍 집 **사** — 집의 지붕과 기둥, 집터의 모습을 그린 글자
- 捨 버릴 **사** — 손[扌]으로 집[舍]에 있는 물건을 버린다
- 余 나 **여** — 지붕을 나무 기둥으로 받친 모양인데, 그 안에 깃든 '나'를 의미
- 除 덜 **제** — 언덕[阝]의 계단에 있는 남은[余] 먼지를 쓸어서 점점 덜어낸다
- 徐 천천할 **서** — 길[彳]을 걷는 동작을 여유롭고[余] 급하지 않게 천천히 한다
- 途 길 **도** — 내[余]가 걸어가는[辶] 길

	塗	칠할 도	내[氵] 집의 벽에 물[氵]과 흙[土]을 섞어 바르며 칠한다
	斜	비낄 사	남은[余] 곡식을 쏟아붓기 위해 곡식이 담긴 말[斗]을 들어 비스듬히 비낀다
	敘	펼 서	쌀독에 남은[余] 쌀을 막대기로 쳐서[攵] 모두 털어 펼쳐 놓는다
	再	두 재	집을 지을 때 나무를 켜켜이 쌓듯 어떤 일을 '다시, 두 번' 한다는 의미
	構	얽을 구	나무[木]를 쌓으며 틀을 짜서[冓] 얽는다
	講	강론할 강	말[言]을 조리 있게 짜서[冓] 일정한 내용을 설명하며 강론한다
	稱	일컬을 칭	곡식[禾]을 손으로 들어[再] 올려 저울에 재고 무게를 소리 내어 일컫는다
	方	모 방	양쪽에 손잡이가 달린 쟁기를 그린 글자
	芳	꽃다울 방	풀[艹] 내음이 사방[方]으로 퍼질 정도로 향기롭고 꽃답다
	防	막을 방	언덕[阝]처럼 높은 벽을 사방[方]에 세워 막는다
	訪	찾을 방	누군가와 말[言]을 나누면서 좋은 방법[方]을 찾기 위해 훌륭한 사람을 찾아간다
	傍	곁 방	사람[亻]의 양옆[旁]인 곁
	放	놓을 방	사방[方] 국경의 밖으로 내쳐서[攵] 놓아 버린다
	倣	본뜰 방	사람[亻]이 자신의 모습을 놓아[放] 버리고 다른 사람을 흉내 내며 본뜬다
	以	써 이	쟁기를 그린 글자로, 사람이 쟁기로써 밭을 간다는 의미에서 '~로써'라는 뜻
	似	같을 사	사람[亻]이 쟁기[以]를 들고 일하는 모습은 대부분 비슷하거나 같다
	丁	고무래/장정 정	밭의 흙을 고르거나 아궁이의 재를 긁어모으는 데에 쓰는 '丁' 자 모양의 고무래
	頂	정수리 정	고무래[丁]의 꼭대기에 달린 널조각처럼 머리[頁]의 꼭대기에 달린 정수리
	訂	바로잡을 정	말[言]로 타일러서 상대의 비뚤어진 마음을 고무래[丁]처럼 곧게 바로잡는다
	瓦	기와 와	지붕을 이는 데 쓰는 수키와(둥근 기와)와 암키와(평기와)가 겹쳐진 모양
	互	서로 호	새끼줄을 좌우로 번갈아 감은 모양으로, 짝이나 관계를 이루고 있는 '서로'를 의미
	井	우물 정	네모나게 만든 우물의 터를 그린 글자
	耕	밭 갈 경	농부가 쟁기[耒]를 들고 가로세로[井] 줄을 맞춰 밭을 간다
	丹	붉을 단	광산의 구덩이[井→丹] 안에서 점[丶]처럼 반짝이는 주사(朱沙)의 색이 붉다
	冊	책 책	종이가 없던 옛날에 대나무 조각[皿]을 길게 잘라 끈[一]으로 연결하여 만든 책
	典	법 전	사회의 본보기가 되는 법이 적힌 책[冊]을 양손[𠂇→⺇]에 받쳐 든 모습
	倫	인륜 륜	인간[亻]이 서로 둥글게[侖] 살아가기 위해 지켜야 할 도리인 인륜

☐	輪	바퀴 륜	수레[車]에 둥글게[侖] 달린 바퀴
☐	論	논할 론	둥글게[侖] 돌아가면서 말[言]을 나누며 의견을 논한다
☐	篇	책 편	대나무[竹]를 납작하게[扁] 자른 조각에 쓴 글을 묶어 만든 책
☐	編	엮을 편	납작한[扁] 대나무 조각에 쓴 글을 모아서 실[糸]로 엮는다
☐	遍	두루 편	납작하게 둘러쳐진 울타리[扁] 밖으로 널리 돌아다니니[辶] 발길이 두루 미친다
☐	偏	치우칠 편	사람[亻]의 생각이 넉넉하지 못하고 납작하면[扁] 중심을 잃고 한쪽으로 치우친다
☐	卷	책 권	양손[手手→ᄼᄾ]으로 둘둘 말아[㔾] 쥔 책
☐	券	문서 권	종이의 양쪽을 각각 손[手手→ᄼᄾ]으로 잡고서 가운데를 칼[刀]로 잘라 각자 보관하던 중요한 문서
☐	拳	주먹 권	손[ᄼᄾ]과 손[手]을 모아 구부린 주먹
☐	片	조각 편	나무를 반으로 자른 오른쪽 조각의 모양
☐	狀	형상 상, 문서 장	신에게 제사 지내기 위해 평상[爿]에 제물로 올려놓은 개[犬]의 형상
☐	壯	씩씩할 장	나무 조각[爿]으로 만든 무기를 들고 선 사내[士]의 모습이 씩씩하다
☐	莊	장엄할 장	풀[艹]이 씩씩하고[壯] 무성하게 자란 모습이 장엄하다
☐	裝	꾸밀 장	씩씩하고[壯] 훌륭한 모습을 뽐내기 위해 옷[衣]을 잘 차려입고 꾸민다

30일째 기타

☐	斤	도끼 근	날이 큰 쇠[厂]에 나무 자루[丅]가 달린 도끼를 그린 글자
☐	近	가까울 근	도끼[斤]는 자주 써서 늘 집에 있으므로 가서[辶] 가져오기에 가깝다
☐	祈	빌 기	제단[示]에 가까이[近→斤] 다가가서 신에게 복을 빈다
☐	質	바탕 질	도끼집에 필요한 받침나무[斦]나 재물[貝]은 일의 밑거름이지 바탕이 된다
☐	斯	이 사	그곳[其]에 있던 도끼[斤]를 앞으로 가지고 와서 가리킬 때 하는 말인 '이, 이것'
☐	析	쪼갤 석	나무[木]를 도끼[斤]로 쪼갠다
☐	折	꺾을 절	손[扌]에 도끼[斤]를 들고 나무를 찍어서 꺾는다
☐	哲	밝을 철	똑 부러지게[折] 판단하고 분명하게 말할[口] 수 있는 사람은 사리에 밝다

	誓	맹세할 서	똑 부러지고[折] 분명하게 말하며[言] 다짐을 맹세한다
	逝	갈 서	몸이 꺾여서[折] 저세상으로 간다[辶]
	慙	부끄러울 참	목을 베는[斬] 형벌을 당하는 죄인은 마음[心]이 부끄럽다
	漸	점점 점	목이 베일[斬] 시간이 물밀[氵]듯이 점차 다가온다는 의미에서 '점점'이라는 뜻
	暫	잠깐 잠	목이 베이는[斬] 죄인이 해[日]를 볼 수 있는 잠깐
	侯	제후 후	사람[亻] 중에 과녁[ㄱ]에 화살[矢]을 적중시키는 실력을 갖춘 제후
	候	기후 후	사람[亻]이 과녁[ㄱ]에 화살[矢]을 쏠 때 살펴야 하는 그 사이[丨]의 기후
	至	이를 지	먼 곳에서 날아온 화살이 땅에 이르러 꽂힌 모습을 그린 글자
	致	이를 치	먼 곳에서 날아온 화살이 땅에 이르러 꽂힌 모습을 그린 글자
	到	이를 도	위험에 대비하여 칼[刂]을 들고 경계하며 목적지에 무사히 이른다[至]
	倒	넘어질 도	사람[亻]이 목적지에 도착[到]하기도 전에 다리에 힘이 풀려 넘어진다
	予	나 여	한쪽 손에서 한쪽 손으로 베틀의 북을 주고받는 모양으로, 내 손에서 왔다 갔다 한다고 하여 '나'라는 뜻
	序	차례 서	집[广]의 담장을 내[予]가 차례차례 쌓는다는 의미에서 '차례'라는 뜻
	倍	곱 배	사람들[亻]이 서로 침을 뱉고[音] 사이가 갈라지니 미움이 곱이 된다
	培	북돋울 배	쟁기로 흙[土]을 가르며[音] 고르게 다져서 땅의 기운을 북돋운다
	部	떼 부	마을[阝] 사람들이 여기저기 갈라져서[音] 뭉친 무리, 떼
	鄰	이웃 린	쌀[米]을 들고 왔다 갔다[舛] 하며 서로 도울 수 있는 마을[阝]의 이웃
	憐	불쌍히 여길 련	어려운 처지의 이웃[鄰→粦]에게 마음[忄]을 쓰며 불쌍히 여긴다
	微	작을 미	길[彳] 위에서 노인[耂]이 지팡이로 땅을 치며[攵] 걷는 모습이 힘없고 작다
	徵	부를 징	아무리 작고[微→徵] 미천한 노인이라도 재주가 있으면 왕[王]이 부른다
	懲	징계할 징	잘못을 저지른 신하나 백성을 불러서[徵] 혼내는 마음[心]으로 징계한다
	隨	따를 수	제사 지내고 남은 고기[隋]를 들고 가는[辶] 사람의 뒤를 따른다
	墮	떨어질 타	제사 지내고 남은 고기[隋]를 흙[土]에 묻기 위해 땅에 떨어뜨린다
	燒	불사를 소	불[火]을 높게[堯] 피워 불사른다
	曉	새벽 효	해[日]가 높이[堯] 오르기 시작하는 새벽
	丙	남녘 병	제사상에 제물을 올리고 불을 밝힌 모양으로, 불빛처럼 따뜻한 남쪽을 의미

☐	癸	북방 계	무기 중에 세 갈래로 갈라진 창의 모양으로, 전쟁처럼 찬 북쪽을 의미
☐	丑	소 축	사람이 손을 뻗쳐 무엇을 잡으려는 모양인데, 십이지 중 두 번째 띠인 소를 의미
☐	寅	범 인	양손으로 화살을 잡아서 과녁에 꽂은 모양으로, 화살처럼 빠르고 강한 범을 의미
☐	演	펼 연	물[氵]이 범[寅]처럼 빠르게 흘러 펼쳐진다
☐	午	낮 오	똑바로 세운 절굿공이의 모양으로, 공이에 그림자가 생기지 않는 낮을 의미
☐	許	허락할 허	다른 사람의 말[言]을 듣고 낮[午]처럼 환한 얼굴로 허락한다
☐	申	알릴 신	번쩍이며 내리꽂는 번갯불의 모양으로, 주위에 그 존재를 밝게 알린다는 뜻
☐	坤	땅 곤	흙[土] 위로 번갯불[申]이 내리꽂힌 땅
☐	伸	펼 신	사람[亻]이 번갯불[申]처럼 강렬하게 자기 생각을 편다
☐	爵	벼슬 작	왕이 하사한 참새 모양의 술잔[罒]을 손[寸]에 받아 든 신하 또는 벼슬
☐	傲	거만할 오	사람[亻]이 시끄럽게[敖] 떠들며 잘난 체하는 태도가 거만하다
☐	承	이을 승	윗사람[㇇]이 내민 손[手]을 아랫사람이 양손[ᛌ→八]으로 이어받는다
☐	墻	담 장	흙[土]을 높이 쌓아서 인색하게[嗇] 막은 담
☐	隆	높을 륭	언덕[阝]이 봉긋하게 솟아[夆] 있으니 높다
☐	爐	화로 로	숯불[火]을 담아 놓는 그릇[盧]인 화로
☐	邊	가 변	더는 갈[辶] 수 있는 길이 보이지 않는[臱] 가장자리
☐	遷	옮길 천	덮인[襾] 물건을 사람[巳]이 양손[ᛌ→大]으로 들고 가며[辶] 위치를 옮긴다
☐	尤	더욱 우	절름발이[尢]가 짐[丶]까지 들고 가니 몸이 더욱 힘들다
☐	厥	그 궐	언덕[厂]을 오르다가 힘들어서 피가 거꾸로[屰] 솟고 입이 벌어지는[欠] 그곳
☐	奈	어찌 내	크게[大] 잘 보이려면[示] 어찌하느냐는 뜻
☐	那	어찌 나	위태로운[冄→冉] 마을[阝]을 어찌하느냐는 뜻
☐	豈	어찌 기	산처럼 웅장한 장식을 한 북을 그린 글자로, 북 치는 즐거움을 어찌하느냐는 뜻
☐	於	어조사 어	까마귀를 그린 글자인데, 나중에 '~에, ~에서, ~보다'라는 뜻으로 쓰게 된 어조사
☐	兮	어조사 혜	감탄하여 입에서 소리를 뱉는 모양으로, 말과 숨을 고르는 목적으로 쓰는 어조사
☐	焉	어찌 언	노란 빛깔의 새를 그린 글자인데, 나중에 '어찌'라는 뜻으로 쓰게 된 어조사
☐	耶	어조사 야	귀[耳]를 기울여 고을[阝]의 일에 의문을 갖는다는 뜻으로, 의문형에 쓰이는 어조사
☐	畢	마칠 필	농작물을 해치는 동물을 잡기 위해 밭[田]에 그물[𠦃] 치는 작업을 마쳤다

memo

memo

memo

**30일 완성,
3단계 학습 프로젝트**

漢字 암기
마스터
핵심 스토리북